ビジネス法体系

企業不動産
取引法

LAWS OF REAL ESTATE TRANSACTIONS
FOR CORPORATES

ビジネス法体系研究会 [編集]

[著者]
神田英一

第一法規

『ビジネス法体系』の刊行にあたって

　企業や企業活動と法との関係は、きわめて広く、多様かつ複雑である。
　企業が取引主体として活動できるのも、多様な取引関係も、その組織・内部関係も、法がベースとなっており、また、企業活動は、自由競争経済秩序の維持のほか、様々な公共的な目的のため、法によって規律されている。すなわち、法は、企業や企業活動に関わる制度、ルール、規制などを定め、ビジネスの基盤となっているのである。
　もっとも、経済的合理性や契約自由が基本となる通常の企業活動において、法というものが意識されることはそれほど多くはない。また、企業活動にとって、コンプライアンスが重要であることはいまや常識とはいえ、コンプライアンスの確立・維持ということがその主たる目的となることはない。しかし、ひとたび問題が起これば、法は大きな存在として立ち現れることになるのであり、企業の社会的責任（CSR）が強調されるようになる中で、リスク管理、とりわけリーガルリスクの予防・縮減のための取組・対応は、企業経営にとっても重要な課題となっているということができる。
　その属する部門・地位・職務などによって内容・程度は異なるものの、法務だけでなく、広く企業の経営・活動において、法的なセンスや素養が必要とされ、また、法と上手に向き合っていくことが求められるようになっているのである。
　この点、商法（会社法・商行為法等）、経済法（競争法・知的財産法等）、消費者法、労働法をはじめ、その主な法分野や法律について、入門的なものから専門的なものまで、様々な解説書が刊行されており、また、企業法、企業法務などといった点から、それに関わる主な法律や重要事項を解説する書籍もある。しかしながら、その全体像について、実務に役立つ形で解説しているものは、あまりないといってよいだろう。

このようなことを踏まえ、企業や企業活動に関わる法の全体像を体系的に解説する書籍をつくれないかというレクシスネクシス・ジャパン社からの相談を受けて、「ビジネス法体系研究会」を立ち上げたのが2014年3月のことであった。研究会は、ビジネス法の全体像・体系を検討するだけでなく、ビジネスの現場で役に立つ成果物を目指すということから、ビジネス法の第一線で活躍する弁護士のほか、研究者その他の法律専門家など多彩なメンバーによって構成し、さらに検討の進展にあわせてメンバーを拡充しつつ、回を重ねてきた。そこでは、ビジネス法の全体像について、様々な観点から分析・検討を行い、それをどのような体系によって整理をして示すのがよいのか、それぞれの分野をどのように構成し解説するのがよいのかなど、議論を積み重ねるとともに、主要な法分野の研究者、企業法務関係者などをゲストに招いて、アドバイスや意見などもいただいたところである。

　そして、その最初の成果として世に送り出すのが、「ビジネス法概論」、「企業組織法」、「企業取引法」、「労働法」、「競争法／独禁法」、「知的財産法」、「国際ビジネス法」の7冊によって構成する『ビジネス法体系』である。本シリーズは、広く企業や企業活動に関わる法を「ビジネス法」と捉え、その全体像・体系と主要な分野について、分かりやすく解説を行うものである。

　もとより、社会の多様化、情報化、グローバル化等に伴い企業活動は拡大・変化し続け、それに関わる法も、広範かつ膨大なものとなるとともに、多様化・多元化・多層化してきており、そのすべてについて網羅的に取り上げることは困難である。また、ビジネス法とはいっても、そこに一貫した理念・原則や理論があるわけではなく、そこで示した体系・分野も、理論的というよりは、ビジネス法を把握・理解しやすくするための実用的・便宜的・相対的なものとなっているところがある。

　これに対し、本シリーズは、これまでにないビジネス法の本格的な体系書となっているだけでなく、基本的かつ主要な6分野の法の解説を行うほか、「ビジネス法概論」などにおいて分野横断的・横串的な解説も行っており、それらを通じて、ビジネス法の全体像・体系や主要な法制度、判例、さらには法の考え方などを立体的に理解し、その知識を、ビジネスの様々な場面においていろいろな形で、役立てていただけるものと確信している。

『ビジネス法体系』が、ビジネスの現場における多様なニーズに応え、広く活用されることで、合理的・公正で活力ある企業活動にいささかなりとも貢献することにつながるならば、研究会一同にとって望外の喜びである。

　2016・2017年

ビジネス法体系研究会代表
川﨑　政司

「ビジネス法体系研究会」と『ビジネス法体系』について

　『ビジネス法体系』については、2016年から2021年にかけて、当初予定していた「ビジネス法概論」、「企業組織法」、「企業取引法」、「労働法」、「競争法／独禁法」、「知的財産法」、「国際ビジネス法」の7冊が刊行された。その間に出版社がレクシスネクシス・ジャパン株式会社から第一法規株式会社に変更されたものの、その企画・執筆の主体となった「ビジネス法体系研究会」では、その後も、その研究成果を活かしつつ、それ以外の法分野の解説書や、主なビジネスシーンごとに関わる法の横断的な概説書などを企画・刊行していくことも考えていたところである。

　他方、「ビジネス法体系研究会」は、安西法律事務所、アンダーソン・毛利・友常法律事務所、西村あさひ法律事務所、森・濱田松本法律事務所に所属する弁護士、阿部博友一橋大学大学院法務研究科教授、大杉謙一中央大学大学院法務研究科教授、河村寛治明治学院大学法学部教授等の研究者、その他の法律実務家などをもって構成し（『ビジネス法体系』刊行開始当時、それぞれ五十音順）、ビジネス法体系シリーズという成果を世に送り出してきたが、メンバーの所属や状況の変化などもあり、当初のメンバーによる活動に一区切りを付け、その後は、企画ごとに、柳田国際法律事務所をはじめ、新たなメンバーに加わってもらいながら活動を行ってきた。

　そして、このたび、不動産取引法の分野で幅広い実績を上げてこられた神田英一弁護士にご参加いただき、新たに『企業不動産取引法』を刊行することとなった。『ビジネス法体系』に8冊目が加わることで、『ビジネス法体系』の幅が広がるとともに、更なる内容的な充実が図られることになったといえる。これまでの7冊とともに、ビジネスの場において是非ともご活用いただければ、幸いである。

　『ビジネス法体系』については、最初の1冊が刊行されてから既に8年余の

年月が経過しており、変化の速いビジネス法の分野だけに、それへの対応も必要となってきている。今後は、これまでの枠組みにこだわることなく、「ビジネス法体系研究会」の研究成果や『ビジネス法体系』のシリーズとして蓄積してきた知見・情報などを様々な形で発展させ、提供していくことができればと考えている。「こんなときどうするネット会社の法律Ｑ＆Ａ」等を通じて提供されている「会社の法律キーワードWEB」もその１つであるが、『ビジネス法体系』として刊行された８冊はもちろんのこと、新たに形を変えて提供されるものを通じて、ビジネス法の分野で更に貢献していくことができることを願ってやまない。

　2024年11月

ビジネス法体系研究会代表
慶應義塾大学大学院法務研究科客員教授
川﨑　政司

はしがき

　本書は、「企業不動産取引法」と題し、『ビジネス法体系』シリーズの各論編のひとつとして、企業向けの「不動産取引法」を取り扱うものである。しかし、「不動産取引法」という名称の法律が存在するわけではない。企業（プロの投資家及び不動産ファンドを含む）が不動産取引を行う際に、実際に適用される法律は、民法、不動産登記法、借地借家法、宅建業法、金商法、資産流動化法、会社法などきわめて多岐にわたる。本書は、「企業不動産取引法」という名称のもとに、それらの法律及び関連する実務を企業の観点から横断的に解説し、取引に関与する人々の理解を助ける実務上の入門書や手引きとなることを目的としている。具体的には、企業の法務部門の担当者、不動産アセットマネジメント業務や不動産関連業に従事する人々、そして企業法務を担う弁護士等の専門家を、読者として想定している。執筆に際しては、読者の理解度により、適宜飛ばし読みをしても有用となるように心がけた。

　このような目的から、本書は、第1編として、基礎的な制度や概念を解説している。ただし、上記のように本書は、法律及び関連する実務を企業の観点から横断的に解説することを目的としているので、個々の解説は、該当する分野の法律概説書や逐条解説書のように網羅性や完全性を備えているものではない。そのうえで、第2編では、不動産投資の主要ストラクチャーを概説し、第3編では、不動産を対象とした売買契約、賃貸借契約、建設工事請負契約その他の契約において注意すべき法的及び実務的問題をできるだけ具体的に論じている。取引の実務においては、法的論点を契約条項を離れて議論していても、結局は、議論を踏まえて、どのような契約条項を作成して、相手方と交渉するのか、という技術的問題に遭遇することが多い。そのため、本書では、できるだけ契約条項作成の技術的問題にも言及している。また、筆者の経験上、国内や海外の不動産ファンドによる不動産投資という観点からの論述が数多くなされていることも、本書の特色として掲げることができる。

私は弁護士として数多くの不動産取引に関与してきたが、弁護士は取引への参加者の一部に過ぎない。本書で述べるように、不動産取引には広範囲にわたる法令やカバーすべき実務分野があり、大型の取引になればなるほど、取引当事者に加え、多くの専門家の真剣な努力によって、企業の満足するレベルで取引が実行される。企業による不動産取引の性質はそのようなものであるが、本書は弁護士（しかも海外の不動産投資家を代理する弁護士）の視点から見た解説となっている箇所がある。このようなある意味偏りがあることを何卒ご海容いただきたい。

　私は、1987年に弁護士登録後、米国留学及び法律事務所での勤務を経て、2001年にクリフォードチャンスというグローバル法律事務所の東京オフィスに参加した。クリフォードチャンスに参加後は、主として、外資系投資銀行や、海外の不動産ファンド、不動産投資家を代理して、日本の不動産に対する投資その他の様々な取引に関与してきた。最初に関与したノンリコースローンを利用した不動産取引は2003年で、クロージング日の深夜2時頃に貸付人を代理する某外国法事務弁護士の事務所に同僚の英国人弁護士と一緒に大量の書類をカバンに入れて駆け込んだことを覚えている。振り返ってみると、私は、2000年代の初期は、外資投資家による不動産が担保となっている不良債権への投資や不動産ノンリコースローンを利用した不動産投資の黎明期を経験し、その後リーマンショックに至る金融危機までは、不動産ノンリコースローンを束ねた証券化（CMBS）に日本法の専門家として関与してきた。リーマンショック後は、そのような不動産証券化はきれいに消滅し、しばらくは海外投資家による不動産投資は休止期間に入ったが、ほどなくして海外不動投資ファンドや投資家による日本の不動産への投資に関与し、それらは徐々に勢いを増して（時には過熱した時期を経て）今日に至っている。20年前に比較すると、現在は法制度の整備も進み、不動産マーケットにおける関係者の取引遂行へ向けた実務的な取り組みも成熟している。今後、不動産マーケットの調整もあるだろうが、本書内でも触れているように、法制度の規制緩和を進めて、ユーザーにより優しい法制度に転換されていくことを期待している。

不動産取引実務は、今後も、マーケットの影響を受けながら、発展していくだろう。本書が、その発展の一助となればこの上ない喜びである。なお、本書中、意見にわたる部分は、私見であり、私の所属する組織の立場ではないことを念のためにお断りしておきたい。

　　2024年10月

　　　　　　　　　　　　　　　　　　　　　　　　　　神田　英一

CONTENTS

『ビジネス法体系』の刊行にあたって ―――――― iii
「ビジネス法体系研究会」と『ビジネス法体系』について ―― vi
はしがき ―――――――――――――――――――― viii

第1編
不動産取引において基本となる概念・制度 ―― 1

第1章 不動産取引と法律家の役割 ―― 3
I 不動産概念の多様性 ―――――――――― 3
II 不動産取引に関連する法律 ―――――――― 3
III 不動産取引と法律家の役割 ――――――― 4

第2章 企業間の不動産取引の特色 ―― 7

第3章 不動産取引への主要な参加者 ―― 13
I はじめに ――――――――――――――― 13

| Ⅱ | 不動産の買主・投資家 | 13 |
| Ⅲ | アセットマネジャー | 14 |

　　1 役　割　14
　　2 資　格　15
　　3 報酬の合意と支払時期　15

| Ⅳ | 宅地建物取引業者 | 16 |

　　1 役　割　16
　　　　コラム 反復継続した不動産の買受行為は宅地建物取引業に該当するのか？　17
　　2 信託受益権売買における宅建業者の位置づけ　18
　　　　コラム 不動産の所有者が当初委託者として不動産を信託し、その信託受益権を売却する場合、宅建業者による仲介は「不動産信託受益権売買の媒介」か？　18
　　3 報酬の合意と支払時期　20
　　　　コラム 海外の不動産を日本の投資家に売却するために媒介する行為は宅建業法の適用を受けるのか？　20

Ⅴ	不動産鑑定士	21
Ⅵ	物件調査（デューディリジェンス）の専門業者	22
Ⅶ	税理士、弁護士、司法書士、土地家屋調査士	23

　　1 はじめに　23
　　2 税理士及び弁護士　23
　　3 司法書士　24
　　4 土地家屋調査士　25

| Ⅷ | 不動産を担保にローンを提供する金融機関 | 25 |

　　1 ノンリコースローン　25
　　2 レンダーの不動産取引への参加が持つ意味　26

| Ⅸ | 信託銀行 | 26 |

1 信託の仕組み ………………………………………………………… 26
2 信託を使用するメリット ………………………………………… 28
【1】税法上の優遇措置 ……………………………………………… 28
【2】信託銀行の能力活用によるメリット ……………………… 28
【3】倒産隔離 …………………………………………………………… 29
【4】不特法の適用排除 ……………………………………………… 29
【5】融資を行う金融機関からみたメリット …………………… 30
3 信託銀行による不動産取引への参加 ………………………… 30
X プロパティマネジャー ……………………………………………… 31
XI その他の参加者 …………………………………………………………… 32
XII まとめ …………………………………………………………………………… 32

第4章 売買対象となった物件の調査（デューディリジェンス） ……………………………………………… 35

I 物件調査と法的調査（リーガルデューディリジェンス）との関係 ……………………………………………… 35
1 物件調査の種類 ……………………………………………………… 35
2 物件調査の主体 ……………………………………………………… 37
コラム 重要事項説明書とエンジニアリングリポート …… 38
II 法的調査の範囲と手順 ………………………………………………… 39
1 法的調査の範囲 ……………………………………………………… 39
2 法的調査の手順 ……………………………………………………… 41
III 法的調査の内容（その1 登記について） ……………… 43
1 登記情報の確認 ……………………………………………………… 43
2 不動産登記簿（登記事項証明書） …………………………… 44
3 図面との照合 ………………………………………………………… 47

目次　xiii

- 【1】14条地図 ... 47
- 【2】公図（狭義）・地図に準ずる図面 ... 49
- 【3】地積測量図 ... 49
- 【4】建物図面・各階平面図 ... 49
- **4** 登記情報の限界 ... 50
- **5** 登記の公信力欠如を補完する判例理論 ... 51
  - コラム 地面師による詐欺 ... 52
- **6** 登記の対抗要件に関する問題について ... 52
  - コラム SNDA（Subordination and Non-disturbance Agreement）の活用 ... 53
- **7** 登記識別情報について ... 54

Ⅳ 法的調査の内容（その2 境界・越境等に関する問題） ... 55

- **1** 境界・越境に関する問題の有無の確認 ... 55
- **2** 境界の意味 ... 55
  - 【1】所有権界 ... 55
  - 【2】筆　界 ... 56
  - 【3】所有権界と筆界との関係 ... 56
    - コラム 筆界特定制度 ... 57
  - 【4】境界確認書 ... 59
  - 【5】越境確認書 ... 59
  - 【6】境界明示義務 ... 60
  - 【7】取得時効について ... 60

Ⅴ 法的調査の内容（その3 建物の遵法性、検査済証、既存不適格） ... 61

- **1** はじめに ... 61
- **2** 建築基準法上の手続き・確認済証と検査済証 ... 61
- **3** 既存不適格 ... 62
- **4** 検査済証がない建築物 ... 62

VI 法的調査の内容（その4　土壌汚染に関する問題） ……… 63

- **1** はじめに …………………………………………………… 63
- **2** 土壌汚染の調査 …………………………………………… 63
- **3** 土壌汚染対策法 …………………………………………… 64
  - 【1】調査報告義務の契機 ……………………………………… 64
  - 【2】調査報告義務の主体 ……………………………………… 65
  - 【3】土壌汚染状況調査の効果 ………………………………… 65

VII 法的調査の内容（その5　賃貸借契約のリビューについて） ……… 66

- **1** はじめに …………………………………………………… 66
- **2** 建物の賃貸借契約（借家契約） ………………………… 66
- **3** 土地の賃貸借契約（借地契約） ………………………… 67

VIII 法的調査の内容（その6　不動産管理処分信託契約及びその他の契約等の確認） ……… 68

- **1** はじめに …………………………………………………… 68
- **2** 不動産管理処分信託契約 ………………………………… 68
- **3** 建設工事請負契約 ………………………………………… 70
- **4** 重要事項説明書及び物件概要書 ………………………… 70

IX 法的調査の内容（その7　売主の資力に関する問題） ……… 71

- **1** はじめに …………………………………………………… 71
- **2** 相当の対価を得てした処分行為 ………………………… 72
  - **コラム**　売買相手方の倒産による失敗談 ………………… 73

X 法的調査の内容（その8　国土法・公拡法等の届出義務等） ……… 75

- **1** はじめに …………………………………………………… 75
- **2** 国土利用計画法 …………………………………………… 75

目次　xv

【1】事後届出制の対象となる取引の種類 76
　　　【2】事後届出制の対象となる土地の面積 76
　　　【3】事後届の内容 76
　　　【4】届出後の効果 77
　　3 公有地の拡大の促進に関する法律 77
　　　【1】届出義務 78
　　　【2】買取希望の申出 78
　　　【3】買取協議 78
　　　【4】土地の譲渡制限 78
　　4 重要施設周辺及び国境離島等における土地等の
　　　利用状況の調査及び利用の規制等に関する法律 78
　　　【1】注視区域及び特別注視区域の指定 79
　　　【2】注視区域内にある土地・建物の利用状況の調査、
　　　　　当該土地・建物の利用規制 80
　　　【3】特別注視区域内にある土地・建物に係る契約の届出等の
　　　　　措置 80
　　　　コラム　海外投資家の重要土地等調査法への関心 80

XI 法的調査の限界 81

XII 物件調査（デューディリジェンス）の結果の活用方法 82

第2編
不動産取引の仕組み（ストラクチャー） 85

第1章 ストラクチャー組成の基本要素 87
I はじめに　ストラクチャー組成の必要性 87
II 投資の税効率確保／二重課税の回避等 88
1 二重課税の問題 88
2 二重課税回避への対応方法 88
【1】パススルー課税（構成員課税） 88
【2】ペイスルー課税 89
3 租税条約 89
III 合法性の確保 89
1 はじめに 89
2 ストラクチャリングにおいて考慮すべき法令 90
IV 倒産隔離 90
1 はじめに 90
2 倒産隔離の内容 91
【1】倒産予防措置 92
【2】倒産手続防止措置 93
3 ストラクチャリングへの影響 94

第2章 TKGKストラクチャー 95
I TKGKストラクチャーとは 95
II 匿名組合契約の利用 96

- **1** 匿名組合契約の性質 96
- **2** 匿名組合契約が使用される理由 98
  - 【1】二重課税の回避 98
  - 【2】匿名組合の有限責任確保 98
  - 【3】他の資金供与手段との比較 98

Ⅲ 合同会社の利用 98
- **1** 合同会社とは 98
- **2** 合同会社を使用する理由 99
  - 【1】株式会社等と比較して簡易な運用が可能 99
  - 【2】レンダーの要請 99
  - 【3】米国の税制/投資家が米国籍の場合 100

Ⅳ TKGKストラクチャーの使用方法 100
- **1** 合同会社が取得する不動産資産に制限はあるのか（現物不動産か不動産信託受益権か） 100
- **2** 合同会社の持分は誰が保有するのか（社員は誰か） ... 101
  - 【1】一般社団法人 101
    - コラム 一般社団法人の基金について定款に規定すべき内容は何か？ 102
  - 【2】投資家の有する外国法人 104
    - コラム 外国法人に合同会社の持分を保有させて独立取締役を起用する場合のレンダーの対応例 104
  - 【3】非業務執行社員 105
    - [a]レンダーの要求する倒産隔離との関係 106
    - [b]資金の効率的活用との関係 106
- **3** 合同会社の業務執行はどのようになされるのか 107
  - 【1】業務執行の意思決定 107
  - 【2】業務執行と会社代表行為との関係 107
  - 【3】法人が業務執行社員の場合―職務執行者の選任 ... 108
- **4** 匿名組合員が非居住者や外国法人の場合の注意点 ... 108
  - 【1】はじめに 108

【2】匿名組合員が外国法人等である場合の課税関係 ……………… 109
　　　コラム　恒久的施設とは何か？ ……………………………………… 110
　　【3】NKリスクを回避する方策 ……………………………………… 111
❺ 匿名組合員による匿名組合事業への発言権・コントロール …………………………………………………………… 112
　　【1】はじめに ………………………………………………………… 112
❻ 合同会社がマスターレッシーになる場合の注意点 ……………… 114

Ⅴ　TKGKストラクチャーにおける金商法の適用 —— 116

❶ はじめに ……………………………………………………………… 116
❷ 匿名組合員の行為 …………………………………………………… 116
❸ 営業者の行為 ………………………………………………………… 116
❹ 営業者の行為①（匿名組合員になる可能性のある者に対する匿名組合出資持分の取得勧誘行為） …………………… 117
　　【1】はじめに ………………………………………………………… 117
　　【2】開示規制 ………………………………………………………… 118
　　【3】業規制 …………………………………………………………… 119
　　【4】行為規制 ………………………………………………………… 120
❺ 営業者の行為②（匿名組合員から受けた出資の運用行為） ……………………………………………………………… 120
　　【1】はじめに ………………………………………………………… 120
　　【2】投資運用業者に運用権限の全部を委託する方法 …………… 121
　　【3】運用に関する適格機関投資家等特例業務を利用する方法 … 122
❻ 営業者の行為③（不動産信託受益権の購入行為） ……………… 122
　　【1】はじめに ………………………………………………………… 122
　　【2】新規発行された不動産信託受益権の購入 …………………… 122
　　【3】すでに発行された不動産信託受益権の購入 ………………… 123
❼ アセットマネジャーの行為 ………………………………………… 124
　　【1】はじめに ………………………………………………………… 124
　　【2】アセットマネジャーが締結すべき契約の性質とその影響 … 124
　　　　[a]投資一任契約の場合 ……………………………………… 125

目次　xix

   [b]投資顧問契約の場合 ……………………………… 125
  【3】アセットマネジャーに適用の可能性がある金商法上の
   規定 ……………………………………………………… 126
   [a]匿名組合出資持分の私募の取扱い ………………… 126
   [b]不動産信託受益権の売買の媒介・代理 …………… 126
 8 合同会社の親法人としての一般社団法人についての
  注意事項 …………………………………………………… 127

Ⅵ ダブルTKGKストラクチャー …………………………… 127
 1 ダブルTKGKストラクチャーとは ……………………… 127
 2 ダブルTKGKストラクチャーの利点 …………………… 129
 3 ダブルTKGKストラクチャーの法的留意点 …………… 130
  【1】合同会社（親）による匿名組合出資持分の募集・
   私募及び匿名組合員からの出資金の運用 ……………… 130
  【2】合同会社（子）による匿名組合出資持分の取得勧誘行為 … 130
  【3】合同会社（子）による匿名組合員としての合同会社
   （親）からの出資金の運用行為 ………………………… 131
  【4】同一のアセットマネジャーによる合同会社（親）及び
   合同会社（子）の両方へのアセットマネジメント業務
   の提供 …………………………………………………… 132

Ⅶ 適格機関投資家等特例業務 ……………………………… 133
 1 はじめに ……………………………………………………… 133
 2 特例私募の要件 …………………………………………… 134
  【1】1名以上の適格機関投資家を相手方とする私募で
   あること ………………………………………………… 134
  【2】適格機関投資家以外の相手方が一定の範囲に該当する
   者であり、49名以下であること ……………………… 135
   [a]属性の制限 …………………………………………… 135
   [b]人数制限 ……………………………………………… 137
  【3】一定の範囲の投資家を相手方としないこと ………… 137
  【4】譲渡制限 ………………………………………………… 137
  【5】特例私募の届出を行うこと …………………………… 138

3 特例運用の要件 ……………………………………………… 139
【1】金商法63条1項2号 ……………………………………… 139
【2】譲渡制限 ……………………………………………………… 139
4 適格機関投資家等特例業務の利用禁止 ……………………… 140
5 特例業務届出者に適用される行為規制 ……………………… 140

VIII デットファイナンスによる資金調達 …………… 142
1 はじめに …………………………………………………………… 142
2 倒産隔離の必要性 ……………………………………………… 142
3 スポンサーレター ……………………………………………… 143
【1】スポンサーレターの意義 …………………………………… 143
【2】スポンサーの選定 …………………………………………… 144
【3】スポンサーが責任を負う事由 ……………………………… 144
4 ローン契約（金銭消費貸借契約） …………………………… 146
5 プロジェクト契約 ……………………………………………… 150
【1】はじめに ……………………………………………………… 150
【2】プロジェクト契約の当事者 ………………………………… 151
【3】プロジェクト契約の内容 …………………………………… 151
6 担保契約 …………………………………………………………… 152
7 信託受益権への質権の実行方法 ……………………………… 157
【1】はじめに ……………………………………………………… 157
【2】不動産信託受益権質権の私的実行―直接取立て ……… 157
【3】不動産信託受益権質権の私的実行―流質 ……………… 158
【4】不動産信託受益権質権の法的実行 ………………………… 160
8 GK社員持分質権設定契約に関する問題 …………………… 161
【1】はじめに ……………………………………………………… 161
【2】社員持分の質入れの可否 …………………………………… 161
【3】社員持分譲渡についての社員の承諾 ……………………… 161
【4】質権の第三者対抗要件 ……………………………………… 162
【5】業務執行社員の変更登記 …………………………………… 162

第3章　TMKストラクチャー ……… 163

Ⅰ はじめに ……… 163

Ⅱ TMKストラクチャーの利点及び特色 ……… 165

1 二重課税の回避・ペイスルー課税 ……… 165
2 特定資産・TMKが取得できる不動産資産 ……… 167
3 TMK法上の規制 ……… 167
4 アセットマネジャーに求められる資格 ……… 168
5 TMKストラクチャーとTKGKストラクチャーとの比較 ……… 168

Ⅲ TMKに関する基本的な概念と注意点 ……… 170

1 TMKの設立 ……… 170
2 TMKの定款 ……… 170
【1】意義・資産流動化計画との相違 ……… 170
【2】記載事項 ……… 171
【3】実務上の注意点 ……… 171

3 特定出資及び優先出資（特定社員及び優先出資社員）……… 173
【1】意義及び性質 ……… 173
【2】特定出資発行の払込金の使途 ……… 173
【3】特定社員及び優先出資社員の権利（自益権）……… 174
【4】特定社員及び優先出資社員の権利（共益権）……… 174
【5】倒産隔離と特定社員 ……… 175

　　コラム　旧法TMKについて ……… 176

4 TMKの機関 ……… 177
【1】はじめに ……… 177
【2】取締役 ……… 178
【3】監査役 ……… 178
【4】会計参与 ……… 178
【5】会計監査人 ……… 179

5 業務開始届 ……… 179

- 【1】総　論 ·· 179
- 【2】業務開始届の記載事項や添付書類等 ·· 179
- 【3】業務開始届出までに済ませなければならない事項 ·································· 180
- 【4】業務開始届出より前にしてはいけない事項 ·· 181
- 【5】業務開始届出より前にしてもよい事項 ·· 181

6 資産流動化計画 ··· 182
- 【1】総　論 ·· 182
- 【2】資産流動化計画の記載事項 ·· 182
- 【3】資産流動化計画に違反するとどうなるのか ·· 183
- 【4】資産流動化計画の変更 ·· 184

7 特定資産 ··· 185
- 【1】TMKが特定資産として保有できる資産 ·· 185
  - コラム　TMKが保有する特定資産はTMKが作り出す資産でもよいのか？ ·················· 187
- 【2】特定資産の管理処分方法 ·· 188

8 従たる特定資産 ··· 189
- 【1】はじめに ·· 189
- 【2】従たる特定資産の意義 ·· 189
- 【3】従たる特定資産に与えられる特例 ·· 190

9 TMKの業務 ··· 191
- 【1】他業禁止 ·· 191
- 【2】その他の業務規制 ·· 192

10 規制当局による監督の内容 ·· 193

11 特定目的会社（TMK）を用いた資産の流動化の流れ ································ 193

12 TMKを買主とする売買契約の締結時にTMKは手付金を支払うことができるのか ·· 194
- 【1】はじめに ·· 194
- 【2】資産流動化法上の「その他借入れ」 ·· 195
- 【3】その他借入れを使用しない方法 ·· 196

13 減税証明書 ··· 197

目次　xxiii

- 【1】はじめに ……………………………………………………………………… 197
- 【2】登録免許税の減免措置の内容 ……………………………………………… 197
- 【3】不動産取得税の減免措置の内容 …………………………………………… 197
- 【4】減税証明書の取得 …………………………………………………………… 198

14 優先出資の発行・払込金保管証明書等 …………………………………… 198
- 【1】はじめに ……………………………………………………………………… 198
- 【2】優先出資の発行手続き ……………………………………………………… 198

15 外国為替及び外国貿易法の届出 …………………………………………… 200

IV デットファイナンスによる資金調達 ………………………………… 201

1 はじめに ………………………………………………………………………… 201

2 倒産隔離の必要性 ……………………………………………………………… 202

3 特定社債の意義と種類 ………………………………………………………… 202
- 【1】特定社債の意義 ……………………………………………………………… 202
- 【2】特定社債の種類 ……………………………………………………………… 203
- 【3】振替特定社債 ………………………………………………………………… 203

4 特定社債の発行手続き ………………………………………………………… 205
- 【1】総額引受契約 ………………………………………………………………… 205
- 【2】募集特定社債の発行手続き ………………………………………………… 206

5 特定社債の私募 ………………………………………………………………… 207

6 一般担保 ………………………………………………………………………… 208

7 担保付社債信託法 ……………………………………………………………… 210
- 【1】特定社債への物上担保付与 ………………………………………………… 210
- 【2】担信法を使用しない場合の実務的対応 …………………………………… 211

8 特定資産への担保設定（保証委託方式） …………………………………… 212

9 特定資産への担保設定（支払補償委託方式） ……………………………… 213

> **コラム** ファイナンスの全額について特定資産への担保設定を可能にする方法―準消費貸借方式 …… 215

10 TMKへのノンリコースファイナンスのドキュメンテーション ……… 219

		【1】総額引受契約	219
		【2】スポンサーレター	220
		【3】ローン契約（金銭消費貸借契約）	221
		【4】プロジェクト契約	221
		【5】担保契約	221

Ⅴ TMKによる特定資産の追加取得等 ... 223

1 はじめに ... 223

2 平成23年改正の際の解釈変更 ... 223

【1】金融庁によるパブリックコメントへの回答 ... 223
【2】新たな特定資産の追加取得についての原則 ... 225
【3】禁止される追加取得 ... 225
【4】密接関連性の判断基準 ... 226
【5】業務開始届出時の資産流動化計画に記載又は記録がある資産の事後的な取得 ... 226

> **コラム** 特定資産追加取得に関する解釈変更のルールの適用に関する問題 ... 227

3 特定資産の管理・処分により得られる金銭を原資とする特定資産の取得 ... 229

【1】はじめに ... 229
【2】資産流動化法施行規則19条4号 ... 229

Ⅵ 不動産開発におけるTMKの利用等 ... 231

1 はじめに ... 231
2 TMKを使用した不動産開発の手順（基本型） ... 231
3 TMKを使用した不動産開発の手順（開発型への移行） ... 233
4 ゼネコンとの建設工事請負契約に関する注意点 ... 234

【1】契約形態 ... 234
【2】スポンサーレター ... 234
【3】建設工事請負契約上の権利の移転 ... 235

Ⅶ TMKストラクチャーへの金商法の適用 ... 235

- **1** はじめに ... 235
- **2** 募集に対する規制 ... 235
- **3** 開示規制 ... 236
  - 【1】はじめに ... 236
  - 【2】優先出資と少人数私募 ... 237
  - 【3】特定社債と適格機関投資家私募 ... 237
- **4** 運用に対する規制 ... 238
  - 【1】投資運用業への該当性の有無 ... 238
  - 【2】有価証券の購入及び売却行為 ... 238

VIII TMKストラクチャーの応用型 ... 239

- **1** はじめに ... 239
- **2** TMK／TKGKストラクチャー（ハイブリッドストラクチャー①） ... 239
  - 【1】ストラクチャーの概要 ... 239
  - 【2】ストラクチャー図の解説 ... 240
- **3** TMK／TKGKストラクチャー（ハイブリッドストラクチャー②） ... 241
  - 【1】ストラクチャーの概要 ... 241
  - 【2】ストラクチャーの使用方法その① ... 243
  - 【3】ストラクチャーの使用方法その② ... 244
- **4** 特定社債の引受人としての機関投資家についてのストラクチャー ... 246
  - 【1】はじめに ... 246
  - 【2】投資事業有限責任組合の利用 ... 246
  - 【3】TMKの利用（ダブルTMKストラクチャー） ... 248
  - 【4】信託の利用 ... 250
    - コラム　TMKの解散・清算と資金の本国送還（cash repatriation） ... 250

第4章　不動産特定共同事業法

Ⅰ　はじめに ……………………………………………………………………… 253
Ⅱ　不動産特定共同事業契約 ………………………………………………… 253
1　はじめに …………………………………………………………………… 253
2　不動産特定共同事業契約の類型と典型例 ……………………………… 254
3　海外で締結する匿名組合契約は不動産特定共同事業契約に該当するのか ……………………………………………………………… 256
【1】問題の所在 …………………………………………………………… 256
【2】関連する不特法施行令及び同法施行規則 ………………………… 256
【3】国土交通省のパブリックコメントに対する回答 ………………… 257
【4】実務上の対応 ………………………………………………………… 258
Ⅲ　不動産特定共同事業の類型 ……………………………………………… 258
1　はじめに …………………………………………………………………… 258
2　第1号事業及び第2号事業 ……………………………………………… 260
3　特例事業、第3号事業及び第4号事業 ………………………………… 262
【1】はじめに ……………………………………………………………… 262
【2】特例事業 ……………………………………………………………… 263
【3】専業要件 ……………………………………………………………… 264
【4】業務委託要件① ……………………………………………………… 266
【5】業務委託要件② ……………………………………………………… 267
【6】宅地造成又は建物建築工事 ………………………………………… 267
【7】その他の要件 ………………………………………………………… 268
【8】みなし宅建業者 ……………………………………………………… 269
【9】金融商品取引業と第4号事業の関係：第二種金融商品取引業の登録の必要性 …………………………………………………… 270
4　適格特例投資家限定事業 ………………………………………………… 270
5　小規模不動産特定共同事業 ……………………………………………… 272
Ⅳ　不動産特定共同事業の許可・規制 ……………………………………… 273

- **1** 許可の基準 273
- **2** 不動産特定共同事業契約約款の使用 275
  - 【1】不特法の規定 275
  - 【2】事務ガイドライン 276
- **3** 対象不動産変更型契約 276
- **4** 書面の交付、報告等情報開示に関する規制 277
- **5** 行為規制 278
- **6** 規制当局による監督 280

V 減税措置 281
- **1** はじめに 281
- **2** 減税措置の内容 281

VI 特例事業と他のストラクチャーとの比較 282
- **1** はじめに 282
- **2** 特例事業の特徴と問題点 283

第5章 不動産ファンドとは何か―規制緩和の必要性― 287

I はじめに 287

II 「不動産ファンド」の意味 287

III 不動産ファンドと不動産投資の仕組み（ストラクチャー） 288
- **1** 不動産投資の仕組み（ストラクチャー）の内実 288
- **2** 完結型不動産ファンドのための仕組み 289
- **3** 不動産投資手段のための仕組み 290
- **4** TKGKストラクチャー以外の仕組みについて 290

Ⅳ 「一人舞台投資の仕組み」としてのTKGKストラクチャー …… 291

1. はじめに …… 291
2. 営業者による匿名組合出資持分の取得勧誘行為 …… 291
3. 匿名組合員から受けた出資の営業者による運用行為 …… 292

Ⅴ 「一人舞台投資の仕組み」としてのTMKストラクチャー …… 292

1. はじめに …… 292
2. TMKの機関 …… 293
3. 資産流動化計画の作成・変更手続き …… 293
4. 優先出資の取得勧誘 …… 293
5. 他業禁止 …… 294
6. 規制当局の監督 …… 294

Ⅵ TMKストラクチャーで規制緩和が望まれるその他の事項 …… 295

1. 業務開始届出前の売買契約の締結 …… 295
2. TMKによる追加資産の取得 …… 295

Ⅶ 規制緩和の必要性 …… 296

第3編
不動産取引の主要契約 ……… 297

第1章　不動産取引の主要契約の概要 ……… 299
Ⅰ　はじめに ……… 299
Ⅱ　不動産取引の契約交渉の特色 ……… 300
1　はじめに ……… 300
2　不動産ファンドによる取引の特徴 ……… 301
【1】実質的判断権者の問題 ……… 301
【2】不動産ファンドの投資方針 ……… 302
3　海外不動産ファンドの取引の特徴 ……… 302
【1】投資家の所在国の法令による制限 ……… 302
【2】時間管理の重要性 ……… 303
【3】法律事務所の役割の重要性 ……… 304

第2章　不動産売買契約　総論 ……… 305
Ⅰ　不動産売買契約をみる視点 ……… 305
1　はじめに ……… 305
2　売買当事者の属性の視点 ……… 305
【1】はじめに ……… 305
【2】当事者が事業会社の場合 ……… 305
【3】当事者がSPCの場合 ……… 306
3　売買の目的物の視点 ……… 307
【1】現物不動産／不動産信託受益権 ……… 307
【2】信託受益権の組成時期による問題 ……… 307

- **4** 売買契約の締結日・実行日の視点 ········ 308

II 売買契約の締結・売買実行に向けたプロセス ········ 309
- **1** はじめに ········ 309
- **2** 秘密保持契約 ········ 309
  - 【1】情報開示可能な範囲 ········ 310
  - 【2】秘密保持義務の有効期間 ········ 310
- **3** 売買契約交渉の前段階の書面（Letter of Intent（意向表明書）等） ········ 310
  - 【1】交渉開始書面の目的 ········ 311
  - 【2】交渉開始書面の形式 ········ 311
  - 【3】交渉開始書面の内容 ········ 312
- **4** デューディリジェンスのための書類等のリクエスト ········ 314
- **5** 売買契約書のドラフトの作成開始にあたっての注意点 ········ 314
  - 【1】ファーストドラフトの重要性 ········ 314
  - 【2】売買契約の先例の使用 ········ 315

III 契約交渉破棄についての責任 ········ 316
- **1** はじめに ········ 316
- **2** 契約交渉過程において具体的な合意がある場合 ········ 316
- **3** 契約交渉過程において具体的な合意が存在しない場合 ········ 317
- **4** 実務上の対応 ········ 319
  - **コラム** 契約交渉の不当破棄（独占交渉義務違反）が争われたエピソード ········ 319

第3章 不動産売買契約 各論 ········ 323

I はじめに ········ 323

II 売買契約の表題と前文 ········ 323
- **1** 条項例 ········ 323
- **2** 売買の当事者（SPCの場合） ········ 324

- **3** 売買の目的物 ･･････325
- **Ⅲ 売買の合意** ･･････325
  - **1** 条項例 ･･････325
  - **2** 第1項の解説 ･･････326
  - **3** 第2項の解説 ･･････326
  - **4** 第3項の解説 ･･････327
- **Ⅳ 売買代金・手付** ･･････327
  - **1** 条項例（第1部） ･･････327
  - **2** 第1項の解説 ･･････328
  - **3** 第2項の解説 ･･････328
    - 【1】手付の合意 ･･････328
    - 【2】手付の種類 ･･････329
  - **4** 条項例（第2部） ･･････330
  - **5** 第3項及び第4項の解説 ･･････330
  - **6** 第5項の解説 ･･････331
- **Ⅴ 売主による書類等の引渡義務** ･･････332
  - **1** 条項例 ･･････332
  - **2** 第1項の解説 ･･････333
  - **3** 第2項の解説 ･･････333
    - 【1】売買契約における義務の不均衡 ･･････333
    - 【2】売主の視点 ･･････334
    - 【3】買主の視点 ･･････334
    - 【4】売主による書類等の引渡義務についての実務上の対応策 ･･････335
- **Ⅵ 買主の義務履行の前提条件** ･･････335
  - **1** 買主の義務履行の前提条件の持つ意味 ･･････335
    - 【1】買主の視点 ･･････335
    - 【2】売主の視点 ･･････336
    - 【3】CP不充足の効果 ･･････336

　　　　【4】CP充足の判断―買主の視点から ································ 338
　２ 条項例 ·· 338
　３ 第1項の解説 ··· 339
　　　　【1】本項の柱書部分 ·· 339
　　　　【2】個別の（買主）取引条件 ·· 340
　　　　【3】その他の前提条件 ··· 342
　４ 第2項の解説 ··· 343
　５ 第3項の解説 ··· 344
　６ 資金調達／「ローン特約」（ファイナンスアウト条項
　　　　―financing out）について ··· 344
　　　　コラム 買主がfinancing out CPを売主に承諾して
　　　　　　　　もらえたエピソード ·· 345

Ⅶ 売主の義務履行の前提条件 ··· 346
　１ 売主の義務履行の前提条件の持つ意味 ······································ 346
　２ 条項例 ·· 347
　３ 第1項の解説 ··· 348
　　　　【1】本項の柱書部分 ·· 348
　　　　【2】個別の（売主）取引条件 ·· 348
　　　　【3】その他の前提条件 ··· 349
　４ 第2項の解説 ··· 349

Ⅷ 本受益権譲渡の効力発生時期又は本件不動産の所有権移転時期 ··· 349
　１ 条項例 ·· 349
　２ 条項例の解説 ··· 350
　３ 売買実行日のやり取り ··· 350

Ⅸ 受益者・委託者の変更登記手続き又は所有権移転登記手続き ··· 351
　１ 受益者及び委託者の変更登記手続きの持つ意味 ························ 351
　２ 条項例 ·· 352

3 条項例の解説 352

X　現状有姿売買及び契約不適合責任等 353
　1「現状有姿売買」の持つ意味 353
　2 契約不適合責任 354
　　【1】契約不適合責任に対する買主の救済手段 354
　　【2】契約不適合責任の発生する場面 355
　　【3】契約不適合責任を負わない特約 356
　　【4】売主の責任の期間制限 358
　　【5】契約不適合責任と表明保証責任との関係 358
　　【6】宅建業者が売主の場合 358
　　【7】宅建業者が売主の場合における商法526条の適用 359
　　【8】品確法 360
　3 条項例 361
　4 第1項の解説 362
　5 第2項の解説 363
　6 第3項及び第4項の解説 363

XI　表明及び保証 364
　1 表明及び保証の持つ意味 364
　　【1】日本法における表明保証の法的性質 364
　　【2】不動産取引における表明保証 366
　2 売買契約における表明保証の機能 366
　3 表明保証の相手方に悪意又は重過失が存在する場合 367
　　【1】はじめに 367
　　【2】売主の視点 368
　　【3】買主の視点 369
　4 表明保証違反の効果 369
　5 実務における売主の表明保証に関する交渉 370
　　【1】買主の要求 370

- 【2】重要事項への限定 ... 371
- 【3】売主の主観的要件の付加 ... 371
- 【4】基本的な表明保証事項 ... 372
  - **コラム** 基本的な表明保証（fundamental representations）という考え方 ... 373
- 【5】情報に関する表明保証 ... 373
- 【6】デューディリジェンスにおけるQ＆A ... 374
- 【7】表明保証違反に対する補償請求の制限 ... 374
- 【8】売主による表明保証違反の是正機会の確保 ... 375
- 【9】表明保証保険の利用 ... 375

6 条項例 ... 375

7 第1項の解説 ... 376
- 【1】表明保証の時点―売主の視点から ... 376
- 【2】物件概要書 ... 377
- 【3】アンチサンドバッギング条項／プロサンドバッギング条項 ... 378

8 第2項の解説 ... 379

9 第3項の解説 ... 379

10 第4項の解説 ... 379

11 第5項の解説 ... 379

12 第6項の解説 ... 379

13 第7項の解説 ... 380

14 「売主の表明保証（条項例）」及び「買主の表明保証（条項例）」 ... 380

XII 誓約事項 ... 380

1 誓約事項の規定の持つ意味 ... 380

2 条項例 ... 381

3 第1項の解説 ... 382
- 【1】買主の視点 ... 382
- 【2】売主の視点 ... 382

目次　xxxv

4 第2項の解説 ... 383
5 第3項及び第4項の解説 ... 383
6 第5項の解説 ... 384
【1】はじめに ... 384
【2】建築工事請負人の担保責任 ... 385
7 第6項の解説 ... 386

XIII 既存賃貸借契約の承継 ... 387

1 はじめに ... 387
2 不動産賃貸借契約における賃貸人の地位の移転方法 ... 388
3 マスターリースストラクチャー ... 389
【1】マスターリースストラクチャーの効用 ... 389
【2】マスターリース契約の合意解約の効果 ... 390
4 マスターリースストラクチャーの構築―テナントからの承諾の要否 ... 392
【1】売主が賃貸人としてテナントに賃貸している不動産を取得する場合 ... 392
【2】売主が賃貸人としてテナントに賃貸している不動産を信託受益権として取得する場合 ... 392
【3】売主がマスターレッシーに賃貸し、マスターレッシーがエンドテナントに転貸している不動産を取得する場合 ... 393
<u>コラム</u> マスターリース契約の法的性質論 ... 395
5 マスターリースと賃貸住宅管理業法 ... 396
【1】はじめに ... 396
【2】賃貸住宅管理業法における登録義務 ... 396
【3】特定賃貸借契約から除外される契約 ... 397
【4】賃貸住宅管理業法における行為規制 ... 398
6 条項例 ... 399
7 第1項の解説 ... 400
8 第2項の解説 ... 400
【1】敷金の意義 ... 400

　　　　【2】売買代金からの敷金額の控除 ································ 401
　　　　【3】信託受益権売買の場合 ·· 401
　　9 第3項の解説 ·· 402
　　10 第4項の解説 ·· 402
　　11 第5項及び第6項の解説 ·· 402

XIV 本件不動産等の維持・管理責任 ································ 403
　　1 不動産等の維持・管理責任の規定の持つ意味 ············ 403
　　2 条項例 ·· 403
　　3 第1項の解説 ·· 404
　　4 第2項の解説 ·· 405
　　5 第3項の解説 ·· 405
　　6 第4項の解説 ·· 405

XV 公租公課等の負担と収益・費用の分担 ······················ 406
　　1 「公租公課等の負担と収益・費用の分担」の条項の持つ
　　　意味 ·· 406
　　2 条項例 ·· 407
　　3 第1項の解説 ·· 407
　　　　【1】固定資産税 ·· 407
　　　　【2】都市計画税 ·· 408
　　　　【3】精算金への消費税賦課 ···································· 408
　　4 第2項～第4項の解説 ·· 409
　　5 テナント誘致に関する仲介手数料についての条項例 ·· 409

XVI 危険負担 ·· 409
　　1 民法上の危険負担の意味 ·· 409
　　2 売買契約における表明保証の規定との関係 ················ 410
　　3 条項例 ·· 411
　　4 第1項の解説 ·· 412
　　5 第2項の解説 ·· 413

- **6** 第3項の解説 ································ 413
- **7** 第4項の解説 ································ 414

XVII 補　償 ································ 414
- **1** 補償条項の持つ意味 ································ 414
  - 【1】はじめに ································ 414
  - 【2】補償責任と債務不履行責任の相違点 ································ 415
- **2** 条項例 ································ 416
- **3** 第1項の解説 ································ 417
- **4** 第2項の解説 ································ 418
- **5** 第3項の解説 ································ 418
- **6** 第4項の解説 ································ 418

XVIII 売買契約の解除 ································ 419
- **1** 売買契約の解除の規定が持つ意味 ································ 419
- **2** 条項例（売主による解除の条項例） ································ 419
- **3** 第1項の解説 ································ 420
- **4** 第2項～第4項の解説 ································ 421
- **5** 第5項の解説 ································ 423
- **6** 条項例（買主による解除の条項例） ································ 423
- **7** 条項例の解説 ································ 424

XIX 売買実行後の解除禁止 ································ 425
- **1** 条項例 ································ 425
- **2** 条項例の解説 ································ 425

XX 反社会的勢力の排除 ································ 426
- **1** 反社会的勢力の排除条項の持つ意味 ································ 426
  - 【1】背　景 ································ 426
  - 【2】不動産業界における取組 ································ 426
  - 【3】暴力団排除条例 ································ 426
  - 【4】反社会的勢力の排除条項 ································ 427

	2 条項例		428
	3 条項例の解説		429

XXI 倒産不申立条項／責任財産限定条項 — 431
1 倒産不申立条項／責任財産限定条項の持つ意味 — 431
2 条項例 — 431
3 条項例の解説 — 433

XXII 一般条項 — 434
1 はじめに — 434
2 費用負担 — 434
3 契約上の権利等の譲渡禁止 — 435
4 守秘義務 — 435
5 遅延損害金 — 437
6 印紙代 — 437
7 通知条項 — 438
8 準拠法及び管轄裁判所 — 439
9 金融サービス提供法 — 439
10 法的救済手段の限定 — 440
11 協議条項 — 440

XXIII 売買契約に含まれ得るその他の条項 — 441
1 はじめに — 441
2 売主の解散・清算の禁止 — 441
3 腐敗防止、マネーロンダリング、制裁措置に関する法令等の遵守に関する規定 — 442
　【1】はじめに — 442
　【2】腐敗防止・マネーロンダリング防止 — 442
　【3】制裁措置の遵守 — 442
4 建物の名称の継続使用 — 443
5 完全合意条項 — 444

目次　xxxix

- 【1】はじめに ……………………………………………………………… 444
- 【2】完全合意条項に関する裁判例 ……………………………………… 444

第4章　建物賃貸借契約 …………………………………………… 449

I　はじめに …………………………………………………………… 449
❶ 不動産投資における建物賃貸借契約の位置づけ ………………… 449
❷ 投資家が建物賃貸借契約に関与する局面 ………………………… 450
❸ 契約交渉の不当破棄 ………………………………………………… 450

II　建物賃貸借契約の種類 ………………………………………… 450
❶ 建物を使用する契約の諸形態 ……………………………………… 450
❷ 海外投資家から注目される賃貸借の形態 ………………………… 452
- 【1】トリプルネットリース（triple net lease） ……………………… 452
- 【2】BTSリース ………………………………………………………… 453

III　定期建物賃貸借の特色と成立要件 ………………………… 453
❶ はじめに ……………………………………………………………… 453
❷ 定期建物賃貸借を利用する目的 …………………………………… 454
- 【1】契約終了時期の予測可能性 ……………………………………… 454
- 【2】賃料収入の予測可能性 …………………………………………… 454
- 【3】その他の定期建物賃貸借のメリット …………………………… 455
- 【4】定期建物賃貸借のデメリット …………………………………… 455
❸ 定期建物賃貸借の成立要件 ………………………………………… 456
❹ 要件①「『建物』の賃貸借契約であること」 …………………… 456
❺ 要件②「契約の更新がないこととする旨の定めがあること」 …………………………………………………………… 457
❻ 要件③「期間の定めのあること」 ………………………………… 457
- 【1】期間の定めの意味 ………………………………………………… 457
- 【2】始期が確定日でなければならないことの影響 ………………… 458
- 【3】契約期間 …………………………………………………………… 459

- **7** 要件④「公正証書等の書面によって契約すること」 ……… 460
- **8** 要件⑤「建物の賃貸人が、あらかじめ、建物の賃借人に対し、建物の賃貸借は契約の更新がなく、期間の満了により当該建物の賃貸借は終了することについて、その旨を記載した書面を交付して説明すること」 ……… 460
  - 【1】事前説明文書の独立性と内容 ……… 461
  - 【2】事前説明文書の交付は事前であること ……… 462
    - コラム 定期建物賃貸借契約の契約期間の延長は可能か？延長する場合、契約の変更をする変更契約（又は覚書）を締結することのみで十分か？ ……… 462
  - 【3】重要事項説明書による代替可能性 ……… 463
  - 【4】説明義務 ……… 464

IV 普通建物賃貸借と定期建物賃貸借との比較 ……… 465
- **1** はじめに ……… 465
- **2** 賃貸借の用途 ……… 465
- **3** 契約成立の要件 ……… 465
- **4** 契約期間 ……… 465
- **5** 賃料増減請求権 ……… 466
- **6** 契約更新の有無 ……… 467
- **7** 中途解約権 ……… 468
  - 【1】期間の定めのない普通建物賃貸借 ……… 468
  - 【2】期間の定めのある普通建物賃貸借 ……… 468
  - 【3】定期建物賃貸借 ……… 468

第5章　定期建物賃貸借契約の契約条項の概説 ……… 471

I はじめに ……… 471

II 定期建物賃貸借契約の表題と前文 ……… 471
- **1** 条項例 ……… 471
- **2** 賃貸人がSPCの場合 ……… 472

III 定期建物賃貸借及び賃貸借の合意、使用目的、賃貸借期間 — 474
1 条項例 — 474
2 条項例の解説 — 475

IV 賃　料 — 476
1 条項例 — 476
2 条項例の解説 — 476

V 諸費用の負担 — 478
1 条項例 — 478
2 条項例の解説 — 478

VI 敷　金 — 478
1 敷金についての解説 — 478
【1】敷金の法的性質 — 478
【2】敷金によって担保される債務の範囲 — 479
【3】敷金の返還時期 — 479
【4】敷金の担保としての効力の実現 — 479
【5】当事者の変更と敷金の承継 — 480
[a]賃借人が変更する場合 — 480
[b]賃貸人が変更する場合 — 480
2 条項例 — 481
3 条項例の解説 — 481

VII 賃借人による使用収益（善管注意義務、用法遵守義務、禁止事項等） — 482
1 はじめに — 482
2 条項例 — 482
3 条項例の解説 — 483

VIII 造作の設置、建物の保守・修繕 — 484

- **1** はじめに ... 484
- **2** 造作の設置 ... 484
- **3** 建物の保守・修繕 ... 485
  - 【1】賃貸人の修繕義務 ... 485
  - 【2】修繕に関する賃借人の権利義務 ... 486
  - 【3】賃貸人の担保責任 ... 486
- **4** 条項例 ... 487
- **5** 条項例の解説 ... 487

IX 賃借人の通知義務及び届出義務 ... 488
- **1** 条項例 ... 488
- **2** 条項例の解説 ... 488
  - 【1】通知義務 ... 488
  - 【2】届出義務 ... 489

X 保　険 ... 489
- **1** 条項例 ... 489
- **2** 条項例の解説 ... 489

XI 賃貸人による立ち入り ... 490
- **1** 条項例 ... 490
- **2** 条項例の解説 ... 491

XII 不可抗力による建物の滅失・毀損 ... 491
- **1** 条項例 ... 491
- **2** 条項例の解説 ... 491

XIII 契約の中途解約及び解除（違約金の規定を含む） ... 493
- **1** 契約の中途解約の条項例 ... 493
- **2** 条項例の解説 ... 493
- **3** 契約の解除と解約の相違 ... 493

- **4** 契約解除の条項例 ……………………………………………… 494
- **5** 条項例の解説 …………………………………………………… 495
  - 【1】第1項及び第2項 …………………………………………… 495
  - 【2】信頼関係破壊の法理 ………………………………………… 495
  - 【3】倒産解除条項の有効性 ……………………………………… 496
  - 【4】違約金（残存期間分の賃料相当額）の有効性 …………… 497

XIV 建物の明渡し及び原状回復 …………………………………… 498
- **1** はじめに ………………………………………………………… 498
- **2** 条項例 …………………………………………………………… 500
- **3** 条項例の解説 …………………………………………………… 501

XV 損害賠償、補償、遅延損害金 …………………………………… 502
- **1** 条項例 …………………………………………………………… 502
- **2** 条項例の解説 …………………………………………………… 502

XVI 反社会的勢力の排除 ……………………………………………… 503
- **1** はじめに ………………………………………………………… 503
- **2** 条項例 …………………………………………………………… 504

XVII 再契約の協議 ……………………………………………………… 505
- **1** はじめに ………………………………………………………… 505
- **2** 条項例 …………………………………………………………… 505

XVIII その他の条項 ……………………………………………………… 505
- **1** その他の条項 …………………………………………………… 505

第6章　建設工事請負契約 …………………………………………… 507

I はじめに ……………………………………………………………… 507
- **1** 当事者 …………………………………………………………… 507
- **2** 契約書 …………………………………………………………… 507

II 建築プロジェクトの流れ ……………………………………… 508
1 はじめに ……………………………………………………………… 508
2 建築プロジェクトの進行の概説 ……………………………………… 509
【1】設計と施工の関係 ……………………………………………… 509
【2】調査・企画業務委託契約 ……………………………………… 510
【3】建築設計・監理業務委託契約 ………………………………… 511
【4】建設工事請負契約 ……………………………………………… 512

III 建設工事請負契約の契約交渉の特色 ……………………… 513
1 約款の使用 …………………………………………………………… 513
【1】民間（七会）連合協定工事請負契約約款 …………………… 513
【2】民間建設工事標準請負契約約款 ……………………………… 514
【3】日本建設業連合会の設計施工約款 …………………………… 514
【4】いずれの約款を選択すべきか ………………………………… 515
2 弁護士（法律事務所）の関与 ………………………………………… 515
3 発注者側の資金調達 ………………………………………………… 515

IV 民間（七会）連合協定工事請負契約約款による建設工事請負契約 …………………………………………… 516
1 はじめに ……………………………………………………………… 516
2 七会約款を使用した建設工事請負契約の構造 ……………………… 516

V 七会約款への追加又は変更を検討すべきポイント ……………………………………………………………… 517
1 はじめに ……………………………………………………………… 517
2 設計施工を同一のゼネコンに発注する場合の検討ポイント ……………………………………………………………… 518
【1】設計施工を同一のゼネコンに発注する場合 ………………… 518
【2】七会約款第9条（監理者）………………………………………… 518
【3】七会約款第16条（設計及び施工条件の疑義、相違など）…… 518
【4】七会約款第17条（工事用図書のとおりに実施されていない施工）……………………………………………………… 519

- 【5】七会約款第19条（第三者損害） ······ 519
- 【6】七会約款第20条（施工について生じた損害） ······ 519
- **3** 分離発注方式・一括発注方式にかかわらず検討に値するポイント ······ 520
  - 【1】七会約款第6条（権利、義務の譲渡などの禁止） ······ 520
  - 【2】七会約款第7条の2（秘密の保持） ······ 520
  - 【3】七会約款第26条（請求、支払、引渡）その① ······ 521
  - 【4】七会約款第26条（請求、支払、引渡）その② ······ 521
  - 【5】七会約款第28条（工事の変更、工期の変更） ······ 522
  - 【6】七会約款第29条（請負代金額の変更） ······ 522
  - 【7】建設工事保険、請負業者賠償責任保険 ······ 523
  - 【8】倒産隔離、責任財産限定の規定 ······ 523
  - 【9】反社会的勢力の排除等の規定 ······ 524
  - 【10】紛争解決条項 ······ 524

第7章　匿名組合契約 ······ 525

I　はじめに ······ 525

II　匿名組合契約のパターン ······ 526
- **1** はじめに ······ 526
- **2** 複数の匿名組合員による不動産ファンドか否か、匿名組合員は非居住者か否か ······ 526
- **3** 匿名組合員は営業者からみて実質的な意味で第三者なのか否か ······ 526
- **4** 投資対象は現物不動産か否か ······ 527

III　匿名組合契約の法的性質 ······ 527
> **コラム**　匿名組合契約を利用した転換権付社債又はローン ······ 528

IV　匿名組合契約の合意 ······ 529

- **1** 条項例 ……………………………………………………………… 529
- **2** 条項例の解説 ………………………………………………………… 529

Ⅴ 匿名組合事業 ……………………………………………………… 529
- **1** 条項例 ……………………………………………………………… 529
- **2** 条項例の解説 ………………………………………………………… 531
  - 【1】匿名組合事業（第1項）……………………………………… 531
  - 【2】営業者による本事業の遂行（第2項）……………………… 531
    - コラム　匿名組合員に一定の重要な事項についての承諾権を付与することは匿名組合性を害するのか ……… 531
  - 【3】アセットマネジメント契約（第3項）……………………… 534
  - 【4】財産の帰属（第4項）………………………………………… 534
  - 【5】他の事業の禁止（第5項）…………………………………… 534
  - 【6】利益保証及び損失補てんの禁止（第6項）………………… 535

Ⅵ 他の匿名組合契約 ………………………………………………… 535
- **1** はじめに …………………………………………………………… 535
- **2** 条項例 ……………………………………………………………… 536
- **3** 条項例の解説 ………………………………………………………… 536
  - 【1】他の匿名組合契約の締結（第1項）………………………… 536
  - 【2】他の匿名組合員との公平（第2項及び第5項）…………… 536
  - 【3】他の匿名組合契約が存在することの法的影響（第3項及び第4項）……………………………………………… 537

Ⅶ 出　資 ……………………………………………………………… 538
- **1** はじめに …………………………………………………………… 538
- **2** 条項例 ……………………………………………………………… 538
- **3** 条項例の解説 ………………………………………………………… 539
  - 【1】当初出資（第4条）…………………………………………… 539
  - 【2】追加出資（第5条）…………………………………………… 540
    - コラム　「営業者による出資」という考え方 ……………… 540

Ⅷ 表明及び保証 ……………………………………………………… 541

- **1** はじめに ……………………………………………………………… 541
- **2** 営業者の表明及び保証の条項例 ………………………………… 541
- **3** 条項例の解説 ………………………………………………………… 545
  - 【1】はじめに ………………………………………………………… 545
  - 【2】(5) 号（政府の許認可）………………………………………… 545
  - 【3】(13) 号（本件一般社団法人）………………………………… 546
  - 【4】(17) 号（本件信託受益権及び本件不動産）……………… 546
- **4** 匿名組合員の表明・保証の条項例 ……………………………… 547
- **5** 条項例の解説 ………………………………………………………… 548
  - 【1】はじめに ………………………………………………………… 548
  - 【2】(7) 号（適格性）………………………………………………… 548
  - 【3】(9) 号（匿名組合員の財務状態）…………………………… 549

IX 匿名組合員の監督権 ……………………………………………… 549
- **1** 条項例 ………………………………………………………………… 549
- **2** 条項例の解説 ………………………………………………………… 550

X 営業者の誓約 ……………………………………………………………… 550
- **1** 条項例 ………………………………………………………………… 550
- **2** 条項例の解説 ………………………………………………………… 552
  - 【1】はじめに ………………………………………………………… 552
  - 【2】営業者の禁止事項（第1項）………………………………… 552
  - 【3】営業者の遵守事項（第2項）………………………………… 552
  - 【4】匿名組合員への諮問（第3項）……………………………… 553

XI 計算期間と損益の帰属 ……………………………………………… 554
- **1** 条項例 ………………………………………………………………… 554
- **2** 条項例の解説 ………………………………………………………… 555
  - 【1】計算期間（第1項及び第2項）……………………………… 555
  - 【2】会計原則（第3項）……………………………………………… 555
  - 【3】利益の分配（第4項）………………………………………… 555

　　　　【4】損失の分配（第5項） 555
　　　　【5】利益配当の制限（第6項） 555
　　　　【6】営業者の報酬（第8項） 556

XII 現金の分配 556
1 条項例 556
2 条項例の解説 557
　　　　【1】現金分配の方法（第1項） 557
　　　　【2】支払限度額（第2項） 557
　　　　【3】税法その他法令等の改廃等による制限（第3項） 557

XIII 計算書類及び報告等 558
1 条項例 558
2 条項例の解説 559

XIV 譲渡等 559
1 はじめに 559
2 適格機関投資家等特例事業を利用する場合の対応 560
　　　　【1】特例私募の場合の譲渡制限 560
　　　　【2】特例運用の場合の譲渡制限 561
3 投資運用業者に運用権限の全部を委託する場合の対応 561
4 開示制度の規制への対応 561
5 条項例 562
6 条項例の解説 563
　　　　【1】営業者による譲渡（第1項） 563
　　　　【2】匿名組合員による譲渡（第2項） 563
　　　　【3】匿名組合員による譲渡の際の告知事項（第3項） 563
　　　　【4】匿名組合員による譲渡に対する金商法の制限（第4項） 564

XV 契約期間、本契約の終了 564
1 契約期間の条項例 564
2 条項例の解説 565

- 【1】契約期間（第1項） ... 565
- 【2】契約終了事由との関係（第2項） ... 565
- 【3】レンダーとの関係（第3項） ... 565
- **3** 匿名組合契約の終了の条項例 ... 565
- **4** 条項例の解説 ... 567
  - 【1】匿名組合契約の終了事由（第1項） ... 567
  - 【2】匿名組合員の契約解除権（第2項） ... 567
  - 【3】営業者の契約解除権（第3項） ... 568
  - **コラム** 匿名組合員の破産と匿名組合契約の終了 ... 568

XVI 匿名組合契約終了時の処理 ... 570

- **1** 匿名組合契約終了の効果 ... 570
- **2** 条項例 ... 571
- **3** 条項例の解説 ... 572
  - 【1】他の匿名組合の終了との関係（第1項） ... 572
  - 【2】本事業の清算方法（第2項） ... 572
  - 【3】レンダーからの借入債務との関係（第3項） ... 573
  - 【4】本事業の不成功（第5項） ... 573
  - **コラム** 一部の匿名組合契約のみの終了による出資金の返還留保に代わる方法 ... 573

XVII レンダーとの関係（劣後特約等） ... 574

- **1** はじめに ... 574
- **2** 条項例 ... 575
- **3** 条項例の解説 ... 576
  - 【1】期限の到来しているレンダーへの劣後（第1項） ... 576
  - 【2】レンダーへの債務の期限の利益喪失事由が発生した場合（第2項） ... 576
  - 【3】倒産手続きが開始された場合（第3項） ... 577
  - 【4】優先順位に反する支払の受領（第4項） ... 577
- **4** 責任財産限定特約の条項例 ... 578

| ❺ 倒産不申立条項の条項例 | 578 |
| XVIII その他の条項 | 579 |

第8章　不動産アセットマネジメント契約 … 581

I アセットマネジメント契約の必要性 … 581
II アセットマネジャーの属性 … 582
III アセットマネジメント契約の作成・リビューにおける視点 … 583
IV アセットマネジメント契約のパターン … 584
❶ はじめに … 584
❷ 不動産資産が現物不動産か信託受益権なのか … 584
❸ 契約の相手方は合同会社か、TMKなのか（ストラクチャーの相違） … 585
❹ アセットマネジャーの保有するライセンスは何か … 585
V アセットマネジャーにより提供されるサービス … 585
❶ はじめに … 585
❷ アセットマネジャーが提供するサービスの内容 … 586
VI アセットマネジャーに必要となるライセンス … 590
❶ はじめに … 590
❷ 中核となるライセンス … 590
【1】信託受益権の取得、管理及び売却についての投資判断を行うこと … 590
【2】信託受益権の取得、管理及び売却についての助言を行うこと … 591
【3】現物不動産の取得、管理及び売却についての投資判断や助言を行うこと … 592

- **3** その他のライセンス ·· 593
- **4** アセットマネジメント契約の契約書作成及びリビューにおける注意点 ·································· 595
  - **コラム** アセットマネジャーによるローンの借入れのアレンジ ······················ 595
- **5** アセットマネジメント業務とライセンスに関するリスク ····· 598
  - 【1】はじめに ·· 598
  - 【2】私募の取扱い ··· 598
  - 【3】信託受益権売買の媒介・代理 ······························· 599
  - 【4】GKによる自己募集 ··· 599
  - 【5】海外での取得勧誘 ··· 600
    - **コラム** アセットマネジャーが必要なライセンスを有しない場合への対処 ······················ 600

VII アセットマネジャーに要求される顧客に対する注意義務と責任 ··· 602

- **1** はじめに ·· 602
- **2** 法令及び契約上アセットマネジャーに要求される顧客に対する注意義務等 ··································· 602
  - 【1】SPCの資産が信託受益権の場合：金商法上の顧客に対する義務 ·· 602
  - 【2】SPCの資産が現物不動産の場合：宅建業法・不特法上の顧客に対する義務 ································ 603
  - 【3】アセットマネジメント契約上の顧客に対する義務 ······ 603
- **3** アセットマネジャーの責任 ·· 604
  - 【1】責任発生の根拠条項 ··· 604
  - 【2】アセットマネジャーの責任を限定する規定 ············· 605

VIII アセットマネジャーの報酬 ··································· 606

- **1** はじめに ·· 606
- **2** アセットマネジャーの報酬の種類（例） ························ 607

XIV レンダーとの関係 ··· 608

- **1** はじめに ……………………………………………………… 608
- **2** アセットマネジャーがSPCに対して有する債権
  （AM債権）の劣後 ………………………………………… 609
- **3** AM債権の責任財産はリリース口座内の資金に限定 …… 611
- **4** 配当停止事由が生じ、解消しない場合のリリース
  口座への振替停止 ………………………………………… 611
- **5** アセットマネジャーによるAM債権に関するSPCの
  債務との相殺禁止 ………………………………………… 612
- **6** レンダーによるアセットマネジメント契約の解除
  （AM kick-out）及び新アセットマネジャーの起用 …… 613
- **7** アセットマネジメント業務の再委託の禁止 …………… 614
- **8** アセットマネジャーによるレンダーの損失の補償 …… 614

第9章　結びに代えて …………………………………………… 617

巻末資料 …………………………………………………………… 619

　　巻末資料1　機関投資家の範囲 ………………………………… 620
　　巻末資料2　買主から要求され得る「売主の表明保証」
　　　　　　　（条項例） ……………………………………………… 628
　　巻末資料3　買主の表明保証（条項例） ……………………… 637

事項索引 …………………………………………………………… 639
執筆者紹介 ………………………………………………………… 651

凡 例

I 法令等

外為法	外国為替及び外国貿易法
企業開示府令	企業内容等の開示に関する内閣府令
金商法	金融商品取引法
金商法業府令	金融商品取引業等に関する内閣府令
金商法施行令	金融商品取引法施行令
金商法定義府令又は定義府令	金融商品取引法第二条に規定する定義に関する内閣府令
金融サービス提供法	金融サービスの提供及び利用環境の整備等に関する法律
公拡法	公有地の拡大の促進に関する法律
国土法	国土利用計画法
資産流動化法	資産の流動化に関する法律
社債株式振替法	社債、株式等の振替に関する法律
重要土地等調査法	重要施設周辺及び国境離島等における土地等の利用状況の調査及び利用の規制等に関する法律
宅建業法	宅地建物取引業法
建物区分所有法	建物の区分所有等に関する法律
投信法	投資信託及び投資法人に関する法律
投資事業有限責任組合契約法	投資事業有限責任組合契約に関する法律
特定有価証券開示府令	特定有価証券の内容等の開示に関する内閣府令
品確法	住宅の品質確保の促進等に関する法律
不特法	不動産特定共同事業法

II 裁判例

例）最判平成18年2月23日民集60巻2号546頁
　　＝最高裁判所平成18年2月23日判決、最高裁判所民事判例集60巻2号546頁

最判（決）	最高裁判所判決（決定）
高判	高等裁判所判決
地判	地方裁判所判決

III 文献

判例集・雑誌等

金融庁のパブリックコメントへの回答	金融庁「コメントの概要及びコメントに対する金融庁の考え方」
新聞	週刊法律新聞
民録	大審院民事判決録
民集	（大審院又は最高裁判所）民事判例集
判時	判例時報
判タ	判例タイムズ

第 1 編

不動産取引において基本となる概念・制度

第1編

第1章　不動産取引と法律家の役割

Ⅰ　不動産概念の多様性

　最初に根本的な概念である「不動産」について簡単に述べることにしたい。不動産の定義は、民法では「土地及びその定着物」（民法86条1項）であり、不動産登記法では「土地又は建物」（不動産登記法2条1号）とされており、若干の相違がある。相違の理由は、不動産登記法が登記の観点から不動産をみていることによるが、同じ国でも法令により、不動産の意味が異なり得るのである。本書では、通常の不動産取引の対象となる土地及び建物を対象とする。また、欧米の不動産概念と日本のそれも異なる。欧米では日本のように土地と建物を別個の独立した不動産とは扱わず、土地と建物は一体のものとして理解されている。このことは海外の投資家や法律家と日本の不動産の法制を議論する際に混乱を避けるために最初に説明しておく必要がある点の一つである。

Ⅱ　不動産取引に関連する法律

　本書は「企業不動産取引法」と題しているが、「企業不動産取引法」という名称の法律が存在するわけではない。企業（プロの投資家及び不動産ファンドを含む）が不動産取引を行う際に、実際に適用される法律は極めて多岐にわたる。不動産に関連する細かい法令は数多くあり、それらについて細部にわたる知識を必要とする場合もあるが、必ずしも不動産のみを対象とするわけではない法令についても理解が必要となる場合も多い。

　企業間の不動産取引に関与するために勉強しなければならない法律分野は広く、ある同僚弁護士の「不動産業務は陸上の十種競技のようだ」という言葉に、筆者も同じ思いを抱いたことがある。また、弁護士であってもすべての法令に精通することは困難で、他の専門家の助けを借りる必要が大きいことも企業間の不動産取引の特色である。

III 不動産取引と法律家の役割

　本書で扱う不動産取引とは、売買、賃貸借という典型的な取引を意味するが、特に企業が投資として行う取引に焦点を当てる。企業による不動産投資は、投資対象となる不動産を購入し、それを賃貸することや、売却することにより利益を得ることを目的とする活動である。当初から「売却」という出口を強く意識して資金を投入する点は個人による住宅購入などとは少し異なる。資金を投入してより多くの資金を獲得しようとする行為には当然リスク（つまり資金を失う危険）が伴うことから、そのリスクをどのようにコントロールするのかが重要となる（回避することができない場合もあるので「コントロール」と表現する）。不動産投資におけるリスクの軽減方法としては、一般に以下の諸点を指摘することができる[1]。

- デューディリジェンス
- 投資する不動産タイプの限定
- ポートフォリオレベルでの投資の分散化
- 保険等
- 適切な専門家の起用
- 売買契約、アセットマネジメント契約、賃貸借契約等での工夫
- 適正な管理仕様の維持
- 管理運営の適正履行チェック
- 法改正・リコール情報の定期的な収集
- 計画的な修繕の実施、改修工事の実施
- 出口の事前確保
- 融資面での工夫
- マーケットサイクルの見極め

1) 　川口有一郎監修『不動産証券化協会認定マスター養成講座テキスト　102科目：不動産投資の実務』（一般社団法人不動産証券化協会、2022年）14頁以下「第Ⅰ部　不動産投資総論」［中山善夫＝稲月伸仁］にこれらの項目の解説がある。「適切な専門家の起用」や「売買契約その他の契約の内容」もリスクコントロールに重要なため、それらの点は筆者が追加した。

上記の各項目には法律家が担当しないものもあるが、他の専門家と協力しつつそれらに内在又は関連する法的リスクを見極めてそのコントロールを図ることは法律家の役目である。本書の各所で述べられる事項は究極的には法的リスクのコントロールにつながることを意識していただければと思う。

　不動産は不思議な存在である。不動産は、人々の居住、仕事、レジャーの場所となる物でありながら、常に投資の対象となり、その価値の変動は人々の生活に大きな影響を与える。筆者が弁護士になった時期（1987年）は、バブルの最中で不動産価格は高騰しており、東京にまともな家など一生持てないと思っていたが、バブル崩壊により価格は劇的に下落した。その後、2003年から2007年にかけて徐々に不動産価格は上昇した。しかし、金融危機とリーマンショックで再度不動産価格は大きく下落した。その後、現在に至るまで不動産価格は上昇し高値が継続しているようだが、今後の金融政策次第では不動産価格は軟調となり得る。通常、「不動産取引サイクル」は、①取引額増加・利回り低下（価格上昇）→②取引額減少・利回り低下→③取引額減少・利回り上昇（価格下落）→④取引額増加・利回り上昇、と逆時計回りのサイクルで動くと考えられている[2]。当然ながら実際の不動産取引実務も不動産取引サイクルの影響を大きく受ける。単純に考えても売主の交渉力が強い価格上昇局面と買主の交渉力が強い価格下落局面とでは売買条件の交渉内容が相違するのは明らかである。不動産取引の手法についても、バブル崩壊後の不良債権処理の局面では、バルクセール（金融機関などが大量の不良債権及び担保不動産を第三者に売却すること）が行われたが今日ではそのような取引はみられない。金融危機前は、ノンリコースローンを束ねてSPCに譲渡してSPCが証券を投資家に発行するという不動産証券化ビジネスが栄えたが、これも現在はみられない。不動産取引サイクルは、取引の内容だけではなく、方法も変えてきたし、その時々の取引実務の形成の原動力となってきたのである。

　また、技術の進歩（特にITの進歩）も不動産取引のありようを変えてきた。昔は紙ベースの資料をそろえたデータルームでデューディリジェンスを行うこ

---

[2]　吉田資「『不動産取引サイクル』でみる不動産投資市場の動向」（ニッセイ基礎研究所ウェブサイト、2022年6月3日）。

ともあったが、現在はIT技術の進歩でオンラインのデータルームを活用した資料の閲覧・検討ができる。不動産登記は2008年にはすべてオンライン申請が可能となったし、電子的な契約の締結も可能となった。さらに社会の変化に合わせた法令の改正も不動産取引の内容に大きな影響を与え続けている。

　不動産取引は、マーケットのサイクル、技術の進歩や法令の整備により絶えず変化していくものであることがお分かりいただけると思う。そして法律家の役割は、その都度、法的リスクに適切に対応していくことである。本書の内容は、本書執筆時の不動産取引の断面に光を当てるものであるが、今後も不動産取引の変化とともに常に見直しを要するものであることをあらかじめお断りしておきたい。

第1編

第2章　企業間の不動産取引の特色

　個人が経験する不動産取引の多くは、住宅の購入、そのための不動産を担保とした金融機関からの借入れ（住宅ローン）であろう。この場合、不動産売買契約、金銭消費貸借契約（ローン契約）及び抵当権設定契約が必要となる。宅地建物取引業者（以下「宅建業者」という）が関与する場合には、当該宅建業者との媒介契約が加わる。投資目的を有している個人の場合には、それらの契約に購入した不動産の賃貸借及び出口戦略として何年か後の不動産の売却が加わることになる。このような個人による不動産取引は、たとえその相手方が企業であったとしても、多くは定型化されていて、価格を含むいくつかの事項を除くと、交渉によって取引条件が個別的に決定される部分はあまり多くない。もちろん、取引の内容は、契約自由の原則が働くところであるため、本来は当事者が時間をかけて自由に交渉して、両者が納得するものにすることが可能なのだが、実際には宅建業者が用意したテンプレート（ひな型）に多少の特約事項を加えて契約書を作成することが多い。このような場合、取引の内容が定型化されているため、弁護士等の専門家が取引に関与することも多くはなく、宅建業者に加え、金融機関からの借入れを担保する抵当権の設定のために司法書士が起用される程度にとどまる。取引に必要な書面もそれほど多くはなく、取引に参加する者の数もおのずと限定されたものになる。

　他方、企業間の不動産取引は、個人の関与する不動産取引の延長線上にあるようなものも存在するが、取引当事者の属性や取引目的（例としては、不動産ファンドによる投資なのか事業会社による事業目的のための取引なのか等）及び不動産の個別の事情を背景として、時間をかけて100件以上の書面の作成が必要となる場合まであり、また取引の規模により、取引に参加する者の数も増加する傾向にある（第3章において適宜詳述する）。企業間の不動産取引は、個人の関与する不動産取引とは様相を大きく異にするものになり得るのである。

　企業間の不動産取引の一例として、不動産ファンドによる既存の収益不動産

への投資を挙げると、以下のような手順を経て、多くの書面が取り交わされる。下記のプロセスは、多くの場合、全体で少なくとも2か月、場合によっては3か月以上の時間を要する。

- 投資対象物件の探索

  買主は、この段階では、不動産アセットマネジャーやブローカー等のネットワークを活用して、自己の投資目的に合致した物件を探すことになる。買主は、投資の対象となる物件を探索し、物件を絞り込んだ後、売主との間で、秘密保持契約を締結する。売主から一定の情報をもらわないと買主としても取引を進めるか否か判断できないため、秘密保持のための契約が締結されるのである。

- Letter of Intent（意向表明書）（又は売渡証明書・買付証明書）

  売主と買主がそれぞれ売買契約の締結に向けて交渉を開始するためにLetter of Intent（意向表明書）（又は売渡承諾書・買付証明書）のやり取りが売買当事者間でなされる。通常、これら書面では、売買については法的拘束力を否定しつつ、売買がなされる場合の大まかな取引内容及びスケジュール等の記載がなされる。

- 投資のためのストラクチャーの決定

  買主は投資のためのストラクチャーを検討し、決定する。投資家にとっては、税効率がよくかつ法的にも実行可能で、有利な条件で融資（ノンリコースファイナンス）を受けることができる投資ストラクチャーを選択することになる。そのためには税務アドバイザー及び弁護士との協議が必要である。

- 決定された投資ストラクチャーの組成

  決定された投資ストラクチャーを組成するため必要な投資ビークルとなる法人（例えば、合同会社、特定目的会社及びそれらの親会社となる一般社団法人など）が設立され、その役員となる者が選任される。この場面では、弁護士、司法書士、会計事務所等の関与が必要となる。また、投資ストラクチャーを使

用するため、買主は、投資用のSPV（Special Purpose Vehicle）を使用することになり、購入資金の拠出を行う者と売買契約の当事者としての買主となる者とが異なることになる。以下、本章において「買主」とは実質的な購入資金の拠出を行う者を意味する。

- 売買対象となった不動産の調査（デューディリジェンス）

売買対象となった物件の調査（デューディリジェンス）[3]を行う。買主は、対象物件に何らかの物理的な問題や法的問題がないかを確認し、取得するのか、取得するとして何らかの条件をつける必要があるのか等を検討する。仮に問題が発見された場合でも是正可能な問題であれば、買主は取引を進め、売買契約において売主に是正を求めることもある。不動産ファンドが投資を決定するには、投資委員会による承認が必要となるのが通例のため、デューディリジェンスを行わずに売買がなされることはない。対象物件のデューディリジェンスのために、不動産の物理的な側面を調査する専門家と法的側面を調査する弁護士の両方が起用されることが多い（第4章（⇒35頁））。

- 売買契約等の契約書作成

売買契約等の契約書作成が上記に並行して行われる。このプロセスには、売主と買主のそれぞれが起用する弁護士（並びに融資を行う金融機関が起用する弁護士）が関与するのが通常であるが、売主側が売買に習熟している場合には、弁護士を起用しないことも多い（費用節約のためもある）。また、買主は、不動産そのものではなくその信託受益権売買を望む場合も多く（第3章Ⅸ（⇒26頁））、そのような場合、信託の受託者（ほとんどの場合、信託銀行）の関与

---

[3] デューディリジェンス（Due Diligence）とは、元来、米国において証券発行時に発行者が提供する情報が「1933年証券法」の開示基準に一致しているか否かを弁護士等が確認する作業の総称であり、投資家が投資判断を行う上で、投資パフォーマンスに営業を及ぼすあらゆる要素の調査を意味する語として広く使われるようになった（川口有一郎監修『不動産証券化協会認定マスター養成講座テキスト　102科目：不動産投資の実務』（一般社団法人不動産証券化協会、2022年）118頁［第Ⅲ部　デューデリジェンスと不動産鑑定評価］［石黒徹＝土佐林忠志］）。日本でも様々な投資対象への投資を行う際の調査作業を広く「デューディリジェンス」といい、不動産投資の分野でも定着している用語である。

が必要となる。

- 融資（ノンリコースファイナンス）の調達

買主は、その購入資金の調達のために金融機関を選定し、選定された金融機関との間で融資の条件を合意し（通常は基本的な条件が記載されたタームシートが取り交わされる）、その後、資金調達（通常はノンリコースローン。第3章Ⅷ（⇒25頁））のための契約書作成がなされる。

- 売買契約の締結と実行（クロージング）

売買契約の締結と代金の決済（「売買の実行」や「クロージング」といわれる）を同じ日に行う場合もあるが、多くの場合、両者を別の日として、融資に関する契約の進行状況等を考慮し、売買契約の締結から2週間から1か月程度の間隔を置いて代金の決済日を設定することが多い。同日決済か否かで売買契約の内容も様々な点で異なる（第3編 第2章 Ⅰ 4（⇒308頁））。不動産ファンドによる投資の場合、売買契約の締結段階と実行段階とで2回に分けて投資委員会の承認を得る必要がある場合もあり、関係者は、その準備に要する時間も考慮してスケジュールを立てている。

- 売買実行後の作業（ポスクロ作業）

売買の実行日までに処理すべき事項が間に合わず、売買実行後に積み残されることがある。金融機関に提出すべき書類がそろわないとか、売主が行うべき物件の是正が実行日に間に合わない等の事態が生じた場合には、関係者の承諾が得られれば、売買実行日から一定の期間内にそれらを処理する必要がある。そのような場合、金融機関は融資を行わないこともできるし、買主は代金を支払わないことも可能だが、重大な問題でなければこのような積残しが許される場合が多い。

上記のプロセスは、不動産ファンドによる投資の典型例のサンプルだが、既存の不動産ではなく、新規に不動産（エンターテインメント施設、リゾート施設、物流センター、データセンター等）を開発するいわゆる開発型の取引は異

なったプロセスで行われる。開発型の取引においては、開発を行う者は、まず土地のみを売主（複数にわたることも多い）から購入し、その後土地上に建築する建物について建築請負契約の交渉・締結というプロセスが必要となる。それに並行して開発許可の申請なども行う必要がある。金融機関からのファイナンスについても、買主は、土地取得時だけではなく、建築の進行に合わせて資金を融資してもらえるようにしなければならないのが通常で、取引の複雑さ及び必要となる時間が拡大することになる。

　また、複数の投資家やファンドが共同して、物件の取得を行う場合もある（これは「不動産ジョイントベンチャー」と呼ばれることがある）。そのような場合には、投資家間の権利義務を取り決める契約（「投資家間契約」や「JV契約」と呼ばれる）が必要となる。

　このように企業間の不動産取引には様々な形態があるものの、企業間の不動産取引においては、上記のプロセスの少なくとも一部が行われることが通例である。個人が関与する不動産取引とは性質がかなり異なることがお分かりいただけると思う。本書は、上記のプロセスを含む企業間の不動産取引を対象として、その解説を行うものである（なお、本書において不動産取引という語を使用する多くの場合は、不動産ファンドのような投資家による不動産の取得を念頭に置いていることをあらかじめお断りしておきたい）。

第1編

第3章　不動産取引への主要な参加者

I　はじめに

　不動産取引への参加者は、取引の規模や複雑さによって、増減する傾向がある。不動産ファンドによる投資案件では、多くの場合、アセットマネジャー、宅建業者、税理士及び弁護士、不動産鑑定士、物件調査の専門業者、融資を行う金融機関、信託銀行、プロパティマネジャーなどが取引に参加する。不動産売買の決済会場では、これらの参加者が（全部ではないが）決済時に一堂に会することになり、それまでメールやオンライン会議でしか顔を合わせたことのない人々と挨拶を交わすことになることも多い。以下に、不動産取引への参加者のうち、多少説明を加えておいた方がよいと思われるものについて、簡単に解説する。

II　不動産の買主・投資家

　不動産取引の内容やそこにおける交渉態度は、買主となる者の属性やリスク許容度によって大きく左右される。例えば、買主が非上場のオーナー企業の場合、必要となる不動産の購入機会を逃さぬように物件調査（デューディリジェンス）も十分せずに思い切った方法で売買に進むこともあり得る。このような場合、下記に述べるような多数の専門家の関与は必要とされず、比較的短期間で簡単な売買契約が締結されて登記の完了により取引は終了するかもしれない。他方、不動産ファンドが買主となる場合には、取引の様相は大きく異なる。

　不動産ファンドとは何かについては 第2編 第5章（⇒287頁）においてより詳しく述べるので、ここでは簡単にその一般的な取引への関与の在り方について述べるにとどめる。不動産ファンドとは「複数の投資家から集めたお金を一つの大きな資金としてまとめ、投資の専門家が不動産に投資・運用し、その運

用成果が投資家それぞれの投資額に応じて分配される仕組み」ということができる。投資家からみれば不動産ファンドは不動産への投資機会をもたらす一種の金融商品の提供者である。このように不動産ファンドにおいては、資金提供者（投資家）と不動産投資を現に行う者（資金運用者）とが構造的に別の主体となっており、資金運用者は資金提供者の利益を最大化するように受託者としての責任・注意義務を負うことになる[4]。実際に不動産取引を主導するのは、受託者としての責任を負う資金運用者であるため、通常の取引慣行から外れた大胆な方法をとることは正当化しにくく、リスクをコントロールしつつ適切な投資機会を確保するという方法をとることになる。そのためには適切な専門家を起用し、物件調査も遺漏なく進め、税務及び法務の観点からも問題が生じない取引を行う必要がある。必然的に下記に述べるような多くの者が不動産取引に参加することになるのである。

III アセットマネジャー

1 役　割

　不動産アセットマネジメントが何を意味するのかについて統一された定義はないが、一般的には、不動産投資を行う依頼者のために、不動産取得、運用、管理、売却を総合的にサポートし、投資家の利益を最大化することを目的とする事業ということができる。不動産ファンド等の投資家による不動産投資についてみると、アセットマネジャー（Asset Manager、「AM」と略称されることもある）は、第2章において概略を説明した投資実行までのプロセス全般、投資後の期中管理及び投資した物件の売却という全過程において投資家のためにサービスを提供する役割を負っている。つまり、アセットマネジャーの活動は、投資家からの依頼の下に物件の探索を行い、関与する様々な専門家を束ねて投資家による投資を助け、投資が決定されたら、投資ストラクチャーの決定を助け、その組成を行い、さらには対象物件の売買契約の締結及び実行、ファ

---

[4]　欧米ではfiduciary dutyといわれる。

イナンスの取得、期中の物件の管理、売却に向けた出口戦略の策定など、投資サイクルの全過程に及ぶのである。投資としての不動産取得、管理及び売却には多くの者が関与するが、それらの中で投資家に代わって一種の司令塔となるような専門業者がアセットマネジャーである。不動産取得のプロセスにおいては、クロージングの数週間前から関係者の活動が活発になり、多くのメールが飛び交う緊張感の高い状態となることが多いが、取引のスケジュール設定や各種書面作成についての関係者のコメント整理などの局面で、アセットマネジャーがしっかりと活動していると、安心してクロージングを迎えることができる。

2 資 格

上記のようにアセットマネジャーの役割は多岐に及ぶが、業務の全部を対象とする法的な免許や資格があるわけではなく、個別の業務よって、宅建業法の免許やその他の法的な資格が求められる。アセットマネジャーが個別の業務を単独又は他の専門家と共同で遂行しようとするとその司令塔的な役割から多くの法的な資格が必要となってしまうが、アセットマネジャーが取引や関連作業の全体をアレンジするアレンジャーのような立場で取引に関与する限り、そのような個別業務の資格をすべて取得する必要はない。ただ、アセットマネジャーとして活動する際には、物件を取得した投資ビークル（合同会社や特定目的会社）との間でアセットマネジメント契約を締結して一定のサービスを提供し報酬を受領する関係上、それを合法的に行うには、宅建業法の免許や金商法上の投資助言代理業の登録（不動産信託受益権売買の場合）が必要となることが多い。アセットマネジャーに必要となるライセンスについては、第3編 第8章 Ⅵ（⇒590頁）を参照されたい。

3 報酬の合意と支払時期

アセットマネジャーの報酬の内容や支払時期は、投資ストラクチャー上、物件取得のビークルとなる合同会社や特定目的会社との間で締結されるアセットマネジメント契約（以下「AM契約」という）に規定される。AM契約の締結時期は、それらのビークルが物件の売買契約を締結する際か、遅くとも売買代

金の決済時であるが、投資家と資本的なつながりのない第三者のアセットマネジャーが取引に関与する場合には、AM契約締結前に投資家とアセットマネジャーとの間で、実質上報酬の取決めは合意されているのが通常である。アセットマネジャーの報酬の内容については、後述の宅建業者と異なり、法的規制は特にない。報酬内容の一例を示すと、アセットマネジャーの業務の内容によって、報酬の内容は細分化され、①開発案件であれば開発期間中の開発行為の管理業務についての報酬、②物件取得時の業務についての報酬（取得物件の売買価格をベースに一定の割合が合意される）、③物件取得後の期中の管理業務についての報酬（期中のネットオペレーティングインカム、つまり収益物件の賃貸による純収益をベースに一定の割合が合意される）、④物件のテナントとの賃貸借契約についての報酬（新規にテナントを誘致して賃貸借契約を締結した場合や既存の賃貸借契約を更新した場合に一定の割合で計算される報酬が合意される）及び⑤物件の処分についての報酬（処分時の物件の売却価格をベースに一定の割合が合意され、処分時に一定のIRR（内部収益率）を超えた場合には一定の割合で支払われる成功報酬が合意される）などがある。

IV 宅地建物取引業者

1 役　割

　宅建業者とは、宅建業法に従って、免許を受けて、宅地建物取引業（宅建業法の定義に従うと「宅地若しくは建物（建物の一部を含む。以下同じ。）の売買若しくは交換又は宅地若しくは建物の売買、交換若しくは賃借の代理若しくは媒介をする行為で業として行うものをいう」と定義されている）を行う者である。宅地建物取引業の定義は上記のように広範囲の行為をカバーしているが、不動産投資をする者へサービスを提供する業者という観点からみると、不動産売買の媒介（仲介というのは法律用語ではない）を行い、それにより報酬を受ける業者である[5]。「媒介」とは、他人間の法律行為の成立に尽力する行

---

[5]　「業として行う」とは、反復継続する意思を持って行うことをいう。最高裁は、「宅

為をいい、不動産の売買についていえば、売買契約が成立するように様々な努力（例えば、取引相手や取引物件の探索、物件情報の提供、売却広告、権利関係の調査、現地の案内、取引物件等に関する説明、取引条件の交渉や調整等）を行うことを意味する。両手媒介といって宅建業者が売主と買主の両方から媒介を受託して、双方から報酬を得ることも法的には許容されてはいるが、そのような形態で宅建業者が取引に関与することは利益相反を排除しがたいので、海外の投資家からは納得を得にくいことがある。

コラム　反復継続した不動産の買受行為は宅地建物取引業に該当するのか？

　宅地建物取引業の対象行為として規定されているのは「売買」（民法555条）であり、「売り」と「買い」の双方がそろわないと、「売買」を業として行っているわけではないことから、宅地建物を反復継続して買い続ける行為自体は、宅建業法の免許を要するものではない、という考えもある。ただし、このような考えでも購入した宅地建物を売却する段階では宅建業法の免許の取得を要することは否定していない。

　実際に、不動産ファンドの投資ストラクチャーの中で買主として物件を購入するビークルが物件を1件も売却することなく一定限度まで反復継続して購入し続けることは珍しくない。このような場合、著者の経験でも、果たして当該ビークルに宅建業法の免許が必要なのか否かが議論になることがあったし、免許不要説を主張する弁護士に遭遇したこともある。確かに、免許不要説を採用できれば、不動産ファンドにとっては運営を柔軟に行うことができるので好都合である。しかし、大阪高判昭和39年5月28日高検速報39年5号では、「宅建業法の立法趣旨からみると、宅地建物の売買とは、当初から他に転売する目的で宅地建物を買受け、これを販売する場合に限らず、土地上に建物

地建物取引業を営む」の意義について「営利の目的で反復継続して行う意思のもとに宅地建物取引業法2条2号所定の行為をなすこと」（最決昭和49年12月16日刑集28巻10号833頁）としている。

第3章　不動産取引への主要な参加者　　17

> を建築してこれとともに売却する場合はもとより、売却の目的をもって建物を建築し当該建物を売却する場合も含む」と判示されている。この裁判例に従うと、「当初からの転売目的」という基準によることになる。不動産ファンドによる投資の場合、出口としての売却が必然的に想定されるので、上記判例を考慮すると免許不要説を採用するには法的リスクが伴うことになる。

❷ 信託受益権売買における宅建業者の位置づけ

　宅地建物取引業は、上記の定義にあるように「宅地若しくは建物（建物の一部を含む。）」について営まれるものであるから、売買の対象が信託受益権の場合には信託財産が不動産であっても基本的には宅建業法は直ちには適用されない。ただし、平成18年に金商法が成立したことに伴い、宅建業法においても、一部、不動産信託受益権の取引に関する規定が設けられた。不動産信託受益権は、金商法におけるいわゆる二項有価証券の一つであり（金商法2条2項1号）、その売買の媒介を業として行う場合には、金商法が定める第二種金融商品取引業の登録が必要となる。宅建業者が不動産信託受益権の取引に関与する場合であっても、第二種金融商品取引業の登録を受け、金商法の規制に従う必要があるし、それに加えて宅建業法が定める規制にも従わなければならない。具体的には、宅建業者は、宅建業法35条3項及び50条の2の4に定める重要事項説明義務を負うことになるのである[6]。

> **コラム** 不動産の所有者が当初委託者として不動産を信託し、その信託受益権を売却する場合、宅建業者による仲介は「不動産信託受益権売買の媒介」か？

　金商法上、当初の委託者が不動産を信託受託者に信託譲渡して取得した不動産信託受益権を譲渡する場合と、すでに発行されている不動

---

6)　金商法2条31項に規定する特定投資家等不動産投資の専門家を相手方とする場合等その売買の相手方の保護のため支障を生ずることがない場合（国土交通省令で定める）はこの限りではない（宅建業法施行規則16条の4の4）。

産信託受益権を譲渡する場合とは区別されており、前者は不動産信託受益権の「発行」[7]であり、後者はその「売買」とされている。しかし、実務上は、前者の発行の場合であっても、信託受益権売買契約という名称の契約で、両者をあまり峻別せずに売買としてとらえている宅建業者も多い。前者の金商法上の発行に仲介として関与する場合にどのような契約を締結するのかは、宅建業者によって異なる。ある宅建業者は金商法上の発行ということを考慮し、信託受益権売買の媒介契約という文言に「私募の取扱いという」括弧書きを添えて、その契約の条項においても自らの行為が「私募の取扱い」に該当することを明記している。宅建業者が売主との契約に基づき、売主のために活動する場合には、「私募の取扱い」とすることに問題はない。しかし、買主との契約により買主のために活動する場合にどう考えるべきであろうか。この点、買主のために活動する場合であっても、私募の取扱いとして対応するのが金融庁の解釈にも合致した金商法の理解であろうと思われる。文献では以下のように解説している[8]。

> 「取扱い」とは、有価証券の発行者などの他人のために、有価証券の募集・売出し・私募・特定投資家向け売付け勧誘等を代行する行為（勧誘代行行為）と解されている。基本的には有価証券の発行者または所有者のために行われるものであると解されているが、有価証券の取得の斡旋業務や仲介行為としてとらえられている。例えば、有価証券の私募の取扱いを行う場合、当該発行者と当該有価証券の取得者の両方が顧客となり得る[9]。そうすると、有価証券の取得者のために行われる場合も含まれ得る。

---

7) 金商法2条5項、定義府令14条3項1号イ、同条4項1号イ参照。

8) 神田秀樹＝黒沼悦郎＝松尾直彦編『金融商品取引法コンメンタール1 定義・開示制度』（商事法務、第2版、2018年）154頁。

9) 金融庁「コメントの概要及びコメントに対する金融庁の考え方」（平成19年7月31

したがって、宅建業者が買主との契約により買主のために活動する場合でも金商法上は「私募の取扱い」として対応すべきということになる。

3 報酬の合意と支払時期

　宅建業者の不動産に関する業務についての報酬の上限は、宅建業法46条に基づき、国土交通大臣の定めるところによるとされている[10]。ただ、これはあくまでも上限のため、大型案件においては往々にして、交渉により、上限額より低い金額で合意される傾向にある。報酬の受領時期は規制されていないが、国土交通省によって定められた標準媒介契約約款によると、「宅建業者によって売買又は交換の契約が成立したとき」に依頼者に報酬を請求することができる旨定めている。そのためか、宅建業者が標準媒介契約約款によらずに用意する媒介契約書でも、契約成立時に一定金額を支払うことが定められている[11]。しかし、報酬の受領時期（つまり依頼者からみると支払時期）も当事者の合意により変更可能であり、実務上は買主の要請で売買契約の成立時ではなく、売買代金の決済時と合意されることが多い。特に不動産ファンドの場合、決済時にまとめて資金手当を行うことが多く、売買契約時に媒介報酬を支払うことを避けるのが通例である。

> **コラム**　海外の不動産を日本の投資家に売却するために媒介する行為は宅建業法の適用を受けるのか？
>
> 　日本の企業や富裕層を相手に海外の不動産を売り込みたい海外の不

　　日）274頁、No.16〜18。

10)　　売買又は交換の媒介に関する報酬の金額は、売買代金額又は対象物件の価額のうち多い方について、200万円以下の金額については100分の5.5、200万円を超え400万円以下の部分の金額については100分の4.4、400万円を超える金額については100分の3.3とされている。

11)　　行政指導としては、契約成立時に半額、代理又は媒介の責任を完了したときに残額を受領することが求められている（岡本正治＝宇仁美咲『逐条解説宅地建物取引業法』（大成出版社、三訂版、2020年）798頁）。

> 動産業者から「海外不動産のマーケティングを日本で行うのに何か資格（ライセンス）は必要か？」という質問を受けることがある。宅建業法は我が国の宅地建物取引業の規制を目的とするため、宅建業法の対象となる「不動産」には海外の不動産は含まれない（東京高判昭和61年10月15日判タ637号140頁及び東京地判平成29年9月11日平成28年（ワ）40417号（公刊物未登載））。ただし、注意を要するのは、海外の不動産への投資といっても、不動産現物ではなく、不動産ファンドへの投資家の権利（パートナーシップの持分等）の場合もあり、有価証券への投資勧誘とみられる場合も多い点である。この場合には、金商法の規制が及ぶため、海外の業者が日本法の規制を受けることなく取得勧誘を行うことができるわけではない。また、日本の宅建業者による日本の企業や富裕層への海外不動産投資の勧誘も活発だが、日本法のみならず、そのような活動が現地の法規制を受けるのかについても確認した上で勧誘活動を行う必要がある。

V 不動産鑑定士

　不動産の鑑定評価は、不動産の経済的な価値を判定し、その結果を価額に表示することである（不動産の鑑定評価に関する法律2条1項）。これは、不動産鑑定士の資格（同法に基づき制定された国家資格である）を有する者のみが行うことができる。不動産の売買価格は売主及び買主のそれぞれが妥当と思う売買価格を交渉により決定すれば足りるため、不動産鑑定士による不動産鑑定は単純な不動産取引においては必ずしも必要とはされない。そのような取引では、仮に不動産鑑定が必要とされるにしても、その目的は売主及び買主の社内の意思決定を正当化するという点にとどまるであろう。しかし、不動産ファンドによる不動産取得においては、不動産鑑定が必要になることが通常である。なぜなら、①不動産ファンドの購入・売却の意思決定は投資家に対する説明責任が伴い、客観性が求められるからである。また、②特定目的会社を使用する不動産取得の場合、不動産鑑定士による鑑定評価が必要になり（資産流動化法40条1項8号イ、122条1項18号イ）、③不動産取得に際し金融機関からノンリ

コースローンを借り入れる場合には、ファイナンスの実行前と期中に例外なく、金融機関から不動産鑑定士による鑑定評価書を借入人の費用で取得することを、要求される。このような背景の下で、不動産鑑定士は、不動産取引への参加者として、不動産取引の価格の妥当性・客観性を担保するために重要な役割を担っているということができる。

不動産鑑定は、不動産の鑑定評価に関する統一的な基準である「不動産鑑定基準」に基づいて行われるが、実際には不動産鑑定の結果は担当する不動産鑑定士により一様ではなく幅がある。上記の①や②の目的においては、依頼者である不動産ファンドが自由に選任した不動産鑑定士による鑑定評価を採用することができる。しかし、上記③においては、金融機関との間で利害が相反するので（つまり借入人としては鑑定評価額が高額になるほど有利だが、貸付人としては甘い評価額では困る）、ローン契約などにおいて「適格不動産鑑定事務所」などという概念を導入して一定の不動産鑑定事務所以外の不動産鑑定は除外する措置がとられるのが一般的である。

不動産鑑定の結果に幅があることについては、ある程度避けられないが、いわゆる「依頼者プレッシャー」という問題も存在する。依頼者プレッシャーとは「依頼者が行う、一定の鑑定評価額等の強要・誘導や妥当性を欠く評価条件の設定の強要等」を意味する。依頼者プレッシャーにより鑑定結果が歪められて不当な鑑定評価が行われると、不動産鑑定が本来の役割を果たすことができなくなる。そのため、公益社団法人日本不動産鑑定士協会連合会により、平成24年7月1日から「依頼者プレッシャー通報制度」を設けるなどして対策を施している[12]。

VI 物件調査（デューディリジェンス）の専門業者

不動産投資を行う場合には、対象となる不動産を取得・保有・売却する際に

---

[12] 公益社団法人日本不動産鑑定士協会連合会「鑑定士評価監視委員会規程に基づく依頼者プレッシャー通報制度について」(https://www.fudousan-kanteishi.or.jp/20120615_pressure/)。

問題点がないか否かを十分に調査することが求められる。投資である以上リスクが伴うが、投資をする前にリスクを把握し、可能であればリスク回避・軽減の措置を講じ、投資対象の適正な価値を割り出す作業を行うことが望ましい。このような一連の作業を当該不動産についてのデューディリジェンス（Due Diligence）という（第4章（⇒35頁））。不動産ファンドによる不動産投資は、不動産ファンドの運営者が投資家に対して一定の責任を負うので、対象となる不動産のデューディリジェンスを行うことは必須である。また、ノンリコースローンの貸付人となる金融機関も対象不動産の調査を行い貸付金の回収リスクの分析をする必要がある。デューディリジェンスの具体的な内容は、対象となる不動産や投資家の要請により異なるが、大別すると、①物理的調査（建物状況・遵法性調査、地震リスク調査、建物環境リスク評価、土壌汚染調査等）、②法的調査（不動産の権利関係についての調査）、③経済的調査（不動産の評価額、収益性の現状及び将来性の調査）の3種類に分類可能である。①についての調査結果は「エンジニアリングリポート（「ER」と略称される）」にまとめられ、それが②や③における調査の基礎資料として利用されることが通例である。これらの調査を行う主体は、①については、建設会社、エンジニアリング会社、保険会社系調査会社等の専門業者、②については、弁護士（法律事務所）、③については、不動産鑑定士、マーケットリサーチャー等となる。

Ⅶ 税理士、弁護士、司法書士、土地家屋調査士

1 はじめに

税理士、弁護士、司法書士及び土地家屋調査士は、いずれも、国家資格を有する専門家であるが、それぞれ担当する専門分野は異なり、不動産取引への関与の方法・濃淡も異なる。

2 税理士及び弁護士

税理士は、税の専門家として、弁護士は、法律の専門家として、それぞれ不動産取引に参加する。投資ストラクチャーの組成においては、投資である以

上、税務上の効率性（つまり支払う税金を最小化すること）が重視されるので、税理士の関与は必須となるし、それに加えて、弁護士は、投資ストラクチャーが法規制上機能するのかという点を確認することになる。税務上優れた案でも、法規制によってストラクチャー中の法人（ビークル）にライセンスが必要となると機能しない。ビークルにすぎない法人によるライセンスの取得のために従業員等の人材を手配し、時間をかけることは非現実的だからである。そのため、弁護士の関与も必須となる。海外の不動産ファンドによる投資のストラクチャーの構築には、日本の税務及び法務の専門家に加えて、関係する諸外国の税務及び法律の専門家の関与も必要となり、慎重に投資ストラクチャーが決定されている。

　また、不動産取引が実行される局面では、弁護士は、不動産投資のための各種契約書及び必要書面の作成に中心的に関与し、税理士も税務に関連する契約条項には積極的にコメントをして、それぞれ決定された投資ストラクチャーが期待どおりに機能するよう書面作成（ドキュメンテーション）に関与する。また、売買の決済（クロージング）に際しては、ノンリコースローンを提供する金融機関（貸付人）に宛てて、借主のアドバイザーとして、税理士は税務意見書（タックスオピニオン）、弁護士は法律意見書（リーガルオピニオン）をそれぞれ提出することが求められる。貸付人の満足する内容を有する税務意見書及び法律意見書が発行されないと融資が実行されないことになるため、この点でも税理士及び弁護士の関与は必須である。

3 司法書士

　司法書士は、登記（不動産登記及び商業登記）の専門家として、不動産取引に参加する。投資ストラクチャーが決定されると必要とされる法人（合同会社、特定目的会社、一般社団法人等）を設立することになる。弁護士の所属する法律事務所がこの作業を担当することもあるが、司法書士が担当することも多い。売買の実行の際に必要となる、所有権移転登記、信託登記、担保権の登記、特定目的会社の優先出資の登記等も司法書士の担当である。

4 土地家屋調査士

　土地家屋調査士は、不動産の表示に関する登記の申請手続きを代理し、そのために必要な土地及び建物の調査・測量を行う国家資格を有する専門家である。表題登記（第4章Ⅲ（⇒43頁））を担当するのは司法書士ではなく土地家屋調査士であり、他にも、建物の増改築による表示変更及び取壊し等による滅失登記などの登記申請を代理する。

Ⅷ 不動産を担保にローンを提供する金融機関

1 ノンリコースローン

　不動産への投資家は、不動産取得の際に借入れを行うことが一般的である。借入れを行うことを、レバレッジ（Leverage、つまり「てこ」）をかけるというが、それにより自己資金の投資リターン（収益）を高める効果が期待できるからである。不動産投資には、通常のローンを借り入れることも多いが、投資の専門家になるとノンリコースローンを借りることが多い。特に不動産ファンドによる投資には、必ずと言ってよいほど、ノンリコースローンが活用される。ノンリコースローン（「非遡及型融資」とか「責任財産限定特約付きローン」ともいわれる）とは、特定の資産及びその資産から生じる収益のみを引当てとして貸付けを行い、債務不履行等があった場合も引当ての資産（「責任財産」といわれる）以外の資産には、強制執行が行われない貸付けを意味する。これに対して、コーポレートローンでは借入人の全資産が引当てとなり、担保として提供された資産以外にも強制執行が可能となる。投資家は、通常、不動産（不動産信託受益権の場合もある）を保有する特別の法人（合同会社や特定目的会社）を利用して、当該法人以外は不動産を担保にローンを提供する金融金関（以下「レンダー」という）に対し原則として責任を負わないストラクチャーを採用する。この場合、不動産投資を行った後に不動産が毀損したり価値が暴落しても、投資家は当該不動産をあきらめればそれ以上の責任を負わないのである。他方、レンダーは当該責任財産以外に責任財産がないため、コー

ポレートローンではみられない様々な手当てを行って貸付金の確実な回収を図る必要がある。借主側が特定目的会社を使用する場合（第2編 第3章（⇒163頁））、特定目的会社は税務上のメリットを受けるために社債（特定社債）を発行してノンリコースファイナンスを得るのが通常だが（ローンと社債を併用する場合もあれば社債のみの場合もある）、社債という形式がとられても、実務上その実質はローンの場合と基本的に変わらない。

2 レンダーの不動産取引への参加が持つ意味

　ノンリコースファイナンスを提供するレンダーは、借入人の責任財産が限定されているため、借入人による不動産の取得の全プロセスに利害関係を持つ。レンダーにとって、借入人の選択する投資ストラクチャーがレンダーの利益を損なう可能性があってはならないし、対象不動産が何らかの問題を有していたり、貸付け後の不動産の管理運営が適切になされていなかったりすると、貸金回収に支障が生じる可能性がある。また、不動産からの賃料が適切にレンダーへの元利返済に使用されるような仕組みも用意する必要がある。逆に、借入人にとっては、レンダーが満足する物件及び取引内容でないと期待する条件で融資を受けられないことになる。したがって、借入人が不動産取引に臨む際には、具体的なレンダーが関与する前であっても、将来ノンリコースファイナンスを提供するであろうレンダーが了承するような投資ストラクチャー及び取引内容か否かということを常に注意しながら取引に関与しなければならないのである。

IX 信託銀行

1 信託の仕組み

　不動産取引においては信託（不動産管理処分信託）が使用されることが多い。その場合、不動産の所有者である売主は、収益不動産を売却する際に、買主の要請により、当該不動産を信託銀行などの受託者に信託譲渡し[13]、受託者に不動産の所有権を保有させ、代わりに信託受益権という受託者に対する権利

を取得し、買主には信託受益権を売り渡す、という形をとる。この仕組みにおいて、通常受託者となり、受益者のために信託財産としての不動産を管理するのは信託銀行である[14]。

不動産管理処分信託の仕組み（不動産信託受益権の売買）

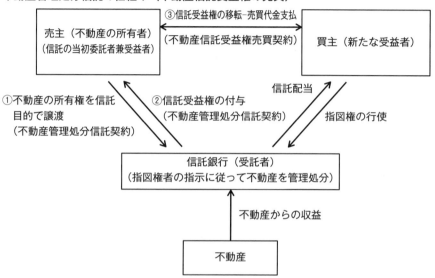

個人の不動産投資家がこのような仕組みを利用することはほとんどないが、不動産ファンドが関与する不動産取引において信託の利用は極めて一般的である。

この仕組みでは、買主は不動産の代わりに信託受益権を買い受け、信託の受

---

13) 不動産の所有権は信託銀行に移転する。信託銀行は一定の目的に従って不動産を管理・処分する（信託法3条1号）。受益者は信託銀行に対する受益権という債権を有することになる。

14) 法律的には信託銀行である必要はなく、不動産を信託財産として信託業を営む免許を得ている信託会社であればこの役割を果たすことができる。しかし、実務的には、不動産取引においては、信託銀行が受託者となるのが一般的である。

第3章　不動産取引への主要な参加者　　27

益者となる。信託受益権は、不動産からの経済的な収益を得ることができる権利である。買主は受益者として、信託が終了した場合には不動産の交付を受けることもできるし、受託者の承諾を得て信託受益権のまま第三者に転売することもできるため、経済的・実質的には不動産そのものを保有することと大きな違いはないということができる。買主は、信託銀行への信託報酬を負担しなくてはならず、費用もかかるが、案件のサイズによっては、次に述べるメリットの方が上回ることになる。

2 信託を使用するメリット

不動産取引において信託を使用するメリットは、一般に以下の諸点にあるとされている。

【1】税法上の優遇措置

不動産信託受益権を取得する場合、現物不動産に比べ、税法上有利な取扱いが得られる。不動産取得税はかからないし、登記に必要な登録免許税も大幅に減額される。また、不動産信託受益権の売買契約書の印紙税もわずかである。

【2】信託銀行の能力活用によるメリット

信託銀行という不動産管理のプロが取引に介在することで、信託財産となっている不動産の信頼性が増加するメリットがある。信託銀行が不動産を受託するということは、信託銀行がその所有者となることであり、そうである以上、受託の前に信託銀行により不動産のデューディリジェンスが行われ、大きな問題のある不動産（例えば、建築基準法に違反して改善の見込みがない不動産）は受託されない。これにより、信託受益権化された不動産は、信託銀行のスクリーニングを経たという意味で、一定の信頼を得ることになる[15]。また、信託

---

15) 信託銀行が不動産を受託する前提条件として指摘されている事項は、①各種検査済証、法定（定期）報告書類、エンジニアリングレポート等により、対象物件の遵法性（建築基準法、消防法ほか）、耐震性（PMLが一定値以下）、土壌汚染、環境物質等に問題がないこと、②対象物件のすべての境界が確定していること（ただし、やむを得ない事情等がある場合には別途協議）、③不動産鑑定評価書の提示を受け、受託者にて受益権譲渡価格の妥当性を検証することができること、④受託者の求める水準の物

の期間中は、対象不動産は信託銀行の管理に入るので、規律ある管理がなされることになる。この意味で、信託を活用することにより不動産という資産が安全に管理されることを期待できる。

【3】倒産隔離

　上記【2】に述べた「資産の安全管理」という点にも関連するが、信託活用のメリットとして倒産隔離を指摘する者もいる。信託された財産に対しては、受託者の債権者による強制執行が禁じられているため、信託財産は受託者の倒産の影響を受けない。この意味で不動産信託受益権の買主（受益者となる）が信託銀行の倒産を心配する必要はない。

【4】不特法の適用排除

　投資ストラクチャーとしてTKGKストラクチャー（第2編 第2章（⇒95頁））を採用する場合、投資対象が現物不動産だと不特法が適用されることになる。平成25年の同法の改正により、一定の条件でTKGKストラクチャーを使用することが可能になったが関係者に一定のライセンス（許可）が必要となり依然として不特法の利便性は高いとは言い難い。しかし、不動産信託受益権は、同法の対象とする「不動産」には含まれないと考えられているため、不動産信託受益権の取引には同法は適用されず、柔軟にTKGKストラクチャーを活用できる。これはTKGKストラクチャーを利用する不動産ファンドにとって大きなメリットである。

件概要説明書が提出されること、⑤テナント、隣地所有者等の第三者との間で係争等の問題（越境関係等。ただし、これに限定されない）が存在しないこと、⑥受益者若しくはAM業者による指図型の信託とすること、⑦賃貸借関係は、原則、マスターリース（以下「ML」という）方式を採用し、ML会社からの転貸とすること、⑧テナント、隣接地所有者等の第三者との対応の一切はPM業者が行うこと、⑨PM業者の選定に際しては、受託者が合意できる先であること、⑩受託者が消防法に基づく防火管理者に就任しないこと、⑪信託期間中及び信託終了時（処分の場合を含む）において、受託者が信託不動産に関し、契約不適合責任の負担をしないこと、⑫信託期間中及び信託終了後において、信託財産からの支払信託諸費用が最優先であること、である（岡野淳監修『実務演習不動産ファイナンス』（一般社団法人不動産証券化協会、2023年）116頁）。

【5】融資を行う金融機関からみたメリット

　ノンリコースファイナンスを提供する金融機関からみても信託を利用するメリットがあることが指摘されている[16]。信託受益権が利用される場合、金融機関は、信託受益権に質権を設定することになる。対象不動産の賃貸によって生じる賃料は、所有者となる信託銀行の口座に振り込まれることになるが、この賃料受領用口座の資金も信託財産となり、金融機関は、信託受益権を担保にとることにより不動産の収益である賃料も実際上担保にとることができるようになる。これに対し、信託を利用せずに現物不動産の売買が行われる場合、現物不動産に抵当権を設定することになるが、抵当権を設定しただけでは、抵当権者は直ちに賃料までを法的に捕捉できない。賃料を把握するには物上代位や担保不動産収益執行手続きによる必要があるので手間がかかるし、賃料が入金されるのは普通預金口座となるのが通常だが[17]、別途普通預金口座の預金債権へ質権を設定することには有効性について法的な議論がある[18]。対象不動産の賃料を把握する点での簡便さにおいては信託受益権への質権設定の方が優れているということができる。ただ、レンダーにとってのメリットがあってもそれが貸付けの是非や利率などのローンの条件に反映されない限りは、不動産投資を行う者が信託を活用する動機にはなり難い。

3 信託銀行による不動産取引への参加

　不動産投資を行う者からみると、信託銀行は不動産管理処分信託契約の相手方当事者として契約交渉の相手になる。投資家がノンリコースファイナンスにより融資を得る側面では、信託銀行は貸付人の要求する契約（プロジェクト契約）の当事者となり、信託受益権に質権が設定される際には、それに承諾を与えることになる。

---

16)　　岡野監修・前掲15) 130頁以下。

17)　　道垣内弘人『担保物権法』（有斐閣、第4版、2017年）150頁以下。

18)　　道垣内・前掲17) 110頁以下。

X　プロパティマネジャー

　プロパティマネジメント（Property Management）という用語は、法律によって定義されたものではないが、収益不動産の価値の最大化を目的として不動産のオーナーやアセットマネジャーの依頼を受けて日常的に個別不動産の管理運営・テナント管理業務を行うこと、といわれている。プロパティマネジメントの業務内容は、機能から、ビルディング・マネジメント（BM）（ビルの管理運営をマネジメントする業務で狭義のプロパティマネジメントということができる）、リーシング・マネジメント（LM）（賃貸管理、営業・仲介業務をマネジメントする業務）、コンストラクションマネジメント（CM）（工事に関する企画・発注者管理をマネジメントする業務）に分解でき、プロパティマネジメントというとBM、LM、CMを含む一体化した概念としてとらえるのが一般的である[19]。アセットマネジャーの役割は投資家利益の極大化にあるが、プロパティマネジャー（Property Manager、「PM」と略されることもある）の役割は、投資対象不動産の運用期間において、アセットマネジャー等が立てた運用計画を具体化し、個々の不動産の収益・資産価値の最大化を図ることである、といわれている。個別の不動産の管理運営に直接関与することなり、アセットマネジャーよりもより個別の不動産に近い位置で業務を遂行することになる。アセットマネジャーがプロパティマネジャーの役割を兼任することも可能ではあるが、両者の役割を分けて、アセットマネジャーをプロパティマネジャーの業務を監督する立場に置いた方が、投資家利益の極大化という不動産ファンド（つまり不動産の実質的オーナー）の使命からは望ましいと思われる。プロパティマネジャーはプロパティマネジメント契約の当事者として契約交渉に関与するが、それ以外の点で不動産の取得やそのために融資を得る過程においてプロパティマネジャーが深く関与することは多くない。プロパティマネジャーの役割は、不動産の取得が完了してから本格的に始まるということができる。

---

19)　野村総合研究所ウェブサイト「用語解説」より（https://www.nri.com/jp/knowledge/glossary/lst/ha/property-manag）。

XI その他の参加者

　上記以外にも重要な役割を担う参加者は存在する。会計事務所等は、投資ストラクチャーの中に必要となる法人の役員等に就任する人材を供給している。合同会社については、職務執行者、特定目的会社については、取締役、一般社団法人については、理事や社員といった人員が対象となる。ノンリコースローンを提供するレンダーは、借入人の影響力が及ぶ者がそのような地位に就くことを基本的に許さないことから、借入人の組織とは別の独立した会計事務所等からそのような人員を提供してもらうのである。

　また、投資ストラクチャーを実際に使用するには「有価証券の私募」という行為が必要となることが多い。特定目的会社については、優先出資や特定社債の発行の際に、匿名組合契約が必要になると、匿名組合契約上の権利を組成する際に、それぞれ「有価証券の私募」という行為が発現する。投資家である不動産ファンドが自ら組成した投資ストラクチャーであっても形式上そのような「有価証券の私募」が存在する以上、「私募の取扱い」（金商法2条8項9号）を担当可能な金商法上の登録（有価証券により第一種金融商品取引業又は第二種金融商品取引業）を有する者を起用する必要がある。無資格の者が私募の取扱いを担当したとされると（たとえ有価証券の取得者やその他の誰も苦情をいう者がいないとしても）違法行為が介在する取引ということになってしまい、レンダーからの融資も得られないリスクがある。そのため投資家は費用をかけてでも私募の取扱いを行う者を起用するのである。

XII まとめ

　上記のように不動産投資のための取引（特に不動産ファンドが行うもの）には、極めて多くの者が参加する。その参加の方法や度合いは、一様ではないが、それらの参加者をまとめて効率よく取引の決済（クロージング）を迎えることは容易ではない。

　不動産ファンドによる投資においては、アセットマネジャーがあたかも指揮者のように全体を把握し、遅延が生じそうになるとその分野を注視し、必要に

応じてスケジュールを調整するなど柔軟な取扱いをすることが求められる。弁護士（法律事務所）はアセットマネジャーのあたかも伴走者として法的な部分をサポートすることになる。そして、それぞれの参加者は、プロフェッショナルとして自己の役割と守備範囲を明確に認識し、取引全体が円滑に進行、完了できるように貢献する必要がある。そのためにはそれぞれが自己の守備範囲について研鑽を積むことが求められるのである。

第1編
第4章 売買対象となった物件の調査（デューディリジェンス）

I 物件調査と法的調査（リーガルデューディリジェンス）との関係

1 物件調査の種類

　第2章では、「企業間の不動産取引の特色」を述べ、その中で企業間の不動産取引の一例として、不動産ファンドによる既存の収益不動産への投資を挙げ、不動産取引のプロセスを簡単に述べた。投資に見合う価値を対象物件が実際に有しているのか否かは調査してみないとわからない。対象物件に隠れた問題が存在し、買主は思わぬ損害を被る可能性がある。買主が不動産ファンドの場合は、ファンドの運営者は投資家に対する責任を果たすためにも、適切な調査をした上で、投資する必要がある。このように売買対象となった物件の調査（デューディリジェンス）は、不動産投資においては欠くことのできない作業である。

　また、不動産の投資家以外にも融資を行う金融機関や不動産を信託財産として引き受ける信託銀行なども物件の調査（デューディリジェンス）を必要とする。物件調査の具体的な内容（項目や深度）は、それを行う目的、予算、作業可能な期間、あり得るリスクに対する考え方や対象となる不動産の状況により異なったものとなるが、大別すると、以下の3種類の調査から構成される。

物件の調査（デューデリジェンス）の内容

①	物理的調査	建物状況・遵法性調査、地震リスク評価、建物環境リスク評価、土壌汚染リスク評価等
②	法的調査	不動産の権利関係についての調査
③	経済的調査	不動産の評価額、収益性の現状及び将来性の調査

①についての調査結果は「エンジニアリングレポート」にまとめられ、それが②や③における調査の基礎資料として利用されることが通例である。標準的なエンジニアリングレポートは、（ⅰ）適用範囲（目的と業務範囲・免責事項等）、（ⅱ）総括（要約）、（ⅲ）物件概要、（ⅳ）建物状況調査（修繕更新費用、遵法性、再調達価格）、（ⅴ）地震リスク評価、（ⅵ）建物環境リスク評価、（ⅶ）土壌汚染リスク評価、（ⅷ）添付資料、という構成で作成されている[20]。ERの記載内容の重要性から以下に述べるように金融庁の監督指針においても留意点が記載されている。

　金融商品取引業者等向けの総合的な監督指針Ⅵ-2-6-3不動産関連ファンド運用業者の業務に係る評価項目において（1）「不動産の取得及び売却の際のデューディリジェンス態勢に係る評価項目」では、「不動産のデューディリジェンスは、不動産の適正な投資価値を把握するための重要な作業であることから、その適切性について、特に以下の点に留意して検証することとする。なお、経営陣は、デューディリジェンスのプロセス及びその内容に係る記録の保存を含めたデューディリジェンスの適切性を確保するための方策の実施状況及び審査機能の実効性について、問題認識を持ちつつ、内部監査を通して常に把握できる状況でなければならない。」とした上で、以下の点が記載されている。

金融商品取引業者等向けの総合的な監督指針Ⅵ-2-6-3（1）「不動産の取得及び売却の際のデューディリジェンス態勢に係る評価項目」における「特に留意すべき点」

①	将来キャッシュフローに与える影響の大きさに鑑み、各種修繕・更新費用等の見積りについて、適切に調査し不動産の評価額に反映させることとしているか。
②	DCF法は、キャッシュフローに基づく価値を求める方法であり、不動産の評価においては代表的で有効な評価手法であるが、将来予測に基づく前提条件が多く、内容が不明確になるおそれがある。そのため、DCF法を採用する際には、以下について必要な確認を行うこととしているか。 イ．適用数値（特に将来予測に基づくもの）の妥当性及び判断の根拠 ロ．シナリオ全体の妥当性及び判断の根拠 ハ．DCF法の適用結果と他の方法・手法の適用結果の比較衡量

---

20)　石黒＝土佐林・前掲3）164頁。

③ エンジニアリング・レポート（以下「ER」という。）及び鑑定評価書の作成を委託及び受領する場合には、以下の点に留意することとする。
  イ．ER作成業者及び不動産鑑定業者については、客観的基準に基づいた選定や不適切な働きかけを排除する態勢の構築等により第三者性及び独立性が確保されているか。
  ロ．ER及び不動産鑑定評価を依頼する際に、ER作成業者及び不動産鑑定業者に対して必要な情報等を提供しているか。また、情報等の提供状況の管理は適切に行われているか。
  ハ．作成を依頼したERを受領する際に、上記ロの情報等の反映状況について必要な検証を行うとともに、以下の観点についての確認が行われているか。
    a．土壌汚染や有害物質の調査において、必要な調査がなされその調査結果が客観的な根拠により担保されているか。
    b．建物の個別の部位の各種修繕・更新費用等の見積もりにおいて、如何なる修繕が如何なる根拠に基づいて算定されているかについて確認しているか。
    c．対象物件の遵法性の検証に当たっては、法律のみならず地区計画等の条例等まで必要な検証が行われているか。
  ニ．評価を依頼した鑑定業者から鑑定評価書を受領する際に、上記ロの情報等の反映状況について必要な検証を行うとともに、以下の観点についての確認が行われているか。
    a．ERの考え方を考慮・反映されたものであるか。また反映していない事項については、その理由及び根拠を確認しているか。
    b．DCF法を採用する場合において、将来収支及び稼働率等については、客観的なデータに基づき見積もった上で、妥当性を検証しているか。また、前提条件となるディスカウント・レートやターミナル・レートの見積りも同様に、その水準の妥当性を検証しているか。
    c．不動産そのものの流動性及び不動産の生み出すキャッシュフローに影響を与える可能性のある項目について必要な調査が行われているか。
  ホ．デューディリジェンスの結果を踏まえ取得・売却価格を算定する際、ER及び鑑定評価書の記載内容等を活用しない場合には、採用した数値等の妥当性を検証することとしているか。

2 物件調査の主体

　物件調査を行う主体は、上記**1**①の物理的調査については、建設会社、エンジニアリング会社、保険会社系調査会社等の専門業者、上記**1**②の法的調査については、主として宅建業者及び弁護士（法律事務所）、上記**1**③の経済的調

査については、不動産鑑定士、マーケットリサーチャー等となる。このように物件調査を深く確実に行うには多くの専門家の共同作業が必要となる。本書では紙幅の都合上これらの作業の詳細をすべて述べることはできないため[21]、以下においては、主に弁護士（法律事務所）が担当する②の法的調査（「リーガルデューディリジェンス（Legal Due Diligence）」と呼ばれる）を中心に概説することにしたい。

> **コラム** 重要事項説明書とエンジニアリングリポート
>
> 　不動産を取得する際の専門家の作成する資料であり、物件の法的調査を行う際にも参照するものとして、上記のエンジニアリングレポートと媒介を行う宅建業者（売主の場合もある）が作成する重要事項説明書がある。内容面では、両者は、物件の遵法性、修繕の必要性の有無など重複するところもある。両者とも重要な資料ではあるが法的な性格は異なる。重要事項説明書は、宅建業法35条により宅建業者が交付しなければならない書面である。重要事項説明書がカバーすべき事項は法定されている。宅建業者が善良なる管理者の注意を怠って説明が不十分となれば、宅建業者は債務不履行責任や不法行為責任の民事上の責任を負う。重要事項説明書はこのような法的な裏づけのある書面である。
>
> 　他方、エンジニアリングレポートは、重要事項説明書のように明確に法律に根拠があるものではなく、それを必要とする者が任意に専門業者と契約をして作成を依頼する書面である。エンジニアリングレポートの中には「利用上の留意点」などとして、網羅性や正確性の保証がないことが記載されており、（完全に法的に有効であるかは別として）利用者がエンジニアリングレポートの内容に起因して損害を被っても作成者を免責する旨の免責条項が挿入されていることが多い。このような制約があることが直ちにエンジニアリングレポートの

---

[21] 一般財団法人日本不動産研究所『不動産調査実務ガイドＱ＆Ａ』（清文社、第4版、2022年）は不動産調査の実務について詳しく解説している。

> 信頼性に影響を与えるわけではないが、エンジニアリングレポートの利用は利用者の自己責任に委ねられるものであるという点に留意しておく必要がある。不動産ファンドによる投資判断の資料という点では、重要事項説明書が作成交付されるのは比較的売買契約の締結に近接した時期であるため、実務上はより早期に入手できるエンジニアリングレポートにまず目がいくことになる。

Ⅱ 法的調査の範囲と手順

1 法的調査の範囲

　物件の法的調査は、抽象的にいえば、対象不動産についての権利関係や法令違反の有無の調査である。不動産取引に関連する法令は極めて多岐にわたり、弁護士が行う法的調査はそれらのすべての法令への適合性を対象とするわけではない。前記のように不動産の物件調査は多くの専門家の共同作業であり、不動産に関連する法令の中でも物理的調査と密接に関連するもの（例えば、建築基準法、消防法及び環境法令）などは弁護士ではなく建設会社やエンジニアリング会社の知見を得ることが必要である。多くの場合は宅建業者も取引に関与し、重要事項説明（宅建業法35条）を行うので、網羅的な法令適合性はその過程でも検討されることになる。実務上弁護士により行われる法的調査は、担当する法律事務所によっても多少の相違はあり得るが、一般的に関係する書類を精査することによりなされる以下の点に関するものである[22]。なお、不動産投資を行う者の習熟度が高い場合、対象不動産についての問題の有無をすでに把

---

22)　長島・大野・常松法律事務所編『M＆Aを成功に導く法務デューデリジェンスの実務』（中央経済社、第4版、2023年）201頁では、現行の不動産の法務デューデリジェンスにて調査対象とされていない事項の例として、①隣地との境界及び越境の現況確認、②当該土地や近隣地を原因とする公害の有無（騒音・土壌汚染被害状況など）、③テナントによる用途制限の遵守、④建築基準法、消防法などの建築関連法規の遵守状況、⑤都市計画事業による影響（例えば、道路拡幅による収用の結果として敷地面積が減少し、容積率違反となる可能性など）、⑥土地区画整理事業、都市再開発事業などによる影響、⑦国土法上の指定区域の土地取引に対する届出の要否、⑧公拡法の適用対象区域内の土地取引に対する届出の要否、⑨地方公共団体の各種条例による規

握している場合又は物件取得にかけることができる費用に制約がある場合には、法律事務所に法的調査を依頼しないケースも多い。

法律事務所により行われる法的調査

①	不動産の所有権の帰属及び所有権に関する問題の有無
②	用益権、担保権その他の不動産に設定された権利の内容
③	差押えの有無
④	賃貸借契約の内容上の問題の有無
⑤	買主が承継する契約（例えば、様々なサービス契約）があればそれらにおける問題の有無
⑥	取引について政府機関への届出の必要の有無（国土法、海外投資家の場合には外為法など）

　上記については、実際の取引により、一部を省略することもある。また、エンジニアリングレポートや重要事項説明書でエンジニアリング会社や宅建業者などの他の専門家に指摘された対象不動産の具体的な法的問題点をより深く調査することもある。したがって、上記はあくまで典型的な範囲である。

　また、海外の投資家により法的調査を依頼される場合、弁護士（法律事務所）が通常カバーしない範囲の事項であっても、弁護士が作成するレポート（リーガルデューディリジェンスレポート（Legal Due Diligence Report）や、リーガルリビューレポート（Legal Review Report）と呼ばれる）に他の専門家により指摘された問題点の概要、それについての対応策、弁護士のコメントを記載することを求められることが多い。海外の投資家がそのような要請をする理由は、そのような他の専門家のレポートは英語で作成されることが少ない

制、⑩地域地区に関する各種行政法規による制限（住宅付置、駐車場設置義務など）、が挙げられている。もっとも、同書においても、法務デューディリジェンスにて調査対象とされていない事項でも、他の専門家の調査の結果、法律上の問題が発見された場合の法令の適用、そのリスク及びリスクの回避策の分析については弁護士がカバーすべき事項であり、適宜これら専門家からの知識の補充を受けてこれら法律上の分析を進めるべきである、としている（同書201頁）。

ので、英語で作成された弁護士のレポートにそれらの問題の英語の説明及び分析を付加して一覧性を確保したいということと、特に海外の不動産ファンドの場合に該当する点であるが、ファンドの投資委員会に意見を提出する際の基礎資料として法律事務所の分析及び見解が重要性を有する、という点にある。筆者の経験では、建築物の遵法性や境界・越境について問題がある場合にそれらを対応策とともにリーガルデューディリジェンスレポートに記載することを求められることが多い。

2 法的調査の手順

　法的調査は、担当する弁護士や法律事務所が必要な書類を関係者にリクエストすることから始まる。この段階では、物件の物理的調査が完了してエンジニアリングリポート等他の専門家が作成した報告書類が作成済みであることが望ましい。前記のように、リーガルデューディリジェンスレポートに他の専門家の調査結果を記載する可能性があるからである。

　筆者の場合、関係者に対する最初の書類のリクエストは、できるだけ物件についての広範囲な情報を得るために以下のような書類を対象としたリストを送る方法によっている（すべての書類が必要という意味ではない）。

デューディリジェンスにおける情報のリクエスト（例）

(1) 物件に関する情報
- 権利証（登記識別情報）
- 不動産登記簿（登記事項証明書）（共同担保目録、信託目録を含む）[23]
- 公図、測量図、写真
- 建物についての間取り図

(2) 物件に関する書類
- エンジニアリングレポート（土壌汚染、地震PML及び環境調査を含むもの）
- 不動産鑑定評価書
- 隣接地所有者との境界確認書
- 越境に関する資料
- 建物についての確認済証及び検査済証
- 固定資産税の支払を証明する資料

(3) 物件に関する既存の契約書
- 土地の賃貸借契約（建物の底地が借地の場合）
- テナントとの建物賃貸借契約
- テナント等との駐車場契約
- レントロール（不動産の賃貸借条件・その履行状況の一覧表であり、部屋・賃貸スペース別に、賃料・保証金・敷金等、契約日・契約期間等の契約条件及び賃料の延滞などが記されている）
- 信託契約（既存の信託受益権売買の場合）
- マスターリース契約（既存の契約を買主が承継する場合）
- アセットマネジメント契約（同上）
- プロパティマネジメント契約（同上）
- ビルマネジメント契約（同上）

(4) 建築に関する契約（開発型の場合や、売主の権利を買主が承継する場合）
- 建築請負契約
- 設計関連契約

　上記の情報をリクエストした後、法的調査の過程で様々な疑問点が生じることが多い。それらの疑問点を解消するために売主側に質問をする場合には、質問事項を一覧表にして送付することになる。疑問が解消するまで、このような

---

[23] 登記簿及び公図等の登記資料は、インターネットサービス（登記情報提供サービスという）を利用すれば、法務局に行く手間を省略し、また売主に請求せずとも、自ら取得可能である。ただ、実務上は、他の書類と一緒に売主や関係者に請求することが通常である。売主や関係者から受領後、必要に応じてインターネットサービスを利用して最新情報を確認しているのが実情である。

Q＆Aのやり取り及び必要に応じて追加資料の請求を行うことになる。リーガルデューディリジェンスレポートは、多くの場合、売主側とのこのようなやり取りを経てまとめられる。

　日本ではリーガルデューディリジェンスを含む物件調査は、売買契約締結までに完了させるのが通常である。買主が売買契約の締結後も物件調査を継続して、売買の実行（クロージング）の前提条件の一つとして、例えば「物件調査の結果に買主が合理的に満足していること」を設定しようとしても、通常売主はそのような前提条件を受け入れない[24]。そうである以上、買主は物件調査を売買契約締結までに終了しなければならないのである。

III 法的調査の内容（その1　登記について）

1 登記情報の確認

　不動産登記制度は、不動産の物的内容と権利関係を示し、取引関係者に必要な情報を提供し、不動産取引の安全と円滑を図ることを目的とする制度である。投資の対象となる不動産の所有形態は一様ではない。売主が土地及び建物の両方を所有している場合もあれば、建物は所有しているものの土地は借地権の場合もある。さらに建物所有形態も、建物を一棟所有している場合もあれば、区分所有建物の場合もある。これらは登記情報をみて確認する必要がある。売買の対象が不動産信託受益権の場合であってもその裏づけとなる土地建物の登記情報をみなければならない。

　そこで、不動産の法的調査の第一歩は、不動産登記簿謄本（これは一般に公開された情報で実際にはコンピューター化された登記事項証明書をみることになるが、本書では登記簿謄本という）をみて、当該不動産の登記された権利関係を認識することから始まる[25]。現地を訪れても、不動産の面積はどの程度

---

24)　不動産マーケットが極端に買い手市場となればこのような実務は変化するかもしれない。

25)　インターネットによる登記情報サービスで取得できる登記情報には、登記事項証明書、登記事項要約書、所有者事項証明書があるが、このうち法的調査において取得す

か、所有者は誰か、抵当権が設定されているのか等はわからないが、登記情報は、不動産の物的状況及び権利関係について一次的な情報を与えてくれる。不動産の権利者が登記を行う理由は、不動産についての権利を取得しても登記という公示手段をとらないと第三者に対抗できない（民法177条）とされており、登記の先後で権利取得の優劣が決せられるため、不動産の権利取得者は積極的に自己の権利を登記する必要がある、という点にある。不動産に関する権利を公示するという登記制度を支えているのはこのように自己の権利を確保するには登記を経る必要があるという法的な理由による。

　不動産登記法に基づいて登記することができる権利は、所有権、地上権、永小作権、地役権、先取特権、質権、抵当権、賃借権、配偶者居住権、採石権の10種であり、登記される物件変動は、保存、設定、移転、変更、処分の制限、消滅の6つとなる（不動産登記法3条）。実務上弁護士により行われる法的調査の範囲として上記 II 1 で述べた①～⑥の項目のうち、登記情報を確認することにより、一応の情報を得ることができるのは、①不動産の所有権の帰属及び所有権に関する問題の有無、②用益権、担保権その他の不動産に設定された権利の内容、③差押えの有無である。なお、ここで「一応の情報」と述べたのは、下記 4 に記載するように登記情報には限界が存在するためである。以下に、不動産登記簿の記載について、その構造を極めて簡単に述べておく。

2 不動産登記簿（登記事項証明書）

　不動産登記簿謄本は、まず表題部と権利部に分かれ、権利部はさらに甲区と乙区に分かれ、結局、全体では3部分から構成される[26]。

　表題部は、表示に関する登記をする部分で、不動産の物的な状態を表示する部分である。土地の場合は、所在、地番、地目（例：宅地、田、畑、山林等の土地の用途による分類）、地積（平方メートル）、原因及びその日付、所有者

　　　べき書類は登記事項証明書（全部事項証明書）である。登記事項要約書及び所有者事項証明書は、記載内容が省略されており、それらからは法的調査のための十分な情報は得られない。

26)　　登記に関する基本的事項の解説は多くの書籍でなされている。比較的最近のものでは一般財団法人日本不動産研究所・前掲21) 65頁以下が詳しい。

（所有権保存登記がなされたときに抹消）等が記載される。表題登記（表題部に最初にされる登記）は、原則として不動産が新たにできたときで、建物については新築時であり、土地については、埋立て等により土地ができたときである。不動産に関する契約書では、実務上、表題部に記載されている情報で不動産を特定している。したがって、契約書の作成やレビューを行う際には、登記簿謄本の表題部の記載に従って不動産が特定されているのかを確認する必要がある。

土地登記簿の表題部サンプル

表　題　部	（土地の表示）	調製	平成●●年●月●●日	不動産番号	0000000000000
地図番号	余白	筆界特定	余白		
所　在	文京区●●●●			余白	
① 地番	② 地目	③ 地積　㎡		原因及びその日付〔登記の日付〕	
26番8	宅地	290:67		余白	
余白	余白	余白		昭和63年法務省令第37号附則第2条第2項の規定により移記 平成●●年●月●●日	
余白	余白	283:89		③錯誤 ③26番8、26番83に分筆 〔平成●●年●月●●日〕	

　建物の場合の表題部には、所在、家屋番号、種類（例：居宅、共同住宅、店舗、事務所等の用途による分類）、構造、床面積（平方メートル）、登記原因及びその日付、所有者（所有権保存登記がなされたときに抹消）等が記載される。

建物登記簿の表題部サンプル

表　題　部	（主である建物の表示）	調製	余白		不動産番号	０００００００００００
所在図番号	余白					
所　　在	大阪市浪速区●●●丁目　１番地●●●、１番地●●●				余白	
家屋番号	１番●●●				余白	
①　種　類	②　構　造	③　床　面　積　㎡			原因及びその日付〔登記の日付〕	
ホテル	鉄筋コンクリート造陸屋根 １５階建	１階 ２階 ３階 ４階 ５階 ６階 ７階 ８階 ９階 １０階 １１階 １２階 １３階 １４階 １５階	４４０：５５ ４４０：５５ ４４０：５５ ４４０：５５ ４４０：５５ ４４０：５５ ４４０：５５ ４４０：５５ ４４０：５５ ４４０：５５ ４４０：５５ ４４０：５５ ４４０：５５ ４４０：５５ ４４０：５５		令和●年●月●日新築 〔令和●年●月●日〕	
所　有　者	大阪市西区立●●●丁目●番●●号　株　式　会　社　●　●　●					

建物登記簿の甲区及び乙区のサンプル

表　題　部	（主である建物の表示）	調製	余白		不動産番号	０００００００００００
所在図番号	余白					
所　　在	川崎市川崎区●●●丁目　●番地●				余白	
家屋番号	●番●				余白	
①　種　類	②　構　造	③　床　面　積　㎡			原因及びその日付〔登記の日付〕	
倉庫	鉄骨造合金メッキ鋼板ぶき ４階建	１階 ２階 ３階 ４階	１９０００：９０ １９０００：２０ １９０００：８０ １９０００：２０		令和●年●月●日新築 〔令和●年●月●日〕	
所　有　者	東京都中央区日本橋●丁目●番●号●●●●●●ビルディング　●　●　●　●　特　定　目　的　会　社					

権　利　部　（甲　区）　（所　有　権　に　関　す　る　事　項）			
順位番号	登　記　の　目　的	受付年月日・受付番号	権　利　者　そ　の　他　の　事　項
１	所有権保存	令和●年●月●●日 第１５●●●号	所有者　東京都中央区日本橋●丁目●番●号● 　　　　●●●●●ビルディング 　　　　●●●●●特定目的会社

権　利　部　（乙　区）　（所　有　権　以　外　の　権　利　に　関　す　る　事　項）			
順位番号	登　記　の　目　的	受付年月日・受付番号	権　利　者　そ　の　他　の　事　項
１	抵当権設定仮登記	令和●年●月●●日 第１５●●●号	原因　令和●年●月●●日金銭消費貸借予約令 　　　和●年●月●●日設定 債権額　金●●●億円 利息　年２％（年３６５日日割計算） 損害金　年１４・０％（年３６５日日割計算） 債務者　東京都中央区日本橋●丁目●番●号● 　　　　●●●●●ビルディング 　　　　●●●●●特定目的会社 権利者　東京都中央区日本橋室町●丁目●番● 　　　　号 　　　　●　●　●　●　銀　行　株　式　会　社
	余白	余白	余白

権利部は、甲区（所有権に関する事項）及び乙区（所有権以外の権利に関する事項）からなり、それらの様式は、土地及び建物について共通で、順位番号、登記の目的、受付年月日・受付番号、権利者その他の事項の四つの欄から構成されている。

　最後に、建物区分所有法上の区分所有建物について簡単に説明する。区分所有建物とは、構造上区分され、独立して住居・店舗・事務所・倉庫等の用途に供することができる複数の部分から構成されている建物をいう。分譲マンションなどが典型例である。区分所有建物の登記簿における表題部は、①一棟の建物の表題部（つまり建物全体について、建物とその敷地権の目的の土地の表示）と②専有部分の建物の表題部から構成される。①には、専有部分の家屋番号、所在、建物の名称、構造、床面積、原因及びその日付・登記の日付、敷地権の目的である土地の表示がなされる。②には、家屋番号・建物の番号、種類・構造・床面積、原因及びその日付・登記の日付、敷地権の表示（敷地権の種類（例：所有権、地上権、賃借権）、敷地権割合（その専有部分に対応する共有持分）、原因及びその日付等が表示される。

　不動産登記の詳細については、紙幅の都合上、本書ではカバーすることはできない。法的調査をする者は、対象不動産の登記情報を仔細に確認し、疑問があれば実務書を参照して調べ、場合によっては司法書士に確認し、さらには登記に関する部分に限らず実体法（民法、借地借家法、建物区分所有法等）の問題の調査を行わなければならない。不動産登記簿に記載された情報の確認はそのための第一歩なのである。

3 図面との照合

　土地の登記情報をみても、ある地番の土地がどのような位置にあるのかを知るためには、方位、各筆の位置関係及び形状を示し、地番を記した図面をみる必要がある。法務局には以下の図面が保管されているので、それらを活用して土地の位置関係等を把握することになる。

【1】14条地図

　不動産登記法上は「地図」及び「地図に準ずる図面」があり、これらは広い

区分所有建物の登記簿サンプル

専有部分の家屋番号	5-2-2 ～ 5-2-13			
表　題　部　(一棟の建物の表示)	調製	平成●年●月●日	所在図番号	余　白
所　在	中央区●●●●丁目　5番地2、5番地3、5番地8、5番地6、5番地7			余　白
建物の名称	●●●●ビルデイング			余　白
①　構　造	②　床　面　積　㎡		原因及びその日付〔登記の日付〕	
鉄骨鉄筋コンクリート造陸屋根地下1階付9階建	1階　　524：55 2階　　534：40 3階　　534：40 4階　　534：40 5階　　534：40 6階　　534：40 7階　　534：40 8階　　534：40 9階　　285：33 地下1階　287：94		余　白	
余　白	余　白		昭和63年法務省令第37号附則第2条第2項の規定により移記 平成9年2月6日	

表　題　部　(敷地権の目的である土地の表示)				
①土地の符号	②　所　在　及　び　地　番	③　地　目	④　地　積　㎡	登　記　の　日　付
1	中央区●●●●丁目5番2	宅地	283：60	昭和62年6月11日
2	中央区●●●●丁目5番3	宅地	146：38	昭和62年6月11日
3	中央区●●●●丁目5番8	宅地	115：23	昭和62年6月11日
4	中央区●●●●丁目5番6	宅地	55：40	昭和62年6月11日
5	中央区●●●●丁目5番7	宅地	46：67	昭和62年6月11日

表　題　部　(専有部分の建物の表示)			不動産番号	0000000000000
家屋番号	●●●●丁目　5番2の8		余　白	
建物の名称	601		余　白	
①　種　類	②　構　造	③　床　面　積　㎡	原因及びその日付〔登記の日付〕	
事務所	鉄骨鉄筋コンクリート造1階建	6階部分　●●●：●●	昭和●●年●月●●日新築	
余　白	余　白	余　白	昭和63年法務省令第37号附則第2条第2項の規定により移記 平成9年2月6日	

表　題　部　(敷地権の表示)			
①土地の符号	②敷地権の種類	③　敷　地　権　の　割　合	原因及びその日付〔登記の日付〕
1・2・3・4・5	所有権	10万分の●●●●●	昭和62年5月11日　敷地権 〔昭和62年6月11日〕

権　利　部　(甲区)　(所有権に関する事項)			
順位番号	登　記　の　目　的	受付年月日・受付番号	権　利　者　そ　の　他　の　事　項
1	所有権移転	昭和62年8月20日 第2173号	原因　昭和62年●月●日売買 所有者　千代田区●●●町●丁目●番地● ●　●　株　式　会　社 順位2番の登記を移記
	余　白	余　白	昭和63年法務省令第37号附則第2条第2項の規定により移記 平成9年2月6日

意味で公図と呼ばれている[27]。このうち地図は14条地図と呼ばれている。14条地図は国の事業としての地籍調査（原則として一筆の土地ごとに所有者の立ち会いや測量がなされる）の結果作成された高精度の図面であり、方位・位置・形状の地形的情報と距離・角度・面積の数量的情報が正確で、これらの情報に基づき現地復元能力を備えている。しかし、すべての土地について14条地図が整備されているわけではない。2023年（令和5年）年度末における地籍調査の進捗率は53％程度である（東京は25％、大阪は10％）。都市部は調査が難しいため地籍調査の進捗率は低くなっている。

【2】公図（狭義）・地図に準ずる図面

「地図に準ずる図面」は狭い意味での公図で、14条地図が整備されるまでの暫定的な措置として法務局に置かれている。公図は、明治時代の地租改正（明治6年）の際に作成された図面に遡るものも多くある。「地図に準ずる図面」は、地形的情報はある程度の制度を持つものの、数量的情報の精度は乏しく、現地復元能力に欠ける[28]。

【3】地積測量図

地積測量図は、地積（土地の面積）の測量によって作成されている図面であり、土地の形状を確認することに有用な図面である。分筆や地籍更正の登記の際に提出する図面であるが、すべての土地について地積測量図があるわけではない。原則として登記申請に地積測量図が必要となった1960（昭和35年）年以降に分筆又は地籍更正された土地にのみ備えられている。

【4】建物図面・各階平面図

建物の形状及び敷地との位置関係を示した図面が建物図面であり、各階平面図は各階の形状と床面積などを表示する図面である。建物図面は、建物を新築

---

27) 公図という用語は不動産登記法に規定された用語ではなく慣用語である。

28) 一般財団法人日本不動産研究所『不動産実務百科Ｑ＆Ａ』（清文社、20版、2023年）27頁。

して表題登記する際に、増改築して床面積・構造の変更登記が申請されると、法務局に提出される。

4 登記情報の限界

　不動産登記簿に記載された情報は常に真実を反映するとは限らない。建物については、登記上存在していてもすでに取り壊されていて実在していない可能性すらあり、逆に登記されていない建物が存在することも多い。実在する土地の所有権の帰属を例にとっても、登記上の所有者が所有権を取得した売買が法的に無効で所有権を取得することができていない場合もあり得る。登記上の所有者が真の所有者とは限らない点は法的には「登記には公信力がない」という形で表現される。登記上所有者と表示されている売主を真の所有者と信じて売買しても、実際に売主が所有者でない場合には買主は所有権を取得することはできないのである。

　それでは、買主は、法的調査を売主が対象不動産を取得した相手との契約やそれ以前に遡って行う必要があるのかというと、必ずしもそうではない。登記上の所有名義人は反証のない限り、当該不動産を所有するものと推定されており[29]、現地調査を含む関係調査を経た上で、法的調査において疑わしい事実が発見されていない限り、実務上登記上の記載を真正なものとしてリーガルデューディリジェンスレポートが作成されている[30]。登記上の所有者が真の所有者ではなく、登記情報を信用した買主が保護されない場合も登記制度上はあり得るが、通常の調査で疑わしい事情が顕出されない場合には、実務上はそのような可能性は無視できるほどに乏しいということができ、それを前提に取引は進められるのが実情である。

　登記情報が実体上の権利義務を真正に反映していない可能性があるのは、所有権に限らず、対象不動産の物的な表示及び法的権利の記載のすべてについて当てはまることである。それらについても、例えば、売買契約において、「実

---

29) 　登記の推定力は判例上も認められている（最判昭和34年1月8日民集13巻1号1頁）。

30) 　通常法律事務所の作成するリーガルデューディリジェンスレポートには登記情報の持つ意味とその限界についての説明が付されている。

測面積が登記上の面積と相違しても売買価格の修正は行わない」という規定を設けることで登記の記載の不正確さによる取引への影響を避けることや、逆に売主に一定の登記情報の正確性を表明保証してもらう、などの実務上の対応をした上で不動産の取引はなされている。

5 登記の公信力欠如を補完する判例理論

　登記に公信力がないとしても、登記を信用した買主が常に法的に保護されないわけではない。一定の事情がある場合には、登記上の所有者が真の所有者ではなくても、判例上民法94条2項の類推適用により、登記を信頼した買主が保護される場合がある[31]。民法94条は、真の権利者の責めに帰すべき容態によって（帰責性）、虚偽の権利の外形（外形の存在）が生じた場合に、これを相手方が信頼したとき（保護に値する信頼）、本来虚偽である権利の外形を、それが真正のものだと信頼した者との関係では、真実の法律関係として取り扱うという表見法理を背景とする民法の条文の一つであるといわれているが[32]、ここでは真の権利者に一定の帰責性が必要とされている点に注意を要する。つまり、真の権利者に落度がない場合には、登記を信用してもこの法理では保護されず、権利を取得できないのである。民法94条2項の類推適用という法理があるとしても、その適用は裁判上慎重な事実審理を経てなされるものであるから、これから不動産取引をしようという者が安易にそれに依拠して物件の調査をおろそかにすることは極めて危険である[33]。

---

31)　　川島武宜＝平井宜雄編『新版注釈民法（3）総則（3）法律行為（1）』（有斐閣、復刊版、2003年）368頁以下。

32)　　奥田昌道＝安永正昭編『法学講義民法総則』（勁草書房、第3版、2018年）40頁以下。

33)　　最判平成18年2月23日民集60巻2号546頁では、不実の所有権移転登記がなされたことにつき、所有者に、自らこれを積極的に関与した場合やこれを知りながら放置した場合と同視し得るほど重い帰責性がある、として民法94条2項及び110条を類推適用した。また、最判平成15年6月13日判タ1128号370頁では、民法94条2項及び110条の法意に照らしても、所有者に帰し得る事情はないとして、両条の類推適用を認めた原判決を破棄している。

> **コラム** 地面師による詐欺
>
> 　地面師という詐欺師（グループ）がいる。地面師詐欺とは、不動産の所有者になりすまし、買主に不動産を購入させ不動産の売却代金をだまし取ることを意味する。そのようなことが果たして本当に可能なのかと疑ってしまうが、一部上場企業の積水ハウスが2017年に東京の西五反田の土地をめぐり地面師グループに55億円をだまし取られるという事件が生じ、社会に大きな衝撃を与えた。また、2013年には、ホテルチェーンのアパが、赤坂・溜池の駐車場用地の取引で12億円の被害に遭っている。地面師による巧妙に仕組まれた詐欺の被害に遭わないためには本人確認を慎重に行うしかないが、地面師詐欺においては本人確認書類も偽造されているケースがあるので容易ではない。不動産取引に通じていて取引経験も豊富と思われるこれらの企業も地面師の被害に遭ってしまうことを念頭に置いて本人確認や物件調査を行う必要がある。二つの事件の概要は、森功『地面師　他人の土地を売り飛ばす闇の詐欺集団』（講談社、2018年）で述べられている。

6 登記の対抗要件に関する問題について

　民法177条は「登記をしなければ、第三者に対抗することができない」と規定しており、登記は対抗要件といわれている。ここで「対抗することができる」という意味は、物権（所有権、抵当権など）の取得・喪失・変更について、これを争う第三者に対し、その存在を優先的に主張することができる、ということである。登記の先後だけで優先性が判断できる場合には対抗要件は実務上特に問題を生じない。単に登記記録をチェックすれば登記上の優劣の判断が可能だからである。しかし、登記簿のみをみただけでは権利の優劣が判然としない場合もある。基本的な事項ではあるが、借地借家法の規定により対抗要件の特例が設けられている以下の場合に注意する必要がある。

　まず、建物借地権の対抗力については、借地借家法10条の規定がある。これによれば、借地権はその登記がなくても土地上に借地権者が登記されている建物を所有すれば第三者に対抗できる、とされている。土地の購入者の立場に

立ってこの影響を述べると、更地を購入するつもりで所有権移転登記をしても、借地権者がいて、建物の登記が先に備えられていれば、土地の購入者は借地権を受け入れなくてはならないということである。土地の売買契約にそのような借地権の存在を否定する売主の表明保証を入れておくのは当然として、法的調査の観点からもこのような点は事前の必須確認事項ということができる。

次に、建物の賃借権（借家権）は登記がなくても、建物の引渡しがあればその後その建物について物権を取得した者に対して対抗力を有する（借地借家法31条）。投資家が建物を取得する場合、テナント付きの収益物件として購入するのが通常なため、借家権の対抗力は問題にならない。しかし、空室物件として購入する場合（購入後のリノベーションによるバリューアップなどを計画する場合などには空室物件が取引される）には、上記と同様に売買契約上の手当てに加え、買主への所有権移転登記の前に売主が賃貸借契約を締結して物件（建物又は貸室）を賃借人に引き渡してしまわないように注意する必要がある。

> **コラム** SNDA（Subordination and Non-disturbance Agreement）の活用
>
> ホテルやデータセンターなどの開発案件で遭遇するのだが、開発者である土地や建物の所有者に融資するレンダーとホテルやデータセンターの賃借人や運営者との利害が衝突する場面について、両者の利益を調整するためにSNDAという合意書が作成されることがある。例えば、レンダーは融資の担保として土地建物に抵当権を設定するが、建物の賃借人となるデータセンターの運営者は抵当権に優先する賃借権を得られないことが多い。建物が竣工するとすぐに抵当権が設定され、その後に賃借人に建物の引渡しがなされてしまうからである。建物の引渡しが先ならば賃借人は抵当権に優先できるのだが、通常レンダーはそれを許さず、土地建物の所有者（抵当権設定者）もレンダーの意思を尊重しないと融資を受けられず開発を進めることができないため、このような対抗問題の処理は実務上やむを得ない。しかし、賃借人あってこそ収益物件として評価される建物も多い。特にホテルやデータセンターなどの取引で優良なテナントが建物一棟全部を長期間の賃貸借契約を締結して賃借している場合、抵当権が優先することで

第4章　売買対象となった物件の調査（デューディリジェンス）

> その実行時に賃借人を追い出す必要性は乏しい。そこで、抵当権者、抵当権設定者及び賃借人等がSNDAを締結して利害の調整を図ることがある。賃借人は抵当権が優先することを認めつつ（賃借権の抵当権に対するsubordination）、抵当権者が賃借人の使用を阻害しないように（non-disturbance）、一定の事項を合意するのである。SNDAは法的には画一的な処理になってしまう対抗問題を契約により柔軟に処理する実務上の方策ということができる。

7 登記識別情報について

　登記識別情報は、不動産を登記した際に権利者であることを公的に証明するため、登記完了後に、新たに登記名義人となった者に対し、法務局から通知されるアラビア数字その他の符号の組み合わせからなる12桁の符号（一種のパスワード）である。平成17年3月施行の不動産登記法改正により権利証は廃止され、それに代わって登記識別情報の制度が導入された。不動産及び登記名義人となった申請人ごとに定められ、登記名義人となった申請人のみに通知される。重要な情報であるため登記識別情報通知書は、目隠しシールをはり付けて、交付される。登記の申請の際には、本人確認方法のため、登記識別情報を登記所に提供することが求められる。そのため、売主は、クロージングの際には登記識別情報を所有権移転登記のために提出できるようにしておかなければならないし、買主は当然クロージング日には登記識別情報が売主から提出されるものと期待している。

　登記識別情報通知書を紛失した場合、発行された登記識別情報を失効させる手続きを行うことができる。登記識別情報がない場合でも不動産登記は可能だが、第三者である司法書士や弁護士といった有資格者に、不動産の権利者であることを証明する文書を作成してもらう必要があり、余分な費用と時間がかかってしまうので注意を要する。

Ⅳ 法的調査の内容（その2　境界・越境等に関する問題）

1 境界・越境に関する問題の有無の確認

　境界・越境についての問題を探知することができるのは、物理的調査の過程においてである。エンジニアリングリポートや重要事項説明書作成の過程でそれらの問題が発見される。隣地所有者との間で境界が争われているときや、隣地所有者の建物や所有物が取得を予定している不動産の敷地内に越境しているときに不動産を取得後にそれらのトラブルによる不測の出費を強いられる可能性があり、取得後の出口としての売却にも悪影響を及ぼしかねない。それ故、境界・越境の問題は物理的調査の際の重要な確認事項である[34]。弁護士（法律事務所）が行う法的調査には基本的に現地調査は含まれないので、それによって境界・越境の問題が発見されることはないが、法的調査の過程で問題への対処方法などについて意見を求められることは多々ある。特に海外の不動産ファンドが不動産を取得する場合、すべての法律的な権利義務に関して弁護士から英語での説明が求められることが多々あるため、本書でも法的調査の一部として境界・越境の問題を取り扱うこととする。

2 境界の意味

　まず、境界の法的な意味を理解しておく必要がある[35]。境界の概念は多様であるが、重要な境界の概念として、以下に述べる「所有権界」及び「筆界」並びにそれらの相違を理解する必要がある。

【1】所有権界

　土地の所有権が及ぶ範囲のうち、その外縁を所有権界という（不動産登記法

34）　もちろん重要度は対象となる土地の所在地や性質により大きく異なる。山間部にあるゴルフ場の売買と都心の土地の売買では、境界問題の重要性もおのずと相違する。

35）　境界については、寳金敏明『境界の理論と実務』（日本加除出版、改訂版、2018年）が詳しい。本書の記載も同書を全般的に参考にしている。

132条1項5号の「所有権の境界」を意味する)。「所有権と所有権がぶつかりあうところ」が所有権界を意味し、これは民事実体法に由来する。土地の相隣関係について民法223条～238条には「境界」に関する規定があるが、これらは所有権界について定めるものである。所有権は私的な処分が可能なので、所有権界は土地の一部の売却や隣接地所有者との合意により変動することになる。取得時効も同様に所有権界の変動原因となる。

【2】筆　界

筆界は不動産登記法123条1号に定義されている。筆界とは「表題登記がある一筆の土地(以下、単に「一筆の土地」という。)とこれに隣接する他の土地(表題登記がない土地を含む。以下同じ。)との間において、当該一筆の土地が登記された時にその境を構成するものとされた二以上の点及びこれらを結ぶ直線」である。この条文は所有権界とは別に筆界が存在するという判例・通説の根拠となっている。筆界の法的な性質としては、①筆界は不動産登記法上の公的な存在であること(所有権が登記の有無にかかわらず民法上存在するのと次元を異にする)、②(分筆や合筆の登記がなされない限り)筆界は不動の存在であること等が指摘できる(所有権界が私的合意で変更され得るのと異なる)[36]。

【3】所有権界と筆界との関係

所有権界と筆界は本来一致するべきものである。所有権がぶつかり合うところを確認することが筆界の確認にもなることが多い。しかし、両者が一致しないこともある。例えば、所有地を分割したが未登記の場合、測量技術や作図技術の拙劣で、筆界と真の所有権界とが一致していない場合には、両者の不一致が生じる。さらに、両者の不一致が生じる原因としては、時の経過に伴って筆界の位置が不明確化した後に、欺罔や錯誤等によって真の筆界以外の位置を誤って筆界と認識して、そこを所有権界として占有するに至った場合、筆界付近地の取得時効が成立した場合、境界和解等により所有権界が変動した場合を

---

36)　寳金・前掲35) 18頁以下。

挙げることができる[37]。実務上問題となる「境界」は、その多くが「筆界を伴う所有権界」か又は「筆界」そのもののこととである[38]。

裁判による紛争解決手続きとしては、所有権界については、所有権の範囲の確認訴訟、筆界については、筆界確定訴訟という別々の裁判手続きが用意されている。裁判外における境界紛争処理の制度としては、所有権界については、いわゆる調査士会ADR、筆界については、筆界特定制度が用意されている[39]。

> **コラム　筆界特定制度**
>
> 2005年に新設された筆界特定制度をここで説明しておきたい。これは土地の所有者として登記されている人などの申請に基づいて、筆界特定登記官（行政機関である法務局又は地方法務局の長によって指定される）が、外部専門家である筆界調査委員の意見を踏まえて、現地における土地の筆界の位置を迅速かつ適切に特定する行政上の制度である[40]。筆界特定制度で実際上多くの私人間の紛争が解決されることが想定されているが、その結果に不服がある者は裁判所に境界確定訴訟（筆界確定訴訟ともいわれる）を提起することもできる。ただ筆界特定の結果は境界確定訴訟が提起された際の資料としても利用できるので、筆界特定制度は筆界をめぐる紛争の早期解決や予防に有効な制度である。通常は筆界と所有権界は一致するので筆界特定制度は所有権をめぐる紛争にも有効である。しかし、所有権界と筆界が一致しない場合の所有権界をめぐる紛争については、筆界特定制度や境界確定訴訟ではなく、所有権確認訴訟によって紛争を解決しなくてはならない。

---

37)　寶金・前掲35）24頁以下。

38)　寶金・前掲35）81頁。

39)　寶金・前掲35）25頁、26頁。

40)　法務省ウェブサイト「筆界特定制度」（https://www.moj.go.jp/MINJI/minji104.html）参照。

境界確認書サンプル

土 地 境 界 確 認 書

　●●●●（以下甲という。）と、株式会社●●●●●●●（以下乙という。）は、土地の境界に関し平成●●年●月●●日現地において立会し、次のとおり確認した。

1．境界を確認した土地の表示

　　　　　甲の土地　熱海市西熱海町●丁目●●●●番●●

　　　　　乙の土地　熱海市西熱海町●丁目●●●番●

2．甲及び乙の境界の状況
　　　　別紙測量図朱線の通り

3．後日、甲又は乙が上記境界に関係する土地を、第三者に譲渡する場合には本確認書の内容及び協議上の地位を承継させるものとする。

　以上のとおり甲と乙は、それぞれの境界を確認したことを証するためこの確認書を作成し、各自保有する。

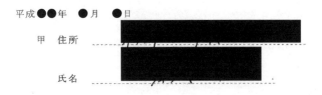

【4】境界確認書

　法的調査においては、登記情報（地図を含む）をチェックして、近隣所有地を確認し、その所有者との間で書面により境界の確認がなされているのか否かを確認することになる。対象となる不動産の土地のすべての隣接地所有者と境界の確認書が取得できていれば、境界紛争はないものと扱うことができるので、買主としては境界紛争の有無について安心することができる。

　境界確認書の内容は、通常筆界に関するものである。また、その当事者は境界確認書の作成時に登記上土地を所有していた者でないとその信頼性に疑問が生じる。登記上の所有者が真の所有者とは限らないが登記には推定力があるので、特段の事情がない限り、登記情報以外をみて境界確認書の当事者を確認する必要はない。境界確認書の当事者をめぐっては、境界確認書の作成後に土地所有権が譲渡されて所有者が変動したにもかかわらず境界確認書の合意が新所有者に承継されていない場合はどうすべきなのかという問題がある。多くの場合、境界確認書には、その当事者が所有権を譲渡する場合には、譲受人に権利義務を承継させる義務を負うことが規定されているが、それが履行されていないことも多いため問題となる。そのような承継がなされていない場合でも当該境界確認書は過去のある時点で土地の所有者が境界を確認したという事実を示す証拠にはなるので、境界についての証拠価値を有する。そのため、デューディリジェンスでは、承継の書類を作成する手間をかけることは少ない。

【5】越境確認書

　対象土地に隣接する土地との間に越境物がある場合（対象土地から隣接地へ越境している場合は「越境」といい、隣接地から対象土地へ越境している場合には「被越境」という）、越境や被越境について合意書が交わされることが多く、その際の合意書は実務上「越境確認書」といわれている。越境確認書が通常カバーする事項は、①越境や被越境の事実が存在することの確認、②越境や被越境の処理についての合意（現状が双方の土地建物使用に支障をきたさなければ、多くの場合は現状を当面是認し、それぞれが建物等を再築する際に越境や被越境を解消することを義務づけるにとどまる）及び③当事者が土地の所有権を移転する場合には譲受人に越境確認書に規定された義務を承継させる義

務、である。

　越境確認書が存在すれば、対象土地の買主は越境についての紛争が存在しないことの安心を得ることができる。また、被越境の事実が存在するのに越境確認書が取り交わされていない場合、隣接地の所有者が将来被越境部分の底地の取得時効（民法162条）を主張するリスクがある。越境確認書はそのようなリスクに対応する手段となる。このため物件調査で越境・被越境が確認されると越境確認書の有無を確認し、なければクロージング前に新たに越境確認書を締結することが可能か否かについて議論されるのが通例である。

【6】境界明示義務

　「売主は、買主に対し、売買の目的物の所有権移転と引渡義務を負い、引渡期日までに土地の範囲と境界を指示しなければならない」と一般に理解されている[41]。売主の境界明示義務を直接規定する法律はないものの、一般に売主の義務とされているのである。仲介に当たる宅建業者も境界を説明する義務がある[42]。しかし、売買契約においては、「売主は境界明示義務を負わない」と契約によって義務を否認することが多い。他方、買主は、そのような売主による境界明示義務の否認を受け入れる場合でも、売主に対し境界紛争の不存在等についての表明保証を求めることが多い。

【7】取得時効について

　被越境により取得時効（民法162条）が問題になる可能性があることは上記のとおりだが、物件調査の対象となる不動産（土地）の全部又は一部に占有者がいる場合、占有者に占有権限がなさそうにみえても取得時効により権利取得（所有権、地役権、地上権―取得時効の多少となる権利を列挙する）がなされていないかを確認する必要がある。所有権の取得時効は、①一定の要件を備えた占有（「所有の意思」を持った「他人の物」（一筆の土地の一部でも構わな

---

41)　　岡本＝宇仁・前掲11) 89頁。
42)　　岡本＝宇仁・前掲11) 89頁。

い）の「平穏公然」の占有）が、②一定期間（20年、又は10年間）継続することで完成する。ここで所有の意思は占有者の内心の意思ではなく、占有取得の原因である権限又は占有に関する事情により外形的客観的に認定される。また、占有者は、平穏・公然に占有しているものと推定される（民法186条）。取得時効の完成には、占有開始時に善意無過失であれば、10年、そうでなければ20年の占有期間が必要となる。ここで善意とは自分に所有権があると信じることと解され、民法186条により推定される。

V 法的調査の内容（その3　建物の遵法性、検査済証、既存不適格）

１ はじめに

　すでに建築されている建物を購入するには、当該建物が適法なプロセスで建築されているかを確認するとともに、現在の法令に照らしても違反はないのかをチェックすることが必要となる。それらに問題があれば、エンジニアリングレポートや重要事項説明書でも指摘されることになる。ここでは建物の遵法性を確認する鍵となる法的手続き及び概念を説明したい。建物が違法建築物となると、違法性が解消されない限り、信託銀行は受託せず、融資を受けることも難しく、ひいては売却という出口も閉ざされかねない。物件調査において建物の遵法性確認は重要な項目なのである。

２ 建築基準法上の手続き・確認済証と検査済証

　一定規模以上の建築物を建築しようとする場合、建築主は工事に着手する前に、地方公共団体の建築主事又は指定確認検査機関に「確認申請書」を提出し、その計画が建築基準法等の基準に適合していることの確認を受ける必要がある。建築基準法等の基準に適合していることが確認されれば、「確認済証」が交付される。建築確認申請をしないまま、工事を始めることは違法である。
　建築主は、特段の理由（災害等、やむを得ない理由）がない限り、建築工事が完了した日から4日以内に完了検査の申請をしなければならない。この申請

に基づき建築主事や指定確認検査機関が完了検査を行い、建築基準関係規定に適合していると認めたものについて、建築主に対し、「検査済証」（建築基準法7条5項）を交付する。完了検査を受けないと、後に違法建築物であることが判明した場合に建築主に対して建築物の使用禁止や是正命令が出されることがある。検査済証が取得されていれば、建築確認申請どおりの建物が建築されたという事実の一つの証明となるので、建物を購入する際には検査済証の確認が必須となる。ただし、検査済証を取得後に所有者が建築物の増改築をした場合や、敷地の一部を売却した場合には、違法建築物となる可能性もある。この点の確認は竣工図書と現状の照合により行うことになる。

3 既存不適格

建築物の建設時には適法だったが、以降の法令の改正や用途地域の変更等により、現在の法令に適合しなくなった状態を「既存不適格」と称し、そのような状態の建物を「既存不適格建築物」という。例えば、地震に対する社会の認識が変化して耐震基準が厳格になった場合などでは、旧耐震基準で建築された建物は既存不適格建築物となる。

既存不適格建築物は、建築時点の法令には適合しており、現在の法令に適合しなくともそれ自体は違法ではない。建築当時から法令に違反していた「違法建築物」とは区別されるべきものである[43]。買主が両者を区別するためには、売主から建築物の検査済証の提示を求め、それを確認することが最も簡便である。

4 検査済証がない建築物

一度発行された検査済証が紛失された場合には、再発行を受けることができない。しかし、検査済証が交付されていることを示す証明書として、特定行政庁に「建築台帳記載事項証明書」を発行してもらうことは可能である。完了検

---

43) 違法建築物ではないとしても既存不適格建築物の取得にはリスクがある。まず、一定の場合（増改築や大規模修繕）には不適合部分の解消が必要になり得るし、そもそも現在の法令の基準に合致していないため建物が古く安全性に疑問がある場合もあり、買主は購入後に建物に起因する法的責任を問われる可能性もある。

査に合格しておらず、検査済証がそもそも交付されていない場合には、「建築台帳記載事項証明書」では建築物の遵法性の確認はできない。ただし、国土交通省が平成26年7月に設けた「検査済証のない建築物に係る指定確認検査機関等を活用した建築基準法適合状況調査のためのガイドライン」に基づいて、一定のプロセスを踏めば、建築物の遵法性を確認することができる場合がある。

Ⅵ 法的調査の内容（その4　土壌汚染に関する問題）

1 はじめに

　購入対象の不動産に土壌汚染等の環境問題が存在すると、所有者等による法令違反が疑われる可能性がある。また購入後に買主が法令により一定の義務を負う可能性があり、近隣の住民や不動産所有者への損害賠償責任も生じかねない。そのような問題に対処するコストは莫大なものになる危険があるため、買主は対象不動産の購入前に環境問題のリスクへの対応が必要となる。特に購入予定地が有害物質を扱う工場として使用されていた履歴がある場合、土壌汚染対策法の理解を踏まえた土壌汚染問題への対応が重要となる。

2 土壌汚染の調査

　土壌汚染リスクの調査は通常エンジニアリングレポートにおいてカバーされる項目である。買主はエンジニアリングリポートをみて土壌汚染問題の有無、リスク評価を知ることになる。土壌汚染の調査は、土地の使用履歴や過去の資料を考慮して、どの程度の深度の調査を行うかを判断することから始まる。具体的には実務上以下の三つの段階があるといわれている。買主が土地取得前に行う調査は法的な義務による調査ではなく任意の自主的な調査である。

土壌汚染の調査の3段階

①	フェーズ1：土地利用履歴の資料をみることによりリスクを評価する。ここでは現地調査は行われない。

②	フェーズ2：現地の土壌等の試料を採取して調査する。
③	フェーズ3：汚染範囲（広さと深度）を確定するために詳細調査を行う。

　上記の調査で土壌汚染が判明しても買主が売買を進める場合には、売主に是正を求めて、売主の責任において必要な是正措置がとられた後に売買の実行をするのが本来である。

3 土壌汚染対策法

　土壌汚染対策法は、土壌汚染を未然に防止することを直接の目的とするものではなく、一定の契機に基づいて土地の所有者等に土壌汚染状況調査その他の行為を義務づけるものである。同法は「土壌の特定有害物質による汚染の状況の把握に関する措置及びその汚染による人の健康に係る被害の防止に関する措置を定めること等により、土壌汚染対策の実施を図り、もって国民の健康を保護すること」（同法1条）を目的としている。

【1】調査報告義務の契機

　土壌汚染状況調査が所有者等に命ぜられる契機となる事実は以下のとおりである。この土壌汚染状況調査は、すべて環境大臣又は都道府県知事の指定する調査会社である指定調査機関によって行われる必要がある[44]。

土壌汚染状況調査の契機

①	使用が廃止された有害物質使用特定施設に係る工場又は事業場の敷地であった土地（土壌汚染対策法3条1項）。

---

44) 　環境省のウェブサイトにおけるパンフレット「土壌汚染対策法のしくみ」（環境省・（公財）日本環境協会）（https://www.env.go.jp/water/dojo/pamph_law-scheme/index.html）はわかりやすい解説である。また、より詳細な解説を行う資料として、環境省水・大気環境局水環境課土壌環境室『土壌汚染対策法に基づく調査及び措置に関するガイドライン（改訂第3.1版）』（令和4年8月）がある。

②	一定規模（3000平米）以上の土地の形質の変更を行うとき、又は工場等の土地における900平米以上の土地の形質変更を行うとき（同法4条）。この場合、土地の形質の変更をしようとする者（具体的には開発行為を行う開発業者や工事の請負の発注者）が土地の形質の変更に関する届出を行う義務を有する。
③	土壌汚染による健康被害が生ずるおそれのある土地があるとき（同法5条）。

【2】調査報告義務の主体

　上記の事実を契機として一定の条件が満たされると、土地の所有者等は調査報告義務を負うことになる。ここで調査の実施主体となる「所有者等」というのは汚染原因者であるとは限らず、土地の所有者、所有者以外の管理者又は占有者である。環境省の発表しているガイドラインによると「『土地の所有者等』とは、土地の所有者、管理者及び占有者のうち、土地の掘削等を行うために必要な権原を有し調査の実施主体として最も適切な一者に特定されるものであり、通常は、土地の所有者が該当する。なお、土地が共有物である場合は、共有者の全てが該当する。」とされている。

【3】土壌汚染状況調査の効果

　土壌汚染状況調査の結果、土壌の汚染状態が指定基準を超過した場合、「区域の指定等」が以下のとおりなされる。

土壌の汚染状態が指定基準を超過した場合の「区域の指定等」

①	要措置区域（土壌汚染対策法6条） 汚染による健康被害防止のため、当該汚染の拡散の防止その他の措置を講ずることが必要な区域である。この指定を受けると土地の所有者等（上記【2】にて記載された者と同じ）は、汚染除去等計画を作成してそれを実施しなくてはならない（同法7条）。汚染土壌の封じ込めや除去等が必要となる。また、土地の形質の変更が原則禁止される（同法9条）。
②	形質変更時要届出区域（同法11条） 汚染の摂取経路がなく、健康被害が生じるおそれがないため、汚染の除去等の措置は不要な区域である。土地の形質変更時に届出を行う必要がある（同法12条）。

第4章　売買対象となった物件の調査（デューディリジェンス）

土地の所有者となった買主が、上記①の汚染除去等計画による措置を実行した場合、汚染が売主等の第三者の行為を原因として生じているとき、買主は要した費用を一定の範囲で当該第三者に請求することができる（同法8条）。このような形で汚染について自己に責任のない所有者等は経済的な救済を受ける権利が認められている。しかし、汚染原因を生じさせた者を特定しなくてはならず、その者が十分な資力を有しない場合もあるため、実際に買主が救済を受けることができるという保証はない。

　なお、土壌汚染に限らないが、自治体の条例による規制にも配慮する必要がある。東京都の場合、土壌汚染について環境確保条例（都民の健康と安全を確保する環境に関する条例）があり、土壌汚染対策法とは別の手続きを定めている。

Ⅶ 法的調査の内容（その5　賃貸借契約のリビューについて）

1 はじめに

　収益不動産への投資をする場合、対象不動産について締結されている既存の賃貸借契約がまずは収益の源泉になるので、投資前に賃貸借契約に法的な問題が存在するか否かを法的調査の一環として確認する必要がある。これは建物賃貸借に主として当てはまる。他方で、土地の賃貸借は、多くの場合、投資対象の建物が借地上に建設されている際に、建物存続の基礎となる。この意味で土地の賃貸借が期待どおりに存続するものでないと投資対象の建物の価値を維持することができない。これらの理由から、投資前に土地建物についての既存の賃貸借契約の法的調査をすることになる。デューディリジェンスを離れた賃貸借契約についてのより広範囲な問題については、第3編 第4章（⇒449頁）以下を参照されたい。

2 建物の賃貸借契約（借家契約）

　建物賃貸借については、まず普通建物賃貸借（借地借家法（26条～37条））

なのか、定期建物賃貸借（同法38条～40条）なのかを確認する必要がある。成立要件や権利義務の内容も異なるからである。両者の相違は、第3編 第4章Ⅳ「普通建物賃貸借と定期建物賃貸借との比較」（⇒465頁）において概説しているので、参照されたい。

3 土地の賃貸借契約（借地契約）

借地借家法における保護を受ける「借地権」は、「建物の所有を目的とする地上権又は土地の賃借権」（借地借家法2条1号）である。法的調査では、借地契約の賃料（地代）などの経済的（コマーシャル）な点は通常調査の対象とならず、特別の事情がなければ、有効性や対抗力の確認のため、以下の点を確認することが調査対象となる。

土地の賃貸借契約（借地契約）のチェックポイント

①	目的が建物所有目的であると明記されているか否か。 ⇒建物所有目的がないと借地権は得られず、借地借家法の保護はない。
②	定期借地契約か否か。 ⇒定期借地契約か否かにより適用される要件等が異なるので、この点を確認する。定期借地権の場合、更新もなく、正当事由の適用もないが、普通借地権として更新があり、正当事由の適用がある。定期借地権の場合は、期間が50年以上に設定されている必要がある（借地借家法22条）。事業用定期借地権（同法23条）であれば存続期間は50年未満として設定可能である。
③	普通借地権の存続期間は法定存続期間（30年以上）か。 ⇒契約で30年未満の期間が定められていると、法により30年になると解されている。ただし、一時使用目的の借地権には法定存続期間の考え方は適用されない。借地権設定からの経過年数によっては更新・更新拒絶の可能性を指摘・検討する必要が生じる。
④	借地権は登記されているか、登記されていない場合には土地上に登記された建物は存在しているか。借地権に優先する権利はあるか。 ⇒例えば、抵当権の登記が建物登記よりも先にされていると、抵当権が借地権に優先する。
⑤	借地人による地代不払等の債務不履行はあるのか。 ⇒債務不履行があれば借地契約が解除される可能性があるので注意が必要となる。

| ⑥ | 借地権譲渡に地主の承諾は取得できるのか。
⇒建物を買い受ける場合、地主の承諾を得て、借地権の譲渡を受ける必要がある（同法19条）。 |

VIII 法的調査の内容（その6　不動産管理処分信託契約及びその他の契約等の確認）

1 はじめに

　売買の対象となる不動産に関し売主が締結している契約がある場合、どの範囲でそれらを調査するのかは、買主がいかなる契約（又は契約上の権利）を売主から引き継ぐのかによる。引き継ぐ契約のみを調査すれば足りるからである。売主が賃貸人となる一定の賃貸借契約を除くと、買主が不動産を購入しても売主が締結した不動産に関連する契約は、買主が承継を望まない限り、売主から買主に承継されることはない。ホテルの取得の場合などは、買主の都合上ホテルの運営に関連する多数の契約を引き継ぐことがあるが、そうでない限りは売主から引き継がなければならない重要な契約はそれほど多くはない。仮にそのような契約があっても買主の意向に沿わない契約条項があれば交渉により変更することも可能であり、そのプロセスに弁護士が関与すれば、法的なリスクはコントロール可能である。

　以下に、いくつか売買対象となる不動産に関する契約等で買主が調査しておくべきものを挙げて注意点を記載する。これらの書類の確認は、実務上の感覚としては、法的調査（リーガルデューディリジェンス）の一環というより、売買に付随する書類作成（ドキュメンテーション）作業の一部とも位置づけられる。

2 不動産管理処分信託契約

　現物不動産ではなく不動産信託受益権を取得する場合には、不動産管理処分信託契約（以下「信託契約」という）を確認・審査する必要がある[45]。売買の対象となる信託受益権の内容は信託契約の定めによるからである。信託受益権

の売買には、①現物不動産を所有する売主が買主のリクエストによって当初委託者となって信託を設定し信託受益権を取得して買主に売り渡す場合と、②売主がすでに不動産信託受益権を保有していてそれを売り渡す場合があるが、いずれの場合も売買契約の交渉にあわせて、買主は、①の場合は当初の信託契約を交渉し、②の場合は受託者である信託銀行と受益者となる買主が通常信託変更契約を締結する。いずれの場合も、受託者である信託銀行が契約書のドラフトを作成して関係者に提示することになる。

　信託契約は技術的な規定も多く、あまり細部にとらわれると何のためにリビューしているのかを見失いかねない。買主は信託のメリットを活用するとしても現物不動産を直接保有するよりも不利となることは可能な限り避けたいはずである。このような観点から、信託契約を確認・審査する際には、当事者が合意する信託契約の基本条件を認識した上で、（極めて概括的だが）買主（受益者）が通常期待する利益が確保されているか、以下の視点をもってチェックする必要がある。

買主の期待保護のために信託契約をリビューする際の視点

①	受託者（信託銀行）は合意された期間及び報酬で適切に不動産を管理・処分してほしい。 ⇒このためには、（ⅰ）予想外の報酬や費用がかからないような契約条項となっているのか、（ⅱ）受託者が有する解除権の発動条件は合理的なのか、（ⅲ）不動産の管理体制（第三者への委託を含む）どうなるのか、（ⅳ）受託者の注意義務は軽減されていないか等を確認・審査することになる[46]。
②	受益者（買主）は信託の収益を適切に受領したい。 ⇒このためには、信託配当のメカニズム（積立金を含む）に不適切な点がないかを確認・審査することになる。
③	受託者は不動産の管理処分についての受益者（買主）の意思を尊重してほしい。 ⇒このためには、受益者の有する指図権の行使がどのようになされ、受託者はそれにどう対応するか等を確認・審査することになる。

---

45)　不動産取引に信託が活用される理由については第3章Ⅸ（⇒26頁）参照。

46)　信託銀行によっては、善管注意義務を負うとしても、故意又は重過失がない限り責任を負わないとして、軽過失免責を堅持する。

④	受益者（買主）が望む場合には受益権を譲渡したい。 ⇒このためには、受益権譲渡に必要となる受託者の承諾が不合理に留保されないかを確認・審査することになる。
⑤	受益者（買主）が望む場合には信託契約を解除して信託された不動産を取り戻したい。 ⇒このためには、受益者が信託契約を解除することに制限がないことが望ましい。

3 建設工事請負契約

　売主が建設工事請負契約を締結して建物を建築したような場合、建物又はその信託受益権の買主としては、売主が請負人（ゼネコン）に対して有する建設工事請負契約上の権利（請負人の担保責任等）を自ら承継するか、受託者となる信託銀行に承継してもらうことが望ましい場合がある。これには請負人の承諾が必要となるが、承継を求める前提として建設工事請負契約を調査しておくことになる。

　建設工事請負契約については、第3編 第6章（⇒507頁）において概説しているので、参照されたい。

4 重要事項説明書及び物件概要書

　重要事項説明書とは、宅建業法上取引当事者に対し交付が必要とされる、契約上重要な一定の事項が説明された書面である（宅建業法35条）。また、物件概要書とは対象となる不動産の情報を記載した書面だが、特に法律上作成や交付が要求されるものではなく、実務上売買対象物件の説明書類として売買契約に添付される。いずれの書面も機能上は不動産や不動産信託受益権の売買契約における売主の表明保証事項の例外となる事項を記載したものと扱われ得る開示書類である（特に物件概要書は売買契約に添付されその記載事項は表明保証の例外を構成することが明記されるのが通常である）。つまり、それらの書面に適切に記載されている事実は、買主がそれを知った上で対象物件を購入したものとして、それに関して買主が損害賠償請求や修補請求を行うことが許されなくなるという意味を持つ。これらの書類は、実務上、売買契約の締結日に近

接した時期に作成されるのが通常のため、これらの書類の確認・審査をする頃には買主による物件調査（デューディリジェンス）はおおむね終了していることが多い。そのような場合には、買主は、それまでになされてきた物件調査の結果と重要事項説明書及び物件概要書の記載を照らし合わせて、不適切な記載がないか否かを確認・検討することになる[47]。重要事項説明書及び物件概要書の記載が不適切なほどに漠然としている場合や、大袈裟となっている場合、それにより売主の表明保証の範囲が限定され、売主の責任が不適切に限定される危険があるからである。

IX 法的調査の内容（その7　売主の資力に関する問題）

1 はじめに

　実務上、売主の資力は通常法的調査の範囲とはされていない。前記II（「法的調査の範囲と手順」）で述べたように、法的調査を開始するに際して資料を請求する段階（つまり初期段階）においても、通常は、売主の資力を確認するために売主の財務諸表等を要求することはなされていない。

　当事者間で売主の資力に問題があることがあらかじめ判明している場合を除くと、売買契約の準備作業・調査を進めていく過程で売主の資力に問題があることが判明するのが通常で、その段階で買主ははじめて売主の財務諸表等を要求し確認することになる。売主の信用に問題がないことは売買契約における売主の表明保証の対象とされることが一般的なので、そのような売買契約の条項をみた売主からのコメントで売主の資力に問題があることを告白され、買主がそれへの対応を考慮することが多いだろう。売主の資力に問題があると、売主との売買契約が詐害行為として取り消される可能性が生じ（民法424条）、売主について倒産手続き（破産、民事再生又は会社更生の手続き）が開始された場合において否認権（破産法160条以下、民事再生法127条以下及び会社更生法86

---

[47]　物件概要書については、第3編 第3章「不動産売買契約　各論」XI 7【2】（⇒377頁）等において解説しているので、参照されたい。

条以下）が行使される可能性がある。これらは、売主が行った売買を取消しや否認という手段で否定して売主の責任財産を保全するために必要な手段ではあるが、それにより買主は売買によって所有権を得たと思っても、後日所有権を失ってしまうことになりかねない。買主は、売買契約を締結する前にそのような事態が生じないように、リスクを把握し、可能な対策を施しておく必要がある。

❷ 相当の対価を得てした処分行為

　不動産取引の当事者にとっての関心事は、いかなる場合に詐害行為取消権や否認権が発動され得るかではなく、どうすればそのような事態を回避することができるのかである。売買価格が相当の対価（これは公正な市場価格から判断して相当な対価という意味）であれば、売主は売買により不動産の所有権を失うがそれに見合う売買代金を得ているので、債権者を害しているとはいえないという見方も成り立つ。ただ、不動産を現金に換えると費消しやすくなるし、隠匿も容易であるから、債権者を害する危険性は残る。このような考慮から、売買価格が相当の対価の場合、以下の3要件をすべて満足する場合でなければ、詐害行為取消権や否認権行使の対象にはならない（民法424条の2、民事再生法127条の2、破産法161条、会社更生法86条の2）。つまり、下記の3要件の充足をいずれかの点で否定することができれば詐害行為取消権や否認権の発動を回避できることになる。この点では、売買契約において売主に一定の表明保証をしてもらうことも対策になる（表明保証については 第3編 第3章「不動産売買契約　各論」 XI （⇒364頁）及び巻末資料2）[48]。

---

[48]　令和2年4月1日施行の民法改正より前には詐害行為取消権について詐害性の要件が破産法の否認権よりも広く、否認の対象にはならない行為が詐害行為取消しの対象となる、という不均衡が存在すると考えられていた。この不均衡は民法改正で是正された。

相当の対価を得てした処分行為に関する詐害行為取消権・否認権の発動要件

①	売買契約が、隠匿、無償の供与その他債権者を害することとなる処分（「隠匿等の処分」という）をするおそれを現実に生じさせるものであること
②	売主に隠匿等の処分をする意思があること
③	買主が、売買契約の当時、売主の隠匿等の処分をする意思を知っていたこと

　上記の要件からすると、例えば、公正な市場価格の不動産売買で、売買の対価がすべて抵当権者である債権者の債権の弁済に使用されるような場合（いわゆるオーバーローンの場合の債権者への弁済）にも、詐害行為取消権や否認権は認められないことになる。

コラム　売買相手方の倒産による失敗談

　2008年のリーマンショックが起きた頃の話であるが、筆者はある不動産投資会社を代理して、ある建物を売却する際の売買契約及びその後の変更合意書を作成することになった。事実関係はおおむね以下のとおりである（下記の金額は概数として記載する）。

　売買価格40億円、違約金20%として、売買契約締結は1月末、クロージングは3月末として、売買契約は予定どおり締結されたものの、相手方である買主の資金手当の問題が生じて、クロージングは5月末、7月末そして10月末へと3回延期された。売買契約上クロージング日の一方的延期はできないので、両当事者で延期の合意をする都度、買主は、売主の要求により、4月末に8億円、7月末に2億円、9月末に6億円、10月末に残代金を支払うという合意がされ、最終的には違約金の合意も35%まで引き上げられ、買主は合意どおり売主に対し7月末までの支払（合計11億円）を行った。売主としては9月末の支払と10月末のクロージングを待つばかりだったのである。ところが、買主は9月初めに会社更生手続開始の申立てを行い、会社更生手続きが開始されてしまった。この場合、管財人は、売買契約を「双方未履行の双務契約」として解除することができ（会社更生法61条1

項)、買主が支払済みの売買代金合計10億円の返還を求めることができる一方、売主は更生債権者として損害賠償請求(同条5項)できることになるにすぎず(つまり更生計画によって定められた率の弁済しか受けられない)、果たしていくらの損害が回復できるかわからない状態となったのである。ちなみに管財人が解除せず売主の履行を選択すること(同条1項)は期待できなかった。リーマンショックの後で不動産市況は悪化の一途をたどっていたからである。

筆者らは依頼者である売主の指示に従って当事者の合意した内容で売買契約の変更合意書をクロージング日が延期になるたびに延期の理由も十分知らないまま作成してきたが、買主に会社更生手続きが開始されたと知り、驚くとともに、他にとり得る方法はなかったかと(大変遅くはあったが)反省した。売買契約の変更合意というアプローチをとらずに、次のような方法をとっていればよかったかもしれない。

①売主が都度買主からの支払を(売買代金の一部支払ではなく)違約金として受領すること、及び

②都度新たな売買契約を締結し直し、その中で売買実行がなされる際に受領済みの違約金相当額を売買代金から減額するような値引き合意をするか、又は受領済みの違約金相当額を当初の売買代金額からマイナスした金額を新たな売買代金額とする合意にしておくこと。

上記の方法によれば、たとえ売買契約が解除されても、売主は受領済みの金額を返還する義務はないという立場を強く主張できたかもしれない。事実をもっと探求し、積極的に依頼者に提案する姿勢が必要だと痛感した次第である。後日談となるが、上記の事例では売主は管財人と協議の上受領済みの金額の約半額程度の返金で済んだ。悪くない解決だと売主の社内は収まったようである。リーマンショックの波は多くの不動産ビジネスを行う会社を飲み込んでいったが荒波を乗り越えるには日々の法的リスク管理も肝要だと反省した案件である。

X 法的調査の内容（その8　国土法・公拡法等の届出義務等）

1 はじめに

　不動産の売買等の取引を行うには法令上当局への一定の届出・許可を要する場合がある。そのような届出・許可を、売買契約等にクロージングの前提条件として記載する場合もある。そのためには取引前にいかなる届出・許可が必要なのかについて正確に把握し、それらを取引のスケジュールに組み込んでおくことが求められる。法律のみならず、当該不動産の所在地の地方自治体の条例も確認しておく必要がある。不動産に関する法令は多数あり、実際の取引に際しては、対象となる不動産についていかなる届出・許可が必要になるのか精査しなければならない。なお、現物不動産ではなく不動産信託受益権の売買だから「不動産」に関する法令における届出・許可は不要である、と即断してしまうのは危険である。対象となる法令ごとに個別に届出等の必要性を検討する必要がある。以下には、注意すべき例として三つの法令を記載する。

2 国土利用計画法

　国土法では、土地の投機的取引及び地価の高騰が国民生活に及ぼす弊害を除去するとともに、適正かつ合理的な土地利用の確保を図ることを目的として、「土地取引の規制に関する措置」を定めている。土地取引の規制に関する措置は、全国に一般的に適用される「事後届出制」（国土法23条）と、地価の上昇の程度等によって区域や期間を限定して適用される「事前届出制」である「注視区域」制度（同法27条の4）と「監視区域」制度（同法27条の7）、そして「許可制」である「規制区域」制度（同法14条）から構成されている[49]。事前届が必要となる規制区域は、昭和49年の国土法の施行以来、指定された実績はない。監視区域は、バブル期には多くの指定がなされていたが、現在、東京都

---

49)　国土交通省のウェブサイトに国土法による規制の解説がある「土地取引規制制度」
　　（https://www.mlit.go.jp/totikensangyo/totikensangyo_tk2_000019.html）。

小笠原村が指定されているのみで他の地域についての指定はない。注視区域の指定は、制度創設（平成10年）以来なされていない。したがって、国土法による規制は、現時点では、小笠原村を除くと、事後届出制によるものとなっている。

事後届出制では、「法定面積以上の土地」について「土地売買等の契約」を締結した場合には、届出が必要となる。以下に事後届出制の内容を説明する。

【1】事後届出制の対象となる取引の種類

対象となる取引は、土地の売買に限らない。土地に関する権利（所有権、地上権、賃借権又はこれらの権利の取得を目的とする権利）を移転又は設定する契約で、対価の授受を伴うものが、届出の対象となる取引である。

また、土地を裏付け資産とする信託受益権の譲渡についても、受益者が信託期間の満了時に土地を取得できるような場合には国土法の届出が必要と考える地方自治体が多いことに注意を要する[50]。

【2】事後届出制の対象となる土地の面積

土地売買等の契約の対象となる土地の面積は、①市街化区域においては2,000平米以上、②その他の都市計画区域では5,000平米以上、③投資計画区域外では、10,000平米以上である。これらの基準を満たさない場合には、届出は不要だが、複数の土地に関する権利を一体として取得する場合（「一団の土地」といわれる）には契約が複数でも全体として判断される。

【3】事後届の内容

土地に関する権利の取得者（買主）は、契約締結から2週間以内に、①契約当事者の氏名・住所等、②契約締結年月日、③土地の所在地及び面積、④土地に関する権利の種別及び内容、⑤土地の利用目的、⑥対価の額等の必要事項を一定の添付書類とともに都道府県知事に届け出る必要がある。2週間の提出期限は、契約締結日（初日不算入）からスタートすることに注意を要する。この

50）　届出先の地方自治体に直接確認するのが確実である。

ため、契約日と不動産取引との実行日（代金支払日）が分かれている場合、実行日が到来する前に届出を行う必要がある場合も出てくる。

【4】届出後の効果

　届出を受けた知事は、土地の利用目的について審査し、それが公表されている土地利用の計画に適合せず、当該土地を含む周辺の地域の適正かつ合理的な土地利用を図るために著しい支障があると認めるときは、土地の利用目的について必要な変更をすべきことを勧告することができる。取引価格については勧告はなされない。

3 公有地の拡大の促進に関する法律

　公拡法は、地方公共団体等が、公共施設整備のために必要な土地を、取得しやすくするため、土地の「先買い制度」を定めている。それは、一定規模以上の土地について、土地所有者が土地を有償で譲渡しようとする場合の「届出」義務を課し、また、地方公共団体等に対する土地の売渡しを希望する場合の「申出」を可能にすることにより、当該土地の取得を必要とする地方公共団体等に当該土地の買取りの協議の機会を付与する制度である。対象となる土地を購入しようとしている買主からすれば、自己が購入する土地を地方公共団体等が優先して取得する可能性がある制度ということができる[51]。

　なお、土地そのものではなく土地の信託受益権を譲渡する場合にも、公拡法は適用される場合があることに注意を要する。この点、信託期間中や終了時に、受益者が土地所有権を享受することができる場合には公拡法の適用があるとされている[52]。

---

51) 　国土交通省のウェブサイトに解説がある「公有地の拡大の推進に関する法律の規定に基づく土地の先買い制度」（https://www.mlit.go.jp/totikensangyo/totikensangyo_tk1_000026.html）。

52) 　国土交通省土地・建設産業局総務課公共用地室『〜公有地の拡大の促進に関する法律〜土地の先買い制度関係事務手引き』（令和2年3月）12頁。

第4章　売買対象となった物件の調査（デューディリジェンス）　　77

【1】届出義務

　一定面積以上の土地を有償で譲渡しようとするとき（売買や交換など）は、譲渡しようとする日の3週間前までに「土地有償譲渡届出書」により知事に届け出る必要がある（公拡法4条1項）。ただし、適用除外の規定もあり（同条2項）、詳細は個別に判断する必要がある。なお、有償譲渡が届出義務に違反して行われた場合であっても、当該契約自体は私法上有効と考えられている。本書では、紙幅の都合上、公拡法の届出・申出対象地域となる条件の詳細を記載できない。全体観を得るためには、国土交通省のウェブサイトに記載されている届出・申出対象地域を示す一覧表が参考になる[53]。

【2】買取希望の申出

　一定の土地について地方公共団体等による買取りを希望するときは、土地所有者は、知事に「土地買取希望申出書」によりその旨を申し出ることができる（公拡法5条）。ただし、地方公共団体には申出に応じて買い取る義務はない。

【3】買取協議

　届出又は申出のあった土地について、知事は、届出又は申出のあった日から3週間以内に、買取希望のある地方公共団体等を買取協議団体として決定し、通知する（公拡法6条）。土地の買取りは強制的ではなく、協議の結果、買取りに応じるか否かは土地所有者の任意である。

【4】土地の譲渡制限

　上記の届出又は申出をした者は、一定期間（3週間）、第三者への土地の譲渡が禁止される（公拡法8条）。

4 重要施設周辺及び国境離島等における土地等の利用状況の調査及び利用の規制等に関する法律

　重要土地等調査法は、重要施設（防衛関係施設等）及び国境離島等の一定の

---

53)　https://www.mlit.go.jp/totikensangyo/content/001345940.pdf

土地を指定し、調査、規制等の措置を講じることにより、その機能を阻害する土地等の利用を防止することを目的とする法律であり、令和4年9月20日から全面的に施行されている。外国資本が防衛関連施設等の周辺の土地を取得して不適切な目的で使用し、安全保障上のリスクを生じさせることを防止する必要があるとの考えを背景とする法律である。重要土地等調査法は、一定の基本方針を策定した上で[54]、①注視区域及び特別注視区域の指定、②注視区域内にある土地・建物の利用状況の調査、当該土地・建物の利用規制、③特別注視区域内にある土地・建物に係る契約の届出等の措置を定めている。

【1】注視区域及び特別注視区域の指定

　内閣総理大臣は、注視区域及び特別注視区域を指定することができる。注視区域は、重要施設の敷地の周囲1,000メートルの区域及び国境離島等の区域から指定される（重要土地等調査法5条）。ここでは重要施設の範囲が問題となるが、これは①防衛関連施設、②海上保安庁の施設、③生活関連施設（基本方針によると具体的には原子力関係施設と空港（自衛隊施設が隣接しかつ自衛隊も使用するもの）から選定される）から構成される。他方、特別注視区域は、注視区域の中で、①重要施設のうちその施設機能が特に重要なもの又は阻害することが容易であるものであって他の重要施設による機能が代替困難なものの周辺区域（特定重要施設とされている）及び②国境離島等のうち、その離島機能が特に重要なもの又はその離島機能を阻害することが容易であるものであって、他の国境離島等によるその機能の代替が困難であるものの区域として指定される（同法12条）[55]。注視区域や特別注視区域の指定を受けると、下記【2】及び【3】の規制に服することになる。

---

54)　令和4年9月16日に基本方針は閣議決定された。

55)　令和6年1月15日までに注視区域及び特別注視区域の指定は3回にわたって行われ、いずれも施行されている。離島は広く指定を受けており、リゾート開発に伴う土地の売買にも影響を生じる可能性がある。今後注視区域が拡大される可能性はあるので事態の進展を見守る必要がある。詳細は内閣府のウェブサイトで確認可能である（https://www.cao.go.jp/tochi-chosa/）。

【2】注視区域内にある土地・建物の利用状況の調査、当該土地・建物の利用規制

　注視区域内（これには特別注視区域も含む）の土地及び建物の所有者、賃借人等を対象に、内閣総理大臣は、氏名、住所、国籍や利用状況の調査（重要土地等調査法6条から8条）を行うことになる。調査結果に基づき、機能を阻害する利用の中止勧告・命令が発せられる場合があり（同法9条）、他方これらの措置に関しては、損失の補償（同法10条）や国による買取りの申出の制度（同法11条）が定められている。さらに、必要な場合、国が注視区域内の土地・建物に関する権利の買取りその他必要な措置を講じる努力義務が規定されている（同法23条）。

【3】特別注視区域内にある土地・建物に係る契約の届出等の措置

　特別注視区域に指定された区域内に存在する土地・建物（その面積（建物の場合には、床面積）が200平米を下回らない範囲で政令で定める規模未満の土地等を除く）の所有権又はその取得を目的とする権利の移転又は設定をする契約（重要土地等調査法では「土地等売買等契約」と定義されている）を締結する場合には、一定の事項について内閣総理大臣に対する事前の届出が必要とされ、当該土地・建物について土地等売買等契約を締結した場合には、2週間以内にその契約内容を内閣総理大臣に届け出る必要がある（同法13条）。ここでは事前届出と事後届出の双方の義務が課されている。

　上記届出の対象となる権利は「所有権又はその取得を目的とする権利」であるが、不動産信託受益権がそれに含まれる可能性は高いと考えられることに注意を要する[56]。なお、内閣府のウェブサイトによれば、「地上権、永小作権、地役権、先取特権、不動産質権、抵当権、賃借権等の移転等」については、届出の対象とならないとされている。

> **コラム**　海外投資家の重要土地等調査法への関心
>
> 　重要土地等調査法が公布されたのは令和3年6月23日である。その

---

56)　内閣府のウェブサイトではこの点に触れていないが、受益者が信託された不動産を取得することができる信託契約であれば、信託受益権は「所有権の取得を目的とする権利」と解釈される可能性が高いであろう。

時点では基本方針も発表されておらず、日頃から交流のある海外の投資家から不安が表明されたため、その時点で入手できる資料をもとに、海外投資家に説明を行ったことを覚えている。実際、日弁連も「重要土地等調査規制法案に反対する会長声明」を2021年6月2日に発表し、重要土地等調査法の問題点を指摘していたところであった。海外投資家の不安というのは、主として、すでに取得済みの不動産の所在する地域が注視区域や特別注視区域に指定されたら保有する不動産資産への悪影響が生じるのではないか、現在取得を計画している進行中の案件へのリスクはあるのかというものであった。簡単にいうと、東京の港区にも米軍施設はあり、そのために注視区域や特別注視区域に指定されたら近くに所有しているマンションはどうなる？　という不安である。特に法律上範囲が明確ではないと思われたのは、「生活関連施設」（国民生活に関連を有する施設であって、その機能を阻害する行為が行われた場合に国民の生命、身体又は財産に重大な被害が生ずるおそれがあると認められるもので政令で定めるもの（同法2条2項3号））であった。生活のインフラとなる施設（例えば、電気ガス水道設備）は都心にも数多くあるので、どのような施設が「生活関連施設」に該当すると政令で定めるのだろうか、と関心が高かったのである。政令（令和4年9月20日施行）では原子力関係の施設と空港が挙げられ、基本方針では「原子力関係施設（製錬施設、加工施設、発電用原子炉施設、使用済燃料貯蔵施設、再処理施設、廃棄物埋設施設及び廃棄物管理施設）及び空港」を定めている。空港については、自衛隊の施設が隣接し、かつ自衛隊も使用する施設から選定するとして生活関連施設を限定する姿勢がうかがえる。

XI　法的調査の限界

　上記において法的調査の内容として様々な問題を指摘したが、対象となる不動産の所有形態や現状によっては、より広範囲な法的検討が必要となる。不動産が共有の場合はどうなるのか、区分所有建物の場合はどうか、農地の場合は

どうなるのか等々紙幅の関係で触れることができなかった問題もあり、実際の不動産を前にしてはじめて有意義な検討ができる場合もある。

　また、法的調査を行ってもすべての法的リスクを発見しコントロールすることができるとは限らない。前記のように登記情報が完全に正確とは限らないことに加え、法的調査を行う弁護士（法律事務所）に必要な情報が伝えられていない場合もあるし、書類を調査したのみでは発見することができない法律問題も存在する。多数の物件をまとめて売買するような場合（ポートフォリオ取引という）、あまり細部を議論しても実益（費用対効果）に乏しい場合もある。神の目からは所有権の所在・範囲及び関連する法的な権利義務の内容は客観的に明らかでも、時間の制約がある中で法律家がそれを完全に確認することは容易ではないし、場合によっては不可能である。それでもわざわざ時間と費用をかけて法的調査を行うのは、専門家である弁護士（法律事務所）が通常必要とされる資料を吟味した上で疑わしい事実が発見されていないということが不動産投資を行う者（自ら投資を行う者だけでなく投資家の資金を運用する運用責任者を含む）に一定の安心感（及び場合によっては免責）を与える、という意味を有するからである。この意味で、法的調査は客観的真実を完全に発見する作業ではなく、書面上真実と思われる事実を否定する可能性がある疑わしい事実が存在しないことを、時間の制約の中で可能な限り確認し、法的調査を依頼する者に合理的な安心感を与える作業ということができる。翻って法律家である弁護士（法律事務所）に求められる重要なポイントは、この「疑わしい事実」を見逃さないということ（つまり嗅覚を研ぎ澄ますこと）である。法制度が異なる海外の投資家から依頼を受けると、法的調査によりすべての権利義務が明らかになると誤解されることもあるが、そのような場合には法的調査の限界を説明し、納得を得た上で取引を進めているのが現状である。

XII 物件調査（デューディリジェンス）の結果の活用方法

　法的調査に上記のような限界があるにせよ、物件調査を行った結果判明した事項は対象不動産の取引に様々な形で影響を与える。売買についていえば、買主は、物件調査の結果を活用して、売買契約を締結するのか否かの判断をする

し、売買契約を締結するにしても、場合によっては投資ストラクチャーや法的処理の方法を再検討することになる。また、買主は物件調査の結果を使用して売買価格などの条件交渉を行うこともある。物件調査の結果、判明した事項が是正可能な物理的な問題であれば、買主は売買契約中で売主に当該事項を売買代金支払時までに是正することを義務づけるような交渉がなされる。法令によって一定の事前届や許可が必要であれば、それがなされたことを売買代金支払の前提条件にする、という形で物件調査の結果を活用することになろう。

売買契約締結後に物件調査によっても買主が認知できない問題が隠れていたことを発見した場合には、売主との締結済みの売買契約の条項によって買主に法的な救済手段が存在するのか否かを検討することになる。売買契約に「売主はそのような問題に一切責任を負わない」という趣旨の条項が含まれている場合でも、担保責任を負わない特約に関する民法572条によって売主が「知りながら告げなかった事実」及び「自ら第三者のために設定し又は第三者に譲り渡した権利」については、売主は一定の責任を免れない。このように事実関係によっては、買主の売主に対する法的責任追及手段が残されていないかの検討が必要となる[57]。

ファイナンスを提供する金融機関からみると、物件調査の結果は、融資をするか否かの判断の材料となり、融資をするにしても、その条件を決定する要因となる。例えば、建物に一定の修繕が必要であれば、その資金を確保するためにリザーブを積むなどの融資条件が必要となり得る。信託銀行についても、受託するか否かを含む受託条件の判断材料となる。このように物件調査の結果は取引に大きな影響を与えるため、物件調査は可能な限り取引のスケジュールの初期に完了されるのが望ましい。

---

[57] また、建物に建物としての基本的な安全性が欠けているような場合には、建物の設計・施工者等に損害賠償を請求することができる可能性がないわけではない（最判平成23年7月21日判時2129号36頁）。

第 2 編

不動産取引の仕組み（ストラクチャー）

第2編

第1章　ストラクチャー組成の基本要素

I　はじめに　ストラクチャー組成の必要性

　不動産を取得する投資活動を行う場合、個人であれ法人であれ、投資家本人が不動産を取得する、という方法が一番単純である。しかし、投資家が不動産（又はその信託受益権）を投資として直接取得する方法は、下記IV（⇒90頁）に述べる金融機関が望む倒産隔離を実現することができないため、金融機関からノンリコースローンを借りることができず、借入れをするにしても責任財産が限定されず、全額自己が返済責任を負う借入れ（コーポレートローン）によらなくてはならない。また、業として不動産の売買を行うには宅建業法の免許（第1編 第3章 IV（⇒16頁））が必要となる。ここで「業として」とは、最高裁によると「営利の目的で反復継続して行う意思の下に宅地建物取引業法2条2号所定の行為をなすこと」（最決昭和49年12月16日刑集28巻10号833頁）とされており、法律上は免許なしでは投資活動として複数の不動産を購入し売却していくことができなくなる[1]。

　不動産ファンドによる投資の場合、資産保有のためのビークル（器）として合同会社や特定目的会社という投資目的のための法人（「特別目的会社」又は「SPC」（Special Purpose Company））を活用して、不動産（又は信託受益権）を取得することが通例である。不動産資産ごとに別の法人を活用してレンダーからノンリコースローンを借りる方法をとることによって、借入れの責任を限定して一つのノンリコースローンの返済ができなくなっても他の資産への悪影響を回避できるようにすることが多い。

---

1)　宅建業法の免許なしに不動産投資を行っている法人・個人は現実にはかなり多く、どこまでが実際上免許不要でどの程度から免許が必要なのか必ずしも判然としない。しかし、法律上は「業としての不動産売買」には宅建業法の免許が必要である。金商法上の有価証券の売買について使用される「自己のポートフォリオの改善」は「業としてではない」というような解釈は宅建業法上とられていない。

上記の理由から、不動産を取得し保有するSPCを活用していかなる構造・仕組みを設定して投資を行うのか、つまり不動産取得のためのストラクチャーの組成（以下「ストラクチャリング」という）が必要となる。以下に、ストラクチャリングに必要な基本要素を説明する。これらの基本要素を考慮しつつ個別の投資に最適なストラクチャリングをすることになる。

II　投資の税効率確保／二重課税の回避等

1 二重課税の問題

　不動産投資は、投資である以上、利益（リターン）を最大にする必要があり、税金の支払が最小となるストラクチャーが好まれる。特に工夫をしない場合、不動産を取得するビークルとなるSPC（特別目的会社）の段階で不動産からの収益に法人税が課せられ、その後投資家に配当を実施する際に、受け取るのが個人投資家ならば所得税が、法人ならば法人税が課せられる。これでは投資家が自ら直接不動産を保有するより多くの税金を支払わなければならず、SPCを使用すると投資のリターンが減少してしまう。

2 二重課税回避への対応方法

　このような問題を回避するためには以下の二つの方法がある。これらの方法がどのようにストラクチャリングに使用されるのかについては、個別の投資ストラクチャーにおいて後述する。

【1】パススルー課税（構成員課税）

　パススルー課税とは、投資ファンドなどが稼得したキャピタルゲインや配当等の利益について、ファンド段階では課税されずに、課税前ベースで出資者へ分配できる形態のことである。パススルー課税の対象としては、有限責任事業組合（LLP）、投資事業有限責任組合（LPS）、匿名組合（ただし、匿名組合員の方はペイスルー課税）、任意組合が挙げられる。

【2】ペイスルー課税

ペイスルー課税とは、法人税法上は、特定目的会社や投資法人等の法人の稼得利益を課税対象とするものの、出資者（投資家）に支払う利益の配当の損金算入を認めることによって、実質的には法人税は課されず、出資者個人のレベルで所得課税を行う課税方法のことである。

3 租税条約

租税条約は、課税関係の安定（法的安定性の確保）、二重課税の除去、脱税及び租税回避等への対応を通じ、二国間の健全な投資・経済交流の促進に資するものである。日本は、世界の多数の国との間で租税条約を締結しているが、国により内容は異なる。海外の投資家が日本の不動産へ投資する場合には、租税条約を考慮して、より税負担の少ないストラクチャーを採用できないかを検討するのが常である。例えば、外国の居住者が匿名組合員として日本所在の営業者と匿名組合契約を締結した場合、当該匿名組合契約に基づく利益の分配については、原則として約20％の源泉所得税の対象となるが、韓国の居住者の場合、日韓租税条約に従って、日本国内で一定の手続きを行うことにより、当該源泉所得税は免除され得る。このため、韓国の投資家が日本の不動産に投資する際には、匿名組合契約を活用したストラクチャーを選定する傾向がみられる。また、世界の多くの国に拠点があるような不動産ファンドの運営者だと、租税条約上の取扱いが有利な国々を選択して日本の不動産に投資をすることも可能となる。例えば、ドイツの投資家を集めたファンドが、資金をルクセンブルクやシンガポールを経由させ、日本では特定目的会社を活用するストラクチャーを使用することなどを例として挙げることができる。

III 合法性の確保

1 はじめに

税負担の問題はストラクチャリングの根幹をなすが、それ以外の点として、法規制の問題（特に免許や登録等のいわゆる業規制）も考慮しなくてはならな

い問題である。法規制を遵守していないストラクチャー（つまり違法なストラクチャー）では、金融機関から融資を受けることはできず[2]、そもそもストラクチャーの運営者は刑事責任を負いかねない。不動産ファンドの場合には、投資家を集めることはできず、運営者が投資家に負う義務違反の問題も生じる。

2 ストラクチャリングにおいて考慮すべき法令

ストラクチャリングにおいて考慮すべき法令は、採用するストラクチャーや対象となる資産（不動産そのものか、信託受益権か、どのようなタイプの不動産か等）によって左右されるので抽象的に論じても実益は乏しい。あえて参考のために列挙すると、金商法、宅建業法、資産流動化法、不特法、貸金業法、投資事業有限責任組合契約法、信託業法、旅館業法（ホテルを対象とする場合）、電気通信事業法（データセンターの場合）、建物区分所有法（区分所有建物の場合）等に注意する必要がある。

IV 倒産隔離

1 はじめに

すでに述べたように、不動産投資は、自己資金のみで行うのではなく、借入れを活用してレバレッジを利かせるのが一般的である。上記のようにノンリコースローンを活用すれば責任財産を限定できることから（つまり投資家自身は返済義務を負わない）、不動産ファンド及び一定の投資家は、不動産投資にノンリコースローンを活用する。ノンリコースローンを提供する金融機関にとっては、資産（不動産）のみが貸付けの返済原資となるので、それを保有するSPC及びその関係者の倒産のリスクを最小化する必要がある。これを「倒産隔離（Bankruptcy Remoteness）」といい、もともとは欧米の証券化の分野で活

---

[2] 金融機関は合法性を独自にチェックするが、加えて、実務上貸付けの実行時に借入人の法律顧問（弁護士や法律事務所）から合法性を裏づける法律意見書を徴求するのが通常である。

用された概念である。倒産隔離は、日本の不動産ノンリコースローンの組成においても証券化の分野で活用され、その後は特に証券化に限らず金融機関がノンリコースローンを不動産投資の投資家に提供する際に借入人側が充足しなくてはならない条件となっている。

倒産隔離は、法律上定義された概念ではなく、上記のように、もともとは証券化業務における実務に由来している。ここで証券化業務とは、一般的には、不動産ノンリコースローンというキャッシュフローを産む資産に着目してそれを複数束ねて又は単独で証券を発行するSPV（Special Purpose Vehicleの略である。SPCが典型であるが、会社形態に限らず組合、信託なども含むため、SPVといわれる）に移転し、SPVがその資産を裏づけとする有価証券を投資家に向けて発行するという一連の行為を意味するが、証券化業務では基礎資産となる不動産ノンリコースローンは一定の均質化された倒産隔離の要件を充足する必要があった。そうでないと発行される証券が必要となる格付け（rating）を格付機関（例えばS＆PやMoody's）から得られないからである。この場合、格付機関の意向が重要でノンリコースローンを組成する金融機関はそれを遵守してノンリコースローンの組成に取り組んだのである。その後、リーマンショックを経て、日本では上記のような証券化業務はなくなった。しかし、当時採用されていた基準はいまだに金融機関の共通理解として存続しており、ノンリコースローンを証券化しないとしても、倒産隔離はノンリコースローンの性質上レンダーの利益を確保する上でも必要である。また、レンダーの利益が確保されていないローンだと組成後にレンダーが当該ローンを第三者に売却することも難しくなる。これらの理由のため、ノンリコースローンに必要とされる倒産隔離の要件についてはおおむね実務上の共通の理解が存在している。ただし、倒産隔離の細部における内容は、個別の案件やレンダーによって異なり得ることに注意する必要がある。なお、下記において、倒産隔離の全体像をできるだけ明らかにするつもりだが、それぞれの事項のストラクチャリングへの影響度は一様ではないことをあらかじめお断りしておく。

2 倒産隔離の内容

倒産隔離を図るための措置は、大別して、①SPCが倒産状態（支払不能状態

など）に陥ることを回避するための措置（以下「倒産予防措置」という）と②SPCが倒産状態に陥ったとしても法的倒産手続きが開始することを防止する措置（以下「倒産手続防止措置」という）とに区分できる[3]。

【1】倒産予防措置

倒産予防措置は以下の3種類に分類できる。

倒産予防措置の種類と内容

①	SPCによる予定しない債務負担の防止 ⇒予定しない債務をSPCが負担するとそれが倒産の原因になりかねない。そのような事態が生じないように（ⅰ）SPCの事業目的を限定し、必要な不動産投資以外の事業を行えないようにし、（ⅱ）一定の許容された債務以外の債務負担を禁止し、（ⅲ）従業員の雇用を禁じ、（ⅳ）不動産資産の管理処分は能力のあるアセットマネジャーに委託し、（ⅴ）一定の重要事項にはレンダーの承諾を必要とするような措置がとられる。
②	投資家等との人的関係の切断 ⇒SPCの業務執行に当たる者（取締役や職務執行者等）を投資家が選任することができると、それらの者が投資家の意のままに行為し、倒産の原因を生じさせかねない。そこで、そのようなリスクの少ない、投資家やアセットマネジャーからは独立した者（一般的には公認会計士や税理士といった専門家が起用される）を選任することを義務づけるという措置がとられる。この措置は投資家等との「人的関係の切断」といわれる[4]。
③	投資家等との資本関係の切断 ⇒SPCの議決権を有する者が自由に議決権を行使すると倒産の原因を作りかねない。そこでSPCの株式、社員持分、特定出資等の社員権を投資家からは独立した、レンダーにとって安全な者に保有させる措置をとる[5]。そのような措置をとらない場合でも、そのような社員権を保有する親法人にも投資家と

---

[3]　山本和彦「債権流動化のスキームにおけるSPCの倒産手続防止措置」金融研究17巻第2号（1998年）105頁以下。

[4]　藤瀬裕司『証券化のための一般社団・財団法人法入門』（商事法務、2008年）17頁。

[5]　親法人には一般社団法人（理事や社員には投資家から独立した者が就任する）を利用したり、英国領ケイマン諸島法に基づき設立され、慈善信託により議決権を保有されたケイマン法人（SPC）を利用する方法がある。一般社団法人については、**第2章 Ⅳ 2**（⇒101頁）を参照されたい。中間法人（その後の一般社団法人）が認められる前は、ケイマン法人の利用が主流を占めていたが、現在はほとんどみられない。

利害関係のない独立取締役を選任させて一定の行為はその独立取締役の承認なしにはできないよう仕組みを導入するか、又は黄金株（golden share）という一定の重要な事項について承認・決定する権限を持つ特別の株式を発行して投資家から独立した者が黄金株を保有するという措置をとることになる。これらの措置は、投資家等との「資本関係の切断」と表現されることがあるが、その具体的な内容は、投資家等がSPCの議決権を意のままに行使できないようにすることにある[6]。

【2】倒産手続防止措置

倒産状態に陥ったとしても法的倒産手続きが開始することを防止する措置としては、以下のものがある。

倒産手続防止措置の内容

①	倒産不申立ての合意 ⇒SPCとの間で契約を結ぶ者やSPCの役員や関係者がSPCの倒産手続きを開始できないように、それらの者から倒産手続きを申し立てない旨を約束する合意を取り付けることである。SPCと債権者との間の倒産不申立ての合意は法律上有効と理解されているが[7]、SPCの取締役など必要な場合には倒産の申立てをしなくてはならない立場にある者との倒産不申立ての合意については一律に有効といえるのか疑問がある。SPCの親法人が外国法人の場合にはレンダーがその取締役に親法人の倒産不申立ての合意を要求することも多いが、そのような合意が有効か否かについては当該外国法人の所在国の弁護士と議論になり、レンダーの期待するような法律意見が提出されない場合もある。
②	責任財産限定特約 ⇒責任財産限定特約として通常合意される内容は、SPCと契約関係に立つ相手方との間で、（ⅰ）相手方の債権の引当てはSPCの一定の資産（責任財産）に限定され、他の資産には及ばないこと、（ⅱ）相手方の債権が責任財産の換価後も弁済されない場合には、その部分の債権は放棄されること、（ⅲ）相手方は責任財産以外の財産に対して強制執行を申し立てる権利をあらかじめ放棄することである。このような合意は一般に有効と考えられている。こ

---

[6] 藤瀬・前掲4）17頁。

[7] 倒産不申立ての合意があるにもかかわらず、倒産の申立てがなされた場合、倒産不申立ての合意を根拠に当該申立ての却下を求めることができるのか否かは明らかではなく、倒産手続きはそのまま進行する可能性がある。

> れにより責任財産から弁済を受けられなかった部分の債権は放棄され、たとえSPCの資産状態が悪化しても、相手方は倒産手続きを開始することができる債権者とはならず、倒産手続きを防止することができる。

3 ストラクチャリングへの影響

　上記のように倒産隔離を実現するための措置には様々なものがある。ストラクチャリングに最も強く影響するものは、上記**2**倒産予防措置の②や③である。それらは、SPCと関係者の契約による措置ではなく、SPCの役員の性質や資本構成に影響を与えることになるからである。例えば、SPCの親法人として一般社団法人を使用しなくてはならないとするとそれをどのような構成員で設立し、どのようにその運営費用を注入するのかなど、ストラクチャー上解決すべき課題が生じてくる。

第2編

第2章　TKGKストラクチャー

I　TKGKストラクチャーとは

　不動産投資では、SPCとしての合同会社に不動産資産（現物不動産又はその信託受益権[8]）を取得・保有させ、当該合同会社は、その取得資金を、合同会社を営業者とし、資金拠出者（投資家）を匿名組合員とした匿名組合契約（商法第2編第4章、535条～542条）を締結することによって、匿名組合員からの出資を得て調達することが多い。この投資方法はTKGKストラクチャーといわれる。匿名組合は「Tokumei Kumiai」とローマ字表記され、合同会社は、「Godo Kaisha」と表記されるので、それぞれの頭文字を使用してTKとGKと略称され、それらをあわせて「TKGKストラクチャー」と呼ばれるのである。この場合、匿名組合契約は、合同会社からみれば不動産投資のための資金調達方法であり、匿名組合員からみれば、SPCとしての合同会社への資金供与方法である。ここで匿名組合員からの出資金は、エクイティー（Equity）といわれ、返済が保証されない自己資本（つまり元手）である。TKGKストラクチャーでは、合同会社は、金融機関（レンダー）から借入れ（ローン）（これは返済義務を負う他人資本でありエクイティーに対しデット（Debt）といわれる）を起こして、エクイティーとあわせて投資のための資金とするのが一般である。デットを活用することにより、元手（エクイティー）の何倍もの価値のある資産を取得することが可能となり、投資の効率を上昇させることができるからである。このことはレバレッジ（梃子）を利かせると表現される。TKGKストラクチャーの例を図示すると以下のとおりである。

---

8)　取得する不動産資産が現物不動産の場合には不特法の適用があり得る。詳細は後述の第4章（⇒253頁）参照。

TKGKストラクチャー

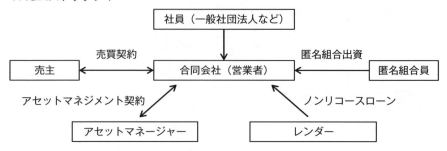

　TKGKストラクチャーは単体で使用される場合もあれば、投資ストラクチャーの中の一部として後述のTMKストラクチャーとともに使用される場合もある（具体例としては下記第3章Ⅸ 2（⇒239頁）を参照されたい）。

Ⅱ　匿名組合契約の利用

1 匿名組合契約の性質

　匿名組合（商法第2編第4章、535条〜542条）とは、当事者の一方が相手方の営業のために出資をし、その営業から生ずる利益を分配することを約することを内容とする契約である。民法における組合契約（民法667条）と異なり、匿名組合契約は、出資をする匿名組合員と営業を行う営業者の二当事者により締結される契約である。民法上の組合契約（「任意組合」とも呼ばれる）と匿名組合契約の相違点を表にすると以下のとおりである。下記の相違点は、TKGKストラクチャーを組成するに際して認識しておくべき重要なポイントである。

　なお、匿名組合契約の条項については、第3編 第7章（⇒525頁）において解説しているので参照されたい。

匿名組合と任意組合の比較表

	匿名組合	任意組合
契約当事者	匿名組合員と営業者の二者による契約	二者以上の組合員による契約
事業遂行の主体	営業者（匿名組合員は営業者の業務を執行できない（商法536条3項）。ただし、匿名組合員は営業者の業務及び財産の状況を検査できる（同法539条））。	組合員全員又は業務執行組合員若しくは委託先（民法670条）（組合が第三者と契約などの法律行為を行う場合には、組合員あるいは業務執行者が総組合員の代理人となることにより行うこととなる。この場合の代理のことを「組合代理」というとされている）。
出資された財産の帰属	営業者にのみ帰属する（同法536条1項）。	組合員全員による共有（共有の性質は「合有」といわれる）（同法668条）
出資の対象	金銭その他の財産（同法536条2項）。	労務による出資も可能（同法667条2項）
事業遂行の責任	営業者のみが責任を負う。匿名組合員は営業者の行為について第三者に対して権利義務を有しない（同法536条4項）。匿名組合員は営業者に対しすでに行った出資以上の責任を負担しないことが契約上可能である。	組合員全員に合有的に帰属する。組合員は個人として無限責任を負う。

　上記のようにTKGKストラクチャーでは、匿名組合は、匿名組合員という投資家による不動産資産を取得する合同会社へのエクイティー資金の供与手段である。資金供与手段として匿名組合契約が使用される理由は、以下の各点にあるといわれている。

2 匿名組合契約が使用される理由

【1】二重課税の回避

　前記のように匿名組合契約を使用することにより、匿名組合員への利益分配は、営業者の所得計算上損金へ算入でき、二重課税を回避できる。利益の分配や出資の返還も匿名組合契約の定めにより自由に設計できる（ただし、レンダーとの利害調整は必要となる）。

【2】匿名組合の有限責任確保

　投資をする匿名組合員は通常出資以上の責任を負担することは回避したい。匿名組合員は上記1の表にあるように営業者の行為について第三者へ権利義務を負担せず、営業者との匿名組合契約において出資以上の責任を負担しないことを明確にすれば、営業者に対して出資以上の責任を負担することもない。

【3】他の資金供与手段との比較

　合同会社への資金供与の方法としては、他にもローンによる方法や合同会社の社員[9]として持分を取得する方法も考えられるが、いずれについても二重課税の回避を実現することはできない。ローンによる方法は、利息の限度でしか利益を得られないので、この点でも資金供与の方法としては採用できない。

III 合同会社の利用

1 合同会社とは

　合同会社は平成18年の会社法で誕生した新しい会社形態で、米国で人気の会社形態「LLC」（Limited Liability Company）を参考としており、日本版LLC

---

[9]　合同会社の社員は有限責任であり（会社法576条4項）、出資した金額以上の責任を負わない。

ともいわれる。平成18年の会社法施行に伴い、有限会社法が廃止され有限会社の新設はできなくなったため[10]、株式会社と比較して出資者の有限責任を簡易に実現する会社形態として合同会社が使用される。合同会社は、合資会社や合名会社と並んで持分会社（会社法575条1項）といわれる。合資会社や合名会社には無限責任社員が必要だが、合同会社の社員はすべて有限責任社員である。

❷ 合同会社を使用する理由

　TKGKストラクチャーにおける不動産資産保有のSPCに合同会社を使用する理由は、以下の点にあるといわれている。

【1】株式会社等と比較して簡易な運用が可能

　合同会社の設立には株式会社や特定目的会社と異なり、定款認証の手続きが不要で、設立コストも抑えられる。また社員は一人で設立可能で、社員総会、取締役、監査役などの機関もいらず、出資者たる社員（株式会社でいう株主のこと）が自ら業務を執行する形態となっており（つまり所有と経営が分離していない）、迅速な意思決定が可能となる。また、決算公告義務もない。このように簡易な運用ができるのが、合同会社の利点である。

【2】レンダーの要請

　TKGKストラクチャーにおいて合同会社はレンダーからノンリコースローンを借り入れるのが通常である。レンダーは融資に際して合同会社の有する不動産資産に担保権を取得する。レンダーとしては担保権の行使に制約を受ける可能性は排除したい。借入人が株式会社であれば、会社更生法の適用があり得るので、レンダーの貸付債権は更生担保権として、担保権の行使が更生計画により制約される可能性がある。そのため、レンダーからも合同会社の使用が要請される。

---

10)　会社法の施行前は合同会社ではなく有限会社が匿名組合とともに使用され「TKYKストラクチャー」と呼ばれていた。

第2章　TKGKストラクチャー　　99

【3】米国の税制／投資家が米国籍の場合

合同会社が使用される付随的な理由として、米国籍の投資家の場合、米国の税制上、合同会社を使用するとパススルー課税を選択可能であり、税制上のメリットを受けられる可能性がある点が挙げられる[11]。株式会社にはそのような扱いが許されないので、米国の投資家が匿名組合員になる場合には合同会社の利用が特に求められる。

Ⅳ TKGKストラクチャーの使用方法

1 合同会社が取得する不動産資産に制限はあるのか（現物不動産か不動産信託受益権か）

TKGKストラクチャーにおいて、営業者としての合同会社が取得する不動産資産が現物不動産の場合、匿名組合契約が不特法における不動産特定共同事業契約となり、営業者は同法の規制により原則として許可を受けなければならない（合同会社が同法の特例事業者となる場合などの一定の例外を除く。第4章（⇒253頁））。SPCとして使用される合同会社が時間と労力をかけてそのような許可を受けようとすることは非現実的であり、特例事業者となることで許可を回避することが可能でも不特法の規制を望まない場合には、現物不動産の取得は避ける必要がある。他方、不動産の信託受益権の場合は、不特法の「不動産」（同法2条1項）に該当せず、不特法の適用はない。そのためあえて不特法の適用を受けることを想定したストラクチャーを組成する場合を除き、TKGKストラクチャーを使用する場合においては、合同会社が取得する不動産資産は信託受益権であるのが通例である。不特法については第4章（⇒253頁）で解説するので、本章では合同会社が取得する不動産資産は信託受益権であることを前提とする[12]。

---

11) 米国財務省規則におけるチェック・ザ・ボックス規則において、米国企業はパススルー課税と事業体課税を選択できる。

12) 不動産投資における信託の活用については 第1編 第3章 Ⅳ（⇒26頁）参照。

2 合同会社の持分は誰が保有するのか（社員は誰か）

　合同会社はノンリコースローンを借り入れることになるため、レンダーにより要請される倒産隔離の必要（投資家等による議決権の行使の制約）から、合同会社の社員には一定の制約が課される（第1章 IV（⇒90頁））。合同会社の社員となる者は、以下のパターンのいずれかが多い。

【1】一般社団法人

　合同会社の社員が日本に置かれる場合には一般社団法人が使用され、その社員及び理事には公認会計士や税理士などの投資家等から独立した専門家を就任させるのが一般的である。一般社団法人が合同会社の社員（親法人）として使用される理由は何であろうか。一般社団法人とは、「一般社団法人及び一般財団法人に関する法律」（以下、このコラムでは単に「法」という）に基づいて設立された法人で、定款認証等の手続きを経て、設立の登記により成立する。一般社団法人の特徴をまとめると以下の表のとおりである。

一般社団法人の特徴

目的	営利を目的としない（社員に剰余金又は残余財産の分配を受ける権利を与える旨の規定を定款に入れても無効である）。
設立	準則主義が採用され、法の手続きに沿えば設立可能（許可や認可は不要）。
社員数	設立時は2名必要だが、後に1名になっても構わない。
社員の出資責任	社員に出資の義務はない。基金（一般社団法人の活動の原資となる資金であり、財産的基礎となる）の拠出義務を負わない。
社員の対外的責任	一般社団法人の債権者に対して責任を負わない。
機関	社員総会とそこで選任された1名以上の理事は必須の機関である。理事会、監事、会計監査人の設置は原則として任意である。
業務執行	理事が業務執行を行う。

基金	基金とは、一般社団法人に拠出された金銭その他の財産で、当該一般社団法人が拠出者に対して法及び両者の合意に従って返還義務を負うものであり、任意的な制度である。基金の拠出者の地位は、一般社団法人の社員の地位と結びついていない。一般社団法人にとって、基金は一種の外部負債である。

　TKGKストラクチャーを使用するのは、投資家の投資目的のためであり、一般社団法人の運営費用（一般社団法人の社員や理事に第三者を起用する費用）は、当然すべて投資家の負担となる。そのような費用の原資は、通常投資家から基金として一般社団法人に対して拠出されることになる。上記のように、基金の拠出者の地位は、一般社団法人の社員の地位と結びついていないので、たとえ投資家が基金を拠出しても一般社団法人の議決権（社員の地位に由来する）を取得することにはならず、倒産隔離を図るには好都合である。この点から、一般社団法人は合同会社の親法人に適しているといえる。もっとも基金の拠出者は、一種の債権者であり、債権者として倒産申立てなどを行わないように倒産隔離のために、「基金の返還に係る債権の債権者は、当法人について、破産手続き、民事再生手続き、その他一切の法的倒産手続きの開始の申立権を有しない。」という内容の規定が定款に設けられるのが通常である。このような規定は、法131条1号に定める「基金の拠出者の権利に関する規定」として定款に盛り込むことができる。これにより、基金の返還に係る債権が譲渡されても譲受人が倒産手続きの申立てを行うことを予防することが可能となる。

> **コラム** 一般社団法人の基金について定款に規定すべき内容は何か？
>
> 　一般社団法人の定款に盛り込まれる基金の拠出者の権利に関する規定としては、次のような規定が一般的である。
>
> 　第X条（基金の拠出者の権利に関する規定）
> 　1．基金の返還に係る債権には、利息を付さない。
> 　2．基金の返還に係る債権は、社員総会の承認を経なければ、譲渡又は買入れすることはできない。
> 　3．基金の返還に係る債権の債権者は、当法人について破産手続き、民事再生手続きその他一切の法的倒産手続きの開始の申立権を有しな

> い。
> 4．基金の返還に係る債権の債権者は、基金拠出額を超えて残余財産の分配を受けることができない。
>
> 第ＸＸ条（基金の返還の手続き）
> 　　基金の返還に係る債務の弁済は、当法人の解散後、社員総会で承認された財産目録及び貸借対照表に従って、その余の債務を弁済した後に、清算人がこれを行う。

　基金の返還に係る債権は、一般社団法人の解散後にならないと弁済されず（上記の第ＸＸ条）、譲渡・質入れも制限される。これらは一般社団法人の財務的基礎の安定を図るためである。また、基金の返還に関する債権についても債権者に倒産申立権を放棄させることは、倒産隔離の点から必要である（上記の第Ｘ条3項）。基金の返還に係る債権には、利息を付さない（上記の第Ｘ条1項）という点は法律上規定されている事項（法143条）であり、確認的な意味を持つにすぎない。

　上記の第Ｘ条4項については、金商法上の配慮から盛り込まれる規定である。基金の拠出者に対し、解散後の残余財産を、基金拠出額を超えて分配することになると、基金の返還に係る権利が金商法2条2項5号に規定される有価証券とみなされる権利（集団投資スキームの持分）に該当する[13]。この場合、基金の拠出者を募集することは有価証券の私募に該当し（金商法2条8項7号ヘ）、拠出された資金を使用して合同会社の社員持分を取得・保有することは有価証券に対する投資として基金を運用することになる（同項15号ハ）。有価証券の私募や運用を業として行うことは金融商品取引業として、登録を要する。しかし、一般社団法人が金融商品取引業者として登録を行うことは非現実的であり、それを回避するためには、上記の第Ｘ条4項の規

---

[13] 金融庁「コメントの概要及びコメントに対する金融庁の考え方」（平成19年7月31日）13頁、No.44では、有限責任中間法人の基金の返還に係る権利について、集団投資スキーム持分に含まれ得ることを認めつつ、基金拠出者に基金拠出額を上回る残余財産分配が行われないようにすることによって金商法2条2項5号ロに該当すれば集団投資スキーム持分の定義から外れるとしている。一般社団法人は有限責任中間法人の後継の制度であり、この議論は一般社団法人にも妥当する。

> 定を設けて基金の返還に係る権利が有価証券（集団投資スキーム持分）に該当しないようにする必要がある（同条2項5号ロ）。

【2】投資家の有する外国法人

　海外の投資家がTKGKストラクチャーを使用する場合、合同会社の親法人に一般社団法人ではなく外国法人を使用し、合同会社の持分を保有させる場合がある。レンダーの要請する倒産隔離を実現するためには、当該外国法人が合同会社の持分について有する権利を自由に行使しないように一定の制約を課すことになる。そのためによく使用される方法は、①親法人に投資家と利害関係のない独立取締役を選任させて一定の行為（合同会社の倒産手続きの申立てを含む）はその独立取締役の承認なしにはできない仕組みを導入する方法か、又は②黄金株（golden share）という一定の重要な事項（合同会社の倒産手続きの申立てを含む）について承認・決定する権限を持つ特別の株式を発行して投資家から独立した者が黄金株を保有するという措置をとる方法である。独立取締役を選任する方式は、黄金株方式より簡便なので使用頻度は高いように思われる。海外親法人に独立取締役を起用する場合、レンダーがどのような条件を付すのかは、レンダーと投資家の協議によって決定されるので、ケースにより異なる。参考のために下記のコラムに一例を記載する。

> **コラム** 外国法人に合同会社の持分を保有させて独立取締役を起用する場合のレンダーの対応例
>
> 　合同会社の親法人に投資家の有する外国法人を使用する案件で当該外国法人が独立取締役を使用する場合、レンダーからは、大要、次のような要求がなされることが想定される。レンダーからの要求の具体的な内容は案件により異なるので必要十分とはいえないが、下記は標準的な内容と思われるので紹介することにしたい。
> ①　親法人に、独立取締役を置く（独立取締役の変更及び辞任はSignificant Action（注1：このコラムの末尾参照）とするよう親法人の定款に規定する）こと。

② Significant Actionについては、独立取締役の同意を必要とするよう親法人の定款に規定すること。
③ 親法人の独立取締役は、Significant Actionを行う場合にはレンダーの承諾を得る旨のnon-action letterをレンダーに差し入れること。
④ 親法人の保有する国内合同会社の持分に質権を設定し、質権設定契約においてSignificant Actionをレンダー承諾事項とすること。また、質権設定契約において親法人と国内合同会社に関するnon-consolidation（注2：このコラムの末尾参照）を表明保証事項とすること。
⑤ 親法人の所在国の法律事務所の意見書において、質権設定契約に関する事項その他一般的な事項について、レンダーが合理的に求める意見が述べられること。
⑥ レンダーの承諾なしに行われる国内合同会社の倒産手続申立てはローンの誓約違反として、また、レンダーの承諾なしに行われる親法人によるSignificant Actionは質権設定契約違反として、それぞれ失期事由とすること。

注1　レンダーにとってレンダーの承諾なしに行われることを許容できない一群の行為をSignificant Actionと称して、借入人や親法人が遵守すべき義務（誓約事項）とすることが一般的である（Significant Actionという名称を使用しない場合でも、レンダーは同様の義務を課すのが通常である）。
注2　英米法には「substantive consolidation」という概念がある。これは、衡平法上の原理で、裁判所が不当な結論を回避するために、二つ以上の法人の別個の法人格を否認することを許すものである。non-consolidationというのは、そのような法人格の否認が生じないことを意味する。

【3】非業務執行社員

　一般社団法人を使用して合同会社の親法人とするだけでは合同会社に十分な資金を提供できない場合がある。匿名組合員が外国法人の場合、エクイティー出資のうち少なくとも1％〜2％程度は、営業者である合同会社から出資されるべきである、という税務上のアドバイスが税理士などの専門家からなされることが多い。このようなアドバイスがなされるのは、合同会社が単なるペー

パーカンパニーではなく、匿名組合契約の営業者として一定の実質を有した営業を有しているべきで、そのためには合同会社に対し一定の資金が拠出されている必要があり、そうではないと匿名組合契約を使用した租税回避行為と認定されてしまうリスクがあるからである[14]。このような合同会社に対する資金拠出を実現するためには、一般社団法人からの出資のみでは通常不十分である。なぜなら、一般社団法人からの出資は最低限の金額にとどめることが一般的であり、それを大きく超えるような一定程度の金額の拠出を一般社団法人経由で行うのは効率的な資金の使用方法ではないからである[15]。そこで、一般社団法人以外の者から合同会社への資金拠出が必要となる。この場合、業務執行権を持たない非業務執行社員を選任して、その者が合同会社に対して必要な資金拠出を行うことが多い。これは以下の理由による。

[a] レンダーの要求する倒産隔離との関係

非業務執行社員は、業務執行を担当しないし、破産や民事再生の申立権はない（破産法19条1項、民事再生法21条）。非業務執行社員から倒産申立てをしない旨の倒産不申立合意書（non-petition agreement）を取得すれば、非業務執行社員が合同会社の持分を保有することにレンダーが倒産隔離の観点から反対することはない。

[b] 資金の効率的活用との関係

合同会社からの利益配当については、定款で自由に定めることができるので（会社法622条）、すべての利益配当を非業務執行社員に帰属させることが可能

---

14) 1％～2％という数値は、税法上の明確な条文上の根拠があるわけではない。その程度ないと、営業者の事業として実質があると主張しにくいということであろう。

15) 一般社団法人の社員には利益又は残余財産の分配を受ける権利は認められておらず（一般社団法人及び一般財団法人に関する法律11条2項）、また基金の拠出者に対しても基金の返還に係る債権について利息は支払われず（同法143条）、残余財産を基金の拠出者に対して拠出額を超えて分配することは定款で禁止される（上記コラム参照）。このため、一般社団法人からの出資は最低限の金額にとどめることが一般的である。一般社団法人から多額の金額を合同会社の社員持分に拠出すると、一般社団法人に対して合同会社からそれに応じた利益の分配を行うことになりかねないが、上記の法的制限がある。残余財産の帰属は同法239条によって規律されるが、定款の定めがない場合には、社員総会又は評議員会の決議（同条2項）により、それでも帰属が定まらない場合には、国庫に帰属する（同条3項）。

である。投資家は、これにより、非業務執行社員が合同会社に拠出する資金を効率的に活用できる。

3 合同会社の業務執行はどのようになされるのか

【1】業務執行の意思決定

　業務執行とは、合同会社がその事業を行うために必要な意思決定及びその執行行為を意味する。定款変更、営業譲渡、解散、継続、合併、組織変更等の会社の根本的変更に関する行為は業務執行には含まれない[16]。合同会社の業務についての意思決定は、社員によって執行されるのが原則である（会社法590条1項）。ただし、定款の定めによって、業務を執行する社員を限定することができる（同法591条1項）。所有と経営の分離がなされず、所有者（社員）が直接業務執行行為を行うことが原則となっているが、定款による自治が尊重されているのである。通常、業務を執行する社員を「業務執行社員」といい、業務執行をしない社員を「非業務執行社員」という。業務執行社員が2人以上の場合には、合同会社の業務は、定款に別段の定めがある場合を除き、業務執行社員の過半数により決定される。しかし、会社の常務（日常の取引等、通常の業務）に関する意思決定及び執行行為は、各社員が単独で行うことができる。

【2】業務執行と会社代表行為との関係

　会社代表行為は会社の外部に対して会社を代表する行為を意味するが、業務執行行為は会社内部の事務処理等も含むことから、会社代表行為を構成しないものもある。そのため、業務を執行する社員が代表権を有しないこともあり得るが（会社法590条1項）、代表権を有する社員（以下「代表社員」という）は業務執行社員でなければならない[17]。通常は、業務執行社員に代表権を与えて会社代表行為も担当する形態をとることになる。

---

16)　　神田秀樹編『会社法コンメンタール14巻　持分会社（1）』（商事法務、2014年）134頁。

17)　　神田・前掲16）134頁。

【3】法人が業務執行社員の場合－職務執行者の選任

　法人が合同会社の業務執行社員である場合、実際の業務を行う自然人を選任して、その者の氏名及び住所を他の社員に通知しなければならない（会社法598条1項）。そのような自然人を「職務執行者」という。合同会社の業務執行社員は原則として代表権を有し（同法599条1項及び2項）、代表権を有する業務執行社員が法人の場合、代表社員の名称及び住所のみならず職務執行者の氏名及び住所が登記される（同法914条8号）。職務執行者となる自然人については、資格の制限はなく、代表社員である法人の役員や従業員ではない者であっても、職務執行者に就任することができる。例えば、当該法人が、その顧問弁護士、顧問税理士などを職務執行者に選任することも法的には差し支えない[18]。しかし、TKGKストラクチャーにおいてノンリコースローンを借りる場合には、レンダーからの倒産隔離の要請（投資家等との人的関係の切断）がある（第1章Ⅳ（⇒90頁））。実務上は、公認会計士や税理士その他の投資家から独立性のある者を選任しないとレンダーの倒産隔離の要請を満たすことはできず、投資家は会計事務所などに依頼して職務執行者に就任してもらうことになる。職務執行者の合同会社に対する責任について述べると、職務執行者は、業務執行社員が合同会社に対して負担する義務と同様の義務を法律上負担することになる（同法598条2項）。

4 匿名組合員が非居住者や外国法人の場合の注意点

【1】はじめに

　TKGKストラクチャーにおいて非居住者や外国法人（以下「外国法人等」という）が匿名組合員となる場合においては、税務の観点から、匿名組合員が国内法人である場合よりも慎重な配慮が必要となる。匿名組合が税務当局により任意組合（民法670条以下）として認定（再構成）されてしまうと、想定した課税関係と大きく異なる結果が生じるので、そのような事態が生じないよう、厳格にTKGKストラクチャー及び匿名組合契約を構成する必要がある。以下

---

18)　神田・前掲16) 175頁。

に、日本で不動産投資を行う匿名組合事業から生じる利益の分配を外国法人等の匿名組合員が受ける場合の課税関係を簡単に説明した上で、注意点を述べることにする。

【2】匿名組合員が外国法人等である場合の課税関係

　匿名組合員が外国法人等であっても当該利益の分配は国内源泉所得に該当するため、日本における課税の対象となる。外国法人等に対する課税は、当該外国法人等が日本における恒久的施設（「Permanent Establishment」といい、「PE」と略される）を有するのか否かによって異なる。恒久的施設を有しない場合には、当該利益の分配に対する源泉徴収（20.42％）のみで課税は終了する。しかし、恒久的施設を有する場合には、当該利益の分配について、源泉徴収がなされた上に、居住者や内国法人と同様に日本での法人税の総合課税の対象となり、申告納税が必要となる。このため、外国法人等が匿名組合員となるTKGKストラクチャーを組成するに際しては、日本に恒久的施設（下記にコラムとして説明を加える。特に代理人PEに注意する必要がある）を有すると認定されないように注意しなければならない。本来であれば、匿名組合の事業は、営業者が自ら行う事業であり、匿名組合員の代理人となるわけではない。匿名組合員は、営業者に対して出資を行い、利益の分配を受けるのみであるため、単に外国法人等が匿名組合になることだけで、日本に恒久的施設を有することにはならないはずである。しかし、投資家との契約が匿名組合契約として作成されていても、税務当局がそれを種々の事実から任意組合の組合員としての課税を主張するケースは数多くある。任意組合と認定されれば、任意組合の組合事業は、組合員全員の共同事業であり、任意組合の業務執行は組合員の代理として行われるので、恒久的施設の認定は容易となる。その結果、外国の組合員も日本の居住者や内国法人と同様に日本での法人税の総合課税の対象となり得るのである[19]。このように任意組合として認定されるリスクを「NKリスク」ということがある[20]。

---

19)　投資事業有限責任組合及び外国における投資事業有限責任組合に類する契約の非居住者については、一定の要件を満たすことにより、日本に恒久的施設を有さないものとみなされる特例措置がある（租税特別措置法41条の21、67条の16）。

コラム　恒久的施設とは何か？

　恒久的施設（「Permanent Establishment」又は「PE」）とは、一般に事業を行う一定の場所等を意味しており、恒久的施設の有無は、税務当局の課税権の有無を決定する重要な指標となる。例えば、外国法人等（以下「非居住者等」という）が日本国内で事業を行っていても、日本国内に恒久的施設を有していない場合には、その事業所得は日本で課税されることはない。このような「PEなければ課税なし」という考え方が、事業所得課税の国際的なルールとなっている。日本法では、恒久的施設は以下の3種類に分類される。

恒久的施設の種類

①	支店PE ⇒外国法人等の国内にある事業の管理を行う場所、支店、事務所、工場、作業場若しくは鉱山その他の天然資源を採取する場所又はその他事業を行う一定の場所。
②	建設PE ⇒外国法人等の国内にある建設、据付けの工事又はこれらの指揮監督の役務の提供で1年を超えて行う場所。
③	代理人PE ⇒外国法人等が国内に置く代理人等で、その事業に関し、反復して契約を締結する権限を有し、又は契約締結のために反復して主要な役割を果たす者等の一定の者（以下「契約締結代理人等」という）。非居住者等の代理人等が、その事業に係る業務を、外国法人等に対し独立して行い、かつ、通常の方法により行う場合には、契約締結代理人等に含まれない。ただし、その代理人等が、専ら又は主として一又は二以上の自己と特殊の関係にある者に代わって行動する場合は、この限りではない。

---

20) 　川口有一郎監修『不動産証券化協会認定マスター養成講座テキスト　103科目：不動産証券化商品の組成と管理（下）』（一般社団法人不動産証券化協会、2022年）195頁以下「第Ⅳ部　不動産証券化の税務」［杉本茂＝渡邉美由紀］では匿名組合が任意組合と認定された場合の税務上の取扱いについて「任意組合として認定されたとしても、国内で完結するスキームであれば、不動産の購入時等に係る消費税の還付を営業者で受けることができないという問題点は残るが、法人税等について影響はない。し

> 　国税庁のウェブサイトでは「日本国内に恒久的施設を有するかどうかを判定するに当たっては、形式的に行うのではなく機能的な側面を重視して判定することになります。例えば、事業活動の拠点となっているホテルの一室は、恒久的施設に該当しますが、単なる製品の貯蔵庫は恒久的施設に該当しないことになります。」とされている[21]。

【3】NKリスクを回避する方策

　任意組合として認定されないようにするためには、契約内容が匿名組合としての性質から逸脱しないような配慮が必要となる。実務上は、匿名組合員が営業者の匿名組合事業に参加していると認定されないように営業者による業務執行に対する匿名組合員の関与（例えば営業者の一定の行為に対して匿名組合員の承諾を要するような取決め）を可能な限り減らすことになる。しかし、投資を行う匿名組合員には資金を拠出する以上、営業者の行為に何らかの発言権を確保したいという願望があり、NKリスク回避の必要性との間には緊張関係がある。実務上散見される例では、匿名組合員の利害に大きく影響するであろう営業者の業務執行について、営業者が匿名組合員に対し事前に通知し、匿名組合員が意見を述べる機会を付与するにとどめている（ただし、匿名組合員が述べた意見は営業者に対する法的拘束力を有しない）。匿名組合契約において、営業者は通常善良な管理者の注意をもって営業を遂行する旨の規定が設けられるので、そのような拘束力のない意見でも合理的なものであれば営業者は無視できず、匿名組合員の上記願望を果たすために一定の効果が期待できる。以上に加えて、留意すべきことには、①契約書の形式面において匿名組合契約として疑念が生じないようにする、②営業者が事業を行う実体を有するという主張が可能となるような形式を整える、という点がある。①は特に困難ではない

かし、オフショアの投資家が存在する場合、任意組合等となると、その投資家の1号又は3号PEとして認定され、国内源泉所得に対する法人税等及び分配金についての課税関係に影響する恐れがあるため注意が必要である。」としている。

21)　国税庁「タックスアンサー（よくある税の質問）」No. 2883「恒久的施設（PE）（令和元年分以後）『恒久的施設とは』」（https://www.nta.go.jp/taxes/shiraberu/taxanswer/gensen/2883.htm）。

が、②については、税務アドバイザーから、「営業者である以上自己の資本がある程度存在すべきで（例としてエクイティー投資額の少なくとも1％〜2％）、単なるペーパーカンパニーとみられないようにする必要がある。」というアドバイスがなされることが多い[22]。

5 匿名組合員による匿名組合事業への発言権・コントロール

【1】はじめに

　匿名組合員は営業者が行う匿名組合事業への出資者であるため、その運営に対して何らかの発言権・判断権を確保したいという願望を持つことは自然である。商法上も監視権が匿名組合員には認められており、営業者に対して、商法539条に従って、一定の請求をすることや、営業者の業務及び財産の状況を検査することが許されている。しかし、監視権の内容として商法の条文に記載されている事項を超えて具体的にどこまでの行為が許されるのかは必ずしも明らかではない。このため匿名組合員が積極的に営業者による匿名組合事業の運営を指示する権利を有することや、そのような積極的な関与ではなくとも、一定の行為についての承諾権（例えば、匿名組合事業に係る営業者の資産の売却に際して匿名組合員の承諾を要するという取決めを匿名組合契約に定めることが考えられる）を付与することは果たして可能なのかという問題にしばしば直面する。これは、匿名組合員が営業者によって遂行される匿名組合事業に関与することが、税務当局や裁判所によって匿名組合として締結された契約を任意組合として認定されるリスク（すなわち前記のNKリスク）にどのように影響するのかという問題である。

　匿名組合員が外国法人等の場合には、上記4【2】のように恒久的施設の認定の問題がある。匿名組合員が内国法人や個人の場合であっても任意組合と認定されてしまうと、前記II 1（⇒96頁）において述べた匿名組合の利点であ

---

22)　投資のストラクチャーを決定するにあたってこの営業者の資本をどのように調達するかはしばしば議論の対象となる（ホワイト＆ケース法律事務所編『TK-GKストラクチャーによる不動産SPCの法務・税務Q＆A』（税務経理協会、2014年）107頁以下参照）。

る有限責任性が否定され、匿名組合員は無限責任を負担することになり、営業者に帰属するはずの財産が組合員全員の共有（「合有」ともいわれる）となり、営業者がレンダーに単独で提供していた担保権の設定の有効性その他の問題が生じる。また、匿名組合事業が組合員全員の共同事業とされてしまうことになるため、組合員によってはそのような事業を遂行することが法令や定款上果たして可能なのかという問題も生じ得る。NKリスクはこのように種々の想定外の問題をはらむため、匿名組合員に対して匿名組合事業への関与を許容することは実務上慎重な配慮が必要となる。

　この点、判例・学説[23]によれば、一定の重要事項について、匿名組合員の承認権や拒否権を付与することは、匿名組合性を否定することにはならないと考えるのが一般的である[24]。また、匿名組合員に承認権・拒否権を付与する方法の一つとして、匿名組合契約において、営業者となる合同会社に投資委員会を設け、匿名組合員が委員の選任権を得る一方、営業者には一定の事項について投資委員会の判断に従う義務を課すという方法もある。

　実務上、匿名組合員に外国法人等が含まれない場合には、匿名組合員に承認権・拒否権を付与すること自体が直ちに問題とはならないが、匿名組合員に外国法人等が含まれる場合には、上記のように、恒久的施設の認定の問題があるため、税務アドバイザーの意見を参考にして、より慎重な態度をとること（つまり匿名組合員に承認権・承諾権を付与することは避けること）が通例である[25]。

---

23)　最判昭和37年10月2日裁判集民62号657頁は、直接この論点を扱うものではないが、匿名組合員には事業に参加する意思があることが必要であると論じられていることから、匿名組合員に承認権や拒否権を付与することとは矛盾しないと考えられている（川口有一郎監修『不動産証券化協会認定マスター養成講座テキスト　103科目：不動産証券化商品の組成と管理（上）』（一般社団法人不動産証券化協会、2022年）144頁「第Ⅰ部　不動産証券化法務の基礎」[田村幸太郎]）。また、学説においても、一定の重要な事項については匿名組合員に業務の執行に参与する権利を認める見解（平出慶道『商行為法』（青林書院、第2版、1989年）324頁以下）や、内部関係においては特約により匿名組合員の業務参加を認める見解（服部榮三編『基本法コンメンタール（商法総則・商行為法）』（日本評論社、第4版、1997年）126頁）がある。

24)　田村・前掲23）144頁。

6 合同会社がマスターレッシーになる場合の注意点

　合同会社がマスターレッシーになる場合とは、不動産信託受益権を保有資産とするTKGKストラクチャーにおいて、合同会社が不動産を所有する信託受託者から建物全体をいったん賃借し、それをさらにテナントに転貸する形態を意味する。このように信託を活用する場合にマスターリースが使用されることが多い。

　信託受託者が直接賃借人（エンドテナント）と契約関係に立つと、時には多数になるエンドテナントへの対応を信託受託者が自ら行う必要がある。しかし、マスターリースという形態でいったん受益者に関連する者（マスターレッシーと呼ばれる）に建物全体（場合により土地もマスターリースの対象に加わる）を一括して賃貸して、マスターレッシーがエンドテナントに転貸する場合には、信託受託者は、エンドテントへの直接的な対応をすることを回避できるため、マスターリースを好み、受託の条件とすることが多い。物件の種類にもよるが、例えば、100件以上のテナントが居住するレジ物件などの場合、個別のエンドテナントとのやり取りの煩雑さは容易に想像できるところであり、信託受託者がマスターリースを選好することも理解できる。投資家側からみると、マスターリースの方法を採用せざるを得ないとしてもそのためだけに別の法人（合同会社等）を別途設立するよりは、コストを節約するために営業者としての合同会社をマスターレッシーとしても使用することが多い。これを図示すると以下のとおりである。

---

25)　　ホワイト＆ケース法律事務所編・前掲22）113頁も外国投資家が匿名組合員になっている場合には慎重な対応が必要であるとする。

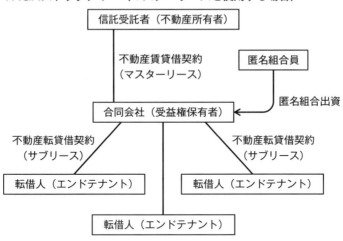

　営業者としての合同会社が不動産信託受益権を保有しつつ、マスターレッシーとして、エンドテナントと不動産の賃貸借契約を締結するストラクチャーを使用する場合に注意する必要がある点は、匿名組合契約において規定する匿名組合事業の範囲から不動産賃貸事業（サブリース事業）を除外しておくことである。不動産賃貸事業が匿名組合事業に含まれていると匿名組合契約は不特法における「不動産特定共同事業契約」に該当し、営業者である合同会社は原則として不動産特定共同事業の許可を取得する必要が生じてしまうからである。匿名組合事業の運営においては、マスターリースによる収益があったとしても匿名組合事業とは別に管理し、匿名組合員への利益配当にマスターリース事業の利益が混入しないように区分する必要がある。不動産投資ストラクチャーにおいて使用される器（ビークル）に時間や労力等を費やさなければ取得できない許認可が求められるような事態は受け入れられないのである。

Ⅴ TKGKストラクチャーにおける金商法の適用

1 はじめに

　TKGKストラクチャーにおける営業者としての合同会社が取得する不動産資産は、信託受益権であることが多い（Ⅳ 1 （⇒100頁））。信託受益権は、有価証券の一種であり、TKGKストラクチャーの使用に金商法の規制が及ぶことになる。また、TKGKストラクチャーでは匿名組合が利用されるので有価証券に該当する匿名組合出資持分（金商法2条2項5号）の取扱いにも金商法の規制が及ぶ。さらに、これらは、TKGKストラクチャーに関与する者が金商法上のいかなるライセンスを保有する必要があるのか、という問題を提起する。TKGKストラクチャーに限らず、投資ストラクチャーを組成する際には、法令遵守が求められる。金商法の遵守はそのような法令遵守の一環として考慮すべき重要なポイントであるため、まとめて解説しておきたい。以下に、TKGKストラクチャーに参加する匿名組合員、営業者、アセットマネジャーの三者について、それらの行為ごとに金商法上生じる問題点を指摘する。

2 匿名組合員の行為

　匿名組合員は匿名組合契約の当事者となるが、匿名組合員に特段金商法上の登録等が必要となるわけではない。ただし、営業者が後述の適格機関投資家等特例業務を行う場合には一定の要件を充足する必要があり、その中には匿名組合員が満たすべき要件がある。それらについてはⅦ（⇒133頁）で述べる。

3 営業者の行為

　金商法上問題となり得る営業者の行為としては、以下の三つの行為がある。それぞれについて項目をあらためて検討する。

金商法上問題となり得る営業者の行為

| ① | 匿名組合員になる可能性のある者に対する匿名組合出資持分の取得勧誘行為 |

②	匿名組合員から受けた出資の運用行為
③	不動産信託受益権の購入行為

4 営業者の行為①（匿名組合員になる可能性のある者に対する匿名組合出資持分の取得勧誘行為）

【1】はじめに

　TKGKストラクチャーを組成してGKをSPCとして活用する場合、そもそもSPCとしてのGKが常に取得勧誘を行っているのか疑問もある。「勧誘」とは、一般に、特定の有価証券について投資者の関心を集め、その取得・買付けを促進することとなる行為であると解されているが[26]、TKGKストラクチャーの組成の際には、投資家である将来の匿名組合員の意向によってSPCとしてGKを設立して、匿名組合契約が締結されるため、匿名組合契約の締結を計画しているのはむしろ匿名組合員で、営業者は取得勧誘を行っていないと扱ってもよいのではないかという考えもあり得る。このような考えが成り立つケースもあってよいように思うが、金融庁のパブリックコメントへの回答をみるとそのような立場を採用することにはリスクが伴う。保守的に考えて、営業者による取得勧誘行為が存在することを前提とした対応をとらざるを得ない[27]。

　取得勧誘行為を誰が行うのかによって金商法上の規制は異なる。ここでは営業者自身が自ら勧誘する場合に限って論じる。匿名組合出資持分は原則として

---

26)　松尾直彦『金融商品取引法』（商事法務、第7版、2023年）143頁。

27)　「将来匿名組合投資家となる計画を持つ共同投資家が、共同して、あるいはそのうちの一方が匿名組合営業者となるSPCを設立し、当該SPCと各共同投資家が匿名組合契約をそれぞれ締結する場合」について、金融庁の考え方としては「ご質問にあるような場合が取得勧誘であるか否かは、個別事例ごとに実態に即して判断されるべきものではありますが、ご質問にあるような事例において、例えば、匿名組合の営業者であるSPCが各共同投資家と匿名組合契約を締結する場合であって、持分の取得勧誘を他の金融商品取引業者に委託することなく、SPCの構成員が実質的にSPCの機関として契約締結に関する具体的な行為が行われる場合には、当該SPCが取得勧誘を行っているものと考えられます。」と回答している（金融庁「コメントの概要及びコメントに対する金融庁の考え方」（平成28年2月3日）5頁、No. 17)。

「二項有価証券」（金商法2条2項5号）に分類され、規制の構造も規制の観点により、①開示規制、②業規制（ライセンス規制ともいわれる）、③行為規制に区分される。

【2】開示規制

　匿名組合契約の出資持分は、営業者が発行者とみなされ、「当該権利に係る契約の効力が生ずる時」に発行されたものとみなされる（金商法定義府令14条3項4号ロ）。営業者による取得勧誘行為は、新たに発行される有価証券の募集又は私募に該当する。二項有価証券の取得勧誘行為の「募集」とは、その取得勧誘に応じることにより相当程度多数の者（これは500名以上）[28]が当該有価証券を所有することとなる場合であり（金商法2条3項3号、金商法施行令1条の7の2）、募集に該当する場合には、有価証券届出書の作成提出等の開示規制が適用される[29]。他方、二項有価証券の私募は、499名以下のものが取得勧誘に係る有価証券を所有することになる場合である（金商法2条3項3号）。TKGKストラクチャーを使用する投資のほとんどの場合、投資家の数は500名に満たないので、募集として開示規制の適用を受けるのではなく、私募としての規制を受けることになる。私募の場合には、原則として、匿名組合出資持分を取得する者に対し、少人数向け勧誘に該当するために金商法4条1項の規定による届出が行われていないこと等を告知し（同法23条の13第4項2号イ）、あらかじめ又は取得と同時に告知書を交付しなければならない（同法23条の13第5項、特定有価証券開示府令1条1号・5号の2、20条1項3号）。実務上は別途告知書を交付することに代えて匿名組合契約書に告知事項を規定することで対応することが多い。

---

28)　この人数による峻別は、勧誘を行った対象の人数ではなく、勧誘に応じて匿名組合出資持分の所有者になった者の人数である。適格機関投資家や特定投資家の人数も含まれる。

29)　匿名組合契約の出資持分の場合、金商法3条による適用除外の可能性があるが、TKGKストラクチャーによって不動産信託受益権のみに投資する場合には適用除外の対象とはならない（同条3号イ、金商法施行令2条の10）。

【3】業規制

　営業者となる合同会社は、匿名組合出資持分の発行者とみなされ（金商法2条5項、定義府令14条3項4号ロ）、その募集又は私募を行うこと（以下「自己募集（私募）」という）は第二種金融商品取引業に該当する（金商法28条2項1号、2条8項7号ヘ）。しかし、TKGKストラクチャーにおける資産保有のビークル（SPC）にすぎない合同会社が第二種金融商品取引業の登録をしなければならないとすれば、投資ストラクチャーとしては機能しない。登録には一定の人的要件や財務的要件を充足する必要があり、相当程度の時間（実務上少なくとも数か月）を要するからである。そこで、第二種金融商品取引業の登録を回避しつつTKGKストラクチャーを機能させる方法が必要となる。これには①第二種金融商品取引業者に募集・私募を全面的に委託する方法と②私募に関する適格機関投資家等特例業務（同法63条1項1号）を利用する方法の二つがある。以下に簡単に解説する。

TKGKストラクチャーを機能させる方法

① 第二種金融商品取引業者に募集・私募を全面的に委託する方法

　金融庁のパブリックコメントへの回答では、匿名組合出資持分の発行者が取得勧誘を第三者に委託して自らは全く行わない場合には、自己募集（私募）を行っているとは認められず、第二種金融商品取引業の登録を受ける必要はない。ただし、当該発行者「取得勧誘を全く行わない」かどうかは、個別事例ごとに実態に即して実質的に判断されるべきものと考えられるとされている[30]。合同会社が取得勧誘を第二種金融商品取引業者に委託した場合、それでも合同会社が取得勧誘を行っていると認定される場合は通常考えにくいので、上記の金融庁のパブリックコメントへの回答の後段部分は実務上の問題を生じさせるものではない。

　合同会社が匿名組合出資持分の取得勧誘のために起用する第二種金融商品取引業者にとっては、委託される業務は「募集（私募）の取扱い」（金商法28条2項2号）である。TKGKストラクチャーを使用した不動産取引に精通した業者を選任する必要がある。

② 私募に関する適格機関投資家等特例業務（金商法63条1項1号）を利用する方法

---

30) 金融庁・前掲13) 58頁、No. 103～110。

合同会社が私募に関する適格機関投資家等特例業務を利用すれば、届出のみで自己募集（私募）の私募を行うことができ、第二種金融商品取引業の登録を行う必要はない。ただし、適格機関投資家等特例業務の要件は、金商法が平成19年に施行された当初よりも、その後の改正により厳しくなっている。合同会社には一定の行為規制が課されているほか、事業年度経過後3か月以内に事業報告書を提出しなくてはならないなど適格機関投資家等特例業務を活用する場合の法令遵守の負担も増大している。適格機関投資家等特例業務を利用するための要件等は別途Ⅶ（⇒133頁）において取り扱う。

【4】行為規制

　上記【3】において営業者としての合同会社が「①第二種金融商品取引業者に募集・私募を全面的に委託する方法」をとった場合、合同会社自身は金融商品取引業者には該当しないので、匿名組合出資持分の取得勧誘行為について金融商品取引業者に適用される行為規制（例としては、金商法36条以下に規定される、顧客に対する誠実義務、広告等の規制、契約締結前書面・契約締結時書面の交付、損失補てん等の禁止、適合性の原則の遵守等がある）は適用されない。委託を受けた第二種金融商品取引業者がそれらを遵守すべきことになる。

　他方、上記【3】において営業者としての合同会社が「②私募に関する適格機関投資家等特例業務を利用する方法」をとった場合、合同会社は適格機関投資家等特例業務の届出者として一定の行為規制を受ける（金商法63条11項）。この点に関しても別途Ⅶ（⇒133頁）において取り扱う。

5 営業者の行為②（匿名組合員から受けた出資の運用行為）

【1】はじめに

　営業者としての合同会社が匿名組合員から受けた出資を、金融商品の価値等の分析に基づく投資判断に基づいて、不動産信託受益権に投資することは、投資運用業（自己運用）に該当し（金商法28条4項3号、2条8項15号、同条2項5号）、本来は投資運用業の登録が必要となる[31]。しかし、前記のとおり、TKGKストラクチャーにおける資産保有のビークルにすぎない合同会社が投資運用業の登録をしなければならないとすれば、投資ストラクチャーとしては機

能しない。また、そもそも合同会社という組織形態では登録は許されない。TKGKストラクチャーを使用して不動産信託受益権に投資するためには、投資運用業登録を回避する方法として、以下【2】に述べる①投資運用業者に運用権限の全部を委託する方法と【3】②運用に関する適格機関投資家等特例業務（金商法63条1項2号）を利用する方法の二つがある。

【2】投資運用業者に運用権限の全部を委託する方法

この方法を利用すると営業者としての合同会社の行為は投資運用業に該当しなくなる（金商法2条8項、金商法施行令1条の8の6第1項4号、定義府令16条1項10号）。この方法を利用する場合、合同会社は投資運用業の登録を得ている者をアセットマネジャーに起用して、アセットマネジメント契約を投資一任契約としての性質を持つ契約内容として構成し、さらに以下の要件を充足する必要がある。

投資運用業者に運用権限の全部を委託する方法において充足すべき要件

①	運用権限の全部委託	営業者がアセットマネジャー（投資運用業者）との間で投資一任契約を締結し、当該契約に基づき匿名組合員のために運用を行う権限の全部を委託すること。
②	匿名組合契約に規定すべき事項	匿名組合契約には、（ⅰ）匿名組合員のための運用を行う権限の全部を委託する旨、（ⅱ）アセットマネジャーの商号・名称、（ⅲ）投資一任契約の概要、アセットマネジャーへの報酬額などを定めていること。
③	匿名組合契約及び投資一任契約に規定すべき事項	匿名組合契約及び投資一任契約において、アセットマネジャーが匿名組合員に対して忠実義務や善管注意義務を負う旨と、原則として匿名組合員（複数の場合は全員）の同意を得なければアセットマネジャーは自己取引・運用財産相互間取引を行うことができない旨を定めていること。

---

31) 不動産信託受益権ではなく、現物不動産に投資する場合には、投資運用業（自己運用）には該当しない。しかし、この場合には原則として不特法（第4章（⇒253頁））の適用があるので注意を要する。

④	アセットマネジャーによる分別管理の監督	営業者としての合同会社の匿名組合事業の財産と自己の財産の分別管理をアセットマネジャーが監督すること（実務上は投資一任契約にアセットマネジャーの継続的な義務として規定することになる）。
⑤	事前の届出	アセットマネジャーが匿名組合契約の成立前に、合同会社に関する必要事項を所管金融庁長官等に届け出ること。
⑥	変更届	上記⑤の届出事項に変更があったときには、アセットマネジャーが遅滞なくその旨を所管金融庁長官等に届け出ること。

【3】運用に関する適格機関投資家等特例業務を利用する方法

合同会社が自己運用に関する適格機関投資家等特例業務を利用すれば、届出のみで自己運用を行うことができ、投資運用業の登録を行う必要はない。この点に関しても別途Ⅶ（⇒133頁）において取り扱う。

6 営業者の行為③（不動産信託受益権の購入行為）

【1】はじめに

営業者としての合同会社は、匿名組合員から受けた出資やレンダーからの借入れなどを原資として不動産信託受益権を購入する。信託受益権は二項有価証券（金商法2条2項1号）に該当するので、その売買をするためには第二種金融商品取引業の登録（同法28条2項2号、2条8項1号）が必要なのではないかという論点がある。結論としては基本的に第二種金融商品取引業の登録は不要と考えられているが、その理由については見解が分かれている。いずれにしても、実務では登録不要で異論はないものと思われる。以下にこの論点について合同会社による不動産信託受益権の購入が①新規発行された不動産信託受益権の場合と②すでに発行された不動産信託受益権の場合に分けて簡単に解説する。

【2】新規発行された不動産信託受益権の購入

合同会社による新規発行の不動産信託受益権の購入がなされるケースという

のは、現物不動産の所有者が当初委託者として当該不動産を受託者に信託譲渡し、それによって当初委託者が得た信託受益権を合同会社が購入する場合である。この場合、金商法上当初委託者は不動産信託受益権を「発行」し「自己募集（私募）」することになり、当該不動産信託受益権の購入は金商法上の「有価証券の売買」には該当しないと考えられている[32]。それ故、営業者としての合同会社が新規に発行された不動産信託受益権を購入することは、第二種金融商品取引業の登録を要しない。

【3】すでに発行された不動産信託受益権の購入

すでに発行された不動産信託受益権の購入の場合、有価証券の売買に該当することに疑いはない。当該売買が「業として」行われている場合には第二種金融商品取引業の登録が必要ということになるが、問題は「業として」の要件をどう解釈するのかである[33]。この点については、一般に「対公衆性」のある行為で「反復継続性」をもって行うものが「業として」であると解釈されるが[34]、既発行の不動産信託受益権を営業者としての合同会社が購入する行為は「対公衆性」が欠如していると考えることもできる[35]。これは「単に自己のポートフォリオの改善のために行う投資目的での売買は、（反復継続性を有するものであっても、）通常は不特定多数の者を相手とするという『対公衆性』の要件を満たさないことから、業に該当しない」という考えである[36]。「業と

---

[32] 金融庁・前掲13) 59頁〜61頁、No. 112〜122。

[33] 「業として」の要件についての議論の整理を試みるものとして、金融法委員会「金融商品取引業における『業』の概念についての中間論点整理」（平成24年9月15日）がある。

[34] 金融庁・前掲13) 35頁、No. 3。

[35] 「対公衆性」の要件の趣旨として、松尾・前掲26) 363頁では「『対公衆性』は主として、一般の個人や事業会社が投資目的や資産運用目的で頻繁に自己の計算で行う有価証券の売買やデリバティブ取引について、『単に自己のポートフォリオの改善のために行う投資目的での頻繁な売買』として、業規制の対象とされないようにするために設けられた要件であると考えられる。」としている。

[36] 金融法委員会・前掲33) 9頁参照。「金融庁『コメントの概要及びコメントに対する金融庁の考え方』（平成19年7月31日）39頁、No. 25）も同旨と思われる。」としている。

して」の要件についての考え方は単一ではないが、実務上は営業者としての合同会社が既発行の不動産信託受益権を投資目的で購入しても特別の事情がない限り、それは「業として」なされているわけではないと考えて問題はない。

7 アセットマネジャーの行為

【1】はじめに

　TKGKストラクチャーに限らず、物件保有ビークルとなる法人は、会計士など不動産取引に精通しない者が取締役等の経営を行う立場につくSPCであり、資金を拠出する投資家も必ずしも不動産マーケットに精通して日々SPCの不動産取引を支援できる立場にあるとは限らない。そのため、アセットマネジャーによるSPCの活動へのサポートは重要である。アセットマネジャーの役割は多岐にわたる。アセットマネジャーが担当する一般的な業務を簡単に整理すると、①物件取得の支援、②物件取得に必要な借入れのアレンジ、③物件取得後の物件の管理（信託受益権の場合には受託者に対する指図権の行使を含む）、④物件売却の処分の支援、⑤関係者間の調整などの雑多な業務、になるが、これらは法定されたものではないことから、個々のアセットマネジャーが有する資格や案件の性質により、大きく異なり得る。不動産信託受益権を取得するTKGKストラクチャーを前提として、アセットマネジャーの業務に対する金商法の適用を考えると、以下の点を議論する必要がある。なお、不動産アセットマネジメント契約については、第3編 第8章（⇒581頁）において概説しているので、参照されたい。

【2】アセットマネジャーが締結すべき契約の性質とその影響

　アセットマネジャーは、営業者としての合同会社とアセットマネジメント契約を締結して上記【1】の様々な業務を行う。合同会社による不動産信託受益権の取得をアセットマネジャーが支援する方法としては、①アセットマネジャーが合同会社と投資一任契約を締結してアセットマネジャーが投資判断を行う場合と②アセットマネジャーが合同会社と投資顧問契約（金商法2条8項11号）を締結して、アセットマネジャーが合同会社に投資の助言を行い、最終

的な投資判断は合同会社が行う場合がある。

[a] 投資一任契約の場合

投資一任契約とは「当事者の一方が、相手方から、金融商品の価値等の分析に基づく投資判断の全部又は一部を一任されるとともに、当該投資判断に基づき当該相手方のため投資を行うのに必要な権限を委任されることを内容とする契約」（金商法2条8項12号ロ）を意味する。投資一任契約を締結し、それに基づいて金融商品の価値等の分析に基づく投資判断に基づいて有価証券又はデリバティブ取引に係る権利に対する投資として、金銭その他の財産の運用（その指図を含む）を行うことは、金融商品取引業として投資運用業の登録を要する（同法28条4項1号）。アセットマネジャーが合同会社との間で投資一任契約を締結して合同会社の資金を不動産信託受益権への投資として運用することは投資運用業に該当するのである。なお、TKGKストラクチャーにおいて、営業者としての合同会社が投資運用業（自己運用）の登録を回避する方法として、前述の **5**【2】「投資運用業者に運用権限の全部を委託する方法」を採用する場合、アセットマネジャーは投資運用業登録を得ている者である必要がある[37]。

[b] 投資顧問契約の場合

投資顧問契約とは「当事者の一方が相手方にして、（ⅰ）「有価証券の価値等」（有価証券の価値、有価証券関連オプションの対価の額又は有価証券指標の動向）又は（ⅱ）「金融商品の価値等」（金融商品の価値、オプションの対価の額又は金融指標の動向）の分析に基づく投資判断に関し、口頭、文書（新

---

37) アセットマネジャーに就任することを予定していたが、投資運用業登録を得ていないため、いったん投資運用業登録を有する別の業者が合同会社との間で投資一任契約を締結してアセットマネジャーとして行為し、当初予定していた者がビジネス上の関係から、一種の下請人となって当該投資運用業者から当初予定していた者が法律上遂行可能な範囲の業務を引き受けるというケースが散見される。当初予定していた者が下請という形態を好まない場合には、投資運用業者と共同で合同会社とアセットマネジメント契約を締結しつつ、担当する業務を切り分けて、法律上遂行可能な範囲の業務を行う形態もみられる。不動産アセットマネジメントを行う者の中には投資運用業登録を有しない者も多く、投資運用業の登録のハードルが高いことに由来する現象である。

聞、雑誌、書籍その他の不特定多数の者に販売することを目的として発行されるもので、不特定多数の者により随時に購入可能なものを除く）その他の方法により助言を行うことを約し、相手方がそれに対し報酬を支払うことを約する契約」を意味する（金商法2条8項11号、定義府令18条）。投資顧問契約を締結して助言を行うことは金融商品取引業に該当し、投資助言・代理業の登録を要する（金商法28条3項1号）。アセットマネジャーが合同会社との契約に基づいて不動産信託受益権の価値やその価値の分析に基づく投資判断に関し助言することは基本的に投資顧問契約に該当するのである。アセットマネジャーと合同会社の契約が投資顧問契約の性質を持つ場合、運用権限は合同会社に残ることになる。そうなると、合同会社が投資運用業（自己運用）の登録を回避するためには、前記の**5**【3】「運用に関する適格機関投資家等特例業務を利用する方法」を採用することになる。

【3】アセットマネジャーに適用の可能性がある金商法上の規定

上記のようにアセットマネジャーは、投資一任契約又は投資顧問契約の性質を含むアセットマネジメント契約を締結するが、アセットマネジャーがアセットマネジメント契約に従って提供するサービスの内容によっては、次の金商法上の行為が含まれる可能性がある。

[a] 匿名組合出資持分の私募の取扱い

前述のとおり、営業者としての合同会社は、匿名組合出資持分の取得勧誘を第三者に全面的に委託する場合がある。そのような場合において、アセットマネジャーが第二種金融商品取引業の登録を受けていれば、合同会社から取得勧誘行為の委託を受けて取得勧誘を行うことは可能である。

[b] 不動産信託受益権の売買の媒介・代理

アセットマネジャーは、営業者としての合同会社による不動産信託受益権の取得や処分を支援するが、「売買の代理・媒介」として関与するのであれば、第二種金融商品取引業の登録を要することになる（金商法41条の3、金商法施行令16条の8）。実務上は、媒介を担当する仲介業者が入ることが常で、そのような場合にはアセットマネジャーの行為が第二種金融商品取引業の登録を要

するのではないかという議論を実務上避けることができる[38]。

8 合同会社の親法人としての一般社団法人についての注意事項

コラム(「一般社団法人の基金について定款に規定すべき内容は何か？」(⇒102頁))で述べたように合同会社の親法人としての一般社団法人の定款には、基金の拠出者の権利について、「基金の返還に係る債権の債権者は、基金拠出額を超えて残余財産の分配を受けることができない。」と定める必要がある。これは、基金の返還に係る権利が金商法上の有価証券（集団投資スキーム持分）に該当しないようにするための工夫である（金商法2条2項5号ロ）。

VI ダブルTKGKストラクチャー

1 ダブルTKGKストラクチャーとは

実務においてTKGKストラクチャーを使用する場合、TKGKストラクチャーを下記の図の例のように二層重ねにして使用することがある（これは「ダブルTKGKストラクチャー」といわれる）。このダブルTKGKストラクチャーは、一定の投資家がTKGKストラクチャーを使用して不動産投資信託受益権への投資を一定の限度額まで複数回順次行うことを意図している場合に使用される投資ストラクチャーの一つである。

---

[38] 厳密には、仲介業者が関与しても、アセットマネジャーが売買の成立に尽力する行為を行えば、それは「売買の媒介」としての性質を有するので、本来第二種金融商品取引業の登録が必要となり得る。この点を含め、アセットマネジャーに必要とされるライセンスについては、第3編 第8章 VI（⇒590頁）を参照されたい。

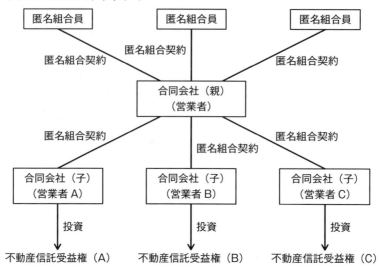

　上記の図に沿って説明する。まず、最上部に位置する投資家としての匿名組合員（1名又は複数名）は匿名組合契約を締結して営業者としての合同会社（親）に対して一定額の出資を約し、不動産信託受益権の取得案件が生じる都度、営業者（親）からのリクエストに応じて合同会社（親）に出資を行うことにする。合同会社（親）は匿名組合員として、合同会社（子）を営業者とする匿名組合契約を締結して、自らが得た出資金を合同会社（子）に対し不動産信託受益権の取得のための資金として出資する。最初の案件が、不動産信託受益権（A）の取得だとすれば、二回目には不動産信託受益権（B）、三回目には不動産信託受益権（C）という具合に、順次二層目のTKGKストラクチャーを組成して、不動産資産を追加取得していくのである。図には記載されていないが、これらの場合、合同会社（子）はレンダーからノンリコースローンの借入れを行い、匿名組合出資とあわせた資金で不動産信託受益権を取得する。合同会社（親）と合同会社（子）は資本的な親子関係に立つわけではなく、それぞれの合同会社の持分は一般社団法人などが保有して倒産隔離を図ることになる。合同会社（親）及び合同会社（子）はいずれも投資のためのSPCにすぎな

いので、それぞれ第三者のアセットマネジャーとアセットマネジメント契約を締結することになる。

2 ダブルTKGKストラクチャーの利点

　TKGKストラクチャーを二段重ねにせずに不動産信託受益権を①単一の合同会社で複数取得したり、②複数の合同会社で順次取得することも可能である。しかし、①の場合には単一の合同会社に不動産資産が蓄積することになり、案件（不動産信託受益権）ごとに融資条件のよい別のレンダーを選択することが困難になり、多くの場合、合同会社の保有するすべての不動産信託受益権を同じレンダーに共同担保として差し出すことになる。これは必ずしも投資家には好まれない。また、二層式のストラクチャーであれば、別の投資家に一つの案件に限って匿名組合員として参加してもらうことも可能である（この場合、合同会社（親）と当該別の投資家がそれぞれ合同会社（子）との間で匿名組合契約を締結して出資することになる）。つまり、一層のTKGKストラクチャーで次々に不動産信託受益権を取得するという方法は、案件により必要となるかもしれない柔軟な対応を実現できない可能性がある。また、②の「複数の合同会社で順次取得する」場合には、不動産信託受益権を取得する度に一層のTKGKストラクチャーを組成することになるが、この方法によると特に契約上の手当てをしない限り二回目以降の投資家の出資が契約上保証されるわけではなく、ストラクチャーの組成に時間を要する可能性もあるので、投資の機会を活かして機動的に不動産信託受益権を取得することができない可能性がある。しかし、ダブルTKGKストラクチャーにはそのような不都合はない。これらの理由からダブルTKGKストラクチャーが採用され、一層目のTKGKストラクチャーの合同会社（親）を一種の資金の集積地として、そこから二層目のTKGKストラクチャーを組成して、そこに随時資金を拠出して不動産信託受益権を取得するという方法で、投資機会に機動的に対応する方法がとられるのである。なお、実務においては、ダブルTKGKストラクチャーにさらにTKGKストラクチャーを重ねて三層のTKGKストラクチャーを使用する場合もある。

3 ダブルTKGKストラクチャーの法的留意点

　ダブルTKGKストラクチャーは、合同会社（親）に出資する投資家としての匿名組合員のために組成するファンドであり、実質的に考えると一層のTKGKストラクチャーに加えて投資家保護のための措置を常に追加的に講じる必要があるのかには疑問がある。しかし、形式上二層構造のストラクチャーであるため金商法上、留意するべき法的論点がいくつか存在するので下記に説明を加える。

【1】合同会社（親）による匿名組合出資持分の募集・私募及び匿名組合員からの出資金の運用

　これらの行為についての金商法上の問題点は上記に述べたところ（**V**（⇒116頁以下））と変わりない。ダブルTKストラクチャーにおいて合同会社（親）が取得するのは、合同会社（子）との匿名組合契約に基づく匿名組合出資持分であって不動産信託受益権ではないが、いずれにしても「二項有価証券」であるため、金商法の適用において相違は生じないのである。

【2】合同会社（子）による匿名組合出資持分の取得勧誘行為

　合同会社（子）は投資のためのビークルにすぎないので第二種金融商品取引業の登録を取得することは考えられない。匿名組合出資持分の取得勧誘行為について問題となるのは、業規制への対応として、前述と同様に、「①第二種金融商品取引業者に募集・私募を全面的に委託する方法」又は「②私募に関する適格機関投資家等特例業務を利用する方法」をとらなければならないのか否かである。もっとも②の方法は投資家に適格機関投資家が1名以上存在することが要件となっており、ダブルTKストラクチャーでは、唯一の投資家となる合同会社（親）が適格機関投資家の地位を得ることは想定できない[39]。そこで、

---

39)　仮に合同会社（親）が適格機関投資家の地位を得たとしても、合同会社（親）は、匿名組合の営業者なので、その匿名組合員全員が適格機関投資家でない限り、いわゆる「不適合投資家」（金商法63条1項1号ロ）に該当し、私募に関する適格機関投資家等特例業務を利用することはできない。

現実には「①第二種金融商品取引業者に募集・私募を全面的に委託する方法」を採用しなくてはならないのか、ということが問題となる。

この点、実務上は、合同会社（子）が匿名組合出資持分の取得勧誘行為を行うのは「業として」なされるものではない、と考えて、①の方法をとるまでもなく、第二種金融商品取引業の登録を要しない、という立場をとることが一般的である。一般に「対公衆性」のある行為で「反復継続性」をもって行うものが「業として」と解釈されるが、金融庁のパブリックコメントへの回答では「『対公衆性』や『反復継続性』については、現実に『対公衆性』のある行為が反復継続して行われている場合のみならず、『対公衆性』や『反復継続性』が想定されている場合等も含まれる点に留意が必要と考えられます。」としている[40]。ダブルTKストラクチャーにおいては、構造上、合同会社（子）が匿名組合出資持分の取得勧誘を行うとしてもその相手は合同会社（親）に限られ、その他の者に勧誘を行うことはない。この意味で対公衆性は認められない。また、通常は合同会社（親）に対して行う取得勧誘行為は匿名組合契約を締結する際の一回であり、反復継続的に勧誘を行うことも想定されていない。これらの理由から、特別の事情がいない限り、合同会社（子）が匿名組合出資持分の取得勧誘行為を行うのは「業として」なされるものではないとして、①の方法をとるまでもなく、第二種金融商品取引業の登録を要しないと考えられる[41]。

【3】合同会社（子）による匿名組合員としての合同会社（親）からの出資金の運用行為

営業者としての合同会社（子）が匿名組合員から受けた出資を、金融商品の価値等の分析に基づく投資判断に基づいて、不動産信託受益権に投資することは、投資運用業（自己運用）に該当するので（金商法28条4項3号、2条8項15号・2項5号）、本来は投資運用業の登録が必要となる。しかし、SPCである合同会社が登録を回避する方法として、①投資運用業者に運用権限の全部を

---

[40] 金融庁・前掲13）35頁、No. 3。

[41] ホワイト＆ケース法律事務所編・前掲22）104頁も同旨。

委託する方法又は②運用に関する適格機関投資家等特例業務を利用する方法が存在することは前述のとおりである。ただし、上記【2】で述べたのと同じ理由で、②を利用することは現実的ではないので、実際上は①の方法しか選択の余地はない。このような場合に対する救済手段として、不動産信託受益権への投資に限って、一定の要件を満たす場合には、合同会社（子）が行う運用行為は金融商品取引業には該当しないとする規定が設けられている（定義府令16条1項11号）。この救済手段を利用するための要件は以下のとおりである。

救済手段の要件

①	合同会社（子）を営業者とする匿名組合契約が不動産信託受益権に対する投資を匿名組合事業とすること。
②	合同会社（子）を営業者とする匿名組合契約の匿名組合員は合同会社（親）のみであること。
③	合同会社（親）は別の匿名組合契約の営業者で、かつ、投資運用業の登録を受けているか、適格機関投資家等特例業務（自己運用）の届出を行ったか、又は証券取引法等の一部を改正する法律附則48条1項に規定する特例投資運用業務を行う者であること。
④	合同会社（親）は、合同会社（子）との匿名組合契約を締結する前に、一定の事項を届け出ること。
⑤	④で届け出た事項に変更があった場合には、合同会社（親）が遅滞なく届け出ること。

【4】同一のアセットマネジャーによる合同会社（親）及び合同会社（子）の両方へのアセットマネジメント業務の提供

ダブルTKGKストラクチャーを使用する場合、通常、同じアセットマネジャーが合同会社（親）及び合同会社（子）とそれぞれアセットマネジメント契約を締結してアセットマネジメント業務を行う。ダブルTKGKストラクチャーは一定の目的をもって設定されるビジネス上一体となる不動産ファンドであり、同一のアセットマネジャーが全体のアセットマネジメントを行う必要があるからである。同じアセットマネジャーが合同会社（親）及び合同会社（子）とそれぞれ締結するアセットマネジメント契約がいずれも投資一任契約

の場合（いわゆる全部委託の特例による場合である）、投資運用業者に禁止される運用財産相互間の取引を行うことを内容とした運用（金商法42条の2第1項2号）に該当する。ダブルTKストラクチャーは合同会社（親）に対する投資家のために組成するスキームであり、実質的な利益相反は存在しないもの、形式上要求される金商法業府令129条に定められる適用除外を使用する必要がある。

VII 適格機関投資家等特例業務

1 はじめに

　TKGKストラクチャーにおける匿名組合出資持分やその他の集団投資スキーム持分の私募及び自己運用については、適格機関投資家等特例業務（金商法63条〜63条の7）に該当する場合には、金融商品取引業としての登録が不要となる（以下、この制度を利用した私募を「特例私募」、運用を「特例運用」という）。前記のように投資ストラクチャーに使用するSPCに金融商品取引業の登録が必要となると投資ストラクチャーそのものが機能しないので、それを回避する手段として、他の方法とともに適格機関投資家等特例業務の利用の可否を検討することになる。適格機関投資家等特例業務それ自体は金商法施行当初から存在するが、当初は適格機関投資家等特例業務の届出者には、さほど厳重な行為規制が適用されておらず、適格機関投資家以外の投資家には人数制限（49名以内）以外の制限は存在しなかった[42]。

　しかし、制度の悪用により、投資家に被害が生じるケースが増加した結果、平成27年に制度の大幅な改正がなされ、現在の形に至る。金商法施行当初と比

42）　金融審議会金融分科会第一部会『金融審議会金融分科会第一部会報告―投資サービス法（仮称）に向けて』（平成17年12月22日）10頁以下は「特定投資家（プロ）向け又は投資家数が一定程度以下のファンドの自己募集については、より簡素な規制とするなど、健全な活動を行っているファンドをつうじた金融イノベーションを阻害しないよう、十分な配慮が必要である。」「プロ向け又は投資家数が一定程度以下のファンドについては、資産運用についてもより簡素な規制とするなど、十分な配慮が必要である。」としている。

較すると適格機関投資家等特例業務を使用するための要件及びその後遵守すべき行為規制が厳しくなっていることから、利害得失を把握した上で利用する必要がある。適格機関投資家等特例業務の概念図は以下のとおりである。

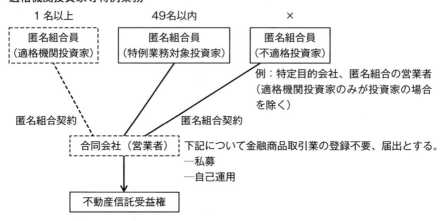

2 特例私募の要件

【1】1名以上の適格機関投資家を相手方とする私募であること

特例私募に該当するためには私募の相手方に少なくとも1名の適格機関投資家が存在する必要がある。適格機関投資家に該当する者は、定義府令10条に列挙されている（巻末資料1参照）。一定の者は特に届出をせずとも適格機関投資家の地位を有するが（例：第一種金融商品取引業者のうち有価証券取引業を行う者（ただし、第一種少額電子募集取扱業務のみを行う者を除く）、投資運用業者、投資法人、外国投資法人、銀行、保険会社、外国保険会社等）、それ以外の法人や個人が適格機関投資家に該当するためには一定の要件を充足した上で金融庁長官に対して届出を行うことにより適格機関投資家となることができる。一般の事業会社は届出日の直近において保有する有価証券の残高が10億円以上あれば適格機関投資家となることができ（定義府令10条1項23号イ）、個人の場合には、それに加えて、当該個人が金融商品取引業者等に有価証券取

引を行うための口座を開設して1年以上経過しているという要件が加わる(同条1項24号イ)。なお、届出による場合、届出を行った月の翌々月の初日に適格機関投資家の地位を得ることができ、そこから2年間継続する(同条6項)。

【2】適格機関投資家以外の相手方が一定の範囲に該当する者であり、49名以下であること

　この要件には、「適格機関投資家以外の相手方が一定の範囲に該当する者」という①属性の制限(これは金商法63条1項1号に規定される「適格機関投資家以外の者で政令で定めるもの」を意味する。以下「特例業務対象投資家」という)と②人数制限の二点が存在する。なお、特例業務対象投資家には、ベンチャー・ファンド特例(金商法施行令17条の12第2項)を充足する場合には金商法業府令233条の3各号に列挙される者も含まれる。本書は不動産投資を対象とするので、ベンチャー・ファンド特例の説明は割愛する。以下概説する。

[a] 属性の制限

　これは金商法施行令17条の12に規定され、場合によりさらに金商法業府令233条の2及び3によって詳細に規定されている。特例業務対象投資家は、(a)投資判断能力を有する投資家の類型(金商法施行令17条の12第1項各号(6号を除く)、金商法業府令233条の2第4項各号)と、(b)当該特例業者と密接に関連する投資家の類型(金商法施行令17条の12第1項6号、金商法業府令233条の2第1項各号)という2種類の観点から指定されている[43]。これを表で示すと以下のとおりである。下記のうちTKGKストラクチャーへの投資家という観点で考えると(b)当該特例業者と密接に関連する投資家の類型は、匿名組合員になる可能性は乏しい。合同会社は倒産隔離の必要から使用人はおらず、通常、役員、親法人が匿名組合員になることはないからである。ただし、アセットマネジャー(委託運用業者や投資助言業者)がマイノリティー投資家として匿名組合員になるケースはあり得る。

---

43)　金融庁・前掲27) 16頁以下、No.65、66〜69。

投資家の類型

（a）投資判断能力を有する投資家の類型	対応する条文
1．国	金商法施行令17条の12第1項1号
2．日本銀行	同2号
3．地方公共団体	同3号
4．金融商品取引業者等	同4号
5．ファンド資産運用等業者（集団投資スキーム持分の私募又は運用業者）	同5号
6．上場会社	同7号
7．資本金5,000万円以上の法人	同8号
8．一定の資産要件を満たす法人	同9号
9．特別の法律により設立された法人	同10号
10．特定目的会社	同11号
11．一定の企業年金基金	同12号
12．外国法人	同13号
13．（ⅰ）投資性金融資産1億円以上と見込まれ、（ⅱ）証券口座を開設して1年以上経過している個人	同14号
14．その他	同15号、金商法業府令233条の2第4項
（b）当該特例業者と密接に関連する投資家の類型	対応する条文
1．当該特例業者の役員・使用人	金商法業府令233条の2第1項1号
2．当該特例業者の親会社等・子会社等・兄弟会社	同2号
3．当該特例業者の委託運用業者	同3号
4．当該特例業者の投資助言者等	同4号

5．2～4の役員・使用人	同5号
6．当該特例業者・1・3～5の配偶者・三親等以内の親族	同6号

　上記の属性の有無は、取得勧誘を行う時点において判断される。事後的に属性を喪失しても、出資された財産の運用を継続することは可能である[44]。

[b] 人数制限
　特例業務対象投資家の人数は49名以下である（金商法施行令17条の12第3項）。この人数は取得勧誘に応じてファンド持分（TKGKストラクチャーの場合には匿名組合出資持分）を所有することになった出資者の人数を基礎に判断され、ファンド持分を取得しなかった者に人数は判断されない。

【3】一定の範囲の投資家を相手方としないこと
　適格機関投資家や特例業務対象投資家の中に一定の要件に該当する投資家が含まれていると、適格機関投資家等特例業務に使用は認められない。上記の図において「不適格投資家」として示される者がそのような投資家であり、具体的には、①特定目的会社（金商法63条1項1号イ）、②匿名組合契約の営業者（同号ロ）、③特別目的会社（SPC）（同号ハ、金商法業府令235条1号）、④集団投資スキームの運営者（金商法63条1項1号ハ、金商法業府令235条2号）などが、不適格投資家になり得る。ただし、一定の要件を充足すれば（例としては②において匿名組合員が全員適格機関投資家の場合）、上記の類型の投資家に該当しても不適合投資家とはならず、適格機関投資家等特例業務の使用が認められることに注意する必要がある。

【4】譲渡制限
　特例私募に該当するためには一定の譲渡制限がファンド持分に係る契約

---

44)　金融庁・前掲27）1頁、No.1～3。

(TKGKストラクチャーの場合には匿名組合契約）その他の法律行為に付されている必要があり、一定の人数制限を満たす必要がある（金商法63条1項1号、金商法施行令17条の12第4項）。この譲渡制限等の内容は、大要以下の表に記載されるように整理できる。

譲渡制限等の内容

該当条文	ファンド持分の取得者	譲渡制限及び人数制限の内容		
金商法施行令17条の12第4項1号	適格機関投資家の場合	適格機関投資家（不適格投資家を除く）に譲渡する場合以外の譲渡禁止（人数制限はない）		
同項2号	特例業務対象投資家の場合（不適格投資家を除く）には右記のイ及びロの要件を充足すること	イ	一括して他の一の適格機関投資家（不適格投資家を除く）又は特定業務対象投資家（不適格投資家を除く）に譲渡する場合以外の譲渡禁止	
		ロ	6か月以内に同種の新規発行権利が有価証券として発行されている場合、当該ファンド持分の取得勧誘に応じて取得する特例業務対象投資家（不適格投資家を除く）の人数 当該6か月以内に発行された同種の新規発行権利の取得勧誘に応じて取得した特例業務対象投資家（不適格投資家を除く）の人数との合計が49名以下となること	

【5】特例私募の届出を行うこと

　特例業務を行う者（金融商品取引業者等を除く）は、あらかじめ（つまり特例私募や特例運用の開始前に）、一定の事項を内閣総理大臣に届け出なければならない（金商法63条2項、金商法業府令238条）。

3 特例運用の要件

【1】金商法63条1項2号

　特例運用は、金商法63条1項2号に規定されている。その規定内容を分解して解説すると以下のとおりである。なお、特例私募と同様に、一定の事項をあらかじめ内閣総理大臣に届け出なければならない。

特例運用の要件

①投資家	金商法2条2項5号又は6号に掲げる権利（「同一の出資対象事業」に係る当該権利を有する者が適格機関投資家等（不適格投資家を除く）のみであること。 ・ここにおける投資家の範囲は特例私募において求められる投資家の範囲と基本的に同様である。不適格投資家を含むことが許されないことも同様である。 ・全投資期間を通じて、投資家は、（ⅰ）1名以上の適格機関投資家と（ⅱ）適格機関投資家以外の者が参加する場合には49名以下の特例業務対象投資家から構成される必要がある。
②運用資産	上記権利を有する適格機関投資家等から出資され、拠出された金銭（これに類するものとして政令で定めるものを含む）の運用。
③運用行為	金商法2条8項15号に掲げる行為（内閣府令で定めるものを除く）。 ・これは一定の投資判断に基づく投資の対象が「有価証券又はデリバティブ取引に係る権利」に50％超を投資することを意味する。TKGKストラクチャーにおいて不動産信託受益権に投資する場合には「有価証券」に該当する。 ・自己運用に該当する行為のうち一定の行為は業として行ってもそもそも金融商品取引業に該当しないので（金商法2条8項柱書）特例運用にも該当しない。

【2】譲渡制限

　特例運用の場合、金商法上は特例私募において必要とされているような譲渡制限は必要とされていない。しかし、特例運用においては、全投資期間中、適格機関投資等の要件を充足する必要があり、この点から譲渡制限は必要とな

る。TKGKストラクチャーにおいて、匿名組合員に自由な譲渡を許容すると、匿名組合出資持分を不適格投資家に譲渡したり、適格機関投資家がいなくなる可能性があり、結果的に特例運用の要件を充足できなくなる可能性がある。そのような事態を回避するためには、自己運用においても匿名組合契約に譲渡制限を規定しておく必要がある。譲渡制限の文言については、第3編 第7章 XIV（⇒559頁）を参照されたい。

4 適格機関投資家等特例業務の利用禁止

平成27年改正により「投資者の保護に支障を生ずるおそれがあるもの」として内閣府令で定める場合には、適格機関投資家等特例業務の利用が禁止される（金商法63条1項1号・2号、金商法業府令234条の2）。この禁止は自己私募と自己運用のいずれにも適用される。

適格機関投資家等特例業務の利用禁止

①	適格機関投資家がすべて投資事業有限責任組合で他の類型の適格機関投資家が存在しない場合（ただし、運用財産総額（借入金は控除）5億円以上の投資事業有限責任組合の場合を除く）。 ⇒投資事業有限責任組合は比較的観点に組成でき、形式的に適格機関投資家としての地位を得られることから、一定の実質を備えることが求められるのである。
②	当該特例業者と密接に関連する類型の投資家等の出資総額が総出資額の2分の1以上の場合（金商法業府令234条の2第1項2号）。

5 特例業務届出者に適用される行為規制

平成27年の金商法改正により、特例業務届出者を金融商品取引業者とみなして特例業務届出者に適用される行為規制は大幅に拡大された（金商法63条11項）。改正前は虚偽告知の禁止（同法38条1項1号）と損失補てん等の禁止（同法39条）のみが適用されていたが、以下の表に示すように多くの行為規制が適用される。また、特例私募と特例運用では一部適用される行為規制が異なる。

特例業務届出者に適用される行為規制

金商法の条項	行為規制の種類	特例私募への適用	特例運用への適用
36条1項	誠実義務	適用	適用
36条の3	名義貸しの禁止	適用	適用
37条	**広告等の禁止**	**適用**	**適用**
37条の3	**契約締結前書面の交付**	**適用**	**適用**
37条の4	**契約締結時書面の交付**	**適用**	**適用**
38条1号	虚偽告知の禁止	適用	適用
38条2号	断定的判断の提供の禁止	適用	適用
38条9号	内閣府令で定める行為の禁止	適用	適用
39条	損失補塡等の禁止	適用	適用
40条	**適合性の原則・業務運営規律**	**適用**	**適用**
40条の3	分別管理が確保されていない場合の売買等の禁止	適用	不適用
40条の3の2	金銭の流用が行われている場合の募集等の禁止	適用	不適用
42条	忠実義務・善管注意義務	不適用	適用
42条の2	運用における禁止行為（自己取引・運用財産相互間取引の禁止等）	不適用	適用
42条の4	分別管理義務	不適用	適用
42条の7	**運用報告書の交付義務**	**不適用**	**適用**

　投資家が特定投資家（金商法45条）の場合、上記の太字の行為規制は適用されない。TKGKストラクチャーを使用する場合、多くの場合、匿名組合員は特定投資家となることが可能であり、上記の太字の行為規制の適用を排除することができる。

VIII デットファイナンスによる資金調達

1 はじめに

　TKGKストラクチャーを使用して不動産投資をする場合、GKが取得する資産が現物不動産の場合は、原則として後述の不特法の適用があるので、多くの場合GKが取得する資産は不動産信託受益権である。TKGKストラクチャーを使用する場合、TMKストラクチャーと異なって、匿名組合出資のみでGKが不動産信託受益権を取得することも可能なので、レンダーからのデットファイナンスを得ることは必須ではない。しかし、レバレッジを利かせた不動産投資をするためにはGKはレンダーから借入れを行う必要がある。この場合の借入れはノンリコースローンによることになる。ノンリコースローンは、借入人の保有する不動産資産及びそこから生じる収益のみを責任財産として貸付けを行うものであり、レンダーは原則としてそれらの責任財産を超えて責任を追及することができない。したがって、匿名組合員やその背後にいるファンド投資家は、原則として、借入れについてレンダーに対し直接的な責任を負うことはないのである。ここで「原則として」と述べたのは、後述のスポンサーレターによる責任をレンダーに対して負担する場合もあり得るためである。レンダーがノンリコースローンを提供するには数多くの書類やプロセスを経る必要があるので、以下に必要となる書類その他を概説する。

2 倒産隔離の必要性

　GKに対するデットファイナンスの提供は、GKの保有する資産の価値を引き当てに提供されるアセットファイナンスであり、一般企業が企業の信用力を背景に資金を調達するコーポレートファイナンスとは異なる。レンダーにとってGKというビークル（器）と資産の価値が融資期間中保全される必要があり、GK（及びストラクチャー）の倒産隔離が必要となる。この点は、TKGKストラクチャーであれ、TMKストラクチャーであれ、レンダーの要求は変わることはない。ノンリコースローンの借入れにはレンダーの要請する倒産隔離を満足しなくてはならないのである。倒産隔離については、**第1章 Ⅳ**（⇒90頁）で

より詳しく解説しているので、参照されたい。

3 スポンサーレター

【1】スポンサーレターの意義

　スポンサーレターとは、GKによるノンリコースローンの借入れに際し、レンダーが承認する投資家側の取引参加者（以下「スポンサー」という）がレンダーに差し入れる書面である。その書面ではスポンサーレターの提出者は一定の事由が生じた場合にレンダーに対してレンダーの被る損害を補償することを約束する。これは損害担保契約の一種であり、借入人であるGKの信用を補完することを目的としている。日本におけるノンリーコースローンは1997年頃から米国の実務の影響を受けつつ始まった。ヨーロッパのノンリコースローンの実務ではスポンサーに責任負担を求めることはなされていなかったが、米国では比較的一般であったため、日本でもノンリコースローンが導入されてリーマンショックの当時まではレンダーがスポンサーレターを借入人側に求めることは多かった。レンダーから語られるスポンサーレターによるスポンサーの責任を正当化する根拠は、レンダーによるファイナンス供与はノンリコースであるが、その前提となる事項（例えば、関係者に詐欺的な行為が存在しないこと等）についてはスポンサーが責任を負う必要がある、というものである[45]。このようなレンダーの議論を受け入れるにしても具体的にどのような事由が生じたらスポンサーが責任を負うべきなのかという点は、一律に決定されるものではなく個々の取引における交渉により決定される。なお、あくまで筆者の印象ではあるが、不動産ファイナンスにおいては、稼働している資産を引当てとするケースでは近年様々な理由からスポンサーレターの使用例は少ないように思われる。つまり、スポンサーレターなしにノンリコースローンが供与される

---

[45]　植松貴史『不動産ファイナンスの法務と契約実務』（中央経済社、2022年）385頁では「案件の性質上、レンダーがリスクを負担することが想定されていない事項については、不動産ファンドに対する十分な遡及が困難であれば、一定の条件のもと、スポンサーに対して請求（遡及）できるものとすべきであり、そのために差し入れられる書面がスポンサー・レターである。」としている。

ケースは多いので、借入人にとってスポンサーレターの提供は必須ではない。

【2】スポンサーの選定

　TKGKストラクチャーにおいては、通常匿名組合員がスポンサーレターを発行するわけにはいかない。ノンリコースローンの借入れは営業者が行う事業であり、匿名組合員がレンダーに対してスポンサーレターを発行することは匿名組合性に疑問符が付くことになりかねないからである。そうなるとスポンサーレターの提供者は、レンダーとの交渉によって匿名組合員以外の者が選択されることになる。当然のことながら、レンダーとしてはスポンサーレターの提供者には資力のある事業者を望むことになるが、筆者の経験では、海外の不動産ファンドによる投資の場合、投資ストラクチャーにおけるSPC（ビークル）でも受け入れられる場合もあった。GKのアセットマネジャーがスポンサーレターと同等の義務を負担する場合もある[46]。アセットマネジャーは、通常、金商法上の投資運用業者や投資助言業者であるが、スポンサーレターの内容によっては、金商法上、損失補てんの禁止（金商法39条）に抵触することになるので注意を要する[47]。

【3】スポンサーが責任を負う事由

　スポンサーレターによりスポンサーが責任を負担する事由は一様ではない。レンダーはスポンサーの責任を拡大することを望むかもしれないが、スポンサーはスポンサーレターを提出せざるを得ないにしても責任範囲を限定したいため両者の交渉により責任負担事由は決定される。レンダーがスポンサーレターでカバーすることを望む事由について一例を示すと以下図表のとおりである。なお、下記において「借入人関係者」という用語は、取引によって異なる

---

[46] 　アセットマネジャーがスポンサーレターと題する書面を提出することはなくてもプロジェクト契約等の中でスポンサーレターに規定されるような義務を負担することをレンダーに求められる場合も多い。

[47] 　「事故」による損失の補てんには禁止は及ばないので（金商法39条、金商法業府令118条）、その範囲にとどめるように注意が必要である。金融庁・前掲13）404頁、No. 6参照。

ものの、借入人、匿名組合員、借入人の持分を保有する者、アセットマネジャー、マスターレッシー等TKGKストラクチャーに参加する者を意味し、「取引関連契約」という用語は、ローン契約、（後記の）プロジェクト契約、担保契約、匿名組合契約、アセットマネジメント契約等TKGKストラクチャーに関連して締結される契約を意味する。いずれの概念についても個々の取引において交渉により範囲が決定される。

レンダーが望むスポンサーの責任負担事由の一例（これらは交渉により調整・減縮され得る）

①	借入人及びその関係者（以下「借入人関係者」という）による詐欺的な行為、意図的な虚偽の事実表明
②	故意又は重大な過失による借入人関係者の表明保証違反
③	レンダーの事前の承諾を得ない借入人関係者による取引関連契約の解約又は重要な変更
④	借入人関係者の故意又は重大な過失による取引関連契約の違反
⑤	環境汚染その他環境問題により生じた損失
⑥	当局により刑事罰を受けた借入人関係者の違法行為
⑦	借入人関係者による取引関連契約に違反した借入人の資金の隠匿、横領、浪費又は不正流用
⑧	借入人関係者の故意又は重過失による借入人の責任財産の破壊、損傷又は物理的浪費
⑨	借入人関係者によって開始された借入人関係者の倒産手続き
⑩	借入人関係者のよるレンダーの取引関連契約における権利行使の意図的な妨害
⑪	借入人による不動産信託受益権の取得又はその対抗要件の具備が詐害行為により取り消されるか又は否認されること
⑫	借入人による不動産信託受益権の取得について真正売買であることが否定されること

4 ローン契約（金銭消費貸借契約）

　ローン契約（金銭消費貸借契約）はレンダーによるノンリコースのデットファイナンスの中核をなす契約である。ノンリコースローンは、その性質上TKGKストラクチャー全体を視野に入れて、ストラクチャーが健全に機能して信託財産としての不動産から生じるキャッシュフロー及びその処分時の売却金が滞りなく借入金の返済に充当されるように構成されており、極めて詳細かつ緻密な規定を有している。紙幅の関係上ここで各条項の詳細に立ち入ることはしないが、ローン契約の主要な項目とその簡単な内容のみを以下に示すことにする。

ローン契約の項目と内容

	項目	内容
①	貸付けの合意	貸付合意自体は特に他の種類のローンと異ならない。
②	借入れの中止	借入人の事情による借入中止は通常認められない。
③	貸付金の使途	ノンリコースローンでは資金使途は厳しく限定される。不動産信託受益権の購入その他ストラクチャーの運営に限定される。
④	貸付実行日	通常、貸付実行日はローン契約締結の2営業日後に設定される。
⑤	貸付け実行の前提条件	貸付け実行の前提条件はconditions precedentを略して実務上CPと称される。レンダーはローンを実行する前にTKGKストラクチャーが組成されて、機能することを確認し、借入人の法律顧問及び税務顧問からの意見書を徴求する。
⑥	元本・利息の支払	多くのケースでは融資期間は5年程度で、1年程度のテール期間が付加される。テール期間は、不動産の売却やリファイナンスのための猶予期間として設定されるものである。期中に元本返済を行うケースもあるが、通常、金額は大きくなく、期日一括返済の場合が多い。

⑦	期限前弁済	任意期限前弁済と強制期限前弁済がある。 任意期限前弁済が一定期間禁止される例もあるが、通常は、借入人から貸付人への10営業日程度の事前通知を必要とした上で、貸付人に生じるブレークファンディングコストを支払うことで許容される。 強制期限前弁済は、通常、（1）借入人の不動産資産が売却された場合（借入人の自発的な売却に限らず、強制売却事由という一定のレンダー主導の売却事由によるものも含まれる）、（2）保険金を受領した場合、（3）収用補償金を受領した場合、（4）LTV Test/DSCR Test（下記⑪参照）に抵触した場合等のキャッシュ・スイープ事由（強制弁済事由）が生じた場合に必要となる。
⑧	資金管理	TKGKストラクチャーでは不動産が生み出すキャッシュフローは、賃借人から賃貸人（信託受託者やマスターレッシー）、そして受益者である借入人に配当される。このキャッシュフローがローン返済の原資となる。また、信託受託者や借入人は、そのようなキャッシュフローの中から、税金、保険、物件の維持管理のために様々な支払を行うことになる。これらの資金の流れが想定どおりになされないとTKGKストラクチャーが機能しなくなり、レンダーへの元利金の支払も危うくなる。そこでレンダーは、様々なリザーブ（準備金）をあらかじめ設定して資金を確保しTKGKストラクチャーが円滑に機能するようにローン契約内に「資金管理ルール」を明記することになる（これはローン契約ではなく後述のプロジェクト契約において規定されることも多い）。参考として、リザーブ（準備金）の具体例を以下に示す（これらは例であって案件によりリザーブの内容は異なる）。なお、下記の準備金は信託受託者の下において積み立てられる部分もある。このような資金管理はノンリコースローンならではの特徴である。 （1）公租公課準備金（固定資産税等の税金の支払に備えるための準備金である） （2）保険料準備金（不動産の保険料支払のための準備金である） （3）PM報酬準備金（プロパティマネジャーの報酬支払のための準備金である。不払となると不動産資産の管理に支障が生じるリスクがあるため設定される） （4）修繕積立金（物件の修繕に備えるための準備金である）

		（5）流動性補完準備金（レンダーへの元利金支払に備えるための準備金である） （6）SPC維持費用準備金（GKの役員報酬、会計費用その他維持管理コストのための準備金である） （7）預り金返還準備金（敷金、保証金をテナントから受領した場合、返還に備えて準備金を設定することが多い） （8）リニューアル費用準備金（物件のリノベーションが予定されている場合、資金を積み立てることがある）
⑨	表明保証	通常、レンダーは、ローン契約日及びローン実行日の両方において、借入人が一定の表明保証（借入人、関連契約及び不動産に関する事項等TKGKストラクチャーの全般にわたる）を行うことを義務づけ、それらが真実であることをローン実行の前提条件の一つとする。なお、借入人が対象となる不動産信託受益権を購入する際には売主から十分な表明保証を得ることができない場合でも、レンダーに対してはレンダーの求める内容の表明保証を行わなければならないのが通例である（例えば、土地に環境汚染が存在しないことを売主が表明保証することを拒絶した場合でも、借入人はレンダーに対してそれを表明保証する必要がある）。これは、借入人とレンダーの間では、表明保証違反の対象についてのリスクをレンダーが負担する理由はないからである（表明保証の法的性質には議論があるが、一定の事実が真実であることを表明し、それが真実でなかった場合に相手方に生じた損害を補償する、損害担保契約であるという考えが一般的である）。
⑩	誓約事項（コベナンツ）	誓約事項とは、借入人がレンダーに対して約束する遵守事項である。レンダーは、融資期間中、借入人からの支払が滞りなく行われるようにTKGKストラクチャーの運営全般について一定の作為・不作為を借入人に誓約させることになる。ノンリコースローンの性質上、誓約事項は多岐にわたる。表明保証が一定期日における表明保証であるのに対し、誓約事項は融資期間全体に及ぶものである。

⑪	財務制限条項	不動産ファイナンスにおいては以下の指標が財務制限条項に使用される。 （1）Loan to Value Test（LTVテスト）：不動産の価値に対して、借入れ残高（ローン）がどの程度あるかを、パーセンテージで表した指標である。ローンの返済原資は不動産に限られるのでLTVの値が小さいほどローンの回収可能性は高いことになる。LTVの値が80％などという例もあるが、そのような案件では、不動産の価値が落ち込むとローンの返済ができなくなるリスクが高い。 （2）Debt Service Coverage Ratio（DSCRテスト）：一定の計算期間におけるレンダーへの元利支払金額に対する、不動産から得られる収入から費用を控除した金額の割合を示す指標である。不動産からのキャッシュフローがレンダーへの返済原資なので、レンダーは融資期間中不動産からのキャッシュフローをモニターする必要がある。 上記の各テストは、抵触の回数に応じて、①配当停止事由（不動産からのキャッシュフローの残額を借入人の自由にできるリリース口座への送金を停止する事由）、②キャッシュ・スイープ事由（強制期限前弁済事由。資金をローンの元利弁済に強制的使用する事由）、③強制売却事由（レンダー主導で不動産資産の売却を開始する事由）の判定に使用される。
⑫	期限の利益喪失事由	期限の利益喪失事由は、当然失期事由（レンダーの行為を待たずに借入人は事由の発生により期限の利益を失い、直ちに借入金を弁済しなければならない事由）と請求失期事由（レンダーからの請求がなされてはじめて借入人が期限の利益を失う事由）に分かれる。いかなる事由を期限の利益喪失事由とするのかは当事者の交渉によるため案件により異なるが、支払停止、倒産手続、解散等は当然失期事由となることが多い。レンダーは、貸付金の元利の返済に懸念が生じるような事由は広く請求失期事由として規定することになる。なお、レンダーは、請求失期事由が生じても、あえて失期はさせずに、強制売却事由によるレンダーの不動産売却の主導権を利用して貸付金の回収を図ることもある。

| ⑬ | 責任財産限定特約 | ノンリコースローンであるため責任財産の限定が合意される。もともとTKGKストラクチャーではGKはSPCとして設立運営されるので、借入人としては、特別の事情がない限り、SPCの資産すべてが責任財産とされることでも構わないのが通常である。レンダーとの交渉により、GKの有するリリース口座内の資金は責任財産から除外されることがあることには注意を要する。 |
| ⑭ | 倒産不申立ての合意 | 倒産隔離の観点から倒産不申立ての合意が規定される。 |

5 プロジェクト契約

【1】はじめに

　ノンリコースローンのレンダーはTKGKストラクチャーの全体が円滑に運営され基礎となる不動産からの収益が確実にレンダーの元利金返済へ使用されることに強い利害を有している。単に借主であるGKのみをローン契約によって拘束するだけではレンダーの利益を確保するのに十分ではない。そのため、レンダーは、TKGKストラクチャー全体の円滑運営という一種のプロジェクトに関係する重要な参加者を当事者として取り込んだ契約を締結してレンダーが直接それらの当事者に対し契約上の請求権を得て、元利金の返済を確実にすることを企図する。このような契約をプロジェクト契約という。TKGKストラクチャーにノンリコースローンが使用され始めた初期には利用されていなかったが、現在ではTKGKストラクチャーのみならずTMKストラクチャーでも幅広く利用されている。

　通常、プロジェクト契約には、「プロジェクト契約の契約条項は、それに違反又は矛盾する当事者間のあらゆる合意に優先する。」という趣旨の規定が含まれている。そのため、レンダーは、ローン契約及び担保契約並びにプロジェクト契約を適切に設計すれば、意図に反した結果が生じることを回避できることになる。極論すれば、レンダーが作成するローン契約、プロジェクト契約及び担保契約が適切に設計されていれば、レンダーは、信託契約、アセットマネジメント契約、プロパティマネジメント契約などレンダーが当事者とはならな

い借入人が締結する契約を仔細に検討する必要はないともいえるのである。ある案件のプロジェクト契約では、その目的として以下のような規定があり、契約の性質を適切に表現している。

プロジェクト契約の目的

> 本プロジェクト契約は、借入人が行う本不動産信託受益権の購入、保有、運用及び売却、本不動産の賃貸借並びにその他これらに付随又は関連する業務等の事業（以下「本事業」という。）に関し、（ⅰ）関連契約相互の関係、並びに（ⅱ）本事業の主な構成員である本プロジェクト契約の各当事者が、①本事業において果たすべき役割、②本事業において有する権限、及び③これらの履行及び行使の方法に関して、各当事者の認識を明確化・共有化し、もって本事業の円滑な遂行がなされることを目的とする。

【2】プロジェクト契約の当事者

　TKGKストラクチャーの場合、匿名組合員はプロジェクト契約には当事者として参加しない。参加すれば匿名組合が任意組合と認定されるリスクが生じることによる。この理由から、TKGKストラクチャーのプロジェクト契約の当事者は、案件により必要性は異なるものの、基本的には、匿名組合員を除く、レンダー、借入人、信託受託者、アセットマネジャー、プロパティマネジャー、マスターレッシーとなる。これらの中でも、レンダー、借入人、信託受託者、アセットマネジャーの参加は必須といえる。

【3】プロジェクト契約の内容

　プロジェクト契約の内容は案件により異なるが、以下に一例を示す。

プロジェクト契約に規定される事項の例

①	アセットマネジャーに関する事項 ・ アセットマネジャーの責任、指図権の行使 ・ アセットマネジャーの変更 ・ アセットマネジャーの借入人への債権の責任財産（リリース口座内の資金）の限定 ・ アセットマネジャーの権利についての劣後特約 ・ スポンサーレターに含まれるような事項についてアセットマネジャーによる誓約
②	信託の運営に関する事項（信託受託者の義務） ・ 信託口座における各種積立金の積立て ・ 信託受託者の通知 ・ 信託終了時の担保権設定等
③	全体の資金管理ルール
④	本件関連契約の解除・変更に関するルール ・ レンダーの事前の承諾を得ない解除、変更の禁止 ・ レンダーの事前の承諾を得ない本件関連契約における権利の処分禁止
⑤	信託受益権・不動産の売却ルール ・ 借入人主導による売却 ・ レンダー主導による売却 ・ 売却に伴う弁済充当のルール
⑥	担保権に関するレンダーの権利の行使
⑦	訴訟の遂行等
⑧	債権譲渡・証券化・流動化への協力
⑨	当事者による権利の譲渡についての合意
⑩	倒産不申立て

6 担保契約

　レンダーからのノンリコースローンは、TKGKストラクチャーの全体が円滑に運営され、基礎となる不動産からの収益が確実にレンダーの元利金返済に使用されることを前提として提供されるものである。そのため、レンダーは借入

人側がストラクチャー内に有するあらゆる資産を担保として取得することを企図し、多くの担保契約を締結して債権の回収に万全を期すことが多い。レンダーが担保を取得する目的は主として二つある。一つ目は担保物の経済的な価値を把握し、ローンの返済が滞った際に換価して優先的に弁済を受けることである（以下「交換価値把握」という）。ノンリコースローンは資産の価値に着目して貸付けを行うものであるため担保設定による対象資産の交換価値把握は必須である。二つ目は、担保物の経済的な価値というよりは、TKGKストラクチャーの運営の支配権を確保することである（以下「支配権確保」という）。支配権を確保することで、対象資産が含まれるストラクチャー全体の保全をすることができれば、債権の保全回収に資することになるため、支配権確保のための担保取得も重要である。

　以下には、TKGKストラクチャーで不動産信託受益権に投資する場合、レンダーが取得する可能性のある担保を網羅的に示す。実際の案件では、レンダーと借入人との交渉により、担保権設定の範囲が決定されるので、下記のすべての契約が常に必要となるわけではない。また、案件によっては、担保権設定ではなく、ネガティブプレッジ（担保化制限合意）という合意をして、レンダー以外の他者への担保提供を禁止するにとどめる場合もある。

担保契約の種類と概要

	担保契約	担保物／設定者	概要
①	信託受益権質権設定契約	不動産信託受益権／GK	信託受益権は交換価値把握のために必須となる最も標準的な担保物である。質権設定契約の締結に加えて、信託契約上要求される信託受託者からの承諾を得る必要がある。信託受託者への対抗要件は、質権設定者から信託受託者への通知又は信託受託者の承諾であり、第三者への対抗要件としては、確定日付ある証書による通知又は承諾を得る必要がある。
②	停止条件付抵当権設定契約	不動産／信託受託者又はGK	不動産の売却など一定の場合を除き、信託契約が終了した場合、信託された不動産は受益者に交付されることになる。レンダーはそのような場合には交換価値把握のために不動産に抵当権を設定させ担保にとる必要がある。「停止条件付」とされているのは「信託の終了」を停止条件としているためである。抵当権の設定者は対象不動産の所有者であり、信託終了時の所有権の帰属に依存するので、停止条件付抵当権設定契約には信託受託者と受益者（GK）が当事者として参加するのが通常である。停止条件成就の際に、抵当権の本登記（又は仮登記）がなされる。この担保契約は上記①と並んで標準的な担保のパッケージの一部となる。
③	停止条件付保険金質権設定契約	保険金請求権／GK	「停止条件付」となっているのは、信託契約の規定に従い不動産の所有権を質権設定者（借入人としてのGK）が取得し、かつ、質権設定者が対象となる保険契約の保険契約者兼被保険者となったことが停止条件となるからである。信託受託者も契約当事者として参加するのが通例である。また、GKの有する債権への質権設定という点で上記①と方法は変わらないが、実務上は保険会社から承諾を取得するのが通例である。この担保契約は上記①と並んで標準的な担保のパッケージの一部

			となる。
④	GK社員持分質権設定契約	GK社員持分／GK社員	ノンリコースレンダーは、ほとんどの場合、GK社員持分に質権を取得する。GKの社員持分への質権設定については、会社法上の規定はないが、GKの社員持分は財産的価値のある譲渡可能な権利であることから（会社法585条）社員持分の質入れは可能であると解されている[48]。GK社員持分への質権設定は、その交換価値把握というより支配権確保の観点からなされる。レンダーがGK社員持分を質権実行により取得すればGKをコントロールすることができ、ストラクチャーの保全に役立つからである。これは、レンダーにとって重要な担保権であり標準的な担保パッケージの一部を構成する（GK社員持分への質権設定についてはいくつか法的問題がある。それらについては、下記**8**を参照されたい）。
⑤	信託受益権売買契約譲渡担保契約	売買契約上の権利／GK	GKは信託受益権の買主として売買契約上売主に対し損害賠償請求権を有する可能性がある。そのためGKが売買契約上有する権利に担保権を取得する。譲渡担保という形式のため、売主への対抗要件は、売主への通知又は売主の承諾であり、第三者への対抗要件は、確定日付ある証書による通知又は承諾である。この担保契約は標準的な担保のパッケージには入らない。

---

[48]　神田・前掲16) 115頁。

⑥	匿名組合追加出資請求権質権設定契約	匿名組合契約上の追加出資請求権／GK	匿名組合契約上、GKが匿名組合員に対して有する追加出資請求権に質権を設定する契約である。匿名組合員への対抗要件は、質権設定者であるGKから匿名組合員への通知又は匿名組合員の承諾であり、第三者への対抗要件は、確定日付ある証書による通知又は承諾である。匿名組合員の追加出資義務は常に匿名組合契約に明記されているわけではないが、リザーブ不足を補てんする場合や開発案件におけるコスト・オーバーランに対応するために規定されることがある[49]。この担保契約は標準的な担保のパッケージには入らず、案件によって採用される場合がある。
⑦	アセットマネジメント契約譲渡担保契約	アセットマネジメント契約上の権利／GK	GKはアセットマネジメント契約上アセットマネジャーに対し損害賠償請求権を有する可能性がある。そのためGKがアセットマネジメント契約上有する権利に担保権を取得する。譲渡担保という形式なので、アセットマネジャーへの対抗要件は、アセットマネジャーへの通知又はアセットマネジャーの承諾であり、第三者への対抗要件は、確定日付ある証書による通知又は承諾である。プロジェクト契約によってレンダーの利益を確保できるので、近年はこの担保契約はみられない。
⑧	賃料債権譲渡担保契約	賃料債権／マスターレッシー	テナントからの賃料収入はローンの期中の金利支払の原資となる。第三者への対抗要件としては、（1）テナントへの確定日付ある証書による通知若しくはテナントからの承諾、又は（2）債権譲渡の登記であり、テナントへの対抗要件は、（1）テナントへの通知又はテナントの承諾、又は（2）登記事項証明書のテナントへの交付である。

---

49) 植松・前掲45) 370頁参照。

| ⑨ | 消費税還付請求権質権設定契約 | 消費税還付請求権／GK | GKが有する消費税還付請求権に質権を設定することは近年みられないが、GKの有する債権への質権設定という点で上記①と方法は変わらない。 |

7 信託受益権への質権の実行方法

【1】はじめに

　不動産投資の対象が不動産信託受益権の場合、レンダーは、信託受託者の承諾を得て、不動産信託受益権に質権を取得する。質権設定契約において定められた事由（「（ⅰ）被担保債務の期限の利益を喪失した場合又は（ⅱ）被担保債務の全額が完済されないまま元本最終返済期限を経過した場合」という具合に規定される）が生じた場合には、質権者は、質権を実行できることになる。質権の実行方法には、私的実行と民事執行法に従った法的実行とがある。実務においては、質権実行に至る前に任意売却がなされてそれにより債権回収が行われるのが主流であるが[50]、任意売却に必要な関係者の協力が得られない場合に備えて質権実行の方法を理解しておくことは重要である。以下に概説する。

【2】不動産信託受益権質権の私的実行―直接取立て

　私的実行の方法には、まず借入人が有する信託配当請求権などの直接取立て（民法336条）がある。信託終了時の信託元本請求権にもこの直接取立て権は及ぶので、信託終了時には、レンダーは直接信託受託者から信託不動産を取得することも可能となると考えられる。ただし、実務上の実例が乏しいので、プロジェクト契約において信託終了時の取決めをしておくことが提唱されている[51]。

---

50) 　プロジェクト契約に売却についてのルールが規定され、それに従った売却が想定される。

51) 　佐藤亮「不動産ノンリコース・ローンにおける担保権実行の実務」銀行法務21 717号（2010年）5頁。

【3】不動産信託受益権質権の私的実行―流質

次の私的実行方法は、質権設定契約に定められた流質の合意（商法515条）による方法である。以下に流質の合意の標準的な例を示す。

流質の合意の標準的な例

> 本件質権の実行においては、質権者は、質権設定者及び信託受託者に事前に書面により通知の上、本信託受益権を、法定の手続きによらず質権者が一般に合理的かつ相当と認める時期、方法、価格等により任意に処分し、又は質権者が一般に合理的かつ相当と認める時期、方法、価格等により本信託受益権を評価して取得し、その処分代金又は評価金額から処分等に係る合理的な諸費用を差し引いた残額を、法定の順序にかかわらず、本貸付契約（資金管理ルールを含む）に定める順位及び方法により本被担保債務の弁済に充当することができる。質権設定者は、第1文に従った処分又は取得である限り、当該処分又は評価の時期、方法、価格等に異議を述べない。

上記の規定によって流質による債権回収がスムーズに行われることをレンダーは期待するであろうが、下記のとおり、いくつか問題がある。

流質の問題点

| ① | 処分条件の客観性
⇒まず、「質権者が一般に合理的かつ相当と認める時期、方法、価格」という点が借入人や関係者との紛争の原因になる可能性があり、レンダーとしては、客観性をできるだけ確保して紛争を生じさせないような配慮が必要となる[52]。 |

---

[52] 佐藤・前掲51) 6頁では、「重要となるのが質権実行に至るまでのプロセスの適正」であることを述べ、「具体的には、不動産信託受益権を取得する機会の有無および程度であり、場合によってはレンダーが入札を主催し、みずからまたは第二種金融商品取引業者に委託して、取得候補者に働きかけることもあります。とりわけ実践的な対応としては、実際に『適正な時価』を争うおそれのある者、つまりSPCの投資家（匿名組合契約における出資者など）に当該不動産信託受益権を取得するのに十分な機会があたえられていると『適正な時価』が争われた際、一つの重要な反論の要素になるものと考えられます。」としている。

②	信託受託者の承諾 ⇒次に、信託受託者の承諾の問題がある。通常、不動産管理処分信託契約では、信託受益権の譲渡には信託受託者の承諾を必要としており、流質による信託受益権の移転を信託受託者が異論なく受け入れるのかという問題である。この点、民法466条2項により譲渡禁止特約に反した債権の譲渡でも有効に移転するので、質権の実行による信託受益権の移転の有効性自体は認められるが、信託受託者からの履行拒絶（同法466条3項）に遭わないようにするには、あらかじめ質権設定時に「信託受託者は流質による取得に異議を述べないこと」をプロジェクト契約などで合意しておくことが必要である。信託受益権取得後、信託受託者の協力は様々な点で必要となるので、実務上は信託受託者に根回しをしつつ、流質を行うことになろう。
③	受益者の変更登記 ⇒レンダーが、流質によって不動産信託受益権を取得後、信託に関する不動産登記において受益者を借入人からレンダーに変更する必要がある。かつては、法務局による実務運用上、受益者変更の信託変更登記手続きにおいて旧受益者の証明書が必要であるとされていたため、結局、旧受益者の協力が得られなければ、受益者変更の信託変更登記手続きを行うことができないという問題があった。しかし、「登記原因証明情報として、質権設定契約書、質権実行通知書等が提供されている場合には、別途、旧受益者が承諾していることを証する書面等の提供は要しない」とする法務省通達（平成22年11月24日法務省民二第2949号法務省民事局民事第二課長回答）により、現在では、借入人SPCの協力を要せずに受益者変更の信託変更登記手続きを行うことが可能と考えられている[53]。
④	第三者が信託受益権を取得する場合の売買契約当事者 ⇒流質により不動産信託受益権を取得するのがレンダーではなく、レンダーが第三者に処分する場合（上記の条項における「質権者が一般に合理的かつ相当と認める時期、方法、価格等により任意に処分し」という方法による場合である）、処分のための売買契約の当事者は、質権者としてのレンダー及び買主となる第三者ということになる。買主としては不動産信託受益権の受益者である借入人と売買契約を締結したいと考えるので、レンダーが当事者となることに理解を得ることが難しい場合があり得るという事実上の問題が

---

[53] CRE Financial Council日本支部「『日本版CMBS2.0』について」（平成24年2月14日）33頁。法務省民事局の回答の対象となった照会は「流質特約に基づく信託受益権の任意売却及び代物弁済の事案において、信託受託者変更登記をする際に、受益者変更について旧受益者が承諾していることを証する書面（旧受益者の捺印が必要）及び登記申請時から3ヵ月以内に取得された旧受益者の印鑑登録証明書を提出する必要は無いとの理解ですが、その理解で正しいでしょうか。」であった。登記研究758巻（2011年）135頁以下、CRE Financial Council日本支部・上記33頁。

ある[54]。これに加えて、上記①に述べたように、適正な時価について紛議が生じる可能性がある。

【4】不動産信託受益権質権の法的実行

　不動産信託受益権質権を法的手続きに従って実行するには、民事執行法上、「その他の財産権」の執行として、債権執行の規定の例による（民事執行法193条2項、167条1項）。この場合、債権者は、不動産信託受益権の差押えを行い、その換価手続きを行う。換価手続きにおいては、①譲渡命令（つまり執行裁判所が定めた譲渡価額で支払に代えて差押債権者に譲渡する命令）又は②売却命令（執行裁判所の定める方法により売却を執行官に命ずる命令）により、信託受益権の換価を行うことになる（民事執行法193条2項、161条1項）。上記①又は②の申立てがあると、執行裁判所は、評価命令（不動産信託受益権の評価を命じる命令）を発令する（民事執行規則179条2項、139条1項）。いずれの命令も発令には債務者の審尋が必要である（民事執行法161条2項）。

　不動産信託受益権の換価については、これらの手続きが十分ではないことが何点か指摘されている[55]。まず、売却命令の場合には、実務上、売却命令で売却方法を具体的に定めず、「動産執行の売却の手続きにより売却すること」を命じることが多いとされ、具体的には、（ほとんどの動産執行における換価方法である）執行官による競り売りの方法によることになる。ところが、競り売りについては、例えば不動産競売手続きの場合のいわゆる「3点セット」の作成・公開等の手続きや期間入札の手続きが定められておらず、現物不動産と不動産信託受益権とで経済実態に差異はないにもかかわらず、不動産信託受益権の場合には同様の手続きにより換価を進めることが難しいという事情が存在する。また、執行裁判所は、売却命令を発する場合において、必要があると認めるときは評価人を選任し評価命令をすることができるが（民事執行規則139条1項）、不動産競売の場合とは異なり、評価人に不動産への立入権限や質問権

---

54)　CRE Financial Council日本支部・前掲53）33頁。

55)　以下の記載は、佐藤・前掲51）9頁以下及びCRE Financial Council日本支部・前掲53）34頁以下による。

限（民事執行法58条4項、57条2項参照）を認める直接の規定がないため、不動産信託受益権の評価人がこれらの権限を有するかについては疑問が残る。

以上のように、法的手続きによる信託受益権質権の実行には手続き上の問題があるし、実際に得られる金額も任意売却に比較すると低額になりやすい。しかし、質権設定者である借入人の協力が得られず、任意売却が困難な場合や、流質によるレンダーによる不動産信託受益権の自己取得も難しいといった事情があるような場合には、最後の手段として有効な選択肢である。

8 GK社員持分質権設定契約に関する問題

【1】はじめに

前記6に述べたように、ノンリコースレンダーは、ほとんどの場合、GK社員持分に質権を取得する。GK社員持分への質権設定についてはいくつか法的問題があるので、以下に概説する。

【2】社員持分の質入れの可否

GKの社員持分への質権設定については、会社法上規定はないが、GKの社員持分は財産的価値のある譲渡可能な権利であることから（会社法585条）、権利質（民法362条1項）の一種として社員持分の質入れは可能であると解されている。合同会社その他の持分会社の持分の質入れ方法については、前述のとおり明文の規定が設けられていないが、持分譲渡の場合を類推して他の社員の全員の承諾が必要とする考え方と、権利質の一場合ととらえて、持分について証書の発行がない限り、質権設定の合意があれば足り、他の社員の承諾は不要とする考え方とに分かれている。実務上は質権による保全を確かなものとする観点から、保守的に考えて他の社員の全員の承諾を得ておくのが通例である[56]。

【3】社員持分譲渡についての社員の承諾

会社法585条1項により社員持分の譲渡には他の社員の全員の承諾が必要とされている。これには定款で別段の定めが可能であり（同条4項）、レンダーとしては、質権を実行して社員持分を取得する際に他の社員の承諾を不要とす

るために、「持分に設定した質権の実行（任意処分を含む。）によって当該持分が第三者に譲渡・移転される場合又はその質権者に帰属する場合には、これによる持分の移転については、他の社員の承諾は不要とする。」という内容の規定を定款に置くことを求めることになる。

【4】質権の第三者対抗要件

社員持分に質権を設定できるにしても、会社法上規定がないため、第三者対抗要件をどのように備えるべきなのかが問題となる。この点に関しては、判例はもとより、確立した見解はなく、指名債権質の場合と同様に、確定日付ある承諾を取得していることが多い[57]。なお、合同会社の社員持分への質権設定及び対抗要件具備については、法律事務所の発行する法律意見書でも一定の留保が付されるのが通例である。

【5】業務執行社員の変更登記

レンダーが合同会社の社員持分への質権を実行して流質により社員持分を取得した場合、業務執行社員の変更登記を行う必要がある。しかし、一般的に、業務執行社員の変更手続きに際しては、商業登記法上必要とされる「定款の変更に係る総社員の同意があったことを証する書面」に関し、旧社員から定款変更の同意書を取得する必要が生じてしまう可能性がある（会社法585条1項、637条、商業登記法118条、93条、96条）。レンダーによる質権実行の場面で、旧社員の同意書を取得することは容易ではないと思われ、これを避けるため、持分の譲渡による定款の変更は、当該持分を取得した社員が、他の社員の承諾なくしてこれを行うことができる旨の規定を定款に設けておく（会社法637条参照）等、案件組成時に実務上の工夫を行う例があり、参考になる手法である[58]。

---

56) 弥永真生＝岩倉正和＝太田洋＝佐藤丈文監修・西村あさひ法律事務所編『会社法実務相談』（商事法務、2016年）482頁。

57) 弥永ほか監修・前掲56) 484頁。

58) CRE Financial Council日本支部・前掲53) 36頁。

第2編

第3章　TMK ストラクチャー

I　はじめに

　不動産投資においてTKGKストラクチャーのほかに頻繁に使用されるのが、資産流動化法（又は「TMK法」という）の特定目的会社を使用したストラクチャーである。特定目的会社は資産流動化法によって設立される特別の法人でありTMKと略称され、TMKを使用した投資ストラクチャーは「TMKストラクチャー」と称される[59]。

　TMKは「資産の流動化」のためのビークル（器）である。TMKストラクチャーを解説するため、最初に「資産の流動化」とは何かを説明したい。資産流動化法では「資産の流動化」を以下のように定義している。

資産流動化法2条2項（一部省略）

> この法律において「資産の流動化」とは、一連の行為として、特定目的会社が資産対応証券の発行若しくは特定借入れにより得られる金銭をもって資産を取得し、（略）、これらの資産の管理及び処分により得られる金銭をもって、次の各号に掲げる資産対応証券、特定借入れ（略）に係る債務又は出資について当該各号に定める行為を行うことをいう。
> 一　特定社債、特定約束手形若しくは特定借入れ又は（略）　その債務の履行
> 二　優先出資　利益の配当及び消却のための取得又は残余財産の分配

　上記の定義では、一連の行為として、①TMKによる資金調達（資産対応証券の発行・特定借入れ）、②資産の取得、③資産の管理及び処分による金銭取得、④資金調達手段に応じて一定の債務履行等を行うことを示している。投資家が、エクイティー（Equity）といわれ返済が保証されない自己資本（つまり

---

[59]　資産流動化法には資産の流動化のために「特定目的信託」という手段・器（ビークル）も用意されているが、こちらは不動産取引には実務上通常は使用されない。ただし、イスラム投資家用のビークルとして利用が議論されたことがある。

元手)に、金融機関(レンダー)からの借入れ(ローン)を加えて不動産投資を行う場合、TMKストラクチャーを使用するときには、エクイティーは、優先出資(これは資産対応証券の一種である)という形でTMKに出資し、デットは特定社債(これは資産対応証券の一種であり、TMKが発行する社債である)や特定借入れという形でTMKに金融機関から調達させて、不動産資産に投資することになる。基本となる取引形態を図示すると以下のようになる。なお、特定資産という用語が資産流動化法上使用されるが、それはTMKについては、資産の流動化に係る業務としてTMKが取得した資産を意味する(資産流動化法2条1項)。また、特定出資とは、「均等の割合的単位に細分化された特定目的会社の社員の地位であって、特定目的会社の設立に際して発行されたもの」(同条6項)である。TMKが特定出資を発行することによりTMKに払い込まれた資金は、特定資産の取得には使用されず、それ以外の用途に使用される。特定出資は資産対応証券には該当しないし、金商法上の有価証券にも当たらない。

TMKストラクチャーの基本型サンプル

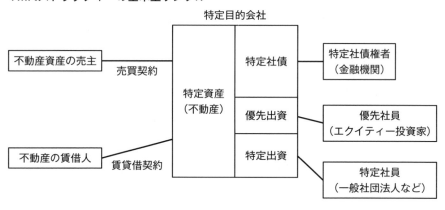

Ⅱ TMKストラクチャーの利点及び特色

1 二重課税の回避・ペイスルー課税

　TMKストラクチャーが利用される中心的な理由として、TMKが租税特別措置法に定める一定の要件（下記図表参照。導管性要件といわれることがある）を満たす場合、TMKからの利益配当が損金額に算入され、二重課税の回避が可能となる点が挙げられる。不動産投資のためにTMKストラクチャーを組成する際には、下記の要件を遵守することが必須である。投資である以上、リターンを最大化することが求められるからである。

租税特別措置法の要件

（A）	TMKに関する要件（同法67条の14第1項1号）
イ	資産流動化法8条1項の特定目的会社名簿に登載されているものであること。
ロ	次のいずれかに該当するものであること（※）。 （1） その発行（募集（公募）に限る）をした特定社債（特定短期社債を除く）をいう。以下この項において同じ）の発行価額の総額が1億円以上であるもの （2） その発行をした特定社債が機関投資家（金融商品取引法2条9項に規定する金融商品取引業者（同法28条1項に規定する第一種金融商品取引業のうち同条8項に規定する有価証券関連業に該当するもの又は同条4項に規定する投資運用業を行う者に限る）その他の財務省令で定めるものをいう[60]。以下、この号において同じ）その他これに類するものとして政令で定めるもの[61]のみによって保有されることが見込まれているもの（以下、「機関投資家等による特定社債の保有」という） （3） その発行をした優先出資が50人以上の者によって引き受けられたもの （4） その発行をした優先出資が機関投資家のみによって引き受けられたもの

---

60) 租税特別措置法施行規則22条の18の4第1項。

61) 租税特別措置法施行令39条の32の2第2項に規定される「特定債権流動化特定目的会社」を意味する。

	（※）実務上、上記の要件については、（2）として規定されている「機関投資家等による特定社債の保有」によるのが一般的である。TMKを使用した不動産投資においては、多くの場合、エクイティー投資家は少数で「50人以上」もいないし、「機関投資家」としての資格を有することも期待できない。また、特定社債を公募する手間をかけることもしない。したがって、「機関投資家等による特定社債の保有」によるのが多くの場合最も現実的な方法である。ここで「機関投資家」とは、定義府令10条に規定される「適格機関投資家」のうちの一定の者で、銀行、保険会社、第一種金融商品取引業者等が含まれる（租税特別措置法施行規則22条の18の4第1項）。機関投資家の範囲については、巻末資料1に記載してあるので参照されたい。
ハ	その発行をした優先出資及び基準特定出資（特定社員の利益配当及び残余財産の分配を受ける権利をあらかじめ全部放棄する旨の記載がない資産流動化計画に係る特定出資をいう）に係るそれぞれの募集の50％超が国内において行われるものとして資産流動化計画に記載されていること（以下「国内募集要件」という）[62]。 （※）国内募集要件は、海外投資家がTMKを利用して不動産投資を行う場合に留意する必要がある要件である。
ニ	会計期間が1年を超えないこと[63]。
（B）事業年度ごとに満たすべき要件（同項2号）	
イ	資産の流動化に係る業務及びその附帯業務を資産流動化計画に従って行っていること。
ロ	資産流動化法195条1項に規定する他の業務を営んでいる事実がないこと。
ハ	資産流動化法200条1項に規定する特定資産を信託財産として信託していること又は当該特定資産（同条2項各号に掲げる資産に限る）の管理及び処分に係る業務を他の者に委託していること。
ニ	当該事業年度終了の時において法人税法2条10号に規定する同族会社のうち政令[64]で定めるものに該当するもの（前号ロ（1）又は（2）に該当するものを除く）でないこと。

---

[62] 租税特別措置法施行規則22条の18の4第3項、租税特別措置法施行令39条の32の2第3項。

[63] 租税特別措置法施行令39条の32の2第4項。

[64] 租税特別措置法施行令39条の32の2第5項。

ホ	当該事業年度に係る利益の配当の支払額が当該事業年度の配当可能利益の額として政令[65]で定める金額（当該特定目的会社が特定社債を発行している場合には、当該金額から政令[66]で定める金額を控除した金額）の100分の90に相当する金額を超えていること。
ヘ	合名会社又は合資会社の無限責任社員となっていないこと。
ト	政令で定める以下の要件（租税特別措置法施行令39条の32の2第8項）を満たすこと。 ・資産流動化計画に記載された特定資産以外の資産（資産の流動化に係る業務及びその附帯業務を行うために必要と認められる資産並びに資産流動化法214条各号に掲げる方法による余裕金の運用に係る資産を除く）を保有していないこと。 ・特定目的会社が特定借入れを行っている場合には、その特定借入れが機関投資家又は特定債権流動化特定目的会社からのものであり、かつ、当該特定目的会社に対して特定出資をした者からのものでないこと。

2 特定資産・TMKが取得できる不動産資産

　TMKは、不動産信託受益権のみならず現物の不動産も取得することができる。租税特別措置法による優遇措置のほか、TMKを使用することにより得られるメリットとしては、TMKが現物不動産を取得する場合、不特法の適用がなく、また宅建業法の適用もない（資産流動化法204条）という点が挙げられる。これらの点は、TKGKストラクチャーとの相違点でもある。また、TMKが現物不動産を取得する場合、一定の要件を満たすことで登録免許税及び不動産取得税の軽減措置を受けることができる（この手続きは後述する）。

3 TMK法上の規制

　上記のようにTMKを利用することで一定のメリットを享受することができるが、TMKは資産流動化法に従って認められる特別の法人であり、同法に規定される多くの規制を受けることになる。まず、TMKが業務を行うためには、

---

65)　租税特別措置法施行令39条の32の2第6項。

66)　租税特別措置法施行令39条の32の2第7項。

法定の記載事項を記載した資産流動化計画（資産流動化法5条）を作成し、一定の書類とともに内閣総理大臣に届出（同法4条）をしなければならない。TMKは資産流動化計画に記載した業務と附帯業務以外は営むことができないという制限を受け（同法195条）、当局の監督も受けることになる（同法215条以下）。また、上記**1**の租税特別措置法の要件には事業年度ごとに満たす必要がある要件もある。このように、TMKの業務の開始、運営、期中の管理など規制遵守のためのコストはTKGKストラクチャーに比較すると大きくなる。しかし、法的規制が厳重なことは、TMKを運営する者と投資家が別々の場合には、投資家に安心感を与えるメリットと考えることもできる。ただ、投資家と運営者が実質的に同一の企業グループの場合も多く、そのような場合には法的規制遵守の負担のみを感じることがあることも否定できない。

4 アセットマネジャーに求められる資格

TMKは現物不動産を特定資産として保有する場合、その管理及び処分を行うために信託会社等や一定の財産的基礎及び人的構成を有する者に業務を委託しなくてはならない（資産流動化法200条）。さらに、TMKは、現物不動産の売買、交換又は賃貸に係る業務については、宅建業法3条の免許を受けた法人でありかつ不特法6条各号（12号を除く）に該当しない者に委託する必要がある（資産流動化法203条）。TMKのアセットマネジャーはこれらの制限を満たす必要がある。

特定資産が不動産信託受益権である場合には上記の制限はないが、アセットマネジャーには金商法の投資助言業又は投資運用業の登録を有する者が就任するのが通例である。

5 TMKストラクチャーとTKGKストラクチャーとの比較

不動産投資においては、TKGKストラクチャーとTMKストラクチャーが最も頻繁に使用される。いずれを選択すべきなのかを検討することも多い。それぞれ特色を簡単に整理すると以下のとおりである。

TKGKストラクチャーとTMKストラクチャーの比較一覧

視点	TKGKストラクチャー	TMKストラクチャー
税務上の取扱い	税務上のメリットあり（パススルー課税（構成員課税））	税務上のメリットあり（ペイスルー課税、登録免許税・不動産取得税の軽減）
取得対象となる不動産資産	不動産信託受益権 （現物不動産の場合には不特法の適用がある（第4章（⇒253頁）））。	・ 不動産信託受益権 ・ 現物不動産
投資家の属性	不動産信託受益権への投資の場合 ・ 適格機関投資家等特例業務を使用する場合には、1名以上の適格機関投資家と特例業務対象投資家 ・ 適格機関投資家等特例業務を使用しない場合には特に限定なし	特に限定なし
投資家の出資形態	匿名組合契約による出資	優先出資
デットファイナンスの要否	通常はノンリコースローンを利用するが必須ではない。	租税特別措置法の要件を満たすために機関投資家に特定社債を発行するのが通常である。
アセットマネジャーの資格	不動産信託受益権への投資の場合 ・ 適格機関投資家等特例業務を使用する場合には投資助言業登録を有する者 ・ 適格機関投資家等特例業務を使用しない場合、投資運用業登録を有する者 （現物不動産への投資の場合は、不特法における一定の資格が必要となる）	・ 不動産信託受益権の場合、投資助言業及び投資運用業のいずれの資格でもストラクチャーは運営可能 ・ 現物不動産の場合には宅建業免許を有する一定の法人である必要

| 法的規制 | 適格機関投資家等特例業務を利用する場合には金商法の規制を受ける。 | ・資産流動化法の規制を受ける。
・当局の監督を受ける（同法215条以下）。 |

Ⅲ　TMKに関する基本的な概念と注意点

1 TMKの設立

　TMKは法人であり、他の会社同様一定の手続きに従って設立される（資産流動化法16条～25条）。株式会社に関する会社法の規定の多くが準用され、株式会社の設立手続きに類似している。

　大まかな手続きの進行は、①発起人による定款の作成（資産流動化法16条1項）と公証人による定款の認証（同条6項、会社法30条）、②発起人全員による設立時発行特定出資に関する事項の決定（資産流動化法17条1項）、③変態設立事項（もしあれば）についての検査役の選任（同法18条）、④発起人による設立時発行特定出資の全部の引受け（同法17条2項）と出資の履行（同法19条）、⑤発起人による設立時の取締役、監査役等の選任（同法21条）、⑥設立の登記（同法22条）により成立（同法23条）、となる。

2 TMKの定款

【1】意義・資産流動化計画との相違

　定款は会社を運営していく上での基本的規則を定めたもので比喩的にいえば「会社の憲法」ということもできる。TMKには他にも「資産流動化計画」（資産流動化法5条）というTMK運営の根幹をなす計画があり、定款と同様にTMKの活動を規律する基本ルールである。定款にはTMKの組織体としての内部規律を記載するのに対し、資産流動化計画には流動化スキームに関する事項（特定資産、資産対応証券等の商品性）を記載するものとして、それぞれ異なる役割を担う[67]。

【2】記載事項

定款には、必要的記載事項として、①目的、②商号、③本店所在地、④特定資本金（特定出資の発行に際して特定社員が払込みをした金額）の額、⑤発起人の氏名又は名称及び住所、⑥存続期間又は解散事由を記載しなければならない（資産流動化法16条1項・2項）。これ以外に相対的記載事項（定款に定めないと効力が認められない事項。同条3項及び4項）、任意的記載事項（資産流動化法に違反しない事項で定款に定めるもの）がある（同条4項）。

【3】実務上の注意点

まず、定款に記載すべき「目的」については、「目的」がTMKの活動を制約するため、あまり詳細かつ具体的に記載してしまうと、TMKが目的外行為をしてしまい、当該行為が無効となる可能性がある。近時は以下のような規定を置いて比較的柔軟性を持たせる例が多い。

（目的）
第●条　当会社は、次の事業を営むことを目的とする。
1．特定資産の流動化に係る業務
2．その他前記特定資産の流動化に係る業務に付帯関連する一切の業務

また、TMKの社員総会の決議事項について、社員に一定の重要事項について議決権を付与する一方、そのような重要事項にはレンダー（特定社債権者や特定借入れの貸付人）の事前承諾を要することもある。そのような重要事項に関する社員とレンダーの利害調整のために、定款に一定の規定を加えることがある。下記はその一例である。

67）　長崎幸太郎編・額田雄一郎改訂『逐条解説資産流動化法』（金融財政事情研究会、改訂版、2009年）72頁。

決議事項の一例

（決議事項） 第●条　法定の決議事項のほか、以下に掲げる事項の決定には社員総会の決議を要する。ただし、①当会社が発行する特定社債の満期日の経過後又は期限の利益喪失後において下記の事項を行う場合及び②当会社が社債要項に基づく当該特定社債権者の指示により以下に掲げる事項を行わなければならない場合は、この限りでない。 　（１）　特定資産の取得又は売却（特定資産が信託の受益権である場合の当該信託に係る信託財産の売却を含む。）に関する事項 　（２）　特定資産（特定資産が信託の受益権である場合の当該信託に係る信託財産を含む。本号乃至第6号において以下同じ。）の管理・運用に関する重要な事項（特定資産の管理・運用に関する契約の締結又は個別の特定資産に関する賃貸借契約の締結、変更若しくは解除（これらに関連する事項についての信託受託者に対する指図を含む。）を含むがこれらに限られない。） 　（３）　特定資産に係る年間予算案その他の予算案の承認又は変更の承認 　（４）　特定資産に係る保険の付保に関する事項 　（５）　特定資産に関連する訴訟の提起、控訴、上訴、訴えの取下げ、和解、調停又は請求の放棄若しくは認諾等に関する事項 　（６）　特定資産に係る投資判断に関する事項 　（７）　事業の実質的な変更又は新規事業への参入 　（８）　社員持分の新規発行又は償還を含む当会社の資本構成の変更 　（９）　当会社の子会社の取得及び設立 　(10)　当会社のすべての事業又は重要な部分の廃止、清算又は解散手続きの開始。財務状況悪化に伴う債務者保護のための法令の利用を含む 　(11)　当会社による借入れ、当該借入れの保証又は類似の引受け。当会社の債務のリファイナンス、増額又は条件の変更を含む（当会社が合理的に決定する軽微な変更を除く。） 　(12)　当会社に関連するヘッジ取引又はその他金融派生商品の購入又は処分 　(13)　当会社にとってＸＸＸＸ万円以上の金銭的価値のある取引又は約束の承認

❸ 特定出資及び優先出資 （特定社員及び優先出資社員）

【1】意義及び性質

　特定出資とは、「均等の割合的単位に細分化された特定目的会社の社員の地位であって、特定目的会社の設立に際して発行されたもの」（資産流動化法2条6項）であり、特定出資を有する者を特定社員という（同条5項）。特定出資は資産対応証券ではないし有価証券でもない。

　他方、優先出資とは、均等の割合的単位に細分化された特定目的会社の社員の地位であって、当該社員が特定目的会社の利益の配当又は残余財産の分配を特定社員に先立って受ける権利を有しているものである（同条5項）。優先出資を有する者を優先出資社員（同法26条）という。TMKは必ず優先出資を発行しなければならないわけではないが、不動産投資のためのTMKストラクチャーにおいては例外なく優先出資が発行される。優先出資は資産対応証券であり（同法2条11項）、有価証券である（金商法2条1項8号）。優先出資はTMKの設立時には発行されず、業務開始届出の後に発行される。

【2】特定出資発行の払込金の使途

　「資産の流動化」というTMKが行う業務は、「一連の行為として、特定目的会社が資産対応証券の発行若しくは特定借入れにより得られる金銭をもって資産を取得し」（資産流動化法2条2項）と規定されており、特定出資は資産対応証券ではないため、TMKが特定出資による払込金のみによって特定資産を取得することは資産流動化法上予定されていない。ただ、特定出資の払込金を特定資産の価格以外の「費用」に充当することまでを禁止する条項はない。実務上は、この点について「資産対応証券の発行及び特定借入れにより得られる金銭の合計額が特定資産の売買価格を上回っているのであれば違法ではない」と考えるのが一般的である[68]。

---

68)　　ここで売買価格とは消費税を抜いた金額なのか否かという点が議論になることがある。消費税の支払は建物売買にほぼ必ず必要になるため、慎重を期する意味で消費税を含んだ金額を売買価格としてとらえるべきであると考える。なお、過去には特定出

他方、優先出資の発行により払い込まれた資金は、当然、特定資産の取得に使用できるし、その他の用途の制限はない。ただし、TMK自体は他業禁止の制約を受けるので（同法195条）、この点から生じる使途の制約は存在する。

【3】特定社員及び優先出資社員の権利（自益権）

優先出資社員は、上記のように、利益配当又は残余財産の分配を、特定社員に先立って受ける権利を有する必要があるが、利益配当及び残余財産の分配において、特定社員の権利との間でどのように優先出資社員の権利を設計するのかはそれぞれの案件次第である。実務上は、特に特定社員に利益配当や残余財産の分配を行う理由がない限り[69]、特定社員は、資産流動化計画に「特定社員は利益配当及び残余財産の分配を受ける権利を放棄する。」と記載して、当該権利を放棄し、利益配当及び残余財産分配の権利をすべて優先出資社員に帰属させることが通例である。

【4】特定社員及び優先出資社員の権利（共益権）

TMKの社員総会は資産流動化法に規定する事項及び当該TMKの組織、運営、管理その他TMKに関する一切の事項について決議することができる機関である（資産流動化法51条2項）。この社員総会において、特定社員は議決権を有し、優先出資社員は資産流動化法又は定款に定めがある事項に限り議決権を有する。

資産流動化法では、社員総会の議決権の対象となる事項は「無議決権事項」（同条1項3号）と「有議決権事項」（同項4号）に区分される。

無議決権事項とは、要するに優先出資社員が議決権を有しない事項であり、①優先出資社員が存在しないTMK（「第一種特定目的会社」という（同項1

　　　　資の国内募集要件が存在しない時代もあり、この点は海外投資家にとって投資へのリターンに影響するため、議論があった。

69)　　特定出資を保有する特定社員が、倒産隔離の観点から、投資家から独立した一般社団法人であるような場合には、特定社員に利益配当や残余財産の分配を行う理由は乏しい。しかし、ストラクチャー上、特定社員が何らかの形で投資家に利益を帰属させることが可能な者の場合は、特定社員に利益配当や残余財産の分配を行うことはあり得る。

号））の社員総会が会議の目的とすべき事項及び②優先出資社員が存在するTMK（「第二種特定目的会社」という（同項２号））の社員総会が会議の目的とすべき事項のうち、優先出資社員が資産流動化法又は定款の定めによる議決権を有する事項以外の事項を意味する。

　他方、有議決権事項とは、要するに優先出資社員が議決権を有する事項であり、第二種特定目的会社の社員総会が会議の目的とすべき事項のうち、優先出資社員が資産流動化法又は定款の定めによる議決権を有する事項を意味する。

　法定の有議決権事項は優先出資社員の利害に影響を与える事項であり、多数ある。定款の定めによって有議決権事項を追加することは可能であり、定款の設計により、優先出資社員の議決権を拡大することは自由である。

　例えば、実務上、定款における決議事項の記載例として示した前記**2**の条項について、優先出資社員に議決権を付与することは可能であるし、特定社員と優先出資社員の議決権の数の設計により、拡大された決議事項について優先出資社員の意向でTMKの社員総会の意思を決定することも可能である[70]。定款における優先出資社員の議決権の拡大の必要性は、どのようなストラクチャーを選択するのかによって異なる。特定社員となる者が一般社団法人のような独立の倒産隔離された者ではなく、投資家の意思が反映可能な法人であれば、必ずしも定款による優先出資社員の議決権の拡大は必要ではなくなるからである。

【5】倒産隔離と特定社員

　TMKの議決権を有する者が自由に議決権を行使すると倒産の原因を作りかねない。そこで、レンダー（特定社債権者や特定借入れの貸付人）は、TMKの特定出資を投資家からは独立したレンダーにとって安全な者に保有させる措置をとる。具体的には、特定社員としては、一般社団法人（理事や社員には投資家から独立した者が就任する）を利用する方法や、英国領ケイマン諸島法に基づき設立され、慈善信託により議決権を保有されたケイマン法人（SPC）を

---

[70]　この点について異論がある実務家も存在するらしいが、筆者の知る限り、当局等により優先出資社員の議決権拡大に異論が呈された例は報告されていない。

利用する方法がある。ただし、近年ではケイマン法人の利用はみられず、一般社団法人を利用することが多い。また、海外の不動産投資ファンドによる投資の場合には、海外の法人にすべての特定出資を保有させつつ、レンダーからなされる倒産隔離の要求（例：独立取締役の選任）を受け入れることも多い。なお、特定出資を海外法人に全部保有させる場合、租税特別措置法の国内募集要件を満たすように、特定社員の利益配当及び残余財産の分配を受ける権利をあらかじめ全部放棄する旨を資産流動化計画に記載することになる。優先出資は、投資家が投資により利益の分配を得る法的な根拠であり、レンダーが倒産隔離の観点から優先出資の保有者である優先出資社員を一般社団法人等とすることを求めることはない。優先出資社員は、上記のように限定された議決権しか保有せず、TMKに倒産申立てをさせる法的な権利を持っていないので、レンダーに不都合も生じない[71]。

> **コラム** 旧法TMKについて
>
> 　現在の租税特別措置法には、上記のように優先出資のみならず特定出資についても国内募集要件が存在する。特定出資についての国内募集要件は平成22年（2010年）の法改正によって創設されたルールである。これには経過措置が認められており、現在でも2010年3月31日以前に設立され、2015年3月31日以前に業務開始届出を提出しているTMKは、資産流動化計画の計画期間を変更しているか、又は資産流動化計画に係る業務の終了の届出を提出していない限り、依然として特定出資に国内募集要件が課されない法改正前のルールの適用を受けることになっている。
>
> 　上記法改正より前は、優先出資と特定出資の保有者及び内容について、例えば、TMKの優先出資49％と特定出資100％（この特定出資については利益配当請求権及び残余財産分配請求権を放棄する必要がない）を国外の法人に保有させ、かつ優先出資を累積・非参加型（非参

---

71) 定款で倒産手続きの申立てを有議決権事項とすることは可能ではあるが、レンダーはそのような定款の規定を許容しない。

加型では、優先出資社員に利益配当をして、なお配当可能利益が残存する場合でも、優先出資社員は当該残存利益の配当に参加できない）とし、優先出資はわずかな配当金額のみ特定出資に優先するようにすれば（例えば、優先出資一口について年率4％まで特定出資に優先して配当を受ける権利を有する、と設計する）、優先出資は一種のメザニンデットに近づくので、国外で100％保有できる特定出資に対し多くの利益配当及び優先出資の払込金額相当額を優先出資社員に支払った後のすべての残余財産を与えることが可能となる。この方法は海外投資家にとって税務上有利だったが、2010年の法改正で新たに設立されるTMKには利用不可能となった。つまり、当局は法改正によってこの節税策を潰したのである。

　しかし、経過措置の適用を受けることができるTMK（「旧法TMK」、「Grandfathered TMK」や「Vintage TMK」と呼ばれる）は、依然として法改正前の旧法を利用できる。このため、経過措置を利用して節税を望む海外投資家が多く存在するであろうことを見越して、多くのTMKが2010年3月31日以前に設立されて会計事務所などに在庫として保存され、海外投資家に「販売」された。販売価格は、旧法TMKが希少になるにつれて上昇し、相当な金額（筆者の知る限り数千万円）にもなった。大型案件に旧法TMKを使用することで節税できる金額を考えると相当な高額でも旧法TMKを買い取るメリットがあったのである。現在は法改正から10年以上経過しており以前のように旧法TMKが取引されているかは不明だが、過去に使用したTMKを新規の取引に「使い回す」ことは一部で行われているだろう。

4 TMKの機関

【1】はじめに

　社員総会は、TMKの機関の一つであるが、他の機関としては、取締役、会計参与、監査役（これらの者は「役員」と称される）及び会計監査人が挙げられる。これらの者はすべて社員総会の決議によって選任され（資産流動化法68

条1項)、また、解任され得る（同法74条）。実務上は、レンダーが受け入れないような役員や会計監査人を選任することはないし、レンダーとの契約（特定社債の引受契約や特定借入れの金銭消費貸借契約）が締結された後は、それらの者の選任・解任にはレンダーの承諾が必要となるのが通例である。

【2】取締役

　TMKでは1名以上の取締役を置かなければならない（資産流動化法67条1項1号）。取締役は、定款に別段の定めがある場合を除き、TMKの業務を執行する。倒産隔離の観点から、通常は、独立性を持つ取締役1名（会計事務所の会計士等）が選任されるが、投資家側の要請がある場合、そのような取締役に加えて、レンダーと協議の上、投資家に選定された者が取締役に選任されることもある。後者の場合、当該取締役が取締役としての欠格事由（同法70条1項各号）に該当しないことを確認する必要も生じるので注意を要する。欠格事由の代表例としては、特定資産の譲渡人の役員、特定資産の管理処分業務受託者（アセットマネジャー）の役員などがある。独立性を持つ取締役とそうでない取締役が存在する場合、レンダーの要請により、代表取締役（同法79条3項）には独立性を持つ取締役が就任し、重要事項は独立性を持つ取締役の関与なしには決定・実行できないように定款の規定などが設計されるのが通例である。

【3】監査役

　TMKには一名以上の監査役を置く必要がある（資産流動化法67条1項2号）。通常は、独立性を持つ監査役一名（会計事務所の会計士等）が選任される。

【4】会計参与

　会計参与は取締役と共同して計算書類等を作成する役割を有し、定款の定めによって置くことができる任意の機関である（資産流動化法67条2項）。実務では、わざわざ会計参与を選任するケースは少ないものと思われる。

【5】会計監査人

　会計監査人の選任は一定の例外を除いて義務的である（資産流動化法67条1項3号）。ここでの例外とは「資産対応証券として特定社債のみを発行する特定目的会社であって、資産流動化計画に定められた特定社債の発行総額と特定借入れの総額との合計額が政令で定める金額（現在200億円）に満たない」場合である（同項但書き）。通常のTMKストラクチャー（前記**I**図参照）では、資産対応証券（同法2条11項）として特定社債と優先出資を発行するので、この例外が適用されることはない。したがって、通常のTMKストラクチャーを使用する限り、会計監査人の選任は必要となる。会計監査人は他の役員と同様に社員総会決議によって選任されるが（同法68条1項）、会計監査人の選任、解任、再任しないことに関する議案の内容を監査役が決定することが必要とされており（同法77条2項、会社法344条1項）、事務作業としては、通常の社員総会決議のための議事録一式に加えて監査役の決定書も必要になる。

5 業務開始届

【1】総　論

　TMKが資産の流動化に係る業務を行うときは、あらかじめ内閣総理大臣に対し、届け出なければならない（資産流動化法4条1項）。この届出を業務開始届出という（同条2項）。業務開始届出の提出先については、内閣総理大臣から金融庁長官に委任し（同法290条1項）、金融庁長官はさらに、財務局長又は財務支局長に委任することができるため（同条5項）、実際にはTMKの本店所在地を管轄する財務局長又は財務支局長に提出することになっている（資産流動化法施行令76条1項）（以下「管轄財務（支）局長」という）。

　TMKの本店所在地が東京都内の場合には、関東財務局に提出することになる（本局はさいたま市にあるが、東京の文京区湯島に関東財務局東京事務所があるので、実際の窓口は関東財務局東京事務所となる）。

【2】業務開始届の記載事項や添付書類等

　業務開始届の記載事項や添付書類等は、資産流動化法4条2項、資産流動化

法施行規則4条〜11条に規定されている。金融庁の事務ガイドラインによると、「業務開始届出書等の提出があった場合には、特定目的会社に係る業務開始届出書については別紙様式1［特定目的会社届出書類チェックリスト］に従い、当該届出書の記載事項及び添付書類に不備がないことを確認し、受理するものとする。」と記載されている[72]。

必要書類を準備するに際しては、特定資産の種類（信託受益権又は現物不動産）、信託契約締結の有無、役員の国籍（日本人又は外国人）等によって、必要書類が異なるので、資産流動化法及び資産流動化法施行規則に照らして丁寧にチェックする必要がある。資産流動化法施行規則の改正（令和2年12月23日施行）により、各様式の署名・押印欄は削除され、業務開始届出書を含め関東財務局への届出書面は、各添付書類も含めて原則として署名・押印が不要となった。本書の執筆時点で、関東財務局が署名又は押印を求めている書類は、①特定社員の承認書（業務開始届出添付書類）、②通知書（資産流動化計画変更届出添付書類）及び③資産流動化計画変更に係る各利害関係人の承諾書（資産流動化計画変更届出添付書類）である。

【3】業務開始届出までに済ませなければならない事項

提出書類の内容を検討し、その内容から逆算して何を済ませておかなければならないかを理解しておく必要がある。まず、業務開始届には①特定資産の譲受に係る契約等（通常は特定資産の売買契約）（資産流動化法4条3項3号）及び②特定資産の管理及び処分に係る業務委託契約（同項4号）を添付する必要があるので、それらの契約内容を当事者間で合意し契約を締結しておく必要がある。また、筆者の経験では、プロパティマネジメント契約については、草案の提出で足りるが、以前に調印版が求められたケースもあり、注意を要する。特定資産が信託受益権の場合には、信託契約の草案を提出する必要がある。ビルマネジメント契約が締結される場合、ビルマネジメント契約の提出は不要である。不動産については、原則として、不動産鑑定士の鑑定評価を得て

---

[72] 金融庁「事務ガイドライン第三分冊：金融会社関係」（令和6年5月現在）「9A 特定目的会社及び特定目的信託（SPC及びSPT）関係」9A-1-2（2）。

おく必要がある[73]。業務開始届出書に添付する資産流動化計画には特定資産の価格につき調査した結果を記載する必要があるからである（資産流動化法施行規則18条4号）。

【4】業務開始届出より前にしてはいけない事項

　資産流動化法4条1項の、「資産流動化に係る業務」を業務開始届出の提出前に行ってはならない。まず、①資産対応証券の発行、②特定借入れの実行、③特定資産の取得は、「資産流動化に係る業務」（同法2条2項）に含まれるので、業務開始届出前に行うことはできない。なお「資産流動化業務を行っていく上で、実体上及び法制上、不可分一体と考えられる行為」も「資産流動化に係る業務」に含まれると考えられている[74]。何が不可分一体の行為かは明確ではないが、資産対応証券の募集・私募は、不可分一体の行為と考える見解がある[75]。

【5】業務開始届出より前にしてもよい事項

　「資産流動化に係る業務」以外にTMKが行うことができる業務は「附帯業務」に限られる（資産流動化法195条1項）。金融庁の事務ガイドラインによれば、この「附帯業務」とは資産の流動化に係る業務を行う上で必要不可欠な業務でありながら、資産の流動化に係る業務に該当しないものをいい、例えば、資金の借入れ（特定借入れを除く）又は返済、特定資産の鑑定評価依頼等である[76]。ほかには、手付金支払やディーデリジェンスその他の特定資産を取得するための準備を目的とした「その他借入れ」が附帯業務に含まれるので、これ

---

73)　「原則として」と規定したのは、例えば、①特定資産の取得のために資金調達として特定借入れが行われる場合、②募集優先出資の総口数引受け（資産流動化法41条2項）や募集特定社債の総額の引受け（同法124条）が行われる場合は、資産流動化計画において不動産鑑定評価の結果や第三者価格調査の結果を記載する必要はなく、資産流動化法上は、不動産鑑定評価を得る必要はないことになるからである（本村彩『一問一答　改正資産流動化法』（金融財政事情研究会、2012年）206頁）。

74)　長崎＝額田・前掲67）65頁。

75)　長崎＝額田・前掲67）66頁。

76)　金融庁・前掲72）9A-3-2。

らは「業務開始届出より前にしてもよい事項」である。

6 資産流動化計画

【1】総　論

　資産流動化計画とは、TMKによる資産の流動化に関する基本的な事項を定めた計画をいう（資産流動化法2条4項）。TMKの業務開始届には、あらかじめすべての特定社員の承認を得た資産流動化計画（同法6条）を添付しなければならない（同法4条3項2号）。資産流動化計画の記載事項の範囲は広く、TMKの活動全般に及ぶ（同法5条）。投資家は資産流動化計画に記載されたスキームを前提に投資判断を行うので、資産流動化計画はTMKと投資家間、及び投資家者相互間の契約的な色彩が強いとされている[77]。TMKが業務を行うにあたっては資産流動化計画の定めに従う必要がある（同法195条1項）。

【2】資産流動化計画の記載事項

　資産流動化計画に記載すべき事項の項目は、以下のとおりである。

資産流動化計画の記載事項

①	資産流動化計画の計画期間及び計画期間に関する事項として内閣府令で定める事項
②	資産対応証券及び特定借入れに関する指定された事項（（ⅰ）優先出資においては、総口数の最高限度、優先出資の内容（利益の配当又は残余財産の分配についての優先的内容を含む。以下同じ）その他の発行及び消却に関する事項として内閣府令で定める事項、（ⅱ）特定社債（特定短期社債を除く）においては、総額、特定社債の内容その他の発行及び償還に関する事項として内閣府令で定める事項、（ⅲ）特定借入れにおいては、限度額その他の借入れ及び弁済に関する事項として内閣府令で定める事項）
③	特定資産の内容、取得の時期及び譲渡人その他の特定資産に関する事項として内閣府令で定める事項

---

77)　　長崎＝額田・前掲67）72頁。

④	特定資産の管理及び処分の方法、管理及び処分に係る業務を行わせるために設定する信託の受託者その他の特定資産の管理及び処分に関する事項として内閣府令で定める事項
⑤	資金の借入れ（特定借入れを除く）に関する事項として内閣府令で定める事項
⑥	その他内閣府令で定める事項

　金融庁の事務ガイドラインに資産流動化計画の提出がなされた際のチェックリストがある[78]。

【3】資産流動化計画に違反するとどうなるのか

　資産流動化計画に違反する場合にいかなる影響が生じるのかは以下の観点から考える必要がある。

資産流動化計画に違反した場合の効果

①	取引行為の効力	TMKが第三者と行った取引行為（例：特定資産の売買契約）の効力については、当該取引が資産流動化計画に違反していたとしても、それを理由に善意の第三者には取引行為の無効を主張できないと考えられる（資産流動化法79条4項、会社法349条5項）。
②	取締役の責任	資産流動化計画に違反したことが取締役の故意又は過失による善管注意義務違反や忠実義務違反となる場合には、取締役はTMKに生じた損害を賠償する責任を負う（資産流動化法94条）。特定社員又は6か月前から引き続き優先出資を有する優先出資社員は、TMKに対し、取締役の責任追及の訴えを提起するように請求することができる（同法97条）。また、資産流動化計画に違反したことは、少数社員による取締役の解任の訴えの理由となる（同法74条3項）。

---

[78]　金融庁・前掲72）9A−1−2、別紙様式1「資産流動化計画の記載内容についてのチェックリスト」。

③	行政処分	TMKは行政当局の監督に服しており、資産流動化計画の違反は、行政処分の理由となり得る。
④	その他	資産流動化法では、社員総会決議の内容が資産流動化計画に反する場合には、当該決議の取消しの訴えを提起する権利を、社員、取締役、監査役、清算人、特定社債権者、特定手形の所持人及び特定目的借入れに係る債権者に対し、与えている（資産流動化法64条）。また、取締役が資産流動化計画に違反する行為をし、又はそのおそれがある場合には、上記の者は、当該取締役に対し、当該行為の差止めを請求することができる（同法82条、90条、会社法385条）。その他、一定の場合には、TMKの取締役、会計参与、監査役等には罰則が科され得る。

【4】資産流動化計画の変更

　資産流動化計画は、前記のとおり、TMKによる資産の流動化に関する基本的な事項を定めるものであるが、その記載事項は広汎であり、TMKが業務を行う過程で資産流動化計画の変更の必要性が生じ得る。資産流動化計画の変更をせずに業務を行ってしまうと、資産流動化法195条1項違反ということになる。

　資産流動化計画の変更方法は複数あるが、実務上最も一般的な方法は、①利害関係人（特定社員、優先出資社員、特定社債権者、特定約束手形の所持人及び特定借入れに係る債権者）全員の事前承諾を得て変更する方法（同法151条3項2号）である。これ以外にも、②社員総会決議による変更（同条1項）もあるが、社員総会決議は社員の議決権行使のみによるので、一定の事項は社員総会決議による変更はできない（同条2項）。この151条2項の制限を受けることなく資産流動化計画を変更する方法は、上記の①「利害関係人全員の事前承諾による変更方法」以外に③その変更の内容が内閣府令で定める軽微な内容である場合及び④その他投資者の保護に反しないことが明らかな場合として内閣府令で定める場合による方法がある（①、③及び④は同条3項に規定されている）。

　資産流動化計画の変更がなされた場合には、変更のあった日から2週間を経過する日又は当該変更後最初に資産対応証券の募集等を行う日のいずれが早い

日までに当該変更に係る届出書を提出しなければならない（同法9条1項、資産流動化法施行規則26条1項）。ただし、「軽微な変更」は変更に係る届出書の提出を要せず（同法9条1項但書き、同施行規則26条の2）、特定資産の取得時期の確定に伴う変更も同様である。

また、上記の①、③及び④の方法による資産流動化計画の変更の場合、遅滞なく、その旨を各利害関係人に通知し、又はTMKの定款に定めた方法により公告しなければならない（資産流動化法151条4項）。①は実務上最も一般的な方法であり、この通知又は公告もセットで行う必要があることに注意する必要がある。

なお、資産流動化計画には特定資産も記載されるが、資産流動化計画を変更することにより特定資産の追加取得ができるのか否かという問題がある。この点は別途Ⅴ（⇒223頁）において記載する。

7 特定資産

【1】TMKが特定資産として保有できる資産

特定資産とは、資産の流動化に係る業務としてTMKが取得した財産をいう（資産流動化法2条1項）。TMKは資産流動化法212条（及び資産流動化法施行規則95条～97条）で取得が禁止されている資産を除き財産権一般を取得できる。

ここで取得が禁止されている資産については、以下の表にその概要を示している。禁止の理由は「特定目的会社がこれを取得すると、特定目的会社が実質上主体的に事業等を行う結果となるものや、資産流動化型スキームにおいて資産運用が行われているのと同様の効果が生じ、運用型スキームに係る規制が回避される結果となるものについては、流動化対象資産から除外する必要がある。」と説明されていた[79]。この説明の意図するところは、TMKが①一定の任意組合契約出資持分や企業の株式等を取得すると実質上主体的に事業を行うおそれがあること及び②匿名組合契約出資持分を取得すると、それらの契約を通

---

79) 長崎＝額田・前掲67) 540頁。

じて資産の運用（追加取得や入れ替え）が行われてTMKがいわゆるファンドとして機能し、運用型スキーム（投資信託及び投資法人に関する法律等による）の潜脱となってしまうということである[80]。しかし、平成23年の資産流動化法改正（以下「平成23年改正」という）の際の解釈変更より、特定資産の追加取得についても、投資家保護に反しない範囲で、規制の弾力化が行われ、TMKを使用して資産を追加取得していくことがより広く可能となった。現在の実務においてもTMKが匿名組合出資持分を取得して、匿名組合契約の営業者が不動産信託受益権を取得するスキームは広く使用されている（この点はⅧ 3 （⇒241頁）で概説する）。

TMKによる取得が制限される資産

	資産流動化法・同法施行規則 条文	取得が制限される資産
①	195条2項	合名会社・合資会社の社員権（無限責任社員）
②	212条1項1号	任意組合持分（下記⑥の例外あり）
③	212条2項、施行規則97条	株式等の会社の出資持分
④	212条1項4号、施行規則96条1号・2号	合資会社・合名会社の業務執行権を有する出資持分
⑤	212条1項2号・3号	匿名組合出資持分及び金銭信託受益権（下記⑥の例外あり）
⑥	施行規則95条による資産取得の制限の例外	一定の任意組合出資持分及び匿名組合出資持分については許容されている。 これらは、①任意組合が事業主体となることや保有資産の入替えを行わないことが担保されているもの及び②匿名組合の営業者が保有資産の入替えを行わないことが担保されているものである[81]。 また、金銭信託の受益権のうち、貸付信託、投資信託、特定目的信託の受益権は例外として許容されている。

---

80) 「資産流動化型スキーム」と「運用型スキーム」の基本的な考え方の相違は、前者

> **コラム** TMKが保有する特定資産はTMKが作り出す資産でもよいのか？

　「資産流動化型スキーム」のビークル（器）としてTMKが利用されることを意図してTMK法は立法された。ここで「資産流動化型スキーム」とは、既存の資産のキャッシュフローに着目して投資家に資産に対応する証券を販売することで既存資産の流動化を図る「はじめに資産ありき」のスキームであると理解されている。ここから「TMKは自己が作り出す資産を特定資産として保有することを許されるのか？」という疑問が生じるかもしれない。結論としては、TMKは保有する特定資産は他者から譲り受ける既存の資産である必要はなく、TMKが原始取得する資産（比喩的にいえば、TMKが作り出す資産）でも構わない。実務上もそのような理解で運用されている。具体例を挙げると、いわゆる開発型の不動産流動化で、TMKが建物を開発し当初の所有者となるケースがあるし、それ以外にも、TMKが自ら匿名組合員として匿名組合契約を締結して匿名組合出資持分を取得するケースがある（Ⅷ3（⇒241頁）参照）。

　また、TMKが金銭消費貸借契約を締結し、そのローン債権を特定資産として保有することもある。このようなTMKによる金銭の貸付け（ローン債権の保有）という方法は、貸金業法における「貸金業」とみられることを避けなければならないが、TMKに滞留した現金を、利益配当や残余財産の分配手続きを待たずに早期に投資家が利用することや、投資家の関連会社に利用させる必要があるような場合に有用となる。

が既存の資産のキャッシュフローに着目して投資家に資産に対応する証券を販売することで既存資産の流動化を図る「はじめに資産ありき」のスキームであるのに対し、後者は投資家から集めた資金をどのように運用していくのかという「はじめに資金ありき」のスキームであると一般に理解されている。ただ現実には両者の相違が必ずしも明確ではないスキームもある。

81)　長崎＝額田・前掲67）541頁。

【2】特定資産の管理処分方法

　特定資産が信託受益権である場合を除き、TMKは、特定資産の管理及び処分に係る業務を行わせるため、特定資産を信託会社等（信託会社及び信託業務を営む銀行その他の金融機関をいう。以下同じ）に信託しなければならない（資産流動化法200条1項）。これには例外があり、信託の受益権以外の特定資産のうち下記の資産については当該資産の譲渡人又は当該資産の管理及び処分を適正に遂行するに足りる財産的基礎及び人的構成を有する者にその管理及び処分に係る業務を委託することができる（同条2項）。

信託義務の例外（資産流動化法200条2項）

①	不動産（土地若しくは建物又はこれらに関する所有権以外の権利をいう）[82]
②	債権（民法第3編第1章第7節第1款に規定する指図証券、同節第2款に規定する記名式所持人払証券、同節第3款に規定するその他の記名証券及び同節第4款に規定する無記名証券に係る債権を除く）
③	その他権利の移転に関し、登記その他の手段により第三者に対する対抗要件を備えることができるものとして内閣府令で定める資産のうち、当該TMKが対抗要件を備えたもの
④	下記**8**に概説する「従たる特定資産」（上記①～③に掲げる資産に該当するものを除く）

　これらの趣旨は「特定資産の管理・処分を特定目的会社自体が行わず、外部委託を義務づけることにより特定目的会社の導管性を確保するとともに、資産管理受託者の倒産時におけるコミングルリスクを回避するものである。」と説明されている[83]。

---

[82] 不動産の場合、宅建業法の免許を持った者である必要があることに注意を要する。資産流動化法203条により不特法6条の欠格事由がないことが必要となるが、宅建業法の免許を受けていない場合には欠格事由に該当するからである。

[83] 長崎＝額田・前掲67）510頁。

8 従たる特定資産

【1】はじめに

　平成23年改正により「従たる特定資産」という制度が導入され、「従たる特定資産」には「特定資産」に適用される一定の規制・ルールの適用が除外されることが認められるようになった。例えば、ホテルの場合、建物のほかにベッド、机などの家具があってはじめてホテルとして機能するが[84]、それらは動産である。それらを建物とは別の特定資産として扱うと別途信託を設定する（資産流動化法200条1項）などの必要が生じる。しかし、建物自体については信託設定は義務ではないので（同条2項1号）、動産のみについて信託設定をしなければならない可能性も生じ、建物と取扱いが別になり煩雑な作業が生じ得る。このような不都合を避けるために導入されたのが「従たる特定資産」の制度である。

【2】従たる特定資産の意義

　「従たる特定資産」（資産流動化法4条3項3号）とは、「不動産その他の特定資産に付随して用いられる特定資産であって、価値及び使用の方法に照らし投資家の投資判断に及ぼす影響が軽微なものとして内閣府令で定めるもの」であり、当該内閣府令（資産流動化法施行規則6条の2）では以下のように規定されている。

従たる特定資産（資産流動化法施行規則6条の2）

> 特定資産（不動産（不動産に関する所有権以外の権利を含む。以下この条において同じ。）又は不動産を信託する信託の受益権に限る。以下この条において「特定不動産等」という。）に付随して用いられる特定資産（不動産又は不動産を信託する信託の受益権を除く。）であって、次に掲げる要件の全てを満たすものとする。
> （1）　当該特定不動産等に係る不動産と一体として使用されるものであること。
> （2）　当該特定不動産等について行う資産の流動化に係る業務の収益の確保に寄与するものであること。

---

84)　これらは、FF&Eといわれ、「Furniture（家具）」「Fixture（什器）」「Equipment（備

【3】従たる特定資産に与えられる特例

従たる特定資産に与えられる特例の概要は以下の表に示すとおりである[85]。

従たる特定資産に与えられる特例の概要

特例の内容	資産流動化法の条項
特定資産の譲受に係る契約書等の提出義務の適用除外	4条3項3号
資産対応証券の募集時の投資者に対する特定資産の価格に関する事項等の通知義務の適用除外	40条1項7号・8号、122条1項3号・17号
解散事由（特定資産の譲受の実行不能）の適用除外	160条1項7号
信託義務の適用除外、特定資産の管理処分に係る業務委託契約への条件設定の適用除外	200条2項4号、200条3項
特定資産の譲渡人による募集等の取扱いの特例の不適用	208条1項
資産流動化計画によらない処分等の禁止の除外	213条
資産流動化計画等における一定の記載又は記録（「特定資産に関する事項」及び「特定資産の管理及び処分に関する事項」）の適用除外	施行規則18条、19条1号〜3号等
資産流動化計画等における一定の記載又は記録（「特定資産の管理及び処分により得られる金銭を特定資産の取得原資とする場合」）の適用除外	施行規則19条1項4号

　　　　品）」を意味する。

[85]　「従たる特定資産」に与えられる特例については、本村・前掲73）54頁以下に詳しい解説がある。同書は平成23年改正全般を丁寧に解説したものである。

9 TMKの業務

【1】他業禁止

　TMKの業務について特筆するべき点は「他業禁止」（資産流動化法195条）である。TMKは①「資産流動化計画に従って営む資産の流動化に係る業務」及び②その附帯業務のみを行うことが可能で、それ以外の業務（他業）を営むことは禁止される。このような制限が課される理由は、TMKは資産の流動化を行うビーグル（器）として法律上存在を認められていること及び業務の範囲を限定することでTMKが負うリスクを限定し、投資家の保護を図ることにある[86]。

　ここで「資産流動化計画に従って営む資産の流動化に係る業務」は資産流動化法2条2項に定める「資産の流動化」業務を基本として、これと実体上及び法制上、不可分一体と考えられる「資産の流動化」関連業務も含まれる[87]。具体的には、①資産流動化業務としての「資産対応証券の発行」の関連業務には、「証券販売代金の受領」があり、②同じく「特定資産の取得」の関連業務には、「取得代金の支払」がある。また、③「特定資産の管理及び処分」の関連業務には、「管理の委託及び処分に係る代金の支払」があるし、④「資産対応証券にかかる債務の履行及び出資の分配」の関連業務には、「利札、領収書の回収」がある[88]。

　次に、TMKが行うことができる資産流動化に係る業務の「附帯業務」とは、金融庁の事務ガイドライン9A-3-2によれば、「資産の流動化に係る業務を行う上で必要不可欠な業務でありながら、『資産の流動化に係る業務』に該当しないものをいう。例えば、資金の借入れ（特定借入れを除く。）又は返済、特定資産の鑑定評価依頼等である。なお、『附帯業務』は、業務開始届出書の提

---

86)　長崎＝額田・前掲67）505頁及び506頁。
87)　長崎＝額田・前掲67）65頁。
88)　長崎＝額田・前掲67）66頁。

出前においても行うことができる。」とされている。附帯業務の範囲は、かなり限定されており、株式会社について議論されるような「目的の達成に必要な行為」のように広くは解釈されない。

実務上、他業禁止に関連して近年問題になった一例を示すと、TMKが物流施設を特定資産として保有しているケースにおいて物流施設の屋根上に太陽光パネルを敷設して太陽光発電事業を附帯業務として営むことができるかという問題が生じた。この点、TMKを利用している投資家には、物流施設の広い屋根を有効活用したいという意図があった。この問題についての当局の見解は、「資産の流動化に係る業務を行う上で必要不可欠な業務」とはいえず、TMKが附帯業務として営むことはできないというものであった。この結果、物流施設の屋上のスペースを他の法人（TMKの投資家が設立したSPC）に貸して、当該法人が太陽光発電事業を営むことになった。

また、同一の不動産ファンドがTMKを使用して、不動産資産ごとにTMKを設立して次々と不動産投資をしていく場合において、一つのTMKが保有する不動産を他のTMKがファイナンスを得るために担保として提供することを望むことがある。TMKが第三者（つまり他のTMK）の債務の物上保証人になることは、自己の資産流動化業務の附帯業務とはいえず、他業禁止に触れるので、許されないと考えざるを得ない。

【2】その他の業務規制

上記のほかにTMKの業務に関して注意を要する点は以下のとおりである。

特定資産の貸付け、譲渡、交換及び担保提供は、資産流動化計画の定めに従って行う必要がある。これは資産流動化計画に定めない方法での特定資産の処分は投資家の利益を害するおそれがあることによる。

余裕金の運用は、以下の方法以外は認められない（資産流動化法214条）。運用リスクを考慮した投資家保護の観点からの制限である。

余裕金の運用方法の制限（資産流動化法214条）

- 国債その他内閣総理大臣の指定する有価証券の保有

- 内閣総理大臣の指定する銀行その他の金融機関への預金
- その他内閣府令で定める方法（元本の損失補てん契約がある金銭信託（資産流動化法施行規則98条）

10 規制当局による監督の内容

　TMKは様々な局面で規制当局による監督を受ける。資産流動化業務の開始前に業務開始届出（資産流動化法4条）を行い、資産流動化計画の変更を含む届出事項の変更の都度、変更届を提出する必要がある（同法9条）。業務を開始した後には、TMKは、業務に関する帳簿及び資料を作成保存しなくてはならず（同法215条）、毎事業年度、事業報告書を作成し、事業年度経過後3か月以内に内閣総理大臣に提出しなくてはならない（同法216条）。ここでの提出先は、内閣総理大臣から権限の委任により管轄財務（支）局長となる。

　また、規制当局（権限の委任により管轄財務（支）局長）は、TMKに対して監督を行うことが可能で、その方法は、立入検査（同法217条）、違法行為の是正命令（同法218条）、業務の停止命令（同法219条）、解散命令（同法220条）などがある。

　TMKの運営を行う者とTMKへの資金拠出を行う者が実質的に同一で第三者の資金が使用されない場合であっても資産流動化法に規定された監督に服する必要がある。

11 特定目的会社（TMK）を用いた資産の流動化の流れ

　上記においてはTMKに係る基礎的な概念を概説した。それらを踏まえどのような手順でTMKによる資産の流動化がなされるのかという点を把握しておくことは実務上重要である。以下に、TMKによる資産の流動化の手順の概要を示す。なお、実際には以下のそれぞれのステップにおいてより詳しい作業があるが、ここではそのような詳細には立ち入らない。

TMKによる資産の流動化の手順の概要

①	TMKの設立又は既に設立されたTMKの購入及び役員等の選定
②	特定資産（現物不動産又は不動産信託受益権）の売買契約の締結及び（現物不動産の場合）特定資産管理処分業務委託契約の締結
③	資産流動化計画の作成・業務開始届出
④	（現物不動産の場合）減税証明申請（登録免許税、不動産取得税の減免措置）（減税証明書については下記**13**参照）
⑤	優先出資引受契約の締結・払込金保管証明書の発行・優先出資発行の登記（優先出資の発行手続きについては下記**14**【2】参照）
⑥	（必要な場合）資産流動化計画の変更
⑦	特定社債の発行／特定借入れの実行＋各種担保契約の締結（特定社債の発行の手順については、**Ⅳ** **4**（⇒205頁）参照）
⑧	売買代金の支払による特定資産の取得（クロージング）

12 TMKを買主とする売買契約の締結時にTMKは手付金を支払うことができるのか

【1】はじめに

　不動産売買において売買契約の締結と売買代金の支払が同日に行われない場合、買主は売主から売買契約締結時に手付金を支払うことを求められることが多い。不動産信託受益権の売買においても同様である。TMKが買主となる場合、できれば手付金の支払を避けたいところだが、不動産マーケットが売り手市場の場合には売主の要求を断ることも難しく、TMKによる手付金の支払には工夫が必要となる。

　上記**11**で述べたように、売買契約の締結は業務開始届の前に行う必要があり、他方、優先出資の発行、特定社債の発行及び特定借入れによる資金調達は業務開始届の後でないと実行できない。このため、TMKが売買契約締結時に必要となる手付金を調達することはTMKの通常の資金調達方法ではできないことになる。なお、特定出資の発行による資金を使用することも難しい。手付

金は通常売買代金に充当されるが、特定出資の発行による資金は特定資産の取得に使用することはできないからである（前記**3**【2】（⇒173頁）参照）。手付金を売買代金に充当しない場合（具体的には買主が売買代金を全額支払ったら売主から返還してもらうような場合）でも、TMKが特定出資の減資を行うことができる場合は限られているため（資産流動化法35条）、返還された特定出資をTMKが特定社員に支払うことも難しい。

以下に、手付金の支払を可能にするために資産流動化法が用意している方法とその問題点を述べた上で、実務上の対応を概説する[89]。

【2】資産流動化法上の「その他借入れ」

手付金の支払のためにTMKが業務開始届出の前に資金を借り入れることができればそのような借入れを利用することも考えられる。以下の方法がある。

①特定資産の売買代金に充当されることが合意されていない手付金であれば、資産流動化法施行規則94条2号に定める「その他借入れ」（同号但書きにおける「借入金の使途が前号ハに掲げるもの」）を利用することができる。この方法では、手付金を売買代金に充当することが許されておらず（つまり、TMKは売買代金支払時に売買代金全額を支払い、手付金相当額は売主から返還してもらうことになる）ので、TMKは手付金相当額を二重に調達しなくてはならないことが問題である。なお、特定借入れと異なりその他借入れの貸付人については資産流動化法上特に制限はないので、TMKは銀行や貸金業者のほかにTMKへの投資家（優先出資を引き受ける予定の者）の関係者から資金の借入れを行うことが可能である[90]。

②特定資産の売買代金に充当されることが合意されている手付金の場合、上

---

89) 売主との間で、手付金の支払時期が売買契約締結時ではなく、業開始届出の後でもよいという合意を交わすことができれば、業開始届出後に優先出資をすぐに発行し、その発行代わり金を手付の支払に使用できるので、TMKの手付に関する問題は解消できる。

90) 「特定借入れ」の貸付人は銀行又は適格機関投資家でなければならないが（資産流動化法210条、同法施行規則93条）、その他借入れにはそのような制限はない。これは、その他借入れが、特定資産の取得を本来的な目的としない限度においてのみ認められる借入れ制度であり、適格機関投資家以外の者からの借入れを可能とすることが資産流動化スキームにおける資金調達の円滑化・安定化に資すると考えられているこ

記①の方法は使用できない。この場合、その他借入れによって業務開始届出前に資金調達を行うためには、資産流動化法施行規則94条2号但書きに規定される「手付金その他の名義をもって交付し、代金に充当される金銭であって、特定資産の取得のための契約の予約締結後特定目的会社による予約完結権行使前に支払われるもの」でなくてはならない。この要件を満たすためには、（ⅰ）売主と売買の予約を締結し、その予約完結権がTMKに付与され、（ⅱ）TMKが手付を支払い、（ⅲ）TMKが予約完結権を行使する、という一連の契約上の取り決めが必要となる。この借入れは、このような取り決めに応じる売主との間でのみ機能する方法であるため、実務上広く利用され得るものなのか疑問がある。

【3】その他借入れを使用しない方法

　手付金を支払うために行われているその他の方法として、①TMK以外の関係者（例えば、優先出資社員となる予定の者）が買主として売主と売買契約を締結して、売主に手付金（売買代金に充当される予定）を支払う、②その後、売買契約における買主の地位をTMKに譲渡し、TMKが買主として売主に残代金を支払い不動産を取得する、③売買契約上の地位を譲渡した譲渡人とTMKとの間では、譲渡の対価（手付金相当）を精算する、という手順を踏むことがある。ただ、この方法によっても、TMK関係者は、手付金相当額については、二重に調達しなければならないという問題は避けられない。最初の買主になる者は手付金を、そしてTMKは売買残代金に加え精算金（手付金相当額）を調達することになるからである。

　上記のほかに、そもそも売買契約締結と同時に手付金を交付しなければならない、という前提を変更し、売買契約締結後一定期間後に手付金を支払うことを売主に許容してもらう方法がある。これは通常の手付金の交付方法とは異なるが、売買契約締結日からの遅れがそれほど大きくない場合には、売主の理解を得ることができる可能性がある。買主としては提案をしてみる価値はある。

　　　とによる。しかし、業として貸付けを行う場合には、貸金業法の登録が必要となり得ることに注意を要する。

以上のようにTMKを買主とする場合、手付金の支払には問題が存在する。これは、売買契約の締結が業務開始届出前になされるにもかかわらず、TMKが業務開始届出前にできる事項が極めて限定されていることに起因する構造的な問題である。TMKの利便性を高めるには立法的な解決が必要である。

⓭減税証明書

【1】はじめに

　TMKによる現物不動産の取得の場合、一定の要件を満たせば、登録免許税及び不動産取得税の減免措置の適用がある。これはTMKを使用するメリットの一つであるが、かかる減免措置を受けるためには、減税証明書を取得しておかなければならない。以下に減免措置の内容と手続きについて概説する。

【2】登録免許税の減免措置の内容

　現物不動産の売買による所有権移転登記に要する登録免許税の税率は、不動産の価格の1000分の20であるが（登録免許税法9条、別表第一、一（二）ハ）、TMKが取得する現物不動産については一定の要件を満たすと1000分の13に軽減される（租税特別措置法83条の2の2第1項）[91]。

【3】不動産取得税の減免措置の内容

　TMKが現物不動産を取得した場合、一定の要件を満たすと、当該不動産取得に課される不動産取得税の課税標準の算定については、特例として、当該不動産価格の5分の3に相当する額が価格から控除される（地方税法附則11条3項）[92]。

---

91)　本書執筆時点では、これは令和7年3月31日までの措置であり、その後延長されるのかについては確認を要する。

92)　本書執筆時点では、これは不動産の取得が令和7年3月31日までになされる場合の措置であり、その後延長されるのかについては確認を要する。

【4】減税証明書の取得

減税証明申請の際には、受理された資産流動化計画の写しを必要書類の一つとして提出する必要があるため、実務上は、業務開始届出と同日又はその翌日に減税証明申請を行うことが多い[93]。申請から証明書の発行までは1週間から2週間ほどの期間を要するといわれており[94]、この期間を取引全体のスケジュールに組み込まなければならない。実務上は事前の問い合わせを行い、必要となる時間を確認する必要がある。

14 優先出資の発行・払込金保管証明書等

【1】はじめに

優先出資については、前記 3 （⇒173頁）において、その権利内容等を特定出資と比較しつつ述べた。優先出資の発行手続きはクロージングの前提となる必須の手続きである。優先出資の発行には、綿密なスケジュール設定及び管理が必要となる。関係する当事者は、私募取扱業者、払込取扱金融機関、司法書士、投資家等であり、優先出資の発行は多方面を配慮しつつ行う必要がある作業である。

優先出資の発行手続きに関しては、TMKが優先出資発行の発行の対価として払い込まれた発行代わり金を自由に使用できるようになるには何をいつまでにすべきなのかという視点を持ちつつ、スケジュール設定及び管理を行う必要がある。以下に、概説する。

【2】優先出資の発行手続き

優先出資の発行手続きの概要及び注意点は以下のとおりである。

---

93) 減税証明の申請は、関東財務局の場合、さいたま市にある本局で受け付けられている。

94) 発行に要する期間は、ケースバイケースで、より早期に発行されることもある。

優先出資の発行手続きの概要及び注意点

	優先出資の発行手続きの概要	資産流動化法の条項
①	資産流動化計画の定めるところに従った取締役の決定による優先出資を引き受ける者の募集	39条1項
②	①の募集に応じて申込みをしようとする者へのTMKによる一定事項の通知	40条1項
③	①の募集に応じて募集優先出資（①の募集に応じて優先出資の引受けの申込みをした者に対して割り当てられる優先出資を意味する）の引受けの申込みをする者による申込みについてのTMKへの書面交付	40条2項
④	TMKによる募集優先出資の割当て	41条1項
⑤	募集優先出資の引受け	41条3項
⑥	払込取扱金融機関への払込金額の全額の払込み ・ 募集優先出資の引受人から払込取扱金融機関に払い込まれた資金は、別段預金口座で保管される。この段階ではTMK自身は当該資金を自由に使うことができない。 ・ 海外から送金をするときには、着金のスケジュールの確認や手数料が減額されないのかなどを確認する必要がある。 ・ 送金者の名義と募集優先出資の引受人が異なる場合には事前に払込取扱金融機関に確認する必要がある。	41条4項
⑦	払込金保管証明書の発行 ・ 株式会社の場合、募集株式の発行による変更の登記申請には、払込金保管証明書は不要となっているが、TMKの場合、募集特定出資及び募集優先出資の発行の登記には払込金保管証明書が必要となる。 ・ 募集優先出資の引受人による払込金が別段預金口座に払い込まれた場合には、払込取扱金融機関はかかる資金が払い込まれたことの証明として、払込金保管証明書を発行する。 ・ 払込金保管証明書の発行に必要な書類及び日数は金融機関によって異なるので、事前に確認が必要となる。 ・ 払込取扱金融機関は、その内部手続きに従って、別段預金口座内の資金をTMKの普通預金口座に振り替える。そ	186条3号

	れまではTMKは優先出資の発行代わり金を自由に使用できない。TMKの普通預金口座への振替のタイミングについては、払込取扱金融機関に確認する必要がある。払込取扱金融機関により、下記⑧の募集優先出資発行の登記の完了までは普通預金口座への振替を行わないという立場をとるケースがある。払込取扱金融機関によっては、登記申請の段階で振替を許すところもあるので、注意を要する。登記申請の段階で振替がなされるのと、登記の完了が必要となるのでは、クロージングまでのスケジュールに大きな相違が生じる。レンダーと払込取扱金融機関が同じ銀行である場合には早期の振替に払込取扱金融機関の協力を得やすい。	
⑧	募集優先出資発行の登記 ・ 登記申請の必要書類には、取締役決定書（優先出資の募集）、取締役決定書（優先出資の割当て）、優先出資の引受申込証、受理印が付された資産流動化計画、優先出資に払込金に係る払込金保管証明書等が含まれる。 ・ 登記申請には、募集優先出資の引受申込証（原本）が必要だが、募集優先出資の引受人が海外法人の場合には、原本の受領に時間がかかるので、登記申請日までに確実に引受申込証の原本が手元に届くように、時間に余裕を持つ必要がある。	42条1項

15 外国為替及び外国貿易法の届出

　外国投資家（外為法26条1項）に該当する海外の投資家がTMKの発行する特定出資や優先出資を取得する場合、原則として、「持分の取得等に関する報告書」を、取得の日から45日以内に、日本銀行に提出しなければならない（同法55条の5第1項、対内直接投資等に関する政令6条の3、対内直接投資等に関する命令6条の2）。さらに、TMKは、支払の受領に関する報告書を提出することになる（外為法55条、外国為替令18条の4第2項、外国為替の取引等の報告に関する省令3条（銀行等を経由する場合））。

Ⅳ デットファイナンスによる資金調達

1 はじめに

　不動産投資の手段としてTMKストラクチャーを使用する場合、投資家は自己資金をTMKの発行する優先出資を引き受ける方法でTMKに拠出し、デットファイナンスの調達はTMKによる特定社債（資産流動化法121条以下）の発行や特定借入れ（同法210条）によって行うのが通例である。資産流動化法には、それ以外の資金調達の手段として、転換特定社債（同法131条以下）、新優先出資引受権付特定社債（同法139条）、特定短期社債（同法148条）、特定約束手形（同法205条）などが用意されているが、今のところ実務ではあまり利用されていない。経済環境が変化すればこれまで利用されていない資金調達方法が脚光を浴びる可能性もあるが、現在のところ、デットファイナンスの調達方法は、特定社債の発行のみによるか又は特定社債の発行プラス特定借入れによるのが一般的である。特定社債の利用が必須なのは、特定借入れのみでは前述の租税特別措置法の要件を満たして税務上のメリットを享受することができず、「機関投資家による特定社債の保有」（Ⅱ 1 （⇒165頁））が必要となるからである。

　ここで「特定社債」というと「社債」の語から広く公衆に対する起債がなされるというイメージを持たれるかもしれないが、TMKを利用した不動産投資実務において通常使用される特定社債は、そのような公衆に対する起債ではなく、限られた数（1社から優先劣後をつけた2～3社程度）の金融機関によって引き受けられることを想定した社債である。そして、その内容も、特定借入れとの相違という点では、社債とローン（借入れ）という基本的な法的相違に由来する点を除くと、条件面ではほぼ異なるところはない。これは、金融機関としてはローンのみで融資できれば本来それに越したことはないのだが、TMKが租税特別措置法による恩典を受けるためには「特定社債」という形式を使用しなければならないことに由来する。誤解を恐れずにいえば、実務上、特定社債はローンの代替物として利用されているのである。そして、実務上、特定社債の発行に加えて、わざわざ特定借入れが使用される理由は、金融機関

第3章　TMKストラクチャー　　201

側に「特定社債のみでは資金を提供する金融機関としては十分な担保が取得できないのではないか」という懸念が存在するため（この理由は後述する）、特定借入れを併用して十分な担保を取得しておこうという金融機関側の都合によるところが大きい。実質上一つの融資案件であるにもかかわらず特定社債と特定借入れを併用すれば書類や手間が増えてしまうことになるが、両者を併用することで融資を受けることが可能となるか、又はよりよい融資条件が得られるのであれば、投資家側にもメリットは存在する。なお、本書では、特定社債権者を含めて広くデットファイナンスの提供者を「レンダー」と称している。

2 倒産隔離の必要性

　TMKへのデットファイナンスは、TMKの保有する特定資産の価値を引当てに提供されるアセットファイナンスであり、一般企業が企業の信用力を背景に資金を調達するコーポレートファイナンスとは異なる。レンダーにとって特定資産の価値が融資期間中保全される必要があり、TMKの倒産隔離が必要となる。この点は、TKGKストラクチャーであれ、TMKストラクチャーであれ、レンダーの要求は変わることはない。

　TMKは、資産流動化法という、「資産の流動化が適正に行われることを確保するとともに、資産の流動化の一環として発行される各種の証券の購入者等の保護を図ること（資産流動化法1条）」を目的とした特別の法律によって認められたビークル（器）であるから、法文上「倒産隔離」という用語は使用されてはいないが、資産流動化法には倒産隔離に資する措置は数多く採用されている。具体的には、①役員・使用人の資格制限（同法70条1項、72条2項、198条）、②他業禁止（同法195条）、③特定資産の処分等の制限（同法213条）、④資金の借入れの制限（同法210条）、⑤余裕金の運用の制限（同法214条）等を挙げることができる。

3 特定社債の意義と種類

【1】特定社債の意義

　特定社債とは、簡単にいえば、TMKが発行する社債であり、特定資産を引

当てに発行される資産対応証券の一つである。資産流動化法では、「この法律（資産流動化法）の規定により特定目的会社が行う割当てにより発生する当該特定目的会社を債務者とする金銭債権であって、第122条1項各号に掲げる事項に従い償還されるものをいう。（同法2条7項）」と定義されている。

【2】特定社債の種類

特定社債は、特定社債券の発行の有無、譲渡方法の相違などの観点から以下のように分類できる。

特定社債の種類

①	特定社債券を発行する定めがない特定社債
②	特定社債券を発行する定めがある特定社債（社債券について記名式と無記名式があり、それにより譲渡の際の対抗要件が異なる）
③	社債、株式等の振替に関する法律の適用がある特定社債（以下「振替特定社債」という）

上記のうち、実務上は、③の振替特定社債が主として利用されている（振替特定社債については次の項目で概説する）。これは、税務上のメリットが主たる理由である。振替特定社債を使用すると、一定の金融機関等（ほとんどのレンダーが含まれる）が受領する利子所得について、TMKの源泉徴収義務が免除されるからである（租税特別措置法8条1項～3項、同法施行令3条の3）。

【3】振替特定社債

振替特定社債とは、社債株式振替法に従って、振替機関[95]が取り扱う特定社債である（同法118条、66条2号）。社債株式振替法は、有価証券のペーパーレス化を行うものであり、特定社債についていえば、特定社債券の発行を不要として、振替機関・口座管理機関が作成する振替口座簿の記録により、その権利

---

95) 現在は「株式会社証券保管振替機構」（略して「ほふり」とも呼ばれる）が唯一の振替機関である（https://www.jasdec.com/）。

の帰属を一元的に把握する制度である。したがって、振替特定社債については、権利帰属に関し特定社債券や特定社債原簿の記載を基礎とする法令上の規定は適用されない（同法119条）。特定社債を振替特定社債にするためには、TMKは、特定社債の発行の決定において、当該決定に基づいて発行する特定社債の全部を振替特定社債にすることを決定する必要がある。

振替特定社債の特定社債権者の振替口座には以下の事項が記載される（社債株式振替法118条、68条3項、同法施行令21条、7条）。

振替特定社債の特定社債権者の振替口座における記載事項

①	加入者の氏名又は名称及び住所
②	発行者の商号及び振替社債の種類（以下「銘柄」という）
③	銘柄ごとの金額
④	加入者が質権者であるときは、その旨及び質権の目的である振替特定社債の銘柄ごとの金額
⑤	加入者が信託の受託者であるときは、その旨及び前二号（上記③及び④）の金額のうち信託財産であるものの金額
⑥	振替特定社債についての処分の制限に関する事項

振替特定社債の譲渡がなされると、譲渡人の振替口座における特定社債の金額が減額され、譲受人の振替口座における特定社債の金額が増額される。振替制度のメカニズムを理解するには、その多層構造などを理解する必要があるが、本書では紙幅の都合上省略する[96]。

実務では、資産流動化法126条但書きを充足させて、特定社債管理者を不設置とし、他方、特定社債の社債要項（特定社債の内容を記載した書面）において、財務代理人に関する以下のような規定を置いた上で、発行会社であるTMKは財務代理人との間で財務代理契約を締結して、財務代理人に保管振替

---

96) 高橋康文編・尾﨑輝宏『逐条解説新社債、株式等振替法』（金融財政事情研究会、2006年）が詳しい。

機構とのやり取りを委託することが通例である。なお、特定社債を引き受けてファイナンスを提供するレンダー自身が財務代理人となることも多い。

社債要項における財務代理人の規定例

①	発行会社は、財務代理人との間において財務代理契約を締結し、本特定社債の発行代理人及び支払代理人としての事務その他同契約に定める本特定社債に係る事務を委託する。
②	発行代理人たる財務代理人は、業務規程等（株式会社証券保管振替機構が定める「社債等に関する業務規程」（その施行規則を含む）、同社が定める業務処理要領及びその他同社が定める規則等の総称を意味する。以下同じ）において発行代理人が行うべきとされる一切の事務を行う。
③	支払代理人たる財務代理人は、業務規程等において支払代理人が行うべきとされる一切の事務を行う。

4 特定社債の発行手続き

【1】総額引受契約

　特定社債を発行するには、資産流動化計画に発行について必要事項を記載し、それに従って、取締役の決定により、特定社債を引き受ける者を募集することになる（資産流動化法121条1項）。資産流動化法においては、TMKによる募集に応じて特定社債の引受けの申込みをした者に割り当てられる特定社債を「募集特定社債」と定義している（資産流動化法122条1項）。「募集特定社債を引き受けようとする者がその総額の引受けを行う契約を締結する場合（同法124条）」、つまり総額引受契約の締結による募集特定社債の引受けがなされる場合には、最初から募集特定社債を引き受ける者が決まっているので募集特定社債の申込み（同法122条）及び募集特定社債の割当て（同法123条）の適用が除外され、手続きが簡略化される。前記（**Ⅳ** **1**（⇒201頁））のように、特定社債の利用は租税特別措置法の要件を充足するためになされ、広く公衆に対して起債しようという意図でなされるわけではないから、実務上は、ほぼ例外なく総額引受契約が活用される。本書では「総額引受契約」によることを前提として特定社債の発行手続きを述べることにしたい。

なお、総額引受契約の締結方法について述べると、「募集特定社債を引き受けようとする者」は複数でも構わない。契約の方式についても、発行会社と個々の総額引受けを行う者がそれぞれ独立した契約を締結することも、発行会社と複数の総額引受けを行う者が一つの契約書を締結することも、いずれも可能であると考えられる[97]。

【2】募集特定社債の発行手続き

以下には、振替特定社債を適格機関投資家私募の方法で発行する前提で、手続きを概説する。

募集特定社債の発行手続き

	手続き及び資産流動化法の関連条項	概説
①	資産流動化計画の変更（151条）	通常、業務開始届出の段階で作成する資産流動化計画では「特定社債に関する事項」を確定させておくことは困難である。特定社債に関する諸契約の締結直前のタイミングで資産流動化計画の変更を行い、特定社債／特定借入れに関する事項を記載することになる。
②	資産流動化計画の変更届出の提出（9条1項）	特定社債の募集等を行う日までには変更届を提出する必要がある（資産流動化法施行規則26条1項2号）。
③	取締役による特定社債募集の決定（121条1項）	特定社債の発行の決定において、当該決定に基づいて発行する特定社債の全部を振替特定社債にすることを決定する必要がある（社債株式振替法118条、66条2号）。
④	私募の取扱契約の締結	TMKは、自己募集をせずに、第一種金融商品取引業者に私募の取扱いを依頼することが通例である。

[97] 太田洋＝濃川耕平＝有吉尚哉編『社債ハンドブック』（商事法務、2018年）152頁は、会社法679条についてこのように述べており、同条と資産流動化法124条を別異に解釈する理由はない。

⑤	総額引受契約の締結（124条）	これはTMKとレンダーの契約である。特定社債の社債要項は契約書に添付される。実務上クロージング日（特定社債金額の払込日）の2営業日前に締結されるのが通例である。
⑥	財務代理契約の締結	実務上は、特定社債の社債要項に、財務代理人に関する規定（前記**3**）を置いた上で、TMKは財務代理人と財務代理契約を締結する。
⑦	特定社債に関連する契約の締結	実務上は、クロージング日に上記⑤以外の諸契約を締結するのが通例である。
⑧	特定社債金額の払込み	TMKは特定社債金額をクロージング日に受領し、それを特定資産の売買代金の支払に使用するのが通例である。
⑨	特定社債原簿の作成（125条、会社法681条）	特定社債の発行後遅滞なく特定社債原簿を作成し、必要事項を記載する。振替特定社債についての特定社債原簿には、当該振替特定社債についてこの法律の規定の適用がある旨を記載し、又は記録しなければならない（社債株式振替法118条、84条2項）。

5 特定社債の私募

　TMKが特定社債をレンダーに発行する行為は、有価証券の私募に該当する[98]。有価証券の私募とは、新たに発行される有価証券の取得の申込みの勧誘（「取得勧誘」と金商法に定義されている）のうち募集に該当しないものをいう（金商法2条3項）が、レンダーが特定社債を引き受ける過程においてもTMKによる取得勧誘が存在すると考えるのである。

　TMKの取締役（又は使用人）は、一定の例外を除いて、自己募集（TMKの

98）　特定社債券は有価証券であり（金商法2条1項4号）、特定社債券が発行されない場合でも特定社債券とみなされる（同条2項の「有価証券表示権利」に該当することによる）。

ために募集等に係る事務を行うこと）ができる（資産流動化法207条の反対解釈）。しかし、実務では、自己募集を行わず、私募の取扱い業者（第一種金融商品取引業者）に私募の取扱いを依頼するが通例である。この理由は、一つには、資産流動化法209条1項により金商法の一定の条項が準用されてTMKに適用されてしまうので、TMKの負担となることにあると思われる。他の理由は、TMKの取締役（通常は倒産隔離の観点から独立性のある者が選任される）による自己募集活動の実態を備えることが実務上困難であり、そうなるとアセットマネジャー等の投資家関係者による私募の取扱いが行われているのではないかという疑念が生じ、それを払拭しがたいことが考えられる。

特定社債の私募は、適格機関投資家向け勧誘（プロ私募）としてなされる。特定社債を引き受ける者は、租税特別措置法の要件を満たす必要上、機関投資家（II **1**（⇒165頁））に限られるからである。

6 一般担保

資産流動化法128条1項に規定される特定社債権者の権利（当該TMKの財産について他の債権者に先立って自己の特定社債に係る債権の弁済を受ける権利）は「一般担保」といわれる。その性質は特別法の規定による一般先取特権であるといわれており、一般担保の順位は、民法の規定による一般の先取特権に次ぐものである（同条2項）[99]。資産流動化計画で別段の定めをしない限り、資産流動化法により特定社債権者に当然に付与される担保権である。

レンダーは、特定社債権者としてTMKにファイナンスを提供するについては、債権を保全するため十分な担保を取得することを考える。後述する担保付社債信託法による制約（下記 **7** 参照）から、実務上は特定社債に物上担保を付することはほとんど行われておらず、特定社債権者は一般担保のみを有することになる。一般担保は、債務者であるTMKの「総財産」を担保目的物とする先取特権であるため、特定資産が不動産信託受益権であり、現物不動産であ

---

[99] 民法以外の法律により認められる債券についての一般の先取特権は数多く存在し（道垣内弘人編『新注釈民法（6）物権（3）』（有斐閣、2019年）133頁参照）、資産流動化法における一般担保もその一つである。

れ、その担保目的物となる。現物不動産の場合には、登記をしておけば、当該不動産の第三取得者・他の担保権者との競合の場合に有利な地位を確保可能であり[100]、実務上も現物不動産に一般担保の登記を行うことは多い。他方、不動産信託受益権の場合、一般担保の登記を不動産信託受益権に行うことは認められておらず、現物不動産と同様の地位を確保することは課題となる。

　特定社債権者はTMKが所有する不動産について一般担保を実行することができる。その実行方法は、民事執行法180条により、以下の方法のうち、特定社債権者の選択するものによる。

一般担保の実行方法

| ① | 担保不動産競売（競売による不動産担保権の実行をいう）の方法 |
| ② | 担保不動産収益執行（不動産から生ずる収益を被担保債権の弁済に充てる方法による不動産担保権の実行をいう）の方法 |

　一般先取特権の優先順位については、民法においては他の担保権との優劣に関する規定があり、また租税法上租税債権との優劣に関する規定がある。現物不動産が担保目的物の場合に担保を実行して不動産競売がなされたとして、他の債権者との優先関係は、以下のように整理可能である。

一般先取特権の優先順位

順位	権利関係
1	租税債権の法定納期限等以前に登記された抵当権及び一般先取特権（抵当権と一般先取特権の間では登記の先後による）[101]
2	租税債権
3	租税債権の法定納期限等の後に登記された抵当権及び一般先取特権（抵当権と一般先取特権の間では登記の先後による）

---

[100]　一般先取特権について、道垣内弘人『担保物権法（現在民法Ⅲ）』（有斐閣、第4版、2017年）49頁参照。

[101]　国税徴収法8条、16条、20条、地方税法14条、14条の10、14条の13参照。

| 4 | 未登記の一般先取特権 |

7 担保付社債信託法

【1】特定社債への物上担保付与

　特定社債に質権や抵当権の担保（物上担保）を付することができれば、レンダーの地位は強固となる。しかし、特定社債に物上担保を付する場合、担保付社債信託法（以下「担信法」という）の適用があるので（資産流動化法130条、同法施行令36条）、それによる影響を考慮する必要がある[102]。担信法2条1項は「社債に担保を付そうとする場合には、担保の目的である財産を有する者と信託会社との間の信託契約（以下単に「信託契約」という。）に従わなければならない。」と規定しており、TMKが不動産信託受益権や現物不動産を有する場合、信託会社と信託契約を締結する必要がある。またTMK以外の第三者がTMKの同意を得て、信託契約を締結して、特定社債に物上担保を付することも可能である（同項第2文）。担信法の制度目的は「社債権者は多数に上り、しかも社債は輾転流通するから、各社債権者に対し個別に物上担保を提供することは困難であるばかりでなく、各社債権者がそれぞれ物上担保権を実行することは煩雑である。そこで、信託の法理を用い、実質的権利者（受益者である社債権者）と別個の信託会社（受託者）が担保権者として物上担保権の保存・実行に当たることとし、その法律関係を規制するのが本法である。」とされている[103]。

　TMKを使用する不動産投資で発行される特定社債は、多数の社債権者に取得されることを想定していないが、それでも特定社債に物上担保を付する場合には担信法の適用があり、信託会社との信託契約を締結することが必須となる。そのためには案件を受任してくれる信託会社を探し、信託契約の交渉、信

---

[102]　保証のような人的担保が付された社債には担信法の適用はない（江頭憲治郎編『会社法コンメンタール16巻　社債』（商事法務、2010年）263頁）。

[103]　江頭・前掲102) 263頁。

託会社への報酬の支払が必要となるが、実務においては、それらの手間及びコストをかけることに消極的な場合が多く、実務において担保付特定社債はほとんど発行されていない。

【2】担信法を使用しない場合の実務的対応

　レンダーによるファイナンス供与が特定社債の引受けのみの場合には、担信法の適用を受けないよう、一般担保以外に物的担保は徴求しない。特定資産が不動産の場合には、一般担保の登記を経由することができるが、不動産信託受益権の場合には、登記制度を利用することもできないため、契約上の拘束のみに依拠することになる。具体的には、レンダーは、TMK、特定社員、優先出資社員、アセットマネジャー、マスターレッシー等の関係者との間で、資産処分制限、担保提供制限（ネガティブプレッジ）、一定の重要事項についてレンダーの承諾取得、倒産不申立てやその他の事項についての合意を取り交わして、関係者の有する権利について担保権設定のための合意をしたのと類似の効果が生じるようにすることによってレンダーの利益を確保することになる[104]。

　上記は特定社債のみを使用したファイナンスの場合であるが、より債権保全を確実にしたいレンダーは、特定社債の引受けに加えて、ローンの貸付け（TMKによる特定借入れ（資産流動化法210条）を行い、貸付債権を被担保債権とした物的担保をTMKや関係者の資産・権利に取得する方法をとる。実務では、このように特定社債とローンの貸付けが併用される例は多く、その場合、ファイナンス総額の多くの部分はローン（特定借入れ）によってなされる。ただ、この方法（つまり特定社債と特定借入れの併用）によると、特定社債については依然として物的担保が付されていない点を不十分と考えるレンダーもおり、特定社債のみによるファイナンスの方式をとりつつ、以下 8 9 で紹介する保証委託方式や支払補償委託方式でレンダーの債権保全を図る例もある。

---

[104] これらは「プロジェクト契約」という関係者の多くが参加する契約で達成される場合もあるし、必要な当事者間の個別の契約（例えば、「特定出資に関する覚書」などという形）で達成される場合もある。

8 特定資産への担保設定（保証委託方式）

担信法の適用を受けずに実質的に特定社債に物上担保を付する方法として特定社債に人的保証を付することがある。具体的には、大要、以下の方法による（以下「保証委託方式」という）。

保証委託方式

①	レンダーがTMKに対して特定社債を引き受ける方法によってファイナンスを提供する。
②	他方、同一のレンダーがTMKとの間で保証委託契約を締結し、そこではTMKがレンダーに対し特定社債の債務をTMKと連帯して特定社債権者に対して保証することを委託するとともに、保証人としてのレンダーはTMKに対して一定の事由が生じた場合に事前求償権を有すること及びレンダーが保証債務を履行した場合には事後求償権を有することなどが規定される。
③	TMKは、②における求償権を被担保債権として、TMKの特定資産に保証人としてのレンダーのため担保権（抵当権や質権）を設定する。

保証委託方式によれば、特定社債権者は、保証人として特定資産を担保にとることができるので好都合である。TMKにとっても保証委託方式を受け入れることでファイナンスの条件がよくなるのであれば反対する理由もない。つまり保証委託方式は取引に関与する誰の利益を害するわけでもなく、取引関係者の期待に応えることを可能にする方式ということができる。

しかし、保証委託方式はその技巧的性格ゆえに法的な疑問点が存在する。保証委託方式では特定社債権者と保証人との間の保証の存在が必須となるが、特定社債権者と保証人が別人格であればともかく、同一法人であるため、果たして両者間で保証を観念できるのかという疑問が生じる。また、担信法の潜脱行為とされてしまうのではないかという懸念もある。これらの点については確立された判例や学説は存在しない[105]。これらの理由から、保証委託契約方式は

---

105) 土屋年彦編・髙橋淳＝小山修司＝稲田森『TMK（特定目的会社）の法律実務Ｑ＆Ａ』（中央経済社、2009年）231頁に法律構成の解説がある。また、西村あさひ法律事務所編『ファイナンス法大全（上）』（商事法務、全訂版、2017年）688頁脚注37では、担信法の潜脱についての議論の紹介がある。

広く利用されているものではない。

保証委託方式のストラクチャー

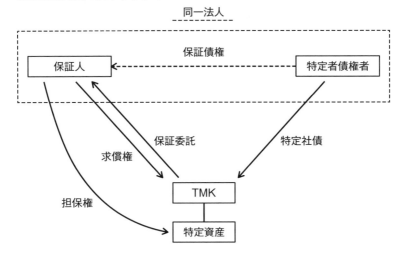

9 特定資産への担保設定（支払補償委託方式）

保証委託方式とは異なるストラクチャーで事実上特定社債に物上担保を付する試みとして以下の方法（以下「支払補償委託方式」という）もある[106]。

支払補償委託方式

①	レンダーがTMKに対して特定社債を引き受ける方法によってファイナンスを提供する。
②	他方、同一のレンダーがTMKとの間で支払補償委託契約を締結し、そこではTMKがレンダーに対し特定社債に一定の事由が生じた場合（期限の利益喪失や償還期限の徒過であり、以下「補償事由」という）、支払補償人としてのレンダーはTMKに対し、当該事由が生じた際の特定社債の元本、利息その他一切の未払金額の支払を約束する（以下「補償債務」という）。

---

106) 支払補償委託方式の細部は利用するレンダーにより異なるが本書では単純化して記載する。

第3章 TMKストラクチャー　213

③	補償事由が生じた場合、支払補償人は、補償債務の履行に必要な金額をTMKに支払うこととし[107]、支払によりTMKに対し求償権を取得する。
④	TMKは、②における求償権を被担保債権として、TMKの特定資産に保証人としてのレンダーのため担保権（抵当権や質権等）を設定する。

　支払補償委託方式は、保証委託方式と異なり、特定社債権者と支払補償人との間に保証その他の債権債務関係を成立させることを想定していない。この点で保証委託方式より法的な問題は少ないということができる。筆者の印象にとどまるが、支払補償方式を採用する取引の方が保証委託方式を採用するものよりも多いのではないかと思う。しかし、これもまた筆者の印象だが、近年は、支払補償委託方式の使用はほとんどみられず、消滅傾向にあるのではないかと思う。おそらく、これは、特定借入れを併用すればファイナンス金額の相当部分について担保を取得可能であること、担保不足が原因でファイナンス金額の回収が不能になるリスクは大きくないこと、支払補償委託方式という技巧的手段が担信法の潜脱（脱法行為）に当たるのではないかという懸念が依然として存在することが理由ではないかと思われる。

　保証委託方式・支払補償委託方式のいずれについても、それが使用される場合に取引関係者の利益が害されるということはないので実務上は取引関係者から特に反対意見が出ることはないのが通常である。問題となり得るのは、TMKを代理する法律事務所が発行することを求められる法律意見書である。ファイナンス提供の前提条件には通常「発行会社の法律顧問である日本法弁護士が、総額引受会社が合理的に満足する内容及び形式の法律意見書を総額引受会社に提出していること。」が含まれ、発行会社の法律顧問は保証委託方式又は支払補償委託方式に法律意見を述べることを求められるので、それへの対応が議論になることがある[108]。

---

107)　支払補償委託契約上この支払はTMKに対してなされるがレンダーの管理する口座に入金されるようにするなどTMKが流用できない方法で支払がなされる仕組みを用意することになる。

108)　実務においては、レンダーの法律顧問は発行会社の法律顧問にできるだけクリーンな（つまり留保のない）「適法、有効かつ執行可能」という法律意見を提出すること

支払補償委託方式のストラクチャー図

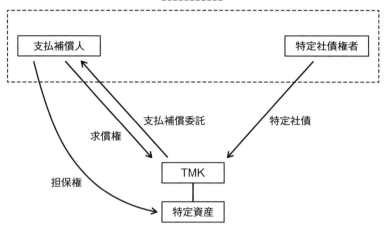

> **コラム** ファイナンスの全額について特定資産への担保設定を可能にする方法―準消費貸借方式
>
> 　前述のように保証委託方式及び支払補償委託方式のいずれも問題を内包しているため、現在は、特定社債と特定借入れを併用し、特定社債については物的担保をとらない、という方式（以下「併用方式」という）がとられることが多い。併用方式をとりつつ、ファイナンス供与額のすべてに担信法の適用を受けずに物的担保をとる、という筆者が考案した方法がある。これは、民法588条に規定される準消費貸借を使用する方法であり、以下に「準消費貸借方式」として紹介することにしたい。

を求めるが、法律家として疑問がある場合にそのようなクリーンな意見を提出することは難しい場合も多い。そのような場合には、法律家同士の議論を経て、法律意見書に一定の留保事項を入れることや、場合によってはある法的論点については意見を述べない、という解決を図ることになる。

準消費貸借方式

①	議論をわかりやすくするために、ファイナンスを併用方式によって提供するレンダーをA銀行とし、特定社債を発行し、かつ特定借入れを行うTMKをB-TMKとする。そして、B-TMKの特定資産は不動産信託受益権とする。
②	特定借入れの担保は「根質」としてA銀行とB-TMKとの間で将来成立する特定借入れの債権も被担保債権となり得るような担保設定方法を採用する。
③	B-TMKとA銀行との間で、一定の事由（以下「準消費貸借事由」という）が生じた場合には、特定社債の債務を旧債務として消費貸借の債務に変更する準消費貸借の合意をする。これは停止条件付き準消費貸借の合意である。準消費貸借事由は案件に応じて設計できるが、例えば、（ⅰ）強制売却事由や期限の利益喪失事由の発生及び（ⅱ）A銀行からB-TMKに対する書面による請求が考えられる。
④	準消費貸借事由が発生した場合、上記③の停止条件付き準消費貸借における条件が成就し、準消費貸借の合意によって、特定社債の債務は、消費貸借の債務に変更され、さらに上記②の「根質」によって担保される。
⑤	A銀行としては、B-TMKの新たな特定借入れとして金銭を貸し付け、その資金をもって特定社債の償還をしてもらえば、上記の準消費貸借と同じ結果を得ることができる。あるいは、B-TMKがA銀行の保有する特定社債を償還し、A銀行からその資金を特定借入れとして借り入れる方法をとれば上記の準消費貸借と同じ結果を得ることができる。しかしながら、これらの方法は現金の迂遠な往復を招くのみである。このような無駄な現金の往復を省略したのが準消費貸借であるといわれている（鎌田薫＝潮見佳男＝渡辺達徳編『新基本法コンメンタール債権2』（日本評論社、2020年）174頁参照）。

　準消費貸借方式が法的に可能であることを多少敷衍して以下に解説する。

　まず、資産流動化法210条に規定される特定借入れの法的性質は民法587条に規定される「消費貸借」である。この点について異論を示す判例学説は見当たらず、実務においても特定借入れは「金銭消費貸借契約」によって広く行われている。

他方、民法588条に規定される準消費貸借の合意が成立すれば「消費貸借」の成立が擬制され、結果として生じる当事者の法律関係は「消費貸借」である。これは同条の文言上明らかである。したがって、準消費貸借によって成立した消費貸借であっても資産流動化法210条による特定借入れとしてとして資産流動化法上取り扱うこと自体に問題はない[109]。

　準消費貸借について述べると、まず、準消費貸借の成立要件として「基礎となる債務の存在」が必要であるが、「基礎となる債務は、金銭その他の代替物の給付を目的とするものあればよく、別段の制限はない。」とされている（幾代通＝広中俊雄編『新版注釈民法（15）債権（6）』（有斐閣、1996年）22頁、鎌田＝潮見＝渡辺編・前掲174頁参照）。したがって、特定社債の債務を準消費貸借の基礎となる債務とすることに問題はない。次に、「基礎となる債務の目的物を、消費貸借の目的とする旨の契約をなすこと」が準消費貸借の要件である。この合意は、「意思表示のみで足り、なんら物的要件を必要としない。」とされている（幾代＝広中編・前掲 25頁）。そうだとすれば、上記の停止条件付き準消費貸借の合意が準消費貸借の意思表示を構成することにも問題はない。

　準消費貸借の効力については、「準消費貸借は、要物性が緩和されている点で、すなわちその成立要件において、普通の消費貸借と異なるのみであって、借主の返還義務が生ずることなど消費貸借としての効力においては、これとなんら異なるところはない。」とされている（幾代＝広中編・前掲26頁）。したがって、特定借入れを準消費貸借の方法で行うことに特に理論上の障害はないのである。

　なお、準消費貸借方式によると、特定社債がなくなってしまい租税特別措置法の要件を充足できなくなる。この点、レンダーによる担保実行の段階に至ればもはやTMKの導管性要件維持の必要性は乏しく

109）　この点については、背景事情及び実務上のメリットを書面で説明したうえで、金融庁（証券課）から、問題ない旨の口頭の了解を得ている。

なっているので実務上の問題はないと思う。しかし、万一導管性要件維持の必要性があるのであれば、レンダーの裁量の範囲で、特定社債の債務のうち導管性要件維持のために必要な最低限の金額（例えば、1億円）を残して残余を準消費貸借により特定借入れ（金銭消費貸借）に変更することができるようにすればよい。

準消費貸借という方法は実務ではあまり見慣れないが、民法上確立された契約類型であり、準消費貸借方式によってレンダーのTMKへのファイナンスの供与はより確実な担保によって保全された強固なファイナンスになる。準消費貸借方式が関係者全員に及ぼす実務上の利益は大きいと思われる。

準消費貸借の応用

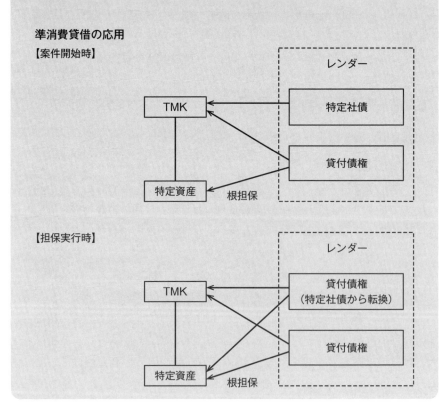

10 TMKへのノンリコースファイナンスのドキュメンテーション

【1】総額引受契約

　TMKが特定社債の発行による融資を得るには、通常、ファイナンスを提供するレンダーとの間で社債要項が添付された総額引受契約を締結する。総額引受契約による特定社債の引受条件は、極めて大雑把にいえば、ノンリコースローンを提供するローン契約（金銭消費貸借契約）の内容と実質的には同等である。これまで述べてきたように不動産ファイナンスで使用される特定社債は多数の社債権者に取得されることを想定しておらず、ほとんどのケースにおいては、租税特別措置法の要件を充足するために特定社債という形式が使用されるにすぎない。社債特有の形式に関する事項を除けば、ローン契約と内容を異にする理由はないからである。実際、実務では、特定借入れが併用される場合には、特定借入れのドキュメンテーション（つまりローン契約の交渉作成）を先に進めて、内容が固まったら特定社債の総額引受契約及び社債要項を作成するという手順がとられる。ただし、TMKは租税特別措置法の導管性要件を充足する必要があることから、TMKの利益保護のために含まれ得る条項として、以下の点を指摘することができる。

租税特別措置法の導管性要件充足のために加える条項

①	特定社債の譲渡先の制限 ⇒特定社債は機関投資家によって保有される必要があるので、「総額引受会社は、本件特定社債を譲渡することにより発行会社が『租税特別措置法』（昭和32年法律第26号、その後の改正を含む）第67条の14に基づく特定目的会社に係る課税の特例の適用を受けられなくなる場合には、本件特定社債を譲渡することはできないものとする。」という内容の条項が加えられる。
②	配当可能利益の90％を超える配当 ⇒TMKは配当可能利益の90％を超える金額を配当する必要がある。しかし、案件により、準備金の積立て等により、TMKは利益をそのまま配当できない場合があり得る。それを可能とするように、リリース口座内の資金や準備金を使用することを可能とすることや、必要があれば、優先出資又は特定出資の発行によってTMKに資金を注入することで、必要な金額の利益配当を行うための条項が加えられる。

参考までに、以下に総額引受契約の本体に規定される事項と社債要項に規定される事項のそれぞれの主要項目の一例を示す。

総額引受契約に規定される事項	社債要項に規定される事項
・ 総額引受けの合意 ・ 本件特定社債の払込み等 （中止） （実行方法） （払込実行前提条件の不成就） （本件特定社債の払込みの実行不能） （引受手数料） ・ 払込金の使途 ・ 払込実行前提条件 ・ 本件特定社債の譲渡 ・ 特定社債管理者の不設置 ・ 発行会社の表明及び保証 ・ 責任財産限定特約及び倒産手続申立ての制限 ・ 反社会的勢力の排除 ・ 公正証書 ・ 秘密保持 ・ 諸経費及び公租公課等の負担 ・ 証券化協力義務 ・ 雑則	・ 特定社債総額 ・ 各特定社債の金額 ・ 各特定社債の形式 ・ 適用利率 ・ 払込金額 ・ 償還価額 ・ 払込期日 ・ 発行日 ・ 利息支払の方法 ・ 元金償還の方法 ・ 利息支払及び元金償還の順序・方法 ・ 届出の免除 ・ 各特定社債の金額の分割禁止 ・ 譲渡制限 ・ 告知義務 ・ 元利金支払の方法 ・ 一般担保 ・ 責任財産限定特約及び倒産手続申立ての制限 ・ 特定社債管理者の不設置 ・ 財務代理人 ・ 期限の利益喪失事由 ・ 特定社債権者集会 ・ 発行会社の遵守事項 ・ 公告の方法 ・ 振替機関 ・ 総額引受会社 ・ 費用の負担 ・ 本件社債要項の変更

【2】スポンサーレター

スポンサーレターについては、TKGKストラクチャーにおいて述べたところ

がTMKストラクチャーにも当てはまる（第2章Ⅷ❸（⇒143頁））。TKGKストラクチャーの場合、匿名組合員をスポンサーレターの発行者にはしにくいが、TMKストラクチャーの場合、投資家側でスポンサーレターの発行者とすることが難しい者は特に存在しない。

【3】ローン契約（金銭消費貸借契約）

　TMKの場合、資産流動化法210条の制限があること及び特定社債について述べたTMKの導管性要件の保持の必要性があることを除けば、おおむねTKGKストラクチャーにおけるローン契約について述べたところが当てはまる（第2章Ⅷ❹（⇒146頁））。

【4】プロジェクト契約

　TMKに対するファイナンスにおいてもプロジェクト契約は使用される。その目的はTKGKストラクチャーに関して述べたところと異ならない（第2章Ⅷ❺（⇒150頁））。TKGKストラクチャーでは匿名組合員はプロジェクト契約に参加しないが、TMKストラクチャーにおいてはそのような法的に忌避すべき者は存在しない。プロジェクト契約への主たる参加者は、案件により異なるが、レンダー、TMK、信託受託者、アセットマネジャー、プロパティマネジャー、マスターレッシーとなる。

【5】担保契約

　レンダーによるTMKに対するファイナンスの供与が特定社債に限られず特定借入れの方法による場合及び上記❽の保証委託方式や❾の支払補償委託方式を使用する場合、レンダーはTMKの有する資産を担保にとることになる。TKGKストラクチャーで担保契約について述べたところが基本的にTMKにも当てはまるが（第2章Ⅷ❻（⇒152頁））、TMKストラクチャーの場合、「匿名組合追加出資請求権質権設定契約」及び「GK社員持分質権設定契約」に代えて、以下の担保契約が使用され得る。

TMKストラクチャー特有の担保契約

	担保契約	担保物／設定者	概要
①	特定出資質権設定契約	特定出資／特定社員	・ 特定出資への質権設定は、その交換価値把握というより支配権確保の観点からなされる。レンダーが特定出資を質権実行により取得すればTMKをコントロールすることができ、ストラクチャーの保全に役立つからである。レンダーにとって重要な担保権である。 ・ 特定出資への質権設定は特定社員と質権者との間の合意のみで可能である（資産流動化法32条1項）。特定出資については証券の発行はできないので（同法37条）、優先出資と異なり、証券の交付は必要とならない。 ・ 特定出資の買入れの対抗要件は、その質権者の使命又は名称及び住所を特定社員名簿に記載又は記録することである（同法32条2項）。
②	優先出資質権設定契約	優先出資／優先出資社員	・ 案件により優先出資社員の有する議決権は異なるが、優先出資への質権設定は、その交換価値把握というより支配権確保の観点からなされると考えられる。ただ、特定出資より支配権確保の観点からの重要性は劣るので、優先出資への担保設定がなされるケースは多くない。 ・ 優先出資への質権設定は、優先出資社員と質権者との合意に加えて、当該優先出資社員が優先出資に係る優先出資証券を交付する必要がある（資産流動化法45条4項、会社法146条2項）。この点、優先出資社員が優先出資証券の不所持の申出をしていた場合には、TMKに優先出資証券の発行を請求することになる（資産流動化法49条2項、会社法217条6項）。 ・ 優先出資の買入れの対抗要件は、継続して当該優先出資に係る優先出資証券を占有することである（資産流動化法45条4項、会社法147条2項）。この点は特定出資と異なるところである。また、優先出資社員名簿

| | | に質権者の氏名又は名称及び住所並びに質権の目的である優先出資が記載された場合、当該質権者は、登録優先出資質権者として、剰余金の配当、残余財産の分配に係る金銭を受領し、他の債権者に先立って自己の債権の弁済に充てることができる（資産流動化法45条4項、会社法148条、154条1項等）。|

V　TMKによる特定資産の追加取得等

1 はじめに

　すでに述べたように、平成23年改正がなされる前の運用では、TMKによる特定資産の追加取得は既存の特定資産（業務開始時における資産流動化計画に記載又は記録されていた特定資産）と追加取得する特定資産との間に「密接関連性」がない限り、許されていなかった。しかし、平成23年改正の際の解釈変更より特定資産の追加取得については、投資家保護に反しない範囲で、規制の弾力化が行われ、TMKを使用して資産を追加取得していくこともより広く可能となった。

　解釈変更前の運用は、資産の流動化とはTMKの業務開始届出時に特定された特定資産の流動化を意味するのみで、TMKが投資家の資金を運用するファンドとして特定資産を追加して取得することを原則として許さなかった。しかし、解釈変更により、TMKがそのようなファンドとして機能することが一定の範囲で許されることになったのである。TMKによる特定資産の追加取得の問題は実務上重要であるため、以下に概説することにしたい。

2 平成23年改正の際の解釈変更[110]

【1】金融庁によるパブリックコメントへの回答

　平成23年改正の際になされた金融庁によるパブリックコメントへの回答は、特定資産の追加取得について以下のように述べている。

金融庁の考え方（資産流動化法施行規則29条3項について）[111]

> 特定目的会社の業務開始届出時における資産流動化計画に特定資産として記載又は記録されていなかった資産について、業務開始届出後に、利害関係人全員の承諾により資産流動化計画を変更して新たに特定資産として追加した上で取得すること（当該変更により資産流動化計画に新たに特定資産として記載又は記録される資産を、以下「金融庁の考え方」において「新たな特定資産」といいます。）は、当該新たな特定資産が業務開始届出時における資産流動化計画に記載又は記録されていた特定資産（以下「金融庁の考え方」において「既存の特定資産」といいます。）との関連性を有するか否かを問わず、資産流動化法上、可能であると考えられます。
>
> ただし、新たな特定資産が宅地建物取引業法上の宅地又は建物である場合には、資産流動化法第204条において特定目的会社につき宅地建物取引業法の適用を除外した経緯や趣旨に鑑み、宅地建物取引業法の目的である宅地・建物の買主の保護の要請に反しない限度においてのみ、新たな特定資産を取得することが可能と考えられます。同条については、資産流動化法の制定当時、不良債権や担保不動産等の流動化の促進を念頭に、既存の特定資産に係る流動化を典型的なものとして想定するとの前提の下で、流動化の促進という政策目的を踏まえ、宅地建物取引業法の適用を除外したものと考えられることから、既存の特定資産と密接関連性を有しない宅地建物取引業法上の宅地・建物を新たな特定資産として取得することは、原則として認められないものと考えられます。
>
> なお、既存の特定資産と密接関連性を有するか否かについては、既存の特定資産との地理的な近接性、追加取得しようとする宅地・建物の機能・役割、追加取得に係る経緯等を総合的に勘案して判断されるものと考えられます。

　上記の金融庁の考え方は、第1段落で原則（以下「新たな特定資産の追加取得についての原則」という）を述べた後、第2段落で原則に対する例外（以下「禁止される追加取得」という）を述べ、さらに第3段落で「密接関連性」の判断基準を述べている。以下にそれぞれを概説する。

---

110) 　ここで資産流動化法の改正それ自体ではなく「解釈変更」としているのは、追加の特定資産の取得に関連して改正されたのは内閣府令の「資産流動化法施行規則」であり、資産流動化法そのものではないからである。

111) 　金融庁「コメントの概要及びコメントに対する金融庁の考え方」（平成23年金融商品取引法等改正（6ヶ月以内施行）に係る政令・内閣府令案等に対するパブリックコメントの結果等について）（平成23年11月11日）15頁以下、No. 36～44。

【2】新たな特定資産の追加取得についての原則

金融庁の考え方は以下のように整理できる。

新たな特定資産の追加取得についての原則（金融庁の考え方）

①	「新たな特定資産」とは、TMKの業務開始届出時における資産流動化計画に特定資産として記載又は記録されていなかった資産である。 「既存の特定資産」とはTMKの業務開始届出時における資産流動化計画に特定資産として記載又は記録されていた資産である。
②	「新たな特定資産」は「既存の特定資産」との関連性を有するか否かを問わず、資産流動化法上、可能である。

【3】禁止される追加取得

上記と同様に原則に対する例外として禁止される追加取得について整理すると以下のとおりである。なお、この例外は、「既存の特定資産」に宅建業法の目的である宅地・建物が含まれる場合に限って発動されると考えられる。したがって、金融庁の考え方では、「既存の特定資産」に宅建業法の目的である宅地・建物が全く含まれない場合には、たとえ「新たな特定資産」が宅建業法上の宅地又は建物でも、上記【2】の原則に戻り、両者間の「密接関連性」は要求されないと考えられる[112]。

上記【2】原則に対する例外―禁止される追加取得（金融庁の考え方）

①	新たな特定資産が宅地建物取引業法上の宅地又は建物である場合には、既存の特定資産と密接関連性を有しない宅建業法上の宅地・建物を新たな特定資産として取得することは、原則として認められない。
②	①の反対解釈として、「既存の特定資産」との「密接関連性」があれば、「新たな特定資産」が宅建業法上の宅地又は建物であっても追加取得は可能である。

---

112) この点、上記の「金融庁の考え方」では「新たな特定資産が宅地建物取引業法上の宅地又は建物である場合には」とするのみで、「既存の特定資産」の内容には直接的には言及していない。しかし、文脈上、既存の特定資産も宅建業法上の宅地又は建物であることを前提にしているものと考えられる。筆者の担当した案件では、既存の特

【4】密接関連性の判断基準

　金融庁の考え方では、既存の特定資産と密接関連性を有するか否かについては、既存の特定資産との地理的な近接性、追加取得しようとする宅地・建物の機能・役割、追加取得に係る経緯等を総合的に勘案して判断される。金融庁の考え方においては特に具体例は示されていないが、既存の特定資産が建物建設用地であり駐車場確保の必要性からその土地に隣接する土地を取得するような場合には両者の密接関連性は肯定される可能性が高いといえる。

【5】業務開始届出時の資産流動化計画に記載又は記録がある資産の事後的な取得

　上記の金融庁の考え方の冒頭部分では議論の対象を「特定目的会社の業務開始届出時における資産流動化計画に特定資産として記載又は記録されていなかった資産」に限定している。逆にいうと、以下に示すような「業務開始届出時の資産流動化計画に記載又は記録がある資産」については、上記の議論の対象にはならず、事後的な取得が許容されていると考えられる。

密接関連性にかかわらず事後的な取得が当然に許容されるケース

①	業務開始届時点で複数の特定資産を順次取得していく予定で、資産流動化計画に特定資産として複数の資産が記載又は記録されている場合には、当該複数の資産が不動産であってもそれらの間に密接関連性は要求されず、二件目以降の特定資産の取得を行うことは可能である。このような場合は特定資産の追加取得ではなく、あらかじめ資産流動化計画に記載された特定資産の順次取得にすぎない。
②	業務開始届出時点で複数の特定資産を取得することを予定しているが、すべての資産について売買契約が締結されていない場合には、そのような資産に

定資産が「合同会社の社員持分」で新たな特定資産として追加取得を計画した資産が「宅地建物取引業法上の宅地及び建物」のケースがあり、両者間の密接関連性の要否について金融庁に照会した。この際、金融庁からは、そのような場合には密接関連性は不要であるとの回答を得ている。なお、かかる照会を行ったケースでは「既存の特定資産」は合同会社の社員持分であったが、当該合同会社は不動産及び不動産に関連する資産を一切所有していなかった。ちなみに旧法TMKとして活用する目的で「合同会社の出資持分」をとりあえず特定資産として保有していたTMKはある一定数存在していたものと推測される。

ついては、資産流動化計画に特定資産として記載するのではなく、「その他資産流動化計画記載事項」の「資産流動化計画の概要」に当該取得予定の資産を十分特定した上で、後日取得する旨を記載しておき、後日売買契約を締結することが可能になった時点で、利害関係人全員の承諾により資産流動化計画を変更して特定資産として記載を追加する場合がある。このようにして追加された特定資産は、それが不動産であっても、他の特定資産と密接関連性を要求されず、事後的に取得することは可能であると考えられる[113]。

> **コラム** 特定資産追加取得に関する解釈変更のルールの適用に関する問題
>
> 　平成23年改正の際にパブリックコメントへの回答で示された金融庁の考え方は、上記**2**【1】で示したところであるが、実務上問題になるケースをすべて網羅するような記載ではないため、それがどのように実務上適用されるのかは必ずしも明確ではない。そのような疑問が生じるケースの具体例としては、「既存の特定資産」が宅建業法上の宅地又は建物（以下、このコラムでは「現物不動産」という）そのものではなく、①現物不動産を受託者が所有する信託の受益権の場合、②匿名組合出資持分で営業者が現物不動産を所有する場合、③貸付債権で現物不動産が担保とされている場合に、いかなる状況下で追加取得が許容され、又は許容されないのか、④現物不動産を所有する合同会社の出資持分の場合はどうか、という点を挙げることができる。TMKが新たな特定資産を取得する場合には、これら①から④の場合に対象となる特定資産の背後にある現物不動産との密接関連性を考慮しなければならないのであろうか。
>
> 　この問題については、金融庁で平成23年改正の作業に関与された本村・前掲73）122頁において「解釈変更後は特定資産が宅建業法上の宅地・建物自体ではない場合（例えば不動産の信託受益権や匿名組合の出資持分）には、その特定資産の裏付資産である宅地・建物との関係で密接関連性を判断することになる。」という記載がある。これは宅建業法に配慮して買主を保護するため、という理由であると思われ

---

113) 本村・前掲73）139頁においても密接関連性は不要と結論づけられている。

る。同書では、上記を前提にいくつかのケーススタディーを行い、解説を行っている（同書124頁～131頁）。これらの解説が金融庁の運用実務を示しているのであれば、実務を担当する者はそれに従わざるを得ない。ただ、筆者は実務家として以下の疑問を有する。

　まず、宅建業法における買主の保護という極めて抽象的な命題のみから裏付資産にまで着眼して演繹的に議論を進めることが妥当な手法なのかについては疑問がある。そもそも解釈変更が行われた趣旨は、金融庁の考え方によれば「特定目的会社を用いた資産流動化スキームにおける追加取得のニーズの高まりを受けて、資産流動化法の施行後十数年間の実務の運用を勘案し、資産流動化スキームの更なる活用を目指す」ことにある[114]。不動産が裏付資産であるとしても特定資産の法形式は不動産とは異なる。他の多くの法分野では、法形式に従った規制がなされることが多い。具体的には、不動産信託受益権、匿名組合出資持分は有価証券であり、不動産担保付き貸付債権は債権であり、裏付資産に着眼して不動産そのものとしては原則として規制されない。それにもかかわらず法形式を無視して裏付資産に着眼すれば解釈変更の趣旨を没却しかねないと考えられる。

　また、裏付資産に着眼して規制を行うことにしても、ファンドのビークル（器）としてTMKを使用する者は、容易に規制を回避できる。追加取得のたびに別の新しいTMKを設立し利用すれば足りるからである。実際に実務はそのように動いてきており、そのような不便を解消するのが解釈変更の目的ではなかったのかという疑問を禁じ得ない。

　さらに、裏付資産に着眼しないと実際に買主保護に支障が生じるのかという点（つまり実際上の必要性）については、TMKが売主となる取引はほぼ例外なく宅建業者が仲介しており、仲介業者によって買主の宅建業法上の利益は相当程度保護されている。そもそも業務開始届時点で複数の特定資産を順次取得していく予定で、資産流動化計画

---

114)　金融庁・前掲111) 18頁、No. 48。

> に特定資産として複数の資産が記載又は記録されている場合には資産流動化法204条により宅建業法の規制は及ばないので、それとのバランスからしても解釈変更の趣旨を汲まずに裏付資産にまで着眼して買主保護を強く打ち出す必要があるのかは甚だ疑問である。
> 　上記の理由から、筆者は既存の特定資産の裏付資産としての現物不動産との密接関連性を取り上げる解釈には疑問を持つ。金融庁が解釈・運用方針を明確化されることを望むものである。

3 特定資産の管理・処分により得られる金銭を原資とする特定資産の取得

【1】はじめに

　上記のとおり、平成23年改正に関連して特定資産の追加取得についての解釈変更がなされたが、同じ機会に「特定資産の管理・処分により得られる金銭を原資とする特定資産の取得」についても解釈変更がなされた。上記 2 は特定資産の追加取得という「取得対象」についての解釈変更であるのに対し、これは「取得原資」についての解釈変更である。「取得原資」についての解釈変更も「投資者保護に反しない範囲で資産流動化スキームについて一定の規制の弾力化を行う」という意図の表れということができる。以下に概説する。

【2】資産流動化法施行規則19条4号

　「取得原資」についての解釈変更は、資産流動化計画に記載すべき「特定資産の管理及び処分に関する事項」として、平成23年改正で定められた以下の条項によってなされた。

資産流動化法施行規則19条4号
> 特定資産の管理又は処分により得られる金銭の全部又は一部を当該特定資産又は他の特定資産の取得に係る資金の全部又は一部に充てることを予定する場合（特定資産の管理又は処分により得られる金銭の全部又は一部を従たる特定資産のみの取得に係る資金の全部又は一部に充てることを予定する場合を除く。）は、その旨

　上記の条項について、平成23年改正の際にパブリックコメントへの回答で示された金融庁の考え方では、「特定目的会社は、『資産の流動化』（資産流動化法第2条第2項）に係る業務として、資産対応証券の発行又は特定借入れにより得られる金銭をもって取得した特定資産の管理又は処分による金銭をもって、当該特定資産又は他の特定資産の取得又は管理に係る資金に充てることができるものと考えられます。資産流動化法施行規則第19条第4号の規定は、かかる解釈を前提として、特定資産の取得原資として当該特定資産又は他の特定資産の管理又は処分による金銭を充てようとする場合には、資産流動化計画にその旨の定めを求めるものです。」（20頁、No. 51）と説明されている。平成23年改正より前は、「特定資産の管理・処分により得られる金銭を原資とする特定資産の取得」は、資産流動化法における「資産の流動化」の定義（同法2条2項）に該当しないと解釈されていた。しかし、資産流動化スキームについて一定の規制の弾力化の一環として、金融庁の考え方では「特定目的会社は、資産の流動化に係る業務として、特定資産の売却及び他の特定資産を購入する取引を連続して行うことができるものと考えられ、かかる行為は資産流動化法第2条第2項の『一連の行為』に含まれるものと考えられます。」（22頁、No. 58）と解釈変更が行われた。この結果、以下の事項が可能になったと考えられる。

	原資	左記原資によって可能な行為
①	特定資産の管理による金銭（例：賃料収入）	特定資産の取得
②	特定資産の処分による金銭（例：売却代金収入）	特定資産の取得

| ③ | 特定資産の管理による金銭（例：賃料収入） | 特定資産の管理 |
| ④ | 特定資産の処分による金銭（例：売却代金収入） | 特定資産の管理 |

　上記のうち③及び④は法令上明記されていないが、当然許容されると考えられている[115]。また、特定資産の管理・処分により得られる金銭を原資として特定資産を取得する場合について、当該原資によりどの特定資産を取得するのかという対応関係を資産流動化計画に示すことは実務上困難であろうことから、そのような対応関係の資産流動化計画への記載は求められていない[116]。

Ⅵ　不動産開発におけるTMKの利用等

1 はじめに

　ここで不動産開発とは、既存の建物を購入するのではなく、一定の計画に従って、資金を調達し、その資金で新たに建物を建築所有し、建物から生じる収益を投資家に分配するための活動を意味する。新たに建築される建物には特に制限はない。事業会社が自ら所有者となる不動産開発を行う場合、当該事業会社が資金を調達し、土地を購入し、ゼネコンと建設工事請負契約を締結することになる。TMKが所有者となる不動産開発の場合、必要な作業は事業会社が行うものと変わらないが、TMKはあくまでビークル（器）であることや資産流動化法の枠内でそれらを行う必要があることから一定の配慮が必要となる。

2 TMKを使用した不動産開発の手順（基本型）

　TMKを使用して不動産開発を行う場合の手順を例示すると以下のようになる。

---

115)　本村・前掲73）270頁。
116)　本村・前掲73）271頁以下。

TMKを使用した不動産開発の手順の概要例（基本型）

①	TMKの設立又はすでに設立されたTMKの購入及び役員等の選定
②	土地の売買契約の締結及び建設工事請負契約の締結
③	資産流動化計画の作成・業務開始届出
④	（土地の取得について）減税証明申請（登録免許税、不動産取得税の減免措置）（減税証明書についてはⅢ⓭（⇒197頁）)
⑤	優先出資引受契約の締結・払込金保管証明書の発行・優先出資発行の登記（優先出資の発行手続きについてはⅢ⓮（⇒198頁）)
⑥	（必要な場合）資産流動化計画の変更
⑦	特定社債の発行／特定借入れの実行＋各種担保契約の締結（特定社債の発行の手順については、Ⅳ❹（⇒205頁）。ただし、特定社債を発行しない場合もあり得る。）
⑧	売買代金の支払による土地の取得
⑨	建物の建築、竣工及び引渡し
⑩	建物についての減税証明書申請（不動産取得税の減免措置、建物保存登記の登録免許税は減税が認められていない。申請のタイミングは建物保存登記後になる）

　建物の開発期間中は、不動産からの収益を得られないので、二重課税の回避の問題（第1章Ⅱ（⇒88頁））は生じない。それ故、租税特別措置法の要件を満たす必要はなく、特定社債の発行も必須ではない。しかし、優先出資のみで建物建築資金を調達できない場合や借入れによるレバレッジを利かす必要がある場合、特定社債や特定借入れにより資金を調達することになる。また、建物の建築には長期間を要するので、ゼネコンへの支払も期中に何度かに分けて行われることが多く、その都度、優先出資の発行や特定借入れによる資金調達がなされるのが通例である[117]。

117）　特定社債は一度必要な金額を発行すれば租税特別措置法の要件を充足可能なので、建築期間中は特定借入れによって資金を調達することになろう。

3 TMKを使用した不動産開発の手順 (開発型への移行)

　上記の手順とは異なり、先に土地のみを取得して、その後資産流動化計画を変更して開発型に移行するという手法もある。土地売買契約と同時期に建設工事請負契約を交渉し締結することが困難な場合にはこの方法が好都合である。この場合を例示すると、以下のような手順となる。

TMKを使用した不動産開発の手順の概要例（開発型への移行）

①	TMKの設立又はすでに設立されたTMKの購入及び役員等の選定
②	土地の売買契約の締結
③	資産流動化計画の作成・業務開始届出
④	（土地の取得について）減税証明申請（登録免許税、不動産取得税の減免措置）
⑤	（土地取得のための資金調達）優先出資引受契約の締結・払込金保管証明書の発行・優先出資発行の登記
⑥	（必要な場合）資産流動化計画の変更
⑦	（必要な場合）特定社債の発行／特定借入れの実行＋各種担保契約の締結（ただし、特定社債を発行しない場合もあり得る）
⑧	売買代金の支払による土地の取得
⑨	資産流動化計画の変更
⑩	（建物建築のための資金調達）優先出資の発行、特定社債、特定借入れによる資金調達
⑪	建設工事請負契約締結、建物の建築、竣工、引渡し
⑫	建物についての減税証明書申請（不動産取得税の減免措置、建物保存登記の登録免許税は減税が認められていない）

　なお、開発型への移行は、上記の⑨「資産流動化計画の変更」の方法において、理論的には、二つの方法があり得る。一つは、業務開始届出時に「その他資産流動化計画記載事項」の「資産流動化計画の概要」に取得予定の建物を記

載した上で、後日取得する旨を記載又は記録し、その後利害関係人全員の承諾により資産流動化計画を変更して特定資産として取得する方法である[118]。もう一つの方法は、特定資産の追加取得として、資産流動化計画を利害関係人全員の承諾により資産流動化計画を変更して取得する方法である。この方法は、既存の特定資産である土地との密接関連性が必要となるが、通常土地の上に建築される建物は、土地と密接関連性があると判断されるので問題はない。

4 ゼネコンとの建設工事請負契約に関する注意点

【1】契約形態

　ゼネコンとの契約は、民間（七会）連合協定「工事請負契約約款」や一般社団法人日本建設業連合会の「設計施工契約約款 契約書関係書式」をベースとして作成することをゼネコン側から要請されることが多い。海外の投資家は、これらになじみがなく、海外の建設プロジェクトでよく使用されるFIDICの契約約款を使用することを希望する場合もある。しかし、日本国内の案件では、このような要求が認められることは期待しにくく、上記の日本の契約約款に一定の修正を加える形で、建設工事請負契約が調印されることが多い。建設工事請負契約については、第3編 第6章（⇒507頁）を参照されたい。

【2】スポンサーレター

　TMKを当事者として建設工事請負契約を締結する場合、工事期間は長期にわたり得るし、代金支払も何回かに分けて行われるのが通常である。ゼネコンとしては、SPCであるTMKが確実に工事代金を支払うのか懸念を有することが多い。そのため、ゼネコンはTMKの背後にいる資力のある投資家が工事代金の支払債務を連帯保証することを求め、投資家による連帯保証がスポンサーレターという形でなされることがある。また、開発期間中は収益が生じないため、不動産の収益から融資の元利金の支払を受けることもできない。そのた

---

[118]　本村・前掲73）109頁では特定資産の追加取得に該当しない例として一定の事項が指摘されている。

め、レンダーも予定どおり工事が完了して建物が竣工することを望んで、一定のスポンサーレターを要求することがある。

【3】建設工事請負契約上の権利の移転

　不動産開発によってTMKが建物を取得した後、将来当該建物を売却する際に、買主から建設工事請負契約において売主が有するアフターサービスの履行請求権及び契約不適合責任に基づく請求権などをゼネコンから承諾を得て買主（又は受託者）に移転することを求められる可能性が高い。そのような事態に備えて、TMKがゼネコンと建設工事請負契約を締結する際には、そのような譲渡にゼネコンが承諾する義務を負うことを建設工事請負契約に加えておくことが望ましい。その他、建設工事請負契約については、第3編 第6章（⇒507頁）を参照されたい。

Ⅶ　TMKストラクチャーへの金商法の適用

1 はじめに

　TMKを使用する場合、TMKは資産対応証券（資産流動化法2条11号）としての優先出資及び特定社債を発行することになるが、それらはいずれも第一項有価証券である（優先出資証券は金商法2条1項8号、特定社債券は同項4号、また同条2項前段により証券に表示されていなくとも有価証券とみなされる）。そのため、TMKを使用するには金商法がどのように適用されるのかを理解しておく必要がある。なお、特定出資は、資産対応証券には該当しないし、金商法上の有価証券にも当たらない。

2 募集に対する規制

　TMK自身が資産対応証券の自己募集や自己私募を行うことは金商法の規制を受けない。金融商品取引業（金商法2条8項）に該当する「有価証券の募集又は私募」の対象となる有価証券には資産対応証券は含まれていないのである（同項7号）。ただし、資産流動化法207条及び208条の制約を受け、特定資産の

譲渡人が資産対応証券の募集（私募を含み「募集等」という）の取扱いを行う届出をしたときには、TMKは自己募集や自己私募を行うことはできない。また、TMKが資産対応証券の募集等を行う場合には、金商法に定められた一定の行為規制が適用される（資産流動化法209条1項）。

実務上、TMKは通常第一種金融商品取引業者に優先出資及び特定社債の私募の取扱い（金商法2条8項9号）を委託することが通例である。この理由は、優先出資及び特定社債を引き受ける者の人数は少数であり、私募が行われるのが通常であり、TMKは投資のためのビークルにすぎず、倒産隔離のため従業員もおらず、TMKの取締役には独立した外部の者が就任するため、自己募集を行う体制を備えていないからである。

3 開示規制

【1】はじめに

TMKが資産対応証券を発行し、それが金商法の「募集」（金商法2条3項）に該当すると、有価証券届出書の提出による開示（同法4条1項、5条5項）、目論見書の作成交付（同法13条、15条）が必要となるのが原則である。しかし、TMKを使用した不動産投資では、優先出資及び特定社債の引受けを行う者は限定されており、募集に該当することはなく、私募によることが通常である。

第一項有価証券の私募には、適格機関投資家私募（金商法2条3項2号イ）、特定投資家私募（同号ロ）及び少人数私募（同号ハ）の類型がある。優先出資及び特定社債について、それらに多く使用される私募の類型を以下概説する[119]。

---

119) 優先出資及び特定社債の私募に関する金商法の適用関係は、渥美博夫＝衛本豊樹監修・高木秀文＝木村勇人編『TMKの理論と実務―特定目的会社による資産の流動化』（金融財政事情研究会、改訂版、2021年）Q82～Q88、Q109～Q115において丁寧に解説されている。

【2】優先出資と少人数私募

　TMKの優先出資を引き受けるのは不動産投資をする限定された人数のエクイティー投資家である。それらの投資家が適格機関投資家（金商法2条3項1号、定義府令10条）の地位を有しているとは限らない。TMKによる優先出資の発行は、特定投資家私募によることでも可能ではあるが、少人数私募によることが多い。優先出資の少人数私募は、金商法2条3項2号ハ、金商法施行令1条の6、1条の7第1号・2号イ、定義府令10条の2第1項・8項において規定されている。規定内容の概要は、①49名以下の者（人数の計算から除外される適格機関投資家を除く）を相手方として行う取得勧誘であるが、②3か月以内に発行された「同種の新規発行証券」の取得勧誘の相手方の人数（人数の計算から除外される適格機関投資家を除く）は通算され、③「当該有価証券が多数の者に所有されるおそれが少ない」（金商法2条3項2号ハ）という転売制限が課されている[120]。

　さらに、告知義務及び告知書の交付義務も存在する（同法23条の13第4項・5項、特定有価証券開示府令20条1項、金商法施行令2条の13第1号）。

【3】特定社債と適格機関投資家私募

　TMKによる不動産投資の場合、特定社債を発行する目的は、二重課税を回避するために租税特別措置法の要件を充足する必要がある。そのため、特定社債は機関投資家等によって引き受けられることになる（巻末資料1参照）。機関投資家等は基本的に適格機関投資家であるため、適格機関投資家私募によって特定社債を発行することになる。ここで、適格機関投資家私募とは、適格機関投資家のみを相手方として取得勧誘を行う場合である。これは、当該有価証券がその取得者である適格機関投資家から適格機関投資家以外の者に譲渡されるおそれが少ないものとして定められている要件（転売制限要件）を充足する場合を意味する（金商法2条3項2号イ、金商法施行令1条の4第3号、定義府令11条2項1号）。

---

[120] 　この転売制限の具体的要件は、優先出資の場合、金商法施行令1条の7第1号・2号イに規定されている。

さらに、適格機関投資家私募には、告知義務及び告知書の交付義務も存在する（金商法23条の13第1項・2項）。なお、特定社債権者には、契約上、「適格機関投資家」以外への譲渡ではなく、租税特別措置法上の導管性要件を維持するため「機関投資家等」以外への譲渡を禁止する必要がある。

4 運用に対する規制

【1】投資運用業への該当性の有無

TMKが優先出資の発行代わり金を有価証券（具体的には不動産信託受益権）を取得してそれに投資する行為は、金融商品取引業の自己運用（金商法2条8項15号）には該当せず、投資運用業を含む金融商品取引業の登録は必要ない。この点は、TKGKストラクチャーにおいて合同会社が不動産信託受益権を取得する行為と異なるところである[121]。

【2】有価証券の購入及び売却行為

TMKに拠出された資金によってTMKは有価証券である不動産信託受益権の売買を行う。有価証券の売買は、金商法2条8項1号に規定されており、業として行う場合には金融商品取引業に該当するのではないかという疑問が生じ得る。しかし、この点については、金融商品取引業（この場合は第二種金融商品取引業）の登録は不要と考えられている。その理由については、TKGKストラクチャーにおいて合同会社が不動産信託受益権の売買を行うことについて述べたところが当てはまる（第2章 V 6（⇒122頁））。

---

121) TMKによる現物不動産への投資は、自己運用（金商法2条8項15号）に該当しないことはもちろん、不特法の適用もない。

Ⅷ TMKストラクチャーの応用型

1 はじめに

これまで第2章ではTKGKストラクチャーを、本章ではTMKストラクチャーをそれぞれ概説した。それぞれのストラクチャーが単体で使用される場合に加えて、TMKストラクチャーを基本としつつもTKGKストラクチャーをその構成要素として取り込んだストラクチャーなどが実務においては使用されている。

TMKストラクチャーの応用型ともいえるそれらのストラクチャーを以下に簡単に紹介することにしたい。

2 TMK／TKGKストラクチャー（ハイブリッドストラクチャー①）

【1】ストラクチャーの概要

このストラクチャー（下記のストラクチャー図及びその解説参照）は、税務アドバイザーにより考案されたもので、海外の不動産ファンド（投資家）が国外（シンガポール）から日本の不動産に投資する際に利用され得る。海外の投資家にとっては、TMKからの利益配当に対する日本で課される源泉税を節税することができるストラクチャーを使用することが望ましい。その目的を達するため、単純に国外からTMKの発行する優先出資に投資するのではなく、TMKの発行する優先出資の国内保有部分を保有する合同会社に匿名組合出資をすることで、全体として節税効果が上昇するといわれている。要するに、これはTMKストラクチャーにTKGKストラクチャーを組み合わせることで、節税効果を増大することを企図したストラクチャーである。

TMK／TKGKストラクチャー（ハイブリッドストラクチャー①）

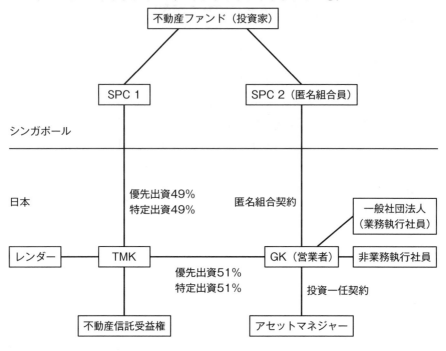

【2】ストラクチャー図の解説

このストラクチャーを法的観点から以下に説明する。

TMK／TKGKストラクチャー（ハイブリッドストラクチャー①）の解説

- 租税特別措置法による税務上の恩典を受ける必要から、TMKの優先出資及び特定出資の過半を国内で保有する必要がある。そのために、投資家は、国内に合同会社を設立し、TMKの優先出資と特定出資の過半を引き受けさせる。
- 合同会社が保有する優先出資を引き受けるための資金調達手段として、合同会社はSPC2からの匿名組合出資を受ける。
- レンダーは、TMKの特定出資の過半を有する合同会社の持分は投資家から独立した一般社団法人に保有させる必要がある。しかし、非業務執行社員の持分についてはその必要はなく、非業務執行社員からの出資により合同会社に資本を供給する。
- 合同会社は、匿名組合出資を受けて有価証券（優先出資）への投資を行うことになるが、これは金商法上の自己運用に該当する。合同会社が投資運用業の登

- 録を受けることは現実的ではないので、投資運用業者に運用行為を一任することで、投資運用業の登録を免れることになる。匿名組合契約の営業者による自己運用については、第2章 V（⇒116頁）を参照されたい。
- 仮にSPC1が匿名組合員となって合同会社に出資すると、SPC1は優先出資社員と匿名組合員の地位を併有することになる。それではNKリスク（第2章 IV 4【2】（⇒109頁））が生じるので、SPC1とは別の法人であるSPC2を匿名組合員に使用することになる。
- なお、シンガポールと日本との租税条約により、優先出資の配当の源泉税は減額される。
- このストラクチャーは税の効率性のために考案されたものだが、問題があるとすれば、投資家によるTMKのコントロールに懸念が生じかねないところである。投資家は、SPC1及びSPC2を通じてTMKをコントロールすることになるが、SPC1は優先出資及び特定出資の国内募集要件のためにそれらのマイノリティー所有者であり、SPC2は匿名組合員のため営業者であるGKの活動に拘束的な指示を出すことはできない。そのため、法的には投資家のTMKに対するコントロールが脆弱となるのである[122]。実務上は、匿名組合契約において、営業者が匿名組合員にとってコントロールが必要な事項を匿名組合員に対し事前に通知し、匿名組合員が意見を述べる機会を付与するにとどめ、TMKの社員間契約でSPC1の発言権を確保し、信頼できるアセットマネジャーをGKに起用する等の方法で対応することになる。

3 TMK／TKGKストラクチャー （ハイブリッドストラクチャー②）

【1】ストラクチャーの概要

　このストラクチャー（下記のストラクチャー図及びその解説参照）はTMKが匿名組合員として複数の合同会社に出資し、それらの合同会社は、それぞれ別の不動産信託受益権を取得するストラクチャーである。TMKがマザーファンドとして機能し、順次新たな不動産信託受益権を追加取得していく場合もあるし、複数の合同会社を利用して、はじめから決められた不動産信託受益権を取得する場合もある。上記ハイブリッドストラクチャー①はTMKに対する出資の方法についてTMKストラクチャーとTKGKストラクチャーを組み合わせているのに対し、ハイブリッドストラクチャー②は、TMKが投資をする方法についてTMKストラクチャーとTKGKストラクチャーを組み合わせている。

---

[122]　海外の不動産ファンドにはこの点を重要視するファンドもある。

なお、ハイブリッドストラクチャー①とハイブリッドストラクチャー②の両方を組み合わせたストラクチャーも組成可能である。

TMK／TKGKストラクチャー（ハイブリッドストラクチャー②）

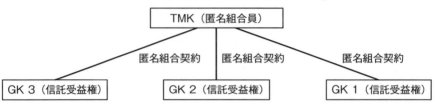

　平成23年改正がなされるまでは、このストラクチャーで合同会社が取得可能な資産には不動産信託受益権は含まれていなかったが、平成23年改正により合同会社が不動産信託受益権を取得することが可能となった[123]。資産流動化法ではTMKがファンドとして機能しないよう配慮されていたが、徐々に規制が緩和されてきており、平成23年改正では、従来の規制とバランスをとりつつ、TMKが匿名組合契約を使用して不動産信託受益権を取得することを許容した。従前と同様、不動産そのものの取得も可能だが、その場合には不特法の適用を受けるので、同法の要件を充足する必要がある。現在、TMKが匿名組合の出資持分を取得するために満たさなければならない要件は以下のとおりである（資産流動化法212条1項2号、同法施行規則95条2項）。

TMKによるTK出資持分取得の要件

特定目的会社が取得可能な匿名組合出資持分の要件（資産流動化法施行規則95条2項）	関連する定義
① 当事者の一方が相手方の行う対象資産業務（右に定義される。以下同じ）のため出資を行い、相手方がその出資された財産により対象資産業務を営み、当該対象資産業務から生ずる利益の	対象資産業務とは、「資産（不動産（不動産に関する所有権以外の権利を含む。以下同じ）又は不動産を信託する信託（信託行為において信託財産に属すべきものと定められた財産以外の財産を追加して取得することにより信託財産の変更

123）　平成23年改正前は、次の要件を満たす組合契約及び匿名組合契約の出資持分（不特

	分配を行うことを約する契約（以下、「対象匿名組合契約」という）であること。	を行うことが予定されているものを除く）の受益権に限る）の取得並びに管理及び処分に係る業務」を意味する。
②	当該対象匿名組合契約が対象資産変更型契約（右に定義される）以外のものであること。	対象資産変更型契約とは、「当該対象匿名組合契約に係る対象資産業務の目的となる資産（以下「対象資産」という）を追加して取得し、又は自己の財産若しくは他の対象匿名組合契約に係る財産を対象資産に追加することにより対象資産の変更を行うことを予定する契約」を意味する。
③	特定目的会社が当該対象匿名組合契約に係る営業者ではないこと。	

【2】ストラクチャーの使用方法その①

　まず、TMKをマザーファンドとして、順次営業者としての合同会社を設立し、匿名組合契約を締結してTMKから資金を拠出して、不動産信託受益権を合同会社を使用して追加取得していく使用方法がある。平成23年改正により許容された特定資産の追加取得の手法に従うことになる[124]。この方法によれば、物件取得の都度新しいTMKストラクチャーを組成する必要がない。TMKの下に合同会社を作って匿名組合契約を締結して資金を拠出して合同会社を通じて不動産信託受益権を取得すれば足りるので費用の削減が可能となる。なお、不動産信託受益権の追加取得はこのストラクチャーを使用せずに単一のTMKで不動産信託受益権を特定資産として追加取得することもできる（**Ⅴ**（⇒223頁）。このストラクチャーでは、不動産信託受益権を個別の合同会社に保有さ

　　　　法2条3項1号・2号に規定する不特法契約に係る出資持分）のみ、TMKによる取得が例外的に認められていた。
　　　　①特定目的会社が組合の業務執行組合員又は匿名組合の営業者でないこと。
　　　　②組合又は匿名組合の事業が不特法2条2項に規定する不動産取引(不動産の売買、交換又は賃貸借)に係る事業であること。
　　　　③組合事業又は匿名組合事業の対象となる不動産の変更が予定されていないこと。
124)　　この場合に追加取得される資産は、匿名組合出資持分である。

せることで、レンダーからのファイナンスも合同会社ごとに別に取得して、cross collateralization（相互担保）を回避するメリットがある。

上記【1】の図には記載されていない要素も加えてストラクチャーの使用方法を概説すると以下のとおりである。

TMK／TKGKストラクチャー（ハイブリッドストラクチャー②）
使用方法その①　不動産信託受益権の追加取得

- TMKが二重課税を回避する租税特別措置法の要件を充足するために特定社債を発行し、レンダーがこれを引き受ける。
- GK1の持分は一般社団法人に保有させる。
- TMKは、GK1と匿名組合契約を締結して匿名組合員になり、営業者としてのGK1に不動産信託受益権の取得資金を出資する。
- GK1が匿名組合員であるTMKから受けた出資を不動産信託受益権に投資することは、投資運用業（自己運用）に該当する。投資運用業の登録を免れるために、投資運用業の登録を得ているアセットマネジャーとの間で投資一任契約を締結して運用権限の全部を委託する。匿名組合契約の営業者による自己運用については、第2章 Ⅴ（⇒116頁）を参照されたい。
- レンダーは、特定社債の引受けに加えて、TMKとローン契約（特定借入れ）を締結する場合もある。その際は、TMKの有する匿名組合出資持分及びGK1が有する不動産信託受益権へ質権を設定することになろう。この点、GK1という営業者が匿名組合員の資金調達に担保提供するのは匿名組合という法形式と矛盾しないのかという疑問もある。この点は、矛盾しないと考えるべきである。営業者が営業を行うために匿名組合員の出資を得るので、それを可能にするには担保提供が必要である、という論理から一応正当化可能な範囲だからである。レンダーはGK1と金銭消費貸借契約を締結してローンをGK1に直接供与する方法もあり得るので、その場合はGK1から担保を取得することには問題はなく、筆者としては、むしろその方が自然なファイナンス手法ではないかと思う。
- TMKは上記と同種の行為をGK2、GK3との間で繰り返す。

【3】ストラクチャーの使用方法その②

　ハイブリッドストラクチャー②の別の使用法としては、TMKをマザーファンドとして居住用不動産（マンションやアパート）のポートフォリオ（単一物件ではなく何棟かの集合体）を一挙に取得する際に、複数の合同会社を用意して一物件ごとにその信託受益権を一つの合同会社に取得させるという方法がある。TMKは各合同会社との間で匿名組合契約を締結し、営業者としての合同会社に資金を拠出し、合同会社が不動産信託受益権を取得するのである。この

方法がとられるのは、以下のような理由がある。

TMK／TKGKストラクチャー（ハイブリッドストラクチャー②）
使用方法その② 居住用不動産のポートフォリオ取得

- TMKを使用するにはある程度の取引規模がないとTMKストラクチャーの組成に必要な費用に見合わないという現実がある。居住用不動産は、オフィスビルや商業施設などと比較すると、一棟当たりの金額が低いので、不動産ファンド（投資家）による投資を行う際には、何棟かの集合体（ポートフォリオ）に投資することになる傾向がある。これが居住用不動産のポートフォリオによる取得という取引が行われる背景の一つである。
- 居住用不動産のポートフォリオをまとめて一つのTMKで取得することも可能であるが、ハイブリッドストラクチャー②を使用することで消費税の節税を行うことが可能な場合がある。居住用不動産の建物の売却の際に買主から受領する消費税は高額になるが、これを課税当局に納税せずに合同会社の収益として計上することができれば大きな節税となり得る。
- 合同会社が消費税を納める義務があるかどうかは、合同会社の課税売上高の状況（二期前の課税売上高）による。一般的に居住用物件の場合には、主たる収益である賃料（家賃）は非課税売上に該当し、付随的な収益である駐車場の使用料や共益費は課税売上に該当する。その結果、居住用物件の場合は課税売上が1,000万円に満たない（1,000万円超であると消費税の納税義務が生じる）ため消費税の納税義務が生じないことが多い。そのような場合、合同会社が建物の売却時に買主から受け取った消費税は課税当局に納税を行わず合同会社で収益計上し、匿名組合出資持分を有するTMKに当該収益を損益分配し、TMKは当該匿名組合損益分配を収益計上する。TMKは租税特別措置法の要件を満たす導管体のため、これら収益はTMKの優先出資社員（投資家）に配当され、投資家レベルで課税されることになる。
- 消費税は合同会社レベルで納税義務を判定するので、課税売上高が1,000万円を超えないようにするには、一物件ごとに合同会社を設立することが必要となる。合同会社が複数の物件を保有すると全体の課税売上（駐車場収入や共益費）が1,000万円を超過することになり得るからである。
- 居住用不動産の一物件毎に別のTMKを使用する方法もあるが、それだとTMKストラクチャーの組成及び運営費用が大きくなってしまう。単一のTMKの下にTKGKストラクチャーを置くハイブリッドストラクチャー②を使用する方が費用対効果は大きいことになる[125]。

---

125) インボイス制度の下においても、建物を譲渡した際に消費税が課されること及び居住用建物の居住用部分に係る消費税は買主側で仕入税額控除を行うことができないことが変更にならなければ、この節税スキームは基本的に有用であるといわれている。

4 特定社債の引受人としての機関投資家についてのストラクチャー

【1】はじめに

　TMKが二重課税の回避のために満たす必要がある租税特別措置法の要件の一つに、「機関投資家等による特定社債の保有」がある（同法67条の14第1項1号ロ（2）。Ⅱ 1（⇒165頁））。通常、TMKは日本の銀行に特定社債を引き受けてもらい、この要件を満たすが、不動産マーケットの状況等によっては銀行の融資を受けることができない可能性があり、TMKを利用する投資家は租税特別措置法の要件を充足するために工夫を要する場合がある[126]。実際、リーマンショックの直後にはファイナンスを得られないTMKも数多く存在した。銀行、保険会社といった通常の金融機関からの融資が得られない場合に利用する可能性があるストラクチャーとして以下の三つの方法があり得るので概要を紹介する。ただし、以下の三つの方法のそれぞれについて、金融庁の公表している「企業内容等の開示に関する留意事項について（企業内容等開示ガイドライン）」（令和6年4月）において、適格機関投資家に該当しない場合が定められていることに注意を要する（同ガイドラインB2-5）。この点には、以下のそれぞれの箇所で言及する。

【2】投資事業有限責任組合の利用

　投資事業有限責任組合は機関投資家としての地位を有する（租税特別措置法67条の14第1項1号ロ（2）、租税特別措置法施行規則22条の18の4第1項、金商法定義府令10条1項18号、機関投資家全体については巻末資料1参照）。そこで、TMKの特定社債を引き受けてTMKに資金を供給する意思のある者に投資事業有限責任組合を組成してもらい、投資事業有限責任組合を通じて特定社債を引き受けてもらう方法が考えられる。組合員の資格には制限はなく外国人（外国法人）でも組合員になることができる。平成21年度税制改正により一定の要件を満たす投資事業有限責任組合の外国の有限責任組合員については日

---

[126]　貸金業登録を有するだけでは機関投資家の地位は付与されない。

本に恒久的施設を有しないものとされる制度が導入されているので、この制度を活用することもあり得る。

　注意する点は、投資事業有限責任組合の無限責任組合員が有限責任組合員からの出資を有価証券（特定社債）に投資することは自己運用（金商法2条8項15号）に該当するので、実務上は投資運用業の登録（同法28条4項3号）を免れるために、適格機関投資家等特例業務（同法63条1項2号）を活用するか、又は投資運用業者と投資一任契約を締結するか（金商法施行令1条の8の6第1項4号、定義府令16条1項10号）の方法をとる必要があることである。適格機関投資家等特例業務を活用する場合には、有限責任組合員は、自らが適格機関投資家であるか、他の有限責任組合員が適格機関投資家である場合には、一定の地位（金商法施行令17条の12第1項）を有する必要がある[127]。

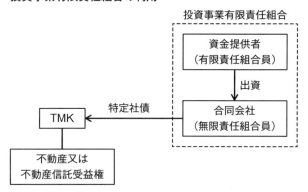

　なお、前記の企業内容等開示ガイドラインでは、「投資事業有限責任組合の適格機関投資家以外の組合員に現物配当することを目的として、特定の有価証券の取得のみのために組成された投資事業有限責任組合」は適格機関投資家には該当しないものとして取り扱う、とされている（同ガイドラインB2-5⑤）。

---

127)　適格機関投資家等特例業務については、第2章Ⅶ（⇒133頁）を参照されたい。

【3】TMKの利用（ダブルTMKストラクチャー）

　一定の条件を満たすTMKは租税特別措置法上「特定債権流動化特定目的会社」（租税特別措置法67条の14第1項1号ロ（2）、租税特別措置法施行令39条の32の2第2項）として特定社債の保有に関し機関投資家と同等の地位を付与される[128]。これを利用して不動産又は不動産信託受益権を保有するTMKの特定社債を引き受け、TMKが租税特別措置法の要件を満たす形で、TMKに資金を提供することができる。二つのTMKが登場するのでここでは「ダブルTMKストラクチャー」という。以下にストラクチャー図を示して、概説する。

ダブルTMKストラクチャー

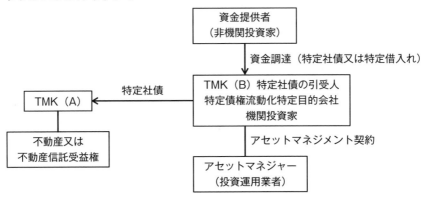

ダブルTMKストラクチャーの解説

- 「特定債権流動化特定目的会社」に該当するためには、当該TMK（ストラクチャー図におけるTMK（B））は、金商法上の適格機関投資家でなければならない（租税特別措置法施行令39条の32の2第2項柱書）。TMKは一定の条件を満たすと金商法上の適格機関投資家の地位を得ることができるが（定義府令10条1項23の2号には3通りの選択肢を規定している）、「特定資産の管理及び処分に係る業務を当該特定資産の管理及び処分を適正に遂行するに足りる財産的基礎及び人的構成を有する金融商品取引業者（投資運用業者に限る）に委託して

---

[128]　「特定債権流動化特定目的会社」は、「機関投資家」そのものではなく、租税特別措置法67条の14第1項1号ロ（2）に定める「機関投資家に類するものとして政令で定めるもの」として特定社債の保有に関しては「機関投資家」と同列に扱われる。

おり、かつ、当該届出を行うことについての当該特定目的会社の社員総会の決議があること。」(定義府令10条1項23の2号ハ後段)という方法によるのが一番ハードルが低いと思われる。
- TMK（B）が機関投資家と同等の地位を得るためには、特定資産として、租税特別措置法施行令39条の32の2第2項1号に規定される「特定資産が不動産等のみである特定目的会社が発行する特定社債」を取得する必要がある。つまり、TMK（A）の特定資産は、不動産等（これは不動産及び不動産のみを信託する信託の受益権を意味する）である必要があり、そうである限り、TMK（B）はTMK（A）の発行する特定社債を特定資産として保有することで、機関投資家と同等の地位を得ることができるのである。
- TMK（B）が機関投資家と同等の地位を有するものとしてTMK（A）の特定社債を引き受けるならば、TMK（A）は租税特別措置法の恩典を受けることができるが、次に問題になるのは、TMK（B）がTMK（A）の特定社債の引受けを行うための資金を得る必要がある。そのためには、ストラクチャー図にあるように資金提供者から資金を得る必要がある。
- TMK（B）が資金提供者から資金を得る方法としては、特定社債の発行又は特定借入れを行うことになる。仮に特定社債を発行しても資金提供者は機関投資家ではないので（資金提供者が機関投資家であれば直接TMK（A）の特定社債を引き受ければよくこのストラクチャーは必要ない）、TMK（B）は二重課税回避のための租税特別措置法の恩典を受けることはできない。しかし、この点は問題とならない。TMK（B）は資金提供者がTMK（A）に資金を供給するための道具にすぎないので、TMK（B）が利益を上げる必要はなく、TMK（B）のもとでは二重課税の問題を懸念するほどの利益は残らないからである。
- 資金提供者からの資金調達を特定借入れによる場合には、資金提供者が貸金業法における貸金業者としての登録を受ける必要があるのではないかという問題が生じる可能性がある。ただし、資金提供者がTMK（B）の親会社となれば貸金業法施行令により登録は不要となるので、安全を期するならば、資金提供者とTMK（B）は親子関係を形成することになる。
- 以上のようにダブルTMKストラクチャーを利用すれば、TMK（A）が租税特別措置法上の導管性要件を維持しつつ、リファイナンスの際などに機関投資家ではない資金提供者からいわば「レスキューファイナンス」を受けることが可能である。
- なお、前記の企業内容等開示ガイドラインでは、「取得し、又は買い付けようとする有価証券の権利と実質的に同一の内容の権利を表示する資産対応証券（資産の流動化に関する法律第2条第11項に規定する資産対応証券をいう。）を発行し、一般投資者（適格機関投資家以外の者を意味する）に取得させようとする特定目的会社（同条第3項に規定する特定目的会社をいう。）」は適格機関投資家には該当しないものとして取り扱う、とされている（同ガイドラインB2-5⑥）ことに注意を要する。

【4】信託の利用

　日本の信託銀行は「銀行」であり機関投資家としての地位を有する（租税特別措置法67条の14第1項1号ロ（2）、租税特別措置法施行規則22条の18の4第1項、金商法定義府令10条1項4号）。そこで、TMKの特定社債を引き受けてTMKに資金を供給する意思のある者が信託銀行に金銭を信託（特定金銭信託）し、当該信託が特定社債を引き受ける方法が考えられる。この場合、資金を供給する者は、信託の委託者兼受益者として投資判断の裁量を保有しつつ信託のメリットを受けることができる。

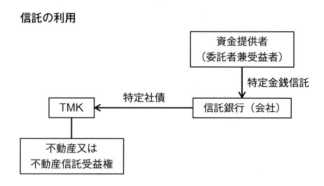

信託の利用

　なお、前記の企業内容等開示ガイドラインでは、「信託に係る適格機関投資家以外の者（以下2-5において「一般投資者」という。）との契約等、一般投資者に有価証券が交付されるおそれのある信託の契約に基づいて、有価証券を取得し、又は買い付けようとする信託銀行」は適格機関投資家には該当しないものとして取り扱う、とされている（同ガイドラインB2-5①）ことに注意を要する。

> **コラム** TMKの解散・清算と資金の本国送還（cash repatriation）
>
> 　TMKが有する不動産資産を売却して、レンダーからの借入れを返済後、多額の現金がTMKの口座に入金されたとしよう。投資家としては、すぐにでもその現金を活用したい。しかし、投資家がTMKの保有する現金をすべて入手するのには時間を要する。TMKの決算を

して、優先社員に利益配当をし、さらに解散・清算を経て、残余財産の分配として出資金が優先社員に返還される。減資を先にするにしても、一定の時間が必要である。実務上半年程度は必要となり得る。

　2024年2月6日の日本経済新聞に「不動産、海外勢売り越し」という記事が出ていた。4年ぶりの売り越しらしい。理由の一つに「海外の不動産不況」が指摘されている。「金利上昇や在宅勤務の定着で欧米のオフィスビルの価格が急落し、相対的に堅調な日本の物件を売って埋め合わせようとしている。」とされている。確かに、筆者の事務所にも、海外の不動産ファンドのマネジメント会社から「不動産ファンドのパフォーマンスが低下し、至急現金が必要だが、TMKの保有する現金をどうにか早く入手できないか？ 依頼している日本の法律事務所がいうには半年程度はかかるというが、どうにかならないのか？」という問い合わせが来た。

　TMKから投資家に現金を早期に渡すことは難しくない。TMKから対象となる投資家に資金を貸し付けるのである。この場合、資産流動化計画を変更して、貸付債権を新たな特定資産とすればよい（Ⅲ❼コラム「TMKが保有する特定資産はTMKが作り出す資産でもよいのか？」（⇒187頁））。TMKは貸金業法の登録を得ていないので、貸金業法の問題を回避するには、親会社等の関連会社への貸付けとする方法がある。優先社員を親会社として、貸付けをすれば、親会社の返済債務と利益配当の支払債務を相殺したり、残余財産の分配として貸付債権を現物で交付することも可能なので、その後にTMKを解散・清算するのにも支障はないだろう。ただし、税務アドバイザーと相談して、TMKの税務メリットが失われないようにそれぞれの行為についてタイミングを調整する必要がある。

第2編

第4章　不動産特定共同事業法

I　はじめに

　不特法は、出資を募ってそれにより得た資金で不動産の売買・賃貸等をし、その収益を分配する事業者について、許可等の規制を行い、業務の適正な運営の確保と投資家の保護を図り、不動産特定共同事業の健全な発達に寄与することを目的とする法律である（不特法1条）。詳細は後述するが、一例を挙げると、事業者が匿名組合契約の営業者として匿名組合出資を募り、それにより得た出資金で収益不動産（アパート等）を購入し、賃料収入を匿名組合員に分配するという事業は、不動産特定共同事業に該当する。このような事業は健全に運営されれば問題ないが、投資家に損失をもたらす危険もあるので、一定の規制が必要となる。そのため、不特法が平成6年に制定され、不動産特定共同事業を行う者について許可制を導入した。その後、平成25年の改正により不動産特定共同事業を行う者はSPCでも可能になるように一定の条件の下で許可制を適用しない特例事業が導入された。平成29年の改正では、小規模不動産特定共同事業を創設するとともに、クラウドファンディングに対応した環境が整備されている。

　以下において、まず「不動産特定共同事業契約」という投資家との契約の内容を概説し、次に「不動産特定共同事業」の諸類型を概観し、その上で、不特法の規制の概要等を述べることにしたい。

II　不動産特定共同事業契約

1　はじめに

　不特法の規制領域に入る行為なのか否かは「不動産特定共同事業契約」が存在するか否かによる。そこで、まず不動産特定共同事業契約の意義を理解する

必要がある。不動産特定共同事業契約とは、不特法の規制対象となる投資家との契約を意味し、いくつかの類型で不動産取引（売買、交換又は賃貸借）から生じる収益を対象に投資家を募る事業を幅広く捕捉している。不動産特定共同事業契約の各類型は、いずれも不動産（宅建業法2条1号の宅地又は建物であり、また不動産には外国の不動産を含む[129]）を対象とした契約であり、不動産信託受益権は対象とならない。

不動産特定共同事業契約の内容も不特法により規制を受ける（不特法7条5号、23条1項）。すなわち、「不動産特定共同事業者は、不動産特定共同事業契約の締結をするときは、第3条第1項の許可又は第9条第1項の認可に係る不動産特定共同事業契約約款に基づいて、これをしなければならない。」（同法23条1項）とされており、契約の自由に制限が加えられている。ただし、これには例外があり、特例投資家（同法2条13項、不特法施行規則4条）[130]のみを相手方として不動産特定共同事業契約を締結する場合で、当該契約上、特例投資家以外に契約上の権利義務を譲渡することが禁止されている場合には、適用除外とされている（同法68条3項）。

2 不動産特定共同事業契約の類型と典型例

不動産特定共同事業契約の類型を表にすると以下のとおりである。

不動産特定共同事業契約の類型

	不動産特定共同事業契約（不特法2条3項）	不特法の条項
①	組合契約型：各当事者が、出資を行い、その出資による共同の事業として、そのうちの一人又は数人の者にその業務の執行を委任して不動産取引を営み、当該不動産取引から生ずる収益の分配を行うことを約する契約	2条3項1号

---

[129] 国土交通省「不動産特定共同事業の監督に当たっての留意事項について」2頁及び不特法66条参照。

[130] 特例投資家の範囲については、下記のⅢ 3【6】（⇒267頁）参照。

②	匿名組合契約型：当事者の一方が相手方の行う不動産取引のため出資を行い、相手方がその出資された財産により不動産取引を営み、当該不動産取引から生ずる利益の分配を行うことを約する契約	2条3項2号
③	賃貸借契約型：当事者の一方が相手方の行う不動産取引のため自らの共有に属する不動産の賃貸をし、又はその賃貸の委任をし、相手方が当該不動産により不動産取引を営み、当該不動産取引から生ずる収益の分配を行うことを約する契約	2条3項3号
④	外国の法令による契約：外国の法令に基づく契約であって、上記①～③に掲げるものに相当するもの	2条3項4号
⑤	その他：上記①～④に掲げるもののほか、不動産取引から生ずる収益又は利益の分配を行うことを約する契約（外国の法令に基づく契約を含む）であって、当該不動産取引に係る事業の公正及び当該不動産取引から生ずる収益又は利益の分配を受ける者の保護を確保することが必要なものとして政令で定めるもの（＊現時点ではこの類型に該当する契約は政令で定められていない）	2条3項5号

　上記の各類型のうち、投資家の観点からすると、①の任意組合を使用する方法によると、組合員に無限連帯責任が生じるので、特別の事情がない限り利用しにくい。投資家としては、有限責任性を確保し、かつ二重課税を回避することができるという点で②の匿名組合を使用する方法が最も利用しやすいものと思われる[131]。実際、匿名組合契約は不動産特定共同事業の実績が最も多い類型の契約といわれている[132]。③の賃貸借契約型は、投資家が不動産共有持分を不動産特定共同事業の事業者に賃貸することを想定しているが、そのようなケースは限定されていると考えられる。また、④の外国の法令による契約（リミテッドパートナーシップ契約）を使用して投資家を募るケースは外国の不動産についてはあり得るかもしれないが、日本の不動産を対象とするケースは想定

---

131)　匿名組合と任意組合の相違点については、第2章**Ⅱ**（⇒96頁）を参照されたい。

132)　松本岳人＝山辺紘太郎＝宮城栄司『逐条解説不動産特定共同事業法』（金融財政事情研究会、第2版、2022年）。

しにくい。結局、②の匿名組合契約を利用したTKGKストラクチャー（第２章 **I**（⇒95頁）参照）によって、現物不動産に投資する場合が不動産特定共同事業の典型例であり、本書では典型例を対象に解説を行うことにしたい。

3 海外で締結する匿名組合契約は不動産特定共同事業契約に該当するのか

【1】問題の所在

　海外の投資家の中には、不動産を信託受益権化するのに手間や費用がかかりそうな場合など、取引機会を逸することなく、TMKストラクチャーに比して簡便なTKGKストラクチャーを使用して現物不動産を迅速に取得したいと考える者もいる。そのような場合に問題となるのは、海外で締結される匿名組合契約に対する不特法の適用の有無である。該当する不特法施行令と同法施行規則の文言が明確ではなく、わかりにくいのである。

【2】関連する不特法施行令及び同法施行規則

　不特法２条３項では政令（下記の不特法施行令１条）で定める契約が不動産特定共同事業契約から除外されることを規定している。以下に該当する条項を示す。

不特法施行令１条（不動産特定共同事業契約から除かれる契約）
不動産特定共同事業法（以下「法」という。）第２条第３項の規定により不動産特定共同事業契約から除かれるものは、次に掲げる契約（予約を含む。）とする。 一　（省略） 二　外国において締結される契約で、当該外国の法令の規定により収益又は利益の分配を受ける者の保護が確保されていると認められる契約として主務省令で定めるもの
不特法施行規則１条（令第１条第２号の主務省令で定める契約）
不動産特定共同事業法施行令（以下「令」という。）第１条第２号の主務省令で定める契約は、国内でその締結の勧誘が行われる契約で当該契約の当事者が一時的に外国に移動し当該外国において締結するもの以外のものとする。

不特法施行令1条2号では、「投資家保護の確保」を規定している。他方、主務省令である不特法施行規則1条では「投資家保護」の観点とは一見無関係に思える規定が設けられており、両者の関係に困惑が生じる。しかし、この条項は長年にわたり、改正もされずに運用されており、実務においてはこの不特法施行規則1条の文言に従った対応をせざるを得ない。当該文言からすると「外国で締結される契約で、①国内でその締結の勧誘が行われていないか、又は②当該契約の当事者が一時的に外国に移動して当該外国で締結する契約でなければ、当該契約は不動産特定共同事業契約に該当しない。」と解釈可能である[133]。

【3】国土交通省のパブリックコメントに対する回答

　この問題について、国土交通省のパブリックコメントに対する回答（平成25年（2013年）12月11日公表）を引用すると以下のとおりである。下記では「個別事例ごとに実態に即して実質的に判断すべきものではありますが」と断りつつも、結局は、不特法施行規則1条の文言以上に特に有用な示唆がなされているわけではない。

国土交通省のパブリックコメントに対する回答（No.8、2頁）

> 令第1条第5号（改正後の第1条第2号）及び規則第3条（改正後の規則第1条）に掲げる契約に該当する契約については、国土交通省の「不動産特定共同事業法の監督にあたっての留意事項について」及び金融庁の「事務ガイドライン第三分冊：金融会社関係（不動産特定共同事業関係）」においても明らかにしているところでありますが[134]、国内で契約の締結の勧誘が行われ、契約の当事者が一時的に外国に移動して外国において締結されるもの（すなわち、その後の収益又は利益の分配等の行為が国内で行われる場合に事業参加者の利益の保護の確保がすでに図られているとは認められないもの）以外の契約が想定されています。個別事例ごとに実態に即して実質的に判断すべきものではありますが、外国の事務所において不動産事業を行う外国法人が、外国に居住する投資家を外国において勧誘して出資を募った上で、法第2条第3項各号に掲げる類型の契約を締結したような場合には、不動産特定共同事業契約から除かれると考えられます。

---

133)　　松本＝山辺＝宮城・前掲132）16頁。

134)　　完全性を期するために金融庁の事務ガイドラインの該当箇所を引用すると以下のとおりである。ここでも不特法施行規則1条の具体的な解釈指針が示されているとは言

【4】実務上の対応

　上記のような法令の文言及び監督官庁の立場を考慮するならば、基本的には不特法施行令1条の文言をそのままに解釈して実務上の対応をすることになろう。上記【1】で述べたような海外投資家が自ら日本の投資対象となる不動産を選定し、その投資のために自らTKGKストラクチャーを組成し、あえて匿名組合員となって資金を出資するようなケースにおいては、「実態に即して実質的に判断」すると、不動産投資や匿名組合契約締結に対する「日本における勧誘」がなされているとは言い難い。もちろん金商法その他の法令における「勧誘」の理解からは上記のようなケースでも「日本における勧誘」の存在を肯定することは理論的には可能だが、「実態に即して実質的に判断」するということは、そのような理論レベルでの判断のみが支配するのではないと考えられ、実質的に考えて勧誘の存在を疑うことも許されると思われる。加えて、上記のような場合に海外で匿名組合契約が締結されるならば、規制当局によりそれが不動産特定共同事業契約と認定されるリスクは高くはないであろう。実務でも上記のような海外投資家がTKGKストラクチャーにより現物不動産に投資しているケースは散見される。

Ⅲ　不動産特定共同事業の類型

1 はじめに

　不動産特定共同事業には後述するようにいくつかの類型があり、それに応じた規制がなされている。不動産特定共同事業は、基本的に、出資を募ってそれにより得た資金で不動産を売買・賃貸等をし、その収益を分配する事業である

い難い。
「7—1—2　令第1条第2号に掲げる契約
　　令第1条第2号に掲げる契約は、法第2条第3項各号に掲げる契約で、不動産特定共同事業法施行規則（平成7年大蔵省・建設省令第2号。以下『規則』という。）第1条に規定する国内で契約の締結の勧誘が行われ、契約の当事者が一時的に外国に移動して外国において締結されるもの以外の契約とされていること。すなわち、その後の収益又は利益の分配等の行為が国内で行われる場合に事業参加者の利益の保護の確保がすでに図られているものとは認められないもの以外の契約とされていること。」

が、そのような事業の実施形態や参加形態は異なるし、また事業規模や投資家の属性も異なる。そのため、それらに応じた規制が行われているのである。全体としてはパッチワークのようでやや複雑である。全体像を簡単に示すため、不動産特定共同事業の類型を列挙すると以下の表に示すとおりである。各事業の概要及び許可条件については、❷以下に概説する。

不動産特定共同事業の類型全体

事業の種類	事業の概要
第1号事業 (不動産運営事業型)	不動産特定共同事業契約を締結して当該不動産特定共同事業契約に基づき営まれる不動産取引から生ずる収益又は利益の分配を行う行為(不特法2条4項1号)(後述❷参照)
第2号事業 (第1号事業のための契約締結の代理・媒介事業)	不動産特定共同事業契約の締結の代理又は媒介をする行為(第4号事業及び適格特例投資家限定事業者と適格特例投資家との間の不動産特定共同事業契約に係るものを除く)(不特法2条4項2号)(後述❷参照)
第3号事業 (特例事業のための不動産取引の業務遂行事業)	特例事業者の委託を受けて当該特例事業者が当事者である不動産特定共同事業契約に基づき営まれる不動産取引に係る業務を行う行為(不特法2条4項3号)(後述❸参照)
第4号事業 (特例事業のための契約締結の代理・媒介事業)	特例事業者が当事者である不動産特定共同事業契約の締結の代理又は媒介をする行為(不特法2条4項4号)(後述❸参照)
特例事業 (SPCを利用した第1号事業)	第1号事業を専ら行うことを目的とする法人(SPC)が行う事業(不特法2条8項)であり、第3号事業及び第4号事業を行う者に一定の業務を委託して行う事業(後述❸参照)
適格特例投資家限定事業 (プロ投資家を相手とした第1号事業)	第1号事業のうちプロ投資家(適格特例投資家)のみを相手方又は事業参加者とする事業(不特法2条10項)(後述❹参照)

第4章　不動産特定共同事業法　259

| 小規模不動産特定共同事業 | 第1号事業及び第3号事業のうち小規模なもの（後述**5**参照） |

　同一の事業者が例えば第1号事業、第2号事業、第3号事業及び第4号事業の4種の事業の許可を得て行うことも可能である[135]。国土交通省のウェブサイトにある令和6年7月31日現在の「不動産特定共同事業者許可一覧」をみると、大別して、①第1号事業及び第2号事業のみの許可を得ている事業者、②第1号事業から第4号事業のすべてに許可を得ている事業者、③第3号事業及び第4号事業のみの許可を得ている事業者のパターンに分けられる。③のパターンはSPCを利用した特例事業にのみ関心がある事業者ということができる。

2 第1号事業及び第2号事業

　第1号事業は、不動産特定共同事業契約を締結して当該不動産特定共同事業契約に基づき営まれる不動産取引から生ずる収益又は利益の分配を行う行為である（いわば不動産運営事業である）。

　第2号事業は、不動産特定共同事業契約の締結の代理又は媒介をする行為である（いわば契約の代理・媒介事業である）。いずれも許可制である。これらの関係を図で示すと以下のようになる。図ではローンを記載しているが、ローンの存在は要件ではない。

---

[135]　国土交通省のウェブサイトに不動産特定共同事業者のリストが開示されている。

第 1 号事業及び第 2 号事業

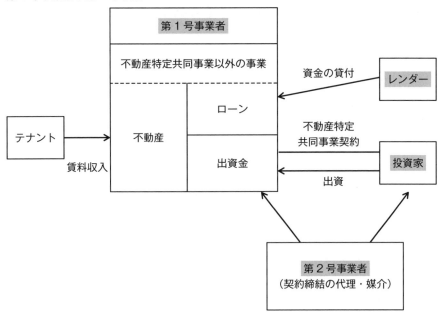

　第 1 号事業を行う者は、後述の特例事業者とは異なり、不動産特定共同事業以外の事業を営むことが通例である。実際、第 1 号事業の許可を得ている業者は、不動産事業を幅広く営む者が多い。条文上第 2 号事業者は誰のために代理・媒介をするのかは規定されていないが、実務上は第 1 号事業者のために行為することが通常である。第 2 号事業者が許可制とされているのは、代理媒介行為は事業参加者に締結させようとする不動産特定共同事業契約の内容を十分に理解、熟知させるための専門的な能力が必要であり、一定の要件を備えた者以外には行えないものとする必要があるため、とされている。また、媒介行為には第 1 号事業者のための勧誘行為を含むものとされている[136]。

---

136)　松本＝山辺＝宮城・前掲132) 24頁。

3 特例事業、第3号事業及び第4号事業

【1】はじめに

　特例事業、第3号事業及び第4号事業はいわばセットとなっており相互に関連するが、その軸となるのは特例事業である。特例事業は、平成25年の法改正により追加された不動産特定共同事業の類型である。それ以前は、TKGKストラクチャーを使用してノンリコースローンと匿名組合出資により現物不動産を取得する事業を行うことは、SPCである合同会社が不特法の許可を取得しなければならないため、基本的に不可能だった。そのような事業の需要に応じるために導入されたのが特例事業である。特例事業を行うためには許可を得る必要はなく、主務大臣への届出（不特法59条2項）で足りる。

　また、投資家の属性についても、平成29年の改正前までは、特例事業に参加することができる投資家は特例投資家（同法2条13項）に限られていたが、平成29年の改正により、一定の例外を除き、特例投資家以外の一般投資家も参加可能となり、特例事業の範囲が拡大された。不動産ファンドが現物不動産に投資する場合、新たに許可が必要な第1号事業を使用する可能性は乏しく、不動産特定共同事業への投資をするのであれば、特例事業（又は後述の適格特例投資家限定事業）の形をとることになるであろう[137]。

　特例事業を営むために不特法58条2項の規定により届出をした者を「特例事業者」というが、下記【3】に述べる専業要件があるため、特例事業者はSPC（特別目的会社）であることが想定されている。特例事業者は不動産特定共同事業を営むが、不特法3条1項の許可や同法41条1項の登録を受けるわけではないので、不動産特定共同事業者や小規模不動産特定共同事業者には該当しない。

---

[137]　現物不動産投資の場合、実務上は、TMKストラクチャーとの比較考量の上、投資方法の決定がなされることになると思われる。

【2】特例事業

　特例事業に該当するための要件を以下の表に示す。これらを充足しなければ、届出制の対象となる特例事業とは認められず、第1号事業としての許可が必要となる（下記の図表参照）。

特例事業の要件（不特法2条8項）

①	第1号事業を行い、不動産特定共同事業契約を締結して当該不動産特定共同事業契約に基づき営まれる不動産取引から生ずる収益又は利益の分配を行う行為を「専ら」行うことを目的とする法人が行うものであること（不特法2条8項1号）（以下「専業要件」という）。
②	不動産特定共同事業契約に基づき営まれる不動産取引に係る業務を一の不動産特定共同事業者（第3号事業）を行う者に限る）又は小規模不動産特定共同事業者（不特法2条6項2号に掲げる行為に係る事業（「小規模第2号事業」という）を行う者に限る）に委託するものであること（不特法2条8項2号）（以下「業務委託要件①」という）。
③	不動産特定共同事業契約の締結の勧誘の業務を不動産特定共同事業者（不特法2条4項4号に掲げる行為に係る事業（「第4号事業」）を行う者に限る）に委託するものであること（不特法2条8項3号）（以下「業務委託要件②」という）。
④	不動産特定共同事業契約に係る不動産取引の目的となる不動産について、宅地の造成又は建物の建築に関する工事その他主務省令で定める工事であってその費用の額が事業参加者の保護に欠けるおそれのないものとして主務省令で定める金額を超えるものを行う場合にあっては、特例投資家のみを相手方又は事業参加者とするものであること（不特法2条8項4号）。
⑤	その他事業参加者の利益の保護を図るために必要なものとして主務省令で定める要件に適合するものであること（不特法2条8項5号）。

特例事業

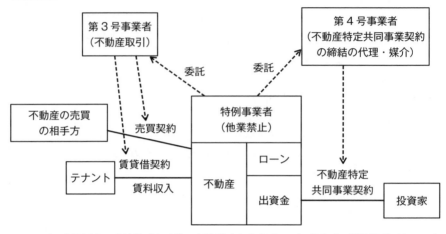

（一定額以上の宅地造成や建物の新築等を行う場合はプロ投資家（特例投資家）のみ）

【3】専業要件

　不特法 2 条 8 項 1 号の専業要件については、どこまで厳格に「専ら」という文言が解釈適用されるのかが問題となる。厳格に解釈されすぎるとかえって特例事業の運営を妨げることになる。この点、国土交通省の「不動産特定共同事業の監督に当たっての留意事項について」（令和 2 年 8 月 19 日公表）（以下「事務ガイドライン」という）は、下記の事項について、それを行うことにより直ちに不特法 2 条 8 項に規定する専業要件に違反するものではないとしている。

事務ガイドラインにより専業要件に直ちに反しないとされる事項

①	税務・会計事務所等への業務委託、工事請負契約等の締結及び対象不動産変更型契約における特定金銭及び業務外金銭の運用等、特例事業を行うにあたり当然に予定されている行為
②	対象不動産の買主からの要望により対象不動産を信託した上で、同日に当該信託の受益権を譲渡する場合や、不動産に係る信託の受益権を取得後、直ちに信託を終了させ、不動産を譲り受ける場合等、取引の形態が異なるものの、特例事業者が倒産する危険性を高める行為ではない行為

③	対象不動産取得時に、当該不動産に付随する温泉権を取得する場合や、専有部分ごとに売却され、一部の専有部分に信託が設定されている区分所有建物の一棟全体を取得する場合、再生可能エネルギーを用いて発電した電力を対象不動産に供給するための設備を取得する場合、対象不動産の屋上に設置された太陽光発電設備を取得する場合等、不動産特定共同事業に付随・関連して資産を取得する行為

　上記の②に関連して、特例事業者が不動産信託受益権を取得することが専業要件に反するのか否かの点は、不特法が適用されないTKGKストラクチャーとの棲み分けの観点からは興味深い。国土交通省のパブリックコメントへの回答（平成25年12月11日公表）では「特例事業者が不動産を主たる信託財産とする信託の受益権を取得、保有又は処分する行為を目的とする場合には、原則として『当該行為を専ら行うことを目的とする法人』（法第2条第6項第1号）には該当しないと考えられます。」と述べられており、特例事業者が信託受益権を取得することは例外的にしか許容されないことに注意を要する。また、「現物不動産と信託受益権を併せて流動化する場合現物不動産と信託受益権を併せて法に定める不動産取引を行う場合でも、『専ら行うことを目的とする』と言えるか。また、如何なる要件を満たせばそのように言えるのか（例えば、信託受益権の割合が一定以下の場合等。）。」というパブリックコメントに対して、国土交通省は、上記の原則を述べた後で、信託受益権の割合が一定以下であれば例外的に専業要件に反しないとは考えられないと回答している。

　上記の③においては、動産である「ホテルの什器、備品（FF＆E）」を取得する行為については明示的に言及されていない。しかし、国土交通省のパブリックコメントへの回答（平成25年12月11日公表）では「個別事例ごとに実態に即して実質的に判断すべきものではありますが、ホテルの什器、備品、機械式駐車場、太陽光発電パネルなど不動産に付随する動産を、不動産取引を行う上で必要な範囲で特例事業者が取得することは妨げられないと考えられます。」と回答されており、ホテルに関連する不動産取引には支障がないものと考えられる。

　さらに、上記の③に関連して、国土交通省のパブリックコメントへの回答（平成31年3月29日公表）[138]では、「不動産特定共同事業に付随・関連して資産

を取得する行為」として、例示されている温泉権等のほか、例えば屋上に太陽光発電設備が設置されている不動産を取得した際、当該太陽光発電設備が固定価格買取制度の適用対象であった場合に、当該制度下で特定契約（再生可能エネルギー電気の利用の促進に関する特別措置法2条5項）の締結を求める権利や、締結済みの特定契約に基づく権利を取得することも含まれるか、というコメントに対し、国土交通省は、「不動産特定共同事業の対象不動産として取得した不動産の屋上に太陽光発電設備が設置されている場合等、明らかに当該太陽光発電設備が対象不動産に付随して取得されている場合には、電気事業者による再生可能エネルギー電気の調達に関する特別措置法に基づく特定契約（同法第2条第5項）の締結を求める権利や、締結済みの特定契約に基づく権利を取得する行為も、基本的には『不動産特定共同事業に付随・関連して資産を取得する行為』に含まれます。」と回答している。これは、特例事業者が再生エネルギー発電事業を行う可能性を肯定しているものと解釈することも可能で、資産流動化法の他業禁止とは異なるアプローチである（第3章 Ⅲ 9 （⇒191頁）参照）。

【4】業務委託要件①

特例事業に該当するためには、不動産特定共同事業契約に基づき営まれる不動産取引に係る業務を、①第3号事業を行う者又は②小規模第2号事業に委託しなくてはならない。しかも、委託先は条文上「一の」とあるので、複数であってはならない。特例事業者は「不動産取引」、つまり「不動産の売買、交換又は賃貸借」（不特法2条2項）の権利義務の主体であるものの、それらに関する業務は、自ら行わず、上記の者に委託しなければならないのである。この趣旨は、特例事業者はSPCであり倒産隔離が求められることを前提として、投資家保護の観点から一定の資格を有する外部者への業務委託を義務化したものと理解されている。なお、上記【3】の専業要件に関し、前記のように、一定の例外的な場合に不動産信託受益権を特例事業者が取得することがあり得るが、そのような場合には取引に関与する者に金融商品取引業の登録が必要とな

---

138) 「『不動産特定共同事業の監督に当たっての留意事項について』の一部改正に関する意見募集の結果と対応」。

る可能性があることに留意する必要がある。

【5】業務委託要件②

特例事業に該当するためには、不動産特定共同事業契約の締結の勧誘の業務を第4号事業を行う者に委託しなければならない。【4】業務委託要件①と異なり、「一の」という限定はないので、複数に委託をすることも可能である。この要件からすると、特例事業者が自ら不動産特定共同事業契約の締結の勧誘を行うこと（つまり自己募集をすること）は想定されていないことになる[139]。

【6】宅地造成又は建物建築工事

特例事業に該当するためには、一定の不動産工事等については、特例投資家（不特法2条13項）のみを相手方又は事業参加者とすることが必要である[140]。ここでの「一定の不動産工事等」とは以下の①及び②の内容を有するものである。そのような場合にはリスク判断が困難と想定されるので、投資家の範囲を限定したのである[141]。特例投資家の範囲も以下に示す。

事業参加者を特例投資家に限定すべき特例事業における工事

①	宅地の造成又は建物の建築に関する工事（不特法2条8項4号）、建物の修繕又は模様替に関する工事（不特法施行規則2条1項）
②	対象不動産の価格（鑑定評価額、公示価格、路線価、販売公表価格その他これらに準じて公正と認められる価格）の1割（小規模不動産特定共同事業者（小規模第2号事業を行う者に限る）への委託の場合には1億円）を超える工事（不特法施行規則2条2項）

---

139) 松本＝山辺＝宮城・前掲132）35頁は「また、不動産特定共同事業契約の相手方を勧誘することなく不動産特定共同事業契約を締結する場合も考えられるところ、そのような場合にも業務を委託しなければならない必要性は乏しいと考えられる。」として、勧誘が存在しない不動産特定共同事業契約の締結も観念可能であることを前提としているようである。

140) 平成29年の改正前までは、特例事業に参加することができる投資家は特例投資家（不特法2条13項）に限られていたが、平成29年の改正により、上記不動産工事等以外については、一般投資家も参加可能となっている。

141) 松本＝山辺＝宮城・前掲132）36頁。

特例投資家の範囲（不特法 2 条13項、不特法施行規則 4 条）

①	銀行、信託会社
②	不動産特定共同事業者
③	認可宅地建物取引業者（宅建業法第50条の 2 第 2 項に規定する認可宅地建物取引業者をいう）
④	不動産に対する投資に係る投資判断に関し助言を行うのに十分な知識及び能力を有する者として国土交通大臣の登録を受けているもの（「不動産投資顧問業者」）
⑤	特例事業者との間で当該特例事業者に対して不動産を売買若しくは交換により譲渡する契約又は賃貸する契約を締結している者であって、かつ、不動産特定共同事業契約の締結に関し、不動産投資顧問業者との間で不動産の価値の分析若しくは当該分析に基づく投資判断に関し助言を受けること又は投資判断の全部若しくは一部を一任することを内容とする契約を締結している者
⑥	金商法第 2 条第31項に規定する特定投資家（同法第34条の 2 第 5 項の規定により特定投資家以外の顧客とみなされる者を除く）及び同法第34条の 3 第 4 項（同法第34条の 4 第 6 項において準用する場合を含む）の規定により特定投資家とみなされる者
⑦	有限責任事業組合契約に関する法律第 2 条に規定する有限責任事業組合のうち、組合員が前各号に掲げる者のみであるもの
⑧	資本金の額が 5 億円以上の株式会社

【7】その他の要件

　特例事業の要件である不特法 2 条 8 項 5 号に規定される「その他事業参加者の利益の保護を図るために必要なものとして主務省令で定める要件に適合するものであること」については、不特法施行規則 3 条に規定されており、以下の事項を遵守する必要がある。

不特法施行規則 3 条（事業参加者の利益の保護を図るために必要な要件）

	不動産特定共同事業契約に基づき営まれる不動産取引に係る業務を不動産特定共同事業者（第 3 号事業を行う者に限る）又は小規模不動産特定共同事業者（小規模第 2 号事業を行う者に限る）に委託する契約において、少なくとも次に掲げる事項が定められていることとする。
①	当該不動産特定共同事業者又は小規模不動産特定共同事業者は、当該特例事業者の同意なく、当該業務の再委託を行わないこと。
②	当該不動産特定共同事業者又は小規模不動産特定共同事業者は、当該特例事業者の業務及び財産の状況を記載した書類を事務所ごとに備え置き、当該特例事業者の求めに応じ、これを閲覧させなければならないこと。
③	当該不動産特定共同事業者又は小規模不動産特定共同事業者は、当該特例事業者の求めに応じ、当該特例事業者の業務及び財産の状況について説明しなければならないこと。

【8】みなし宅建業者

　特例事業者については、一定の事項を除き、宅建業者とみなして、宅建業法の規定の適用がある（宅建業法77条の3第2項）。適用されない条項は同条1項に規定されている。特例事業者に適用がある規定を例示すると、名義貸しの禁止（同法13条）、営業保証金の供託等（同法25条）、広告規制（同法32条、33条）、自己の所有に属しない宅地・建物の売買契約締結の制限（同法33条の2）、損害賠償の予定等の制限（同法38条）、手付の額の制限（同法39条）、担保責任についての特約の制限（同法40条）、手付金等の保全（同法41条）などの規定がある。これらのうち、下記の2点には特に注意を要する。

　①まず、担保責任についての特約の制限（同法40条）の適用があるので、特例事業者は、契約上、契約不適合責任を否認することはできない。これは案件の出口（不動産の売却時）における問題ではあるが、特例事業を利用する投資家にとっては好ましいものではない。

　②次に、特例事業者には営業保証金1,000万円の供託義務（同法25条、同法施行令2条の4）がある。SPCである特例事業者にとって1,000万円の供託義務は軽い義務ではない。これについては、平成31年4月より、一定の要件を満たす特例事業者は、公益社団法人不動産保証協会及び公益社団法人全国宅地建

物取引業保証協会に加入することが可能となった[142]。これにより、特例事業者は、弁済業務保証金分担金60万円を納付することで、営業保証金の供託を免れることができる（同法64条の13、64条の9第1項、同法施行令7条）。

【9】金融商品取引業と第4号事業の関係：第二種金融商品取引業の登録の必要性

　金商法2条2項5号には集団投資スキーム持分がいわゆる二項有価証券に該当することが規定されている。不動産特定共同事業契約に基づく権利は、原則として集団投資スキーム持分から除外されるのだが、例外的に特例事業者と締結した不動産特定共同事業契約に基づく権利は集団投資スキーム持分に含まれることになっている（同法2条2項5号ハの末尾）。これが意味するところは、特例事業者が不動産特定共同事業契約を事業参加者と締結する行為は、二項有価証券の発行であり、第4号事業を行う者が特例事業者の委託を受けて事業参加者との間の不動産特定共同事業契約の締結の代理・媒介を行うことは、二項有価証券の私募の取扱いに該当するということである。第4号事業者によるかかる行為は、業としてなされるものであり、第二種金融商品取引業の登録が必要となる。したがって、第4号事業者は、不特法の許可に加えて、第二種金融商品取引業の登録を得ておく必要がある。なお、ここで議論している不動産特定共同事業契約は賃貸借契約型（不特法2条3項3号）以外のものである。賃貸借契約型はそもそも集団投資スキーム持分に該当しないからである。

4 適格特例投資家限定事業

　適格特例投資家限定事業とは、第1号事業を、適格特例投資家（特例投資家のうち、不動産に対する投資に係る専門的知識及び経験を特に有すると認められる者として主務省令で定める者（不特法2条14項））のみを相手方又は事業参加者として行うものをいう（同法2条10項）。特例投資家はプロの投資家であり、適格特例投資家（下記の表参照）はその中で特に選ばれた者であるから「スーパープロ投資家」といわれる。平成29年の改正により認められた類型で

---

142)　松本＝山辺＝宮城・前掲132) 429頁。

ある。第１号事業を営むための「許可」は不要で、不特法59条２項の規定による「届出」をすれば適格特例投資家限定事業を営むことができる。適格特例投資家限定事業の事業者は、SPCである必要はない。

　スーパープロ投資家が相手方又は事業参加者であるため、適格特例投資家限定事業を行うには、原則として業務委託要件は課されない。つまり、不動産取引に係る業務を第３号事業を行う者に委託すること及び不動産特定共同事業契約の締結の代理又は媒介をする行為を第２号事業又は第４号事業を行う者に委託する必要はない[143]。また、特例事業とは異なり、不動産特定共同事業契約約款を使用する必要もない。投資家の範囲は限定されるが、これらの点で特例事業とは異なるメリットがある。ただ、適格特例投資家限定事業者は、第１号事業の許可を受けた不動産特定共同事業者とみなされ、一定の行為規制に服することに注意する必要がある（不特法60条）。

適格特例投資家の範囲（不特法施行規則５条）※一部省略

①	不動産特定共同事業者、認可宅地建物取引業者
②	不動産投資顧問業者のうち、不動産に対する投資に係る投資判断の全部又は一部を一任されるのに十分な知識及び能力を有する者として国土交通大臣の登録を受けているもの
③	金商法上の適格機関投資家のうち第一種金融商品取引業者、投資運用業者、投資法人、外国投資法人、銀行、保険会社、外国保険会社、信用金庫等、農林中央金庫、株式会社商工組合中央金庫、信用協同組合のうち金融庁長官に届出を行った者等、年金積立金管理運用独立行政法人、投資事業有限責任組合、一定の年金基金、信託会社のうち金融庁長官に届出を行った者、その他
④	株式会社地域経済活性化支援機構
⑤	有限責任事業組合のうち、組合員が一定の地位を有するもの
⑥	民間都市開発推進機構

---

143)　適格特例投資家限定事業者が宅建業法の免許を有していない場合には、不動産取引に係る業務のすべてを宅建業法の免許を有する者に委託する必要がある（不特法59条４項）。

⑦	次に掲げる要件のいずれかに該当するものとして主務大臣に届出を行った法人	
	イ	（1）当該届出を行おうとする日の直近の日（「直近日」という）における当該法人が保有する有価証券の残高及び不動産特定共同事業契約に基づく出資の合計額が10億円以上であること。 （2）宅建業法3条1項の免許を取得していること。
	ロ	当該法人が業務執行組合員等であって、次に掲げる全ての要件に該当すること（イに該当する場合を除く）。 （1）直近日における当該組合契約、匿名組合契約若しくは有限責任事業組合契約又は外国の法令に基づくこれらに類する契約に基づく権利を有する者が出資した財産を充てて行う事業により業務執行組合員等として当該法人が保有する有価証券の残高及び不動産特定共同事業契約に基づく出資の合計額が10億円以上であること。 （2）当該法人が当該届出を行うことについて、全ての組合員その他の者の同意を得ていること。 （3）宅建業法3条1項の免許を取得していること。
⑧	次に掲げる要件のいずれかに該当するものとして主務大臣に届出を行った特定目的会社（TMK）。ただし、その発行する資産対応証券はすべて適格特例投資家に保有される必要がある。	
	イ	特定資産に不動産特定共同事業契約に基づく出資が含まれ、かつ、当該出資の合計額が10億円以上であること。
	ロ	資産流動化法200条2項の規定により、特定資産の管理及び処分に係る業務を当該特定資産の管理及び処分を適正に遂行するに足りる財産的基礎及び人的構成を有する者に委託しており、かつ、当該届出を行うことについての当該特定目的会社の社員総会の決議があること。

5 小規模不動産特定共同事業

　小規模不動産特定共同事業（不特法2条6項）とは、第1号事業及び第3号事業のうち、政令（下記参照）で定める金額の範囲内で行われる小規模の事業について、「許可」ではなく「登録」（同法41条1項）を受けることにより行うことができる。

不特法施行規則2条（小規模不動産特定共同事業に係る出資の価額及び当該出資の合計額）

第1号事業	事業参加者が行う出資の価額	100万円（当該事業参加者が特例投資家である場合にあっては、1億円）
	事業参加者が行う出資の合計額	1億円
第3号事業	事業参加者が行う出資の価額	100万円（当該事業参加者が特例投資家である場合にあっては、1億円）
	事業参加者が行う出資の合計額	1億円（不動産特定共同事業契約に基づき営まれる不動産取引に係る業務を委託する特例事業者が二以上あり、かつ、それぞれの特例事業者につき事業参加者が行う出資の合計額が1億円を超えない場合にあっては、10億円）

Ⅳ 不動産特定共同事業の許可・規制

1 許可の基準

　不動産特定共同事業の許可の基準（不特法7条）は事業のタイプにより異なるが、概要は以下のとおりである。

不動産特定共同事業の許可要件

①	最低資本金（不特法7条1号、同法施行令5条）	第1号事業者：1億円
		第2号事業者：1,000万円
		第3号事業者：5,000万円
		第4号事業者：1,000万円

②	純資産（同法7条2号）	その資産の合計額から負債の合計額を控除した額が資本金又は出資の額の100分の90に相当する額を満たすものであること。
③	役員及び一定の使用人（同法7条3号）	その者又はその役員若しくは使用人（事務所の代表者）が当該許可の申請前5年以内に不動産特定共同事業に関し不正又は著しく不当な行為をしたものでないこと。
④	事務所における業務管理者（同法7条4号、17条1項、同法施行規則21条〜24条）	事務所ごとに以下の（1）及び（2）を満たす従業者を配置すること。 （1）宅地建物取引業法2条4号に規定する宅地建物取引士 （2）以下のいずれかの要件を満たすこと。 　① 不動産特定共同事業の業務に関し3年以上の実務の経験を有する者 　② 国土交通大臣が指定する不動産特定共同事業に関する実務についての講習を修了した者 　③ 登録証明事業による証明を受けている者[144]
⑤	不動産特定共同事業契約約款（同法7条5号、同法施行令6条）	第1号事業者：必要（ただし、特例投資家のみでかつ特例投資家以外への譲渡制限がある場合は不要（同法68条3項））
		第2号事業者：不要
		第3号事業者：必要（ただし、特例投資家のみでかつ特例投資家以外への譲渡制限がある場合不要（同法68条3項））
		第4号事業者：不要
⑥	財産的基礎（同法7条6号、同法施行規則12条1号）	財産的基礎が次に掲げる基準に該当すること。 イ　許可の申請の日を含む事業年度の前事業年度における財産及び損益の状況が良好であること。 ロ　財産及び損益の状況が許可の申請の日を含む事業年度以降良好に推移することが見込まれること。

---

144)　登録証明事業は、①一般財団法人日本ビルヂング経営センターが実施するビル経営管理士登録証明事業、②公益財団法人不動産流通推進センターが実施する不動産コンサルティング技能試験・登録事業、③一般社団法人不動産証券化協会が実施する一般社団法人不動産証券化協会認定マスター、である。

⑦	人的構成（同法7条6号、同法施行規則12条2号）	人的構成が次に掲げる基準に該当すること。 イ　不動産特定共同事業を公正かつ適確に遂行できる組織構成を有すること。 ロ　許可の申請をした法人の役員が当該法人以外の法人の常務に従事し、又は事業を営んでいる場合にあっては、当該役員が当該法人以外の法人の常務に従事し、又は事業を営むことにより不動産特定共同事業の公正かつ適確な遂行に支障を及ぼすおそれがないこと。
⑧	電子取引業務（同法7条7号）	電子取引業務を行おうとする者にあっては、電子取引業務を適確に遂行するために必要な体制が整備されているものであること。

2 不動産特定共同事業契約約款の使用

【1】不特法の規定

　不動産特定共同事業の特色の一つに、政令の定める基準に適合した「不動産特定共同事業契約約款」が使用される点がある（不特法23条、50条2項、58条5項）[145]。これは事業参加者の保護を意図した規制である。「不動産特定共同事業契約約款」の使用が免除されるのは、①適格特例投資家限定事業の場合又は②特例投資家のみを相手方として不動産特定共同事業契約の締結をする場合であって、当該不動産特定共同事業契約により当該不動産特定共同事業契約上の権利義務を他の特例投資家に譲渡する場合以外の譲渡が禁止される旨の制限が付されているときに限られる（不特法68条3項・4項）。この規制により契約内容が制約を受けることになるため、注意を要する。

　不動産特定共同事業契約約款の内容は、政令で定める基準に適合する必要がある（不特法7条5号）。不特法施行令6条は、不動産特定共同事業契約約款で定める「事項」と内容の「基準」という二段階に分けて規定している。不動産特定共同事業契約約款で定める「事項」は抽象的な項目の列挙であり（不特法施行令6条1項、不特法施行規則11条1項）、内容の「基準」はそれぞれの

---

[145]　不動産特定共同事業者、小規模不動産特定共同事業者及び特例事業者のいずれの事業にも不動産特定共同事業契約約款を使用する必要がある。

事項について詳細な内容を規定している（不特法施行令6条2項、不特法施行規則11条2項）。

【2】事務ガイドライン

事務ガイドラインの「第3-2　許可の基準」では、不動産特定共同事業契約約款について、以下のように規定している。なお、下記に含まれる「対象不動産変更型契約」については後述する。

事務ガイドライン（第3-2　許可の基準）

> 法第7条第5号の不動産特定共同事業契約約款の内容が基準に適合しているかを審査する場合において、特例投資家以外の者を相手方又は事業参加者として不動産特定共同事業を行おうとする者（第1号事業又は第3号事業を行おうとする者に限る。）の法第2条第3項第1号及び第2号に掲げる契約（対象不動産変更型契約を除く。）に係る不動産特定共同事業契約約款の内容を審査するときは、一般社団法人不動産証券化協会作成のモデル約款（平成29年度版）の内容を参考とすること。また、対象不動産変更型契約に係る不動産特定共同事業契約約款の内容を審査するときは、国土交通省作成のモデル約款（令和元年度版）の内容を参考とすること。さらに、以下の点に留意すること。（以下省略）

不動産特定共同事業契約約款の内容については、上記のように、不特法（同法施行令や同法施行規則を含む）に詳細な規定があるが、実務上は、上記の事務ガイドラインにあるように一般社団法人不動産証券化協会作成のモデル約款及び国土交通省作成のモデル約款を参考にそれらをスタートラインとして不動産特定共同事業契約約款の内容を策定することが近道である。[146]

3 対象不動産変更型契約

対象不動産変更型契約とは、不動産特定共同事業契約のうち、対象不動産を追加して取得し、又は自己の財産若しくは他の不動産特定共同事業契約に係る財産を対象不動産に追加すること（以下「対象不動産の追加取得」という）に

---

[146]　一般社団法人不動産証券化協会作成のモデル約款及び国土交通省作成のモデル約款は、それぞれのウェブサイトで公開されている。

より対象不動産の変更を行うことを予定する不動産特定共同事業契約を意味する（不特法施行規則11条1項）。不特法の制定当初は、対象不動産の追加取得は認められなかったが、平成11年の同法施行規則改正により、認められるようになった。その後、平成31年の同法施行規則の改正で、規制内容が変更され現在に至っている。対象不動産変更契約には、下記の追加の規制が設けられている。

対象不動産変更契約への追加規制

①	対象不動産変更契約約款で「対象不動産の変更に係る手続に関する事項」及び「業務外金銭（不動産特定共同事業契約に基づき出資された財産のうち不動産特定共同事業の業務に係る金銭以外の金銭をいう）の運用に関する事項」を定めなければならない（不特法施行規則11条7号・8号）。
②	契約成立時書面において「対象不動産の変更に係る手続に関する事項」及び「業務外金銭の運用に関する事項」を記載しなければならない（同47条2項15号・16号）。
③	不動産特定共同事業者が取り扱う金銭の種類及び運用方法について一定の規制がある（同11条1項・2項）。

4 書面の交付、報告等情報開示に関する規制

不動産特定共同事業者に対する書面の交付、報告等情報開示に関する規制を簡単に示すと以下のとおりである。

不動産特定共同事業者に対する書面の交付、報告等情報開示に関する規制

規制事項	不特法の条項	コメント
不動産特定共同事業契約の成立前の書面の交付義務・説明義務	不特法24条、同法施行規則43条、事務ガイドライン（第7-6）	・特例事業者には不適用、しかし、特例事業者から委託を受けた第4号事業者には適用される。 ・不動産特定共同事業契約の成立に関与しない第3号事業者及び小規模第2号事業のみを行う者には適用されない。 ・適格特例投資家限定事業には適用されない（同法60条）。

第4章　不動産特定共同事業法　　277

契約成立時の書面の交付	同法25条、同法施行規則47条2項、事務ガイドライン（第7-8）	・ 特例事業者には不適用、しかし、特例事業者から委託を受けた第4号事業者には適用される。 ・ 不動産特定共同事業契約の成立に関与しない第3号事業者及び小規模第2号事業のみを行う者には適用されない。 ・ 適格特例投資家限定事業には適用されない（同法60条）。
財産管理報告書の交付	同法28条、同法施行規則50条	・ 不動産特定共同事業者は財産の管理の状況を事業参加者の求めに応じて説明する義務を負い、また、1年を超えない期間ごとに財産管理報告書を交付しなければならない。 ・ 第1号事業者及び第3号事業者が負う義務であって、第2号事業者又は第4号事業者は、上記義務について業務の委託を受けているなどの事情がなければ、義務を負わないと考えられている[147]。
書類の閲覧、事業参加者名簿の作成・閲覧	同法29条、同法施行規則51条、同法30条、同法施行規則52条	・ 第1号事業及び第3号事業を行う者は、業務及び財産の状況を記載した書類を事務所に備え置き、事業参加者の求めに応じて閲覧させなければならない。 ・ 電子記録で対応することも許される。

5 行為規制

　不動産特定共同事業者は様々な行為規制に服さなければならない。以下に例示する。

---

147)　松本＝山辺＝宮城・前掲132）265頁。

不動産特定共同事業者に対する行為規制（例）

規制事項	不特法の条項	概略
名義貸しの禁止	不特法15条	自己の名義で他人に不動産特定共同事業を営ませてはならない。
広告の規制	同法18条、同法施行令7条、同法施行規則37条	・宅地の造成又は建物の建築に関する工事完了前の広告の開始時期の制限、誇大広告の禁止等 ・特例投資家を相手方又は事業参加者とする場合にも適用される。
事業実施の時期に関する制限	同法19条	・宅地の造成又は建物の建築に関する工事完了前の不動産特定共同事業の制限
不当な勧誘等の禁止	同法20条、21条、同法施行規則38条	・不動産特定共同事業契約の締結勧誘の際に、重要な事実の不告知、不実の告知の禁止（同法20条） ・利益を生じることが確実であると誤解させるべき断定的判断の提供禁止 ・不当に勧誘を継続する行為の禁止 ・威迫行為等の禁止
金商法の規定の準用	不特法21条の2、同法施行規則39条〜41条	・損失補てん等の禁止（金商法39条） ・適合性の原則等（金商法40条）
金銭等の貸付け又はその媒介等の禁止	同法22条	不動産特定共同事業契約の相手方に対する金銭等の貸付け又はその媒介等の禁止
約款に基づく契約の締結	同法23条	不動産特定共同事業契約約款の使用については上記**2**（⇒275頁）参照
クーリングオフ制度	同法26条	事業参加者は不動産特定共同事業契約の成立時書面の受領から8日間は解除可能

第4章　不動産特定共同事業法

自己取引等の禁止	同法26条の2、同法施行規則48条	特例事業者と第3号事業者の間の不動産取引の禁止等
再委託の禁止	同法26条の3	第3号事業者は、特例事業者から委託された業務の全部を再委託してはならない。
財産の分別管理	同法27条、同法施行規則49条	投資家保護のための運用財産の適切な分別管理
秘密を守る義務	同法31条	不動産特定共同事業者の守秘義務（事業廃止後も存続）
電子取引業務に関する規制	同法31条の2、同法施行規則53～55条	電子取引業務を行う不動産特定共同事業者に対する規制

6 規制当局による監督

　不特法上、不動産特定共同事業者、特例業者、適格特例投資家限定事業者及び小規模不動産特定共同事業者は、いずれも、主務大臣や都道府県知事の監督に服する。

規制当局による監督（概略）

不動産特定共同事業者	・帳簿書類の保存義務、主務大臣又は都道府県知事に対する事業報告書の提出義務 ・主務大臣又は都道府県知事による必要な指示 ・主務大臣又は都道府県知事による業務停止命令 ・許可の取消し ・業務管理者の解任命令 ・監督処分の公告 ・主務大臣による必要な指導、助言及び勧告 ・立入検査 （不特法32条～40条）

特例業者	・主務大臣は、特例事業として開始した事業が特例事業に該当しなくなったときは、3月以内の期間を定めて、必要な措置をとることを命令可能（特例業者には特例事業に該当しなくなった場合の届出義務あり） ・主務大臣は、報告、資料の提出を求めること、事務所等への立ち入り、帳簿書類その他の検査を実行可能（同法58条7項〜10項）
適格特例投資家限定事業者	・帳簿書類の保存義務、主務大臣に対する事業報告書の提出義務 ・主務大臣は、適格特例投資家限定事業として開始した事業が適格特例投資家限定事業に該当しなくなったときは、3月以内の期間を定めて、必要な措置をとることを命令可能（適格特例投資家限定事業者には適格特例投資家限定事業に該当しなくなった場合の届出義務あり） ・主務大臣又は都道府県知事による必要な指示 ・全部又は一部の業務停止命令 （同法61条）
小規模不動産特定共同事業者	不動産特定共同事業者に対する監督とほぼ等しい（同法51条〜57条）（ただし、登録については失効、抹消の規定がある）。

V 減税措置

1 はじめに

　TMKについては一定の減税措置があることを述べたが、不動産特定共同事業にも登録免許税及び不動産取得税の減税措置が認められている。おそらく不動産特定共同事業を広く根付かせるために、そしてTMKストラクチャーとも引けを取らないように、政策的配慮をした結果であろう。税務は、投資ストラクチャーを選択する際の重要な要因であるため、以下に概説する。

2 減税措置の内容

　下記の措置は、少なくとも令和7年3月31日まで継続される。

不動産特定共同事業における減税措置

登録免許税	移転登記	税率軽減：2％→1.3％[148]
	保存登記	税率軽減：0.4％→0.3％[149]
不動産取得税	課税標準から2分の1控除[150]	

　減税措置の対象は、不動産特定共同事業契約に従って、新築、改築、増築、修繕又は模様替えの工事を行う場合であり、国土交通省のウェブサイトにおいてその要件の概要が表によって示されている[151]。

Ⅵ 特例事業と他のストラクチャーとの比較

1 はじめに

　第2章（⇒95頁）においてTKGKストラクチャーを、第3章（⇒163頁）においてTMKストラクチャーをそれぞれ概説したが、ここでは、それらと不特法を利用したストラクチャーとの比較検討を行いたい。不動産特定共同事業のなかでも第1号事業は不動産会社等の許可を受けた者が事業主体となる点で、SPCを使用するTKGKストラクチャー及びTMKストラクチャーとは本質的に異なる。不動産特定共同事業のうち、ここで比較の対象とするのはSPCを使用する特例事業（匿名組合型を想定する）である。なお、TKGKストラクチャーとTMKストラクチャーとの比較については、第3章 Ⅱ 5（⇒168頁）において表を用いて説明を行っているので参照されたい。

---

148)　租税特別措置法83条の3第1項・3項、同法施行令43条の3。

149)　租税特別措置法83条の3第2項・4項。

150)　地方税法附則11条12項。

151)　特例事業（小規模特例事業者を除く）又は適格特例投資家限定事業については、国土交通省ウェブサイトのhttps://www.mlit.go.jp/totikensangyo/content/001477674.pdfを、小規模不動産特定共同事業者及び小規模特例事業者については、https://www.mlit.go.jp/common/001398148.pdfを、それぞれ参照されたい。

2 特例事業の特徴と問題点

　特例事業を含む不動産特定共同事業は、現物不動産を対象とする点で現物不動産を信託受益化して合同会社に保有させるTKGKストラクチャーとは異なる。特例事業では、信託会社が受託しにくい不動産でも投資対象にすることができる点で活用の幅が広い。この点、特例事業の導入に関与した国土交通省の担当者のインタビュー記事における発言でも以下のように述べられている。

　「地方の物件や老朽化した物件、屋外広告がサイズオーバーなど難ある物件は信託しづらいものが多いし、売り手が信託受益権化を拒否する場合もあります。TMKは税の特典があるものの、資産流動化計画を細かく記さなければならないなど縛りがあり、ある程度規模の大きいものでないと使えません。（中略）優良不動産への投資も結構なことですが、数少ない都心の優良不動産に投資が集中することの副作用として生じた値動きが『プチバブル』と言われることもあったのだと思います。（中略）今回の法改正により、『届出制』で器となる会社設立を認め、資金が集めやすくなります。少しでも多くの民間資金を我が国不動産のバリューアップや再生・開発に振り向けたいと考えています。地方の駅前には老朽化が進んだビルや商業施設が多くあります。地域のモニュメントである駅前の建物が古いまま放置されるのは、地域の元気を削ぐことにもなります。不動産の再生が促進されれば地域経済の活性化にも資するでしょう。」[152]

　上記において不特法の改正により特例事業の導入を果たした国土交通省の担当者も認めているように、特例事業はどちらかというと「中小規模の再生案件等に適したスキーム」ということになる。この点は、特例事業の特徴であり、信託費用がかからない点とあわせて、長所といえる。

　特例事業において、約款の規制がある点は、窮屈な印象を受ける。しかし、この点は前記のとおり一般社団法人不動産証券化協会及び国土交通省のモデル約款が公表されており、関係者も努力しているところである。特例事業スキームの広がりにより使用者が増大すれば案件も蓄積されて、窮屈な印象も解消さ

152）　ARES不動産証券化ジャーナルVol. 14（2013年8月1日発行）10頁。

れるものと思われる。

　投資家にとって問題になる可能性があるのは、特例事業者が「みなし宅建業者」とされることにより、担保責任についての特約の制限（宅建業法40条）を受け、不動産売却時に、買主が宅建業者の場合を除き（同法78条2項）、売買契約において契約不適合責任を否認することはできないことである。不動産ファンドは物件売却後すぐに空箱となったビークルである合同会社を解散清算することが通例であるが、宅建業法40条では担保責任を少なくとも2年間負い続けなければならない。法的に解散清算が禁止されるわけではないが、買主がそのような解散清算を容易に許容するとは思えない。そうなると売却の相手方は宅建業者に限定されてしまう可能性もある。

　特例事業においても登録免許税及び不動産取得税の減額が認められており、TMKストラクチャーよりもわずかではあるが減額レベルが高く投資家にとり有利である。信託受益権を使用すれば、流通税のコストはほとんどかからないが、この点は信託の設定・維持のコストとの比較が必要であり、一概にいずれの方法が経済的なのかを論じることはできない。いずれにしても不動産特定共同事業に減税措置が認められ、投資家の選択肢が広がっていることは歓迎すべき点である。

　特例事業とTMKストラクチャーとの比較という点では、TMKストラクチャーは租税特別措置法による導管性要件が明確な点で、投資家に税務面での取扱いについて安心感を与えているが、特例事業において使用される匿名組合契約は案件によっては税務当局に疑いをもたれるリスクを払拭できない。この点では、TMKストラクチャーは手間がかかり、コストの点でより割高であるとしても、大型案件を中心に投資する海外投資家には、引き続きTMKストラクチャーを好む傾向は続くと思われる。また大型案件であればこそ出口戦略も重要であり、上記の担保責任についての特約の制限も無視できない。

　特例事業と他のストラクチャーの比較について、下記に簡単な比較表を示す。

特例事業と他のストラクチャーの比較

視点	特例事業（匿名組合契約使用）	TKGKストラクチャー	TMKストラクチャー
税務上の取扱い	・税務上のメリットあり（パススルー課税（構成員課税）） ・匿名組合の認定が議論となるケースがあり得る。	・税務上のメリットあり（パススルー課税（構成員課税）） ・匿名組合の認定が議論となるケースがあり得る。	・税務上のメリットあり（ペイスルー課税） ・租税特別措置法に詳細な要件が明示されており、税務メリットを受ける要件は比較的明確
取得対象となる不動産資産	現物不動産	不動産信託受益権	・現物不動産 ・不動産信託受益権 現物不動産の追加取得には制限あり。
取得物件に係る流通税	下記の減税措置あり。 ・登録免許税（移転登記について2.0%→1.3%） ・不動産取得税（5分の3控除）	受益者変更登記（不動産一個につき1,000円）	現物不動産につき下記の減税措置あり。 ・登録免許税（移転登記2.0%→1.3%、保存登記0.4%→0.3%） ・不動産取得税（2分の1控除）
投資家の属性	特に限定なし。	・適格機関投資家等特例業務を使用する場合には、1名以上の適格機関投資家と特例業務対象投資家 ・適格機関投資家等特例業務を使用しない場合には特に限定なし。	特に限定なし。

第4章　不動産特定共同事業法

投資家の出資形態	匿名組合契約による出資	匿名組合契約による出資	優先出資
デットファイナンスの要否	通常はノンリコースローンを利用するが必須ではない。	通常はノンリコースローンを利用するが必須ではない。	租税特別措置法の要件を満たすために機関投資家に特定社債を発行するのが通常である。特例借入れの形でノンリコースローンを併用するケースも多い。
アセットマネジャーの資格	・不特法の第3号事業の許可 ・宅建業法の免許	・適格機関投資家等特例業務を使用する場合には投資助言業登録を有する者 ・適格機関投資家等特例業務を使用しない場合、投資運用業登録を有する者	・現物不動産の場合には宅建業免許を有する一定の法人である必要 ・不動産信託受益権の場合、投資助言業と投資運用業いずれでもストラクチャーは運営可能
法的規制	不特法により当局の監督を受ける（同法58条7項～10項）。	適格機関投資家等特例業務を利用する場合には金商法の規制を受ける。	・資産流動化法の規制を受ける。 ・当局の監督を受ける（同法215条以下）。
みなし宅建業者	特例事業者は宅建業者とみなされ、一定の条項が適用される。	不適用	不適用

第2編

第5章　不動産ファンドとは何か―規制緩和の必要性―

I　はじめに

　本書ではこれまで不動産投資の仕組み（ストラクチャー）として、①TKGKストラクチャー、②TMKストラクチャー、③不特法を概説してきた。随所において「不動産ファンド」という用語を使用したがその意味を明確にしていたわけではない。

　「不動産ファンド」に限らず、「ファンド」という用語は法律用語ではないため、法律上の定義語は存在しないが、ファンドについて理解しておくことは上記①〜③の不動産投資の仕組み（ストラクチャー）の使用やそこで生じる法律問題を理解する上で有益である。このような理由から、不動産ファンドと上記①〜③の不動産投資の仕組み（ストラクチャー）の関係を以下に述べることにする。その上で筆者が実務家として感じる現行制度の問題（違和感といった方がよいかもしれない）を指摘したい。それらは法改正を求める立法論的な指摘（一種のWish List）だが、実務及び現行制度の理解を深めるのに役立つであろう。第2編「不動産取引の仕組み（ストラクチャー）」の冒頭に本章を配置することも考えたが、各ストラクチャーの概説を経た後の方が読者の理解を得やすいと考えて第2編の末尾に記載することにした。

II　「不動産ファンド」の意味

　「ファンド」の意味は国語辞典に「基金・資金」と書かれているが、投資を扱う金融の世界では一般に「投資のために集めた資金」を意味する。「投資のために集めた資金」ということは、その背後に資金を拠出した「投資家」が存在し、集めた資金を運用して投資家に還元する運用会社が存在する[153]。資金

---

153)　「セパレートアカウント」といわれる投資方法があるが、これはある特定の一人の投資家が唯一の投資家となるファンドを運用会社が新規に設定する方法である。ファ

を集める目的を示さないことには資金の拠出は得られないので、「一定の投資目的」も必要である。さらに資金の受け皿となり、投資を実行する仕組みも必要となる。ここから、ファンドの構成要素は、①一定の投資目的、②投資家、③運用会社、④集められた資金、⑤資金を受け取り、投資を実行する仕組み、ということになる。そこで、「不動産ファンドの意味」については、「不動産に投資する目的で、運用会社が投資家から資金を集め、運用会社が投資家から拠出された資金を不動産に投資し、運用して投資家に還元する仕組み」と一応定義することができる。そして、不動産ファンドは、一国に限られずに複数の国にまたがる場合がある。投資家に対する投資のリターンを極大化するには税務上最も有利な方法や国を活用するためである。

III 不動産ファンドと不動産投資の仕組み（ストラクチャー）

1 不動産投資の仕組み（ストラクチャー）の内実

　TKGKストラクチャーを一例にとって説明すると、TKGKストラクチャーは、大別して、①複数の異なる投資家が参加するそれ自体が完結された不動産ファンドそのものである場合（以下、「完結型不動産ファンドのための仕組み」という）もあれば、②単一の海外の不動産ファンドや投資家の単なる投資手段の場合（以下、「不動産投資手段のための仕組み」という）の二つのケースがある。わかりやすくするために図示すると以下のとおりである。

ンドの一つ形態ともいえる。他の投資家が存在しないため、唯一の投資家の意向を運用行為に反映させることができる。

参考概念図

【完結型不動産ファンドのための仕組み】

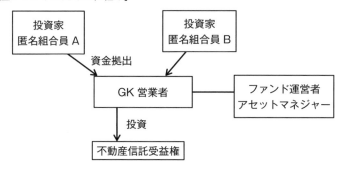

【不動産投資手段のための仕組み】

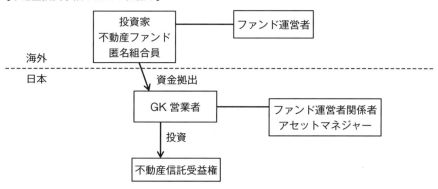

2 完結型不動産ファンドのための仕組み

　「完結型不動産ファンドのための仕組み」は、それ自体が不動産ファンドであり、複数の異なる投資家の利益と営業者であるGK及びファンドを運営するアセットマネジャーとの利益の調整が必要となり、投資家保護など法に従った処理が要求される。「完結型不動産ファンドのための仕組み」は不動産ファンドが遵守すべきすべての法令を厳格に遵守するというアプローチをとる必要があり、それに何の疑問もない。

3 不動産投資手段のための仕組み

　他方「不動産投資手段のための仕組み」においては、投資家自体が不動産ファンドであり（参考概念図においては海外不動産ファンドが投資家である）、不動産投資のために、自らGKを設立し、匿名組合契約を用意して、GKに資金を拠出することになる。アセットマネジャーは、ファンド運営者の子会社などの関係者である。このような場合、投資家である不動産ファンドと営業者であるGKとの間で、法形式上はともかく、実質的な利益相反は存在しない。営業者とアセットマネジャーとの間の利益相反についても、参考概念図の例においては、すでに海外のファンドレベルで適切な契約上の合意がなされていることが通例であり、法形式上はともかく、実質上はそれに従った処理をすれば足りることが多い。「不動産投資手段のための仕組み」においては、この場合のTKGKストラクチャーは、比喩的にいえば、投資家の「一人舞台」である。実質的には、せいぜい営業者と契約するアセットマネジャーとの間の契約が既存のファンド運営者との合意に比較して営業者であるGKに不当な内容になっていないかをチェックする必要性がある程度である。このような「一人舞台」という実質に照らすと、「不動産投資手段のための仕組み」に、「完結型不動産ファンドのための仕組み」のために用意されている法規制を同じように適用する必要があるのかという疑問が生じるところである。以下においては、「不動産投資手段のための仕組み」を「一人舞台投資の仕組み」と言い換える。

4 TKGKストラクチャー以外の仕組みについて

　上記は、TKGKストラクチャーを例にとって解説したものであるが、TMKストラクチャーにも同様の指摘が当てはまる。本書での解説は行なっていないが、投資法人制度を利用する場合にはそれ自体を完結した不動産ファンドとして利用することが通例なので、「不動産投資手段のための仕組み」としての利用は見受けられない。また、投資事業有限責任組合を利用する場合については、ファンドとしての利用が主流であろうが、投資事業有限責任組合の機関投資家としての地位を利用する場合には、ファンドとしての利用を意図しているものではなく、機関投資家としての地位利用のための手段としての仕組みにす

ぎない。

以下に、利用頻度が高い、TKGKストラクチャーとTMKストラクチャーに焦点を当てて、この問題を主として海外投資家の観点からもう少し掘り下げて検討する。

IV 「一人舞台投資の仕組み」としてのTKGKストラクチャー

1 はじめに

TKGKストラクチャーを「一人舞台投資の仕組み」としてみた場合、法形式上必要なことは理解できるが、法的規制が本当に必要なのだろうか、という立法論的な疑問を持つ点がある。それらの点の一部を以下に指摘したい。

2 営業者による匿名組合出資持分の取得勧誘行為

法律上は「一人舞台投資の仕組み」においても営業者による匿名組合出資持分（二項有価証券）の取得勧誘を観念できるかもしれない。しかし、事の実質は、投資家の必要があって自ら営業者としてのGK（SPC）を作り、そこへ資金を拠出するために匿名組合出資を行っているのだから、このような場合に取得勧誘を規制する実益は乏しい[154]。実質に着眼して取得勧誘はなされていないという立場をとれるようなルールを作ることは可能なはずである。この取得勧誘の規制のために、営業者は、①匿名組合出資持分の取得勧誘のために第二種金融商品取引業者を起用したり、②私募に関する適格機関投資家等特例業務を利用したりする必要があり、投資のためのコストを負担せざるを得ないので

---

154) 金融庁は、第2章 V 4（⇒117頁）で述べたように、「個別事例ごとに実態に即して判断されるべきものではありますが、ご質問にあるような事例において、例えば、匿名組合の営業者であるSPCが各共同投資家と匿名組合契約を締結する場合であって、持分の取得勧誘を他の金融商品取引業者に委託することなく、SPCの構成員が実質的にSPCの機関として契約締結に関する具体的な行為が行われる場合には、当該SPCが取得勧誘を行っているものと考えられます。」と回答している（金融庁「コメントの概要及びコメントに対する金融庁の考え方」（平成28年2月3日、5頁、No.17）。

ある。最終的には、これらのコストは当然投資家の負担となる。

❸ 匿名組合員から受けた出資の営業者による運用行為

　営業者による運用行為も金商法の規制を受ける。実態としては、投資家となる不動産ファンドがその運用会社によって投資判断を行っているのだが、法形式上は営業者（適格機関投資家等特例業務を利用した場合）又は投資運用業者（営業者が投資運用業者に運用権限の全部を委託した場合）に運用を委託することになる。匿名組合の匿名性から匿名組合員が直接営業者に運用行為について指図することを認めることはできない。しかし、一定の限定された条件で、不動産ファンドの運用会社（又は子会社がいれば子会社）が営業者との間の契約で運用業登録がなくても運用に関する指図を行うことを可能にする特例が認められないものかと思う。

　上記の点に関連して、2021年11月22日に施行された海外投資家等特例業務制度（金商法63条の8、同63条の9）がある。この制度は、外国法人や一定の条件を満たす外国居住の個人を主たる投資家とする組合型ファンドについて、適格機関投資家の参加を要せずに、投資家の人数も制限しない形で、届出によって、①集団投資スキーム持分の私募又は募集及び②投資家からの出資金の運用業務（自己運用業）を行うことを、投資運用業及び第二種金融商品取引業の登録なしに可能とする制度である。海外投資家にとって有用な制度ではあるものの、海外投資家等特例業務を行う者（例としては、TKGKストラクチャーのGK）には、一定の人的構成・体制整備を必要としており、「一人舞台投資の仕組み」としてのTKGKストラクチャーに使用することは困難である。より抜本的な規制緩和が望まれる。

V　「一人舞台投資の仕組み」としてのTMKストラクチャー

❶ はじめに

　「一人舞台投資の仕組み」としての観点からTMKストラクチャーをみた場

合、本当に法的規制が必要なのだろうか、という疑問を持つ点がいくつかある。「TMKには租税特別措置法の導管性要件を充足することで税務上の恩典が付与されるので、TMKの利用に伴う負担は税の恩典の対価である。」という考えもあり得る。しかし、税の恩典と事務的な負担の多寡は別問題なので、筆者としては、実態をみて法規制が本当に必要なのかを検討するべきではないかと考えている。それらの点のいくつかを以下に指摘したい。

2 TMKの機関

　TMKは基本的に会計監査人を選任しなくてはならない。しかし、「不動産投資手段のための仕組み」の場合にはそのような投資家保護のための重装備は不要である。TMKを「一人舞台投資の仕組み」として使用する投資家としては、できるだけ簡素化された機関構成が許容されることを望むであろう。

3 資産流動化計画の作成・変更手続き

　TMKが業務を行うにあたっては資産流動化計画の定めに従う必要がある。TMKの投資家は資産流動化計画に記載されたスキームを前提に投資判断を行うものであり、資産流動化計画はTMKと投資家間、及び投資家者相互間の契約的な色彩が強いと解説されている[155]。資産流動化計画の作成は、TMKを利用する上での必須の手続きだが、「一人舞台投資の仕組み」としてTMKを利用する投資家からすると、そのような手間のかかる書面の作成や変更の手続きはむしろ負担であり、必要であるとしても最低限の負担になるように大幅に簡略化を望む、というのが本音である。実際上、投資家は資産流動化計画を吟味した上で投資判断を行っているわけではなく、資産流動化計画の作成や変更は事務作業を増加させるのみだからである。

4 優先出資の取得勧誘

　優先出資は第一項有価証券に該当し、その取得勧誘行為は規制を受ける。実務上は、TMKの取締役には会計士などの独立取締役が就任するのが通例で、

---

155) 長崎＝額田・前掲67) 72頁

TMKの取締役は自己募集までは担当せずに、第一種金融商品取引業者に報酬を支払って私募の取扱いを委託する。しかし、TKGKストラクチャーについて述べたように「一人舞台投資の仕組み」においては、実質的には規制の必要な「取得勧誘」はないという立場がとれるようなルールの策定を望むところである。

5 他業禁止

　TMKの業務について特筆するべき点は「他業禁止」（資産流動化法195条）である。TMKは①「資産流動化計画に従って営む資産の流動化に係る業務」及び②その附帯業務のみを行うことが可能で、それ以外の業務（他業）を営むことは禁止される。このような制限が課される理由は、TMKは資産の流動化を行う器として法律上存在を認められていること及び業務の範囲を限定することでTMKが負うリスクを限定し、投資家の保護を図ることにある、といわれている[156]。少なくとも「一人舞台投資の仕組み」としてTMKを利用する場合には投資家保護のために厳重な規制を施す必要性は後退する。他業禁止を完全に撤廃はできなくともより柔軟な取扱いが求められる。

6 規制当局の監督

　TMKは、業務の開始前には業務開始届（資産流動化計画を含む）の提出という形で規制当局の監督を受け、業務を開始した後には、業務に関する帳簿及び資料を作成保存し（資金流動化法215条）、毎事業年度、事業報告書を作成し、事業年度経過後3か月以内に内閣総理大臣に提出しなくてはならない（同法216条）。また、規制当局は、立入検査、違法行為の是正命令、業務の停止命令、解散命令など広範な権限をTMKに対し行使できる。これらは投資家保護の観点から必要とされており、その必要性は理解できる。しかし、「一人舞台投資の仕組み」としてTMKを利用する場合にはある程度軽減された監督内容及び方法で足りるのではないかと思う。

---

156)　長崎＝額田・前掲67）505頁及び506頁。

VI TMKストラクチャーで規制緩和が望まれるその他の事項

1 業務開始届出前の売買契約の締結

現在の資産流動化法では、業務開始届前にTMKは売買契約の締結を行い、業務開始届の後にならないと売買代金の支払を行うことができない。そのため売買契約締結時に売主に手付金を支払うことは容易ではない（第3章Ⅲ12（⇒194頁））。「業務開始届前の売買契約の締結」という制約は、TMKが「既存の資産を流動化する」という制度であることに由来するが、すでに資産流動化法では（現物不動産については依然として制約があるものの）追加資産の取得も広く認められるようになっている（第3章Ⅴ（⇒223頁））。「流動化はTMK」と「運用型ファンドは投資法人」という峻別は、厳格に維持されなくなっているのである。また、「一人舞台投資の仕組み」としてTMKを利用する場合、そもそも海外の不動産ファンドなどは、投資家から得た資金の投資運用方法としてTMKを使用するのであるから、流動化と運用を峻別するという発想自体を有していない。手付の支払に問題を生じる「業務開始届前の売買契約の締結」という制約の変更が求められる。

2 TMKによる追加資産の取得

平成23年改正がなされた際の運用の変更でTMKによる資産の追加取得は広く可能となった（第3章Ⅴ（⇒223頁））。しかし、金融庁による運用として以下の禁止が依然として残っている。

禁止される追加取得（金融庁の考え方）

①	新たな特定資産が宅建業法上の宅地又は建物である場合には、既存の特定資産と密接関連性を有しない宅建業法上の宅地・建物を新たな特定資産として取得することは、原則として認められない。
②	①の反対解釈として、「既存の特定資産」との「密接関連性」があれば、「新たな特定資産」が宅建業法上の宅地又は建物であっても追加取得は可能である。

上記の禁止が残される理由は、宅建業法の存在だが、そもそも資産流動化法204条では「宅地建物取引業法の規定は、業務開始届出を行った特定目的会社には、適用しない。」と規定されているのだから、この規定をそのまま適用すべきではないかと思う。仮にこのような制限を設けたとしても、投資家は必要があれば当該不動産の取得用にTMKを設立してそれを取得することができるので、特に意味のある制限ではない。阻止しなければならない弊害が必ずしも明確ではない上に、その弊害を阻止する手段としても機能せずに、余分な費用負担を投資家に強いるだけである。中途半端な運用の変更となっているのは残念である。

Ⅶ　規制緩和の必要性

　JLLの調査によれば、2022年の国内不動産投資総額のうち、国内投資家が74％、海外投資家が26％を占めており、2020年には30％を超えていた海外投資家比率が若干ではあるが、低下している[157]。日本の不動産マーケットにおける海外投資家の存在は重要であり、海外不動産ファンドを含む海外投資家にとって使用しやすく投資しやすい法制度を用意して日本の不動産マーケットへの参入を容易にしておくことが必要である。また、国内の投資家にとっても「一人舞台投資の仕組」については投資の実態に沿った法規制であることが望ましい。投資の実態を踏まえて、不動産投資に関連する金商法や資産流動化法の規制を緩和し、より広範囲な投資環境の整備がなされることを期待したい。

---

157)　三菱UFJ信託銀行不動産コンサルティング部「不動産マーケットリサーチレポート」VOL. 223（2023.5.16）2頁。

第 3 編

不動産取引の主要契約

第3編

第1章 不動産取引の主要契約の概要

I はじめに

　不動産投資のためのストラクチャーを使用しない不動産取引（例えば、事業会社による事業のための不動産の売買）では、不動産売買契約及び状況に応じて取得資金を調達するためのコーポレートローンによる金銭消費貸借（並びに抵当権設定契約）が必要となる程度である。他方、投資家が不動産投資のためのストラクチャーを使用した不動産取引を行う場合にはより多くの契約が必要になる。主要な契約を、不動産資産の保有者となる合同会社やTMKを中心に置いて分類すると、以下のとおりである。もちろん案件により必要な契約は異なるので下記はあくまで標準的な参考例である。

不動産投資のためのストラクチャーを使用した不動産取引の主要契約

①	売買関係	売主との間の不動産売買契約（信託受益権が売買の対象の場合には不動産信託受益権売買契約、信託銀行との間の不動産管理処分信託契約又はすでに不動産が信託受益権化されている場合には信託の変更契約）。
②	エクイティー出資関係	TKGKストラクチャーの場合、匿名組合員との匿名組合契約、TMKストラクチャーの場合、優先出資の引受契約。複数の優先出資社員がいる場合には、優先出資社員間契約。
③	デットファイナンス関係	TKGKストラクチャーの場合、金銭消費貸借契約（ノンリコースローン契約）、TMKストラクチャーの場合、社債引受契約及び必要に応じて金銭消費貸借契約（ノンリコースローン契約）並びに案件に応じた担保契約。

| ④ | 資産管理関係 | アセットマネジャーとのアセットマネジメント契約、プロパティーマネジャーとのプロパティマネジメント契約。なお、不動産管理処分信託契約はこのカテゴリーにも含まれる。 |

　実務において不動産投資を完了するには、これらの契約のほかに様々な書類が必要になり、合同会社やTMK（及びそれらの親会社としての一般社団法人）の設立・組成に関連する書類を合計すると、100以上の書類が必要となることは珍しくない。取引の期間は、通常、2か月から3か月であり、短い期間に集中的に作業をする必要がある。数多くの電子メール及び書類のドラフトが飛び交うので、それらを交通整理するアセットマネジャーの果たす役割は大きい。
　本編では、以下に不動産取引の契約交渉の特色を述べ、その上で、主要契約の解説を行う。

II 不動産取引の契約交渉の特色

1 はじめに

　不動産取引の中核をなすのは、不動産売買契約（又は不動産信託受益権売買契約。以下、本章において単に「売買契約」という）である。もちろんそれ以外の契約も重要であることには変わりはないが、それ以外の契約は契約内容自体が定型的であることも多く、契約交渉が難航することは売買契約に比較すると多くはない。
　売買契約の場合、売買当事者の属性により、契約交渉の内容は異なる。売買当事者が交渉対象となる事項のリスクを判断して自ら決断することができる場合には、交渉が難航しても、それほど時間をかけずに妥協点を見いだして、交渉をまとめることができることが多い。他方、売買当事者が不動産ファンドの場合には、下記2に述べるように、判断権者が直接交渉に関与していない場合があり、一般論として、交渉に時間を要することが多いと思われる。つまり、当事者の属性によって判断のプロセスが異なるので、それを考慮したスケ

ジュールの設定・対応が必要となるのである。

2 不動産ファンドによる取引の特徴

【1】実質的判断権者の問題

　例えば匿名組合の場合、法的には匿名組合員（特に海外の匿名組合員）には営業者の匿名組合事業の遂行に関する判断権は認められないが、実務上は資金の拠出者である匿名組合員の意見が重要な意味を持つ。ここでは、そのような実質に着眼して判断権を有する者を議論したいので、「実質的判断権者」という表現を使用する。

　本書の「不動産ファンドとは何か―規制緩和の必要性―」（第2編　第5章（⇒287頁））で述べたように、投資のストラクチャーは、大別して、①「完結型不動産ファンドのための仕組み」と②「不動産投資手段のための仕組み」の二つのケースがある。いずれかのケースによって実質的判断権者の所在は異なるが、共通していえることは、交渉にあたるのは基本的に実質的判断権者ではなくアセットマネジャー（及び法律事務所の担当弁護士）であるということである。アセットマネジャーの権限は不動産ファンドの組成形態により異なりアセットマネジャーは投資助言契約を締結した助言者である場合もあれば投資一任契約を締結した運用会社の場合もあるが、アセットマネジャーが単独ですべての論点に決断できるわけではない。実質的判断権者の意向を確認しつつ、相手方との交渉を進めるのが通例である。そのため、判断に時間を要することが多い。事業会社でも交渉担当者と役員会・取締役会という具合に交渉担当者と判断権者は異なるのではないか、という指摘があり得るが、事業会社の場合には議論が紛糾すればより上位の者（担当取締役等）が交渉に参加するので、やはり事業会社の判断プロセスと不動産ファンドの判断プロセスは質的に異なる。そして、①と②のケースを比較すると、一般的には、①に比して②の方が実質的判断権者の所在がわかりにくくなる。例えば、TMKの場合、優先出資社員は必ずしも実質的判断権者ではなく、論点により、投資ストラクチャーのより上部に存在する不動産ファンド運営者と実際に資金拠出を行う者の合意に従って実質的な判断権者が決定されることになる。

【2】不動産ファンドの投資方針

　不動産ファンドには一定の投資方針がある。不動産ファンドによっては、契約上の立場について一定の方針がある場合や、そのような方針がなくても先例が一種の権威を持って先例から逸脱した取引の場合には詳しい説明を必要とする場合がある。これは必ずしも投資家の意向に基づくものとは限らず、ファンド運営者の判断によることもある。「完結型不動産ファンドのための仕組み」ではファンドの運営者はアセットマネジャーとなるが、アセットマネジメント契約上一定の義務（善管注意義務等）があり、そこからの逸脱を避けるために保守的な判断を採用するか又は推奨することになりがちである。また、「不動産投資手段のための仕組み」ではファンドの運営者が日本の不動産取引における論点に対する蓄積された経験や知識が十分ではない海外のファンドマネジャーの場合もあり、投資家の利益に偏した立場をとるケースがある。そのような場合にはより交渉が長引くことになる。

3 海外不動産ファンドの取引の特徴

　海外不動産ファンドによる投資の特徴としては、上記2に述べた「不動産ファンドによる取引の特徴」に加え、以下の点を指摘することができる。

【1】投資家の所在国の法令による制限

　海外不動産ファンドの所在国の法令により一定の規制が課され、それが日本の不動産資産の取得に影響を与える場合がある。例えば、ドイツ資本投資法その他の規制により、ドイツの年金が投資する際には、不動産信託受益権への投資が制限されたり、デットファイナンスによる借入れの内容や方法に制限がなされたりするため、ドイツの法律家の協力を得ながら案件に取り組む必要がある。他の例としては、イスラム教の教義に従う投資家の場合には、イスラム教における規範や法（シャリア）に従った取引を行う必要があり、利息は禁止され、禁制品（アルコール、たばこ等を含む）の取引に関与することがないような特別の配慮が必要となる。

海外不動産ファンドによるTMKストラクチャーの使用例

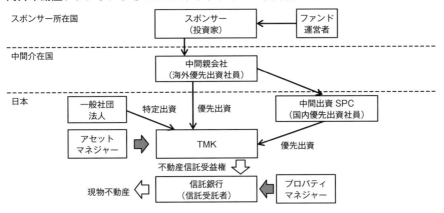

　上記の図は、海外不動産ファンドによるTMKストラクチャーの使用例だが、租税条約による税務上の恩典を得るために中間介在国を経て日本に投資するケースも多い。直接の優先出資社員の所在国の法令以外にもスポンサー（最終的な投資家）の所在する国の法令の制限を受ける可能性があることに注意が必要である。海外不動産ファンドは投資の税効率その他の理由から何層にも投資ビークルを設定して投資するので、法令遵守のためにカバーすべき領域が広がりがちである。

【2】時間管理の重要性

　上記のように投資家からいくつかの層を経て日本の不動産資産への投資がなされる場合、すべての関係者が必要とする時間を把握して取引のスケジュールに組み込まなくてはならない。特に複数の国々を経由する海外からの送金には一定の日数を見込む必要がある。日本国内の取引に関与する人々の締め切りに対する切迫感が海外の関係者にすべて共有されるとは限らない。毎週現状確認のための電話会議を開催し関係者の注意を促し、かつ電子メールでその結果を関係者に連絡するなどの努力が必要となる。そのような努力をしても想定外の遅れが生じてしまうこともあるのが海外不動産ファンドによる投資の実情である。国内のアセットマネジャー、海外のファンド運営者及び取引を担当する法律事務所が緊密に連絡をとりつつ、時間管理を行わなければならない。

【3】法律事務所の役割の重要性

　海外の不動産ファンドによる投資の場合、取引を担当する法律事務所の役割は大きい。

　上記のように海外の法令による制限を確認し日本の法令及び取引実務との整合性を図る必要があるが、そのためには取引を担当する日本側の法律事務所は、海外の法令による制限を正確に理解し、かつ日本の法令及び取引実務を海外の法律事務所やファンド運営者に伝達して、理解を得なければならない。そして、上述の取引の時間管理にも参加して取引の円滑な進行を図ることも取引を担当する法律事務所の重要な役割の一つである。

　また、海外のファンド運営者は、投資家に対して、日本法における「善管注意義務」に類似する一定の義務を法令や不動産ファンドとの契約に従って負担するのが通例である。それらの義務は契約上比較的具体的に規定される場合もあれば、抽象的な表現にとどまる場合もあるが、ファンド運営者はそれらの義務への違反がないことを明確にするために、取引を担当する法律事務所に対して、取引に関連する契約には通常の取引で用いられる条項（いわゆるマーケット・プラクティス）から逸脱した条項は存在しないこと及び仮に存在する場合には逸脱する理由等を明記した書面（サインオフレターとかサインオフメモと呼ばれることがある）の提出を求めることがある。何がマーケット・プラクティスなのかもはっきりしない場合もあり、法律事務所は、合法・違法といった法律意見を超える内容を有するそのような書面を提出することに苦労することもある。しかし、海外不動産ファンドによっては、それがないと投資委員会の承認が下りない等、取引を進めることができない場合があり、法律事務所は工夫しながらファンド運営者の要望に応じているのが実務の現状である。

第3編

第2章　不動産売買契約　総論

I　不動産売買契約をみる視点

1 はじめに

　不動産売買契約（又は不動産信託受益権売買契約。以下、本章において単に「売買契約」という）を概説する前提として、売買契約をいくつかの視点からみて、それぞれの注意点をまず述べる。下記の視点は、売買契約を作成する上で、一種のチェックリストとしても使用可能である。

2 売買当事者の属性の視点

【1】はじめに

　売買契約の当事者（売主及び買主）の属性に注目すると、①売主又は買主が通常の事業会社の場合と、②売主又は買主がTKGKストラクチャーの合同会社やTMKなどの特別目的会社（SPC）の場合とがある。これら以外にも分類の視点はあり得るが、本書ではこれら①及び②の観点から売買契約を概説する。

【2】当事者が事業会社の場合

　売買契約の当事者が事業会社の場合、その信用力・資力が問題になり得るので注意を要する（第1編　第4章 IX（⇒71頁））。また、現物不動産の取引において売主が宅建業者である場合には、宅建業法上の規制が適用される（宅建業法31条以下参照）。しかし、一定の規制は宅建業者相互間の取引には適用されない（同法78条2項）。買主にとって現物不動産の売主が売買契約において契約不適合責任を負うのか否かは大きな関心事だが、売主が宅建業者の場合には買主が宅建業者でない限り契約不適合責任を否認することはできない（同法40条）。宅建業者相互間の取引には適用されない規定をまとめると以下のとおり

である[1]。

宅建業者相互間の取引には適用されない宅建業法上の規定

条項	内容
33条の2	自己の所有に属しない宅地又は建物の売買契約締結の制限
37条の2	事務所等以外の場所においてした買受けの申込みの撤回等の是認
38条	損害賠償額の予定等の制限
39条	手付の額の制限等
40条	売買目的物が種類又は品質に関して契約の内容に適合しない場合におけるその不適合を担保すべき責任を否認する特約の制限
41条	手付金等の保全
41条の2	同上
42条	宅地又は建物の割賦販売の契約の解除等の制限
43条	所有権留保等の禁止

【3】当事者がSPCの場合

　売買契約の当事者がSPCの場合、レンダーからのノンリコースファイナンスを得ることが通例なので、レンダーから倒産隔離のために要求される責任財産限定、倒産不申立特約等の条項を売買契約に加える必要がある。

　買主がSPCの場合には、レンダーからの借入れが実行されないと買主は売買代金の支払ができないので、買主は、借入れが実行されることを売買実行の前提条件にすることを望む場合がある。

　売主がSPCの場合には、唯一の資産である不動産資産を売却後早期にSPCを

---

1) 　宅建業者間の取引についての宅建業法上の規定の適用除外は、現物不動産の取引にのみ当てはまり、信託受益権の取引には適用されない。なお、宅建業法は信託受益権売買に一切適用されないということではなく、信託受益権売買であったとしても、宅建業法の適用がある事項もあるので注意を要する（宅建業法50条の2の4（不動産信託受益権等の売買等に係る特例））。

解散・清算したいという投資家の要請がある。また、売主がSPCの場合には、売買実行後に売買代金を投資家に分配してしまうと売主には資産は残らない。そのため、買主は売買実行後に発覚する可能性のある売主の売買契約の不履行（例としては契約不適合責任）に基づく損害賠償責任について、売主による履行をどのように確保するのか、という問題に直面することになる。

3 売買の目的物の視点

【1】現物不動産／不動産信託受益権

　売買の目的物が現物不動産かそれとも不動産信託受益権かという点は、契約内容に大きな相違をもたらす。不動産信託受益権は有価証券であり金商法等の適用を受けるが、現物不動産の場合はそうではない。また、不特法は、現物不動産への投資に適用されるが、不動産信託受益権への投資の場合には適用されない。なお、不動産（土地）取引には、国土法、公拡法及び重要土地等調査法の適用があるが、不動産信託受益権取引にも適用があり得るということには注意を要する（第1編 第4章 X（⇒75頁））。

【2】信託受益権の組成時期による問題

　不動産信託受益権の売買契約において、対象となる不動産信託受益権に関し、①売主が当初委託者か、②それとも売主は既存の不動産信託受益権の保有者なのかという相違は、まず金商法上の取扱いに相違が生じる。①の場合、金商法上当初委託者は不動産信託受益権を「発行」し「自己募集（私募）」することになり、当該不動産信託受益権の購入は金商法上の「有価証券の売買」には該当しない[2]。それゆえ、新規に発行された不動産信託受益権を購入することについては、第二種金融商品取引業の登録を要しない。②の場合、有価証券の売買に該当することに疑いはないことから、第二種金融商品取引業の登録を要しないという結論を導くためには別の理由が必要となる（第2編 第2章 V

---

[2] 金融庁「コメントの概要及びコメントに対する金融庁の考え方」（平成19年7月31日）60頁及び61頁、No.113～No.122。

6（⇒122頁））。次に、①の場合、買主の要請により信託受益権による取引がなされるために、売主が当初委託者として締結する信託契約において受託者から要求される表明保証にどのように対応するのか（受益者が行うのか）という議論が生じる。売主は、買主の依頼により（買主に協力するために）当初委託者に就任するのであり、それにもかかわらず信託契約の当事者として受託者に対し不動産についての表明保証の義務を負担することには協力できないという立場をとりがちである。そこで、買主が売主に代わってそのような表明保証の義務を負う必要性が出てくるのである。

4 売買契約の締結日・実行日の視点

売買契約の締結日と実行日という観点からは、①締結日と実行日が同じ場合（同時決済）と、②異なる場合（異時決済）がある。異時決済の方が売買契約の内容は複雑になる。実務上は、同時決済及び異時決済の両方のケースがあるが、異時決済の方が標準的である。また、TMKストラクチャーを使用する場合には、制度上、異時決済となる。同時決済の場合、不要となる売買契約上の条項には以下のものがある。

異時決済の場合には必要になり得るが同時決済の場合に不要となる規定

①	手付が授受される場合、手付に関する規定
②	買主の代金支払義務履行のための前提条件を列挙する規定
③	売主の引渡義務履行のための前提条件を列挙する規定
③	表明保証については、同時決済の場合には売買締結時点についてのみ行うことになる。他方、異時決済の場合、締結時と実行時の両方について表明保証を行う。
④	締結時から実行時までの行為についての当事者の義務の規定
⑤	危険負担の規定

Ⅱ 売買契約の締結・売買実行に向けたプロセス

1 はじめに

　売買契約の締結・売買実行に向けた当事者の作業は、①買主による投資対象物件の探索から始まり、②投資対象物件が絞り込まれたら、売主及び買主が交渉を開始することを相互に合意し、③買主側は、投資のためのストラクチャーを決定し、④投資対象物件のデューディリジェンスを開始し、⑤さらに購入のための借入れの準備（レンダーの探索等）を行う。その上で、関係者の合意するスケジュールの中で、⑥売買契約の交渉、⑦投資ストラクチャーの設定、⑧ローン契約等資金の借入れのための契約の交渉を、同時並行で進め、取引の完了を目指すことになる。

　これらのうち、通常売買契約の交渉がなされるまでに売主及び買主となる者の間で締結される書面は以下のとおりである。

売買契約交渉の前段階で当事者が締結する書面

①	投資対象物件の探索の段階	秘密保持契約（買主は売主側から物件購入の準備のために必要な情報を取得する必要がある。売主は買主に秘密保持を義務づける必要があり、秘密保持契約が締結される）
②	売買の交渉開始の段階	Letter of Intent（意向表明書）、売渡承諾書、買付証明書等（他にもこの種の書面の呼称はあり、これらは名称は異なるが、いずれも売主及び買主がそれぞれ売買がなされる場合の取引内容やスケジュール等の概要を記載するものである）

2 秘密保持契約

　売買契約の交渉前に当事者間でやり取りされる契約・書面のうち、秘密保持契約の内容は特に不動産取引であるがゆえの特別な内容を持つものではない。秘密保持契約は通常売主が用意して、買主の調印を求めることが通例である。

秘密保持契約に関して、買主として注意すべき点は以下のとおりである。

【1】情報開示可能な範囲

　買主（又はスポンサー関係者やアセットマネジャー）がデューディリジェンスをする際には、投資家及びその候補者に情報を開示する必要があり得る。専門業者や税務や法務のアドバイザーを使用したり、融資を得るレンダーに相談する必要もある。特に「投資家」には現在の投資家のみならず将来投資家となる可能性のある「投資家の候補者」及び直接の投資家のみならず親会社以上のレベルで参加する間接の投資家並びにそれらのアドバイザーをカバーしておく必要がある。また、「レンダー」については「レンダーの候補者」を含む必要があるし、念のためそのアドバイザーにも情報開示が可能なように範囲を拡大することが望ましい。秘密保持契約で許容された情報の開示範囲を適切に広げておかないと、都度売主から承諾を得なくてはならず、煩雑であり、承諾を得ることを忘れる危険もある。そのため、秘密保持契約の情報開示範囲が十分か否かの確認が重要である。

【2】秘密保持義務の有効期間

　買主が売買契約締結のために秘密情報の開示を売主から受けるとしても、秘密保持義務が永久に継続するのでは、買主の情報管理の負担が過大となる。そのため、秘密保持義務が自動的に終了するような措置を秘密保持契約に組み込んでおく必要がある。具体的には、①対象不動産の売買契約が締結された時点又は②秘密保持契約の締結から例えば1年経過した時点のうち早い時点で秘密保持義務は失効する旨を規定すればよい。①の場合には、売買契約の中に秘密保持条項が規定されるので、情報管理はその規定に従ってなされることになる。

3 売買契約交渉の前段階の書面（Letter of Intent（意向表明書）等）

　売買契約の交渉前に当事者間でやり取りされる契約・書面のうち、ここではLetter of Intent（意向表明書）、売渡承諾書、買付証明書等様々な呼称が付される交渉の開始に際して交付される書面について概説する（以下、総称して本

書では「交渉開始書面」という）。

【1】交渉開始書面の目的

　交渉開始書面の目的は、売主及び買主がそれぞれ一定の期間、売買契約の成立に向けて相手方と誠実に交渉する意思があることを表明することにある。交渉開始書面のやり取りは、法的に義務づけられたものではなく、実務上の必要からなされるものである。売主は、購入意思が乏しかったり、売買価格を含む購入条件が到底合わない相手に時間を割くことを避けたい。他方、買主は、物件購入には費用発生を伴う様々な準備作業を行う必要があるため、売主が他の購入希望者と売買交渉をしないように拘束する必要があるし、買主の購入条件をあらかじめ売主に知らせておいて売買交渉が決裂してしまう可能性を減らしておく必要もある。これらの実務上の理由から交渉開始書面がやり取りされるのである。

【2】交渉開始書面の形式

　交渉開始書面が売主及び買主双方が調印する形式で取り交わされることは多くない。多くの場合、交渉開始書面は、売主及び買主の双方が自己の立場を一方的に表明する形式で、売主の場合には、売渡承諾書（又は売渡意向書）、買主の場合には、買付証明書（又は購入意向書）というようなタイトルが付されて相手方に交付される。この理由は、①秘密保持及び独占交渉期間などの条項を除き、交渉開始書面には法的拘束力がないことが通例であること、及び②売主及び買主の両者が調印するとなると内容を合意するのに時間を要し、売買契約自体を交渉するのと変わらなくなってしまうことによる。そうすると、売主及び買主のそれぞれが自己の希望する売買条件を一方的に通告した書面を相手方に交付し、それらが符合しないという状態が生じることも多い。そのような場合でも双方が交渉を開始する意思があれば、「あとは売買契約の条項の交渉の過程で相違点を解消しましょう。」という了解の下に売買契約の交渉に入ることになる[3]。

---

3)　売主が入札により広く買主候補を募る場合には、プロセスを管理し、買主候補を選定しやすくするために、買主候補者が提出するLetter of Intent（意向表明書）の書式

なお、交渉開始書面の交付の段階では、不動産資産の保有ビークル（器）となるSPCの設立がなされていないことが多い。そのような場合には、スポンサー又はその関係会社が交渉開始書面を作成し、資産保有のSPCが売買当事者となる旨が記載される。

【3】交渉開始書面の内容

　交渉開始書面は法的な必要に基づく書面ではないため、内容（特に詳細度）は案件や当事者によって大きく異なる。極めてシンプルなものから、詳細なものまで多様である。また、一般論としては、売主側の書面の方が簡潔で、買主側の書面は購入条件が比較的詳しく記載される傾向がある（外資系の買主の作成・提出する書面は特にその傾向が強い）。買主としては、後の売買契約の交渉において、売主が必要な情報や協力の提供を躊躇したり、想定外の条件を提示したり、また買主の期待する義務を不合理に否認することをできるだけ避けたいため、買主の望む購入条件をできるだけ詳細に記載することになる。そのような買主の行為は、困難が予想される論点について一種のアンカリング効果を期待している場合もある[4]。ただ、いずれにしても交渉開始書面には法的な拘束力はないため、交渉開始書面の内容にかかわらずに交渉上重要なポイントは売買契約のドラフトのやり取りの中で議論される。参考までに買主が提示する交渉開始書面に記載される事項の例を以下に示す。

買主が提示する交渉開始書面に記載される事項の参考例

①	売買価格	確定的な金額を記載する。建物消費税は別途として両者の協議に委ねる。
②	購入者（名義）	買主の指定するSPCが売買当事者となる旨を記載する。

　　　を用意して買主候補者に記入させて一定期日までに売主に提出させる、という手法を取る場合がある。この場合、売主は自己の求める条件をあらかじめ書式に組み込んでおき、買主候補者に取捨選択を迫ることになる。
　4)　　アンカリング効果とは、先に与えられた情報に無意識のうちに判断を歪められてしまう「認知バイアス」のことである。最初にみた価格や条件などを基準として自己の判断がそれに影響を受ける様子が、まるで海にいかり（アンカー）を下ろした船のようであることから、「アンカリング効果」と名付けられた。

③	購入形態	信託受益権売買の場合には、信託受益権での売買と明示する。
④	優先交渉権の期間	売主及びその関係者が第三者への勧誘又は交渉を許されない一定の期間を表示する。
⑤	売買契約締結予定日	一定の予定日を記載する。
⑥	決済予定日	一定の予定日を記載する。
⑦	内部承認取得	対象不動産のデューディリジェンス（対象不動産の鑑定、建物診断調査・土壌環境調査・耐震診断調査、経理、主要契約書の調査を含むがこれらに限らない）の結果が買主に満足いくものであり、かつその終了後に投資委員会、取締役会等の内部的な承認が得られることを条件とする。
⑧	費用負担	契約交渉に要する費用は各自が自己の分を負担する。契約締結に至らなくとも、理由のいかんを問わず、相手方に費用の請求はできない。
⑨	その他の条件	案件に応じてその他の条件を記載する。下記は例示である。
		売主は、デューディリジェンスのための情報開示・対象不動産への立入りを許可すること。
		デューディリジェンスの結果判明した問題（物件の瑕疵、遵法性その他）を売主の費用負担と責任で治癒すること。
		売主は、対象不動産及び信託受益権について契約不適合責任を負担すること及び売主は買主が満足する同種取引で通常要求される一定の表明保証責任を負担すること。
		買主がローンの借入れを受けることができることを条件とすること。
		売買は売主・買主が承認する売買契約書の締結を条件とすること。
		本書面は法的拘束力を有する買主の義務を構成するものではないこと。

		その他の事項については、売主・買主の協議の上対応すること。
⑩	対象不動産の表示	登記情報に従って対象不動産を特定する。

4 デューディリジェンスのための書類等のリクエスト

　実務上、買主によるデューディリジェンスは売買契約の締結までに完了するのが通例である。デューディリジェンスにより対象物件に是正すべき点が発見されれば、買主は、売主に是正する義務を売買契約において課す等の対応策を検討することになる。発見された問題が深刻であれば、買主は売買契約の締結自体を断念する。そのため、売買契約の交渉に先行するか又は同時進行で、買主はデューディリジェンスを行うために、買主は、売主に対し、一定の書類等の情報を要求する（具体的な内容については 第1編 第4章 II 2 （⇒41頁））。

5 売買契約書のドラフトの作成開始にあたっての注意点

　実務に習熟している人には「至極当然のことで今更言われるまでもない。」と映るかもしれないが、以下に売買契約書の案文（ドラフト）作成にあたっての注意点を記載する。

【1】ファーストドラフトの重要性

　売主・買主を問わず、売買契約の当事者となる場合には、自らが最初の売買契約書案（以下「ファーストドラフト」という）の作成者となることを相手方に提案するべきである。ファーストドラフトは当然交渉過程で修正がなされることになるが、ファーストドラフトの作成者になることで得られる利点としては、①自らの契約上の最善のポジションを提示できること（つまり、スタート時点で自己の到達すべき地点を明確化できるし、交渉の最初に提示しておくべき点を見落とさないで済むこと）、②契約交渉のイニシアチブをとりやすいこと（あわよくばアンカリング効果が期待できること）を挙げることができる。

特に自らが標準とする売買契約書のテンプレート（ひな形）を保有している場合には、そこをスタートラインとした方が時間も節約できる。時間チャージで報酬を請求する外部の弁護士を使用する場合、ファーストドラフトの作成を依頼すると余計に弁護士費用がかかるのではないかと心配されるかもしれないが、手慣れた弁護士であればすでにテンプレートを持っているので、そのような心配はない。上記の①及び②の利点の方が重要である。

ファーストドラフトにおいて、はじめからある程度妥協したポジション（つまり相手方が応諾しやすい契約内容）を採用するべきか、又は一方的にみえても自己に最大限有利な立場を提示するべきなのかはケースバイケースである。海外の不動産ファンドが当事者になる場合、ファンド運営者が投資家に負う責任を果たすという要素もあり、表現は悪いが「とりあえず最大限のボールを投げておく。」という方法がとられることが多い。このような場合、当然相手方から大きく修正されたドラフトが返ってくるが、それも必要なプロセスとして割り切るのである。ほとんどの場合、何度かのドラフトのやり取りにより当事者の対立点が収斂されていき、許された交渉期間内の終り近くに最終的に合意に至る、というプロセスを経る[5]。

【2】売買契約の先例の使用

ゼロからファーストドラフトを作成することは少なく、テンプレートがない場合には、時間の制約上、ほとんどの場合、他の取引で使用された売買契約の先例を使用してファーストドラフトを作成することになる。先例を使用する場合、それは当該先例における売主と買主との交渉の結果たどり着いた着地点であるため、例えば、ある箇所は売主に有利だが、別のある箇所は買主に有利という具合に作成されていて、先例が自己の最善のポジションを反映しているとはいえない。そのため、先例を使用する場合には、冷静な目で各条項を検討して、ファーストドラフトにおける自己の交渉上のポジションを決定しなければ

---

[5] 筆者の経験の範囲内に限るが、内容が一方的なファーストドラフトを提示した場合、理由の説明を求められることはあるが、通常それだけが理由で取引が壊れてしまうことはない。当事者双方が取引をする意思を有していれば、何らかの妥協点が見つかるのが通例である。

ならない。可能であれば、当該先例の取引で、最初にやり取りされたドラフトが売主・買主のいずれによって提案されたのかを確認して、それと対比の上で先例を使用するか否かを決定すべきである。

III 契約交渉破棄についての責任

1 はじめに

　不動産売買契約の締結に至るまでには、上記のようにいくつかのプロセスを経るため、相当期間に及ぶ準備・交渉が必要となり、その費用負担も無視できない金額になるのが通常である。途中で契約交渉が打ち切られた場合、打ち切られた当事者は、契約の不当破棄であるとして相手方に損害賠償を求めることがある。必ずしも不動産取引に限らないが、そのような損害賠償請求が認められた裁判例も少なくない。企業間の不動産取引では、上記のように、交渉開始書面により当事者の交渉に向けた前提条件が表明され、契約交渉段階での紛争を避ける努力はなされているものの、契約交渉の打ち切りに際して紛争が生じることがある。

　契約交渉の一方的破棄に法的責任が伴う場合があることには判例・学説とも争いはないが、どのような法的理由で、いかなる要件で法的責任を認めるのかは、一般的かつ具体的な要件はなく、事案ごとに検討される問題である。以下に、法的な観点から、契約交渉破棄にどのような責任が伴うのかについて概説する。なお、これらは「契約締結上の過失」として議論されることがあるが、「契約締結上の過失」として類型的に論じる実益は認められないため、本書では特に「契約締結上の過失」の議論には触れない。

2 契約交渉過程において具体的な合意がある場合

　当事者間に交渉開始書面により当事者の交渉に向けた明確な合意が存在する場合には、それらの合意が契約交渉破棄の法的責任を論じる基礎となり得る。例えば、それらの書面において一定の独占交渉期間を設定して誠実に交渉する義務を双方の当事者に課している場合に、売主が一方的に対象不動産を他者に

売却したようなときは、売主の債務不履行責任として、契約交渉の不当破棄による法的責任を論じることになる。このように契約交渉の不当破棄を債務不履行と構成することができれば、責任の法的性質から、損害賠償の範囲、時効期間などもおのずと明らかになる。

裁判例をみると、京都地判昭和61年2月20日金融・商事判例742号25頁では、「不動産売買協定」という売買契約の前段階の合意がなされていた事案で、裁判所は「結婚式場建築のための土地売買契約の締結を目的とした売買協定を締結した後、買主たるべき者が緑化計画に関する市の行政指導の遵守不能を理由として右協定を破棄したが、右行政指導が市の要望にとどまって緑化計画を義務づけたものではなく、事前協議によってその内容を変更しうるものであるのに右協議も経ていないときは、買主たるべき者は、右協定を正当の理由なく破棄したものとして、売主たるべき者に対し、債務不履行責任を免れない。」旨を判示した。

しかし、何らかの合意書があっても裁判所は常に交渉の不当破棄を「合意に基づく債務不履行責任」と結論づけるわけではない。東京地判平成6年1月24日判時1517号66頁では、リゾートマンションの建築及び分譲を目的とする土地建物の売買に関する協定が当事者間で締結された事案で、裁判所は「本件協定は、建築確認の取得や国土利用計画法の不勧告通知を受けた後に、売買契約を締結することを目的として、売買契約締結の準備段階においてなされた合意であつて、これにより、当事者としては、売買契約の成立に向けて誠実に努力、交渉すべき信義則上の義務を負うに至つたというべきである。したがつて、一方の当事者が、正当な事由もないのに売買契約の締結を拒否した場合には、右信義則上の義務違反を理由として相手方の被つた損害につき賠償すべき責任を負うものと解するのが相当である。……被告には契約準備段階における信義則上の義務に違反し売買契約の締結を拒否したというべきであるから、これにより原告が被つた損害を賠償すべき責任がある。」と判示している。ここで裁判所は、合意による債務不履行といわず、信義則上の義務違反としている。

3 契約交渉過程において具体的な合意が存在しない場合

契約交渉を行っている当事者に特に合意といえるものはないが、当事者間で

契約締結に対する一定の信頼が惹起されたにもかかわらず、当事者の一方が信頼を裏切ったようなケースでは、裁判例において、信義則上の義務違反として法的責任が認められている。その責任の法的責任の性質は、不法行為責任と明言する判例が主流となっているとされている[6]。したがって、当事者間に具体的な合意が存在しない場合には、端的に「信義則上の義務違反による不法行為責任」として議論すれば足りると思われる[7]。

　判例をみると、最判昭和58年4月19日判時1082号47頁、判タ501号131頁は、「土地売買契約締結の過程において、当事者が互いに契約条項をすべて諒解し、公正証書の作成をもつてすることとして契約締結の日を取り決めるなどして、買主となる者が交渉の結果に沿った契約の成立を期待し買受代金の調達などの準備を進めるのが当然であるとみられるような段階に達した場合に、売主となる者がその責に帰すべき事由によって契約の締結を不可能にした事案において、当事者の契約締結の利益の侵害を理由とする不法行為に基づく損害賠償請求を認容した原審の判断は、正当として是認できる。」とした。また、最判昭和59年9月18日判時1137号51頁、判タ542号200頁では、「マンションの購入希望者において、その売却予定者と売買交渉に入り、その交渉過程で歯科医院とするためのスペースについて注文を出したり、レイアウト図を交付するなどしたうえ、電気容量の不足を指摘し、売却予定者が容量増加のための設計変更および施工をすることを容認しながら、交渉開始6か月後に自らの都合により契約を結ぶに至らなかったなど原判示のような事情があるときは、購入希望者は、当該契約の準備段階における信義則上の注意義務に違反したものとして、売却予定者が右設計変更および施工をしたために被った損害を賠償する責任を負う。」としている。この判例では法的性質を明言していないが、実務上は、信義則上の注意義務違反による不法行為責任と把握すればよいであろう。

　問題はいかなる場合に不当な契約交渉破棄とされるのかである。本来契約を

---

6) 本田純一「契約準備段階における信義則上の注意義務違反と損害賠償責任」『民法の基本判例〔第二版〕(月刊法学教室増刊)』1999年5月）137頁。

7) 平野裕之『債権各論Ⅰ契約法』（日本評論社、2018年）25頁では、「信義則上の義務違反による不法行為責任が認められれば足りる。」としつつ「過失の証明責任も、信義則上の義務違反と不法行為上の過失の証明とに差はない。」と述べている。

するか否かは当事者の自由であり、交渉の結果、契約締結を拒絶することは何ら違法ではないはずである。この点については、「あくまでも契約自由の原則があるので契約を締結しなかった行為ではなく、契約締結をするかどうか未確定なのに相手に契約締結が確実といった信頼を惹起し無駄に費用を支出させた行為に、義務違反が求められるべきである。また、責任を認める場合にも過失相殺を活用すべきであろう。」[8]という指摘が事の本質を衝いており参考となる。

4 実務上の対応

　契約交渉破棄に法的責任が生じる可能性があるとして、それを防止する実務上の対応策は何だろうか。合意文書がある場合はそれを遵守することは当然として、ポイントとなるのは「信義則上の注意義務」であるため、契約交渉段階では「相手方に契約締結が確実といった期待を過度に抱かせない。」ということになる。そして交渉開始時に相手方に提示する交渉開始書面に、①契約交渉に要する費用は各自が自己の分を負担すること、②理由のいかんを問わず、仮に売買契約締結に至らなくても相手方に交渉費用を請求することはできないこと、③売買契約は社内決済その他の内外の要因により締結に至らない可能性があること、を記載しておくことが考えられる。ただ、過剰に防御的な表現でリスクを減らそうとすると相手方の信頼を損なうリスクもある。また、そのような記載が完全な防御方法とならない可能性があることも認識しておく必要がある。

> **コラム** 契約交渉の不当破棄（独占交渉義務違反）が争われたエピソード
>
> 　不動産業界ではまだリーマンショックの傷跡の処理が行われていた当時、不動産を担保としたノンリコースローン債権の売買交渉で独占交渉義務違反が争われたケースに関与したので紹介したい。この紛争には筆者は売主代理人として関与した。当事者はいずれも外資系の不動産会社（現在はいずれも存在しない）であり、事実関係は以下のと

---

[8]　平野・前掲7）25頁。

おりである（話はそれるが、当時ノンリコースローン債権の売買は盛んに行われていた）。

　売買交渉に入る前に、買主候補からはLOI（意向表明書）として、買主の交渉条件が詳細に記載された書面が送られてきた。そこには売主が独占交渉権を一定期間付与する義務も記載されていた。LOIの最後には売主が署名する箇所が設けらていた。売主には受け入れがたい条件が多く、売主は当該書面には署名せずに、「売渡承諾書」と題する売主が売却する条件のみを記載した別の書面を買主候補に返送した。そこには独占交渉権の付与など記載されておらず、その内容について法的拘束力がないことも明記されていた。交渉過程において、売主は買主候補者に他に競合している買主候補者がいることもメールで伝えていた。売主が示した交渉期限（買主候補者の示した独占交渉期間の最終日と同じ）の2週間ほど前までに重要な複数の対立点は解消できず、売主はもはや当該買主候補者とそれ以上の交渉を継続することは無理であると判断して、交渉を打ち切った。売主は、親会社から交渉期限の末日までに売却することを厳命されていたため、他の買主候補者との交渉を進め債権を上記の交渉期限終了間際に売却した。その後、当初の買主候補者の代理人弁護士（日本の大手事務所）から独占交渉権を付与しておきながら他者に債権を売却したことを理由に損害賠償を請求する内容証明郵便が売主に届いた。損害の内容は、主として買主候補者の支出した弁護士費用だったが、国内外の複数の法律事務所に依頼したとのことで、かなりの金額となっていた。

　紛争発生後の売主と買主候補者の争点は、独占交渉権の付与の有無に絞り込まれていた。LOIと売渡承諾書の内容が異なるにもかかわらず、LOIの一方的記載を根拠とする買主候補者の主張は、筆者の印象では、無理筋にみえた。買主候補者からの内容証明郵便では訴訟、仮処分をほのめかしていたが、結局それらは提起されなかった。結論としては、売主は防御のための弁護士費用を負担したが、買主候補者への損害賠償を行わずに済んだ。しかし、いまになってあらためて考えると、買主候補者が争点を上記のように独占交渉権の付与の有無に限

定しないで、「信義則上の注意義務違反による不法行為責任」ととらえていたら、もしかしたらある程度の金額を支払うことで和解をせざるを得なくなったかもしれないと思う。

> 第3編

第3章　不動産売買契約　各論

I　はじめに

　本章では、売買契約の主要な条項について、売主及び買主の立場から、それぞれ契約書にどのような条項を作成して加えることが望ましいのかという観点から、法的に注意すべき点や法的概念を解説する。標準的な契約例を基礎として契約条項を紹介し、実務に役立つような実践的な内容にしたい。現物不動産の売買契約と信託受益権の売買契約を比較すると、後者の方が考慮すべき点は多く、契約書の条項も多少複雑になる。本書においては、両者の相違がわかるように解説する。

　下記で紹介する条項例は相互に関連するので、最後に示す一般条項を除き、第1条から第20条まで条項の番号を入れてある。条項例に含まれる別紙については、表明保証を除き、本書では別紙自体は記載例を示さず省略している。また、実務で使用される売買契約における条項の配列順序は案件により異なる。本書の条項例の配列順序はあくまで一つの例である。

II　売買契約の表題と前文

1 条項例

　表題と前文の記載例を以下に示す。特にこの部分自体には売主と買主の利害が対立するような内容はなく売買契約の当事者と目的物を簡潔に示すのみである。現物不動産の売買の場合には、グレーのハイライト部分を取り除き、「不動産売買契約」とすれば足りる。

売買契約の表題と前文（条項例）

> <u>信託受益権</u>売買契約書
> ●●●（以下「売主」という。）及び●●●（以下「買主」という。）は、別紙1記載（注：記載を省略）の土地（以下「本件土地」という。）及び同記載の建物（これに付帯する設備、構築物及び従物等を含み、以下、「本件建物」といい、本件土地及び本件建物を総称して、以下「本件不動産」という。）<u>を主たる信託財産とし、当初委託者としての売主及び●●●信託銀行株式会社（以下「受託者」という。）との間の●●年●月●日付け不動産管理処分信託契約書（物件名：●●●）（その後の変更、修正及び地位譲渡を含み、以下「本信託契約」という。）に係る信託受益権（以下「本受益権」という。）</u>の売買について、以下の条項のとおり<u>信託受益権</u>売買契約（物件名：●●●）（以下「本契約」という。）を締結する。

2 売買の当事者（SPCの場合）

　売買の当事者の属性による注意点は、前述のとおりである（第2章 **I** **2**（⇒305頁））。当事者がSPCの場合について、多少補足する。

　買主がSPCの場合、資金調達に失敗すると、売買契約を締結しても、決済時に代金を支払えず、かつ違約金も支払うことができないリスクがある。売主がそのようなリスクに対応するには、手付金の支払を得ておくか、信用力のある者の連帯保証を得ておく必要がある。

　売主がSPCの場合、買主に生じ得るリスクとして、売買実行後に対象不動産の瑕疵（契約不適合）等の契約上の義務違反が露見した場合、売主の義務違反による損害賠償責任を追及し救済を得ることができるのかという問題がある。売買実行後は、売主はすでに代金を投資家に分配済みで資金を持たず、かつ解散してしまっていることがあり得る。このようなリスクは売主が事業会社の場合でも存在するが、SPCの場合にはより確実に発生するリスクである。売買契約において、買主は、売主が一定期間（例えば6か月程度）解散清算することを禁止することもあるが、通常は大きな抵抗にあってそれ以上の解散清算の制限を売主に受け入れてもらうことは困難である。このような場合、適切な取引参加者（投資家）の保証を得ることは難しい。買主はデューディリジェンスを厳密に行って、起こり得る問題を契約締結前に認識できるように努めるしかない場合も多い。

3 売買の目的物

　売買の目的物が現物不動産か、それとも不動産信託受益権なのかという点から生じる相違は既述のとおりである（第2章 **I** **3**（⇒307頁）参照）。信託受益権取引の利点、構造も 第1編 第3章 **Ⅸ**（⇒26頁）において述べた。上記**1**の条項例は、売主が当初委託者となるケースだが、前記のように、既存の信託受益権を売買するケースもある。

　不動産信託受益権売買について補足すると、受託者が未定の段階でも将来成立する信託受益権の売買は可能である。その場合には、不動産信託受益権を特定するために上記**1**の条項例のグレーのハイライト部分を「を主たる信託財産とし、当初委託者としての売主を一方当事者とし、買主が指定する信託受託者（以下「受託者」という。）を他方当事者とする、●●年●月●日（又はそれより前の日で売主及び買主が別途合意して定める日）までに締結予定の不動産管理処分信託契約書（物件名：●●●）（その後の変更、修正及び地位譲渡を含み、以下「本信託契約」という。）に係る信託受益権（以下「本受益権」という。）」と修正すればよい。

　また、不動産信託受益権の「準共有持分」を売買するケースもある。買主が別の共同投資家と一緒に不動産信託受益権を共同で購入する場合や売主が不動産信託受益権を一度に買主に売却するのではなく、数回に分けて売却する場合には、不動産信託受益権の準共有持分を売買の対象とする場合がある[9]。

Ⅲ 売買の合意

1 条項例

　売買契約の冒頭に規定される契約の目的（売買の合意が中心となる）の標準

---

9) 不動産信託受益権を複数回に分けて同一の買主に売却するのは、J-REITが保有する大型物件の不動産信託受益権を売却する場合などに見受けられる。J-REITの事情として、一度に売却してしまうとその会計年度の分配金の金額に大きな影響が生じ、次期以降の分配金との相違が目立ってしまう。そこで、分配金政策の観点から売却時期を分散する需要があって分割譲渡が選択されることがある。

的な記載例を以下に示す。現物不動産の売買の場合には、グレーのハイライト部分について、「本受益権」を「本件不動産」に、「本受益権譲渡」を「本件不動産譲渡」にそれぞれ変更し、第2項を削除することになる。

売買の合意（条項例）

> 第1条（本契約の目的）
> 1. 売主は、●年●月●日又は売主及び買主が別途書面による合意により定める日（以下「売買実行日」という。）に、本契約の条項に従って、本受益権を買主に売り渡すことに合意し、買主は、これを買い受けることに合意する（以下かかる本受益権の譲渡を「本受益権譲渡」という。）。
> 2. 前項に基づく本受益権の譲渡に伴い、買主は売主が有する本信託契約上の委託者及び受益者の権利及び義務（ただし、本信託契約に明記される当初委託者の固有の権利義務を除く。）を免責的に承継するものとする。
> 3. 売主及び買主は、本契約に定める本受益権の売買を、真正かつ有効な譲渡とする意思を有し、担保取引その他いかなる金融取引としてもこれを行うことを意図していないことを確認する。売主及び買主はいずれも本受益権の買戻権を有さず、かつ、買戻義務を負わない。

2 第1項の解説

　この条項例では売買契約の締結日と売買代金の決済が行われる売買実行日を分ける異時決済の形態がとられている（第2章 **1** **4**（⇒308頁））。同時決済の場合には、「売買実行日」を「本契約締結日」に変更することになる。本章の解説は異時決済を前提とするが、前記のように、同時決済の場合には不要となる規定も多い。

3 第2項の解説

　本項は、不動産信託受益権の譲渡の内容を規定している。単に「本信託受益権を売買する。」と規定するのみでは、どの範囲の権利義務が売主から買主へ移転するのか明確ではないため本項が必要になる。「当初委託者の固有の権利義務」は本信託契約に規定されているので、売主及び買主は本信託契約の内容を確認しておく必要がある。売主にとっては売買実行後も想定外の義務が残っては困るし、買主にとっては必要な権利が売主の手元に残ってしまわないよう注意する必要がある。

4 第3項の解説

　本項は、この売買契約による売買が「真正売買」であることを明示する規定である。この規定は特に買主がレンダーからノンリコースローンを借りて担保として不動産又は不動産信託受益権を提供する場合に必要となる。売主が担保目的でいったん不動産（又は不動産信託受益権）を買主に売り渡して売買代金を受け取り、後に売買代金を返還することで売買目的物を取り戻すような取引の場合（譲渡担保や売渡担保）、買主が本当の意味で所有者なのかが疑わしくなり、レンダーの担保権の有効性まで疑念が生じかねない。そのため、このような条項によって真正売買であることを確認しておくのである。

IV　売買代金・手付

1 条項例（第1部）

　売買代金及び手付に関する条項例を第1部と第2部に分けて以下に示す。現物不動産の売買の場合には、グレーのハイライト部分について、「本受益権」を「本件不動産」に変更し、「本受益権譲渡」を「本件不動産譲渡」にそれぞれ変更することになる。

売買代金・手付（条項例）（第1部）

第2条（売買代金・手付）
1. 本受益権の売買代金（以下「売買代金」という。）は、金●●●円（消費税及び地方消費税（以下「消費税」と総称する。）は別途とする。）とし、その内訳は以下のとおりとする。

　　　土地価格相当額　　　　　　　　金　●●●円
　　　建物価格相当額　　　　　　　　金　●●●円
　　　建物消費税・地方消費税相当額　金　●●●円
　　　合計　　　　　　　　　　　　　金　●●●円

2．本契約に基づく本受益権譲渡の手付金は金●●●円（以下「手付金」という。）とし、買主は●●年●月●日までに売主が指定する以下の銀行口座へ振り込む方法により売主に対して支払う。手付金の支払に要する振込手数料は、買主の負担とする。手付金は、証約手付の性質のみを有し、解約手付の性質を有さない。本契約のいかなる規定にもかかわらず、●●年●月●日が経過した時点において、売主が本項に定める手付金の振込入金を確認できない場合、売主からの何らの通知又は催告を要せず、本契約は当然に終了するものとし、買主はこれに一切の異議を述べないものとする。また、本項の規定により本契約が終了した場合、買主は、売主に対し、違約金として売買代金の●％相当額を支払う。

2 第1項の解説

本項では「売買代金」の定義を示している。消費税を含めて売買代金として定義される例もあるが、この契約例では消費税を除外している。売買代金という語は売買契約書の中に頻繁に登場するので、消費税を含まない場合には、都度消費税の支払をどうすべきかに注意する必要がある。例えば「売買代金の支払と引換えに●●を引き渡す。」という条項がある場合、売主としては消費税の支払も受けないと引渡しを望まないのが本来であろう。売買代金に消費税を含まない場合には、「売買代金及びそれに対する消費税の支払と引換えに」と修正しなくてはならない。

売買代金のうち土地部分には消費税は課税されない。不動産信託受益権の売買の場合でも、その売買代金全額に消費税が課税されるのではなく、建物部分のみである。実務では、全体の売買代金を土地と建物にどのように分配するのかについては、売主と買主とがそれぞれ税務アドバイザーのアドバイスを受けて決定している。

3 第2項の解説

【1】手付の合意

本項は手付の支払についての条項である。売主は手付を得ておくことにより売買実行への一定の安心を得られる。買主は手付の支払は避けたいが、売主の要請により支払を義務づけられることがある。手付の支払時期は、通常は売買

契約の締結日であるが、締結日から一定期間の猶予をもって支払日が設定されることもある。特に買主がTMKの場合には手続的に売買契約締結日における手付の支払は簡単ではなく、そのために一定の対応策をとる場合がある（ 第2編 第3章 Ⅲ 12 （⇒194頁）参照）。その一つとして買主が猶予期間を要請することがあり得る。猶予期間を設けたにもかかわらず買主が手付金を支払わない場合に備えて、違約金の定めがある。売買契約締結時に手付金を支払う必要があるケースでは、手付金の支払がないとそもそも売買契約の締結がなされないのでこの違約金の規定は不要となる。

なお、本書では売買契約の他の条項例においても手付金の授受がなされることを前提とした条項例を示すので、手付金が授受されないケースでは手付金に関する部分を適宜除外する必要があることをあらかじめお断りしておく。

【2】手付の種類

民法557条1項は、手付は「解約手付」であることを原則としている。

買主が交付した手付が解約手付とされると、売主・買主の双方に解除権が与えられるが、当事者がそれを望まない場合には、解約手付であることを否認しておく必要がある。そもそも手付は「有償契約の締結に際し、契約成立を証するために一方当事者から他方当事者に対し交付される金銭などの財貨である。」といわれており[10]、手付には最低限売買契約の成立を事実上推認させる役割がある。この役割は「証約手付」といわれている。また、手付には「違約手付（損害賠償の予定としての手付）」という種類もある。債務不履行（違約）があった場合には、手付金を損害賠償の予定金額としてそれ以上の損害賠償を求めない、という趣旨で交付がなされる場合の手付が違約手付である[11]。

本項では、解約手付であることを否認して民法557条1項の適用を排除している。実務上は一般的な規定である。

---

10) 山野目章夫『民法概論4 債権各論』（有斐閣、2020年）125頁。
11) 山野目・前掲10) 127頁。

4 条項例(第2部)

　現物不動産の売買の場合、グレーのハイライト部分について、「本受益権譲渡」を「本件不動産譲渡」に変更することになる。

売買代金・手付(条項例)(第2部)

第2条(売買代金・手付)
(第1項及び第2項は上記のとおり。)
3. 買主は、第4条に規定される取引条件のすべてが充足されていることを条件として、売買実行日に、引渡書類等(第3条に定義する。)と引換えに、売買代金から手付金相当額を控除した金額(以下「売買残代金」という。)及び消費税の合計額から本契約に定めるところに従い加減された後の金額(以下「本件支払金額」という。)を以下の銀行口座へ振り込む方法により売主に対して支払う。手付金は売買代金に充当され、本件支払金額の支払をもって第1項に定める売買代金及び消費税の全額の支払がなされたものとみなす。なお、銀行振込手数料は、買主の負担とする。
　　銀行名：●●銀行●●支店
　　口座種別：普通預金
　　口座番号：●●●
　　口座名：●●●
4. 売買代金及び消費税以外に売買残代金の支払と同時に売主・買主間で授受される公租公課精算金、テナント敷金等相当額その他の金銭がある場合には、買主は、本契約第11条第2項及び第13条第1項(注：後記の条項例参照)並びにその他の関連する条項に従い、売買残代金に当該金銭の額を加減して算定した額を本件支払金額として前項に定める方法で支払うものとし、詳細については、別途売主・買主間で締結する覚書で定めるものとする。
5. 売主及び買主は、本受益権譲渡を本件不動産について別紙1記載の登記簿記載の面積、構造等に基づき実行することを了承する。後日、本件不動産の実測面積と登記簿記載の面積、構造等に相違があっても、売主及び買主は、互いにこれに関し異議申立て、売買代金の増減、表示登記の更正その他一切の請求をしないものとする。

---

5 第3項及び第4項の解説

　第3項では、①売買実行日に支払うべき金額(「本件支払金額」と定義されている)を規定し、かつ、②本件支払金額の支払が「引渡書類等(第3条に定義する。)と引換えに」なされることを明記し、同時履行であることを明確にしている。①について補足すると、売買契約では売買代金(及び消費税)以外

に売主・買主間で精算を要する事項がある（例：固定資産税、都市計画税、家賃収入等）。そのため、売買実行日に支払う金額はそのような精算後の金額となり、①の調整が必要となる。

　第4項では、売買実行日に支払われる「本件支払金額」の確定方法をより具体的に定めており、詳細を覚書で定めることにしている。このような覚書は実務上「精算合意書」とも称されており、不動産売買契約実務では一般的な精算方法である。敷金については、賃借人に賃料の滞納がある場合、売買に際して、売主が敷金を未払賃料に充当するのか否か等を売買当事者で取り決めておく必要がある。

6 第5項の解説

　第5項も不動産売買契約実務では一般的な規定である。第2文の「後日、本件不動産の実測面積と登記簿記載の面積、構造等に相違があっても、売主及び買主は、互いにこれに関し異議申立て、売買代金の増減、表示登記の更正その他一切の請求をしないものとする。」が規定されていなかった場合、当事者の権利義務はどうなるのであろうか。数量指示売買との関係を述べておきたい。

　数量指示売買とは、当事者において目的物の実際に有する数量を確保するため、その一定の面積、容積、重量、員数又は尺度があることを売主が契約において表示し、かつ、この数量を基礎として代金額が定められた売買をいう。この点、土地売買で登記上の面積のみを示して売買契約を締結した場合の取扱いについて、判例では「土地の売買において目的物を特定表示するのに、登記簿に記載してある字地番地目および坪数をもつてすることが通例であるが、登記簿記載の坪数は必ずしも実測の坪数と一致するものではないから、売買契約において目的たる土地を登記簿記載の坪数をもつて表示したとしても、これでもつて直ちに売主がその坪数のあることを表示したものというべきではない。」としている（最判昭和43年8月20日民集22巻8号1692頁）。この判決は旧民法平成29年法律44号改正前565条に関するものであるが、改正後の民法の下でも数量に関する契約不適合を判断する際の基準として維持されるものと考えられている[12]。実務においては、本項の第2文のような規定を入れて実測面積との相違があっても異議を述べない旨を規定するか（公簿売買）、又は対象面積の

第3章　不動産売買契約　各論　　331

増減についての精算条項を設けるなど（実測売買）して、当事者間の認識を統一する方法をとることが一般的である。

V 売主による書類等の引渡義務

1 条項例

　売主による書類等の引渡義務の条項例を以下に示す。現物不動産の売買の場合には、グレーのハイライト部分のうち、第2項の冒頭部分の「受託者へ」を削除し、また第2項（1）号及び（2）号は、信託受益権取引に特有の規定であるためそれらも削除し、同項（3）号は、「所有権移転登記申請手続き」に変更し、さらに、同項11号の「又は本受益権」を削除する必要がある。

売主による書類等の引渡義務（条項例）

第3条（書類等の引渡し）
1．売主及び買主は、本契約締結日に、それぞれ相手方に対して、自己の商業登記事項証明書及び印鑑証明書（いずれも3か月以内に発行された最新の内容を有するもの）の原本を交付するものとする。
2．売主は、売買実行日に、第2条に基づく本件支払金額の支払と引換えに、買主に対し、以下のすべての書類等（ただし、受託者へ引渡済みの書類等を除く。以下「引渡書類等」という。）を引き渡す。
　（1）売主が現に保有する、本信託契約に係る契約書
　（2）第10条第2項に定義する本受益権譲渡承諾書の原本
　（3）第7条に定める買主への受益者名義変更登記申請手続きに必要な書類一式の原本のうち、売主が作成・準備すべきもの（ただし、本人確認に要する資料は写しとする。）
　（4）本件不動産の所有権に係る登記済証の原本又は登記識別情報の原本
　（5）売主が現に保有する、本件建物の建築確認通知書、建築確認済証、検査済証及び竣工・建物建築図書一式（行政機関等に対する届出書類及び行政機関等からの受領書類を含む。）の原本（ただし、原本がない場合には写し）
　（6）売主が現に保有する、本件建物の鍵一式及び鍵リスト

12）　潮見佳男『民法（債権関係）改正法の概要』（金融財政事情研究会、2017年）259頁。

> （7） 売主が現に保有する、本件不動産の境界に係る境界確認書及び官民査定書の原本（ただし、原本がない場合には写し）
> （8） 売主が現に保有する、本件土地の越境及び被越境に係る覚書の原本又は写し
> （9） 売主が現に保有する、別紙2記載（注：記載を省略）の賃貸借契約等（以下「既存賃貸借契約」という。）に係る契約書の原本（ただし、原本がない場合には写し）
> （10） 買主（又は買主が指定する者）が承継する契約書の原本（ただし、原本がない場合には写し）
> （11） 本件不動産又は本受益権に関して売買実行日までに売主及び買主の間で別途合意したものの原本又は写し

2 第1項の解説

　本項では売買契約締結時における①商業登記事項証明書及び②印鑑証明書の交付義務を規定している。本項の交付義務は、売買契約が当事者の代表者印によって締結されることを前提に、真正な権限のある代表者によって調印されたことを確認するために規定される。①及び②が交付されなければ当事者は売買契約自体を締結しないこともできるので、わざわざ規定する意味は大きくないかもしれないが、売買契約のドラフト作成時に売買契約締結時の交付義務を確認的に規定しておくことで、当事者の注意を促す意味はある。なお、「3か月以内」というのは登記申請など公的な機関に提出する場合の標準的な期間であるが、契約条項のドラフティングに際しては「最新の」という限定を付加することを忘れないようにする必要がある。代表者の変更が直近の3か月以内になされている場合もあり得るからである。

3 第2項の解説

【1】売買契約における義務の不均衡

　本項は、売主が売買実行日に引き渡すべき書類等を列挙する規定である。売買契約において当事者が負担する義務については、買主は基本的に売買代金を支払う以外に大きな義務はない。他方、売主は、引渡書類を準備したり、対象不動産の管理を売買実行日まで万全に行い、契約後に責任があることが判明し

第3章　不動産売買契約　各論　　333

かねない表明保証責任や契約不適合責任など負担する義務は多い。本項はそのような売主の義務の一つである。

【2】売主の視点

　書類等の引渡義務は、売主が神経を使う条項の一つである。引渡しを合意しておきながら、一つでも売買実行日に引き渡す用意ができないと、売買代金（条項例では「本件支払金額」）を支払ってもらえない可能性があり、債務不履行として違約金の支払義務が発生しかねないからである。そのため、本項の表現にも売主の立場を示すものがみられる。具体的には、「売主が現に保有する」という限定を付加して売主が万一保有していなくても債務不履行とならないように配慮しているし、「ただし、原本がない場合には写し」という表現により、売主が原本を保有していなくても写しを交付すれば足りるよう売主の義務を緩和している。

　なお、第2項（1）号について、売主が当初委託者ではなく、既存の信託受益権を売買するケースの場合には、「及び当初委託者から売主への本受益権の譲渡に係る受託者の確定日付を付した承諾書の原本又は写し」という文言を追加する必要がある。

【3】買主の視点

　買主は、①売主による信託設定に関する書類及び本信託受益権の移転に必須となる書類、及び②売買実行後の本件不動産の維持管理に必要となる書類等はすべて売主から引渡しを得ておく必要がある。売買実行日を過ぎてから要求しても代金支払後であり、書類の取得は不確実になる可能性があるからである。買主としては「売主が現に保有する」という限定は、①については受け入れることはできない。②については、そのような限定は付加されないことに越したことはないが、書類が現存しない場合にはやむを得ないので買主は受け入れるという性質のものである。なお、「本件不動産の所有権に係る登記済証の原本又は登記識別情報の原本」（第2項（4）号）は売主が信託契約の当初委託者となるため本件不動産の信託譲渡に必要な書類である。

【4】売主による書類等の引渡義務についての実務上の対応策

　テナントの多いオフィスビルやマンションや築古の物件などの売買では売主が引き渡す必要がある書類等は極めて多数となる。売主は引渡しの準備のために書類を整理する必要があるし、買主は「売主が現に保有する」という限定を受け入れるにしても何を引き渡してもらえるのかをあらかじめ確認し、欠けている書類について対策を講じる必要がある。これらの実務上の必要性から、売主及び買主は、売買締結後、売買実行日までに書類等の引渡しリストを作成・確認し、売買実行日までに引渡書類等の内容を確認しておくのが通例である。これにより売買実行日に引渡書類等に関し紛議が生じることは避けられる。

Ⅵ　買主の義務履行の前提条件

■1　買主の義務履行の前提条件の持つ意味

【1】買主の視点

　売買契約においては売買代金の支払が買主にとって最大の義務といえる。買主が売買実行日に売買代金を支払うためには、買主にとって「売買代金を支払いさえすれば対価関係をなす売主の義務のすべてが履行されるような状態」であることが望ましい。売買代金支払後に売主の義務を残してしまうと、売主による履行が確実になされるのかについてのリスクを買主が負担することになってしまうからである。また、買主側の事情で売買代金の支払ができない可能性がある場合には、そのような事情を条件にできれば買主は安心である。このような理由のため、買主は、売買契約に売買代金の支払義務履行の前提条件を規定する。古い不動産取引の契約書式集などにはこのような条項は含まれていないことが多いが、不動産ファンドによる取引を含む企業間の取引ではこのような前提条件（英語の「conditions precedent」から「CP」と呼ばれる）を規定することは一般的である。このような条項は欧米の契約実務の影響である。買主は、売買代金を支払った後は、売主に債務不履行があったり、売買目的物に問題があったりしても、損害賠償等の事後的な救済を求めるしかないので、一

般論としては、できるだけCPを幅広く確保しておこうという意識が働くことになる。

【2】売主の視点

　売主としては、売買代金の支払を受けられないと売買契約の交渉の意味がないので、CPが不当に拡大されることは避けたい。例えば、売主はレントロールの正確性を表明・保証し、その正確性がCPとなる場合、「レントロールの記載の一部が不正確で表明保証違反は存在するが賃料収入の金額には影響がない。」といった是正可能な些細な問題で売買契約全体が解除される可能性が生じ、さらには売買代金の何％として定められる違約金の支払義務を負担する可能性が生じる。売主はこのようなリスクを受容できないであろう。なお、後述の条項例でも示すが、些細なCP不充足であれば、通常は買主が条件充足を放棄や猶予することが予想される。しかし、それらは買主の裁量にゆだねられるので、売主に安心を与えるには不十分である。このようにCPの設定は売主と買主の利害が大きく対立するポイントである。

【3】CP不充足の効果

　まず、CP不充足が生じても、買主がそのCP不充足を問題にせずに売買代金を支払うことにしたり（CPの放棄）、又はCP充足のために売主に猶予期間を与える（この場合には売買実行日は延期される）という場合がある。これはCP不充足がそれほど大きな問題ではない場合の買主の対応であろう。これに対し、CP不充足が重大な問題となれば、買主がCP不充足を理由として、売買契約を取りやめるという選択肢も用意される必要がある。この場合には、CP不充足が自動的に売買契約の終了を意味するわけではないことから、CP不充足の効果として、「買主の解除権」を規定したり、「買主の通知による売買契約の失効」を定めるのが一般的である。

　なお、CP不充足により買主は売買代金の支払を停止できるが、売買代金が支払われなくても売主は引渡書類等を買主に交付しなくてはならないのか、という疑問があり得る。これについては、売主の買主に対する引渡書類等の交付は、売買代金と引換えになされるので、売買代金が支払われない以上、売主は

引渡書類等を交付する必要ない（条項例第3条第2項参照）。

　上記の場合を通じて、CP不充足についての売主の責任をどのように規定するべきかという問題は残る。CPは本来単なる「条件」であるということからするとその不充足が直ちに売主の責任を生じさせるわけではない。しかし、CPの中には売買契約において買主の義務としても規定される事項があり、CP不充足が同時に買主の債務不履行となる場合がある（例としては、表明保証違反等がある）。

　また、売買契約の契約例においては、売買契約上のそのような個別の債務不履行を生じさせない場合でもCP不充足を一種の違約としてとらえて「CP不充足が売主の責めに帰すべき事由による場合」に、売主の損害賠償責任を発生させる場合もある。そして、契約上合意されるそのような損害賠償責任の内容も、一様ではない。法律に規定がある分野ではないため、売主にとっては契約交渉上の重要なポイントである。実務上は、①違約金を支払う義務を負う場合、②履行利益を賠償する場合、③買主が売買契約実行の準備に要した費用の賠償に限る場合などがある。これらの議論を簡単に表にまとめると以下のとおりである。また、これらの点は下記**2**の条項例を参照しつつ、理解していただきたい。

	CP不充足の効果	CP不充足の影響
①	買主の裁量によるCP充足の放棄又は猶予がなされる場合（つまり、買主が売買契約の終了を望まない場合）	CP不充足の放棄・猶予は、買主の解除権その他の権利を喪失させないと規定するのが通例である。
	①において、CP不充足が売主の個別の債務不履行を構成する場合	売買契約自体は存続する。買主は売主の債務不履行責任を追及できる。
	①において、CP不充足だが売主の個別の債務不履行を構成しない場合	売買契約自体は存続する。買主は売主の債務不履行責任を追及できない。

②	CP不充足により買主が売買契約を終了させることを望む場合、買主に解除権を付与したり、売買契約の失効を定めたりする。これらにより売買契約は終了するが、その場合の売主の責任については、右のとおり案件によって取扱いが異なる。	案件により取扱いが異なる。下記は一例である。 ・売主に違約金の支払又は損害賠償責任を負担させる。 ・売主に買主の費用を補償する義務を負担させる。 ・売主に個別の債務不履行がない限り売主に違約金その他の支払義務は生じない。

【4】CP充足の判断―買主の視点から

　案件によっては、買主の義務履行の前提条件が充足したことを買主自ら確認することが難しい場合、買主の代理人である法律事務所やアセットマネジャーがその確認をすることを求められることがある。特に海外の不動産ファンドによる投資の場合には、海外のファンド運営者がそのような判断をするのが困難であったり、判断を避ける（つまり、アセットマネジャーや法律事務所に任せる）こともある。このような場合の対応策の一つとして、売主がCPのすべて（放棄又は猶予された者を除く）を充足したことを証明する「前提条件充足証明書」を買主に交付することを義務づける方法がある。ローン契約では借入人が貸付人に貸付実行の前提条件の充足を証明することは一般的に行われているので、それを売買契約にも取り入れるのである。現在の実務では一般的ではないが、買主が要請すれば、売主の理解が得られるものと思われる。

2 条項例

　買主の義務履行の前提条件について、条項例を以下に示す。現物不動産の売買の場合には、グレーのハイライト部分を削除する必要がある。

買主の義務履行の前提条件（条項例）

第4条（買主の義務履行の前提条件）
1. 本契約に基づく買主の売買残代金の支払義務その他の売買実行日における売主に対する支払義務は、以下に掲げる諸条件（以下総称して「（買主）取引条件」という。）のすべてが充足されていることを条件として発生する。ただし、買主はその単独の裁量により、いずれの（買主）取引条件も書面により

放棄し又はその充足を猶予することができる。かかる放棄又は猶予はその他の買主の権利（解除権及び売主に対する損害賠償請求権を含むがこれに限られない。）に何ら影響を与えない。
(1) 売主が売買実行日に本契約に基づき引渡書類等を買主に対して引き渡すことが確実であると合理的に認められること。
(2) 本契約に定める売主の表明及び保証が、本契約締結日及び売買実行日において真実かつ正確であること。
(3) 売主が、本契約において売買実行日まで（同日を含む。）に履行又は遵守しなければならない義務（本件支払金額の支払を受けた後に履行されることが想定されるものを除く。）を履行し、遵守していること。
(4) 第10条第1項に規定される売買代金を原資として弁済される売主の債務の担保の解除が、売主による本件支払金額の受領直後に行われることが合理的に見込まれること。
(5) ==本契約に基づく本受益権の譲渡につき、買主の合理的に満足する本受益権譲渡承諾書が取得され、又は取得されることが合理的に見込まれること。==
(6) 売主の商業登記簿謄本又は現在事項全部証明書及び代表者印に係る印鑑証明書（いずれも売買実行日前3か月以内に発行された最新のもの。）を受領したこと。
2. 売買実行日に（買主）取引条件のいずれかが充足されない場合、買主は、売主に対して通知の上、本契約を解除することができる。なお、本契約の解除が、売主の責めに帰すべき事由により売買実行日において（買主）取引条件のいずれかが充足されないことによる場合、第17条第2項（注：違約金の定め）が準用されるものとする。
3. 電気・通信・各種決済システム等の全面的な機能停止若しくはそれに類する事由その他の買主の責めに帰すべからざる事由の発生により、第2条第2項（注：手付金）又は第3項（注：本件支払金額）の支払が遅滞したとしても、当該状況が継続している期間、買主はいかなる損害等（第15条1項（注：補償の条項に定義される。）の賠償義務も負担しない。

3 第1項の解説

【1】本項の柱書部分

　本項本文は（買主）取引条件を定めるものであるが、（買主）取引条件は買主の売買残代金の支払義務等の「発生」の条件として規定されている。これは条件の重要性を強調する趣旨である。但書きでは、CP不充足が生じても買主の裁量により放棄や猶予ができることを規定している。CP不充足が些細な理

由による場合には、買主の権利を留保しつつも、柔軟な対応ができるようするためである。

売主は、CPの充足は「重要な点において」であるとか、それより一段階譲歩した「軽微な点を除いて」といった限定を、本項の本文に包括的に挿入することを求める場合がある。しかし、そのような包括的な限定は買主に拒否されることが多い。包括的な限定が拒否された場合には、売主は、個別のCPについてそのような限定を試みることになる。

【2】個別の（買主）取引条件

本項では（買主）取引条件が具体的に規定されている。個々の条件について以下に解説する。

第4条第1項の条項	個別の（買主）取引条件の解説
（1）号	「売主による引渡書類等の引渡義務」に関するCPである。この条項自体は標準的なCPである。「売主が売買実行日に本契約に基づき引渡書類等を買主に対して引き渡したこと。」というような引渡義務が履行済みであることをCPにしている売買契約をみることがある。しかし、本来書類等の引渡しと売買代金の支払は引き換えになされるもの（つまり同時履行）なので、売主に不当に不利な規定である。
（2）号	「売主の表明保証の真実性・正確性」に関するCPである。この種のCPが設定されること自体は標準的である。売主が注意すべき点として、以下の二点がある。 ・ 売主の表明保証は売買契約締結日と売買実行日の二つの時点でなされることが通常だが、売買契約日に想定されなかった事情で売買実行日の表明保証が不正確になり、CPの不充足が生じる可能性がある。買主としては売買実行日の表明保証の正確性をCPから除外することは受け入れ難いであろうが、売主としては過大な責任（違約金等）を負担するリスクを回避する必要がある。この点については、表明保証に関する後記 XI 6（⇒375頁）を参照されたい。 ・ 売主は、些細な表明保証違反によりCP不充足とされてしまうことを避けるために、真実性・正確性について、前記のように「重要な点において真実かつ正確であること」又は「軽微な点を除い

	て真実かつ正確であること」と限定することを試みることになる（以下「軽微違反の排除」という）。これに対する買主の反論としては「そもそも個別の表明保証において売主・買主の交渉の上そのような軽微違反の排除は必要に応じて規定されている。それにもかかわらず重複して軽微違反の排除をこのCPの条項で規定する必要はない。」という議論が考えられる。売主の再反論としては「表明保証違反の効果は損害・損失の補償（つまり個別的な金銭解決）だが、他方CP違反の効果は売買実行を停止させ、場合により契約解除にまで至る。結果の重大さが全く異なるので、不必要な重複とはいえない。」という主張があり得る。
（3）号	「売主による売買実行日までの義務履行」に関するCPである。「本件支払金額の支払を受けた後に履行されることが想定されるものを除く。」という部分は、担保権の除去義務などに当てはまる。上記の軽微違反の排除に関する議論は、本号についても当てはまる。
（4）号	「売主の担保権の除去義務」に関するCPである。売主が売買目的物に担保権を設定している場合、その除去は売買代金をもって行うのが通常のため、売買代金受領前には担保の除去はできない。そのため「担保の解除が、売主による本件支払金額の受領直後に行われることが合理的に見込まれること」というような表現でCPとして規定されている。
（5）号	不動産信託受益権取引に固有のCPである。不動産管理処分信託契約の場合、契約上例外なく、不動産信託受益権の譲渡には受託者の事前の書面による承諾が必要であるとされているため、それが取得されていること又は取得されることが合理的に見込まれることがCPとなっている。受託者の承諾は売買実行日までには付与されているのが通例である。なお、参考までに記載すると、信託法94条は受益権の譲渡の対抗要件について以下のように規定している。 **信託法94条（受益権の譲渡の対抗要件）** 1　受益権の譲渡は、譲渡人が受託者に通知をし、又は受託者が承諾をしなければ、受託者その他の第三者に対抗することができない。 2　前項の通知及び承諾は、確定日付のある証書によってしなければ、受託者以外の第三者に対抗することができない。
（6）号	（1）号とも重複し得るが、本号に規定されている書類は売買契約締結時にも交付されているはずであり、売買代金の支払前に交付をすることに特に問題のない書類である。

【3】その他の前提条件

　実務上、案件により適宜必要なCPが当事者間の交渉により追加される。具体例としては、買主の要請により、以下のようなCPが追加されることがある。これらを追加することは買主の安心を増すのかもしれないが、「売主の表明保証の真実性・正確性」に関するCPや「売主による売買実行日までの義務履行」に関するCPと重複することが通常であり（下記①及び②）、必要性に疑問符が付く場合もある。

　下記③は、買主がTMKの場合である。TMKの場合、売買契約を締結後に業務開始届が提出されるので、買主がこのようなCPを要求する場合がある。しかし、買主がコントロール可能な固有の事情であり、特別な事情がない限り、売主がこれを応諾することは期待できない。これを売主が応諾すると、買主は自由に売買契約の実行を拒むことができるようになってしまうからである。

　なお、下記④「資金調達について」は別途項目をあらためて **6** において論じる。

上記条項例に記載のないその他の前提条件（例）

①信託について	（1）	本信託契約が、有効に締結され、かつ存続しており、また、本信託契約の当事者としての受託者に債務の不履行がないこと。
	（2）	本契約及び本信託契約について、いかなる債務不履行事由、解除事由、取消事由又は無効事由（通知若しくは時の経過又はその双方によりこれらの事由に該当する事由を含む）も存在しないこと（ただし、買主の責めに帰すべき事由によりかかる事由が発生した場合を除く）。
②法的負担の除去について	\multicolumn{2}{l}{本受益権及び本件不動産について、留置権、先取特権、抵当権、質権、譲渡担保権等の担保権、地上権、地役権、賃借権等の用益権、差押え、仮差押え、保全差押え、仮処分、滞納処分その他の強制執行、公租公課その他の賦課金及び負担金の未納分、買戻権、優先交渉権その他名目形式のいかんを問わず、買主による本受益権に対する完全な権利の行使の妨げ又は受託者による本件不動産の所有権の完全な行使の妨げとなる一切の負担（ただし、本件賃貸借契約に基づく賃借権を除く）が設定されていないこと（ただし、別紙3物件概要説明書、別紙4記載の容認事項に記載された事項及び本受益権又は本件不動産に設定されている担保権}

	（停止条件付きのものを含む）を除く）。また、売買実行の直後に（遅くとも譲渡実行日中に）、当該担保権が消滅し、かつ、当該担保権の消滅を証する買主の合理的に満足する書類の写しが買主に提出されるとともに、当該担保権の抹消登記申請に必要な登記関係書類が買主又は買主の指定する司法書士に提出されることが確実であると買主が合理的に判断すること。
③法的手続きについて（買主がTMKの場合）	資産流動化計画の作成、特定資産管理処分委託契約の締結、買主の業務開始届出その他、本契約に基づく本件不動産の取得に関し、資産流動化法その他の適用法令に基づき必要とされる手続きがすべて完了したこと（注：取得する資産が信託受益権の場合、特定資産管理処分委託契約は不要となるので削除し、本件不動産を本受益権と変更する）。
④資金調達について	売買代金その他の合理的な関連費用の支払に充てることを目的として、売買実行日又はその近接する時点において実施することを予定している買主による資金調達がすべて完了し、これにより予定している資金の全額が調達できたこと。

4 第2項の解説

　本項は、CP不充足が生じ、それが買主により放棄又は猶予されない場合の効果として、①買主の売買契約解除権及び②違約金の請求権を規定している。売買契約によっては、これらが脱落しているものもあるが、CP不充足は本来買主による売買代金の不払を招来するのみである。したがって、別途売買契約の帰すうやCP不充足をもたらした売主の責任についての規定が必要となる。

　売主としては、買主に解除権が発生するのは避けられないとして、売主の責任がCP不充足とバランスがとれているのかを検討する必要がある。上記の条項例によると売主が違約金の支払義務を負う事由は「売主の責めに帰すべき事由により売買実行日において（買主）取引条件のいずれかが充足されないことによる場合」である。これは、換言すると、売主は包括的なCP充足義務を負担し、義務違反は違約金の支払に結びつくことになる。こうなると（買主）取引条件はもはや単なる売買代金の支払条件ではないことに注意を要する。売主の視点に立つと、本項の第2文は以下のように規定することが望ましい。

売主の立場による第 2 項第 2 文の代替案

> 本項に基づき本契約が終了する場合、売主は、本契約における売主の義務の不履行がない限り、違約金その他何らの金員を支払う義務を負わない。

5 第 3 項の解説

　本項は決済システム等の全面的な機能停止により送金・支払ができない事態が発生した場合に買主の責任を緩和する規定であり、買主の利益となる規定である。民法419条3項により、金銭債務の債務者は不可抗力をもって抗弁とはできないが、特約により債務者の責任を軽減することは法的に有効である。レンダーとのローン契約でも本項のような事態においてレンダーの責任を否定する規定が設けられているのが通例のため、買主がこのような規定を売買契約に加えることを求めるのは不合理ではない。ただし、売主の立場に立つと、売買契約において常にこのような規定が設けられるわけではないことから、売主がファーストドラフトを提案する場合には加える必要はなく、この種の条項を加えるにしても拡大解釈されないように文言を精査する必要がある。

6 資金調達／「ローン特約」（ファイナンスアウト条項-financing out）[13]について

　当事者間の交渉により議論されるCPの中で「買主による資金調達（特に借入れ）の成功」をCPとできるのか否かが問題となることがある。個人の住宅の売買ではいわゆる「ローン特約」は一般的だが、不動産ファンドを含む企業間の不動産取引においては「資金調達は買主の自己責任」として売主はローン特約を許容しない傾向が強い。買主がローン特約を譲れない条件とするのであれば、売買契約交渉に入る前にあらかじめ売主に告げるのが通例である。換言すると、売主はローン特約を要求しない買主を交渉相手に選択する傾向が強いともいえる。ただし、これも案件次第であり、例えば、REITによる物件取得など投資口の募集や私募が成功しないことには売買代金を支払えないため、購

---

[13] Ｍ＆Ａ取引では「financing out」といわれ、これは不動産取引でも使用される用語になっている。

入の大前提として資金調達の成功をCPとすることを買主に要求されることがあり、売主もそのような買主を交渉相手に選定するのであれば買主の要求を応諾せざるを得ない[14]。ローン特約が受け入れられると、買主は、契約条項として、「買主による資金調達が不成功に終った場合、買主は何ら責任を負わずに売買契約を解除することができる。」旨の規定を加えることを求めるのが通例である。このような場合に当該CPを受け入れざるを得ない売主がとり得る契約交渉上の措置としては、以下の事項が考えられる。

ファイナンスアウト条項を受け入れる場合の売主の対応

①	「買主は、売買実行日までに売買代金に見合う資金の調達を完了することに最善の努力を行うものとし、かかる努力の状況を売主の求めに応じて売主に報告するものとする。」という趣旨の買主の努力義務及び報告義務を規定すること[15]。売主も買主の状況を把握する必要があるためである。
②	売主の義務履行の前提条件をみた上で必要であれば[16]、「買主の資金調達の成功」を売主の義務履行の前提条件に加えること。これにより、買主の資金調達が不成功となった場合、売主側からも売買契約を解除して、売買契約の拘束から逃れることができる。

> **コラム　買主がfinancing out CPを売主に承諾してもらえたエピソード**
>
> 買主はできれば売買契約にfinancing out CPを加えたいのが通常だが、それを売買契約に入れることができるか否かはコマーシャルな交渉の問題であるため、どのように買主が売主を説得するのかという交

---

[14] 大きな不動産売却案件では買主選定は入札によることが多く、入札金額の多寡が買主選定の一次的な基準となり、他の購入条件が後退することもある。

[15] 「合理的な条件で融資を受けることが可能であるにもかかわらず融資を受けることを拒んだ場合には、条件が充足されたものとみなす。」という趣旨の規定や「買主の故意又は重大な過失によりかかる資金調達が実現しないことは、買主による債務不履行を構成する。」という規定を提案することも考えられるが、買主が応諾するのか否かは交渉次第である。

[16] 下記Ⅷの「売主の義務履行の前提条件」には「買主が売買実行日に本契約に基づき本件支払金額を売主に対して支払うことが確実であると合理的に認められること」が規定されているので、これが規定されている限りは、特に追加の条項は不要である。

渉の巧拙にもよることになる。ここでは筆者が経験した買主の上手な交渉方法を紹介したい。

　買主はLOIの段階では同時決済（つまり売買契約締結日に代金を支払い、対象物件を取得すること）を強く主張し、そのためにTKGKストラクチャーを使用することを提唱し、売主の了解を得ていた。同時決済では、買主が資金調達できない場合には買主はそもそも売買契約を締結しないので、買主の立場はfinancing out CPを得たのとは変わらない。交渉の進展に伴い、買主の購入のためのストラクチャーがTMKストラクチャーに変更になり、それとともに異時決済となった。そのためCPの議論が必要となったのだが、買主は「売主は当初から同時決済を前提としていたのだから、買主によるストラクチャーの変更があったからといって、売主がローン特約を拒否するのはおかしい。」と強く主張して、異時決済におけるfinancing out CPの導入に成功したのである。買主がはじめからストラクチャーの変更を意図していたのかは不明だが、比較的無理なく売主にfinancing out CPが受け入れられたケースである。

Ⅶ 売主の義務履行の前提条件

1 売主の義務履行の前提条件の持つ意味

　買主による売買代金の支払に前提条件を規定することが一般化するにつれ、売主も相互主義（対等性）の観点から同様に売主の義務履行の前提条件を売買契約に規定することを求めるようになった。そのため近年では多くの売買契約で売主の義務履行の前提条件が規定されている。対等な内容であれば買主は条項自体を拒否することはなく、内容を確認して必要な修正を加えることになる。この条項について検討する際の売主及び買主のそれぞれの視点は、買主の売買代金支払の前提条件（（買主）取引条件）について述べた点を、売主と買主の立場を逆転させて設定することになる。また、（買主）取引条件に関しCP不充足の効果について述べたことは、同様に、売主と買主の立場を逆転させれ

ば（売主）取引条件に関するCP不充足の効果にも当てはまる。

2 条項例

売主の義務履行の前提条件について、条項例を以下に示す。現物不動産の売買の場合には、グレーのハイライト部分について、「本受益権の売渡」を「本件不動産の引渡し」に変更し、第1項（4）号を削除することになる。

売主の義務履行の前提条件（条項例）

> 第5条（売主の義務履行の前提条件）
> 1．本契約に基づく売主の本受益権の売渡及び引渡書類等の引渡義務は、以下に掲げる諸条件（以下総称して「（売主）取引条件」という。）のすべてが充足していることを条件として発生する。ただし、売主はその単独の裁量により、いずれの（売主）取引条件も書面により放棄し又はその充足を猶予することができる。かかる放棄又は猶予はその他の売主の権利（解除権及び買主に対する損害賠償請求権を含むがこれに限られない。）に影響を与えない。
> （1） 買主が売買実行日に本契約に基づき本件支払金額を売主に対して支払うことが確実であると合理的に認められること。
> （2） 買主による本契約上の表明及び保証事項が、本契約締結日及び売買実行日において真実かつ正確であること。
> （3） 買主が、本契約に基づく売買実行日まで（同日を含む。）に行わなければならないとされる本契約上の買主の義務を履行又は遵守していること。
> （4） 本契約に基づく本受益権の譲渡につき、売主の合理的に満足する本受益権譲渡承諾書が取得され、又は取得されることが合理的に見込まれること。
> （5） 買主の商業登記簿謄本又は現在事項全部証明書及び代表者印に係る印鑑証明書（いずれも売買実行日前3か月以内に発行された最新のもの。）を受領したこと。
> 2．売買実行日において（売主）取引条件のいずれかが充足されない場合には、売主は、買主に対して通知の上、本契約を解除することができる。なお、本契約の解除が、買主の責めに帰すべき事由により売買実行日において（売主）取引条件のいずれかが充足されないことによる場合、第16条第2項（注：違約金の定め）が準用されるものとする。

3 第1項の解説

【1】本項の柱書部分

　本項は、（売主）取引条件を定めるものであるが、（売主）取引条件は売主の売渡義務の「発生」の条件として規定されている。これは条件の重要性を強調する趣旨である。但書きでは、CP不充足が生じても売主の裁量により放棄や猶予ができることを規定している。CP不充足が些細な理由による場合には、売主の権利を留保しつつも、柔軟な対応ができるようするためである。

　買主は、CPの充足は「重要な点において」であるとか、それより一段階譲歩した「軽微な点を除いて」といった限定を、本項本文に包括的に挿入することを求める場合がある。しかし、そのような買主による修正が受け入れられるとしても、対等性の観点から、同様の限定を（買主）取引条件に付加されることを買主は覚悟しなければならない。

【2】個別の（売主）取引条件

　本項では（売主）取引条件が具体的に規定されている。以下に個々の条件について以下に解説する。

第5条第1項の条項	個別の（売主）取引条件の解説
（1）号	「買主による売買代金支払義務」に関するCPである。この条項自体は標準的なCPである。
（2）号	「買主の表明保証の真実性・正確性」に関するCPである。「売主の表明保証の真実性・正確性」に関するCPを買主が求めるため、対等性の観点から売主により求められる。この種のCPが設定されること自体は標準的である。買主が注意すべき点としては、売主について述べた二点（上記第4条1項（2）号の解説（⇒340頁）を参照のこと）が同様に当てはまるが、買主の表明保証は通常売主の表明保証に比較すると範囲が限定されているので問題は生じにくい。

（3）号	「買主による売買実行日までの義務履行」に関するCPである。軽微違反の排除に関する議論は、本号についても当てはまる。
（4）号	不動産信託受益権取引に固有のCPである。不動産信託受益権の譲渡には受託者の承諾が必要なため、それが取得されていること又は取得されることが合理的に見込まれることがCPとなっている。（買主）取引条件にも同じCPが存在するが、この売買契約では、受託者の承諾は、売主・買主が協力して取得するものと位置づけられており、売主及び買主の双方にとってCPとされている。
（5）号	（3）号とも重複し得るが、本号に規定されている書類は売買契約締結時にも交付されているはずであり、売買代金の支払前に交付をすることに特に問題のない書類である。

【3】その他の前提条件

前述のように売買契約における買主の最大の義務は売買代金の支払義務である。この点は（1）号で対応されているし、それ以外に特に必要な義務があれば売買契約に規定され、（3）号でカバーされるので、特に追加すべき前提条件は存在しないのが通例である。

4 第2項の解説

本項は（買主）取引条件を定めた上記の条項と同じ内容で売主と買主の立場を取り替えたのみである。（買主）取引条件について述べたことがここでは当てはまる。なお、売主又は買主が自己のみに有利な条項を提案しても特別の事情がない限り対等性の観点から相手方に拒絶される可能性が高いし、相手方の信頼を失う危険がある。

VIII 本受益権譲渡の効力発生時期又は本件不動産の所有権移転時期

1 条項例

信託受益権譲渡の効力発生時期に関する条項例を以下に示す。現物不動産の

売買の場合には、条項のタイトル（「本受益権譲渡の効力発生時期」）を「本件不動産の所有権の移転時期」と変更し、グレーのハイライト部分の「本受益権譲渡」を「本件不動産の譲渡」に変更し、但書きを削除することになる。

信託受益権譲渡の効力発生時期（条項例）

> 第6条（本受益権譲渡の効力発生時期）
> 本受益権譲渡は、本契約の規定に従い売買代金及び消費税の全額（ただし、本契約に従い加除すべき金額がある場合は当該金額を加除した後の金額）を買主が支払った［売主が受領した］時に、その効力を生じるものとする。ただし、本信託契約において別段の定めがある場合には当該定めに従う。

2 条項例の解説

本条項は、売主から買主への本受益権の移転がいつ効力を生じるのかを規定する。「売買代金を買主が支払った時」と規定するのは一般的である。売主の視点からすると、表現方法の問題として「売主が受領した時」という表現を使用する方が望ましいであろう。

3 売買実行日のやり取り

不動産取引の売買実行日に通常なされるやり取りを述べる。当日の朝9時頃からクロージング会場に関係者（売主、買主、双方のアセットマネジャー、仲介業者、司法書士、弁護士等）が集合する。クロージング会場は、資金のやり取りのために買主に融資を行う銀行の会議室が使用されることが多いが、法律事務所の会議室が使用されることもある。

売買契約上は売買実行日に引渡書類等の確認をしてCPの充足を確認することになるが、書類が多い場合には、プレクロージングといって事前に当事者が書類の確認を済ませておくことが多い。登記関係書類については売買実行日に司法書士が確認する。

売買実行日に調印すべき契約書は当事者及び関係者によってその場で調印されるか又はすでに調印された契約書が持ち込まれる。買主の代理人の弁護士は法律意見書の対象となる契約書類等をクロージング会場でチェックし、問題がなければ買主に融資するレンダーに交付する。買主のレンダーがローン契約の

貸付実行前提条件の充足を確認すると、ローン金額が買主の口座に振り込まれる。その後、買主が売買代金を売主の口座に送金し、着金後、売主は、①買主に引渡書類等を引き渡し、さらに②売主が抵当権等担保権抹消のために売主のレンダーに送金し、着金後、抵当権抹消登記に必要な書類が売主に交付される。買主は、自己のレンダーに抵当権設定登記に必要な書類を交付する。司法書士は、登記に必要な書類をすべて確認して預かり、法務局に登記申請をする。これらのやり取りには2時間程度を要することが多い。

IX 受益者・委託者の変更登記手続き又は所有権移転登記手続き

1 受益者及び委託者の変更登記手続きの持つ意味

　不動産信託受益権の売買により、売主から買主へは、「信託契約上の委託者及び受益者の権利及び義務（ただし、本信託契約に明記される当初委託者の固有の権利義務を除く。）」が移転する（上記条項例の第1条第2項（⇒326頁））。この結果、受益者及び委託者に変更が生じるので、信託登記における信託目録の変更が必要となる。信託受益権の譲渡についての対抗要件は、信託法94条に規定されているとおり、受託者に対しては、通知又は承諾で、第三者への対抗要件は、通知又は承諾に確定日付が必要となる。受益者や委託者の変更がある場合の信託目録の変更は対抗要件ではないが、受託者は遅滞なくそれらについて信託の変更の登記を申請しなくてはならない（不動産登記法103条1項）。売主及び買主のいずれも、信託目録が正確な情報を反映していることが望ましいと考えるので、受託者に対し、信託の変更登記を促す必要がある。

　売買契約によっては、信託目録における受益者の変更登記のみを規定し、委託者の変更について触れていないものもある。しかし、現在の登記実務においては、受益者変更とともに委託者変更の登記も一緒に行うことが一般的であり、不動産信託受益権の売買では委託者の地位も移転するのが通例であるため売買契約においても委託者の変更登記もあわせて規定しておく方が確実である。

2 条項例

　受益者及び委託者の変更登記手続きの条項は、不動産信託受益権取引に特有な条項である。現物不動産の売買の場合には所有権移転登記手続きに関する規定（下記に条項例を追加）と差し替えることになる。

受益者及び委託者の変更登記手続き（条項例）

> 第7条（受益者・委託者の変更登記手続き）
> 売主及び買主は、前条に基づく本受益権譲渡の効力発生後直ちに（遅くとも売買実行日中に）、受託者をして、本信託契約の受益者及び委託者の変更に関する信託目録の変更登記手続きを行わせるべく、互いに協力する。なお、当該変更登記に要する費用（登録免許税・司法書士手数料を含むが、これらに限られない。）は、買主の負担とする。

現物不動産売買の場合の所有権移転登記手続き（条項例）

> 第7条（所有権移転登記手続き）
> 買主が売主に対し売買実行日に本件支払金額の全額を支払い、売主がこれを受領するのと引換えに、売主は買主に対し、本件不動産の所有権移転登記申請に必要な一切の書類を交付し、買主は、かかる登記書類の受領後、遅滞なく本件不動産の所有権移転登記の申請手続きを行うものとする。所有権の移転登記に要する費用は買主の負担とする。

3 条項例の解説

　不動産登記法上は、信託目録の変更の登記申請は受託者の義務だが、実務上は、売主及び買主の協力が必要となる。登記実務では売主の関与は不要になるわけではなく、変更登記に必要となる登記原因証明情報と題する書面に調印することが求められる。そのため受益者・委託者の変更登記手続きについては上記のような売主及び買主の両者の関与を前提とする条項例が使用されることが多い。変更登記の費用については買主が負担するのが通例である。なお、売主が当初委託者ではなくすでに受益権化された受益権売買の場合には、受託者に支払う譲渡報酬は、売主の負担となるのが通例である。

Ⅹ　現状有姿売買及び契約不適合責任等

1　「現状有姿売買」の持つ意味

　売買の対象が現物不動産であるか不動産信託受益権であるかを問わず、売買契約には「現状有姿」という用語が使用されることが多い。リーマンショックから不動産マーケットが立ち直って以来、売り手市場が継続しており、多くの売主は「現状有姿売買」を条件として買主を選定してきた。しかし、「現状有姿」というのは法律上定義されているわけではなく、取引慣行として「契約から引渡しまでに物件の状況に変化があったとしても、引渡し時の状況のあるがままで引き渡す」と解釈されているようである。現状有姿売買だからといって売主が物件の瑕疵（契約不適合）に責任を負わないとは言い切れないため、契約上はより明確に売主の法的な立場を規定する必要がある[17]。

　他方、買主の視点からは「現状有姿売買」という用語は法的意味が明確ではないため、仮に契約不適合責任（平成29年改正前民法の瑕疵担保責任）の否認を受け入れるとしても、削除を求めるのが妥当である。その理由は、現状有姿の意味が上記のとおりであったとしても、買主は契約時から売買実行まで売主の物件管理についての責任を不問に付する意思はなく、後述の物件に関する表明保証責任を免除する意思もないのが通常であるため、という点にある。ただし、「現状有姿」という文言は取引慣行上広く使用されてきており、削除には売主が強い抵抗を示す場合も多い。そのような場合、買主は、「現状有姿」と

---

[17]　渡辺晋『不動産取引における心理的瑕疵・環境瑕疵対応のポイント』（新日本法規出版、2019年）234頁では、「神戸地判平11・7・30判時1715・64」の解説において、留意点として「不動産の売買では、現状有姿で引き渡すとの条項が設けられることがあり、現状有姿という用語が瑕疵担保責任を免除するという特約と理解されることもあります。しかし、この用語の言葉はあるがままの状態で引き渡せば足りるということを意味しているに過ぎないのであり、あるがままの状態で引き渡したときに売主の責任を免除するという意味が当然に含意されるというわけではありません。（中略）売買契約の条項としては、現状有姿という言葉を用いるのは誤解を招く可能性があって必ずしも適切ではないと思われますし、仮にこの言葉を使う場合には、どのような瑕疵についての責任を免除・限定するのかを明確に示しておく必要があります。」と述べている。

いう文言が契約内に存在するとしても、それによって想定外の効果が生じないように、売買契約において関連する売主及び買主の権利義務をできるだけ明確に規定しておく必要がある。

2 契約不適合責任

【1】契約不適合責任に対する買主の救済手段

　令和2年4月1日に施行された改正民法（以下「改正民法」という）より前は、民法上、売買の目的物に「隠れた瑕疵」がある場合の売主の責任として「瑕疵担保責任」が規定されていた（以下、改正前の民法を「改正前民法」という）。改正民法では、この「瑕疵担保責任」に代わって、「契約不適合責任」が定められた。売主の契約不適合責任は、買主の法的救済手段として大きな意味を持つ。いかなる場合に売主の契約不適合責任が認められるのかについては後述するが、売買の目的物や権利が契約の内容に適合しない場合には、買主には以下の救済手段が与えられる。なお、契約不適合責任は、現物不動産の売買だけではなく、不動産信託受益権のような「権利」の売買において「移転した権利が契約の内容に適合しない場合」にも適用される（民法565条）。

民法上の条項	契約不適合責任に対する買主の救済手段
562条1項	本項は以下の内容を有する買主の追完請求権を定めている。 ・　目的物の修補請求 ・　代替品引渡請求 ・　不足分の引渡請求
563条	代金減額請求権
564条	損害賠償請求権（損害賠償の範囲は信頼利益にとどまらず民法416条により判断される）
564条、541条、542条	解除権（解除により当事者は原状回復義務を負担する。売主は代金返還をし、買主は売買の対象を返還する）

【2】契約不適合責任の発生する場面

　不動産取引の文脈でいかなる場合に契約不適合責任が発生し得るのかを概説する。まず、現物不動産の売買について述べる。改正前民法では「売買の目的物に『隠れた瑕疵』があったとき」に瑕疵担保責任が生じたが、改正民法では「引き渡された目的物が種類、品質又は数量に関して契約の内容に適合しないものであるとき」に契約不適合責任が生じる。改正前民法での「隠れた」とは、瑕疵があることにつき買主が善意無過失であることを意味すると解釈されてきた。これに対し、改正民法では隠れた契約不適合である必要はなく、「隠れた」という要件は削除されている。

　不動産取引においては種類や数量は通常問題にならないから、「品質の契約不適合」が中心となる。改正前民法において議論された「瑕疵」の概念は、改正民法の「品質の契約不適合」を判断する上で依然として重要な意味を有する。改正前民法の下でも瑕疵の有無の判断は、判例法理において「契約当事者間において目的物がどのような品質・性能を有することを予定されていたか」を基準としてなされていたからである[18]。品質の契約不適合については、物質的なものだけではなくいわゆる環境瑕疵（例えば、眺望がよいという前提の下で購入したマンションの眺望が阻害されている）や、心理的瑕疵（例えば、購入したマンションでかつて自殺があった）も契約不適合に含まれる[19]。契約不適合の判断基準については、改正前民法の下で最判平成22年6月1日民集64巻4号953頁が述べていた「売買契約の当事者間において目的物がどのような品質・性能を有することが予定されていたかについては、売買契約締結当時の取引観念をしんしゃくして判断すべき」という判例法理が改正民法の下でも指導的役割を果たすといわれている[20]。

　なお、契約不適合の存在時期は、民法562条が「引き渡された目的物」の不

---

[18]　鎌田薫＝潮見佳男＝渡辺達徳編『新基本法コンメンタール債権2』（日本評論社、2020年）121頁［渡邊拓］は、最判平成22年6月1日民集64巻4号953頁及び最判平成25年3月22日判時2184号33頁を示している。

[19]　潮見佳男『基本講義債権各論Ⅰ契約法・事務管理・不当利得』（新世社、第3版、2017）91頁。

[20]　鎌田＝潮見＝渡辺編・前掲18）122頁。

適合を問題とするので、引渡し時を基準として、引渡し時までに存在した契約不適合については売主の責任となるとされている[21]。したがって、売買契約の締結時には不適合が存在しなくても引渡し時に存在すれば売主の契約不適合責任が存在することになる。

上記のように不動産信託受益権の売買にも契約不適合責任は適用される（民法566条）。ただ、当該信託受益権が契約の内容に適合しない場合の判断基準が上記のとおりであるとしても依然抽象的であり、どのように判定するのかは容易ではない。この点、現物不動産の取引における契約不適合の内容や後述の表明保証の合意内容などを参考にして、当事者間において目的物がどのような品質・性能を具備すべきだったのかを確定することになるであろう。

【3】契約不適合責任を負わない特約

売主の契約不適合責任は売買契約に当然に適用されるが、契約当事者間で「契約不適合責任を負わない特約」を交わすことは認められる。売り手市場のマーケットにおいては「現状有姿」に加えて「契約不適合責任を負わない特約」が売買契約に規定されることが多い。注意すべき点としては、「契約不適合責任を負わない特約」がなされたとしても、民法572条により、売主は「知りながら告げなかった事実及び自ら第三者のために設定し又は第三者に譲り渡した権利については、その責任を免れることができない。」ということである。

この点に関連し、売買契約の契約実務においては「知りながら告げなかった事実」に加えて「過失（又は重大な過失）によって告げなかった事実」も売主が責任を免れない場合に含まれるのか否かという議論がなされることがある。買主は、売主が要求する契約不適合責任を負わない特約をすることを受け入れざるを得ない場合でも、民法572条を足掛かりに売主の責任を追及できる可能性をできるだけ確保したい、という立場をとることが多い。そのような場合、買主は「過失（又は重大な過失）がある場合にも売主は責任を免れることができない。」という文言を売買契約に追加することを求める。

この点、筆者が調査した範囲では、改正前民法に関して下級審判決が３件あ

---

21) 潮見・前掲12) 270頁。

る。いずれも特に明文の合意がない場合に、重過失により告げなかった事実について売主が責任を負担するのか、という点が争点である。東京地判平成15年5月16日では民法572条を重過失への類推適用することを肯定したが、その後の東京地判平成20年11月19日及び東京地判令和2年11月18日では重過失への適用及び類推適用を否定している。事例は少ないが、判例上、近年では重過失などへの拡大的適用が否定される傾向にあると思われる。参考までにこれらの裁判例のうち2件について該当判示部分を下記に示す。

東京地判平成15年5月16日判時1849号59頁（重過失への類推適用肯定）

> そもそも担保責任の規定は、特定物売買における対価的不均衡によって生じる不公平を是正するために、当事者の意思を問うことなく、法律が特別に定めた法定責任ではあるが、もともと売買契約当事者間の利害を調整しようとするためのものであるから、当事者間の特約によっても、法定の担保責任を排除・軽減することができるのが原則である。ただし、当事者間の特約によって信義に反する行為を正当化することは許されないから、民法572条は信義則に反するとみられる2つの場合を類型化して、担保責任を排除軽減する特約の効力を否認しているものと解される。そして、本件においては、被告は、少なくとも本件地中埋設物の存在を知らなかったことについて悪意と同視すべき重大な過失があったものと認めるのが相当であるとともに、前記認定のとおり、本件売買契約時における原告からの地中埋設物のないことについての問いかけに対し、被告は、地中埋設物の存在可能性について全く調査をしていなかったにもかかわらず、問題はない旨の事実と異なる全く根拠のない意見表明をしていたものであって、前記のような民法572条の趣旨からすれば、本件において、本件免責特約によって、被告の瑕疵担保責任を免除させることは、当事者間の公平に反し、信義則に反することは明らかであって、本件においては、民法572条を類推適用して、被告は、本件免責特約の効力を主張し得ず、民法570条に基づく責任を負うものと解するのが当事者間の公平に沿うゆえんである。

東京地判令和2年11月18日平成30年（ワ）37264号公刊物未搭載（重過失への適用否定）

> 民法572条は、契約当事者が民法所定の担保責任を負わない旨の特約を定めることができることを前提としつつ、売主が知りながら告げない事実については、当事者間の公平の見地から担保責任を免責する旨の規定の効力を否定し、その責任を免れることができないとする趣旨のものである。このような同条の趣旨に加えて、本件売買契約において、被告が本件土地の瑕疵を認識していなかったことに重過失がある場合の規定が存在しないことに照らすと、被告は、本件土地の土壌汚染について悪意であった場合には瑕疵担保責任を免れないが、悪意でない場合には、

> 認識していなかったことに重過失があったとしても、瑕疵担保責任を免れると解するのが相当である。

【4】売主の責任の期間制限

売主の担保責任の期間制限は下記のとおり民法566条に規定されている。

民法566条（目的物の種類又は品質に関する担保責任の期間の制限）

> 売主が種類又は品質に関して契約の内容に適合しない目的物を買主に引き渡した場合において、買主がその不適合を知った時から1年以内にその旨を売主に通知しないときは、買主は、その不適合を理由として、履行の追完の請求、代金の減額の請求、損害賠償の請求及び契約の解除をすることができない。ただし、売主が引渡しの時にその不適合を知り、又は重大な過失によって知らなかったときは、この限りでない。

注意すべきは、売買の対象が不動産信託受益権のような「権利」の場合には上記の規定は適用されず、通常の消滅時効の適用対象となる点である。民法166条1項によれば、債権は、①権利行使ができることを知った時から5年又は②権利を行使できる時から10年間行使しないときには、時効によって消滅する。権利の売買の場合の方が時効期間は長くなる可能性がある。

【5】契約不適合責任と表明保証責任との関係

契約不適合責任と表明保証責任とは重複する場合があるがそれぞれ別の法的根拠を有する責任であり、一方を負担しない特約をしても他方の責任を否定したことにはならない。表明保証責任については後述するが、売り手市場のマーケットでは、売主から契約不適合責任を負わない特約を条件とされることが多い。そのため、売買契約の交渉においては、買主にとって表明保証が実質的に売主の担保責任を議論する主戦場となる傾向がある。

【6】宅建業者が売主の場合

現物不動産の売買で売主が宅建業者の場合、下記のとおり宅建業法40条により契約不適合責任の特約が制約される。このため、宅建業者が売主となる現物

不動産の場合、売主は担保責任を引渡日から2年間に限って負担する旨の規定が加えられることが通例である。ただし、宅建業者間の取引には同上の制限は適用されない（同法78条2項）。なお、不動産信託受益権売買の場合、たとえ売主が宅建業者であっても担保責任の特約に制約は課されることはなく、契約不適合責任を負わない特約を結ぶことも許される。

宅建業法40条（担保責任についての特約の制限）

> 1 宅地建物取引業者は、自ら売主となる宅地又は建物の売買契約において、その目的物が種類又は品質に関して契約の内容に適合しない場合におけるその不適合を担保すべき責任に関し、民法（明治29年法律第89号）第566条に規定する期間についてその目的物の引渡しの日から2年以上となる特約をする場合を除き、同条に規定するものより買主に不利となる特約をしてはならない。
> 2 前項の規定に反する特約は、無効とする。

【7】宅建業者が売主の場合における商法526条の適用

商法526条は以下のように規定する。この規定は「商人間の売買」に適用がある。宅地建物の売主が宅建業者で、買主がTKGKストラクチャーの合同会社及びTMKのいずれであっても、商人間の不動産の売買となる。同条2項により、商人間の売買では、買主は6か月という短期間で契約不適合責任を追及する権利を失うことになる。

商法526条（買主による目的物の検査及び通知）

> 1 商人間の売買において、買主は、その売買の目的物を受領したときは、遅滞なく、その物を検査しなければならない。
> 2 前項に規定する場合において、買主は、同項の規定による検査により売買の目的物が種類、品質又は数量に関して契約の内容に適合しないことを発見したときは、直ちに売主に対してその旨の通知を発しなければ、その不適合を理由とする履行の追完の請求、代金の減額の請求、損害賠償の請求及び契約の解除をすることができない。売買の目的物が種類又は品質に関して契約の内容に適合しないことを直ちに発見することができない場合において、買主が6箇月以内にその不適合を発見したときも、同様とする。
> 3 前項の規定は、売買の目的物が種類、品質又は数量に関して契約の内容に適合しないことにつき売主が悪意であった場合には、適用しない。

宅建業者が売主となった商人間の宅地建物の売買契約で「目的物の引渡日から２年間に限り担保責任を負う。」と規定して、特に「商法526条の適用を排除する。」旨の規定を加えなかった場合、どのように取り扱われるのだろうか。商法526条は任意規定であり、当事者間の合意により排除できるため問題となる。

　裁判例では、そのような担保責任を負う合意は、契約上明文で商法526条の適用を排除していなくとも、「商法526条を適用しない旨の合意」であると認定されることが多い[22]。妥当な意思解釈であるとは思うが、それでは宅建業者が売主となった商人間の宅地建物の売買契約で「目的物の引渡日から１年間に限り担保責任を負う。」と規定した場合はどのように扱われるだろうか。

　そのような規定は民法566条よりも買主に不利となる特約であるから、上記の宅建業法40条１項及び２項により無効とされる。その結果、商法526条が適用され、買主は目的物の受領後６か月以内に通知を発しなければ契約売主の契約不適合責任を問うことができなくなってしまう、という見解がある[23]。これによると、買主を保護する宅建業法40条が適用された結果、かえって買主に不利な結果が生じてしまうことになる。

　しかし、この見解には賛同しがたい。「目的物の引渡日から１年間に限り担保責任を負う。」という特約は法的には宅建業法40条により無効とされるものであっても「当該特約を交わしたという事実」は存在するのであり、そのような事実から当事者間の「商法526条を適用しない旨の黙示的合意」があったと意思解釈をすることは依然として可能であるし、妥当であろう。それゆえ、宅建業法40条により無効とされる特約であっても商法526条の適用を排除する合意と認定することは可能と考えるべきである。

【8】品確法

　民法上の契約不適合責任は、新築住宅の売買契約の場合、品確法により修正

---

22)　東京地判平成21年４月14日平成20年（ワ）2286号公刊物未登載、東京地判平成23年１月20日判時2111号48頁、大阪地判平成26年11月17日参照。

23)　岡本正治＝宇仁美咲『逐条解説宅地建物取引業法』（大成出版社、三訂版、2020年）755頁。

を受ける。売主は、住宅の構造耐力上主要な部分等の瑕疵について、引渡しから10年間担保責任を負担する。これは強行規定である。以下に、当該条項を記載する。

品確法95条

> 1 新築住宅の売買契約においては、売主は、買主に引き渡した時（当該新築住宅が住宅新築請負契約に基づき請負人から当該売主に引き渡されたものである場合にあっては、その引渡しの時）から10年間、住宅の構造耐力上主要な部分等の瑕疵について、民法第415条、第541条、第542条、第562条及び第563条に規定する担保の責任を負う。
> 2 前項の規定に反する特約で買主に不利なものは、無効とする。
> 3 第1項の場合における民法第566条の規定の適用については、同条中「種類又は品質に関して契約の内容に適合しない」とあるのは「住宅の品質確保の促進等に関する法律（平成11年法律第81号）第95条第1項に規定する瑕疵がある」と、「不適合」とあるのは「瑕疵」とする。

3 条項例

現状有姿売買及び契約不適合責任についての条項例を以下に示す。現物不動産の売買の場合には、グレーのハイライト部分の「本受益権」について、第2項のグレーのハイライト部分を削除し、その他の部分は「本件不動産」に変更することになる。

現状有姿売買及び契約不適合責任（条項例）

> 第8条（現状有姿売買及び契約不適合責任等）
> 1．売主は、売買実行日において、本契約の各条項に従い、本受益権を現状有姿で買主に売り渡し、買主は、本契約の各条項に従い、本受益権を現状有姿で売主から買い受ける。また、買主は、別紙3添付（注：本書では省略）の物件概要書（以下「物件概要書」という。）記載の内容（本件不動産につき既存賃貸借契約が締結されていることを含む。）を了承の上本受益権を買い受けるものであり、これらにつき売主に対し何らの異議を申し立てないものとする。
> 2．売主は、買主に対し、本受益権及び本件不動産の瑕疵・契約不適合（その種類、品質、数量に関する不適合、第三者の権利の付着による制限、あるべき権利の不存在、地中障害物、土壌汚染、アスベスト、PCB、環境責任、法的瑕疵・契約不適合、物理的瑕疵・契約不適合、利用状態（既存賃貸借契約その他の貸借関係を含む。）、耐震性、遵法性の問題、経年劣化、性能低下、紛

第3章　不動産売買契約　各論　　361

争、境界、越境・被越境等を含むが、これらに限られない。また、隠れた瑕疵・契約不適合か否かを問わない。）について、民法第562条、第563条及び第565条に規定する責任、不法行為責任、その他請求原因を問わず一切責任を負わないものとする。
3．売主は、本件不動産の境界を買主に明示する義務を負わないものとする。また、売主は、本件不動産の隣地所有者との間でのかかる境界若しくは越境について又はこれに関連して生じ得る争い、訴訟、申立て、調停その他一切の問題について、何らの責めを負わないものとする。
4．疑義を避けるために付言すると、本契約における売主の表明及び保証に誤りがあり又は不正確であったことが判明した場合の売主の責任及び買主の権利は、前各項の規定によっても何ら影響を受けない。

4 第1項の解説

　本項は、現状有姿売買であることを示している。「現状有姿」という表現の持つ意味については、上記1を参照されたい。本項では「物件概要書」への言及があり、買主はその内容を了承する旨が規定されている。物件概要書は、実務上使用される不動産の現状を説明する書面であり、一種の開示書類である。そして、物件概要書は、売主により原稿が作成され買主によって精査され修正を受ける書類で最終的には売買契約に添付される。売主は、対象不動産に問題があればそれをあらかじめ物件概要書によって開示し、売買実行後に買主からクレイムを受けることを防止することができる。この意味で物件概要書は後述の売主が不動産について行う表明保証の例外を構成することになる。そのため、売主の作成する物件概要書は、幅広く対象物件を購入した際のリスクを記載しがちである。宅建業者の作成する重要事項説明書をそのまま物件概要書として使用することを求める売主も多い。

　買主の視点からは、売主の用意する物件概要書の原稿や主張をそのまま受け入れるのではなく、物件概要書は現に存在するか又は確実に発生が見込まれる事実のみを明確に記載することを求めることになる。せっかく売買契約の交渉において不動産に関する売主の表明保証を得ても、物件概要書に不明瞭な記載や矛盾する記載があるとそれを理由に売主の責任が否定される可能性があるため、買主は物件概要書の記載には細心の注意を払う必要がある。なお、物件概要書の正確性を売主の表明保証の範囲に含ませるべきか否かについては後述す

る。

5 第 2 項の解説

　本項は売主が契約不適合責任を負担しないことを中心に売主の責任を否認する条項である。否認される責任は「契約不適合責任」に限定されておらず、不法行為責任を含む一切の責任を否認しており、売主の視点から作成されている規定である。

　上記 2【3】で述べたように「契約不適合責任を負わない特約」は、売主が知りながら告げなかった事実については効力を有しない。買主の視点に立つと本項の末尾に以下の規定を追加することを検討すべきである。下記では「重過失」の場合も売主の責任を肯定しているが、上記のとおり、下級審の判例上も見解が一致しておらず、売主から「重過失」部分の削除を求められ、やぶへびに終わる可能性もある。

第 2 項について買主の立場から追加を検討すべき規定

> ただし、売主が故意又は重過失により契約不適合の基礎となる事実を買主に告げなかった場合はこの限りではない。

6 第 3 項及び第 4 項の解説

　第 3 項ではまず売主が境界明示義務を負わないことを規定している。境界明示義務については、デューディリジェンスに関して概説した（第 1 編 第 4 章 Ⅳ 2【6】(⇒60頁) 参照）。簡単に繰り返すと、一般に「売主は、買主に対し、売買の目的物の所有権移転と引渡し義務を負い、引渡期日までに土地の範囲と境界を指示しなければならない。」とされている[24]。売主の境界明示義務を直接規定する法律はないものの、一般に売主の義務とされているのである。仲介にあたる宅建業者も境界を説明する義務がある[25]。　しかし、売主は「売

---

24)　岡本＝宇仁・前掲23) 89頁。

25)　岡本＝宇仁・前掲23) 89頁。

第3章　不動産売買契約　各論　　363

主は境界明示義務を負わない。」と契約によって義務を否認することが多く、第3項はこの売主の立場を明示するものである。買主は、そのような売主による境界明示義務の否認を受け入れる場合でも、売主に対し境界紛争の不存在等についての表明保証を求めることが多いが、第3項の第2文において、売主は境界に関連する紛争に関する売主の責任を否認している。このように第3項はすべて売主の立場から設けられた規定である。

しかし、買主は、最後の第4項で、第1項から第3項までの売主の立場を覆すことが可能となるように、売主の表明保証責任が優先することを明記している。したがって、売主の表明保証において、例えば、「境界紛争の不存在」が規定されていれば、売主が第3項で行っている責任の否認は意味をなさなくなる。仮に第4項が存在しないと、売主の表明保証の規定中に「境界紛争の不存在」があっても矛盾した規定が契約書中に存在することになり、売主・買主の権利義務は不明確になってしまう。

買主の立場からは、第4項を加えて、売主の表明保証の内容が売主の本件不動産及び本受益権に関する責任追及の主戦場になることを示す必要があるため、第4項は重要な意味を持つ。なお、このような一見矛盾する条項を示したのは、①売主が現状有姿、契約不適合責任（以前は瑕疵担保責任）の否認を前提として買主を募集している以上、買主は一応それを尊重せざるを得ないこと、②しかし、売主の責任回避を完全に許容することもできないので、表明保証責任を主戦場として議論することになる、という近年の売買契約交渉の実情を示すためである。

XI 表明及び保証

1 表明及び保証の持つ意味

【1】日本法における表明保証の法的性質

契約不適合責任を負わない特約を受け入れざるを得ない買主はもちろん、そうでなくても買主は売主の表明保証責任の交渉に注力する必要がある。表明保

証は、売主と買主との利害が大きく対立し、交渉に時間を要するケースが多い。なお、個人間の不動産売買や古い不動産売買契約の書式集には、表明保証の条項が含まれていないことも多い。しかし、企業間の不動産売買契約（特にファンドによるもの）においては例外なく当事者の表明保証が規定される。

表明保証は英米法における「representations and warranties」を日本法における契約実務に持ち込んだものである。日本法においては表明保証という概念は規定されておらず、どのように位置づけるのかという問題がある。これについては当初は諸説あり議論は混沌としていたが、2007年に潮見教授によって発表された判例評釈[26]における意見により日本法における表明保証の位置づけがほぼ定まったように思われる。筆者は当時この意見を読んで霧が晴れたような印象を受けたことを覚えている。その要旨を紹介すると以下のとおりである。

- 表明保証条項はアメリカの契約実務に由来するが、日本法に準拠する我が国における契約において表明保証が使用されるときにはアメリカ法の枠組みを離れ、日本法の中で検討を加えなければならない。
- 当該判例評釈の事案では、表明保証条項は、①一定の事実の表明、②表明された事実について保証するとの言明、③保証された事実が存在しなかった場合の損失補てん責任の約束から構成されていた。
- この種の条項は、瑕疵担保責任との関連で論じることが多いが、我が国で法的問題として取り上げる際には「損害担保契約」（損害担保約束）として論じるのが適切である。つまり、一定の事実の存在又は不存在を保証し、存在しないものとされた事実が存在したとき、又は、存在するものとされた事実が存在しなかったとき、損害担保契約の違反（債務不履行）として処理すれば足りる。
- 我が国ではとりたてて「表明・保証」などというカテゴリーを析出して、特殊の法理を展開する必要はない。

現在、日本法においては、「表明保証」は、実務上瑕疵担保責任又は債務不履行責任ではなく、当事者の特別な合意としての「損害担保契約」（一定の事由が生じた場合に表明保証者の故意又は過失にかかわらずに責任が生じるとの

---

26) 潮見佳男「消費者金融会社の買収に際しての表明・保証違反を理由とする売主の損害補填義務」金融法務事情1812号（2007年）67頁以下。なお、潮見佳男『新債権総論Ⅰ』（信山社、2017年）420頁以下では表明保証に対する概説がなされている。

合意）であると一般的に考えられている[27]。

【2】不動産取引における表明保証

　不動産取引においては、通常、買主が売主に対して求める表明保証は、大別して、①売主自体に関するもの、②不動産に関するもの、③不動産信託受益権の売買の場合には信託受益権に関するもの、④全体的な情報提供に関するものの4種類がある（詳細については下記の**14**（⇒380頁）で概説する）。他方、売主が買主に対して求める表明保証は、①買主自体に関するもの及び②全体的な情報提供に関するものの2種類となるのが通例である。売主は不動産又は不動産信託受益権の保有者であるため、必然的に表明保証の対象事項が多く、買主にとっては、契約交渉において、いかに売主から適切な表明保証を得て、買主の利益を確保するのかが重要となる。

　なお、表明保証に関する裁判例をみるとほとんどがM&A取引に関するもので、不動産に関するものは少ない。不動産取引における表明保証違反が裁判に発展する頻度は相対的には低いのかもしれないといわれている[28]。その理由として推認されているのは、①宅建業者による重要事項説明その他の法令上の義務履行や、②鑑定評価書・エンジニアリングレポート等の専門家報告書を通じた遵法性・安全性の検証、あるいは③関係者間で価格の妥当性などが検証される過程で、紛争の原因が一定程度解消されるのではないかという点である[29]。

2 売買契約における表明保証の機能

　表明保証は、売買契約において、以下の場面で登場するのが通例である。

　まず、買主及び売主の義務履行の前提条件として、相手方の表明保証の正確性・真実性が取り上げられる。したがって、相手方の表明保証が真実に反すると、他方当事者は、売買実行の際の自らの義務の履行を拒み、その結果売買が

---

27)　戸嶋浩二＝内田修平＝塩田尚也＝松下憲『M&A契約―モデル条項と解説』（商事法務、2018年）73頁。

28)　金田繁「表明保証をめぐる裁判例の総整理と一考察」金融法務事情2183号（2022年）62頁。

29)　金田・前掲28）62頁。

実現しないことになる。

　次に、表明保証の損害担保契約としての性質から、契約違反があれば損害賠償又は損失補償の義務が生じ、さらに重大な違反であれば、売買契約の解除に発展する。

　上記の表明保証違反の帰結の反映として、表明保証は、表明保証をする当事者（上記のように売主側に情報が多いために売主の場合が多い）が情報を開示することを促進し、情報の非対称性を解消することを促す効果があるといわれている。売主が広範な表明保証による責任を避けるためには対象情報の開示を行って買主のデューディリジェンスにゆだねて買主の自己責任とすることが考えられ、また後述のように対象情報の開示が済んでいれば買主が知っていた事実として売主の表明保証による法的責任を回避することができるからである[30]。

❸ 表明保証の相手方に悪意又は重過失が存在する場合

【1】はじめに

　相手方の表明保証違反について悪意又は重過失がある当事者は、相手方の表明保証違反の責任追及をすることができるのか否かという問題がある。契約書において明示的に「相手方が表明保証違反に悪意又は重過失の場合には表明保証をした者は責任を負わない。」（このような条項は「アンチサンドバッキング条項」といわれる）と規定していれば、それは尊重されるが、そのような規定がなくとも、買主が悪意又は重過失があれば売主の責任を追及できないとする裁判例もある[31]。　裁判において契約文言にない要件を創出することには批判もあるが、契約文言として規定されていないとしても裁判になれば信義則違反・権利濫用などを根拠に同様な主張がなされることは避けられない。裁判例を分析した論考によれば、日本の裁判所は契約条項がなくとも相手方に故意又

---

30)　藤田友敬編『M＆A契約研究―理論・実証研究とモデル契約条項』（有斐閣、2018年）53頁以下は詳細に表明保証の機能を議論している。

31)　東京地判平成18年1月17日金融・商事判例1234号6頁等。

は重過失があれば表明保証違反の責任を問えないという立場をデフォルトルールにしているのではないかという指摘がある[32]。そのような事態を回避する試みとしては、積極的に「相手方のデューディリジェンス作業及び事実に対する主観的態様は、表明保証違反をした者の責任の有効性・範囲に何ら影響を与えない。」という趣旨の条項（このような条項は「プロサンドバッキング条項」といわれる）を加えるべきなのか、という問題が出てくる。以下に売主及び買主のそれぞれの立場から、この問題を検討する。なお、アンチサンドバッキング条項及びプロサンドバッキング条項の条項例は下記 7【3】(⇒378頁) を参照されたい。

【2】売主の視点

売主の立場からは、アンチサンドバッキング条項を加えることを要求するであろう。売主の交渉上の立場が強ければ、重過失ではなく軽過失であっても買主は売主の責任を追及できないことを応諾するかもしれない。これに対する買主の反応は、①軽過失を重過失に変更することを求めるか、又は②プロサンドバッキング条項を求めることになろう。さらにアンチサンドバッキング条項を受け入れるとしても、③簡単に「故意・(重)過失」を認定されないようにアンチサンドバッキング条項の対象となる情報を「明示的に書面で開示された事実」に限定することがあり得る（口頭での開示や書面による場合でも曖昧な可能性にとどまる開示を排斥することを意図するものである）[33]。

これらの買主の主張に対し、売主としては、裁判例を提示しつつ、故意又は重過失の場合には買主は保護されないというルールを強調することになるであろう。また、Ｍ＆Ａ取引においては、表明保証の中でも基本的な重要なもの (fundamental representations) とそうではないものを峻別する傾向にあり、売買当事者はこの考えを取り入れて議論することも考えられる。さらに、重過失

---

[32] 金田・前掲28) 63頁、豊島英征「表明保証条項の解釈に係る裁判例の分析」銀行法務21 886号（2022年）37頁。これら2件の論考は近年の表明保証に関する裁判例を幅広く検討したものであり裁判の現状を知るのに有益である。

[33] 金田＝前掲28) 63頁は③を推奨する。

か軽過失なのかに議論が紛糾した場合には、妥協案として「故意又は保護に値しない理由により知らない場合」という表現であえて曖昧なままの条項にして議論に終止符を打つ選択もあり得る。

【3】買主の視点

買主の立場からは、自らアンチサンドバッキング条項を提案する理由はないため、まず自己の望む表明保証条項を提案することになる。買主に故意又は重過失があった場合について「何も規定しない。」というのが標準的なアプローチである。仮に裁判になった場合には「そのような条項が存在しないということは買主の故意又は重過失は問わずに売主の責任を認める。」というのが当事者の意思であり、当事者が弁護士を使用して交渉した契約については、裁判所は契約書に文言外の要件を付加するべきではなく契約条項を文言どおりに忠実に解釈するべきである、という主張をすることになる。

しかし、上記【1】に述べたとおり、裁判例の分析からするとそのような主張が裁判所に認められるか否かには不確実性があり、何も規定しなくともアンチサンドバッキング条項を規定したのと同じ結論となる可能性も高い。そうだとするとプロサンドバッキング条項を提案することも考えられるが、売主の交渉力が強いと「やぶへび」となり、アンチサンドバッキング条項を受け入れざるを得なくなるリスクがある。アンチサンドバッキング条項を受け入れるにしても簡単に「故意・(重)過失」を認定されないようにアンチサンドバッキング条項の対象となる情報を「明示的に書面で開示された事実」に限定することが考えられる。これらをみると、いずれにしても交渉事項であり正解はないといわざるを得ない。当事者及びその代理人弁護士のこの論点に対する感応度も異なるため、帰すうを見通すことは極めて難しい。

4 表明保証違反の効果

表明保証に関する裁判例の分析を行った論考には、表明保証違反の場合において裁判所によって認定された「損害」の範囲についても記載がある[34]。しか

---

34) 豊島・前掲32) 34頁以下。

し、上記のように表明保証が損害担保契約であるとすれば、契約違反の効果も契約自由の原則の範囲で自由に設計できることになる。この点から考えると弁護士費用の範囲も契約書に明記しておけば不法行為や債務不履行に関する裁判所の判例にゆだねる必要はなくなる。

5 実務における売主の表明保証に関する交渉

【1】買主の要求

　売主は、現状有姿を主張して、契約不適合責任を否認することに加え、表明保証責任も一切負担しないことをLOI（前記の交渉開始書面）の段階から明示していることが多い。しかし、買主はそれを額面どおりに受け取らず、自己が望む最大限の表明保証条項（つまり不動産に関するリスクをすべて売主に寄せたもの）を要求するケースも少なくない。特に買主が不動産ファンドの場合には「LOIは法的拘束力がないのでファンド運営者の責任を考えてまず買主にとって最大限の立場を主張する。」という傾向が強い。加えて、ノンリコースローンを利用する不動産投資の場合、レンダーとのローン契約には不動産に関する表明保証が含まれており、不動産や不動産信託受益権の取得者である借入人は不動産に関するリスクのすべてを負担するような完全な表明保証を行うことを求められるのが通例である。借入人としては可能な限り、不動産の表明保証に伴うリスクを売主に転嫁したいと考えるのは自然であり、そのためにも売買契約の交渉における第一歩としては、レンダーから求められる不動産に関する表明保証と同等の表明保証を売主に求めておくという立場をとりやすい。

　売主が上記のような不動産に関する表明保証を要求された場合、売主の対応は一様ではない。LOI等の交渉開始書面に従って不動産に関する表明保証を全面的に削除するケースもあれば、買主の要求を精査した上で一定の修正を行い可能な限り買主との妥協点を見いだそうとするケースもある。売買当事者はいずれも売買を実行することを目指しているため、双方が歩み寄りながら売買契約をまとめていくのが通常である。

　以下に、表明保証に関する交渉のプロセスで出現するその他の論点を概説する。

【2】重要事項への限定

　売主は、広範囲な事実が対象となっている表明保証については、「重要な点において」であるとか、それより買主に有利な「軽微な点を除いて」という表現を付加して受け入れ可能な表現に修正することを求めることがある。例えば、「売主は、本件不動産の所有、賃貸、運営又は管理に関して締結したすべての契約における一切の債務を履行し又は義務を遵守している。」という表明保証を要求された場合には、「売主は、<u>重要な点において</u>、本件不動産の所有、賃貸、運営又は管理に関して締結したすべての契約における一切の債務を履行し又は義務を遵守している。」（下線部参照）と修正するのである。

【3】売主の主観的要件の付加

　売主が完全に掌握しているとはいい切れない事実が対象となっている表明保証については、売主は「知る限り」であるとか、それより買主に有利な「知り得る限り」という表現を付加して受入れ可能な表現に修正することを求めることがある。例えば、「本件建物の賃借人に反社会的勢力に属する者はいない。」という表明保証を要求された場合には、「<u>売主の知る限り</u>、本件建物の賃借人に反社会的勢力に属する者はいない。」（下線部参照）と修正するのである。「売主の知る限り」は当該売主の主観を論じるのに対し、「売主の知り得る限り」は売主が通常必要な努力を尽くせば知り得るという「あるべき姿」を意図しての表現であり、純粋な売主の主観を超えている。しかし、仮に裁判になった場合に裁判所が両者の有意な相違を認めるのかについては確証はない。「売主の知る限り」を純粋な売主の主観と解釈すると、能力が劣ったり情報管理にずさんな売主に不適切な抗弁を許す可能性があり、裁判所が具体的な事実関係においてそのような解釈を妥当とするかは予想しがたい。しかし、実務においては、両者は一応区別されて使用されている。

　なお、「売主の認識」といっても具体的には誰の認識をもって議論されるのかという疑問も生じ得る。欧米の契約実務ではこのような場合には具体的な個人（複数）を特定して記載することも多い。これは具体的な人物を特定すれば、後日紛争が生じたときに当該人物を調査（尋問）すればよいが、そうしないと認識の主体を特定しにくいという不便があるためであろう。日本の契約実

務ではそのような個人の記載は一般的ではないが、「売主の知る限り」という場合の「売主」を具体的に定義しておくことは有意義である。例えば、売主がSPCの場合には取締役は独立取締役（会計事務所の職員等）で業務にはほぼ関与しておらず、またSPCには従業員もいないので厳密に売主の知識を問うと「売主は一切知らない。」という抗弁が生じるリスクがある。買主としては、「売主の知る限り」が議論になる場合には、売主の委託により不動産業務を現に行っているアセットマネジャー、プロパティマネジャー、（不動産信託受益権の場合には）受託者の認識も、売主の認識と同視した取扱いを期待するであろうし、それらを売主の認識に含めるのが公平と考えるだろう。売買契約上明記しなくともこれらの者は売主の代理人や履行補助者とも考えられ、信義則上売主と同視することが妥当と思われる。買主の立場からは、それらの認識も売主の認識に含まれることを売買契約に明記しておくことが望ましい[35]。

【4】基本的な表明保証事項

売主が買主の要求に応じた全面的な表明保証を行うことを拒否する場合、買主の立場からは、表明保証の対象事項のうち基本的なもの（fundamental representations）に絞って表明保証を求めるというアプローチがある。何をもって基本的とするのかはケースによるが、例えば、不動産の所有権の帰属主体や、抵当権等の法的負担の存否や境界紛争を含む訴訟の存否など買主が重大な損失を被る可能性がある事項が考えられる。表明保証の対象を限定することで交渉のこう着状態を脱することを期待して買主から提案されるアプローチである。

---

35) 本文に述べたように本来「知る限り」という場合には認識の主体は誰なのかを明記しておくことが望ましいのではあるが、売買契約条項の交渉によっては、逆効果の場合もある。例えば、売主がSPCの場合に「売主の知る限り」にアセットマネジャーの認識を明示的に含めることを要求した場合に、この要求が拒絶されてしまうと、SPCである売主の認識のみが「売主の知る限り」を意味すると解釈されかねない。つまり「やぶへび」のリスクがあるのである。買主の交渉上の立場を考えた上で提案する必要がある。

> **コラム** 基本的な表明保証（fundamental representations）という考え方

　クロスボーダーのＭ＆Ａ取引においては「基本的な表明保証」（fundamental representations and warranties）と「一般的な表明保証」（general／business representations and warranties）とを峻別して、基本的な表明保証の違反の場合には、補償の請求期間、下限及び上限において特別に有利な取扱いを受けることが多い[36]。表明保証といってもその対象によって重要度、違反の場合の深刻度が異なるのだから、違反の効果を異にするべきである、という考えがその峻別の理由である。不動産取引における表明保証においては、まだそのような峻別は一般的ではない。筆者の経験では、海外のプライベートエクイティファーム（private equity firm）の不動産投資を代理した際に、売主が不動産や信託受益権についての表明保証を強く拒否するので、交渉において、上記の峻別を提案して、基本的な表明保証については一定の表明保証を得ることができたケースがある。不動産取引においても、ケースによっては基本的な表明保証という概念を使用する価値はあると思われる。

【5】情報に関する表明保証

　売主が不動産に関する表明保証を拒む場合、買主から最低限の要求として求められることがあるのが売主により提供された情報についての表明保証である。例えば、買主は、売主に対し、「売主は本件不動産に関するすべての重要な文書及び情報を提供していること、提供した情報は真実かつ正確であること、買主に誤解を生じさせないために必要な事実又は情報が省略されておらず欠けていないこと」という表明保証を求めるのである。買主は、自らが対象不動産に対して有する情報は乏しく、デューディリジェンスを行うにしてもほとんどは売主の提供する情報に頼って不動産取得の是非を決定せざるを得ないのだから、このような買主の要求は基本的には正当なものといえよう。売主に対

---

[36]　森幹晴編『クロスボーダーＭ＆Ａの契約実務』（中央経済社、2021年）88頁。

する説得として、買主は「売主が詐欺的な取引を行うものではないことの裏づけとして情報に関する表明保証は必須です。」という説明を行うこともある。上記の要求に対して、売主は「知る限り」や「重要な点において」という限定を加えた上で、応諾するケースは多い。

【6】デューディリジェンスにおけるＱ＆Ａ

買主によるデューディリジェンスの過程で、買主は、売主に対し、書類や情報の提供を求めたり、それにより生じた疑問についての質問をすることになる。これらのプロセスを書面化して記録に残しておくことは重要である。契約交渉の経過は紛争が生じた場合の裁判所による表明保証条項の解釈に影響を与える可能性があるからである[37]。例えば、情報に関する表明保証では、どの範囲で売主から買主に情報が提供されたのかは重要なポイントだが、記録を明確に残しておかないとその点を証明することは難しい。また、表明保証に「売主の知る限り」という限定が付されている場合、売主の主観的認識の範囲が意味を持つが、デューディリジェンスの過程でのやり取りが参考になるケースも考えられる。

【7】表明保証違反に対する補償請求の制限

表明保証の内容についての交渉と並行して、売主から、表明保証違反を根拠とする損害賠償ないし補償請求の内容や請求可能期間及び金額を制限する主張がなされ得る。内容面では、表明保証違反と損失・損害の相当因果関係を要求したり、間接的な損失・損害を排除するという主張がなされることがある。請求可能期間の点では、売主がSPCで不動産資産の売却後の解散・清算を予定しているような場合、売買実行後6か月などの短期間のみ請求可能とすることが要求されることが多い。金額の点では、表明保証違反以外の債務不履行などの損害賠償請求も制約される「損害賠償の予定額」の定めを置いてその金額を上限とすることがある。買主の立場からは、交渉により上記のような制限を可能な限り排除することになる。

---

37) 豊島・前掲32) 33頁。

【8】売主による表明保証違反の是正機会の確保

　売買契約によっては、売主の要求により、表明保証違反の存在を直ちに損害賠償又は補償の請求には結びつけず、一定期間内に売主が違反の是正を行う機会を設けているものもある。買主の立場からは、いったん表明保証違反が発生すれば、直ちに損害・損失が発生し得るので、売主に是正の機会を付与することには慎重にならざるを得ない。

【9】表明保証保険の利用

　表明保証は、売買当事者間において、不動産取引から生じるリスクをどのように分配するのかという問題への対処方法である。M＆A取引においては、表明保証保険を使用して保険によってリスクをカバーする方法が活用されている。不動産取引においても表明保証保険を利用することは可能なようだが、大型の不動産取引においても、実務における利用例はまだあまりみられないようである。現時点においては、表明保証保険の利用は将来の課題といえよう。

6 条項例

　表明保証の条項例を下記に示す。表明保証の内容の具体例は巻末資料2及び3を参照されたい。条項例では、表明保証違反の効果もまとめて規定されている。契約書によっては、表明保証違反の効果は、補償条項や損害賠償の条項にまとめて規定されることも多い。

表明及び保証（条項例）

> 第9条（表明及び保証）
> 1．売主は、買主に対し、本契約締結日及び売買実行日において（ただし、別紙5において別途日付を特定する場合は当該日において）、別紙5記載の事項について、物件概要書の記載に矛盾又は抵触する事項を除き、真実かつ正確であることを表明し、保証する。
> 2．売主は、前項の表明及び保証に関し、誤りがあり又は不正確であったことを認識した場合には、直ちに買主に対しその旨書面により通知するものとする。
> 3．買主は、売主に対し、本契約締結日及び売買実行日において（ただし、別紙6において別途日付を特定する場合は当該日において）、別紙6記載の事項について、真実かつ正確であることを表明し、保証する。

4．買主は、前項の表明及び保証に関し、誤りがあり又は不正確であったことを認識した場合には、直ちに売主に対しその旨書面により通知するものとする。
5．買主が第1項に定める売主の表明及び保証に関し、誤りがあり、又は不正確であったことを知った場合、買主は、売主に対しその旨を書面により通知する。当該通知が売買実行日から●か月以内になされた場合、買主は、売主の表明及び保証に関し誤りがあり又は不正確であったこと、又は売主が第2項に定める通知義務に違反したことにより、買主に生じた相当因果関係の範囲内の損害、損失、費用等（合理的な範囲の弁護士費用等、損害の調査ないし証明等に要した合理的な費用を含むが、これに限られない。以下「損害等」という。）を売主に請求でき、売主は直ちに買主に対して損害等を補償するものとする。ただし、本項における売主の損害等に関する責任は、第7項に定める制限に服する。
6．売主が第3項に定める買主の表明及び保証に関し、誤りがあり、又は不正確であったことを知った場合、売主は、買主に対しその旨を書面により通知する。当該通知が売買実行日から●か月以内になされた場合、売主は、買主の表明及び保証に関し誤りがあり又は不正確であったこと、又は買主が第4項に定める通知義務に違反したことにより、売主に生じた相当因果関係の範囲内の損害等を買主に請求でき、買主は直ちに売主に対して損害等を補償するものとする。ただし、本項における買主の損害等に関する責任は、第7項に定める制限に服する。
7．売主又は買主に生じた相手方による本契約に定める表明及び保証の違反による損害等の総額は売買代金の●％を上限とする。

7 第1項の解説

【1】表明保証の時点—売主の視点から

　本項は極めて一般的な内容の規定である。表明保証の時点が別紙で特定されている場合を除いて①売買契約締結日及び②売買実行日の2時点であるとされている。表明保証でなされる一定の事実が真実であることの表明には「どの時点での事実」なのかを特定しないと不明瞭な規定となってしまう。売主にとっては、売買契約締結日における表明はその時点に存在する事実の表明であるためだが、売買実行日における表明は将来の事実の表明であるため、一種の予想の表明となる。売主は、売買契約締結日から売買実行日までの間に表明保証の対象となる事実が変化してしまうリスクがあることを認識する必要がある。例えば、オフィスビルの売買で売主が賃借人についての表明保証を行う場合があるが、売買実行日までに賃借人の退去が生じることや、それによりレントロー

ルの記載に変更が必要となることがある。このような変化に対応するために、売主は、以下のような規定を「但書き」として本項の末尾に追加することを要求することになる。対象事項を限定するか否かにより、買主の対応も異なり得ることに注意を要する。対象事項を限定しない場合には、表明保証の内容の変更について、買主から買主の同意を要求されることが通例である。

なお、売主が当初委託者となって不動産を信託する場合には、通常売買契約の締結時点では信託契約は締結されていないので、そのような場合、信託契約に関する事項は売買実行日に限った表明保証となる。

表明保証の対象となる事実が変化することに対応する条項例

（特定の事項についての変化に対応する条項） ただし、別紙5記載の●●●に関し、本契約締結日から売買実行日までに売主の責めに帰さない事由により生じた事実の変動については、売主は責任を負わない。
（対象事項を限定しない条項） ただし、別紙5記載の売主の表明保証に関し、本契約締結日から売買実行日までに売主の責めに帰さない事由により生じた事実の変動については、売主は買主の同意（これは不合理に留保されてはならない。）を得て表明保証の内容を変更することができる。

【2】物件概要書

物件概要書は対象不動産の概要を記載する書面だが（上記Ⅹ❹（⇒362頁）参照）、その記載内容は売主の表明保証の例外を構成することになる。売主は幅広く表明保証の例外を記載することを望むだろうが、買主は、表明保証を不当に限定したり無意味なものにするような表現があれば修正を求めることになる。

なお、売主は物件概要書の正確性については保証しないという立場をとることもある。しかし、買主の立場からは、物件概要書の内容は（たとえそれが仲介会社の作成によるものであるとしても）売主が買主に提供する情報の一部であり、それにもかかわらず正確性を全く保証しないという売主の立場は受入れ困難であろう[38]。

【3】アンチサンドバッギング条項／プロサンドバッギング条項

本項には買主が表明保証違反について故意又は重過失がある場合についての規定は存在していない。仮にこの点について規定を設けるとすればどのような規定となるのかを下記に示す。

アンチサンドバッギング条項（条項例及び解説）

> （条項例）第1項の表明及び保証に関し、誤りがあり又は不正確であったこと（以下「表明保証違反」という。）が存在した場合であっても、買主が当該表明保証違反の発生前にそれを知っているか又は重大な過失により知らなかった場合には、売主は当該表明保証違反に対し責任を負わない。

> （解説）上記は通常議論されている「買主の故意又は重過失」の場合に売主の責任を否定するものである。より広範囲に売主の免責を可能とする規定としては、以下の条項例がある。以下の条項例では、重過失を過失に変更しているし、末尾に売主の過失を擬制している。しかし、通常の議論より広範囲の免責を可能とすることは買主の強い抵抗が予想される。

> （条項例）第1項における売主の表明及び保証に関し、誤りがあり又は不正確であったこと（以下「表明保証違反」という。）が存在した場合であっても、買主が当該表明保証違反の発生前にそれを知っているか又は過失により知らなかった場合には、売主は当該表明保証違反に対し責任を負わない。なお、売主が買主に開示した情報に当該表明保証違反を基礎づける事実が含まれている場合には買主に過失があるものとみなす。

プロサンドバッギング条項（条項例及び解説）

> （条項例）第1項における売主による表明保証から生じる売主の責任及び義務は、当該表明保証の時点においてその対象となる事実について買主が有する認識によって、何ら影響を受けない。

---

38) 筆者の経験では、売主を代理していたケースで、買主から物件概要書の正確性について表明保証を求められたが、そもそも物件概要書は仲介会社が作成していて、その仲介会社はいわゆる「両手取引」という形で、買主からも仲介報酬を得ていた。そのため、売主のみが表明保証をする根拠はないという理由で、売主が物件概要書の正確性についての表明保証を回避することができたケースがある。物件概要書は、案件によるが、作成者の分析調査の結果を含む様々なかつ細部にわたる情報が記載されていることがあり、売主の立場からは、そこに含まれるすべての情報の正確性を包括的に表明保証をすることは困難な事情もある。

> （解説）上記のプロサンドバッキング条項例は簡潔に「買主の認識（つまり対象事実を知っているか否か、知らないことに過失があるのか否か）」は売主の責任に影響を与えない（つまり、売主は損失補償の責任を負担し、その金額が減額されることもない）ということを規定している。買主が重過失の場合には売主は責任を負わないという判例の立場を否定し、さらに軽過失の場合であっても過失相殺（民法418条）もなされないことを規定していることになる。

8 第 2 項の解説

本項は売主が表明保証違反を認識した場合には自発的に買主に報告する義務を売主に課している。これにより売主が表明保証違反を自発的に買主に報告することを促すことが期待される。

9 第 3 項の解説

本項は買主の表明保証を第 1 項の売主の表明保証と同等の表現で規定している。売主と異なり買主の表明保証は自己に関するものに限られる。売買契約締結日時点と売買実行日時点と二つの時点で表明するとしても時間の経過が問題となる事項は乏しいのが通常である。

アンチサンドバック条項やプロサンドバッキング条項が買主の表明保証に関して議論されることも通常はないが、売主の表明保証にそれらが採用されるのであれば、公平の見地から同様の条項を加えることを検討することになる。

10 第 4 項の解説

本項は、買主にも売主と同等の義務が適用されるようにした規定である。

11 第 5 項の解説

本項は、売主の表明保証違反の効果として、買主による損害等の請求権を規定している。売主の視点から、期間制限及び金額の制限（但書き）が規定されている。

12 第 6 項の解説

本項は、買主の表明保証違反の効果として、売主による損害等の請求権を規

定している。売主との公平の観点から、第5項と同じ内容になっている。

13 第7項の解説

本項は、表明保証違反による損害等のてん補請求の上限額を定めるものである。表明保証違反以外にも適用がある損害賠償の予定額を上限としている。

14 「売主の表明保証（条項例）」及び「買主の表明保証（条項例）」

巻末資料2として買主から売主に対して要求される可能性がある具体的な「売主の表明保証」の条項例（上記の条項例の別紙5に相当する）を示している。そこでは①売主に関する表明保証、②本件不動産に関する表明保証及び③（不動産信託受益権売買の場合）本信託受益権に関する表明保証が記載されている。巻末資料2は買主の立場から作成されるものであり、これを要求された売主は、適宜採否を交渉し、必要な修正を加えることになる。

さらに、巻末資料3として「買主の表明保証（条項例）」（上記の条項例の別紙6に相当する）を示している。買主の表明保証は、売主に関する表明保証に対応するものに限られる。

XII 誓約事項

1 誓約事項の規定の持つ意味

「誓約事項」という語は、英語の「covenants」に由来する表現である。誓約事項と題する条項を設けることで意図されているのは、売買契約の締結以降、（多くの場合は）売買実行日までの間に、売主及び買主が履行すべき義務を規定することにある。「約束事項」や「遵守事項」というタイトル（見出し）が付けられることもある。これらのタイトルがあるからといって売主及び買主の義務のすべてをこの条項に収めなければならないわけではない。いくつかの義務をまとめてこの条項に入れて規定しておく、という場所である。このため、下記の条項例の内容を構成している条項は別のタイトル（見出し）で規定され

ることも多い。

2 条項例

下記に誓約事項の条項例を示す。現物不動産の売買の場合には、第1項の「受託者」を「所有者」に変更し、その他のグレーのハイライト部分を削除することになる。

誓約事項（条項例）

第10条（誓約事項）
1. 売主は、本件不動産又は本受益権について、抵当権、質権、その他の担保権、賃借権等の用益権、差押え又は仮差押え、その他本件不動産については受託者の所有権及び管理権の完全な行使を阻害する一切の負担を、本受益権については受益者の権利の完全な行使を阻害する一切の負担を、売買実行日における本件支払金額の支払までに（ただし、売買代金を原資として弁済される売主の債務への担保の解除については売主による売買代金受領直後に）、その責任と費用負担において、これらを除去抹消しなければならない。ただし、既存賃貸借契約の賃借人（以下「既存賃借人」という。）に係る賃借権及び物件概要書に除去抹消を要しない旨記載されている事項についてはこの限りではない。
2. 売主及び買主は、売買実行日における本件支払金額の支払までに、本信託契約に基づき、本受益権譲渡に係る受託者の承諾書（以下「本受益権譲渡承諾書」という。）を取得するものとし、互いに協力するものとする。買主は、第3条に従い本受益権譲渡承諾書を売主から引渡しを受けた後直ちに（遅くとも売買実行日中に）、買主の費用及び責任をもってこれに確定日付を付すものとする。
3. 本受益権譲渡に際して、売主は、本信託契約に係る信託財産のために受託者名義で維持される口座内の一切の金銭の払出しを受けることができるものとする。疑義を避けるために付言すると、かかる金銭の中には、既存賃借人が受託者に対し差入済みの敷金相当額が含まれる。
4. 前項に従い、売主が当該敷金相当額の払出しを受けることに伴い、本契約に基づく本受益権譲渡後、買主は受託者に対し、当該敷金相当額を追加信託するものとし、かかる追加信託義務の引受けの対価として、売主は当該敷金相当額を買主に対して支払う義務を負うものとする。売主及び買主は、当該敷金相当額について、第2条記載の売買代金から控除して精算することに合意する。
5. 買主は、物件概要書に、買主又は買主が指定する者が承継すると記載されている書類に基づく売主の地位及び権利義務（ただし、既発生の支払義務を除く。）について、当該物件概要書の記載に従い、売買実行日をもって自ら承継し、又は買主が指定する者に承継させるものとし、売主は、当該承継におい

て必要となる手続きに合理的な範囲で協力する。
  6．売主は、売買実行日までに、別紙4に定める是正事項（注：記載を省略）を同別紙が定める内容及び費用負担に関する取り決めに従って遂行するものとする。

3 第1項の解説

【1】買主の視点

　本項は、売主の担保その他の対象不動産に付着する負担の除去義務を規定している。買主の視点からは、売買代金を支払って得られる不動産資産は何ら担保権等の付着していないクリーンな完全な権利であることを望むため、この規定が設けられる。ただし、賃借人の賃借権は、不動産からの収益を生み出す源泉のため、特別な理由がない限り、存置される。そのため、例外として規定されている。

　多少細かいドラフティングの注意点としては、「売買実行日までに」と規定すると、売主は「売買実行日」を含むので売買実行日の深夜までに履行すればよいことになる。しかし、通常買主の義務履行の前提条件として「売主が、本契約において売買実行日まで（同日を含む。）に履行又は遵守しなければならない義務（本件支払金額の支払を受けた後に履行されることが想定されるものを除く。）を履行し、遵守していること。」（条項例の第4条第1項（3）号（⇒340頁））が規定されるので、買主は売買実行日に売主が履行すべき義務の履行が終わるまで売買代金を支払う必要はない。ただし、夜になると同日中の送金はできないが、それは買主の責めに帰する事由ではないので、条項例の第4条第3項（⇒344頁）の規定を利用できる。

【2】売主の視点

　売主の視点から本項において注意すべき点は、①担保権は通常売買代金を受領してからそれ使用して除去するためその点を明記しておくこと、②賃貸借を除去すべき負担から除外しておくことである。また、実務上悩ましいのは、売主が借り入れているローンの期限前弁済をするにはレンダーに対する一定の事

前の書面による通知が必要で、ある時期（例えば、希望する期限前返済日の5営業日前）を過ぎると撤回することができなくなる点である。買主が売買実行日に売買代金を支払わないと、売主は、買主に対し、違約金等の損害賠償を請求することは可能だが、他方、ローンの返済ができず、ローン契約上は売主の違約となるのである。期限前返済の通知を売買実行日に撤回することが許されるのであれば売主にはリスクはないが、そのようなことを正式に許容するレンダーはいない。この問題をレンダーと交渉しても、レンダーから引き出せるのは、せいぜい、そのような事態が生じたらビジネス上の関係から実務上最大限便宜を図る、という口頭の説明のみで、売主を法的に免責するという約束は得られないのではないかと思われる。

4 第2項の解説

本項は、信託受益権譲渡に係る受託者の承諾書の取得に関する規定である。不動産管理処分信託契約上、信託受益権の譲渡には例外なく受託者の事前の書面による承諾が必要とされている。本項で当該承諾を取得する義務を負担しているのは「売主及び買主」である。売買実行がなされる前は、売主が信託受益権の保有者であるから、受託者の承諾を取得する義務は本来「売主」のみの義務と規定するべきであるという考えもある。しかし、実務上受託者が信託受益権の譲渡に対して承諾を付与するためには、買主の情報も必要となるので、買主の関与なくして受託者の承諾は得られない。そのため受託者の承諾を取得する義務を売主の義務とする場合にも買主の協力義務をあわせて規定するのが通例であり、結果としては、「売主及び買主」の共同の義務として規定することとあまり相違がない規定となる。筆者の経験では、リーマンショック前の不動産マーケットが過熱していた時期には受託者が承諾を与えないリスクがあった。しかし、その後にそのようなリスクは聞かれず、買主が反社会勢力である等の特別の理由がない限り、通常の投資家が買主となる場合に実務上承諾が付与されないという事態に遭遇することは考えにくい。

5 第3項及び第4項の解説

第3項及び第4項は、信託受益権売買に特有の条項である。不動産管理処分

信託契約では運転資金留保金、修繕積立金、信託敷金などの名目で様々な資金が留保される。受託者は対象不動産の所有者となり不動産の賃貸借契約の当事者となるため一定の資金を保有しておく必要があるのである。これらの資金は現在の信託受益権の保有者に本来帰属する資金であるため、受益者が売主として信託受益権を譲渡する場合には、受託者のもとにあるこれらの資金をいったん現在の受益者である売主に払い出して、売買実行後に新たな受益者としての買主が必要金額を積み立てるという形をとるのが本来である。そのため、上記のような条項が設けられている。なお、敷金については、売買代金から控除するという形で、売買当事者間で精算が行われる。賃借人に賃料の滞納がある場合、売買の際に賃料債権に充当するのか等も取り決めておく必要がある。

6 第5項の解説

【1】はじめに

本項は契約関係の承継に関する一般的な規定である。現物不動産の売買の場合、売主の締結した土地建物の賃貸借契約は特に契約上の地位を譲渡する契約を締結しなくとも所有権の移転に伴い賃貸人の地位が買主に移転する（賃貸借契約の承継については、下記XIIIにおいてあらためて解説する）。しかし、土地建物の賃貸借契約以外の契約は、売主がその契約相手の承諾を得て買主に移転するという作業を経ないと、売主の有した契約関係を買主が承継することはできない。例えば、建物に付属している看板の設置使用契約であったり、建物の運営に必要なビジネス上のライセンス契約であったり、買主がそのまま引き継ぐことを希望する契約についてそのような契約上の地位を移転する作業が必要となるのである。

既存の信託受益権の売買の場合、受託者が締結している契約関係は受益権が譲渡されても特に解約をしない限りは存続するので契約の承継という問題はあまり生じない。例外的に売主が受益者でありながら土地建物に関して契約を締結していてかつ買主が承継を望む契約があれば本項の対象となる。

いずれにしても本項は買主の希望に応じて契約承継に売主が協力する、という買主の便宜を図るための条項である。したがって、買主からの希望がなけれ

ば契約承継の必要性は生じない。

【2】建築工事請負人の担保責任

建物が売買の対象に含まれる場合（売主が当初委託者となる信託受益権売買で建物が信託される場合を含む）、売主が建物の建築工事請負人との契約において請負人の契約不適合責任を追及することができる権利を有している場合がある。民法559条により「売買」に関して定められている契約不適合責任は、請負契約にも準用されるのである。売主が請負人の担保責任を追及できる立場にあれば、買主はその承継を望むので、買主は売買契約に売主の義務として以下のような規定を加えることを要求する必要がある。現物不動産の売買の場合には、グレーのハイライト部分について、「本信託の設定日」を「売買実行日」に、「受託者」を「買主」にそれぞれ変更することになる。売主は、請負人からの承諾取得を確約することができなければ、この義務を削除することを求めるか、又は売主の義務を努力義務に変更することを求める必要がある。

売主の工事請負人に対する契約上の権利の譲渡（条項例）

> 売主は、本件不動産についてその建設のために売主が契約を締結した建設会社（以下「本請負人」という。）に対する売主の契約上の権利のすべて（アフターサービス工事の履行請求権及び契約不適合責任に基づく請求権を含む。）を、本信託の設定日において、本請負人の承諾を得て、受託者に無償で譲渡するものとする。

なお、民法改正により、民法466条2項は「当事者が債権の譲渡を禁止し、又は制限する旨の意思表示（以下「譲渡制限の意思表示」という）をしたときであっても、債権の譲渡は、その効力を妨げられない。」と規定している。これからすると請負人の承諾を無視することも可能ではないかという疑問がありうる。しかし、請負契約に譲渡制限が規定されていることは広く知られており、かつ譲渡制限の意思表示について悪意又は重過失の譲受人には請負人は弁済を拒否できるので（同条3項）、やはり請負人の承諾を取得する必要がある。

上記の条項を要求する前提として、そもそも売主は請負人に対する契約不適合責任を追及できる立場にあるのか否かを確認しておく必要がある。民法637

条では請負人の担保責任の期間制限を以下のように規定している。

民法637条（目的物の種類又は品質に関する担保責任の期間の制限）

> 1 前条本文に規定する場合において、注文者がその不適合を知った時から１年以内にその旨を請負人に通知しないときは、注文者は、その不適合を理由として、履行の追完の請求、報酬の減額の請求、損害賠償の請求及び契約の解除をすることができない。
> 2 前項の規定は、仕事の目的物を注文者に引き渡した時（その引渡しを要しない場合にあっては、仕事が終了した時）において、請負人が同項の不適合を知り、又は重大な過失によって知らなかったときは、適用しない。

　民法637条１項では、注文者が契約不適合を知った時から１年以内の通知をすることが請負人の責任を追及する条件となっている。同条２項による適用除外はあるものの、民法637条の適用を前提とすれば、建物が新築の場合でないと買主が売主から請負人に対する権利を譲り受ける意味は乏しいことになる。この点に関し、建築請負工事に広く利用されている「民間（七会）連合協定工事請負契約約款（令和５年（2023）１月改正）」では、その第27条の２（契約不適合責任期間等）第（７）項において、「民法第637条第１項は、契約不適合責任期間については適用しない。」として、民法637条１項の適用が排除されている。また、一般社団法人日本建設業連合会が公表している「設計施工契約約款（2023年１月改正版）」でも第55条の２（施工上の契約不適合責任の期間等）第（７）号において民法637条１項の適用が排除されている。

　契約不適合責任期間の詳細はそれらの条項に規定されているが、民法の規定により長期間にわたって請負人が責任を負うことが規定されているので、買主が上記のように、売主の請負人の契約不適合責任等の請負契約上の権利を譲り受けておく意義は依然として大きい。

7 第６項の解説

　売主が「現状有姿売買」という立場をとっていても、売買契約の交渉過程において、対象不動産に現認できる瑕疵等の問題が存在しその是正が議論となった場合、売主が一定の範囲で売買実行日までに是正することを応諾することが

ある。本項はそのような是正事項に対応する規定である。売買実行日までの是正が不可能であれば、当該問題の性質によるが、両当事者の合意により、売買実行日以降に期限が設定されることもある。

なお、対象不動産に現認できる瑕疵等の問題が存在するが、売主がその是正について責任を負わない場合には、それらは「容認事項」を構成し、買主はそれらを受け入れ、それについては売主の責任を問わないことになる。つまり、「是正事項」と「容認事項」は表裏の関係にあるといえる。

表明保証との関係では、是正事項や容認事項は当事者が明確に認識している対象不動産の瑕疵等の問題であり、表明保証の範囲から除外される必要がある。それらは通常物件概要書に記載されるので、前記の表明保証の条項例にみられるように「物件概要書の記載に矛盾又は抵触する事項を除き」と記載される。容認事項や是正事項が物件概要書に記載されない場合には、別途明示的にそれらを表明保証の範囲から除外する必要がある。

XIII　既存賃貸借契約の承継

1　はじめに

企業間の不動産取引（特に不動産ファンドによるもの）は、自己使用目的でなされるものを除けば、対象不動産からの収益（期中は賃料収入というインカムゲインであり、売却時はキャピタルゲイン）を期待してなされるものが主流を占める。買主の視点からは、売主が不動産の賃借人（以下「テナント」ということもある）との間で締結している不動産賃貸借契約を買主又は買主が賃貸人として予定する者に移転して、買主が不動産又はその信託受益権を取得後、問題なく賃料収入が買主に帰属するようにしなければならない。売買契約にはそのために必要な規定が盛り込まれる。以下に、そのような規定を理解するために必要な前提事項を解説する。賃貸借契約については、別途第4章以降（⇒449頁以下）において全般的な解説を行うので参照されたい。

第3章　不動産売買契約　各論　　387

❷ 不動産賃貸借契約における賃貸人の地位の移転方法

　不動産賃貸借契約における賃貸人の地位を売主から買主に移転する方法には、賃貸借契約の対抗要件の具備の有無により、2通りの方法がある。一つは対象不動産の所有権の移転のみによる方法であり、もう一つの方法は、所有権の移転に加えて、賃貸人の地位の移転の合意をすることである。以下に、これらの相違を説明する。

　不動産賃貸借の対抗要件が具備されている場合に、その不動産が譲渡されたときは、その不動産の賃貸人たる地位は、その譲受人に移転する（民法605条の2第1項）。つまり、売買により不動産の所有権が買主に移転すれば、不動産の賃貸借における賃貸人の地位は自動的に買主に移転する。ただし、買主は所有権移転登記をしなければ、賃借人に対抗できない（同条3項）[39]。賃借人の承諾は不要である。ここで「不動産賃貸借の対抗要件が具備されている場合」という条件があるが、これは賃借権の登記、借地借家法による対抗要件その他の法令の規定による対抗要件で構わない。これらによって対抗要件を具備することができない賃貸借は何かというと、例えば、駐車場のための土地の賃貸借や太陽光パネルや看板設置のためになされる建物の屋根の賃貸借が該当する。これらの賃貸借の賃貸人の地位は建物所有権とともに自動的に買主に移転することにはならない[40]。これらの賃貸借における賃貸人の地位の移転には、民法605条の3に規定される「合意による不動産の賃貸人たる地位の移転」の方法を使用する必要がある。この場合においても賃借人の承諾は不要である（同条参照）。

　売買契約の作成上の注意点としては、対抗要件を具備できない賃貸借契約における賃貸人の地位を移転するためには、所有権の移転に加えて、賃貸人の地

---

39)　民法605条の2第3項は民法改正による条項だが、民法改正以前からこの点は最判昭和49年3月19日判時741号74頁により認められている。

40)　最判平成25年4月9日判時2187号26頁は建物賃貸借と密接不可分な看板部分の賃貸借をしていたテナントに対し、建物の所有権を譲り受けた者からの建物の外壁等に設置されていた看板撤去の請求を権利濫用として斥けている。看板の賃貸借には借地借家法の保護が及ばないため、裁判所としては、権利濫用の法理を使用せざるを得なかったのである。

位の移転の明確な合意が必要であり、そのための条項を設ける必要があることである。

3 マスターリースストラクチャー

【1】マスターリースストラクチャーの効用

マスターリースストラクチャーとは、不動産の所有者が不動産を一括してマスターレッシーに賃貸し、マスターレッシーが個別のテナント（以下「エンドテナント」という）に転貸する契約形態である。その法的性質については契約内容によっては賃貸借契約と認定されない場合もあるが、ここではマスターリース契約も賃貸借契約であるとして解説する。図示すると以下のとおりとなる。

マスターリースストラクチャー

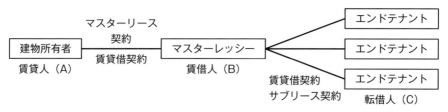

マスターリース自体を事業として営む不動産会社は、不動産所有者に一定の賃料を保証しつつ、エンドテナントからの賃料収入との差額をマスターリース事業の収益として獲得することを目的としている。しかし、本書で述べるような不動産投資においてマスターリースストラクチャーが利用されるケースは、多くの場合、そのような差額を収益として得ることを目的としているのではない。マスターリースストラクチャーの利用目的は、多数のエンドテナントとの権利関係の管理や賃料回収等の事務をマスターレッシー（又はマスターレッシーから委託を受けたプロパティマネジャー）が一括して行い、事務の効率化と不動産所有者の負担軽減を図ることである[41]。特に、信託受益権化された不動産の場合、不動産の所有者は信託銀行等の受託者であり、これらの受託者

は、多数のエンドテナントと直接賃貸借契約を締結する形態より、マスターレッシーに一括賃貸する形態によって事務の効率化と受託者の負担軽減を図ることを選択する。この場合、マスターレッシー自体が投資家によって設立された投資のためのSPCであることが通例であり、マスターレッシーが受領したエンドテナントからの賃料は基本的にそのまま受託者や不動産所有ビークルに支払われる。

【2】マスターリース契約の合意解約の効果

　不動産売買契約における不動産の所有権移転（信託譲渡を含む）に際して、マスターリース契約を合意解除するというケースは多々ある。そのため、マスターリース契約の合意解除の意味を理解しておく必要がある。マスターリース契約がAB間（上記の図参照）の合意によって解約された場合、BC間の転貸借契約はどうなるのであろうか。まず、合意解約という点をいったん除外して、マスターリースストラクチャーの大前提となるマスターリース契約終了の場合の原則論を述べると以下のとおりである。

転貸借の原則論（マスターリース契約の終了について）

> 転貸借（サブリース）は他人物賃貸借であり、①賃貸人の使用権原（賃借権）のほか、②賃貸人（所有者）の承諾があってはじめて転借人の占有は適法占有になる。基礎となる賃貸借が終了すれば、①の要件を欠くことになり、賃借人は転借人に使用させることができなくなる結果、転借人の占有は不法占有になる。転貸借は履行不能となり、契約は終了することになる[42]。

　しかし、上記はあくまで原則で、マスターリースがAとBの合意により解約された場合には、Aはそもそも承諾した上で、BCの転貸を許したのであるから、一方的にABでマスターリースを合意解約してBC間の契約を終了させるの

---

41)　多数のテナントが存在すれば、契約更新時期もテナントごとに異なるため、テナントごとに適切な時期に契約更新の交渉や書類作成業務が存在する。さらに、賃料遅滞に陥ったテナントへの督促、契約解除や延滞賃料の回収など、テナントの増加により事務作業は増大する。不動産所有者がそれらの諸作業を効率化したいと考えるのは自然な流れである。

42)　平野・前掲7）315頁。

は、Cの利益を不当に害するおそれがある。そこで最高裁判例（昭和37年2月1日裁判集民58号441頁）では「賃貸人の承諾ある転貸借の場合には、転借人に不信な行為があるなどして賃貸人と賃借人との間で賃貸借を合意解除することが信義、誠実の原則に反しないような特段の事由がある場合のほか、右合意解除により転借人の権利は消滅しない。」と判示した。なお、Bの債務不履行により、ABの契約が解除された場合には、原則に戻って、BCの契約は終了する[43]。この結論は広く支持されており、民法改正では以下のとおり613条3項の条文となった。

民法613条3項

> 賃借人が適法に賃借物を転貸した場合には、賃貸人は、賃借人との間の賃貸借を合意により解除したことをもって転借人に対抗することができない。ただし、その解除の当時、賃貸人が賃借人の債務不履行による解除権を有していたときは、この限りでない。

民法613条3項の本文で「対抗することができない。」とはどういう意味かについては、いくつか学説があるが、BC間の賃貸借におけるBの地位をAが承継するという考えが多数説で契約実務上もそのような理解がなされている。比喩的にいえば、土台となるAB間の契約が合意解約され土台が崩れたので、二階建ての一階部分がなくなり、所有者たるAは賃貸人としてBの地位を承継してCに対する直接の賃貸人になるのである[44]。なお、上記の方法が多数説にとどまり、最高裁判決によって支持されているわけではないため、「BC間の賃貸借におけるBの地位をAが承継するという結論についてテナントからの承諾をとることが望ましい。」という意見もある[45]。確かにテナントの承諾を取得することが望ましいのはそのとおりではあるが、多数のテナントが入居する賃貸住宅などの場合、承諾を取得することは容易ではないことも多い[46]。テナント

---

[43] 最判昭和36年12月21日民集15巻12号3243頁。

[44] 平野・前掲7）319頁参照。東京高判昭和38年4月19日下級民集14巻4号755頁はこの立場をとる。

[45] シティーユーワ法律事務所編『債権法改正対応不動産賃貸借契約の実務Q＆A』（商事法務、2018年）226頁。

の承諾を得ることに困難が想定される場合には、実務上の便法として、Aからテナントに対し、「BC間の賃貸借におけるBの地位をAが承継したこと、及び賃料の送金先が変更となったこと」等を通知して、テナントによる新たな賃料送金先への入金をもってテナントの黙示の承諾があったものと扱わざるを得ないケースもあり得る。そのような便法によっても特段テナントに不利益を強いるものではないことが前提となる。

4 マスターリースストラクチャーの構築―テナントからの承諾の要否

マスターリースストラクチャーを構築する際にはテナントの承諾を要するのか否かという問題がある。多くのテナントから承諾を得るのは労力を要するため、できればテナントに対する通知のみで済ませたいところである。以下のように場合分けをして検討する必要がある。

【1】売主が賃貸人としてテナントに賃貸している不動産を取得する場合

不動産（建物）の所有者である売主が賃貸人としてテナントに建物を貸している場合、買主が当該建物を購入すれば、買主に対し売主の有している賃貸人の地位が移転する（民法605条の2第1項）。その後、買主がマスターレッシーに建物を一括賃貸するマスターリースストラクチャーを構築する場合には、テナントのそれぞれから承諾を得なければならないと考えるのが一般的である。これは、賃貸人の地位を買主がマスターレッシーに譲渡する場合には、不動産の所有権自体は買主にとどまるので、民法539条の2により、契約の相手方（つまりテナント）の承諾が必要となる、という考え方である。

【2】売主が賃貸人としてテナントに賃貸している不動産を信託受益権として取得する場合

この場合、売主は、当初委託者として不動産を信託銀行等の受託者に信託譲渡し、それにより取得した信託受益権を買主に売却するのである。受託者は不

---

46) 郵便によって承諾を要請しても返信が得られるとは限らず、訪問をしても、特に単身者用住居の場合、昼間は不在の住居も多数ある。

動産の所有権を取得するので、賃貸人の地位は受託者に移転する。その後、マスタレッシーに賃貸人の地位を譲渡するためには、テナントの承諾が必要である（民法539条の2）。

【3】売主がマスターレッシーに賃貸し、マスターレッシーがエンドテナントに転貸している不動産を取得する場合

　この場合には、すでに売主側でマスターリースストラクチャーが構築されているケースであり、エンドテナントとの賃貸借契約をどのように買主に移転するのかという問題である。通常とられる方法は、次の過程を経る。

　第一の方法：まず、売主とマスターレッシーとのマスターリース契約を合意解除する。そうすると売主とエンドテナントの間の賃貸借契約が残る（上記 3【2】参照）。その後、売主が不動産の所有権を買主に移転すれば、賃貸人の地位も買主に移転する（民法605条の2第1項）。さらにその後、買主がマスターリースストラクチャーを構築するには、テナントから承諾を得る必要がある（上記【1】と同じである）。この方法は手堅い方法であるが、テナントからの承諾が必要である。

　第二の方法：民法改正前に使用されていた別の方法として、①買主が対象不動産の所有権とともに売主のマスターリース契約上の賃貸人の地位を承継し、その後に、②下記の図のように、既存のマスターレッシーから転貸人の地位を新たなマスターレッシーに譲渡し、③そのことについてあらかじめエンドテナントに通知をする方法がある。テナントへの通知は、既存マスターレッシーと新マスターレッシーの連名で行うのが実務的である。また、④転貸人の地位譲渡直後に、既存マスターリースは合意解約される。

新マスターレッシーへの転貸人の地位の譲渡

(1) 売買実行前

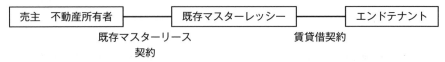

(2) 売買実行後

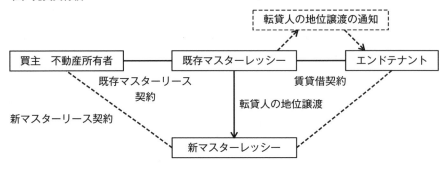

　この二番目の方法は、民法改正前の昭和51年6月21日の最高裁判決に依拠した方法である。同最高裁判決は、結論として「転貸借の目的となっている土地の転貸人の地位の譲渡を受けた者は、転貸人の地位の譲渡人から転借人に対する譲渡の通知又は譲渡についての転借人の承諾がない以上、転借人に対し、その転貸人としての地位を主張することができない」（最判昭和51年6月21日金融・商事判例513号26頁、判時835号67頁）と判示した。同判決の上記の金融・商事判例に掲載された解説においても、転借人の承諾のみが対抗要件ではなく、転借人に対する対抗要件としては、通知が必要であり、それで十分であるということがこの判例の意義であるという趣旨の解説がなされている。この方法が法的に可能であれば、テナントの承諾を不要とするので好都合である。

　しかし、民法が改正された現時点において、テナントの承諾を不要とする方法を使用することができるであろうか。民法改正後は、民法539条の2が新設され、それにより契約上の地位の譲渡には相手方の承諾が必要とされ、その例外は（同じく新設された）民法605条の2及び605条の3で認められるのみである。新マスターレッシーへの転貸人の地位の譲渡は民法605条の2や605条の3が適用される場面ではない。それゆえ、上記判例に依拠して転借人の承諾不要

とする立場をとることは困難である。今後の学説・判例の展開を待つ必要がある[47]。

なお、第一の方法においてテナントの承諾が必要であるとしても、実務上の便法としては、テナントにはいったん通知のみを送り、それに従って異論なく賃料の支払がなされていけば「黙示の承諾」がなされたと扱うことも考えられる。

> **コラム** マスターリース契約の法的性質論
>
> 　裁判所は、マスターリース契約の法的性質を、常に「賃貸借契約」と認定するわけではない。最判平成15年10月21日民集57巻9号1213頁は、いわゆる「サブリース事業」のための賃貸借を「賃貸借契約」として借地借家法32条1項に基づく賃料減額請求の適用を認めた。しかし、平成26年5月29日東京地判判時2236号113頁では、建物所有者と事業者との契約を賃貸借契約ではなく、委任契約と認定し、契約解除については借地借家法27条、28条の適用はなく、民法651条及び契約の定めに従って契約を解除できると結論づけた。
>
> 　この判決は、契約の内容を検討して、空室のリスク負担、敷金の移転、賃貸人の解除権その他の条項及び事情を考慮して、その性質が建物の賃貸借ではなく「建物の管理、賃料の収受の委託を内容とする委任契約」としたのである。これらの判決は、争点も異なるので単純な比較は意味がなく、本書ではこれらの判例の詳細な検討は行わないが、注意すべき点は、マスターリース契約又は賃貸借契約という名称が契約に付されていても、内容が伴わなければ、賃貸借契約とは認定されないリスクがあるという点である。本書ではこの点のみ指摘しておきたい。

---

[47] 民法改正の議論の中では、民法539条の2について、原案の作成者も相手方の承諾について「それが不要とされる場合があることを否定するものではない。」としていた（渡辺達徳編『新注釈民法（11）Ⅱ債権（4）』（有斐閣、2023年）147頁［野澤正充］）。民法539条の2に但書きを設け「ただし、契約の性質上、相手方の承諾を要しないときは、譲渡人と譲受人の合意により、譲受人は譲渡人の地位を承継する。」と

5 マスターリースと賃貸住宅管理業法

【1】はじめに

　賃貸住宅の管理業務等の適正化に関する法律（以下「賃貸住宅管理業法」という）は、令和3年6月に施行された。同法は、①サブリース業（同法では「特定転貸事業者」と定義されている）と②「賃貸住宅管理業」を分けて規制しており、「賃貸住宅管理業」に該当する場合にのみ登録が必要となる。不動産投資のストラクチャーを組成して投資する投資家の必要により構築されるマスターリースストラクチャーでは、多くの場合、マスターレッシーはSPCであり、それ自体が管理業務を行うことはないし、また、同法の定める「特定転貸事業者」には該当しない。そのため、同法が適用されるケースは限られる。しかし、同法の内容を理解しておくことは必要であるため、下記に同法を簡単に紹介する。

【2】賃貸住宅管理業法における登録義務

　賃貸住宅管理業法では、賃貸住宅の一定の管理行為について「賃貸住宅管理業」という概念を設け、国土交通大臣の登録を受けることが義務づけられている。「賃貸住宅管理業」は、同法2条2項で以下のように定義されている。また、登録については、同法3条但書きにより、事業規模が国土交通省令の基準以下の場合には登録は不要となる。この規模とは、同法施行規則3条で「賃貸住宅管理業に係る賃貸住宅の戸数が200戸であることとする。」と規定されている。したがって、管理する住宅の戸数が200戸未満であれば、登録の義務はない。

　　いう規定も議論されていたが、この但書きの規定を採用することは最終的には見送られた。過去の最高裁判決（昭和51年6月21日）があったとしても、いったん民法改正により簡潔であるとはいえ民法539条の2の規定が整備された以上、いかなる場合に相手方の承諾を不要とするのかは、具体的なケースに基づく今後の学説・判例の解釈にゆだねられることになると考えざるを得ない。

賃貸住宅管理業の定義（賃貸住宅管理業法2条2項）

> 賃貸住宅の賃貸人から委託を受けて、次に掲げる業務（以下「管理業務」という。）を行う事業をいう。
> 一 当該委託に係る賃貸住宅の維持保全（住宅の居室及びその他の部分について、点検、清掃その他の維持を行い、及び必要な修繕を行うことをいう。以下同じ。）を行う業務（賃貸住宅の賃貸人のために当該維持保全に係る契約の締結の媒介、取次ぎ又は代理を行う業務を含む。）
> 二 当該賃貸住宅に係る家賃、敷金、共益費その他の金銭の管理を行う業務（前号に掲げる業務と併せて行うものに限る。）

　また、賃貸住宅管理業法は、マスターリース契約を締結して行うサブリース事業も適用範囲に取り込んでおり、「特定賃貸借契約」及び「特定転貸事業者」という概念を以下のとおり規定している（同法2条4項及び5項）。

「特定賃貸借契約」及び「特定転貸事業者」の定義（同法2条4項、5項）

> 4　この法律において「特定賃貸借契約」とは、賃貸住宅の賃貸借契約（賃借人が人的関係、資本関係その他の関係において賃貸人と密接な関係を有する者として国土交通省令で定める者であるものを除く。）であって、賃借人が当該賃貸住宅を第三者に転貸する事業を営むことを目的として締結されるものをいう。
> 5　この法律において「特定転貸事業者」とは、特定賃貸借契約に基づき賃借した賃貸住宅を第三者に転貸する事業を営む者をいう。

　特定転貸事業者は、一般的に特定賃貸借契約又は当該特定賃貸借契約に付随する契約により、本来賃貸人が行うべき賃貸住宅の維持保全を、賃貸人からの依頼により賃貸人に代わって行う者である。特定転貸事業者に該当するか否かと賃貸住宅管理業を営む者として登録を要するのかは、別の問題である。特定転貸事業者が自ら賃貸住宅管理業を営んでいる場合には、当該特定転貸事業者の事業規模が200戸未満である場合を除き、登録を受けなければならない。

【3】特定賃貸借契約から除外される契約

　「特定賃貸借契約」から除外される「賃借人が人的関係、資本関係その他の関係において賃貸人と密接な関係を有する者として国土交通省令で定める者で

あるもの」は、賃貸住宅管理業法施行規則2条に規定されている。人的関係については除外される親族や関連会社が同条に規定されているが、特筆すべきは、賃貸人が登録投資法人、特定目的会社、組合、特例事業者（不特法2条9項に規定する特例事業者をいう）、信託の受託者である場合も除外されていることである。これにより不動産投資ストラクチャーを組んで投資する投資家の必要により構築されるマスターリースストラクチャーのほとんどは「特定賃貸借契約」から除外される。詳細は上記賃貸住宅管理業法施行規則2条を参照されたい。

【4】賃貸住宅管理業法における行為規制

賃貸住宅管理業法による行為規制は、①賃貸住宅管理業者（賃貸住宅管理業の登録を受けて賃貸住宅管理業を営む者）に対するものと、②特定転貸事業者に対するものがある。②は、特定転貸事業者が賃貸住宅管理業者としての登録をしているか否かを問わず適用になるので注意を要する。

①賃貸住宅管理業者に対する行為規制

- 営業所又は事務所ごとに、業務管理者（賃貸住宅の管理に関する知識・経験等を有する一定の資格者）を選任し配置すること
- 管理受託契約の締結前に、具体的な管理業務の内容・実施方法等（重要事項）について書面を交付して説明すること及び管理受託契約の締結時に一定の書面を交付すること
- 管理する家賃等について、自己の固有の財産等と分別して管理すること
- 業務に関する帳簿を備え付けること
- 業務の実施状況等について、管理受託契約の相手方に対して定期的に報告すること
- 全部再委託の禁止、標識の掲示、秘密を守ること、など

②特定転貸事業者に対する行為規制

- 誇大広告等の禁止
- 不同な勧誘等の禁止
- 特定賃貸借契約の締結前に一定の重要事項について書面の交付及び説明
- 特定賃貸借契約の締結時の書面の交付

（適用除外）注意すべき点は、上記の特定賃貸借契約の締結前交付書面の交付義務が適用されない相手方は、賃貸住宅管理業法施行規則45条に規定されており、それには特定目的会社、組合、宅建業者、信託受託者など不動産投資を行う者がストラクチャーに使用する者の多くが含まれる。

6 条項例

下記に既存賃貸借の承継に関連する事項を規定する条項例を示す。現物不動産の売買の場合には、グレーのハイライト部分について、「受託者」を「買主」にそれぞれ変更し、第3項及び第6項では削除することになる。

既存賃貸借契約に関する事項（条項例）

第11条（既存賃貸借契約に関する事項）
1. 売主は、売買実行日において、既存賃貸借契約の賃貸人としての地位を売主から受託者に承継させる。
2. 売主は、買主に対し、売買実行日における既存賃貸借契約に係る敷金、保証金の返還債務及びその他これに相当する金銭（以下「敷金・保証金」という。）相当額を売買実行日に支払うものとする。かかる支払のため、買主は売主に対する本契約に基づく売買代金の支払において、敷金・保証金相当額を売買代金から控除することができる。
3. 売主及び買主は、受託者と買主の指名する者（以下「マスターレッシー」という。）との間で本物件の一括賃貸に関するマスターリース契約（以下「新ML契約」という。）が売買の実行の直後に締結されることを確認する。
4. 買主は、売買実行後において、すべてのテナントから、（ⅰ）既存賃貸借契約に基づく賃貸人の地位を受託者が承継すること、（ⅱ）さらに、かかる承継後に、前項に基づく新ML契約の締結に伴い、既存賃貸借契約に基づく賃貸人の地位をマスターレッシーが承継すること等について、買主が作成し、売主が合理的に承諾する様式による書面をもって承諾を取得する予定であり、売主は、かかる承諾を要請する書面に旧賃貸人として記名捺印する等をして、これに商業上合理的な限度で協力する。

5．売買実行後に売主がテナントから敷金返還請求その他の既存賃貸借契約に基づく請求を受けた場合、売主は、買主に当該請求相当額を通知し、買主は、当該テナントからの請求が買主の負担すべきものと合理的に判断した場合には、売主又はテナントに支払を行うものとする。
6．売買実行後に売主がテナントから第13条に基づき買主の収益として買主に帰属すべき賃料等の支払を受けた場合には、売主は、当該受領した金銭を速やかに買主に引き渡すものとする。売買実行後に受託者又は買主がテナントから第13条に基づき売主の収益として売主に帰属すべき賃料等の支払を受けた場合には、買主は当該受領した金銭を速やかに売主に引き渡すものとする。

7 第1項の解説

　本項では売主の義務として賃貸人としての地位を受託者（現物不動産の売買の場合には買主）に移転させることを規定している。移転の方法は本項では規定されていないが、上記2「不動産賃貸借契約における賃貸人の地位の移転方法」で述べたことが当てはまる。

8 第2項の解説

【1】敷金の意義

　本項は既存賃貸借契約においてテナントから受領している敷金の取扱いについて規定している。敷金の定義は民法622条の2第1項にあり「いかなる名目によるかを問わず、賃料債務その他の賃貸借に基づいて生ずる賃借人の賃貸人に対する金銭の給付を目的とする債務を担保する目的で、賃借人が賃貸人に交付する金銭をいう。」とされている。敷金を交付する合意を敷金契約といい、賃貸借契約とは別の契約であるが、その従たる担保契約であると理解されている。敷金契約の法的性質は、停止条件付返還債務を伴う金銭の所有権移転と解するのが一般的である。金銭は占有があるところに所有があり、交付と同時に返還請求権は発生せず、賃貸借終了時に清算をして残額があればその返還請求権が発生することになる（つまりこの意味で条件付きである）[48]賃貸人の地位の譲渡がなされると敷金契約の地位も随伴して移転する。敷金契約は賃貸借契

48）　敷金の解説につき、平野・前掲7）298頁以下参照。

約とは別の契約だが、特定の賃貸借関係の債権の担保契約であり、担保は債権に随伴して移転するから、賃貸人の地位の移転により敷金契約（従たる担保契約である）も同様に移転するのである。

　ここで敷金契約が移転して敷金返還債務を買主が負担するとして、移転前（つまり売買実行前）にテナントの未払賃料債務等がある場合の民法上の権利関係（つまり敷金は未払賃料債務に「当然に」充当され、買主に承継されるのは充当後の残額となるのか否か）については、民法改正に際して議論があったが、条文化は見送られた[49]。そのような未払賃料債務が存在する場合、敷金の取扱いについては、売買当事者で明確に合意しておく必要があるし、実務でも「精算合意書」等により処理されている。

【2】売買代金からの敷金額の控除

　上記のように売主が賃貸中の不動産を買主に売り渡すと、買主は賃貸人の地位を承継し、それに随伴して敷金契約によるテナントへの敷金の返還債務も引き継ぐことになる。他方、売主は敷金を預かったのであるから返還債務の原資は売主が保有している。買主としては、売主は受領した敷金を買主に交付すべきであると要求することになる。しかし、買主は売買代金の支払義務があるので、それらを売買代金から敷金相当額を控除することで精算するのが簡便である。そのため、売買契約にもその旨が規定される。

【3】信託受益権売買の場合

　上記のことは、売主が当初委託者になる信託受益権売買の場合でも基本的に同様である。売主は信託受益権の売買に際し受託者に預けてある敷金相当額を受託者から払い出しを受ける。そのため、買主は受託者に金銭の追加信託をして、受託者のもとに敷金相当額が維持されるようにする必要がある。その資金

---

49)　判例（大判昭和2年12月22日民集6巻716頁、大判昭和18年5月17日民集22巻373頁、最判昭和44年7月17日民集23巻8号1610頁等）では「承継前に賃借人の旧賃貸人に対する未払賃料債務等の債務があれば、敷金がその弁済として当然に充当され、その限度において敷金返還請求権は消滅するので、譲受人に承継されるのは充当後の残額になる」としている。安永正昭＝鎌田薫＝能見善久監修『債権法改正と民法学Ⅲ契約（2）』（商事法務、2018年）251頁以下参照。

第3章　不動産売買契約　各論　　401

は売主から支払ってもらうことになる。買主が売買代金全額をそのまま売主に支払い、受託者は売主から敷金相当額を受領してもよいが、無駄な金銭の移動を避け、売買代金から敷金相当額を控除し、買主が受託者に敷金相当額を交付した方が確実であり、簡便である。このことは、第10条4項に規定されている。第10条4項と第11条2項は重複するため、信託受益権売買の場合は第11条2項を削除することになる。

9 第3項の解説

本項は、単に買主がマスターリースストラクチャーを使用することを述べているにすぎない。第4項に規定されるテナントからの承諾取得の前提となる事実関係を確認することが本条項の目的である。なお、マスターリース契約の賃貸人は、信託受益権売買の場合には受託者であるが、現物売買の場合には買主である。

10 第4項の解説

第3項で確認されたマスターリースストラクチャーの構築にはエンドテナントに対する賃貸人の地位を受託者又は買主からマスターレッシーに移転する必要がある。その移転には建物所有権の移転を伴わないので、民法539条の2に規定される契約上の地位の移転の原則に従い、テナントの承諾が必要である。本項は、売主がテナントからの承諾の取得に一定の範囲で協力する義務を規定している。本来、マスターリースストラクチャーは買主の都合で設定されるものであり、法的には売主の関与は必要ない。しかし、テナントの立場に立つと、これまで賃料を支払っていた賃貸人からの連絡なく、知らない買主のみからマスターリースストラクチャーに変更になるとの意向を告げられても当惑し、直ちに承諾することには躊躇する可能性が高い。そこで実務では売主と買主の連名でテナントに依頼する形態がとられるのである。

11 第5項及び第6項の解説

賃貸人の地位の移転がなされても、テナントは旧賃貸人としての売主に対して何らかの法的請求を行う可能性はある。売主が賃貸人であった期間における

売主の責任に基づくものであれば、売主が対応すべきだが、敷金返還請求など買主が対応すべき請求であれば、買主が金銭的な負担をすべきである。第5項はこれらのことを確認的に規定したものである。また、テナントが誤って売主（旧賃貸人）に賃料を支払うケースもあり得る。そのような場合、買主は売主に対し不当利得返還請求を行うことができるが、第6項は、売主の買主に対する支払義務を確認的に規定している。

XIV 本件不動産等の維持・管理責任

1 不動産等の維持・管理責任の規定の持つ意味

同時決済の場合にはこの条項は必要ない。しかし、異時決済の場合（つまり売買契約締結日と売買実行日が離れている場合）には、買主は売買契約を調印してから売買実行日までの期間、売主が対象不動産を適切に管理することに大きな利害を有する。物理的に建物が毀損すれば、それは表明保証や危険負担の規定が適用される可能性が生じるが、そのような事態以外でも買主に経済的な影響を生じる事態は生じ得る。例えば、その期間中にテナントの交代がある場合、賃料の設定や新テナントの受入れの決定は将来の対象不動産の収益性に影響を及ぼすため、買主は一定の発言権を確保したいところである。他方、売主としては、そのような買主の要望は理解できるものの、売買実行日までは売主が完全な権利者であるため判断権のすべてを買主にゆだねてしまうことはできない。この期間は、まだ売買実行が100％実現するのかは不確実だからである。このような意味を持つ売買契約締結後売買実行までの期間における売主と買主の利害を調節するのがこの条項の役割である。なお、この問題に対応する条項を欠く売買契約をみることもあるが、買主の利益を保全するには不適切である。

2 条項例

下記に条項例を示す。現物不動産の売買の場合には、グレーのハイライト部分を調整し、「本受益権譲渡」を「本件不動産の譲渡」に変更し、信託受益権

第3章　不動産売買契約　各論　403

に関する部分を削除又は本件不動産に変更することになる。

不動産等の維持・管理責任（条項例）

> 第12条（本件不動産等の維持・管理責任）
> 1．本受益権及び本件不動産の管理責任（本信託契約に基づく受託者への指図権を含む。）は、本受益権譲渡と同時に売主から買主に移転する。売主は、本契約締結後、本受益権の移転までの間（以下「本期間」という。）、善良な管理者の注意義務をもって本受益権を保有し、また本件不動産を管理し、本契約において規定されているもの及び売主買主間で別途書面により合意したものを除き、本受益権及び本件不動産について、物理的変更又は担保権の設定その他現状の変更（新たな賃貸借契約の締結を含む。）を行わない。
> 2．前項の規定にかかわらず、本期間中に満期又は更新を迎える既存賃貸借契約に関しては、売主及び買主は、以下の定めに従う。
> 　（1）売主と買主が協議の上、別途買主が提示する目標賃料をもって、売主が新規又は更新後の賃貸借契約の締結を交渉するが、付帯条件を含めた新規又は更新後の賃貸借契約の内容の最終判断は買主が行う。
> 　（2）本期間中に既存賃貸借契約の更新の交渉が合意に至らず、既存賃借人が退去した場合、売主及び買主が協議の上、買主が提示する新規募集賃料で、売主が新賃借人を募集し、付帯条件を含めた新規の賃貸借契約の内容の最終判断は買主が行う。
> 　（3）売主は、本期間中における新規の賃借人の募集を行う場合、買主の事前の書面による承諾を得てその条件を決定するものとし、かつ売主が新規の賃借人と賃貸借契約を締結する場合には、買主の事前の書面による承諾を得るものとする。
> 3．本期間中に、売主又は買主の責めによらず本受益権又は本件不動産の価値に影響を与える事由（既存賃貸借契約の賃借人からの解約通知の受領、賃料の延滞を含むがこれらに限られない。ただし、軽微な事由の場合にはこの限りではない。）が発生した場合、売主は直ちに買主にこれを通知し、売主及び買主は誠実に協議の上、双方の合意するところに従いこれに対応する。
> 4．前項にかかわらず、第14条（注：危険負担の規定）に規定される事由から生じる本件不動産の滅失又は毀損の場合の取扱いは第14条に従うものとする。

3 第1項の解説

　本項は、三つの事項を定めている、すなわち①本受益権及び本件不動産の管理責任が売主から買主に移転するタイミングは、本受益権（現物不動産であれば本件不動産）が売主から買主に移転する時点であること、②売買契約締結から売買実行日までの期間において売主が本受益権及び本件不動産を管理すべき注意義務の基準が「善良な管理者の注意」であること、③同期間中、（買主の

同意なしに）売主は本受益権及び本件不動産の現状を変更してはならないこと、である。

　①は当事者の意思から当然であるし、②についても、本受益権又は本件不動産は、いわば「商品として売却される予定」であるから、売主の注意義務は、自己のものと同一の注意よりも一段階程度が高い「善良な管理者の注意」となることも当事者にとっては当然であろう。しかし、③に関しては、上記の規定は（状況によっては）やや買主の利益保護に偏っている場合があるといえる。特に売買契約締結から売買実行までの期間が長期にわたる場合、あらゆる現状変更を買主の承諾にゆだねる必要はなく、また実務上相当でない。例えば、「重大な現状変更」に限定するか又は「軽微なものを除く」など現状変更禁止の対象を限定することは許容されてしかるべきである。また、現状変更禁止の対象をそのように限定した上で、買主は承諾を合理的な理由なく拒絶できないように制約することも多い。

4 第2項の解説

　本項は、売買契約締結後売買実行に至るまでの期間に満期又は更新を迎えるテナントとの賃貸借契約に焦点を当てた規定である。第1項の特則といえる。オフィスビルや集合住宅はテナントの入れ替わりが一定の頻度で発生し得るのでそれに対応する規定を設けておくことが売主及び買主双方にとって実務上の対応がとりやすい。そのための規定である。

5 第3項の解説

　本項は、売買契約締結後売買実行に至るまでの期間に発生した事由について売主の通知義務を規定するものである。買主が売買の対象となる不動産や信託受益権に生じた出来事を把握することで、適切な対応ができるようにすることを目的とした買主保護の規定である。

6 第4項の解説

　第3項に規定されるような「売主又は買主の責めによらず本受益権又は本件不動産の価値に影響を与える事由」というのは、危険負担の規定が適用される

事由の可能性がある。そのため、本項は危険負担の対象となる事由であれば後述の危険負担の規定の適用により解決されるべきであることを規定したのである。

XV 公租公課等の負担と収益・費用の分担

1 「公租公課等の負担と収益・費用の分担」の条項の持つ意味

　売買により売主から買主に不動産又は信託受益権が移転することに関連して、不動産又は信託受益権の保有に伴う様々な権利義務を売主と買主との間でどのように分配するのかという問題がある。例えば、不動産に係る税金（公租公課）や賃料収入の分配がそれらに該当する。それらを公平に売買当事者に分配するのが本条項の意図するところである。このように、本条項の役割は、売主及び買主のいずれにも偏することなく公平な分配を行うことを可能にすることにある。

　上記の観点からすると、固定資産税、都市計画税、光熱費、賃料収入等の単純な日割り計算になじむものの分配は、売買実行日の前日までは売主、売買実行日以降は買主にそれぞれ帰属させることで足り、このような日割り計算を行うことは商慣習として定着している。この意味で通常「公租公課等の負担と収益・費用の分担」の条項が当事者間の争点となることはない。

　しかし、売買実行日前に売主により契約されている①テナント誘致のための仲介手数料や②建物についてのバリューアップを意図した修繕工事費用などについては、それらの支出の恩恵を受けるのは主として売買実行後の買主である可能性が高い。そのため、それらの処理は案件ごとに売買当事者の交渉にゆだねられ、特に①については買主が負担することが多い。実務上このような費目は、買主の想定しない追加負担とならないように、入札の条件とされることや、売買価格の交渉の初期に議論されることが通例である。

2 条項例

公租公課等の負担と収益・費用の分担の条項例を下記に示す。

公租公課等の負担と収益・費用の分担（条項例）

> 第13条（公租公課等の負担と収益・費用の分担）
> 1．本件不動産に対して賦課される固定資産税、都市計画税、償却資産税その他の公租公課、本件不動産から発生する賃料、共益費その他の収益、及び管理費、管理委託料、電気料金、水道光熱費、各種負担金、道路占有料等その他の費用の分担に関しては、宛名名義のいかんにかかわらず、売買実行日の前日（同日を含む。）までに相当する部分は売主の収益・負担とし、売買実行日（同日を含む。）以降に相当する部分は買主の収益・負担とし、売買残代金の支払時に売主買主間で精算する。ただし、固定資産税及び都市計画税並びに償却資産税（以下総称して「固定資産税等」という。）の起算日は●●年1月1日とし、売主及び買主が、1年を365日とする日割計算（1円未満切捨て。）の上按分額を計算し、それぞれ負担する。なお、売主又は買主が本項の規定に基づき固定資産税等精算金の精算金を負担するときは、売主又は買主は、相手方に対し、当該精算金とともに、当該精算金に係る消費税及び地方消費税を支払うものとする。また、本項に規定する収益及び費用のうち固定資産税等以外のものについては、売買実行日を含む暦月の実日数に基づき日割計算（1円未満切捨て。）するものとし、当該暦月中の費用の額が確定後、上記計算方法に基づき速やかに売主買主間で精算するものとする。
> 2．売主及び買主は、売買実行日の前日までの期間に対応する売主が申告していない償却資産税の徴収があった場合は、当該税額は前項に従い売主が負担し、買主は一切負担しないことを確認する。
> 3．売買実行日（同日を含む。）以降に売主又は買主が相手方に帰属する賃料等収益を受領し又は諸費用等を負担した場合には、これを相手方に速やかに通知し、遅滞なくこれを無利息で精算する。
> 4．各当事者は、第1項の定めにより自己に帰属することとなる収益について、消費税及び地方消費税の納税義務が生じるときは、自己の責任をもってそれを納付するものとし、相手方当事者に迷惑をかけてはならない。

3 第1項の解説

【1】固定資産税

第1項に規定されている支出費目及び収益を「売買実行日の前日（同日を含む。）までに相当する部分は売主の収益・負担とし、売買実行日（同日を含

む。）以降に相当する部分は買主の収益・負担とし、売買残代金の支払時に売主買主間で精算する。」というのは一般的な規定である。

　固定資産税は、土地、家屋及び償却資産に対して、市町村（東京都23区内は東京都）を課税主体として課される。条項例では償却資産税も規定されているが、償却資産税は固定資産税の一種である。その年の１月１日に固定資産課税台帳に所有者として登録されている者が固定資産税の納税義務者となる。税率は標準税率1.4％である。所有者が変わっても、１月１日に所有者であった者が当該年度（４月１日から始まる）の税金を支払う義務がある。本項では１月１日を起算日としている。したがって、売主は１月１日から売買実行日前日までの分を負担し、買主の負担は売買実行日から12月31日までの分を負担することになる。この点、本条項例では採用されていないが、４月１日を起算日とする例もある。関西でこのような例が多いらしいが、近年は関西でも１月１日を起算日とすることが増えているとのことである。４月１日を起算日とする理由は、１月１日の所有者に対して課される税金は、４月１日から始まる年度分の税金であることによる。４月１日を起算日とする場合には、売主は４月１日から売買実行日までの分を負担し、買主は売買実行日から翌年の３月31日までの分を負担することになる。

【２】都市計画税

　都市計画税は、毎年１月１日時点における市街化区域内の土地・家屋の所有者に課せられる税金であり、市町村（東京23区の場合は東京都）に対して納付される地方税である。固定資産税と同様に、納税義務を負う者に納税通知書が送られてくる。賦課徴収は固定資産税とあわせて行われる。したがって、売買契約における売買当事者の精算については固定資産税に関し述べたことが当てはまる。

【３】精算金への消費税賦課

　個人間の売買であれば固定資産税及び都市計画税（「固都税」といわれる）の精算金に対しては消費税はかからない。しかし、売主が消費税課税法人の場合、建物分の固都税の精算金に消費税が課税される。これは建物部分の固定資

産税の精算金は建物の売上代金の一部とみなされることによる。

4 第2項〜第4項の解説

第2項から第4項は、いずれも、第1項による分担のルールを確実に実行することを目的とした念のための規定である。

5 テナント誘致に関する仲介手数料についての条項例

上記1で述べたように売買実行後に買主が利益を受けるテナント誘致のための費用については、買主負担とすることもある。参考のための条項例2件を以下に示す。例2は、買主のみが仲介手数料を負担するケースである。

テナント誘致に関する仲介手数料（条項例）

> （例1） 第1項にかかわらず、本件不動産へのテナント誘致に関する仲介手数料については、宛名名義のいかんにかかわらず、売主により開示された情報に基づき、これらの支払をするべき日（以下「支払日」という。）をもって区分し、支払日が売買実行日の前日以前のものは売主の負担とし、支払日が売買実行日以降（当日を含む。）のものは買主の負担とする。

> （例2） 第1項にかかわらず、本契約締結日以降の本件不動産へのテナント誘致に関する仲介手数料については、宛名名義のいかんにかかわらず、買主の負担とする。

XVI 危険負担

1 民法上の危険負担の意味

民法上、不動産取引において危険負担の規定する対象は、当事者のいずれの責めに帰することができない事由によって対象不動産が滅失又は毀損して売主の目的物引渡債務が履行不能となった場合の売買当事者の権利義務である。危険負担は民法536条に規定されている。以下に条文を引用する。

民法536条（債務者の危険負担等）

> 1 当事者双方の責めに帰することができない事由によって債務を履行することができなくなったときは、債権者は、反対給付の履行を拒むことができる。
> 2 債権者の責めに帰すべき事由によって債務を履行することができなくなったときは、債権者は、反対給付の履行を拒むことができない。この場合において、債務者は、自己の債務を免れたことによって利益を得たときは、これを債権者に償還しなければならない。

　上記の民法の規定の意味するところを整理すると、以下の表のとおりである。表には、参考のために、売主に帰責事由がある場合を加えている。また、債権者、債務者と表記するより、理解をしやすくするために売主、買主と表記する。具体例として、売主の目的物（建物）引渡債務が火災で履行不能となった場合の買主の売買代金支払債務を想定すると理解しやすい。

売主の債務が履行不能となった原因	民法の立場
売主及び買主のいずれにも帰責事由がない場合（具体例：第三者による放火で焼失した場合）	・買主の売買代金支払債務は消滅しないが、買主は履行を拒絶することができる（民法536条1項）。 ・買主が売買代金支払債務を消滅させるためには、売買契約を解除する必要がある（同法542条1項1号）。
買主に帰責事由がある場合（具体例：買主のたばこの火の不始末で焼失した場合）	・買主は売買代金支払債務の履行を拒絶できない。つまり、売買代金を支払わなければならない（同法536条2項）。 ・売主は目的物引渡債務を免れたことで得た利益を買主に償還する必要がある（同法536条2項）。
売主に帰責事由がある場合（具体例：売主の失火で焼失した場合）	・買主の売買代金支払債務は消滅しない。 ・買主が売買代金支払債務を消滅させるためには、売買契約を解除する必要がある（同法542条1項1号）。

2 売買契約における表明保証の規定との関係

　危険負担の規定が発動される事態は、「当事者のいずれの責めに帰すること

ができない事由によって対象不動産が滅失又は毀損して売主の目的物引渡債務が履行不能となった場合」であるが、当該事態には売買契約における表明保証の規定が適用可能となる場合があり得る。

売主が、表明保証の規定において、例えば、売買契約締結日のみならず売買実行日においても表明保証を行い、そこで不動産に瑕疵がない旨を表明保証している場合では、危険負担の規定が発動される事態においても、契約文言上表明保証違反をあわせて生じる可能性がある[50]。表明保証違反は、それを行う者の帰責性を問わずに生じるため、危険負担の領域と重複し得るのである。表明保証違反の場合、売買契約の規定の仕方にもよるが、買主は通常①CP違反として売買代金の支払を拒むことができるし、②損失の補償・賠償を請求し、③重大な違反の場合には売買契約を解除できる。このように表明保証違反が危険負担の領域と重複し、規定の適用の優先関係が規定されていないような場合、本来、買主は自らの選択する救済手段を使用すればよい。しかし、そのような場合には、結局は「当事者の合理的意思の探求」という名の下に売買契約の解釈が行われ、紛争になった際には、裁判所の判断にゆだねられる可能性が高い。そして、上記の例では、よりストレートに対象となる事態を明記している危険負担の規定が優先するという判断が下される可能性もある。危険負担の規定文言によっては、表明保証の規定の適用可能性があり得ることを意識して条項を調整・交渉する必要がある。

3 条項例

下記に危険負担の条項例を示す。現物不動産の売買の場合には、グレーのハイライト部分を調整し、「本受益権譲渡」を「本件不動産の譲渡」に変更することになる。

---

[50] これは表明保証責任の規定文言にもよる。また、売主が売買契約締結日から売買実行日までの間に表明保証の対象となる事実が変化してしまうリスクへの対応のためにいかなる規定を設けるのかという点にも左右される（表明保証に関する上記XI 7【1】（⇒376頁）参照）。

第3章 不動産売買契約 各論 411

危険負担（条項例）

> 第14条（危険負担）
> 1．売主及び買主は、本契約締結後、本受益権譲渡の効力発生までに、天災地変その他売主及び買主のいずれの責めに帰することのできない事由により本件不動産が滅失又は毀損したときは、以下の定めに従う。
>   （1） 本件不動産の全部が滅失したときは、本契約は当然に失効する。
>   （2） 本件不動産の一部が滅失したとき又は本件不動産の全部若しくは一部が毀損したときは、買主は、売主と誠意をもって協議を行った上、速やかに、買主の選択により、（ⅰ）売主が、自己の費用をもって対象となる本件建物又は本件土地を修復すること、及び（ⅱ）滅失又は毀損の内容に応じて本契約の売買代金額を相当額減額すること、のうちいずれかを決定し、売主は当該決定に従うものとする。
>   （3） 前号における買主の決定又はそれに基づく修復若しくは代金減額が売買実行日までに完了しないことが見込まれる場合、売主及び買主は合理的な期間を置いた売買実行日の変更について合意するものとし、この場合、売主は本受益権譲渡の遅滞に係る責任を一切負わないものとする。
> 2．前項の定めにかわらず、前項（2）号（ⅰ）に規定される修復に売買代金の●％以上の費用を要すると合理的に認められる場合、売主及び買主は、いずれも、本契約を解除することができるものとする。
> 3．第1項（1）号又は第2項により本契約が失効するか又は解除された場合、売主は直ちに（もしあれば）受領済みの金員を無利息にて買主に返還するものとする。
> 4．売主及び買主は、第1項に規定する本件建物又は本件土地の滅失若しくは毀損につき、相手方に対し、前各項に定めるほかは、本契約の他の規定にかかわらず、何らの請求もすることはできない。

4 第1項の解説

　本条項は危険負担という表題が付されているものの、実際に本項で対象とされている事象は「本契約締結後、本受益権譲渡の効力発生までに、天災地変その他売主及び買主のいずれの責めに帰することのできない事由により本件不動産が滅失又は毀損したとき」である。民法536条のように明文で「履行不能」は規定されていない。「履行不能」とは、「債務の履行が契約その他の債務の発生原因及び取引上の社会通念に照らして不能」であることを意味する（民法412条の2第1項）。本項は、「履行不能」を明文の要件としていない点で、民法の危険負担より適用範囲が広い条項となっていることに注意を要する。実務で見られる危険負担の規定は、本項のように、「履行不能」が発動の要件と

なっていないことが多い。第1項（2）号における本件不動産の一部滅失又は毀損の効果として規定されているのは①売主による修復又は②売買代金の減額であり、この点では契約不適合責任と大差ないものとなっている。

5 第2項の解説

本項は修復に多額の費用を要する場合に当事者に解除権を付与している。売買契約の拘束があると、費用の多寡にかかわらず、売主は修理をして対象不動産を毀損のない状態に復する必要があり、買主は売買代金を用意して支払の準備を継続していなければならない。本項は修復費用が一定限度を超過する場合に、これらの拘束から離脱する自由を売主及び買主の双方に与えるものである。「履行不能」の判定には困難が伴う可能性があるが、修復費用が一定限度を超える場合には、履行が不能となったと考えることもできる。本項は、この意味で、履行不能をできるだけ客観的な基準で判定する試みと評価することも可能である。本項により、売主及び買主のいずれも契約上の拘束から逃れることができ、損害賠償責任等の追加的な責任も負担しないことになるので（第3項及び第4項参照）、結果的には民法による危険負担の処理に近いものとなっている。

6 第3項の解説

危険負担が対象とする事象は、売買契約締結から売買実行までの期間の出来事であるから、売買代金の支払時期の前であり、通常は売主が買主から金員を受領していることはない。しかし、買主が手付金を交付している場合や、前払金を支払っている場合もある。本項はそのような場合に対応する規定である。

売買契約が失効した場合は、不当利得の問題となり、売買契約が解除された場合には原状回復の問題となるが、いずれにしても売主は受領した金員を返還する義務を負うことになる。その意味では本項は確認的な意義を有するにすぎない。しかし、契約解除の場合、原状回復義務は利息の支払義務を伴うし（民法545条2項）、不当利得の返還の場合でも少なくとも返還義務を認識した後は悪意の受益者として利息の支払義務を負う（同法704条）。本項は利息の支払義務を免じているので、この点では売主に有利な内容を有する規定である。

7 第4項の解説

本項では、危険負担の対象となる事象（つまり「売買契約締結から売買実行までの期間の売主及び買主いずれの責めに帰することのできない事由により本件不動産が滅失又は毀損」である）が発生した場合には、この危険負担の規定のみが適用になることを規定している。前述のように、危険負担の対象となる事象は、売主の表明保証違反を生じさせる場合があるが、本項の規定があれば、売主はそのような場合でも表明保証責任を負担することはない。逆に、本項の規定がないと、売主の表明保証違反との関係が曖昧になる可能性がある。この意味では、本項は売主にとって必要な規定ということができる。

XVII 補　償

1 補償条項の持つ意味

【1】はじめに

補償条項は、一定の事由が発生した場合に当事者に生じた損害、損失及び費用を他方当事者が支払うという構造を有する。債務不履行に基づく損害賠償請求とは性質を異にする当事者の救済手段である。日本法に照らして補償条項の性質を示すとすれば、損害担保契約ということができる。損害担保契約は、民法などの法律に規定されているものではなく、通常、「他人が被った損害を一定の要件の下にてん補することを目的とする契約である。」と簡単に説明される。保証との対比においては、主たる債務の存在を前提としないことが指摘されている。損害担保契約は契約実務の中で発展してきたものであり、英米法のindemnity（補償）と類似している。日本法の補償条項を分析するにあたっても英米法のindemnity（補償）の契約条項は参考になる。

不動産売買契約においてどこまで詳細な補償条項を規定するのかはケースバイケースではある。筆者の経験では、日本の不動産売買契約では、詳細な補償条項は規定されず、当事者の債務不履行及び表明保証違反の場合に損害賠償請

求を基礎づける程度の簡単な条項が多い。債務不履行により損害賠償請求が生じるのは民法上の規定により明らかであるが（民法415条）、表明保証違反の場合にはその法的効果は明確ではない。そのため、違反者が相手方の損失のてん補責任を負うことを明記するために「補償条項」が活用される。

【2】補償責任と債務不履行責任の相違点

　損害担保契約の要素を分解して説明すると、損害担保契約は、①一定の事由が発生した場合に、②それにより生じた一定範囲の損失を、③損失を被った者（通常は契約の相手方）に、④一定の条件・手続きの下で支払う、という構造を持つ。

　このような損害担保契約の構造をもとに、債務不履行に基づく損害賠償請求との相違点を指摘すると、まず、補償条項においては、上記①について「相手方の債務不履行」を要件する必要はなく、一定の事実の発生で構わない点が挙げられる。例えば、（法令遵守という義務が契約上規定されていない場合において）相手方が法令違反行為を行ったという事実を補償条項の発動事由にしてもよく、相手方に特に落ち度がない事実の発生（第三者が根拠なく提起した訴訟やクレーム、規制当局の措置や法令の変更など）でも構わない。当事者が当該契約の基礎となる取引において懸念している事実を対象としてその発生によるリスクを当事者間の合意で分配できることに補償条項の特色がある。次に、債務不履行責任では債務不履行と損害発生の因果関係が争点となり、損害賠償請求により実際に賠償金の支払を受ける妨げになる可能性があるが、補償責任の場合には、当事者の不履行は当然には要件にならないため、そのような争点は通常生じない。因果関係が問題になるとすれば、上記①の事由の発生と損失の因果関係であるが、上記②の損失の範囲も契約により当事者の合意で規定することができる。債務不履行による損害賠償の範囲は民法416条に定められているが、補償責任の場合、契約条項の規定により、損失の範囲を定めることができる。さらに、上記③の請求者の範囲については、不動産売買契約では、請求者は契約当事者に限られるのが通例である。しかし、補償条項の規定の仕方によっては、補償を受けることができる者として、契約当事者の役員や関連会社までもが規定され、それにより契約当事者以外の者が一定の事由により損失

を被った場合に補償請求することが可能とされる場合がある。そのような条項は海外で使用されている契約のindemnityの条項をそのまま日本の契約に持ち込むような場合に提案されることが多い。日本法上それらの契約当事者以外の者は、第三者のための契約（民法537条1項）の受益者として位置づけられる可能性があろう。最後に、上記④については、補償条項に基づく請求に契約上一定の条件・手続きなどの制限を加えて当事者間の利害調整を図ることがある。例えば、契約上、補償請求の金額に上限を設定することや、請求期間を限定することなどがある。第三者からの訴訟によって支払を強いられたことを損失とする場合には、補償責任を負う当事者の承諾なく和解してはならないことなどが条件とされることもある。

以上のように、補償責任は、①債務不履行責任とは別の法的根拠による責任であること、②そして債務不履行責任よりも契約によって一定の事由に関する当事者間のリスクの分配を比較的自由に行うことができる点に特色がある。そのため、補償責任として提案される規定が一方当事者に過大な責任を負担させる内容となっていることも多い。契約当事者は提案された補償条項を入念に検討する必要がある。

2 条項例

以下に補償条項の例を示す。

補償条項（条項例）

> 第15条（補償）
> 1. 売主は、売主が本契約に違反すること（売主の表明及び保証に関し、誤りがあり又は不正確であったことを含む。）により買主に現実に発生した当該違反と相当因果関係の範囲内にある損害、損失及び費用（合理的な範囲の弁護士費用等、損害の調査ないし証明等に要した合理的な費用を含むが、これに限られない。以下「損害等」という。）を、買主に補償するものとする。ただし、本契約に基づく補償は、①売買代金（消費税及び地方消費税相当額は除く。）の●%相当額を上限とし、②買主が、売買実行日から●か月以内に具体的な根拠を示した書面をもって、売主に対し請求を行った場合に限り認められるものとする。

2．買主は、買主が本契約に違反すること（買主の表明及び保証に関し、誤りがあり又は不正確であったことを含む。）により売主に現実に発生した当該違反と相当因果関係の範囲内にある損害等を、売主に補償するものとする。ただし、本契約に基づく補償は、①売買代金の５％相当額を上限とし、かつ、②売主が、売買実行日から３か月以内に具体的な根拠を示した書面をもって、買主に対し請求を行った場合に限り認められるものとする。
3．前各項の但書きに規定される制限は、債務不履行による損害賠償責任にも同様に適用されるものとする。
4．本契約に明示的に定められたものを除き、売主及び買主は、いずれも、契約不適合責任、債務不履行責任、不法行為責任、不当利得責任その他の責任原因のいかんを問わず、本契約に起因又は関連して、相手方当事者に対して何らの義務及び責任を負担しない。

3 第１項の解説

　本項は売主の補償責任を規定している。本項の規定を上記［２］で述べた損害担保契約の要素に分解すると以下の表に記載するとおりである。本項の内容は、売買代金の５％及び売買実行日から３か月以内の書面による請求という条件が付されている点を除くと、民法の定める債務不履行による損害賠償と異ならない。この点では比較的シンプルな補償条項となっている。なお、上記の表明保証の条項例（XI 6 （⇒375頁））の中には参照の便宜のためにすでに補償条項が組み込まれている。同条項例に補償条項を入れずとも、上記のように表明保証違反を発動事由として規定すれば本項によって表明保証違反に補償条項を適用することは可能である。

損害担保契約（約束）の要素	第１項の規定内容
①一定の事由の発生	売主が本契約に違反（表明及び保証違反を含む）したこと。 本契約の違反（つまり債務不履行）も補償の発動事由として規定されているため、本項は債務不履行責任をあわせて定めるものとしても解釈され得るが、法的には本項は補償責任の規定として整理すべきである。

第３章　不動産売買契約　各論　　417

②損失の範囲	買主に現実に発生した当該違反と相当因果関係の範囲内にある損害、損失及び費用（合理的な弁護士費用を含む）。
③請求者	買主
④支払の条件	①売買代金（消費税及び地方消費税相当額は除く）の5％相当額を上限とし、②買主が、売買実行日から3か月以内に具体的な根拠を示した書面をもって、売主に対し請求を行った場合に限り認められる。

4 第2項の解説

本項は、買主に違反（表明保証違反を含む）があった場合の規定であり、その内容は売主の責任に関する第1項と同等である。

5 第3項の解説

本項は、補償責任が債務不履行責任とは法的に異なる責任であるため、補償責任に適用される制限が債務不履行責任を追及する場合にも適用されることを規定している。

6 第4項の解説

本項は、規定上は売主及び買主の双方に適用があるが、実質上は主として売主の立場から加えられる規定である。売買の当事者が、法律構成を変えて相手方の責任を追及することを避けることを目的とする。例えば、何らかの契約違反で売主が債務不履行責任を負担した場合、買主の損害賠償請求権は第1項但書きにより金額の制限に服する。しかし、買主は債務不履行ではなく不法行為を理由にそのような金額の制限を無視した請求を行う可能性がある。本項はそのような可能性を確実に封じるための規定である。上記の条項例第8条（現状有姿売買及び契約不適合責任等）第2項（**X** **3**（⇒361頁））で、売主は契約不適合について請求原因を問わず責任を否認しているのと同様の趣旨の規定である。

XVIII 売買契約の解除

1 売買契約の解除の規定が持つ意味

　契約の解除とは、契約当事者の一方による他方当事者に対する、契約を解消させる旨の意思表示である。売買契約を解除するということは、当事者の履行していない債務を消滅させ、すでに履行された給付は、給付を受けた当事者に原状回復義務を負担させることである（民法545条1項）。例えば、買主が売買実行日に代金を支払わない場合、売主は解除せず買主が代金を調達するまで待つこともできるが、その場合には売買契約は存続しているので、売主が他の購入希望者に対象不動産を売却することは買主に対する債務不履行となってしまう。売主は、買主に見切りをつけ、契約を解消して自由になることを選択する場合、契約解除をすることになる。この場合、売主は、解除したからといって買主に対する損害賠償請求権を失うことにはならない（同条4項）。

　契約の解除には三つの種類がある。①まず、民法541条以下の債務不履行を理由とする解除がある。これは法定解除といい、解除をすることができる権利を法定解除権という。②次に、雇用契約（民法628条）、請負契約（同法641条）、委任契約（同法651条1項）などのそれぞれの契約に関して特に認められている解除がある。いずれも民法上の規定を根拠とする。さらに、③契約当事者の合意によって、当事者の一方又は双方に解除権を付与することができ、このような合意による解除を約定解除といい、解除をすることができる権利を約定解除権という。

　売買契約に解除の規定が設けられている場合、その規定に基づく解除は、約定解除ということになる。売買契約の約定解除権を検討する場合、それが法定解除権の発生要件とどのように相違するのか、という視点を持つことは有意義であり、また約定解除権を付与することで法定解除権を排除することになるのかも考えておく必要がある。

2 条項例（売主による解除の条項例）

　以下に「売主による解除」の条項例を示す。現物不動産の売買の場合には、

グレーのハイライト部分を削除する必要がある。

売主による解除（条項例）

> 第16条（売主による解除）
> 1．買主が以下の事由に該当する場合において、売主が書面による催告をしたにもかかわらず、当該催告受領後相当期間内に当該違反状態が解消されない場合には、売主は、買主に対して何らの責任を負うことなく、本契約を解除することができる。ただし、第（2）号の場合に、当該違反が買主による売買代金の全部又は一部の支払不履行の場合には、売主は、何らの催告、治癒期間の付与なしに直ちに書面による通知により本契約を解除することができる。
> （1）第9条第3項に定める買主の表明及び保証に重要な点において違反した場合。
> （2）本契約上の買主の約束、義務又は合意に重要な点において違反した場合。
> 2．前項の規定により本契約が解除された場合、買主は、売主に対し、違約金として売買代金の●％相当額を支払うものとする。売主は、すでに売買代金の一部（手付金を含む。）を受領しているときは、当該受領済みの売買代金の金額から上記違約金及びその他の買主への債権等（もしあれば）を控除の上、買主に返還する。売主は、現実に被った損害が違約金を超える場合においても、買主に対し、違約金を超える額の損害賠償を請求することができないものとする。
> 3．第1項の規定により本契約が解除された場合の原状回復に要する費用は、違約金とは別に、買主の負担とする。
> 4．本契約が解除された場合、本契約に関連して買主又は売主が締結した各契約はその効力を失うものとし、買主及び売主は当該各契約の合意解約書に調印するものとする。また、==売主及び買主は、本受益権の買主から売主への復帰を要する場合には受託者から確定日付のある書面による承諾を取得し、かつ、==買主は、売主に対し受領済みの引渡書類等を返還する。
> 5．売主は、本契約に明示的に規定されている場合以外は、本契約を解除することはできないものとする。

3 第1項の解説

本項は、いかなる場合に売主に約定解除権が発生するのかを規定している。以下の表は、民法541条に定める履行遅滞による法定解除の要件と本項の解除権の発生要件との対比を示すものである。

	民法541条による解除の要件	第1項に定める要件
①	債務者が債務を履行しないこと	本項では、重要な点における債務不履行に加えて、表明保証の重要な点における違反も解除権の発生事由として規定されている。
②	債権者が相当の期間を定めてその履行を催告したこと	本項でも催告が必要とされている。ただし、買主の代金支払債務の不履行については催告不要である。
③	債務者がその期間内に履行しないこと	本項でも催告期間内に違反が解消されないことが必要とされている。ただし、買主の代金支払債務の不履行には催告不要である。
④	債務不履行が軽微ではないこと	本項では、債務不履行及び表明保証違反は、いずれも「重要な点における違反」となっており、軽微ではないことより多少加重されている。

　本項による約定解除と民法541条による法定解除の要件のいずれが厳重なのかは一概に判断しにくい。③について催告不要の場合があることは解除権の行使が容易になることを意味するが、④の点では、本項の方が厳重だからである。民法542条には「催告によらない解除」が規定されており、この規定を考慮すると、全体としては、本項の方が解除は難しくなっているともいえる。そうだとすると、当事者の意思としては、法定解除権の行使は許容しないものと考えるのが妥当である。これを契約上明示しておく必要があるため、本条には第5項の規定が加えられている。

4 第2項〜第4項の解説

　第2項から第4項は、第1項によって本契約が解除された場合の効果を規定している。他方、法定解除の効果は民法545条に規定される。第1項の解説にならって、民法545条に規定される法定解除の効果と条項例を対比すると、以下の表に記載するとおりである。

　なお、約定解除権に基づく約定解除も、解除権の行使であることには変わり

なく、発生原因が法定解除の場合と異なるだけである。法的解除権の発生原因に関する規定を除いて、解除に関する民法の規定は法定解除・約定解除に共通に適用されると考えてよい、とされている[51]。したがって、下記の民法545条を含む、民法の規定（540条、544条、546条～548条）は約定解除にも適用され、本条の合意に反しない限りで、売主及び買主を拘束することになる。

	民法545条（解除の効果）	条項例が定める解除の効果
①	原状回復義務（金銭を返還する場合には受領の時から利息を付する）（民法545条1項・2項）	・売買代金の一部（手付があれば手付金を含む）を受領していれば売主は買主に返還する（第2項）。 ・違約金と相殺可能としている（第2項）。なお、利息の支払義務は規定されていないので、民法545条2項に従って売主は利息を支払う必要がある。利息の支払を不要としたいのであれば、「無利息で」返還すると明記する必要がある。 ・第4項は「本契約に関連して買主又は売主が締結した各契約はその効力を失うものとし、買主及び売主は当該各契約の合意解約書に調印するものとする。」等と定めるが、これは原状回復義務をより具体的に規定したものといえる。
②	原状回復義務（金銭以外の物を返還する場合には受領の時以後に生じた果実も返還する）（民法545条1項・3項）	上記に加えて「買主は、売主に対し受領済みの引渡書類等を返還する。」と規定されている（第4項）。本条には規定されていないが、仮に買主が賃料収入を得ていたらそれも「果実」として返還することになる。

---

51) 　　平野・前掲7）126頁以下。

③	解除権の行使は損害賠償を妨げない（民法545条4項）。	・第2項に違約金の支払義務が規定され、売主はそれを超える損害賠償請求はできない。 ・原状回復に要する費用（登録免許税、登記費用、不動産取得税その他税金及びその他の費用を含む）は、解除原因を発生させた買主の負担としている（第3項）。本来、これらの費用が、売主に発生すれば、売主の損害賠償請求権の一部となる。違約金に追加して買主の負担となることを示すために、「違約金とは別に」と明記されている。

なお、売買契約の解除の効果に関し、本書の条項例には含まれていないが、売買契約内の一定の条項群（例えば守秘義務の条項等）について、「解除その他の理由により本契約が終了した場合においても●条は引き続き本契約当事者を有効に拘束する。」などと定め、解除の影響を受けない旨の条項を加えることがある。これは当事者のいずれによる解除にも当てはまる。慎重を期する立場からは契約に加えておきたい条項である。

5 第5項の解説

第1項の解説で述べたように、法定解除権が行使されないように、法定解除権の行使を禁止する規定である。売買契約の多くは、ここまでの規定を設けていないかもしれない。しかし、紛議を避けるための規定として意味がある。

6 条項例（買主による解除の条項例）

以下に条項例を示す。紹介する条項例は、「売主による解除」の規定と「買主による解除」の規定を別に設けている。これらを一体として規定することも可能だが、理解のしやすさを考え別々に規定している。以下において、現物不動産の売買の場合、第1項については、「本受益権」を「本件不動産」に変更し、第4項については、グレーのハイライト部分を削除する必要がある。

第3章　不動産売買契約　各論　423

買主による解除（条項例）

第17条（買主による解除）
1．売主が以下の事由に該当する場合に、買主が書面による催告したにもかかわらず当該書面受領後相当期間内に当該違反状態が解消されない場合には、買主は、売主に対して何らの責任を負うことなく、本契約を解除することができる。ただし、第（2）号の場合に、当該違反が売主による本受益権の売渡義務の不履行の場合には、買主は、何らの催告、治癒期間の付与なしに直ちに書面による通知により本契約を解除することができるものとする。
　（1）　第9条第1項に定める売主の表明及び保証に重要な点において違反した場合。
　（2）　本契約上の売主の約束、義務又は合意に重要な点において違反した場合。
2．前項の規定に基づいて本契約が解除された場合、売主は買主に対し、直ちに、買主から売主が受領済みの一切の金員（売買代金、手付金を含む。）（もしあれば）の全額を、返還すると同時に、違約金として売買代金の●％相当額を買主に支払うものとする。買主は、現実に被った損害が違約金を超える場合においても、売主に対し、違約金を超える額の損害賠償を請求することができないものとする。
3．第1項の規定により本契約が解除された場合の原状回復に要する費用は、違約金とは別に、売主の負担とする。
4．本契約が解除された場合、本契約に関連して買主又は売主が締結した各契約はその効力を失うものとし、買主及び売主は当該各契約の合意解約書に調印するものとする。また、売主及び買主は、本受益権の買主から売主への復帰を要する場合には受託者から確定日付のある書面による承諾を取得し、かつ、買主は、受領済みの引渡書類等を売主に返還する。
5．買主は、本契約に明示的に規定されている場合以外は、本契約を解除することはできないものとする。

7　条項例の解説

「買主による解除」の条項例については、2「売主による解除」の条項例の解説で述べたことが同様に当てはまる。不動産の売買においては、買主の義務は主として代金支払義務であるのに対し、売主は売買締結から売買実行まで様々な義務を負担することが通例である。この意味では、売主による債務不履行が生じるケースが様々な場面で想定され、一般論としては、買主による売買契約の解除が問題になる可能性の方が高いということができる。

XIX 売買実行後の解除禁止

1 条項例

　以下に条項例を示す。現物不動産の売買の場合には、「本受益権」を「本件不動産」に変更する必要がある。

売買実行後の解除禁止（条項例）

> 第18条（売買実行後の解除禁止）
> 第19条第１項に規定する場合（注：反社会的勢力の排除に関する規定である）を除き、売主及び買主は、いかなる場合においても、本受益権の売買が実行された後は、本契約を解除することはできないものとする。

2 条項例の解説

　売買契約の解除は売買実行後においてもなされる可能性がある。売買実行後は、買主はすでに売買代金の支払を終えているので、多くの場合、売主が解除をすることはなく、解除が問題となるのは、買主による解除である。例えば、売主が引き渡した不動産に契約不適合（瑕疵）が存在することは、不動産の引渡しを受けてからある程度の時間を経てから発見されることが多い。それが重大な問題である場合には、買主は損害賠償のみによって事態を処理するより、売買契約を解除により解消して、売買代金を返金してもらい、不動産を返還するという方法を選択することを望むこともある。その意味では、売買実行後に解除を禁止することは、望まない不動産の保有を強いられることになりかねないので、買主に不利に働く可能性がある。買主の立場からは、一種の妥協として、売買実行後の解除禁止を原則的には受け入れつつも、一定の基本的な表明保証（fundamental representations）の違反については一定期間解除を可能とする、という解決を図ることもあり得る。

　しかし、取引実務では、買主も売買実行後の解除禁止の規定を常に拒否する立場をとるわけではない。売買実行後一定期間経過後に売買契約が解除されると、売主及び買主による原状回復義務の履行は複雑となる。特に信託受益権取

引においては受託者も関係するため、解除により影響を受ける人的範囲も拡大する。このように売買実行後の契約解除は双方にとって大きな負担となる可能性があるため、売主のみならず買主も売買実行後の解除禁止を望む場合も多い。そのため、双方の合意により、売買実行後の解除禁止の規定が導入されるのである。

XX 反社会的勢力の排除

1 反社会的勢力の排除条項の持つ意味

【1】背 景

平成19年6月に「企業が反社会的勢力による被害を防止するための指針」（犯罪対策閣僚会議幹事会申合せ。以下「企業指針」という）が政府により取りまとめられ、平成22年12月には、同指針を受ける形で「企業活動からの暴力団排除の取組について」が取りまとめられた。企業指針は、企業が反社会的勢力による被害を防止するための基本理念や具体の対応を取りまとめたもので、その対応策の一つとして、契約書や取引約款への暴力団排除条項の導入が示されている。

【2】不動産業界における取組

上記の政府の取組を受け、平成21年6月より、有識者も交える形で不動産関係団体による排除条項の活用に向けた検討が開始され、国土交通省・警察庁もこれに協力する形で協議・検討に参加し、議論が重ねられた。その結果、不動産関係団体が共同又は単独の形でモデル条項を策定し公表している。下記の条項例は、このように策定されたモデル条項の一つである。

【3】暴力団排除条例

平成23年10月1日に東京都と沖縄県で暴力団排除条例が施行された。その後、47都道府県すべてにおいて、暴力団排除条例が施行されている。多くの暴

力団排除条例では、契約を締結する際に、暴力団排除条項を組み込むことを努力義務としている。参考までに、以下に、東京都暴力団排除条例における不動産取引に関する規定を紹介する。これらの規定が定めているのは努力義務であり、法的に罰則等により強制されるものではない。

東京都暴力団排除条例

（不動産の譲渡等における措置）

第19条　都内に所在する不動産（以下「不動産」という。）の譲渡又は貸付け（地上権の設定を含む。以下「譲渡等」という。）をする者は、当該譲渡等に係る契約を締結するに当たり、当該契約の相手方に対し、当該不動産を暴力団事務所の用に供するものでないことを確認するよう努めるものとする。
2　不動産の譲渡等をする者は、当該譲渡等に係る契約を書面により締結する場合には、次に掲げる内容の特約を契約書その他の書面に定めるよう努めるものとする。
　一　当該不動産を暴力団事務所の用に供し、又は第三者をして暴力団事務所の用に供させてはならないこと。
　二　当該不動産が暴力団事務所の用に供されていることが判明した場合には、当該不動産の譲渡等をした者は、催告することなく当該不動産の譲渡等に係る契約を解除し、又は当該不動産の買戻しをすることができること。

（不動産の譲渡等の代理又は媒介における措置）

第20条　不動産の譲渡等の代理又は媒介をする者は、自己が譲渡等の代理又は媒介をする不動産が暴力団事務所の用に供されることとなることの情を知って、当該不動産の譲渡等に係る代理又は媒介をしないよう努めるものとする。
2　不動産の譲渡等の代理又は媒介をする者は、当該譲渡等をする者に対し、前条の規定の遵守に関し助言その他の必要な措置を講ずるよう努めるものとする。

【4】反社会的勢力の排除条項

　上記のように不動産業界における取組としてモデル条項が設けられている。反社会的勢力の排除は、国を挙げての全業界にわたる取組であるため、他の業界（例えば、銀行業界）も反社会的勢力の排除の契約条項例を定めている。特に、不動産の買主は、融資を受ける金融機関との契約に含まれる反社会的勢力の排除条項における義務を負担することになることから、銀行業界における反社会的勢力の排除条項にも注視する必要がある。そして、不動産の売買契約に

おいても不動産業界のモデル条項ではなく、銀行業界の反社会的勢力の排除条項を利用する場合もある。

　いずれのモデル条項を使用するとしても、通常、反社会的勢力の排除の規定が売買契約の当事者で大きな交渉上の争点になることはない。注意すべき点は、売買当事者が注意を尽くしても、不動産（特に集合住宅）に反社会的勢力の関係者が紛れ込んでしまう可能性を完全に排除することは難しいことである。反社会的勢力の排除の規定の効果（契約解除や違約罰）は極めて重大なため、そのようなリスクを認識しておく必要がある。

2 条項例

　下記に示すのは、不動産の流通系4団体（社団法人全国宅地建物取引業協会連合会、社団法人全日本不動産協会、社団法人不動産流通経営協会、社団法人日本住宅建設産業協会）が平成23年6月に策定したモデル条項例である（条項の記載方法を修正しているが内容には変更を加えていない）。ほかにも社団法人全日本不動産協会が平成23年9月に策定したモデル条項もあるが下記の条項例の方がより詳細な規定である。なお、下記の条項例は不動産信託受益権を売買対象としたものではないため、信託受益権売買の場合には、第1項（4）号のグレーのハイライト部分「本物件の引渡し」を「本受益権譲渡」に変更する必要がある。

反社会的勢力の排除（条項例）

第19条（反社会的勢力の排除）
1．売主及び買主は、それぞれ相手方に対し、次の各号の事項を確約する。
　（1）　自らが、暴力団、暴力団関係企業、総会屋若しくはこれらに準ずる者又はその構成員（以下総称して「反社会的勢力」という）ではないこと。
　（2）　自らの役員（業務を執行する社員、取締役、執行役又はこれらに準ずる者をいう）が反社会的勢力ではないこと。
　（3）　反社会的勢力に自己の名義を利用させ、この契約を締結するものでないこと。
　（4）　本物件の引渡し及び売買代金の全額の支払いのいずれもが終了するまでの間に、自ら又は第三者を利用して、この契約に関して次の行為をしないこと。

　　　　① 相手方に対する脅迫的な言動又は暴力を用いる行為
　　　　② 偽計又は威力を用いて相手方の業務を妨害し、又は信用を毀損する行為
 2．売主又は買主の一方について、次のいずれかに該当した場合には、その相手方は、何らの催告を要せずして、この契約を解除することができる。
　　（1） 前項（1）又は（2）の確約に反する申告をしたことが判明した場合
　　（2） 前項（3）の確約に反し契約をしたことが判明した場合
　　（3） 前項（4）の確約に反した行為をした場合
 3．買主は、売主に対し、自ら又は第三者をして本物件を反社会的勢力の事務所その他の活動の拠点に供しないことを確約する。
 4．売主は、買主が前項に反した行為をした場合には、何らの催告を要せずして、この契約を解除することができる。
 5．第2項又は前項の規定によりこの契約が解除された場合には、解除された者は、その相手方に対し、違約金（損害賠償額の予定）として金〇〇〇〇円（売買代金の20％相当額）を支払うものとする。
 6．第2項又は第4項の規定によりこの契約が解除された場合には、解除された者は、解除により生じる損害について、その相手方に対し一切の請求を行わない。
 7．買主が第3項の規定に違反し、本物件を反社会的勢力の事務所その他の活動の拠点に供したと認められる場合において、売主が第4項の規定によりこの契約を解除するときは、買主は、売主に対し、第5項の違約金に加え、金〇〇〇〇円（売買代金の80％相当額）の違約罰を制裁金として支払うものとする。ただし、宅地建物取引業者が自ら売主となり、かつ宅地建物取引業者でない者が買主となる場合は、この限りでない。

3 条項例の解説

　前記のとおり本条項例は不動産の流通系4団体の策定した条項である。第1項では、「反社会的勢力」が定義されているが、銀行等の金融機関がローン契約において定義する反社会的勢力はより広い人々を包含する（下記 4 参照）。また、第1項では「確約」という表現が使用されているが、表明保証として規定することも可能である。

　本条項のうち、買主が注意を要するのは第3項の「買主は、売主に対し、自ら又は第三者をして本物件を反社会的勢力の事務所その他の活動の拠点に供しないことを確約する。」という条項である。上記のモデル条項では、第3項に違反すると、売主は契約を解除することができ、買主は不動産を買主に返還する上に、違約罰として売買代金の80％相当額を支払わなければならない。この

第3章　不動産売買契約　各論

条項例では買主はこの義務を売買実行後も期間制限なく負担する。実務上、買主は取得した不動産のテナント募集及び選定をプロパティマネジャー等の第三者に委託することが多いが、テナントに反社会的勢力が紛れ込んで活動拠点に使用した場合、買主は第3項に違反したことになるのであろうか。買主がテナント募集・選定を第三者に委託する際には、反社会的勢力をテナントに選定することは禁止するのが通常である。

モデル条項の策定者による第3項の解説は以下のとおりである。

> 第3項では、本物件を（1）自ら反社会的勢力の活動拠点に供する場合（売買契約時には反社会的勢力でなかったが契約者が、契約締結後に反社会的勢力となり反社会的勢力の活動拠点に供する場合も含まれる）、及び（2）自らは使用しないが、<u>自らの関与・許容の下に第三者に反社会的勢力の活動拠点として使用させる場合</u>（第三者が反社会的勢力の活動拠点と利用することを知りながら本物件を第三者に譲渡または貸与する場合も含む）が対象となる。

上記の策定者の解説における下線部「自らの関与・許容の下に第三者に反社会的勢力の活動拠点として使用させる場合」に該当するのか否かが問題となるが、「関与・許容」が「反社会的勢力による利用」であるとすれば、買主はそれを許容しているわけではないので、「関与・許容」があるとはいえない。もっともプロパティマネジャー等が委託者からの禁止に反して故意に反社会的勢力に不動産を利用させた場合には買主の故意と同視される可能性も否定できない。

また、上記解説の下線部の括弧内で「知りながらの貸与」を「含む」としていて、「知りながらの貸与」以外の場合も「関与・許容」が認定される余地を残している。そのため、依然として不明瞭さが残る。買主の立場からは、前記のように買主が注意を尽くしても不動産（特に集合住宅）に反社会的勢力関係者が紛れ込んでしまうリスクはあり、（実際の可能性は乏しいだろうが）何年も経ってから売主に売買契約を解除され多額の違約罰を負担するのは受け入れがたい。それゆえ、買主にとっては上記の不明瞭な規定を受け入れることは避けたいところである。買主としては、モデル条項のような反社会的勢力の排除の条項は義務的でないことを理由に、第3項の規定の削除を求めるか、同項の

適用を買主自身が「故意に」反社会的勢力に利用させる場合に限定することを求めることが望ましい。

実務上、上記のモデル条項の使用は義務的ではないため、そのまま使用されない例も多い。モデル条項に必要な修正を加えた条項が使用される例や、レンダーの要求する条項（金融機関によって一般的に使用される条項でより詳細な規定となっている）を適宜取り入れた条項が使用される例がみられる。

XXI 倒産不申立条項／責任財産限定条項

1 倒産不申立条項／責任財産限定条項の持つ意味

　倒産不申立条項及び責任財産限定条項は、ノンリコースファイナンスを提供するレンダー（金融機関）の要求する「倒産隔離」の要請により、借入人が締結するすべての契約に加えることが求められるものである（倒産隔離については、第2編 第1章 Ⅳ（⇒90頁）を参照されたい）。売買契約の当事者のうち、買主のみが倒産隔離を要求される借入人の場合もあれば、売主も同様に倒産隔離を要求される借入人の場合もある。倒産不申立条項及び責任財産限定条項は、標準的なもの（つまりマーケットスタンダード）であれば、特に売買当事者間で議論を生じることはない。

2 条項例

　下記に倒産不申立条項及び責任財産限定条項の例を示す。なお、下記の条項例は、売主及び買主のいずれもが倒産隔離を必要とする借入人であるケースを想定している。現物不動産の売買の場合、グレーのハイライト部分について、「本受益権」を「本件不動産」に変更し、第2項及び第6項の「本受益権の元本」を「本件不動産の」と変更することになる。

倒産不申立て及び責任財産の限定（条項例）

第20条（倒産不申立て及び責任財産の限定）
1．買主は、売買実行日（同日を含む。）以降、売主のすべての借入債務が完済された日から1年と1日が経過するまでの間、売主又はその財産について、本契約に基づき売主に対して取得する債権の満足を図るため、破産手続き、再生手続き、特別清算、特定調停手続き、その他同様のいかなる法的倒産手続きを、自ら又は間接的に申し立てず、かつ、第三者による申立てに参加せず、同意等を与えないものとする。
2．本契約に基づく売主の一切の債務の支払は、（ⅰ）本受益権、（ⅱ）その他売主が本受益権に関連して有する一切の権利、（ⅲ）本受益権その他売主が本受益権に関連して有する一切の権利を換価処分した場合における換価代金（受領した売買代金を含む。）並びに（ⅳ）本受益権の元本及び収益として受領した金員（以下総称して「売主責任財産」という。）のみを引当てとして、その範囲内で行われ、売主の有する他の財産には一切及ばないものとし、買主はこれを異議なく承諾する。
3．買主は、売主責任財産以外の売主の財産に対して、本契約に基づく売主に対する債権を満足させるための差押え、仮差押え、保全処分、強制執行その他これに類する手続きを行わず、これらの申立てを行う権利を放棄する。また、買主は、売主の行為について詐害行為取消権を行使しないものとする。
4．買主は、売主責任財産がすべて換価又は処分され、売主の債権者に分配された場合には、売主に対する債権が残存する場合であっても、これらの債権に係る請求権を放棄したものとみなす。
5．売主は、売買実行日（同日を含む。）以降、買主のすべての借入債務が完済された日から1年と1日が経過するまでの間、買主又はその財産について、本契約に基づき買主に対して取得する債権の満足を図るため、破産手続き、再生手続き、特定調停手続き、その他同様のいかなる法的倒産手続きを、自ら又は間接的に申し立てず、かつ、第三者による申立てに参加せず、同意等を与えないものとする。
6．本契約に基づく買主の一切の債務の支払は、買主が売買代金及び消費税を完済するまでは、買主の現に有する財産（買主が本受益権の取得のために調達した資金を含む。）のみを引当てとし、完済したとき以降は、（ⅰ）本受益権、（ⅱ）その他買主が本受益権に関連して有する一切の権利、（ⅲ）本受益権その他買主が本受益権に関連して有する一切の権利を換価処分した場合における換価代金（受領した売買代金を含む。）並びに（ⅳ）本受益権の元本及び収益として受領した金員（以下総称して「買主責任財産」という。）のみを引当てとして、その範囲内で行われ、買主の有する他の財産には一切及ばないものとし、売主はこれを異議なく承諾する。
7．売主は、買主責任財産以外の買主の財産に対して、本契約に基づく買主に対する債権を満足させるための差押え、仮差押え、保全処分、強制執行その他これに類する手続きを行わず、これらの申立てを行う権利を放棄する。また、売主は、買主の行為について詐害行為取消権を行使しないものとする。

> 8．売主は、買主責任財産がすべて換価又は処分され、買主の債権者に分配された場合には、買主に対する債権が残存する場合であっても、これらの債権に係る請求権を放棄したものとみなす。
> 9．本条の規定は本契約の終了後も存続するものとする。

3 条項例の解説

　第1項から第4項までが売主の倒産隔離のための条項であり、第5項から第8項までが買主の倒産隔離のための条項である。条項の内容自体は一般的なものである。また、売主及び買主の倒産隔離のための条項は、それぞれ対等な内容になっており、一方に偏するものではない。第1項及び第5項において「すべての借入債務が完済された日から1年と1日が経過するまでの間」という期間制限が付されている理由は、一つは無制限に制限すると相手方からの反発もあり得ることや、公序良俗に反して無効であるという主張がなされることを警戒するためである。もう一つの理由はそのような期間を設定すれば倒産隔離の目的が概ね達成できるからである。後者をより詳しく説明すると、倒産手続の申立の日から1年以上前にした行為は、原則として支払い停止を理由に否認されないこと（破産法162条3項、民事再生法131条）、そして偏頗行為否認の要件としての支払不能の推定は倒産手続開始の申し立て前1年以内に限られること（破産法162条3項、民事再生法127条の3第3項）が根拠とされている[52]。しかし、そもそも売買当事者が倒産の申立てを行う可能性は極めて乏しいため、近年ではそのような期間制限を設けない倒産不申立条項も多くみられる。

　倒産不申立条項を検討する上で、一点注意すべき点は、倒産不申立条項という名を借りて、実務上、以下のような規定を要求するレンダーや契約当事者がみられることである。

> ＸＸＸは、ＹＹＹのすべての借入債務がすべて弁済されるまでは、ＹＹＹの資産に対して、差押え、仮差押え、仮処分、その他の保全処分手続き又は強制執行手続きを行わないものとする。

52）　山本和彦「債権流動化のスキームにおけるSPCの倒産手続防止措置」金融研究17巻第2号（1998年）123頁

この条項はYYYの資産の保全を図ることを意図しており、倒産隔離を図る目的と似てはいるが、効果は大きく異なる。上記の規定は、倒産不申立条項ではなく、一種の訴訟契約として、「差押え、仮差押え、仮処分、その他の保全処分手続き又は強制執行手続き」を禁止するものである。訴訟提起こそ禁止されていないが、訴訟を提起して勝訴しても強制執行が許容されないのであれば、訴権自体を奪うことと等しい。また、訴訟提起の前段階でなされる仮差押え、仮処分が禁止されれば訴訟提起の目的を達成することに大きな制限を課されたことになる。契約上の権利は、いくら交渉して自己に有利にその内容を確定しても、最終的には、司法による解決ができることを裏づけとしていなければ画餅に帰する。この意味で上記の規定は倒産不申立条項の範囲から大きく逸脱する「司法的救済を否定する条項」に等しいため、倒産隔離という理由のみでは正当化できない条項である。

XXII 一般条項

1 はじめに

　これまで不動産又は信託受益権の売買契約という観点で売買契約に含まれる条項を解説してきた。以下に述べる条項は、不動産又は信託受益権の売買契約に含まれるものの、より広く企業間のそれ以外の取引契約にも含まれる一般的な条項である。

2 費用負担

費用負担（条項例）

> 本契約に別段の定めがある場合を除き、売主及び買主は、本契約及び本契約に関連して作成又は締結される文書の準備、交渉及び締結並びにこれらに基づく自らの義務の履行に関するすべての費用（弁護士費用及び本契約書その他の印紙代を含むが、これらに限られない。）を各自負担する。

3 契約上の権利等の譲渡禁止

契約上の権利等譲渡禁止（条項例）

> 売主及び買主は、相手方の事前の書面による承諾がない限り、本契約に基づく権利及び義務並びに本契約上の地位を第三者に対して譲渡し若しくは担保に供し、又はその他の方法により処分してはならない。

　このような契約上の権利義務の譲渡を禁止する規定は一般的である。なお、不動産やその信託受益権の売買契約では、場合により、売買契約をいったん買主の関連会社が締結し、売買実行の直前に本来の買主に売買契約上の買主の地位を移転するケースがある。例えば、TMKが買主となるときにTMK自体が手付金を交付せずにスポンサーの関連会社が買主として売買契約を締結して手付金を交付して、その後、TMKに買主の地位を移転する場合がある。そのような場合、上記の規定に従った売主の承諾を取得しなければならなくなることを避けるため、あらかじめ譲渡を許容する文言を売買契約に規定するのが通例である。

4 守秘義務

　守秘義務の規定は、種々の契約に加えられるが、下記の条項例は不動産取引の実情に配慮した内容となっている。現物不動産の売買契約の場合には、グレーのハイライト部分に注意し、必要に応じて、「本受益権」を「本件不動産」に入れ替え、「本信託契約」という語は削除し、第3項の「本受益権譲渡」は「本件不動産の譲渡」に変更する必要がある。

守秘義務（条項例）

1. いずれの当事者も、本契約の存在及び内容、本契約に関する協議、交渉において知り得た相手方の情報、本受益権及び本件不動産の内容その他本契約に関して相手方当事者から開示された一切の情報（以下「秘密情報」という。）を、（ⅰ）適用法令、行政機関、司法機関、その他これらに準ずる公的機関又は団体により要求される場合、（ⅱ）金融商品取引所等の規定により要求される場合、（ⅲ）自己の親会社その他の関係会社、投資家（間接的な投資家及び投資家の候補者も含む。）、媒介業者、アセットマネジメント業務を受託する者、プロパティマネジメント業務を受託する者、又は自己若しくはこれらの者の役員、従業員、代理人並びに弁護士、公認会計士、税理士、司法書士、不動産鑑定士その他の専門家又はコンサルタントで秘密情報を知る必要のある者に開示する場合、（ⅳ）自己が本受益権の取得に関連して直接若しくは間接に融資を受ける金融機関（その候補者を含む。）に開示する場合、又は（ⅴ）本信託契約又は本契約の義務の履行に必要な場合において、それぞれ法令上当然に守秘義務を負う者以外には本条と同等以上の守秘義務を課した上で開示する場合以外に、相手方当事者の事前の書面による同意なしに開示してはならないものとする。
2. 第1項の規定は、以下の情報には適用されない。
   （1）相手方当事者から情報を開示された日（以下「情報開示日」という。）以前に公知の情報
   （2）情報開示日以降、情報取得者の故意又は過失によらず公知になった情報
   （3）情報開示日以前にすでに自ら又はその関係会社が保有していた情報
   （4）当該情報を取得した正当な権限を有する第三者から守秘義務を負うことなく自ら又はその関係会社に対して適法に開示された情報
   （5）秘密情報に依拠することなく自ら又はその関係会社が独自に開発した情報
3. 本契約による本受益権譲渡の完了について、プレスリリース（新聞、雑誌等のメディアに自発的に取引の完了を告知すること）を行おうとする場合には、売主及び買主は、いずれも、事前に相手方に原稿を示し、その承諾（これは不合理に留保されてはならない。）を得た上で行うものとする。

　本条項例が不動産取引の実情に配慮した内容になっている点を指摘すると、まず、守秘義務を相手方に課するものの、例外として開示が許容される範囲が取引の実情を考慮して拡大されている点が挙げられる。特に不動産ファンドによる不動産投資の場合、投資ストラクチャーは複雑になり、開示を必要とする関係者は多数となり得る。実務では、投資家や金融機関についても現実に投資や融資を行う者に限らず、その候補者までも含めておくことが多い。

次に、第3項でプレスリリースについて規定している。不動産ファンドやアセットマネジャーは自らの投資活動を対外的にプレスリリースの形で公表して実績（トラックレコード）を示すのが商慣行である。これを踏まえて第3項においてプレスリリースを可能とする方法を規定している。当事者によっては、売買価格や売買当事者名などの秘匿を必要とする情報については伏せた上で、プレスリリースを行うことを許容する場合もある。また、上場されているJ-REITなどは一定の開示が必要となるので、それについては相手方も応諾することになる。

なお、本条項例では守秘義務の存続期間は特に規定されていないが、実務では、無期限の秘密保持義務は情報管理の負担となるので、期間を1年程度に限定することが多い。

5 遅延損害金

遅延損害金（条項例）

> 売主又は買主が本契約に基づく金銭債務の支払を怠った場合には、当該違反当事者は各支払期日の翌日からその完済に至るまで年利14％の割合による遅延損害金をその相手方に対し支払う。本条に定める遅延損害金の支払義務は、本契約中に損害等の支払義務の上限金額の定めがある場合でもかかる上限金額の制限に服するものではない。本条の規定は、本契約が終了した後も適用される。

遅延損害金の年利が14％というのは標準的である。売買契約上、損害賠償又は損失補償の上限が規定されている場合、遅延損害金も含めて上限に服する旨が規定される場合がある。本条項例では、反対に、そのような上限金額の制限に服さないことを規定している。

6 印紙代

印紙代（条項例）

> 本契約書に貼付する印紙については、売主及び買主が、各々保有する契約書分について負担するものとする。

信託受益権の売買契約の場合は、「債権譲渡」となるので、印紙税は記載された金額が1万円以上であれば200円である。

　現物不動産の場合には、租税特別措置法により、不動産の譲渡に関する契約書について、印紙税の軽減措置が講じられている。不動産の譲渡に関する契約書のうち、記載金額が10万円を超えるもので、平成26年4月1日から令和9年3月31日までの間に作成されるものが対象になる。軽減措置の対象となる契約書に係る印紙税の税率は、国税庁のウェブサイトに表示されている[53]。

7 通知条項

　下記は一般的な通知条項の例である。電子メールを使用しないケースもあるが、下記においては電子メールも通信手段に加えられている。近年ではファクシミリを使用することはまれであり、電子メールの方がかえって確実かもしれない。

通知条項（条項例）

> 1．本契約に別段の定めのある場合又は売主及び買主が別途合意した場合を除き、本契約に基づく通知その他の連絡はすべて書面（電子メールによる交信も書面によるものとみなす。以下同じ。）によるものとし、以下に記載する住所、ファクシミリ番号又は電子メールアドレス宛てに、郵便、ファクシミリ又は電子メールにてこれを行うものとする。本契約締結後、当事者がその住所、ファクシミリ番号又は電子メールアドレスを変更し、これを本条に規定する方法により他の当事者に通知した場合、かかる変更後の住所、ファクシミリ番号又は電子メールアドレスとする。
> 　（1）　買主に対する場合
> 　　　　●●●
> 　　　　住　　所：●●●
> 　　　　ファクシミリ番号：●●●
> 　　　　電子メールアドレス：別途通知される。
> 　（2）　売主に対する場合
> 　　　　●●●
> 　　　　住　　所：●●●
> 　　　　ファクシミリ番号：●●●
> 　　　　電子メールアドレス：別途通知される。

53）　https://www.nta.go.jp/law/shitsugi/inshi/08/10.htm

2．前項に規定する通知が郵便にてなされた場合は、相手方が実際に受領した日に、また、ファクシミリ又は電子メールにてなされた場合は、受信が確認された時に、それぞれ相手方に到達したものとみなしてその効力が発生するものとする。
3．本契約の当事者は、その商号、住所等本契約に基づいて相手方に届け出た事項に変更があったときは、直ちに書面により相手方に届け出るものとする。

8 準拠法及び管轄裁判所

準拠法及び管轄裁判所（条項例）

本契約は、日本法を準拠法とし、売主及び買主は、本契約に関して紛争が生じたときは東京地方裁判所を第一審の専属的合意管轄裁判所とすることに合意する。

　売買当事者がいずれも日本の会社又は個人で日本の不動産を売買する場合、わざわざ準拠法を日本法と規定する必要性は乏しいが、疑念を避けるために日本法を準拠法とする規定を置くことは珍しくない。海外の不動産ファンドが当事者となって日本の会社を資産保有のためのビークルとして使用することも多いので、念のために準拠法の規定を置く意味はある。また、海外の不動産ファンドの法務担当者は、一般条項についてもコンプライアンスの観点から完全性を主張する傾向があるため、通常一般条項に含まれる条項はもれなく規定しておくことが望ましい。
　管轄の合意としては、たとえ東京以外の場所に不動産が存在していても、売買関係者が東京に住所を有していれば、東京地裁を第一審の専属的合意管轄裁判所とすることが一般的である。

9 金融サービス提供法

　売買の対象が現物不動産ではなく信託受益権の場合、信託受益権の売却は、有価証券を取得させる行為として、「金融商品の販売」（金融サービス提供法3条1項5号）に該当する。同法4条1項により、金融商品販売業者等は、金融商品の販売が行われるまでの間に、顧客に対し、一定の事項（以下、この章において「重要事項」という）について説明をしなければならない。

信託受益権の売買契約には、信託受益権の売主が「金融商品販売業者等」（同法3条3項）（つまり金融商品の販売等を業として行う者）に該当するか否かを問わず、念のために、下記の条項を信託受益権売買契約に加えておくことが一般的である。

金融サービス提供法の説明義務（条項例）

> 売主及び買主は、本受益権の取得に関し、買主は、本契約の内容及びリスクを既に十分理解しており、金融サービスの提供及び利用環境の整備等に関する法律第4条第1項に定める「重要事項」について説明を要しないことを確認する。

10 法的救済手段の限定

　補償の条項例の解説においてすでに下記の条項は紹介済みであるが、規定の位置としては、一般条項の箇所に置くこともあるので、再度記載する。解説については上記XIII 6（⇒418頁）を参照されたい。

法的救済手段の限定（条項例）

> 売主及び買主は、本契約に明示的に定められたものを除き、契約不適合責任、債務不履行責任、表明保証責任、不法行為、不当利得その他の原因のいかんを問わず、相手方に対して、何らの義務及び責任を負担しないものとする。

11 協議条項

　慣例に従い、売買契約には下記の協議条項が含まれることが多い。しかし、協議条項には批判も多い。批判の大要は、「そもそも契約書は、将来、権利義務について疑義が生じないようにするために交渉し、締結するのであり、その契約書に書かれてあるところから生ずる権利義務に関してすら別途協議するというのは、契約書の交渉及び締結の意義を疑わせる。」という指摘である。協議条項は、契約書の文言を重視する実務からすると必要のない規定であり、後記の完全合意条項（XXIII 5（⇒444頁）との関係が不明瞭になるとの指摘もあるため、削除して構わない。契約に対する文化的相違があるのだろうが、欧米の契約書にはこのような条項は見当たらない。

協議事項（条項例）

> 本契約に定めのない事項及び本契約に関して疑義が生じた場合は、売主及び買主は、不動産取引の実務及び慣行に則り、信義誠実を旨として協議し解決を図るべく協力するものとする。

XXIII 売買契約に含まれ得るその他の条項

1 はじめに

　これまで売買契約に含まれる標準的な条項を解説してきた。以下には、常にではないが場合によって売買契約に規定される実務上重要な条項を解説することにしたい。

2 売主の解散・清算の禁止

　売主がSPCとして使用されている合同会社やTMKの場合、不動産資産の売却後は遅滞なく解散し、清算手続きに入ることが想定されていることが多い。他方、買主は、不動産資産を購入後、何か契約違反が発見された場合には損害賠償請求又は損失補償請求をする必要があるので、少なくとも契約上それらの請求が認められている期間は解散・清算手続きを行うことを禁止したいところである。

　このような買主の要請に応じるため、売買実行から一定期間、売主が解散・清算手続きを行うことを禁止する条項を売買契約に加えることがある。ただ、売主は事業会社ではなく、SPCであり、買主から支払われた売買代金は直ちにローンの返済に使用され、残額は早期に投資家に分配されるので、売主の手元に現金は長期間残らない。それゆえ、買主にとって解散・清算禁止条項が根本的な問題の解決策となるわけではない。

3 腐敗防止、マネーロンダリング、制裁措置に関する法令等の遵守に関する規定

【1】はじめに

　反社会的勢力の排除規定は日本独特の要請から売買契約に加えられるが、売買当事者が海外の不動産ファンドや、海外の規制を受ける者である場合、腐敗防止、マネーロンダリング、制裁措置に関する法令等の遵守についての条項を売買契約に加えることを求められることがある。海外の法令の直接的かつ義務的な要請ではなく、当該当事者の社内ポリシーに基づくこともある。これらの要請を受けた相手方は、それらの条項の内容の正当性を直ちに確認することも難しいため、当惑することも多い。実務では、それを必要とする当事者から真摯な説明を行うことで相手方の了解を得ているのが実情である。当事者から要請される条項は当該当事者の置かれた状況により一様ではないが、以下の事項を対象とするものが多い。

【2】腐敗防止・マネーロンダリング防止

　売主及び買主の双方が、相手方に対し、①自己、自己の株主、役員、従業員、関連会社等が贈収賄・汚職防止に関する法令（日本法に限らず、米国のForeign Corrupt Practices Act、英国のBribery Actを含む）を遵守していること、及び②マネーロンダリング防止に関する法令（日本法に限らない）を遵守していること等について、表明・保証並びに誓約をする規定である。

【3】制裁措置の遵守

　米国政府、国連、欧州連合等は、経済的制裁、輸出禁止又は制限措置を一定の国、組織、法人及び個人に対して行っている。これらの制裁措置に違反していないことを明らかにするために、売買契約においても、売主及び買主の双方が、相手方に対し、自己、自己の株主、役員、従業員、関連会社等がそれらの制裁当局の制裁措置の対象となっていないこと等を表明・保証並びに誓約をする規定である。

4 建物の名称の継続使用

　オフィスビルや賃貸マンションが売買の対象の場合、売買により所有者が変更になると建物の名称を変更しなければならないのかという問題が生じる。例えば、●▲●マンションという建物の名称が、売主の名称を含んでいたり、売主が開発したマンション群の名称を冠していたりする場合、買主が建物を取得後に建物の名称を変更しなければならないとすると、オフィスビルであればテナントの各社、賃貸マンションであれば居住者は、住所表示の変更をしなければならず、それには一定程度の事務作業と費用を要する。このため、買主によっては、継続的に建物の名称を使用することを望む場合がある[54]。

　建物の名称は商標登録可能か否かという点については、「不動産」を指定商品として商標登録をすることはできないが、建物の取引や管理、その建物で提供される商品やサービスを想定して商標登録することは可能である[55]。したがって、買主が建物の名称を継続使用する場合において建物の名称が商標登録されている場合には、商標の使用について許諾（ライセンス）を得る必要がある。商標登録されていない場合でも、後日の紛議を回避するには、あらかじめ売主の許可を得ておくべきである。

　売主は、自己の名義で商標登録されていない場合や、他者の商標登録の有無が確認できない場合には、建物の名称の継続使用を許容することに反対しないにしても、売買契約に一定の手当てをしておく必要がある。具体的には、①建物の名称の継続使用は、買主の自己責任においてなされること及び②買主は建物の名称の継続使用によって売主に何ら損害、損失を及ぼさないこと（つまり、売主に損失等が発生した場合には補償すること）を、売買契約に明記しておくのである。

---

54) オフィスビルであれば、テナントとなっている会社の社員すべての名刺や住所入りの封筒等の事務用品の記載にも影響が及ぶ。

55) 例えば、「六本木ヒルズ」は、「建物の管理、建物の貸借の代理又は媒介、建物の貸与、建物の売買、建物の売買の代理又は媒介等」のサービスを指定役務として商標登録されている。

5 完全合意条項

【1】はじめに

完全合意条項は英米法に由来する条項であるが、日本の契約実務においても使用されることが増えている。以下の条項例は、不動産取引用の完全合意条項である。現物不動産の売買の場合には、グレーのハイライト部分を調整し、「本受益権譲渡」を「本件不動産の譲渡」に変更することになる。

完全合意条項（条項例）

> 本契約は、本受益権譲渡及びこれに関連する取引に関する当事者の完全な合意であり、本契約締結日以前に本受益権譲渡及びこれに関する取引に関して各当事者間で交わされた文書、口頭を問わず、いかなる取り決めもすべて失効するものとする。

不動産売買契約に完全合意条項が含まれていることはまだあまり見かけない。しかし、締結された売買契約の解釈において、契約外の過去の書面や口頭における合意を根拠に契約が修正されてしまうことを防ぐ効果があると思われるので、完全合意条項を加える意義はある。完全合意条項自体は当事者のいずれかに偏った規定ではなく、仮に完全合意条項を提案しても、契約交渉の相手方から完全合意条項を削除せよ、という要求はなされないであろう。

【2】完全合意条項に関する裁判例

完全合意条項の持つ意味が日本の裁判所で争われた例は少ないが、近年では東京地判平成31年2月27日（金融法務事情2138号100頁）があるので、同判決についての評釈[56]とともに紹介したい。この判決は、株式譲渡契約書に関するものではあるが、完全合意条項について、「同条項は、その文言に照らすと、当事者間の予測可能性を確保することを目的としたいわゆる完全合意条項であ

---

56) 吉岡正嗣「商事判例研究No.3422・完全合意条項のある株式譲渡契約書における契約の解釈手法」ジュリスト1560号（2021年）112頁以下。

るというべきであり、本件株式譲渡契約が締結されるまでのやり取り等の経緯にかかわらず、本件株式譲渡契約の合意の内容は、専ら本件株式譲渡契約書に記載されたとおりに解釈されるべき旨を定めたものと解するのが相当である。」と判示している。上記の判例評釈は裁判の結論自体は支持しつつも完全合意条項に関する部分について大要以下の点を指摘している[57]。

- 完全合意条項は、英米法のパロール・エビデンス・ルール（口頭証拠排除法則と訳される）に由来し、同法則の適用を受けることを当事者が確認するために盛り込まれる条項である。
- 口頭証拠排除法則は、当事者が最終的に取りまとめた契約書がある場合、当該契約書外の合意は契約内容を構成せず、合意から排除されるという準則である。
- 完全な合意であると認められると、契約書外の合意を用いて契約書の内容を否定又は補充することが認められなくなるという効果が生じる。
- 一方、口頭証拠排除法則は、どの合意が契約を構成しているかを決定するルールであって、契約の解釈に関するルールとは異なるものと考えられている点に注意が必要である。口頭証拠排除法則の下でも、契約の解釈の説明のために契約書外の事情（交渉経緯や取引慣行、履行経過等の事情）を用いることは許されると理解されている。
- （本判決は、）契約の解釈にあたって、契約内容の補充や修正を差し控える等、契約書記載どおりの文言を重視する趣旨を述べたものと思われる。
- 本判決が「締結されるまでのやり取り等の経緯にかかわらず」とするのは気になる点である。これが契約の補充や修正をしないとの趣旨を超えて、契約の解釈において交渉過程の事情等、契約書外の事情を斟酌しない（いわゆる「字句どおり」の解釈）を述べたものであれば、英米法の完全合意条項からも乖離のある理解となってしまう。

　上記の判例評釈の指摘は、英米法の完全合意条項の理解からは正鵠を得たものといえる。

　上記裁判例のケースを離れて考えると、日本法における完全合意条項にどの

---

[57]　この判決のほかには東京地平成7年12月13日判タ938号160頁では「本件においては、右条項（注：完全合意条項）にその文言どおりの効力を認めるべきである。すなわち、（中略）契約の解釈にあたっては、契約書（中略）以外の外部の証拠によって、各条項の意味内容を変更したり、補充したりすることはできず、専ら各条項の文言のみに基づいて当事者の意思を確定しなければならない。」と判示した。

ような意味を含めるのかの検討は、当事者の合理的な意思の探求の下に行うべきで、仮に当事者の意思が「完全合意条項」に「字義どおりの解釈」を求めるものであれば、それはそれで尊重される必要がある。裁判所が契約書に明記されていない要件を追記的に付加して解釈することに対する実務家の危惧が存在することは上記の判例評釈でも指摘されているところである[58]。完全合意条項にそのような契約書の文言を離れた裁判所の解釈を抑止する機能があるとすれば、実務家としてはむしろそれを利用することを考えてよい。英米法のルーツに厳格にこだわり続ける必要はないであろう。実務家のとるべきアプローチとしては、英米法の契約書に記載されているボイラープレート（つまり定型文言）として使用されている完全合意条項をそのまま転記するのではなく、多少は表現を工夫することも必要である。「完全合意条項」というタイトルにこだわりすぎると条項の解釈が限定的になる可能性もあるので「完全合意条項」とする必要もない。以下の条項はいかがであろうか。現物不動産の売買の場合には、グレーのハイライト部分を調整し、「本受益権譲渡」を「本件不動産の譲渡」に変更することになる。

「字義どおりの解釈」を規定する条項（条項例）

> 完全なる合意及び本契約の解釈
> 本契約は、本受益権譲渡及びこれに関連する取引に関する当事者の完全な合意であり、本契約締結日以前に本受益権譲渡及びこれに関連する取引に関して各当事者間で交わされた文書、口頭を問わず、いかなる取り決めもすべて失効する。また、本契約は、本契約の文言の全部又は一部を否定して、又は文言にない条件を加えて、解釈されてはならない。

なお、完全合意条項は、一般条項の一つとして紹介した「協議条項」と矛盾するとの指摘もある[59]。協議条項と併存させる解釈も可能であるとは思うが、

---

58) 表明保証条項について、東京地判平成18年1月17日判時1920号136頁は買主が重過失の場合に売主の免責の余地を認め、東京地判平成19年7月26日判タ1268号192号は情報の真実性違反を「重大な」違反に限定した。これらは契約文言にない要件を解釈の名の下に付加するもので実務家の批判を受けた。

59) 吉川達夫＝飯田浩司編『ダウンロードできる英文契約書の作成実務』（中央経済社、

前記のとおり協議条項には批判もあり、維持する必要も乏しいので、協議事項を削除することが望ましい。

2018年）91頁では「日本における協議事項は完全合意条項に反する概念として受け入れられない。」としている。また、牧野和夫『初めての人のための英文・和文IT契約書の実務』（中央経済社、2018年）169頁では、極めて単純に完全合意条項と誠実協議条項を両立しないものとして記載している。

第3編

第4章 建物賃貸借契約

I はじめに

1 不動産投資における建物賃貸借契約の位置づけ

　本章では、不動産取引の主要契約として建物賃貸借契約について概説する。不動産投資によって収益を上げる場合、インカムゲインとしての賃料収入とキャピタルゲインとしての値上がり益をねらうことになるが、インカムゲインの基礎をなすのが不動産の賃貸借契約であり、その中でも実務上は建物賃貸借契約の比重が大きい。不動産の様々なアセットクラス（オフィス、住居、物流施設、ホテル、データセンター等）への投資に共通しているのは、投資家自らが保有するか又は投資ビークルとしての合同会社、TMK又は信託の受託者に保有させる不動産を賃借人に賃貸し、それによる賃料収入によって、レンダーから借り入れたローン（TMKの場合には特定社債を含む）の利息や場合によっては期中の元本の返済を行うことである。一定の賃料収入が得られないと、ノンリコースローンでは、DSCR（Debt Service Coverage Ratio）[60]という指標に抵触することになり、借入人に対する賃料収入の配当が停止され、強制的に不動産の売却を求められるなどの事態に陥る。このように、投資家にとって安定的な賃料収入を確保することは極めて重要である。

---

[60] 　植松貴史『不動産ファイナンスの法務と契約実務』（中央経済社、2022年）259頁では「DSCR（Debt Service Coverage Ratio）とは、貸付期間中の一定期間における貸付けの金利・元本の要返済額に対するキャッシュ・フローの割合であり、不動産ファンドにおける期中のキャッシュ・フロー・カバレッジに係る指標となる。不動産ファンドの期中の返済余力を図る指標（期中の返済余力を図るための安全性分析）として、レンダーと不動産ファンド間で決定されるDSCR基準値の充足が財務制限条項の1つとして規定される。」と記載されている。

2 投資家が建物賃貸借契約に関与する局面

不動産投資をする場合、投資家が建物賃貸借契約に関与する局面は一様ではない。まず、①建物の取得を行う際のデューデリジェンスの過程においてすでに締結された建物賃貸借契約のリビューを行う場合がある。また、②建物を取得後にテナントの交代があって新テナントのために新たに建物賃貸借契約を作成する場合もある。②においては、既存の契約に問題があれば是正した上で、契約を締結する必要がある。さらに、③物流施設やデータセンターなど将来建築する建物の建物賃貸借契約をあらかじめ締結しておく必要が生じる場合もある。③の場合には、建築期間中に生じ得る問題にも配慮した上で、契約を検討することや、作成することが必要になり、より多角的な観点で契約条項を検討する必要がある。

以下に、建物賃貸借契約について基礎的な事項を踏まえて実務上の注意点を概説する。

3 契約交渉の不当破棄

不動産の売買契約に関し「契約交渉破棄についての責任」を概説した（第2章Ⅲ）。そこで述べたことは、不動産の売買契約に限らず、賃貸借契約においても当てはまる。裁判で争われたケースも多く、なかには契約締結上の過失、不法行為などを理由として損害賠償責任が肯定された判例も存在する[61]。

Ⅱ 建物賃貸借契約の種類

1 建物を使用する契約の諸形態

建物賃貸借契約の種類を述べる前に、他者の建物を使用する契約の全体像を示したい。それにより議論されている契約の位置づけがより理解しやすくな

---

[61] 東京高判平成30年10月31日金融・商事判例1557号26頁、東京地判平成26年9月16日平成25年（ワ）5445号公刊物未登載、東京高判平成20年1月31日金融・商事判例1287号28頁等。

る。

　まず、対価の支払の有無により、賃貸借（民法601条以下）と使用貸借（同法593条以下）に峻別することができる。「無償での使用」が要件となる使用貸借は契約の存続に対する借主の法的保護が乏しい。期間満了による所有物の返還を確実に実現することを最優先する所有者（つまり賃料を得ることに重きを置かない所有者）は、定期建物賃貸借や一時使用のための建物賃貸借を選択せずにあえて使用貸借を選択する場合がある。

　次に、賃料という建物使用の対価が支払われる場合であっても、借地借家法の適用の有無により、適用を受けない「一時使用の建物賃貸借」（借地借家法40条）と適用を受ける建物賃貸借とに区分可能である。

　さらに、借地借家法の適用を受ける建物賃貸借は、①「定期建物賃貸借契約」（「定期借家契約」ともいう）、②「普通建物賃貸借契約」（「普通借家契約」ともいう）に大別できる。これらのほかに、①の定期建物賃貸借契約の一種として「取壊し予定建物の賃貸借」がある。また、平成13年に施行された特別法（高齢者の居住の安定確保に関する法律）に基づく建物賃貸借として「終身建物賃貸借」がある。上記を表に整理すると以下のとおりである。

他者の所有する建物を利用する法律関係

対価の支払の有無	借地借家法の適用の有無	建物賃貸借のタイプ
（あり）賃貸借	あり	定期建物賃貸借契約（「取壊し予定建物の賃貸借」を含む）
		普通建物賃貸借契約
		終身建物賃貸借
	なし	一時使用の建物賃貸借
（なし）使用貸借	なし	

2 海外投資家から注目される賃貸借の形態

【1】トリプルネットリース（triple net lease）

　欧米で一般的なリースの形態として「トリプルネットリース」がある。日本で締結されている不動産賃貸借契約にはそのような呼称は使用されていないが、海外の不動産投資家等から「日本ではトリプルネットリースはできるのか？」という質問を受けることがある。そこで、以下にトリプルネットリースの概念を簡単に解説しておきたい。

　トリプルネットリースでは、賃借人は賃料に加えて「不動産に賦課される税金」「保険料」及び「維持管理費等の費用」を負担することになる。賃貸人は、トリプルネットリースにおいては、「不動産に賦課される税金」「保険料」及び「維持管理費等」というコストをすべてテナントに転嫁することができるため、不動産からのキャッシュフローを確実に得ることができる。不動産を所有して賃貸する投資家にとっては、収益の予想を立てやすく、この点がトリプルネットリースのメリットである。

　他方、賃借人にとっては、トリプルネットリースの場合、それらの費用を負担するために経済的な予測可能性は減殺されることになる。例えば、物価高騰によって賃貸借期間中に維持管理費が増加した場合には、賃借人の負担となってしまう。しかし、賃借人にとってトリプルネットリースが好ましい場合もある。賃借人は、トリプルネットリースの場合、通常、対象不動産の維持管理や自己都合のために建物をカスタマイズすることについて、建物の使用についてより多くのコントロールを有することができる。また、賃貸借期間が長期になることが多いので、建物の所有はしないが長期にわたって建物を賃借し建物の維持管理を自分の事業にあわせて行うことを希望する賃借人には有用である。

　日本法においては、強行法規に反しない限り、賃貸借契約の内容は、契約によって自由にデザインすることができることから、当事者が望むのであれば、トリプルネットリースの内容を日本の賃貸借契約に盛り込むことは法的に可能である。

【2】BTSリース

　BTSリースとは、build-to-suitの頭文字をとった賃貸借契約である。一定の事業を営むことを意図する企業と開発業者との間で契約される賃貸借契約で、開発業者が賃借人となる企業の希望する仕様の建物を建築した上で賃貸することを約束し、建築された建物を当該企業が賃借する契約である。テナントとなる企業としては、当初の建築費用を負担することなく自己の希望する仕様の建物を開発業者の負担で建築してもらって賃借できるメリットがある。他方で、開発業者は、賃借人から開発コストを考慮した賃料を長期の賃貸借契約に従って支払ってもらい、結局は一定の収益を得ることができるというメリットがある。上記【1】のトリプルネットリースと組み合わせれば、開発業者は安定したキャッシュフローを得ることができるため、プロジェクトに参加する投資家を募ることでリスクを分散することもできる。近年では、日本でもBTSリースは定期建物賃貸借の一形態として物流施設やデータセンターなどの開発に関連して利用されている。契約内容としては、単なる賃貸借契約にとどまらず、建物の建築に関する合意も必要となる点が特徴である。

Ⅲ　定期建物賃貸借の特色と成立要件

1 はじめに

　すでに賃借人が多数存在する住居用マンション・アパートに対する投資を除くと、近年の不動産投資家が採用する建物賃貸借契約の形態は、多くの場合、「普通建物賃貸借」ではなく、「定期建物賃貸借」（借地借家法38条）である。多くの概説書は、普通建物賃貸借を解説した後に特別な制度として定期建物賃貸借を解説する。これは、「普通建物賃貸借」が建物賃貸借の原則的形態であって、「定期建物賃貸借」はその特別形態と位置づけられているためである[62]。しかし、本書では、その重要性から、先に定期建物賃貸借を解説するこ

---

62)　稲本洋之助＝澤野順彦編『コンメンタール借地借家法』（日本評論社、第4版、2019年）310頁。

とにしたい。

2 定期建物賃貸借を利用する目的

【1】契約終了時期の予測可能性
　まず、定期建物賃貸借が利用される主たる理由は「契約期間が定められていて、かつ契約の更新がないこと。」である。普通建物賃貸借契約の場合、期間満了による更新拒絶や賃貸借の解約の申入れには「正当事由」が必要なため（借地借家法28条）、期間を定めて賃貸借契約を締結しても、賃貸借が終了するとは限らず、賃貸人にとっては、契約終了時期の予測がつかない。何度も更新が繰り返され得ることで、賃貸人は所有者であっても思うように建物を利用することができない可能性がある。正当事由の有無を考慮する要素は、借地借家法28条に規定されるように「建物の賃貸人及び賃借人（転借人を含む。）が建物の使用を必要とする事情のほか、建物の賃貸借に関する従前の経過、建物の利用状況及び建物の現況並びに建物の賃貸人が建物の明渡しの条件として又は建物の明渡しと引換えに建物の賃借人に対して財産上の給付をする旨の申出をした場合におけるその申出」である。賃借人側の事情が大きく考慮されており、普通建物賃貸借は、総じて賃借人に有利な制度となっている。定期建物賃貸借は、このような普通建物賃貸借の問題点を克服するために創設された制度であり、契約終了に対する予測可能性を確保できることが大きなメリットである。

【2】賃料収入の予測可能性
　定期建物賃貸借においては、借地借家法32条の借賃増減請求権の適用を排除することができる（借地借家法38条9項）。その結果、賃貸人及び賃借人のいずれにとっても、賃貸借契約期間中に賃料が契約上の合意に反して変更されることがない、という大きなメリットがある。この点を強調する文献はあまりないが、本書では特に強調したい点である。普通建物賃貸借でも、賃料増額禁止特約（同法32条1項但書き）があれば賃料の増額は制限できるが、減額を禁止する特約は認められず、賃借人保護に偏った内容になっている。借賃増減請求

権の適用を排除できるという定期建物賃貸借のメリットは、多くの場合、賃貸人の要望に合致する。不動産投資を行う者は、一定の賃料収入をもとにローンの借入金利との差額を収益として想定して投資計画を立てるため、法的に賃料が減額されてしまうリスクは不動産投資に大きな障害となる。他方、賃借人にとっても、長期の契約（例えば、20年）の場合、借賃増減請求権の適用を排除することができることは、賃料支払義務の金銭的予測可能性を確保する上で重要である。特にインフレの傾向にある場合には賃料の固定化は賃借人にとってメリットである。賃貸人及び賃借人のいずれにとっても定期建物賃貸借はビジネスにおける予測可能性を確保するというメリットがある。いわば、この借地借家法38条9項は、建物賃貸ビジネス及びそれへの投資がビジネスとして成立する基礎を提供しているといっても過言ではない。

【3】その他の定期建物賃貸借のメリット

定期建物賃貸借の説明をする資料やウェブサイトをみていると、「短期間でも不動産を有効活用できる。」「再契約を拒否することで悪質な賃借人を排除することができる。」「賃貸借期間満了時に貸出し賃料の見直しができる。」などの説明がなされることがある。これらは、メリットではあるが、上記【1】【2】から派生したメリットにすぎない。

【4】定期建物賃貸借のデメリット

定期建物賃貸借のデメリットとして指摘されるのは、住宅用の定期建物賃貸借についてではあるが、入居を検討する者は、契約期間が満了すると必ず契約が終了するという点に不安を覚え、定期建物賃貸借の物件に入居するのに躊躇する可能性があるという点である。そのため、普通建物賃貸借の物件と比較すると、賃貸人は、一般的に賃料を低めに設定する傾向がある。確かに、賃借人に選択肢がある場合（例えば、同じ集合住宅で似た間取りの部屋が複数あり、定期建物賃貸借の物件と普通建物賃貸借の物件とのいずれも選択できるような場合）には、普通建物賃貸借を選択する可能性は高いといえるだろう。これは、定期建物賃貸借のメリットの裏返しの問題であり、普通建物賃貸借という契約形態が存在する以上、不可避である。

第4章　建物賃貸借契約

3 定期建物賃貸借の成立要件

定期建物賃貸借の成立要件の全体像を示すと、以下のとおりである。

定期建物賃貸借の成立要件（借地借家法38条）

①	「建物」の賃貸借契約であること
②	契約の更新がないこととする旨の定めがあること
③	期間の定めがあること
④	公正証書等の書面によって契約すること（注：公正証書の使用は義務ではない）
⑤	建物の賃貸人が、あらかじめ、建物の賃借人に対し、建物の賃貸借は契約の更新がなく、期間の満了により当該建物の賃貸借は終了することについて、その旨を記載した書面を交付して説明すること

上記から明らかなように定期建物賃貸借契約を有効に締結するためには、単に賃貸借契約書の内容を整えるだけでは不十分で、上記⑤にあるように書面の交付と一定の説明が必要となる点に注意を要する。以下に上記の要件について注意すべき点を個別に概説する。

4 要件①「『建物』の賃貸借契約であること」

普通建物賃貸借と同様に「建物」の賃貸借でなくてはならない。これは借地借家法の適用の有無を左右する問題である。例えば、太陽光パネルや看板設置のためになされる建物の屋根や外壁の賃貸借は「建物」の賃貸借ではないため借地借家法の適用がなく、定期建物賃貸借も成立しない[63]。

---

63) 最判平成25年4月9日判時2187号26頁は建物賃貸借と密接不可分な看板部分の賃貸借をしていたテナントに対し、建物の所有権を譲り受けた者からの建物の外壁等に設置されていた看板撤去の請求を権利濫用として斥けている。看板の賃貸借には借地借家法の保護が及ばないため、裁判所は、権利濫用の法理を使用したのである。見方を変えるならば、権利濫用の法理を使用しなければ、看板の賃貸借を法的に保護することは不可能だったのである。

5 要件②「契約の更新がないこととする旨の定めがあること」

　民法619条1項は「黙示の更新」を定めており、「賃貸借の期間が満了した後賃借人が賃借物の使用又は収益を継続する場合において、賃貸人がこれを知りながら異議を述べないときは、従前の賃貸借と同一の条件で更に賃貸借をしたものと推定する。この場合において、各当事者は、第617条の規定により解約の申入れをすることができる。」と規定している。議論があるのは、この規定が定期建物賃貸借にも適用があるのか否かである。現在のところ最高裁の判例はないが、「定期建物賃貸借契約においては、更新しない旨の明示かつ有効な合意が存在する以上、民法619条1項により黙示の更新がなされたものと推定される余地はない。」と考えるのが妥当である（東京地判平成21年3月19日判時2054号98頁）。

6 要件③「期間の定めのあること」

【1】期間の定めの意味

　「期間の定めがあること」という要件については、「建物が完成した日から5年」というような始期が確定日になっていない定めは「期間の定めがある」とはいえないと解釈されていることに注意を要する。そのような始期が不確定な期間設定をした契約は、定期建物賃貸借契約ではなく、普通建物賃貸借契約になる、とされている[64]。条文の文理解釈からは「建物完成日から5年」でも問題ないように思える。「建物完成日から5年」というのは民法上疑いなく

---

64)　「『期間』とは、ある時点からある時点までの継続した時間の区分であるが、定期建物賃貸借では、必ず存続期間を定めていなければならない。この期間は、確定したものでなければならない。賃借人の死亡した時を終期とするような不確定期限付の賃貸借は、定期建物賃貸借とはなりえないものと解される。」とされている（稲本＝澤野・前掲61）310頁）。また「その建物完成および引渡のときから20年間とし、契約の更新はなく、期間の満了により終了する」という契約は定期建物賃貸借に該当しないとされている（田山輝明＝澤野順彦＝野沢正充編『新基本法コンメンタール借地借家法』（日本評論社、第2版、2019年）237頁［吉田修平］）。

第4章　建物賃貸借契約　　457

「期間」であり、それを定めていれば「期間の定め」といえるからである。しかしながら、この点については最高裁の判例もなく、筆者の調査した範囲では上記の見解を覆す文献もみられない。それゆえ、実務家としては、保守的な立場をとらざるを得ない[65]。この点は最高裁の判断が待たれるところである。

【2】始期が確定日でなければならないことの影響

　始期が確定日でなければならないとすると、将来建築される建物について定期建物賃貸借契約を締結しようとする場合には、「建物が完成した日から5年」という期間を設けることは許されないことになる。建物を建築して賃貸事業をしようとする開発業者は、建物完成前からテナントを募集し、空室期間を最小限にしようとし、新築の建物を賃借しようとするテナントは必ずしも始期が確定日であることに執着をしないことが多い。このような場合に対応する方法として以下の2通りの方法がある[66]。

　まず、実務上とられている多くの方法は、①将来一定の事由が生じた場合に建物賃貸借契約を成立させることを合意する契約（定期建物賃貸借契約の予約）を締結し、②建物完成日が確定できるようになった段階であらかじめ合意した条件で「確定日」を記入した「定借建物賃貸借契約」を取り交わすという、いわば二本立ての合意をすることである。この方法は堅実ではあるものの、二度にわたる契約の締結（予約と本契約の締結）がなされる点において効率的な方法ではない。しかし、建築工事には遅延もあり得るため、そのような不確実な事態に対応しつつ、「始期が確定日でなければならない。」という定期建物賃貸借契約の要件を充足しようとするためにとられる方法である。

---

[65] 「始期は確定日でなければならない。」という立場には、「定期建物賃貸借契約は、借家人保護に劣る例外的な契約なので、借家人保護のためにはできるだけ厳格に解釈する必要がある。」という政策的な解釈態度があると思われる。

[66] 物流施設やデータセンターの賃貸借では一棟を丸ごと賃借するケースも多く、建物の完成前に定期建物賃貸借契約が成立するような仕組みが必要とされる。開発業者はデットファイナンスを得た上で建物を建築するのであり、ローンの返済のためにもテナントを確実に確保する必要がある。また、前記のBTSリースでは、そもそもテナントの要請で建物が建築されるので、建築前からテナントが拘束される契約を締結する必要がある。

もう一つの方法としては、将来の賃貸借契約の始期がある程度確定していればその確定日を契約開始日として、その他の一定の停止条件を定めた上で、定期建物契約を締結する方法がある。テナントの立場に立つと、通常建物の竣工時期のみが建物を賃借する条件ではない。建築される建物の面積を含む仕様が合意のとおりであることや、付帯するサービスがある場合にはそれが提供されることも条件となる。この意味で将来建築される建物の賃借人としては、それらの条件を契約書に規定しておくことが重要となる。このような停止条件付建物賃貸借契約であっても定期建物賃貸借の要件を充足することは可能である。万一竣工日が変更されても、契約書のその部分を変更すれば足り（定期建物賃契約であっても契約変更できないわけではない）、それで定期建物賃貸借契約としての性質が毀損されるわけではない。

　なお、定期建物賃貸借の文脈を離れて、将来建築される建物の賃貸借契約の締結方法については、①賃貸借契約の予約という方法によるという古い判例がある[67]。これに対して、②「一般に予約ではなく、賃貸借が成立し、賃貸人は、遅滞なく完成し、（中略）使用収益させる義務を負うと解すべきである。」という立場がある[68]。②は、建物の完成を条件とする停止条件付賃貸借と考えられ、契約理論上これを否定する理由はないと考えられる。

【3】契約期間

　定期建物賃貸借の契約期間には法的な制限は設けられていない。この点、普通建物賃貸借の場合、1年未満の期間を合意したときには、期間の定めのない建物賃貸借とみなされる（借地借家法29条）。しかし、定期建物賃貸借では1年未満の短期でもよい。また、期間の上限の制限もない。50年などの長期の契約も可能である。

---

67)　大判大正7年2月6日民録24輯341頁。

68)　我妻栄『債権各論中巻一（民法講義Ｖ２）』（岩波書店、1957年）427頁。

第4章　建物賃貸借契約

7 要件④「公正証書等の書面によって契約すること」

　定期建物賃貸借は、必ずしも公正証書による必要はないが「書面」によって合意されなければならない。普通建物賃貸借ではこのような書面性の要件はない。賃借人に対して、より慎重に契約を締結することを促すためにこの要件が加えられた。なお、コロナ禍を経て、書面の要件も緩和され、電磁的記録による契約も可能となっている（借地借家法38条2項及び4項）。

　定期建物賃貸借契約として契約を有効に成立させるために書面（契約書）に記載するべき最低限の事項は以下のとおりである。これらに加えて、定期建物賃貸借を有効に成立させるには、下記 8 の事前説明文書の交付と説明が必要となる。

定期建物賃貸借の契約書（書面）に記載すべき事項

①	当事者（①から③は「賃貸借契約」一般の要件）
②	対象物件
③	賃料
④	確定した始期から開始される期間の定め
⑤	更新がないことの定め

8 要件⑤「建物の賃貸人が、あらかじめ、建物の賃借人に対し、建物の賃貸借は契約の更新がなく、期間の満了により当該建物の賃貸借は終了することについて、その旨を記載した書面を交付して説明すること」

　定期建物賃貸借を有効に成立させるためには、借地借家法38条3項に従った「事前説明文書」の作成交付及び説明行為が必要である。定期建物賃貸借契約を締結する意思を有していても、この要件を充足しない場合、契約更新がないこととする合意は無効となり、普通建物賃貸借契約とみなされてしまう（借地借家法38条5項）。この要件については、以下の点に注意を要する。

【1】事前説明文書の独立性と内容

　事前説明文書は、定期建物賃貸借契約の契約書とは別の文書である必要がある（最判平成24年9月13日民集66巻9号3263頁）[69]。これは、賃借人が、その契約に係る賃貸借は契約の更新がなく、期間の満了により終了すると認識しているか否かにかかわらない（同最高裁判決）。

　事前説明文書の内容は、以下の文例のようなもので足りる。実務でもこのような書面が使用されている。

●年●月●日

定期建物賃貸借契約についての説明

賃借人：●●御中

賃貸人：●●（印）

下記物件について定期建物賃貸借契約を締結するに先立ち、賃貸人は、賃借人に対し、借地借家法第38条第3項に従い、本書面を交付した上、次のとおり説明します。

下記物件の賃貸借契約は、定期建物賃貸借契約であり、更新がなく、契約期間の満了により賃貸借は終了し、契約期間の満了日の翌日を始期とする新たな賃貸借契約を締結する場合を除き、賃借人は契約期間満了の日までに下記物件を明け渡さなければなりません。

記

（1）物件の表示　　名称●、所在地●
　　　　　　　　　　貸室部分●階●●区画（面積●平方メートル）
（2）契約期間　　　始期を●年●月●日とし、終期を●年●月●日とする。

以上

上記物件について、借地借家法第38条第3項に従って書面の交付及び説明を受け、内容を理解しました。

●年●月●日
賃借人：●●（印）

---

69)　判例評釈として、金融・商事判例1417号8頁ほか。

【2】事前説明文書の交付は事前であること

　条文の文言上「あらかじめ」とあるため、定期建物賃貸借契約の締結前に事前説明文書の交付及び説明を済ませる必要がある。定期建物賃貸借契約の締結と同一機会であっても構わない（東京地判平成24年3月23日判時2152号52頁）。この点は、定期建物賃貸借契約に、当事者による事実確認として、以下のような表現で記載されることが多い。

定期建物賃貸借契約にみられる条項例

> 賃貸人及び賃借人は、本契約の締結に先立ってあらかじめ、借地借家法第38条第3項に従い、本契約は、借地借家法第38条第1項に規定する定期建物賃貸借契約であり、契約の更新はなく、本件賃貸借期間の満了とともに終了することについて、本契約添付別紙●記載の「定期建物賃貸借契約についての説明」を賃貸人が賃借人に交付の上説明し、賃借人はその説明を受けたことを確認する。

　事前説明書の交付がないまま、契約を締結し使用が開始された段階で事前説明書の交付がないことに気付いたらどうすればよいだろうか。面倒でも賃貸人及び賃借人が合意の上いったん契約を解除して事前説明書の交付・説明を行い、契約を締結し直すしかないだろう。

> **コラム　定期建物賃貸借契約の契約期間の延長は可能か？**
> **延長する場合、契約の変更をする変更契約（又は覚書）を締結することのみで十分か？**
>
> 　A社は貸主として、借主B社との間で、契約期間を5年とする定期建物賃貸借契約を締結している。契約期間途中に、B社から、A社に対し、期間を6か月延長したいという要望がなされた。A社がそのような要望に応じる際には、定期建物賃貸借契約の変更契約を締結することで足りるであろうか。
> 　まず、定期建物賃貸借契約であっても、契約期間中に当事者の合意により契約の変更を行うこと自体は特に禁止されていない。定期建物賃貸借契約は、契約の更新をしない契約だが（借地借家法38条1項）、契約期間の延長が禁止されているわけではない。「契約の更新」と

「契約の延長」の相違は、前者は当事者間の契約がいったん終了し、新たな契約が締結されて継続することを意味するのに対し、後者は契約が終了することなくそのまま期間が延長されて継続する点である。このような法的相違があるとしても、契約期間の延長が、当初の契約期間と同程度の長期に及ぶような場合、それは実質的には更新であり、定期建物賃貸借契約ではない、という紛議が生じる可能性がある。

　契約期間の延長は、新たな定期建物賃貸借契約の締結ではないことからで、本来、その期間延長に関する書面交付や事前説明は必要ないはずである（同条3項）。しかし、実務上は、A社の立場に立つと、慎重を期して、書面交付及び事前説明をしておくことが望ましい。その場合には、それまでの定期建物賃貸借をいったん終了させ、新たに契約期間を変更した定期建物賃貸借契約を締結することを前提に、書面交付や事前説明を行うのである。これは（延長期間は短いにしても）、後日、B社から契約期間の延長は「更新」だったという主張がなされるリスクがあるためである。

　B社の要望が、契約期間の延長ではなく、例えば、付属建物や隣室を借り増ししたいということで、契約対象を拡大する場合にも、同様の理由から、実務上は、慎重を期して、定期建物賃貸借契約を追加的に締結するか又は締結し直し、書面交付及び事前説明をしておくことが望ましい。

【3】重要事項説明書による代替可能性

　定期建物賃貸借契約の締結前に宅建業者が重要事項の説明（宅建業法35条）を行う過程で重要事項説明書の中に必要な文言（建物の賃貸借は契約の更新がなく、期間の満了により当該建物の賃貸借は終了すること）が含まれている場合には、借地借家法38条3項の事前説明文書が交付されたと考えてよいだろうか。この点については、宅建業者が賃貸人の代理人としての地位を有していれば、重要事項説明書が事前説明文書としての役割を果たすと考えてよい。宅建業者が媒介を行う場合、賃貸人の代理人としての地位を有するわけではないこ

とから、賃貸人からの代理権の付与が必要となることに注意を要する[70]。

【4】説明義務

　借地借家法38条3項は、書面交付に加えて「説明しなければならない。」と規定している。しかも事前交付書面（上記のように比較的簡単な書面である）を読み上げるだけでは足りないと解釈されている[71]。前記の東京地判平成24年3月23日では「また、上記のように、賃貸借契約締結に先立って、契約書とは別に書面を交付して……、説明することが求められているのは、借家人が定期賃貸借制度の内容を十分に理解した上で契約することを担保するためであると解され、また、説明書面に、締結される建物賃貸借契約が、法38条1項の規定による定期建物賃貸借契約であることを記載すべきと解されること……に照らすと、説明書面を交付して行うべき説明は、締結される建物賃貸借契約が、一般的な建物賃貸借契約とは異なる類型の定期建物賃貸借契約であること、その特殊性は、同法26条所定の法定更新の制度及び同法28条所定の更新拒絶に正当事由を求める制度が排除されることにあるといった定期建物賃貸借という制度の少なくとも概要の説明と、その結果、当該賃貸借契約所定の契約期間の満了によって確定的に同契約が終了することについて、相手方たる賃借人が理解してしかるべき程度の説明を行うことを要すると解される。」と判示している。この点は見落としがちであり、必要な説明を欠く場合には普通建物賃貸借契約とみなされてしまうことに注意する必要がある[72]。

　この説明義務の適切な履行がなされたのか否かは書面からのみでは確認できない事実である。そのため、①デューデリジェンスにおいて既存の定期建物賃貸借契約書をリビューする際には、質問事項として別途確認しておく必要があるし、②法律事務所が発行する法律意見書においては、前提事実として「借地借家法38条3項に従った説明がなされたこと。」を必要に応じて、加えておく

---

70)　　田山＝澤野＝野沢・前掲64）239頁［吉田修平］。

71)　　田山＝澤野＝野沢・前掲64）239頁［吉田修平］。

72)　　筆者の経験では、賃借人が海外に拠点を置く事業者のケースにおいて、賃貸人と賃借人の双方の代理人弁護士が参加する電話会議によって事前の説明が行われた例がある。

ことになる。

IV 普通建物賃貸借と定期建物賃貸借との比較

1 はじめに

　上記においては、定期建物賃貸借の成立要件を解説し、各要件についての注意点を簡単に述べた。本項では、成立要件にとどまらず、その他の点についても普通建物賃貸借と定期建物賃貸借との相違点を示したい。比較するポイントは、①賃貸借の用途、②契約成立の要件、③契約期間、④賃料増減請求権、⑤契約更新の有無、⑥中途解約権についてである。

2 賃貸借の用途

　普通建物賃貸借契約においては、特に建物の用途に制限はない。定期建物賃貸借契約についても同様である。

3 契約成立の要件

　普通建物賃貸借契約の場合、契約に特定の要式は要求されていない。法律上は、書面による契約のみならず口頭による契約でもかまわない。しかし、定期建物賃貸借契約の場合は、前記（Ⅲ（⇒453頁））のように、書面によることが必要であるほか、一定の要件を充足することが必要となる。

4 契約期間

　普通建物賃貸借契約においては、1年未満の契約期間を定めた場合は、期間の定めのない賃貸借契約とみなされる（借地借家法29条1項）。民法604条1項では賃貸借の存続期間は50年を超えることができないと規定されているが、借地借家法29条2項によって建物の賃貸借には適用されないため、1年以上の期間の上限はない。定期建物賃貸借契約の場合、期間の定めには下限も上限もなく、自由に契約期間を設定することができる。

5 賃料増減請求権

　借地借家法32条は賃料増減請求権を規定する。普通建物賃貸借契約及び定期建物賃貸借契約のいずれにも同条の適用がある。しかし、定期建物賃貸借契約においては、「借賃の改定に係る特約がある場合」、借地借家法32条の適用が排除される（借地借家法38条9項）。定期建物賃貸借を使用する場合、多くのケースで、借地借家法32条の適用が排除されている。

　賃料増減請求権は、「建物の借賃が、土地若しくは建物に対する租税その他の負担の増減により、土地若しくは建物の価格の上昇若しくは低下その他の経済事情の変動により、又は近傍同種の建物の借賃に比較して不相当となったときは、契約の条件にかかわらず、当事者は、将来に向かって建物の借賃の額の増減を請求することができる」権利である（借地借家法32条1項）。この権利の実質的な根拠は、事情変更の原則にあるといわれている。ただし、賃借人保護のため、一定期間賃料を増額しない特約がある場合には、その定めが優先する（同項但書き）。明文の規定はないが借地借家法32条は強行規定であるといわれている（最判昭和41年11月22日金融・商事判例47号8頁等）。この点に関連し、同条の規定に反する特約がなされた場合の当該特約の効力をどう考えるのか、そのような特約を無効とする明文の規定がないため問題となる。なお、この問題については、以下のように解説されている。

　「本条の趣旨・性格からそのような特約は一般的に有効であるが、特約に基づき算定された賃料の額が不相当になったときには本条が優先し、当事者に増減請求権が発生すると考えることになる。もっとも、特約がある場合とない場合とを全く同列に考えるのは適当ではなく、特約がある場合において、特約に基づいて算定された賃料が不相当となる場合であっても、なお賃貸借契約の他の事情を総合的に考慮して、家賃増減請求権の行使が権利の濫用、信義則に反するとして認められない場合があることは当然のことである（東京高判平成11年10月6日金融・商事判例1079号26頁）。」[73]

　賃料増減請求権の要件は、借地借家法32条1項により、「建物の借賃が不相

---

[73] 田山＝澤野＝野沢・前掲64）205頁［澤野順彦］。

当となったとき」であり、現実にいかなる場合が不相当と認定されるのかは一義的には明確な基準を示すことは難しい。様々な事情を考慮して判定されるが、この点は数々の文献で分析されている。また、結果として認められる相当な賃料の算定方法も同様である。本書では紙幅の関係上割愛する。

6 契約更新の有無

　普通建物賃貸借契約の場合、更新されるのが原則である。建物の賃貸借について期間の定めがある場合において、当事者が期間の満了の1年前から6か月前までの間に相手方に対して更新をしない旨の通知又は条件を変更しなければ更新をしない旨の通知をしなかったときは、従前の契約と同一の条件（ただし、期間は定めのないものとなる）で契約を更新したものとみなされる（借地借家法26条1項）。ただし、更新の拒絶の通知をするためには、少なくとも6か月前の予告が必要となり（同法27条1項）かつ正当事由が要求される（同法28条）。正当事由の有無は様々な事情を総合的に判断されるので、正当事由を具備することは簡単ではない。

　そして、要件を具備した通知をした場合であっても、建物の賃貸借の期間が満了した後建物の賃借人が使用を継続する場合において、建物の賃貸人が遅滞なく異議を述べなかったときは、契約は更新される。また、更新後に期間の定めのない賃貸借になっても、賃貸人の解約申入れには正当事由が要求される（同法28条）。そして、これらの規定に反する特約で賃借人に不利なものは無効である（同法30条）。

　他方、定期建物賃貸借契約の場合、期間満了により契約は終了し、更新はされない。期間が1年以上である場合には、建物の賃貸人は、期間の満了の1年前から6か月前までの間（以下「通知期間」という）に建物の賃借人に対し期間の満了により建物の賃貸借が終了する旨の通知をしなければ、その終了を建物の賃借人に対抗することができない。ただし、建物の賃貸人が通知期間の経過後建物の賃借人に対しその旨の通知をした場合においては、その通知の日から6か月を経過した後は、この限りではない。定期建物賃貸借契約が終了後に賃貸借を継続するには、新たに賃貸人と賃借人とが賃貸借契約を締結する必要がある。

7 中途解約権

【1】期間の定めのない普通建物賃貸借

　契約期間の定めのない普通建物賃貸借においては、賃借人からの解約申入れは、いつでも可能であるのに対し、賃貸人からの解約申入れには、正当事由が必要である（借地借家法28条）。賃借人からの解約申入れがあると、3か月後に賃貸借契約は終了となり（民法617条1項2号）、賃貸人からの解約申入れの場合、6か月後に終了となる（借地借家法27条1項）。

【2】期間の定めのある普通建物賃貸借

　契約期間の定めがある場合であっても、中途解約権が契約中に規定されていることがある。その場合には、契約の定めに従うが、実務上、賃借人からの中途解約には1か月から6か月の予告期間が必要であると規定されることが多い。居住用の建物の場合は1か月の予告期間が多いが、オフィス等の事業用の建物賃貸借の場合には、3か月から6か月の予告期間が定められる。賃貸人からの中途解約権も同様の条件で契約に規定されていることがあるが、借地借家法28条の規定は強行規定であるため（同法30条）、正当事由がない限り、たとえ契約書にそのような規定があっても中途解約はできない。契約期間の定めがある場合でかつ契約中に中途解約権の規定がない場合には、賃借人及び賃貸人のいずれも中途解約はできないことになる。

【3】定期建物賃貸借

　定期建物賃貸借契約の場合、当然期間の定めがあるが、契約上、当事者に中途解約権が与えられる場合がある。そのような場合、実務上の予告期間は上記【2】の期間の定めのある普通建物賃貸借の場合と変わらない。賃借人からの中途解約は、解約権の留保（民法618条）として有効となることに異論はない。
　しかし、定期建物賃貸借契約において賃貸人による中途解約権を規定した場合、当該特約は有効なのか（正当事由が必要か）否かについては意見の相違がある。この点については、「借地借家法38条1項の文言上同法30条の規定にか

かわらずと定めることで、同法26条及び28条の規定が適用されないことが明確化されているから、定期建物賃貸借契約において賃貸人からの解約権の行使に正当事由が要求されることはない。（中略）定期借家契約の場合については民法618条及び同617条により、賃貸人からの期間内の解約権を定めたときは、解約申入れにより3ヶ月で終了すると解することになる。よって、賃貸人と賃借人が真に自由な意思によって合意した以上、その合意通りの効力が認められるものと解さざるを得ない。」とする見解がある[74]。

他方、東京地判平成25年8月20日平成24年（ワ）27197号公刊物未登載は「定期建物賃貸借契約である本契約において、賃貸人に中途解約権の留保を認める旨の特約を付しても、その特約は無効と解される（借地借家法30条）」としている。この判例の結論を支持する立場は、借地借家法38条「1項は『第30条の規定にかかわらず、契約の更新がないこととする旨を定めることができる。』と規定している。すなわち、期間の定めがあって、期間が満了したときは、賃貸人側の正当事由具備の有無を問わず、期間満了によって賃貸借が終了する旨を定めているだけであって、中途解約権の行使についてまでは規定していない。むしろ、本項（注：第8項）によって、賃貸人の中途解約権留保特約は賃借人に不利な本項に反する特約として無効と解すべきである。」とする[75]。

企業間の定期建物賃貸借の解釈については可能な限り契約文言を優先すべきであり、前者の見解に依拠したいところである。しかし、下級審とはいえ裁判例がある以上、実務家としてはそれを尊重し、保守的な立場をとらざるを得ない。

定期建物賃貸借契約に中途解約の特約が規定されていない場合、賃貸人及び賃借人のいずれも中途解約を行うことはできない。ただし、賃借人については、特約の有無にかかわらず、借地借家法38条7項の要件を充足する場合には、中途解約をすることができ、解約申入れから1か月が経過すれば、賃貸借は終了する。

---

74) 田山＝澤野＝野沢・前掲64) 243頁［吉田修平］。

75) 稲本＝澤野・前掲62) 328頁以下。

第3編

第5章　定期建物賃貸借契約の契約条項の概説

I　はじめに

　ここでは定期建物賃貸借契約の実例を取り上げつつ、法的問題や実務上の問題を概説することにしたい。定期建物賃貸借契約の契約条項は、対象物件の性質によっては定型的な内容でかつ条項に関する議論は生じないことも多い。例えば、オフィスビルの貸室の定期建物賃貸借契約などは、賃貸人が作成したひな形をそのまま使用して契約を締結することが求められ、賃借人側からの契約修正の要求はあまり認められない場合も多い。そのような場合、賃料設定や、フリーレント期間などのコマーシャルな事項の交渉がなされても、法的な観点からの交渉はあまりなされない。

　しかし、商業施設、データセンター、物流施設などの建物の一棟を丸ごと10年以上の長期にわたって借り切るようなケースでは、賃借人も賃貸借契約の条項について相応の交渉力を有し、契約条項の交渉がなされることになり得る。特に第4章 II 2【2】のBTSリースなどは契約期間が長期（例えば20年）に及ぶため、その傾向は強まる。売買契約においてみられるような表明保証についての議論は賃貸借契約ではみられないことが多いが、賃借人の交渉力が強ければ売買契約においてみられるような表明保証の条項が加えられることもある。

　以下においては、比較的長期の商業施設用ビル一棟の定期建物賃貸借契約を素材として契約条項を概説する。なお、下記の条項例は、定期建物賃貸借特有の条項を除外すれば、普通建物賃貸借契約にも参考にできるものである。

II　定期建物賃貸借契約の表題と前文

1　条項例

　定期建物賃貸借契約に限らず建物賃貸借契約の場合、契約書の冒頭に「契約

要項」や「契約要目表」として、以下のような表を示すことが多い。契約の主要な内容を契約書の冒頭において一覧できるという便利さから使用されている。

定期建物賃貸借契約　契約要項（以下「本契約要項」という）（条項例）

①	賃貸人	●●●
②	賃借人	●●●
③	建物名称	XYZ Tokyo
④	建物所在地、構造、賃貸借部分	（筆者注：建物一棟の賃貸借契約である）
⑤	用途	結婚式場、レストラン及びこれらの付属店舗を運営する事業用
⑥	賃貸借期間	●年●月●日から●年●月●日（10年間）
⑦	賃料	●●円（月額）
⑧	管理費	該当なし
⑨	賃料開始日	●年●月●日
⑩	敷金	●●円（月額賃料の●か月分）

上記のような契約要項を示した上で、以下のように冒頭の記載がなされる。

定期建物賃貸借契約書（条項例）

> ●●会社（以下「賃貸人」という。）と●●株式会社（以下「賃借人」という。）は、●年●月●日、以下の内容で借地借家法第38条に規定される定期建物貸借契約（以下「本契約」という。）を締結する。

2 賃貸人がSPCの場合

　賃貸人がSPC（特定目的会社や合同会社）の場合、レンダーからノンリコースファイナンスを得るために「責任財産限定特約」及び「倒産不申立ての合意」を賃借人と取り交わす必要がある。SPCが所有権とともに既存の賃貸借契

約の賃貸人の地位を承継した場合は、既存の賃貸借契約にそれらの条項が含まれなくても仕方ないが、新規に契約を取り交わす場合には、それらの条項を追加することを求められるのが通例である[76]。賃貸人がマスターレッシーとなっているSPC（合同会社であることが通例である）の場合には、レンダーから倒産隔離を要求されるとは限らず、上記の条項は必須ではない。

　賃借人の立場としては、賃貸人がSPCであったとしても対象となる不動産を所有しているのであれば、特に不都合はない。賃貸人の最も中心的な義務である「対象不動産を使用収益させる義務」は所有者であればおおむね履行可能だからである。また、万一賃貸人に債務不履行があったとしても不動産の所有者であれば一定の資産を保有しており、賃借人の賃貸人に対する債務不履行による損害賠償請求権が履行されないリスクは低くなる。他方、賃貸人が不動産を所有しない場合（マスターレッシーとして不動産を転貸する場合）には、賃借人には賃貸人の資力に関するリスクが生じる。

　賃借人は、「賃貸人に債務不履行があっても賃料の支払を拒むか賃料支払義務と相殺すればおおむね大丈夫だろう。」と考えるかもしれない。この点で注意する必要があるのは、賃貸借契約の中に「賃借人からの相殺禁止条項」が入っている場合である（**Ⅳ**（⇒476頁））。そのような賃借人からの相殺禁止を受け入れた場合には、賃借人は、契約上、一方で毎月賃料を支払いつつ、他方で、損害賠償を請求するということになり、賃借人の想定からはずれる可能性がある。

---

[76] 「責任財産限定特約」及び「倒産不申立ての合意」については、売買契約に関する第3章 **Ⅶ**（⇒431頁）参照。

Ⅲ 定期建物賃貸借及び賃貸借の合意、使用目的、賃貸借期間

1 条項例

定期建物賃貸借の確認及び賃貸借の合意（条項例）

> 第1条（定期建物賃貸借の確認及び賃貸借の合意）
> 賃貸人及び賃借人は、本契約が本契約要項記載の建物（以下「本物件」という。）についての借地借家法第38条に規定される定期建物賃貸借契約であることを確認する。本契約の定めに従って、賃貸人は、本物件を賃借人に賃貸し、賃借人は本物件を賃貸人から賃借する。

本物件の用途（条項例）

> 第2条（本物件の用途）
> 賃借人は、本物件を本契約要項記載の用途にのみ使用し、他の用途に使用してはならない。

賃貸借期間（条項例）

> 第3条（賃貸借期間）
> 1．本契約に基づく賃貸借期間は、本契約要項記載のとおりとする（以下「本賃貸借期間」という。）。本契約は本賃貸借期間の満了により終了し、更新されない。
> 2．賃貸人及び賃借人は、借地借家法第38条3項に従い、賃貸人が、賃借人に対し、本契約の締結前に、別紙1に添付する書面（注：事前説明文書を意味する。**第4章Ⅲ 8**（⇒460頁）の文例参照）を交付し、本契約は更新されず、本賃貸借期間の満了時に終了する旨を説明したことを、相互に確認する。
> 3．賃貸人は、本賃貸借期間の満了の1年前から6か月前までの間（以下「通知期間」という。）に、賃借人に対し、本賃貸借期間の満了により本契約が終了する旨を書面によって通知する。
> 4．賃貸人が、通知期間の経過後、賃借人に対し、本賃貸借期間の満了により本契約が終了する旨の通知をした場合においては、その通知の日から6か月を経過した日に本契約は終了する。

2 条項例の解説

　定期建物賃貸借契約の場合、契約書のはじめに「定期建物賃貸借契約」であることを両当事者が確認することが多い。契約書のタイトルや冒頭部分で定期建物賃貸借であることはすでに記載済みであり重複するが、普通建物賃貸借とみなされないように念を入れた規定である。

　契約書の最初に近い部分で、賃貸借の合意、建物使用目的及び賃貸借期間を規定することは一般的である。前記のように定期建物賃貸借契約と普通建物賃貸借契約とでは多くの相違があり、契約上両者が混同されないようにしておくべきである。また、使用目的及び賃貸借期間はいずれも基本的な契約の要素であり、明確に規定する必要がある。

　賃貸借期間を規定する第3条1項から4項は、借地借家法38条の規定に対応する条項であり、対応関係は以下のとおりである。

賃貸借期間についての上記条項例	対応する借地借家法の条項
第3条1項	借地借家法38条1項
同条2項	同条3項
同条3項	同条6項
同条4項	同条6項

Ⅳ 賃　料

1 条項例

賃料（条項例）

> 第4条（賃料）
> １．賃借人は、賃貸人に対し、本契約要項記載の賃料を支払う。支払方法は、毎月月末限り、翌月分を賃貸人の下記銀行口座に送金する方法（送金手数料は賃借人負担）とする。ただし、1か月未満の賃貸借期間についての月額賃料は、その月の日数に従って日割計算をする。
> ［送金先］
> 銀行名：●●銀行
> 支店：●●支店
> 口座種別及び口座番号：普通預金　No.　●●●●
> 口座名義：●●
> ２．本賃貸借期間中、賃料は改定されない。賃貸人及び賃借人は、借地借家法第32条に規定される賃料増減請求権を有しない。
> ３．賃借人は賃料及びその他本契約上賃借人が賃貸人に支払うべき金員のうち消費税法及び地方税法上課税対象とされるもの（以下「課税対象項目」という。）に課税される消費税・地方消費税（以下「消費税」という。）相当額を負担するものとし、その消費税を課税対象項目に付加して賃貸人に支払う。
> ４．賃借人は、賃料その他の本契約における支払義務の履行に関し、相殺することなく全額を本契約の定めに従い支払を行うものとする。

2 条項例の解説

　本条項例の第1項は、賃料の金額及び支払時期を規定した一般的な規定である。民法614条では建物賃貸借の場合、毎月末に当月分の支払としているが、実務上は前払が一般的である。

　本条項例の第2項は、借地借家法38条9項に規定される「借賃の改定に係る特約」（「賃料改定特約」）として、同法32条の「賃料増減請求権」の適用を排除するための規定である。どのような合意があれば賃料改定特約として賃料増減請求権の適用を排除することができるのかについては、借賃を客観的に定めることができる合意でなくてはならないとされている。以下に例を示す。

	賃料改定に関する合意	賃料改定特約として認められるか否か
①	賃貸借中は賃料の改定を一切行わない合意	認められる。
②	一定の期間ごと（例：2年ごと）に一定比率（例：3％）賃料を増額する合意	認められる。
③	一定の期間ごとに消費者物価指数など客観的に確定できる指数の変動に応じて賃料を改定する合意	認められる。
④	一定の期間ごとに賃貸人と賃借人が協議の上賃料を改定する合意	賃料が客観的に定まらないので、認められない。

　定期建物賃貸借の場合、契約期間が極めて長期になるケースもあり、そのような場合には、上記③の賃料改定特約を使用するなどして、賃料増減請求権を排除しつつ賃貸人と賃借人の衡平を図ることも多い。

　第4項は「相殺禁止」を規定している。賃貸借契約にはあまりみられない規定ではあるが、この規定により賃貸人の立場はかなり強化される。賃借人としては削除を求めるべきだが、賃貸人の提示する契約書に含まれているとそのまま見逃してしまう可能性もあるため注意を要する。

V 諸費用の負担

1 条項例

諸費用の負担（条項例）

> 第5条（諸費用の負担）
> 賃借人は次の費用を負担する。
> 　（1）　本物件の電気料及び水道料
> 　（2）　その他本物件の使用に必要な諸費用（清掃費用、電話代金、警備会社との契約費用、CATV等を含む。）

2 条項例の解説

　本条項例は建物一棟の賃貸借であり、公共料金及び管理に必要なサービス（清掃等）はすべて賃借人が自己名義で契約して負担することになっている。公共料金を賃貸人が負担するようなケースでは、「毎月賃貸人の計算に従って、賃借人が実費を負担する。」旨の条項が加えられる。

VI 敷　金

1 敷金についての解説

　条項例を紹介する前に敷金について概説をする。

【1】敷金の法的性質

　敷金とは「いかなる名目によるかを問わず、賃料債務その他の賃貸借に基づいて生ずる賃借人の賃貸人に対する金銭の給付を目的とする債務を担保する目的で、賃借人が賃貸人に交付する金銭」を意味する（民法622条の2第1項）。例えば、「保証金」など、敷金と称されていなくても上記の性質を有する金銭は法的には「敷金」ということになる。敷金の法律構成については、伝統的に「一種の停止条件付返還債務を伴う金銭所有権の移転」と説明されている[77]。

債務不履行がなければ全額を返還し、あればその分を控除した金額を返還するという条件が付いた金銭の所有権移転という意味である。敷金の合意は、賃貸借契約とは別ではあるが、賃貸借契約に付随する契約である。賃貸人は特に別段の合意がなければ敷金を分別管理する必要はない。平成29年改正民法により敷金について民法622条の2が設けられているが、この規定は任意規定なので、契約上別の取り決めを合意することは妨げられない。

【2】敷金によって担保される債務の範囲

　敷金によって担保される賃借人の債務は、別段の合意がない限り、「賃料債務その他の賃貸借に基づいて生ずる賃借人の賃貸人に対する金銭の給付を目的とする債務」（民法622条の2第1項）である。賃料支払義務に限らず、賃借人に賃貸借契約における債務不履行があれば損害賠償債務も敷金によって担保される。

【3】敷金の返還時期

　民法622条の2第1項によると、賃貸人は、「賃貸借が終了し、かつ、賃貸物の返還を受けたとき。」又は「賃借人が適法に賃借権を譲り渡したとき。」に、その受け取った敷金の額から賃貸借に基づいて生じた賃借人の賃貸人に対する金銭の給付を目的とする債務の額を控除した残額を返還しなければならない。これらは判例法理を条文化したものである。実務上は、賃貸借契約書において、敷金の返還時期が規定されることが通例で、通常は、明渡しから一定の期間を経てから返還する旨が規定される。賃貸人は、明渡しを受けた後に物件の損傷等を確認し、その金銭的な損失を明確にするのに一定の時間を要するため、賃貸人が明渡しと同時に敷金を返還することを合意するケースは通常みられない。

【4】敷金の担保としての効力の実現

　敷金の担保としての効力の実現については、「賃貸借契約存続中」と「賃貸

---

77)　我妻・前掲68）472頁。

借契約終了時」とに分けて考える必要がある。

　①「賃貸借契約存続中」については、賃借人の債務不履行があるときは、賃貸人は敷金をその債務の弁済に充てることができるものの、賃借人側からそのような充当を要求することはできない（民法622条の2第2項）。賃貸人が賃借人の債務に敷金を充当するためには、賃借人に対し、充当の意思表示をすることが必要であると解釈されている[78]。ただし、敷金に関する民法の規定は任意規定であるため、意思表示を省略することも可能である。

　②「賃貸借契約終了時」には、敷金によって担保される債務が確定される。賃貸人の意思表示を要することなく敷金は賃借人の債務に当然に充当される（同条1項柱書）[79]。

【5】当事者の変更と敷金の承継

　建物賃貸借において賃貸人又は賃借人が変更する場合に、賃借人が当初差し入れた敷金についての法律関係がどのように変化するのであろうか。関係者の合意があればそれに従うが、合意がない場合には敷金関係の承継の問題が生じる。敷金契約は賃貸借とは別の契約関係であるという点を前提に考える必要がある。以下に場合を分けて概説する。

[a] 賃借人が変更する場合

　これは賃借人が賃貸人の承諾を得て賃借権を第三者に譲渡した場合である。このケースでは、賃貸人は、賃借人に対し、敷金の額から賃借人の債務の額を控除した残額を返還しなくてはならない（民法622条の2第1項2号）。敷金に関する権利義務が当然に新賃借人に承継されることはない。

[b] 賃貸人が変更する場合

　賃貸人が賃借人に賃貸している建物の所有権を移転するのに伴って賃貸人の地位が移転するときには、敷金の返還に係る債務は、建物の所有権の譲受人に移転する（民法605条の2第4項）。

---

[78]　鎌田＝潮見＝渡辺・前掲18) 230頁［橋口祐介］、日本弁護士連合会『実務解説改正債権法』（弘文堂、第2版、2020年）476頁ほか。

[79]　最判平成14年3月28日民集56巻3号689頁。

2 条項例

敷金（条項例）

第6条（敷金）
1. 賃借人は、本契約から生じる一切の債務を担保するため、敷金として、本契約要項記載の金額を、本賃貸借期間の開始日に、賃貸人に対し、第4条第1項に規定する賃貸人の銀行口座に送金する方法により、預託する。送金手数料は賃借人の負担とする。
2. 敷金には利息を付さない。
3. 賃借人が、賃料その他賃貸人に対する支払債務（損害賠償債務を含む。）を履行しない場合、賃貸人は、賃借人に対し何らの催告を要することなく、賃借人に通知の上、敷金をもって当該債務に充当することができる。
4. 前項により、賃貸人が敷金を賃借人の債務に充当した場合、賃借人は、賃貸人からの通知を受領後●営業日以内に充当された金額と同額の金員を敷金として賃貸人に預託するものとする。
5. 賃貸人は、本契約が終了後、賃借人の賃貸人に対する未払債務に敷金を充当した後の残額を、賃借人による本物件の明渡しの完了日から●日以内に賃借人に返還する。
6. 賃借人は、賃料その他本契約に基づき賃借人が負担する債務の弁済に敷金を充当すべきことを賃貸人に申し出ることはできない。
7. 賃借人は、敷金に関する債権を第三者に譲渡し、又は債務の担保に供することはできない。

3 条項例の解説

第1項は敷金の合意の中核をなすもので、一般的な規定である。

第2項は「敷金に利息が付されないこと」を確認的に規定している。敷金が「一種の停止条件付返還債務を伴う金銭所有権の移転」であるとすれば、当然に利息が付されることはないが、誤解が生じないように確認的に規定したのである。

第3項は、敷金の充当方法を規定している。上記のように賃貸人は充当の意思表示をして敷金を賃借人の債務に充当できるというのが民法の立場であるが、それを契約の条項に反映させたものである。

第4項は、敷金が賃貸借期間中に賃借人の債務に充当された場合に賃借人に追加の敷金の預託を義務づける規定である。賃貸人にとっては担保の目減りを

防止する意味があり、必要な規定である。

　第5項は、賃貸借終了時における敷金の充当を規定しているが、敷金の返還時期を「本物件の明渡しの完了日から●日以内」として明渡しの日から一定の期間を置いている点で民法の定めと異なっている。上記**Ⅵ** **1**【3】(⇒479頁)で述べたように賃貸人側の都合によるものである。

　第6項は、民法622条の2第2項後段を契約に取り込んだ規定である。

　第7項は、敷金返還請求権の譲渡及び担保提供を禁止している。賃貸借契約にはほぼ例外なく加えられる規定である。

Ⅶ　賃借人による使用収益（善管注意義務、用法遵守義務、禁止事項等）

1 はじめに

　民法616条は、賃借人による使用収益について、使用貸借に関する同法594条の規定を準用している。また、同法622条により、使用貸借に関する同法597条1項、599条1項及び2項、600条の規定が、賃貸借に準用される。これらにより、賃借人は、用法遵守義務（同法594条1項）、賃借物返還義務（同法597条1項）及び原状回復義務（同法599条）を負うことになる。また、賃借人は賃貸目的物を返還する義務を負うことから、同法400条に従って「善管注意義務」を負担する。

　ここでは賃借人が物件の使用収益について賃貸人から求められる義務についての条項を解説する。賃借物返還義務及び原状回復義務は、契約終了に関連するので別の箇所で述べる。

2 条項例

賃借人による本物件の使用（条項例）

> 第7条（賃借人による本物件の使用）
> 1．賃借人は、本物件を善良な管理者の注意をもって、使用しなければならない。

2．賃借人は、賃貸人が別途定める本物件の使用規則を遵守するものとする。
3．賃借人は、以下の行為をしてはならないし、賃借人の代理人、使用人、請負人、顧客、訪問者その他の関係者にさせてもならない。
（1）賃借人は、本物件を本契約要項記載の用途以外の用途に使用すること。
（2）本物件又は本物件内の造作・設備の全部又は一部を第三者に賃貸し、同居、共同経営、販売委託、使用貸借その他名目のいかんにかかわらず第三者にこれを使用させ、又は担保に供すること。
（3）本契約上の権利義務又は契約上の地位の全部又は一部を他に譲渡、移転すること。
（4）本物件内に居住若しくは宿泊し、又は第三者を居住若しくは宿泊させること。
（5）本物件に、危険物、有害物質、法令により保持・保管を禁止若しくは制限されている物又は本物件の強度を超える重量物を持ち込むこと。
（6）本物件内で公序良俗に反する行為を行うこと。
（7）本物件（下水溝、排水溝等共同施設を含む。）に損傷を与える行為を行うこと。
（8）近隣に迷惑を及ぼす行為を行うこと。

3 条項例の解説

　第1項は、賃借人の善管注意義務を規定している。善良な管理者の注意とは、債務者の職業、その属する社会的・経済的な地位などにおいて一般的に要求されるだけの注意をいう。具体的な注意の程度は、民法400条の規定にあるように「契約その他の債権の発生原因及び取引上の社会通念に照らして」定まる。「自己の財産に対するのと同一の注意義務」よりも高度な注意義務である。

　第2項は、賃貸人の定める使用規則に賃借人が従う義務を規定している。建物の利用には細々としたルールがあることが通常であり、契約書ではそれをすべて記載し尽くすことは実務上困難で、適宜改訂される可能性もあるので、契約書とは別の書面に記載されることが通例である。また、賃貸人の立場からは、使用規則によって、善管注意義務の内容を具体的に細部にわたって規定し具体化することが可能である。賃貸借契約との関係を明確にするためにも、現行の使用規則を別紙として契約書に添付することが望ましい。

　第3項は、禁止事項を定めている。賃貸人は、自己の資産である建物を不適切な方法で賃借人に使用されないようにするため、このような禁止事項を契約内に規定することが通例である。これらの禁止事項の内容は使用規則に含める

ことも可能であるし、実際に賃貸借契約と重複して規定することも構わないが、契約書に明記することでその重要性を示すことになる。また、そもそも転貸や契約上の地位の譲渡は賃貸人の承諾なく行うことはできないが、禁止行為として規定することによって、それらを行うことが契約違反を構成することを明確化することに本項の意味がある。

なお、冒頭部分の「賃借人の代理人、使用人、請負人、顧客、訪問者その他の関係者にさせてもならない。」という点は、いわゆる「利用補助者の行為については賃借人が責任を負う。」という判例学説において認められている内容を規定するものである[80]。このように規定しなくても同様の結論を導くことは不可能ではないが、明確化を図るためには明記しておくことが望ましい。

VIII 造作の設置、建物の保守・修繕

1 はじめに

賃借人による造作の設置や建物の保守・修繕は、賃貸の対象となる建物への物理的変更を加える行為である。契約によって異なる取り決めもあるが、まず民法の原則に従った内容を解説した上で、条項例を紹介する。

2 造作の設置

造作とは、判例によれば「建物に附加された物件で、賃借人の所有に属し、かつ建物の使用に客観的便益を与えるもの」（最判昭和29年3月11日民集8巻3号672頁）である。裁判例に登場した造作の実例としては、廊下のドアの仕

---

[80] 平野裕之『債権総論』（日本評論社、第2版、2023年）128頁は以下のように述べている。「賃貸借で問題となるのは、賃借人の賃借物保管義務の不履行（賃借物の滅失・損傷）につき、その原因が、①賃借人の家族など同居人、または②転借人にある場合である。かつては、この問題も履行補助者の問題として論じられていたが、現在では利用補助者の問題として別個に論じられている。保管義務の履行のために他人を使っているのではなく、権利の行使として同居人を居住させる、または他人に転貸して使用させるのであり、そのような行為をする以上、賃借人はこれらの者の行為について責任を負うべきであると考えられ、これらの行為は免責事由たる全くの第三者の行為ではないのである。」

切、台所や応接室等のガス設備、配電設備、水洗便所、シャワー設備、レストラン用の店舗の調理台・レンジ・食器棚・空調・ボイラー・ダクト等設備一式などがある[81]。借地借家法には造作買取請求権の規定があるが（借地借家法33条）、民法には特に規定はない。賃借人が自由に造作を設置することを許すと、建物の価値をかえって損なうリスクもあるため、賃貸人の立場から、造作の設置には賃貸人の事前の許可を必要とするのが通例である。また、賃貸借契約の終了時に賃借人が借地借家法上有する「造作買取請求権」については、賃貸人の立場からは、無条件に受け入れることができないため、賃貸借契約において造作買取請求権を否定することが通例である。

3 建物の保守・修繕

【1】賃貸人の修繕義務

民法上、賃貸人は建物を使用可能な状態で賃借人に貸す義務がある。建物に修繕を要する必要が生じた場合には、賃貸人は修繕しなくてはならない。民法606条は賃貸人の修繕義務を以下のとおり規定する。ただし、これは任意規定なので、賃貸借契約で別異の取り決めをすることは許容される。一棟貸のビルの賃貸借や前記第4章 II 2 【2】のBTSリースでは建物のどの部分を誰が修理するのかが一覧表などで詳細に規定され、躯体部分を除き建物の相当部分について賃借人が修繕義務を負うことが多い。

民法606条（賃貸人による修繕等）

> 1 賃貸人は、賃貸物の使用及び収益に必要な修繕をする義務を負う。ただし、賃借人の責めに帰すべき事由によってその修繕が必要となったときは、この限りでない。
> 2 賃貸人が賃貸物の保存に必要な行為をしようとするときは、賃借人は、これを拒むことができない。

---

81) 稲本＝澤野・前掲62）283頁。

【2】修繕に関する賃借人の権利義務

　賃借人は、賃借物の修繕を要するときには、すでに賃貸人がそれを知っている場合を除き、遅滞なく賃貸人に通知しなければならない（民法615条）。また、民法は賃借人が修繕を行う権利を規定している。緊急の場合や修繕の必要があるにもかかわらず賃貸人が修理しない場合、以下のとおり、賃借人の使用収益を可能とするために修繕の権利が認められている。

民法607条の2（賃借人による修繕）
> 賃借物の修繕が必要である場合において、次に掲げるときは、賃借人は、その修繕をすることができる。
> 一　賃借人が賃貸人に修繕が必要である旨を通知し、又は賃貸人がその旨を知ったにもかかわらず、賃貸人が相当の期間内に必要な修繕をしないとき。
> 二　急迫の事情があるとき。

　上記の規定に従って賃借人が修繕を行った場合、賃借人はそれに要した費用を民法608条に従って賃貸人に請求することができる。

【3】賃貸人の担保責任

　売買契約に関して定められている売主の担保責任の規定は賃貸借契約に準用される（民法559条）。売買契約の場合、契約不適合責任について契約交渉上様々なやり取りがなされることが多いし、契約不適合責任のほかにも売買対象不動産についての売主の表明保証も、当事者の交渉が熱を帯びるポイントである。しかし、建物賃貸借の実務ではあまり議論にならない。賃貸人が担保責任を否認する条項を加えることも通常ないし、賃借人が建物に関する賃貸人の表明保証を求めることも少ない。これは、建物賃貸借は売買と異なり使用収益を目的とした継続的契約であること、売買ほどの高額の対価が一時期に授受されるわけではないこと、賃借人の交渉力がそれほど強くないことが原因であろうと推測される。しかし、賃借人に交渉力のあるケース（建物の一棟を借りる場合やBTSリースの場合）においてはそのような表明保証に関する交渉がなされることも多い。

4 条項例

造作・設備工事等（条項例）

第8条（造作・設備工事等）
1. 賃借人は諸造作・設備の新設・付加・除去・改造・供給能力変更・取替その他本物件の原状の変更を希望する場合には、あらかじめ設計図、仕様書を賃貸人に提出し、賃貸人の書面による承諾を得てから、賃貸人が事前に書面により承諾する業者を使用して工事を行うものとする。
2. 前項の原状変更に要する費用はすべて賃借人の負担とする。

保守・修繕（条項例）

第9条（保守・修繕）
1. 賃借人は本建物に関する保守・修繕を自らの費用と責任で行うものとする。ただし、本建物躯体のほか別紙●に定める事項の維持保全に必要な保守・修繕は賃貸人が自らの費用と責任で行うものとし、賃借人はこれに協力する。
2. 賃借人が前項の義務を履行しない場合、賃貸人は自ら修繕を行い、その費用を賃借人に請求することができる。

5 条項例の解説

　上記の第8条（造作・設備工事等）は、建物の原状変更には常に賃貸人の承諾が必要であることを明記するものであり、建物賃貸借契約書に含まれる一般的な規定である。建物は賃貸人の所有する資産であるため、賃借人による自由な変更は許されない。なお、工事をするにしても賃貸人の選任する業者でなければならないというのも一般的な規定である。

　上記の第9条第1項は、本文で保守修繕を賃借人の責任としつつ、但書きで別紙における事項を賃貸人の責任とすることで、賃借人と賃貸人との責任を区分している。この条項例は建物の一棟を賃貸する例のため、賃借人の責任範囲が拡大されている。

Ⅸ 賃借人の通知義務及び届出義務

1 条項例

通知義務（条項例）

> 第10条（通知義務）
> 賃借人は、本物件において、発生原因を問わず、修繕又は災害の予防若しくは第三者への損害の予防のための措置を必要とする箇所が生じ、又は生じるおそれがある場合、直ちに賃貸人に通知しなければならない。賃借人は、かかる通知を怠るか又は遅延させたことにより賃貸人に発生又は拡大した損害を補償するものとする。

届出義務（条項例）

> 第11条（届出義務）
> 賃借人は、以下の各号のいずれかに該当する事実が発生したときには、賃貸人に対し、遅滞なく、当該事実を書面で届け出るとともに当該変更事項を示す証憑（商業登記簿謄本、原本証明書付きの定款の写し及び代表者の印鑑証明書等賃貸人が承認するものでなければならない。）を提出するものとする。
> （1）代表者、商号又は店名、本店所在地に変更があったとき。
> （2）資本構成又は株主構成に重要な変更があったとき。
> （3）定款に変更があったとき。
> （4）その他賃借人による本契約に履行に重大な影響を生じる事実が生じたとき。

2 条項例の解説

【1】通知義務

　日常的に物件を使用しているのは賃借人であり、物件の修繕が必要な場合であっても賃貸人がその必要性を認識するためには、賃借人からの連絡が必要である。そのため、賃借人の通知義務を賃貸借契約に規定する必要がある。また、賃貸人は建物の所有者として民法上の無過失責任を負担する可能性があるため（民法717条－土地の工作物等の占有者及び所有者の責任）、建物の現状に

問題があれば賃借人から通知をしてもらい適切な措置をとる必要がある。

【2】届出義務

賃貸人は、賃借人の信用状態の変化や株主の変更にも利害関係を有する場合がある。そのため一定の届出義務を賃借人に課すことになる。

X 保　険

1 条項例

保険（条項例）

> 第12条（保険）
> 1．賃借人は、賃貸人が所有する本建物の内装等・什器・備品・商品等に関する火災、盗難、その他の事故による損害をてん補するための損害保険契約、及び本建物の利用に係る第三者への賠償義務をてん補するための損害保険契約を、本契約に際し速やかに締結し、当該保険契約を本契約終了まで継続するものとする。
> 2．賃借人は、前項で締結された損害保険契約が変更又は更新される場合には、事前に賃貸人に通知する。
> 3．第1項及び第2項の場合、賃借人は締結した損害保険契約の保険証書の写しを速やかに賃貸人に提出する。

2 条項例の解説

第12条は、賃借人に対する保険加入の義務を課すものである。賃借人の行為により建物で火災が発生した場合や第三者に損害を与えた場合、賃借人に資力がないと損害のてん補ができず、賃貸人に経済的な負担が生じるリスクがある。そこで、賃貸人は、自ら建物について損害保険に加入することに加え、賃借人に対し、一定の保険に加入することを義務づけることが多い。

なお、失火については、失火責任法により重過失がない限り不法行為責任を負わないことになる[82]。そのため、近隣の建物に失火があり、賃貸借対象の建物に延焼し被害を受けても、賃借人は失火を起こした者に対して不法行為を根

拠に損害賠償請求をすることができない可能性がある。そのような場合でも自己が保険に加入していれば、損害をてん補できるので、保険加入は賃借人にとってもメリットがある。なお、同法は不法行為責任だけに適用があるので、賃借人が契約上の義務違反（例：善管注意義務違反）により賃貸人に損害を与えた場合には、免責されず賃貸人に対して損害賠償責任を負担する。

XI 賃貸人による立ち入り

1 条項例

本物件への立入権（条項例）

> 第13条（本物件への立入権）
> 1．賃貸人又は賃貸人の指定した者は、以下の各号の場合、賃借人に事前に通知した上で、本物件内に立ち入り、必要な措置を講じることができるものとし、賃借人はこれに協力する。ただし、緊急を要する場合において、賃借人に事前に通知することができない場合には、賃貸人は、事後速やかに通知するものとする。
> （1）本物件の消耗又は劣化を防ぐために賃貸人が必要であると認める作業を行う場合。
> （2）賃借人による本契約違反の有無の調査を行う必要がある場合。
> （3）本物件の将来の購入者又は賃借人に本物件を紹介する場合。
> （4）その他賃貸人が本物件に立ち入る必要があると認める場合。
> 2．賃貸人は、前項に従って本物件に立ち入る場合、賃借人の本建物の利用に支障が生じないよう配慮するものとする。

---

82) 「失火免責の趣旨は、①わが国では火災は天災と考えられていること、②木造家屋が多いわが国では、火災に対する防火・消防体制が十分ではなく、一度火災が起きれば広範に拡大し、失火者に損害賠償責任を負わせることは酷であること、③自分の家屋を失っている失火元に対して責任を追及することは、人情に耐えないこと、などである。」と説明されるが、現代においてもそれらの理由が妥当するのかについて疑問が呈されている（平野裕之『債権各論Ⅱ事務管理・不当利得・不法行為』（日本評論社、2019年）342頁）。

2 条項例の解説

　賃貸人が賃借人に無断で賃貸物件に立ち入ったときは、賃貸人は債務不履行又は不法行為により損害賠償責任を負う可能性があり、また、建造物侵入罪が成立する可能性すら存在する。しかし、賃貸人は建物の所有者であり、一定の場合、賃借人が使用する物件内に立ち入る必要があり得る。上記のように契約上は「通知」のみで立ち入ることができるとしても、実務上は承諾を得て立ち入るのが通常であろう。

XII 不可抗力による建物の滅失・毀損

1 条項例

不可抗力による建物の滅失・毀損（条項例）

> 第14条（不可抗力による建物の滅失・毀損）
> 1．天災地変その他賃貸人及び賃借人のいずれの責めに帰することができない事由（以下「不可抗力事由」という。）により本物件の全部が滅失又は毀損して本契約の目的を達することができなくなった場合、本契約は当然に終了する。賃貸人及び賃借人は別途協議の上、本契約終了時の手続き等を決定する。
> 2．不可抗力事由により本物件の一部が滅失又は毀損した場合には、賃貸人及び賃借人は以下の措置をとるものとする。
> 　（1）第9条の規定に従い、賃貸人又は賃借人が当該滅失又は毀損した部分を修繕する。
> 　（2）賃貸人が滅失又は毀損した部分を修繕する義務を負う場合、本物件全体の面積における賃貸人が修繕すべき部分の面積の割合及び重要性を考慮して、修繕が完了するまでの期間の賃料の減額について、両者協議の上合意するものとする。
> 　（3）賃借人が滅失又は毀損した部分を修繕する義務を負う場合、賃借人は当該部分が滅失又は毀損したことを理由に賃料の減額を求めることはできない。

2 条項例の解説

　物件の全部が滅失又は毀損して本契約の目的を達することができなくなった

場合、第 1 項は「本契約は当然に終了する。」と規定している。これは民法616条の 2 の規定と同じ帰結である。

第 2 項は、物件の一部が滅失又は毀損した場合の修繕及び賃料の取扱いについて規定するが、これは民法の規定とは異なる合意内容となっている。そこで、まず民法の規定による帰結を以下に示す。

民法の規定による効果

不可抗力事由による毀損の修繕義務[83]	賃貸人が修繕義務を負う（民法606条 1 項）。
不可抗力事由による毀損がある場合の賃料の減額	賃料は使用収益できなくなった部分の割合に応じて当然に減額される（同法611条 1 項）。

上記の民法の規定は任意規定のため、それと異なる合意をすることは可能である。修繕に関する条項例（上記第 9 条）では、賃借人と賃貸人とに修理区分が別れており、民法の原則である「賃貸人が修理義務を負う。」という点が合意によって排除されている。そのため、第14条においても、不可抗力事由による修理義務は、当然に賃貸人に帰属するのではなく、第 9 条の区分に応じて賃借人と賃貸人とに分配されることになる。その結果、第14条では、賃料減額についても、当然減額ということにはせず、まず賃借人と賃貸人とのいずれが修繕義務を負う滅失又は毀損なのかにより、賃料の減額の有無を決め、その上で賃料の減額があるとしても「当然減額」ではなく「協議による合意」という取扱いとしている。なお、第 2 項が発動されるのは「不可抗力事由による物件の一部の滅失又は毀損」であるが、賃貸人は物件の内部を日々チェックしているわけではないことから、それが生じたことを常に認識できるとは限らない。その意味では、賃貸人にとり、上記第10条に規定される賃借人の通知義務が助けとなる。

---

83) 参考までに記載すると、賃借人に帰責事由がある毀損の場合には、賃貸人に修繕義務は生じず（民法606条 1 項）、賃料減額も請求できない（同法611条 1 項）。

XIII 契約の中途解約及び解除（違約金の規定を含む）

1 契約の中途解約の条項例

中途解約の禁止（条項例）

> 第15条（中途解約の禁止）
> 賃貸人及び賃借人は、いずれも、本賃貸借期間中、本契約を中途解約することはできない。

2 条項例の解説

　定期建物賃貸借契約の中途解約については、第4章 IV 7（⇒468頁）において概説したところである。定期建物賃貸借であっても契約上中途解約を許容する条項があれば、それに従い、賃借人は中途解約できる。しかし、賃貸人による中途解約については、「正当事由」が必要か否かについて議論がある。正当事由を必要とした東京地裁の平成25年の判決があり、実務上は保守的な立場をとらざるを得ないことは記述のとおりである。

　上記の条項例では、賃貸人及び賃借人のいずれについても中途解約を禁止している。借地借家法38条7項は、居住用の建物に関する規定であり、賃借人についての例外を規定するが、条項例は商業ビルの賃貸借を対象としているので適用されない。

3 契約の解除と解約の相違

　契約の「解除」とは、契約締結後、当事者の一方の意思表示によって、その効力が最初から存在しなかった状態にすることをいう。これに対し、「解約」は、賃貸借契約のような継続的な契約関係の場合に、将来に向ってのみ効力を消滅させるときに用いられる。継続的契約である賃貸借契約では、過去の賃料や使用収益関係等を遡って精算することは無意味であるため、解除の遡及効は認められておらず、解除の時から将来に向ってのみ契約関係が終了するとされている（民法620条）。賃貸借に関しては民法618条で「解約」という文言を

使用しているにもかかわらず、同じ賃貸借の条文である620条では「解除」という文言を使っているように、民法の規定は必ずしも「解約」と「解除」を厳密に使い分けているとはいえない。実務上は、「解約」は、解除権の有無とは別に、一方当事者の意思表示により契約を将来に向かって解消することを意味し、必ずしも契約の相手方の契約違反を必要とすることなく契約上の合意により認められる。他方、「解除」は相手方の契約違反や違法行為などの一定の事由が存在する場合に当事者の意思表示によって契約関係を終了させる場合に認められるのが通例である。いずれにしても契約上の発生要件と効果を理解することが重要であり、「解約」と「解除」という用語自体の意味に深くこだわる必要はない。

4 契約解除の条項例

契約の解除（条項例）

> 第16条（契約の解除）
> 1．賃貸人は、賃借人が本契約に違背する行為があった場合、相当の期限を定めて催告した上で、本契約を解除することができる。
> 2．賃貸人は、賃借人に下記の各号のいずれかに該当する事実があるときには、賃借人に対して何らの催告を要せず、直ちに本契約を解除することができる。
> 　（1）　賃借人が賃料その他の債務の弁済を1か月以上怠ったとき。
> 　（2）　破産、民事再生、会社更生、特別清算等の倒産手続き（現に効力を有し、又は将来制定される法律に基づく倒産手続きを含む。）の申立てを受け、若しくはこれらの申立てを行い、解散の決議を行い若しくは解散の命令を受け、又は任意整理を開始したとき。
> 　（3）　銀行の取引停止処分、重要な資産について強制執行、保全処分、競売等の申立てを受けたとき。
> 　（4）　手形又は小切手の不渡り、支払停止その他財産上の悪化、又は信用不安が生じ、本契約の継続が困難であるとき。
> 　（5）　賃借人、その役員又は従業員若しくはその他の関係者が反社会的勢力（第19条第1項に定義される。）又はそれに相当する組織の構成員であることが判明したとき。
> 　（6）　賃貸人の信用を著しく失墜させる行為をしたとき。
> 　（7）　賃借人において資産、信用、組織、営業目的その他事業に重大な変動を生じ、若しくは合併又は分割を行うこと等により契約を継続しがたい事態になったとき。
> 　（8）　その他賃貸人及び賃借人間の信頼関係を損なう事実があったとき。

3．前各項に従い本契約が解除された場合、賃借人は、本賃貸借期間の残存期間の賃料相当額全額を違約金として賃貸人に支払うものとする。ただし、賃借人の行為により賃貸人が被った損失がかかる違約金の金額を上回る場合には、賃貸人は当該超過分を賃借人に請求することができる。

4．前項にかかわらず、賃貸人による解除に先立ち又は解除後遅滞なく、賃借人が賃貸人に対し新たな賃借人（以下「新賃借人」という。）を紹介し、賃貸人が新賃借人との間で、本賃貸借期間の残存期間を超える定期建物賃貸借契約を締結した場合、前項に規定される賃借人の責任は、賃貸人が残存期間に得られる賃料収入相当額を限度として減額される。疑義を避けるために明記すると、賃貸人は賃借人が紹介する新賃借人と契約を締結する義務を一切負担せず、定期建物賃貸借契約を締結するか否かは賃貸人の完全な裁量にゆだねられる。

5 条項例の解説

【1】第1項及び第2項

　第1項は、賃借人の債務不履行による賃貸人の解除権を規定する。第2項は、一定の事由が生じた場合に、賃貸人に無催告解除権を与える規定である。賃借人の債務不履行を原因としていないものもあるが、それらは賃借人に信用不安が生じて、賃貸者の継続が期待できなくなるような事由である。このような解除事由を建物賃貸借契約に規定することは一般的である。しかし、契約条項の文言どおりに常に契約解除が認められるとは限らない。法的には「信頼関係破壊の法理」の問題と「倒産解除条項の有効性」の問題がある。以下にこれらの問題を解説する。

【2】信頼関係破壊の法理

　民法541条は契約解除についての一般原則を規定している。しかし、同条は売買のような一時的な契約を念頭に置いた規定であり、賃貸借のような継続的契約関係にそのまま適用するのには不適切であるとされている[84]。不動産の賃貸借契約は、長期にわたることが多い契約関係であり、当事者間の信頼関係が重要な要素となる。賃借人に契約違反があったとしても、直ちに賃貸人が賃貸

---

84)　平野・前掲7) 263頁。

借契約を有効に解除できるというわけではなく、賃貸人と賃借人間の信頼関係が破壊されたと認められない特段の事情がある場合には、契約解除の有効性が否定されるという法理（信頼関係破壊の法理）が、判例により確立され、適用されている[85]。信頼関係破壊の法理は、定期建物賃貸借においても適用され得る。信頼関係破壊の法理が適用されることによる帰結は、①契約における債務不履行や解除事由があっても、それが当事者間の信頼関係を破壊しない限り解除は許されない、②信頼関係の破壊が認められれば直ちに解除が認められる、ということである[86]。いかなる場合に信頼関係の破壊が認められるのかという点が重要であるが、判例により形成された法理であるため、集積された判例をもとに正当事由の感覚を把握していくしかない[87]。例えば、第2項では1か月以上の賃料不払が解除事由とされているが、一般的に1か月分の賃料不払があっただけでは解除は有効とはされない。2か月の不払でも解除が認められないこともあるが（東京地判平成29年1月13日平成28年（ワ）2964号公刊物未登載）、事実関係によっては2か月分の不払で解除が肯定されたケースもある[88]。一般的な基準を設定しにくい領域である。

【3】倒産解除条項の有効性

上記の条項例では第2項（2）号で「破産、民事再生、会社更生、特別清算等の倒産手続き（現に効力を有し、又は将来制定される法律に基づく倒産手続きを含む。）の申立てを受け、若しくはこれらの申立てを行い」と規定して、倒産手続きの申立てを受けることが解除事由とされている。このような条項については、法的に無効とすべきか否かについて議論がある。

---

85) 最判昭和39年7月28日判時382号23頁。

86) 平野・前掲7）263頁。

87) 伊藤秀城『実務裁判例　借地借家契約における信頼関係の破壊』（日本加除出版、2015年）、弁護士法人御堂筋法律事務所編『契約違反と信頼関係の破壊による建物賃貸借契約の解除―違反類型別賃貸人の判断のポイント―』（新日本法規出版、2019年）などの書籍において判例の分析がなされている。

88) 渡辺晋『実務家が陥りやすい借地借家の落とし穴』（新日本法規出版、2020年）179頁。

最高裁判決は、会社更生手続開始の申立てがあった事案について、会社更生手続きの趣旨、目的を害することを理由に、解除特約の効力を否定した。また、民事再生手続きについても解除特約の効力を無効とした最高裁判決もある。これらから再建型手続きにおいては解除特約を無効とする判例の立場が固まったとみることができるが、清算型手続き（破産、特別清算）についての結論は既存の最高裁判決からは明らかではない[89]。

　上記から、清算型手続き（破産、特別清算）が申し立てられたことを理由として契約の解除をしようとする場合には、解除の有効性に疑義が生じる可能性を認識した上で、解除すべきか否か、他の解除事由がないのか等を十分に検討する必要があるといえる。

【4】違約金（残存期間分の賃料相当額）の有効性

　第3項では、解除の効果として、賃借人は、本賃貸借期間の残存期間の賃料相当額全額を違約金として賃貸人に支払う旨が規定されている。このような残存期間分の賃料相当額を違約金として支払うという規定が含まれる賃貸借契約は散見される。しかし、賃貸人はこの規定どおりに違約金を請求できるとは限らないことに注意を要する。

　一例を挙げると、東京地判平成19年5月29日平成17年（ワ）15934号公刊物未登載は、5年間の歯科医院の定期建物賃貸借契約について、3年3か月を経過したところで賃料不払により契約を解除され、残存期間分の賃料を違約金としていた事案である。この件で裁判所は「債務不履行による解除の場合における違約金の額は、賃貸人が新たな賃借人を確保するために必要な合理的な期間に相当する賃料相当額を超える違約金を定めるものであり、合理的な期間の賃料相当額を超える限度では、著しく賃借人に不利益を与えるものとして、無効と解すべきである。そして、新たな賃借人を確保するための合理的な期間は、それが診療所という限定された目的であることを考慮しても、せいぜい6か月

---

89)　松下淳一＝菱田雄郷編『倒産判例百選』進士肇「フルペイアウト方式によるファイナンス・リース契約における倒産解除特約の効力——民事再生手続」（有斐閣、2021年）156頁。

程度と見るのが相当である。」として、21か月分賃料相当額のうち6か月を超える部分を無効（公序良俗違反）としている。これ以外にも違約金が高額になるケースでは一部を無効とする判例がある[90]。何か月分が妥当な金額なのかは、ケースバイケースで判断されるべき問題ではあるが、契約において残存期間の賃料相当額の全額を違約金と定めても賃貸人が全額を請求することが認められない可能性があることは認識しておく必要がある。

第4項は、賃借人に対し、新賃借人を紹介する方法で違約金の減額のチャンスを付与する規定である。上記のように第3項に規定される違約金は全額が認められないことを認識した上での規定であろう。しかし、このような規定を設けたとしても違約金の有効性が確実に担保されるわけではない。

XIV 建物の明渡し及び原状回復

1 はじめに

定期建物賃貸借契約が期間満了、解除その他の理由により終了した場合、再契約がなされない限り、賃借人は賃貸人に建物を明け渡すことになる。それでは契約終了時の明渡しに関していかなる事項を契約上カバーすべきであろうか。賃貸人にとって何がリスクになり得るのかを考える必要があり、少なくとも以下の点をカバーするべきである。

---

[90] 東京判平成8年8月22日判タ933号155頁では、賃借人が期間満了前に解約する場合は、解約予告日の翌日より期間満了日までの賃料相当額を違約金として支払うという条項が定められていた賃貸借において、契約開始後10か月後に解約がなされた場合につき1年分の賃料相当額を超える部分を無効としており、賃貸人は賃借人に対して1年分の賃料相当額の違約金の支払を求めることはできるが、これを超えて支払を求めることはできないとしている。本文中に記載している東京地判平成19年5月29日では6か月を超える部分を無効としているので、おおむね6か月から1年分が妥当な違約金の金額といえるかもしれない。ただし、不動産マーケットの状況によってはより長期の賃料相当額の違約金が正当化される場合もあろう。なお、林紘司「企業間提携契約における違約金条項の意義について」判例タイムズ1404号（2014年）56頁は幅広く判例を分析している。

契約終了による建物明渡しに関して契約に規定すべき事項

①	建物をどのような状態にして明け渡すべきかの条件設定。なお、特に規定を設けない場合、下記の民法621条が適用される。 「賃借人は、賃借物を受け取った後にこれに生じた損傷（通常の使用及び収益によって生じた賃借物の損耗並びに賃借物の経年変化を除く。以下この条において同じ。）がある場合において、賃貸借が終了したときは、その損傷を原状に復する義務を負う。ただし、その損傷が賃借人の責めに帰することができない事由によるものであるときは、この限りでない。」（民法621条）。 上記の規定では「通常の使用及び収益によって生じた賃借物の損耗並びに賃借物の経年変化を除く。」とされているが、任意規定なので契約で別の取扱いを合意することが可能である。
②	原状回復工事を行う業者の指定（費用負担を含む）。
③	賃借人が（ⅰ）明渡しを遅滞する場合、（ⅱ）明渡しをしたが上記①の条件を満たさない場合の対応策。
④	残置物への対応策。
⑤	造作買取請求権の取扱い（借地借家法33条下記参照）。 「建物の賃貸人の同意を得て建物に付加した畳、建具その他の造作がある場合には、建物の賃借人は、建物の賃貸借が期間の満了又は解約の申入れによって終了するときに、建物の賃貸人に対し、その造作を時価で買い取るべきことを請求することができる。建物の賃貸人から買い受けた造作についても、同様とする。」（借地借家法33条）。
⑥	明渡しに際しての賃借人による金員の要求の否定。
⑦	賃借人が違反した場合の違約金。

2 条項例

本物件の明渡し及び原状回復（条項例）

第17条（本物件の明渡し及び原状回復）
1. 本賃貸借期間の満了、契約解除その他の理由により、本契約が終了したときは、賃借人は、賃借人の費用により設置、付加又は変更した諸造作、設備及び賃借人所有の備品類等を自己の費用をもって撤去する。賃借人の要請により賃貸人が設置、付加した物件については、賃貸人の要求があったときは、賃借人は、賃借人の費用をもってこれを取り外し、賃貸人に引き渡すとともに、建物、諸造作、設備等の破損、故障、賃借人の特別な使用方法に伴う損耗（経年劣化等通常損耗を除く。）については賃借人の費用をもって修復し、原状に回復した上で本物件を賃貸人に明け渡し、返還しなければならない。ただし、原状回復の程度又は内容について賃貸人から別途指示があった場合には、賃借人は当該指示に従うものとする（以下、本項に規定する原状回復義務を「本件原状回復義務」という。）
2. 本件原状回復義務の履行に要する工事は、賃貸人が指定する者又は賃借人が指定し賃貸人が承諾する者によって行われるものとし、その費用は賃借人の負担とする。
3. 本契約終了と同時に、賃借人が本件原状回復義務を履行しないときは、賃貸人は自らそれを履行し、その費用を賃借人に請求することができる。
4. 本契約終了時に本物件内に残置された物件があるときは、賃貸人は賃借人が無償で賃貸人に当該物件を譲渡したものとみなして任意にこれを処分し、処分に要した費用を賃借人に請求することができる。処分した物件が第三者の所有であり、賃貸人がかかる第三者からの損害賠償請求等を受けた場合、賃借人は、賃貸人に生じた一切の費用負担（合理的な弁護士費用を含む。）を、賃貸人の請求に基づき補償する。
5. 賃借人は、本物件の明渡しに際し、その事由、名目のいかんにかかわらず、建物、諸造作、設備等について支出した諸費用の償還又は移転料、立退料、権利金等一切の請求をしない。また、賃借人は、本物件内に賃借人の費用をもって設置した諸造作、設備等の買取りを賃貸人に請求しない。
6. 賃借人が本契約終了と同時に本物件を明け渡さない場合、賃借人は、本契約終了の翌日から本物件の明渡しに至るまでの期間について、賃料相当額の2倍及び第5条に規定される費用相当額を本物件の使用料として賃貸人に支払うものとする。ただし、賃借人は、賃借人による明渡しの遅滞により賃貸人が被った損害（もしあれば）を、かかる使用料の支払とは別に、賃貸人に賠償しなければならない。

3 条項例の解説

　本条項例は、「契約終了による建物明渡しに関して規定すべき事項」として上記1に紹介した事項をカバーする内容になっている。

　第1項は、明渡しの条件を規定している。この契約例では採用されていないが、賃貸借契約では原状回復の具体的内容を別紙として細部にわたって規定することがあり、そのような方法は明渡し時の紛議を避けるために有効である。但書きでは「原状回復の程度又は内容について賃貸人から別途指示があった場合には、賃借人は当該指示に従うものとする」としている。状況によっては、原状回復を要しない箇所もあり得るし、次の賃借人が引き続き使用を希望する造作などが存在することもあるので、これは柔軟な対応を可能にすることを目的とした規定である。

　第2項は、原状回復工事を行う業者の選定について規定している。賃貸対象の建物は賃貸人の財産であり、不適格な業者が担当することを許すと建物に損傷を与えかねない。そこで、業者選定は、賃貸人によってなされるか、又は賃貸人の承諾を要することを規定するのである。

　第3項は、賃借人が原状回復義務を履行しない場合の措置を規定するものである。

　第4項は、残置物に対応するための規定である。実務上多い残置物の処理に関する規定は、①条項例のように「残置物の譲渡」という方法をとる場合と②「賃借人は残置物の所有権を放棄したものとみなす。」とする場合がある。実際上相違をもたらす可能性は乏しいだろうが、両者を比較すると①の方が確実である。残置物の所有権を放棄させても、それにより直ちに賃貸人に残置物の処分権限が発生するわけではないからである。第2文は、第三者からクレームを受ける場合に備えた補償の規定である。

　第5項は、明渡しに関連して賃借人からの金銭的な要求がなされるリスクに備えた規定である。第2文は造作買取請求権（借地借家法33条）の放棄を規定するものである。

　第6項は、明渡しの遅滞に備えて損害賠償の予定を規定する。明渡しの遅滞の場合、賃借人はその期間は賃料の2倍を支払う、という合意は一般的であ

る。なお、賃貸人に賃料の2倍を超える損害が生じる可能性もあるので、賃料の2倍が損害賠償額の上限とはならないことを規定している。

XV 損害賠償、補償、遅延損害金

1 条項例

損害賠償、補償、遅延損害金（条項例）

> 第18条（損害賠償、補償、遅延損害金）
> 1．賃借人又はその代理人、使用人、請負人、顧客、訪問者その他の関係者（以下「賃借人関係者」という。）の責めに帰すべき事由により、賃貸人又は第三者に損害が生じた場合は、賃借人は賃貸人に速やかに報告するとともに、直ちに一切の損害（合理的な弁護士費用を含む。）を賠償しなければならない。
> 2．賃借人は、賃借人関係者による本建物及び敷地の使用に起因して、第三者から苦情の申出、損害賠償の請求等（以下「第三者請求」という。）が賃借人又は賃貸人になされた場合、すべて賃借人の責任と負担により誠意をもって第三者請求の解決にあたるものとする。万一第三者請求により賃貸人に損失（合理的な弁護士費用を含む。）が生じた場合には、賃借人は賃貸人の損失を補償しなければならない。
> 3．賃借人が賃料その他本契約における債務の支払を遅滞したときは、賃借人は遅滞した金額に対し年率14％の割合で算出した損害金を（年365日の日割り計算による。）賃貸人に支払う。ただし、賃借人は当該損害金の支払により前各項の義務及び賃貸人の契約解除権の行使を免れるものではない。

2 条項例の解説

　前記第7条（賃借人による本物件の使用）において、賃借人は「利用補助者の行為については賃借人が責任を負う。」とされているが、本条項例第1項は賃借人関係者の行為によって賃貸人（又は第三者）に損害を与えた場合の賃借人の責任を規定している。第1項が発動される事由は、賃借人の債務不履行に限定されていないことに注意を要する。賃借人関係者に帰責性のある作為又は不作為により損害が生じることが要件であることから、不法行為により発生した損害も包摂する。

　損害発生の主体に「第三者」も含めているのは、賃借人と第三者の出来事自

体は法的には賃貸人に関係ないことが多いものの、第三者への責任が放置されると賃貸人に対して第三者からクレームがなされるリスクがあるためである。

　第2項は、賃借人の補償責任（損害担保の合意による責任）を規定するものである。賃借人の責任が生じる要件は、賃借人の債務不履行に限定されておらず、「①賃借人関係者による本建物及び敷地の使用に起因した第三者請求及び②それによる賃貸人の損失の発生」である。第三者請求は法的に根拠あるものに限定されているわけではない。また、賃貸人が本来責めを負うべき建物の躯体部分の欠陥による事故を原因とする場合も明文で除外されていない。賃借人としてはそれらを排除するような文言に修正するよう賃貸人と交渉することになる。

　第3項は遅延損害金に関する一般的な規定である。賃借人による金銭債務の不履行に適用される。但書きは、注意的な規定であり、そもそも遅延損害金の規定により第1項及び第2項の責任や賃貸人の解除権の行使が制約を受けるものではない。

XVI　反社会的勢力の排除

1　はじめに

　東京都暴力団排除条例では、反社会的勢力の排除の条項は不動産の賃貸借にも必要とされる。賃貸借契約に組み込まれる「反社会的勢力の排除」の条項は売買契約のそれと本質的には変わらない。売買契約に関して不動産の流通系4団体（社団法人全国宅地建物取引業協会連合会、社団法人全日本不動産協会、社団法人不動産流通経営協会、社団法人日本住宅建設産業協会）が平成23年6月に策定したモデル条項例を紹介した（第3章 XV（⇒426頁））。同団体は、賃貸住宅用の契約ではあるがモデル条項例を紹介しているので、以下に示すことにする（条項の体裁は多少修正してあるが内容には変更を加えていない）。

❷ 条項例

反社会的勢力の排除（条項例）

第19条（反社会的勢力の排除）
1．賃貸人及び賃借人は、それぞれ相手方に対し、次の各号の事項を確約する。
　（1）　自らが、暴力団、暴力団関係企業、総会屋若しくはこれらに準ずる者又はその構成員（以下総称して「反社会的勢力」という。）ではないこと。
　（2）　自らの役員（業務を執行する社員、取締役、執行役又はこれらに準ずる者をいう）が反社会的勢力ではないこと。
　（3）　反社会的勢力に自己の名義を利用させ、この契約を締結するものでないこと。
　（4）　自ら又は第三者を利用して、この契約に関して次の行為をしないこと。
　　　① 相手方に対する脅迫的な言動又は暴力を用いる行為
　　　② 偽計又は威力を用いて相手方の業務を妨害し、又は信用を毀損する行為
2．賃借人は、本物件の使用にあたり、次の各号に掲げる行為を行ってはならない。
　（1）　本物件を反社会的勢力の事務所その他の活動の拠点に供すること。
　（2）　本物件又は本物件の周辺において、著しく粗野若しくは乱暴な言動を行い、又は威勢を示すことにより、付近の住民又は通行人に不安を覚えさせること。
　（3）　本物件に反社会的勢力を居住させ、又は反復継続して反社会的勢力を出入りさせること[91]。
3．賃貸人は、賃借人が前項に規定する行為を行った場合は、何らの催告も要せずして、本契約を解除することができる。

91）　このモデル条項例は賃貸住宅用であるため「居住させ」という表現になっている。本書では商業施設用ビル一棟の定期建物賃貸借契約を題材としているので、「居住させ」を「使用させ」又は「滞在させ」に変更する必要がある。

XVII　再契約の協議

1　はじめに

　本書に記載されている契約例は定期建物賃貸借契約であるため契約の更新はない。しかし、当事者の自由な合意により再契約の交渉をして、再契約に至ることは定期建物賃貸借の性質を損なうものではない。そのため、下記のような条項（特約）を契約の末尾に入れて、再契約の可能性を探ることがある。新たな定期建物賃貸借契約の締結を義務づけるような条項だと「更新がない」という定期建物賃貸借契約の特質と矛盾する可能性がある。あくまで交渉により新契約の協議がなされるという内容にとどめる必要がある。

2　条項例

再契約の協議（条項例）

> 第20条（再契約の協議）
> 本契約が本契約期間の満了により終了する6か月前から期間満了日までの間、賃借人は、賃貸人との間で、本物件に関する新たな定期建物賃貸借契約を締結することについて賃貸人と協議することができる。かかる協議の結果賃貸人と賃借人が合意に至った場合には、本契約期間の満了後の期間について、本物件に関する新たな定期建物賃貸借契約が締結される。

XVIII　その他の条項

1　その他の条項

　定期建物賃貸借契約には、上記の各条項に加えて、以下の条項を追加することを検討する必要がある。

その他の条項

	項目	概説
①	守秘義務	賃貸借契約にも守秘義務を規定するべきである。守秘義務の内容については売買契約において述べたところと基本的に変わらない（第3章 XXI 4（⇒435頁））。
②	倒産不申立条項／責任財産限定条項	賃貸人がノンリコースファイナンスを得ている場合、レンダーの意向により倒産不申立条項／責任財産限定条項を賃貸借契約に加えることが求められる。売買契約で述べたこと（第3章 XXI（⇒431頁））が賃貸借契約にも当てはまる。
③	費用負担	賃貸人及び賃借人は、それぞれが自己の費用を負担することを規定するのが通常である。条項の内容については、売買契約で述べたところと変わらない（第3章 XXII 2（⇒434頁））。なお、建物の賃貸借契約書は印紙税の対象とならない。
④	腐敗防止、マネーロンダリング、制裁措置に関する法令等の遵守に関する規定	賃貸人となる法人（SPC）が海外の不動産ファンドや、海外の規制を受ける者である場合、当事者固有の必要から、腐敗防止、マネーロンダリング、制裁措置に関する法令等の遵守に関する条項を賃貸借契約に加えることを求められることがある。これも売買契約で述べたところと変わらない（第3章 XXII 3（⇒442頁））。
⑤	完全合意条項	売買契約で述べたこと（第3章 XXII 5（⇒444頁））が賃貸借契約にも当てはまる。
⑥	通知条項	売買契約で述べたこと（第3章 XXI 7（⇒438頁））が賃貸借契約にも当てはまる。
⑦	裁判管轄条項	売買契約で述べたこと（第3章 XXII 8（⇒439頁））が賃貸借契約にも当てはまる。
⑧	準拠法条項	売買契約で述べたこと（第3章 XXII 8（⇒439頁））が賃貸借契約にも当てはまる。

第3編

第6章　建設工事請負契約

I　はじめに

　不動産投資には「開発型」の投資もあり、新たに建物を建築して、その建物から得られる収益の獲得を目指す形態がある。対象となる建物は、ホテル、物流施設、データセンターひいてはテーマパークなど様々である。それらの不動産開発には建設工事請負契約が関係する。本書で概説する建設工事請負契約は、以下のような場合に使用される契約である。

1 当事者

　投資家は、多くの場合、合同会社やTMKを資産保有のビークルとして使用するため、建設工事請負契約の一方当事者である発注者は、合同会社やTMKである。そして、他方当事者となる受注者は、ゼネコンといわれる建設工事請負業者である。

2 契約書

　建設工事請負契約の内容を合意する手順は、①まず一定の事前協議を経た上で、②ゼネコンが自己の使用する書式・約款を選定して、建設工事請負契約のドラフトを作成し、発注者に提示し、③発注者は、提案された建設工事請負契約のドラフトにコメントを付すなどして修正し、④その後、両者協議の上、最終的に契約の内容が合意される、という過程を経るのが通例である。発注者が最初に建設工事請負契約のドラフトを提示するケースは考えにくく、まずゼネコン側の作業が先行するのである。

Ⅱ　建築プロジェクトの流れ

1 はじめに

　建設工事請負契約の交渉を行うには、まず建築プロジェクトがどのように進行してどのような出来事から構成されるのかを理解しておく必要がある。それにより、建設工事請負契約に盛り込むべき内容を理解し、責任やリスクの分配をいかにすべきかという議論を正しく行うことができるようになるからである。建築プロジェクトの流れを表にして示すと以下のようになる。

建築プロジェクトの進行（設計と施工は分離され、設計と監理が一体として委託される場合）[92]

	出来事	私法上の契約	公法上の義務
①	建築主（事業者）の発意		
②	調査・企画の必要・開始	調査・企画業務委託契約の締結	
③	設計者・監理者の決定	建築設計・監理業務委託契約の締結	①建築士法24条の7（重要事項の説明等） ②同法24条の8（書面の交付） ③都市計画法29条（開発行為の許可）
④	基本設計		
⑤	実施設計・監理方針立案		建築基準法6条（建築物の建築等に関する申請及び確認）

---

[92]　民間（七会）連合協定工事請負契約約款委員会編『(改訂6版) 民間（七会）連合協定　工事請負契約約款の解説』（大成出版社、2020年）15頁の図を参考に調整している。

⑥	建設工事の請負人の決定	建設工事請負契約	①建設業法18条（建設工事の請負契約の原則） ②同法19条（建設工事の請負契約の内容）
⑦	施工・監理の実施		
⑧	施工の完了		①建築基準法7条（建築物に関する完了検査） ②建築士法20条3項（工事監理報告書）
⑨	建築物の完成・引渡し		
⑩	表題登記・保存登記	土地家屋調査士、司法書士との契約	不動産登記法47条

2 建築プロジェクトの進行の概説

【1】設計と施工の関係

　上記1の表は、設計と施工は分離され、設計と監理が一体として委託される場合として作成されている。しかし、ゼネコンを起用する場合には、同一のゼネコンが、建築についての調査・企画の段階から設計・施工・工事監理・アフターケアまでを担当する「設計施工一貫方式」がとられることも多い。そのため、後述の日本建設業連合会の設計施工約款は、設計施工一貫方式を前提として作成されている。上記の表のように、設計と施工を分離して記載していても、同一のゼネコンが表に示される「調査・企画業務委託契約」「建築設計・監理業務委託契約」及び「工事請負契約」を受注することは見受けられる。その場合は、形式上は設計・施工の分離発注方式となっていても実態は両者は一括で発注されていることになる。以下に、分離発注方式と一括発注方式（「デザインビルド」ともいわれる）の利害得失を表にして解説する。

分離発注方式について

分離発注方式のメリット
・ 施工業者が、設計に関与しないことにより、工事目的物の品質や性能、コストについて、より適切な、又は客観的な管理が可能となる。 ・ 施工業者間の競争を通して、工事価格の低減を図ることが可能となる。

分離発注方式のデメリット
・ 施工業者に蓄積されている技術やノウハウを設計段階で、活用することができない。 ・ 設計で採用した工法の適切性、工期の予測、コストの予測などが、十分な水準に至らない可能性がある。

一括発注方式について

一括発注方式のメリット
・ 設計と施工を一元化することにより、施工者のノウハウを反映した設計や、施工者の固有技術を活用した設計が可能となる。 ・ 発注業務が軽減されるとともに、設計段階からの施工の準備が可能となる。 ・ 設計時から施工を見据えた品質管理が可能になる。 ・ 施工者の得意とする技術の活用により、よりよい品質が確保される。 ・ 技術と価格の総合的な入札競争により、施工者の固有技術を活用した合理的な設計が可能となる。

一括発注方式のデメリット
・ 施工者側に偏った設計になりやすくなる。 ・ 設計者や発注者のチェック機能が働きにくくなる。 ・ 契約時に受発注者間で明確な責任分担がない場合、工事途中段階で調整しなければならなくなったり、受注者側に過度な負担が生じたりすることがある。 ・ 発注者側が設計・施工を「丸投げ」してしまうと、本来発注者が負うべきコストや品質確保に関する責任が果たせなくなる。

【2】調査・企画業務委託契約

　設計監理業務の前段階として締結される、調査企画業務を対象とする契約を「調査・企画業務委託契約」という。対象となる業務は、個別の事案によるが、建築物の設計のための企画及び立案、そして事業計画に係る調査及び検討並び

に報告書の作成等である。調査企画業務自体は特に資格を要する業務ではなく、公法上の規制は及ばない。

調査企画業務を含む設計段階で必要となる業務委託契約には、「四会連合協定　建築設計・監理等業務委託契約約款調査研究会」の作成している「四会連合協定　建築設計・監理等業務委託契約約款」（以下「四会設計監理約款」という）が使用されることが多い[93]。四会設計監理約款は、①調査・企画に関する契約業務、②設計に関する契約業務、③監理に関する契約業務を対象としており、①から③のうちの一部のみでも使用可能となるように構成されている。

【3】建築設計・監理業務委託契約

建築設計業務は、①基本設計に関する業務、②実施設計に関する業務、③工事施工段階で設計者が行うことに合理性がある実施設計に関する業務から構成される。基本設計と実施設計の相違及び監理業務の内容は、以下のとおりである[94]。建築設計業務を受託するについては建築士法の規制を受ける。

基本設計	基本設計は、建築主と建築する建物のイメージを共有することを目的とする。建物に対する考え方を委託者である建築主から聴取し、受託者は、敷地、立地条件などを調査し、建築基準法等の関係法令に照らし合わせ、おおまかな仕様を決める平面、立面などの基本設計図を作成する。

---

[93]　四会とは、①公益社団法人日本建築士会連合会、②一般社団法人日本建築士事務所協会連合会、③公益社団法人日本建築家協会、④一般社団法人日本建設業連合会である。中核をなす四会設計監理約款そのものは「四会連合協定　建築設計・監理等業務委託契約約款調査研究会」のウェブサイトではダウンロードできず、関係する団体の事務所で購入する必要があるが、関連する契約はダウンロード可能である（https://www.njr.or.jp/yonkai/110/）。

[94]　「四会連合協定　建築設計・監理等業務委託契約約款調査研究会」の作成した「業務委託書」（契約業務一覧）には、業務の詳細が記載されている。

実施設計	実施設計では、基本設計をもとに、建設工事に使用できる詳細を示した図面を作成する。この段階で作成される図面等には、意匠設計図、構造設計図、構造計算書、設備設計図、各工事仕様書、工事費積算書、建築関係諸手続書類などが含まれる。また、この段階で作成した設計図の一部を使って「建築確認申請手続き」を行う。それにより「建築確認通知書」を取得しなければ、建築工事に着工できない。

監理業務	工事監理とは、工事と設計図書と照合し、それが設計図書のとおりに実施されているのか否かを確認することを意味する。監理業務は、工事監理を含むが、それより広い。以下の作業が含まれる[95]。 ・発注者へ工事監理体制を含めた工事監理方針を説明する。 ・施工図、製作見本等が設計図書に適合しているかを検討し、報告する。 ・工事と設計図書との照合及び確認を行う。 ・工事と設計図書との照合・確認の結果を、発注者に報告する。 ・工事監理報告書を発注者に提出する。

【4】建設工事請負契約

　実施設計がなされれば、建設工事請負契約を締結して建設工事を開始できる。一括発注方式を採用するならば、当初から工事請負人は決定されているため、より早い段階で建設工事請負契約を締結することが可能になる。

　建設工事請負契約は、建設業法の規制を受ける。契約内容については同法18条及び19条に注意する必要がある。建設工事請負契約については下記Ⅲ以下で概説する。なお、本書で対象としているSPCを発注者とする契約実務では、建設工事請負契約が単体で法的作業の対象となるケースは少ない。発注者は、工事の対象土地の売買契約及び融資を受けるためのローン契約等を同時に交渉・締結することになるのが通例であり、短期間で多くの作業を求められる中で建設工事請負契約を合意することが求められる。

---

95)　一般社団法人日本建設業連合会のウェブサイトの資料による。

Ⅲ　建設工事請負契約の契約交渉の特色

1 約款の使用

　上記のように本書で述べる建設工事請負契約は、ゼネコンの選定する約款（定型書式）をベースとする。ただし、ゼネコンが建設工事請負契約のドラフトに使用する約款には、以下に述べるように、いくつか種類がある。

【1】民間（七会）連合協定工事請負契約約款

　本書で対象とする建築工事において最も広く使用される一般的な約款は、「民間（七会）連合協定工事請負契約約款」である。これは、「民間（七会）連合協定工事請負契約約款委員会」によって作成された請負契約の定型書式である。この委員会は、七つの別々の団体から選出されたメンバーで構成されており、このことから広く業界の意見を反映した定型書式であるということができる。七つの団体とは、一般社団法人日本建築学会、一般社団法人日本建築協会、公益社団法人日本建築家協会、一般社団法人全国建設業協会、一般社団法人日本建設業連合会、公益社団法人日本建築士会連合会及び一般社団法人日本建築士事務所協会連合会である[96]。

　「民間（七会）連合協定工事請負契約約款委員会」のウェブサイトでは、この約款に関する情報を開示している。同委員会は解説書を出版しているものの、残念ながら、約款をウェブサイトから無料でダウンロードするなどして簡単には取得することはできない。約款を入手するには、一定の関係団体の事務局等を通じてハードコピーを購入しなければならない[97]。そのため、本書では約款の全文を紹介することは控える。

---

[96]　民間（七会）連合協定工事請負契約約款委員会ウェブサイト（http://www.gcccc.jp/）

[97]　解説書は、民間（七会）連合協定工事請負契約約款委員会編・前掲92）である。

【2】民間建設工事標準請負契約約款

　中央建設業審議会が、民間の建設工事用に作成したのが「民間建設工事標準請負契約約款」である。中央建設業審議会とは、建設業に関し、中立的で公正な審議会とされ、学識経験者、建設工事の需要者及び建設業者である委員で構成されており、建設工事の需要者と建設業者である委員は同数であり、かつ、これらの委員の数は全委員数の3分の2以下とするように定められている。「民間建設工事標準請負契約約款」は2種類（（甲）と（乙））あり、（甲）が民間の比較的大きな工事を発注する者と建設業者との請負契約についての標準約款である[98]。他方、（乙）は、個人住宅建築等の民間小規模工事の請負契約についての標準約款である。いずれも国土交通省のウェブサイトで公表されており、無料でダウンロードが可能である[99]。

【3】日本建設業連合会の設計施工約款

　一般社団法人日本建設業連合会は、「民間（七会）連合協定工事請負契約約款委員会」の構成団体の一つであるが、建築についての調査・企画の段階から設計・施工・工事監理・アフターケアまでを同一のゼネコンが担当する設計施工一貫方式に基づいた約款を提案している（以下「日建連約款」という）。日建連約款は　民間（七会）連合協定工事請負契約約款を基準にしているが、設計施工一貫方式を採用する点等で民間（七会）連合協定工事請負契約約款とは異なる。日建連約款は、同会のウェブサイトにおいて無料で一式をダウンロードし入手できる[100]。なお、同会の会員には、スーパーゼネコン（売上げが1兆円を超えるTOP5の企業のこと）といわれる「鹿島建設」「清水建設」「大林組」「竹中工務店」及び「大成建設」（順不同）も含まれている。

98）　ただし、常時工事を発注する者は、同じく中央建設業審議会による「公共工事標準請負契約約款」によるとされている。

99）　国土交通省「建設工事標準請負契約約款について」（https://www.mlit.go.jp/totikensangyo/const/1_6_bt_000092.html）。

100）　一般社団法人日本建設業連合会（https://www.nikkenren.com/publication/detail.html?ci=370）。

【4】いずれの約款を選択すべきか

　本書は発注者の観点に立つものであるが、上記のように、約款の選択はゼネコンによって決められ、発注者の意見は通常採用されない。ゼネコンにはそれぞれ使用を決めている約款があり、会社内部の承認手続きもその約款を前提に行われる。発注者としては、いずれの約款が採用されても、案件に応じて発注者の利益を守ることができるように、「特約」という形で、約款の条項を修正したり、新たな条項を提案して、建設工事請負契約の調印版を完成させる必要がある。

2 弁護士（法律事務所）の関与

　約款の使用の他にあげることができる建設工事請負契約の契約交渉の特色としては、（筆者の経験という限定付きではあるが）、弁護士（法律事務所）がゼネコン側を代理して建設工事請負契約全体の交渉を行うことは通常ない、ということである。この理由は、おそらく、約款をベースに建設工事請負契約が作成されるため、ゼネコンは（新規の法的論点が生じない限り）社外の弁護士を特に必要とせず、ゼネコンの法務部等の社内担当者で十分対応可能と考えているためではないかと思われる。発注者となるSPCは例外なく弁護士（法律事務所）によって代理されているが、ゼネコン側はそうではない。そのため、契約交渉においては、双方にそれぞれ弁護士（法律事務所）が代理人として関与する場合と比較すると、契約書類作成のスピードや手法が異なることがある。

3 発注者側の資金調達

　発注者が、合同会社やTMKのSPCである場合、発注者自体は資産を有しないため、請負人となるゼネコンは、支払が確実になされるように信用力のある者の保証を求めることが通例である。発注者はどのようにして請負人の満足いく保証を提供できるのかを検討する必要がある。

Ⅳ 民間（七会）連合協定工事請負契約約款による建設工事請負契約

1 はじめに

　民間（七会）連合協定工事請負契約約款（以下「七会約款」という）は、最も広く使用されている約款である。ゼネコンから七会約款をベースとした建設工事請負契約を提案された場合、発注者は、広く利用されている約款なので、十分に交渉せずに受け入れてしまう可能性もある。本書では、七会約款を提示された場合に、どのようなポイントを交渉するべきなのかを検討する。

2 七会約款を使用した建設工事請負契約の構造

　七会約款を使用して建設工事請負契約を締結する場合、以下のような書類がワンセットとして使用される。

七会約款の書式の構造		書類の内容
（A）	工事請負契約書	契約の基本的事項のみが記載される。具体的には、①当事者、②工事名称、③契約と一体化される添付書類のリスト、④工事場所、⑤工期、⑥請負代金額及び支払方法、⑦部分仕様の有無、⑧部分引渡しの有無、⑨仲裁合意の有無、⑩契約不適合責任の保証保険の有無、⑪特定住宅瑕疵担保責任の履行の確保等に関する法律についての必要事項、⑫工事を施工しない日又は時間帯の定めの有無、⑬解体工事に関する費用等、⑭その他、⑮署名欄（監理者も署名することが想定されている）
（B）	七会約款	（A）に記載されない工事請負契約の内容が定型的に記載されている。七会約款に規定される内容を修正したり、七会約款に含まれない事項を合意する場合には、（A）の⑭の箇所に「特約」として必要な記載をすることになる。

（C）	建設工事に係る資材の再資源化等に関する法律13条及び省令7条基づく書面	左記の法律は「建設リサイクル法」と略称される。同法の主要な内容は、①建築物等に使用されている建設資材に係る分別解体等及び建設資材廃棄物の再資源化等の義務づけ、②発注者又は自主施工者による工事の事前届出、元請業者からの発注者への書面による報告の義務づけ、③解体工事業者の登録制度や技術管理者による解体工事の監督をすることである。工事請負契約にも一定の事項を記載することが義務づけられている。
（D）	仲裁合意書	仲裁合意をするか否かは任意である。仲裁合意をする場合には、七会約款では34条（2）の規定により、建設業法によって定められた建設工事紛争審査会の仲裁に付することになる。
（E）	特定住宅建設瑕疵担保責任の履行に関する特約	新築住宅については、品確法に基づき、売主及び請負人に対し構造耐力上主要な部分と雨水の浸入を防止する部分について10年間の瑕疵担保責任を負うことが義務づけられている。特定住宅瑕疵担保責任の履行の確保等に関する法律により、新築住宅について、「保険の加入」又は「保証金の供託」の資力確保が義務づけられた。

V 七会約款への追加又は変更を検討すべきポイント

1 はじめに

　七会約款自体は、多くの団体の関与によりバランスのとれた約款を目指して作成された契約約款である。しかし、約款である以上、すべての個別の取引に適合するとは限らない。既製服とオーダーメイドの服に相違があるように、約款も個別の取引に適合するのかという観点から都度検討されなければならない。そのような観点から、発注者の立場に立った検討ポイントを以下に例示することにしたい。なお、追加・修正が必要な場合には、工事請負契約書（前記**Ⅳ**の表の（A））に記載されている「⑭その他」の箇所に追加又は約款の修正を特約事項として記載していくことになる。

❷ 設計施工を同一のゼネコンに発注する場合の検討ポイント

【1】設計施工を同一のゼネコンに発注する場合

　設計と施工の関係については、前記（**Ⅱ❷【1】**（⇒509頁））のように、分離発注方式と一括発注方式がある。七会約款は分離発注方式を採用しているため、実際の案件が設計及び施工を同一のゼネコンに発注するケースの場合には、七会約款をそのまま使用することは、発注者の利益を十分保護する建築工事請負契約とはならないリスクがある。

　この観点からは、まず、同一のゼネコンが設計・監理業務及び施工業務を担当することを前記「⑭その他」の箇所に明記した上で、以下の点を修正することを検討する必要があろう。

【2】七会約款第9条（監理者）

　本条は、監理者というタイトルの下、発注者が別途監理者に委託する業務を列挙している。これにより監理者が受注者であるゼネコンや発注者に対して負担する多くの義務が示されている。しかし、同一のゼネコンが監理者としての業務を受託していることから、本条はそれを前提に修正する必要がある。

【3】七会約款第16条（設計及び施工条件の疑義、相違など）

　本条では、大要、①設計図書等の表示が明確ではないこと又は設計図書等に明らかな矛盾等がある場合、②工事現場の状態が設計図書等に示された施工条件と異なる場合、③工事現場で施工の支障となる予期できない事態が発生した場合、④工事用図書又は監理者の指示によって施工することが適当でないと施工者が認めた場合、施工者は、発注者又は監理者に通知し、通知を受けた発注者又は監理者は、施工者に指示を出すことが想定されている。これらのケースで指示を受けた施工者は、必要と認められる、工期の変更又は請負代金額の変更を求めることができる。設計・施工が同一のゼネコンの場合には、施工者は設計図書の作成者でもあるので、③についてはともかく、①、②、④の場合は、設計担当者の責めに帰すべき事由によって生じたといえるような事態であ

る。そのため、施工者が当然に工期の変更や請負代金額の変更を権利として求めることができるとするのは相当ではない。したがって、この点の修正が必要であろう。

【4】七会約款第17条（工事用図書のとおりに実施されていない施工）

　本条（5）項では、工事用図書のとおりに実施されていない施工が、一定の事由によるとき、施工者は責任を負わないと規定されている。それらの事由には、①監理者の指示によるとき、②工事用図書に指定された工事材料若しくは建築設備の機器の性質又は工事用図書に指定された施工方法によるとき、③その他、工事について監理者の責めに帰すべき事由によるときが含まれている。しかし、施工者が設計業務・工事監理業務も担当するケースでは、そのような免責規定は相当ではなく、削除されるべきである。

【5】七会約款第19条（第三者損害）

　本条（4）項では、日照阻害、風害、電波障害等による第三者との紛争が生じたとき及び第三者に損害を与えたときは、発注者の責任とされている。しかし、それらは、原則として、設計業務に起因する事由であり、むしろ設計の契約不適合に起因する事由として、設計業務を担当する施工者が責任を負うべきである。また、本条（1）項では「施工のため第三者に損害を及ぼしたときは、受注者がその損害を賠償する。但し、その損害のうち発注者の責めに帰すべき事由により生じたものについては、発注者の負担とする。」と規定されている。この箇所についても、「施工のため」のみならず「設計・監理のため」という責任原因の拡大が必要となる。なお、別途建築設計・監理業務委託契約が締結されていて、そこに設計・監理業務の不履行による責任が規定されているとしても、発注者の利益を確保する上では、建設工事請負契約の中で施工者の責任を明確にしておくことが望ましい。

【6】七会約款第20条（施工について生じた損害）

　本条（1）項において、施工について生じた損害は、施工者の負担として、工期は延長しない旨を規定している。他方、本条（2）項では、一定の事由に

より生じた損害については、発注者の負担として、施工者を免責している。免責事由の一つに「監理者の責めに帰すべき事由によるとき」がある。しかし、設計・監理業務も施工者が受任している場合においては、不適切な免責事由ということになるので当該部分を削除する必要がある。また、そもそも本条は「施工について生じた損害」を規定しているが、施工者が設計・監理業務も担当するケースでは、「設計・監理業務について生じた損害」も対象とする規定に拡大することが望ましい。

❸ 分離発注方式・一括発注方式にかかわらず検討に値するポイント

【1】七会約款第6条（権利、義務の譲渡などの禁止）

本条（1）項では「発注者及び受注者は、相手方の書面による承諾を得なければ、この契約が生ずる権利又は義務を、第三者に譲渡すること又は承継させることはできない。」と規定している。実務では、発注者が完成した建物の引渡し後、テナントが入居し、安定稼働すると建物を第三者に売却したり、別のファンドビークルに移転することがある。その際に、建設工事請負契約において発注者が取得する権利（契約不適合責任についての権利、アフターサービス請求権、違約金請求権、損害賠償請求権等）を建物の所有権とともに譲渡することを、買主から求められることが多い。そのような場合に、受注者の承諾を全く不要とすることはできないとしても、「受注者は合理的な理由なく承諾を留保又は遅延しないものとする。」という条項を建設工事請負契約に設けておくことで、円滑に承諾を取得することが可能となり得る。検討に値するポイントである。

【2】七会約款第7条の2（秘密の保持）

本条に設けられている秘密保持の規定は「発注者及び受注者は、別段の合意をする場合を除き、この契約に関して、相手方から提供を受けた秘密情報を、正当な理由なく第三者に開示又は漏洩してはならず、かつこの契約の履行以外の目的に使用してはならない。」と規定するのみである。より具体的な案件に

ふさわしい内容に修正する必要がある。この点に関しては、売買契約の守秘義務の条項を参考とされたい（第3章 XVII 4（⇒435頁））。

【3】七会約款第26条（請求、支払、引渡）その①

本条（1）項では「第23条（1）又は（2）の検査に合格した場合、この契約に別段の定めのあるときを除き、受注者は、発注者にこの契約の目的物を引き渡し、同時に、発注者は、受注者に請負代金の支払を完了する。」と規定している。発注者が請負代金の支払を完了と引き換えに得られるのは「目的物の引渡し」であるが、発注者の立場からは、完成建物に加えて、実際にいかなる書類、物品が引き渡されるのかを具体的な案件に応じた形で規定しておくことが必要となる。ちなみに不動産売買契約においては売主が交付すべき引渡書類は多岐にわたるが、その詳細は売買契約又は付属書類に列挙されるのが通例である。発注者としては、引渡し時に交付を受けることができる図面や書類等を建設工事請負契約に規定して明確にすることを望むであろう。

この点に加え、発注者は、建物の表題登記を行う必要がある。それらに必要な書類（工事完了引渡証明書等）についての受注者の引渡し義務も規定しておくことが望ましい。この点、引渡し時に支払う必要がある請負代金をレンダーからの借入れによって賄うためには、レンダーからの融資が実行される時点において、土地建物に抵当権を登記できる状態となっている必要がある。そうだとすると、建物の表題登記が引渡しの時点で完了していなければならない。発注者が希望するタイミングで融資を得るには、受注者の協力を得て、実際に引渡しがなされる前に工事完了引渡証明書を発行してもらい、引渡し時までに表題登記を済ませておく必要がある。受注者の協力を得て、この点を特約として建設工事請負契約に規定しておくことになる。

【4】七会約款第26条（請求、支払、引渡）その②

上記のように本条（1）項では、建物引渡しと同時に請負代金の支払を完了することが想定されている。しかし、案件によっては、保留金と称して、完了後の工事に問題が起きたときに備えるため、支払総額の一部を、一定の期間保留することがある。保留金という手法は一般的ではないが、それを使用する場

合にはその金額、保留金の支払時期及び条件を明確に建設工事請負契約に規定する必要がある。

【5】七会約款第28条（工事の変更、工期の変更）

本条（6）項では「受注者は、この契約に別段の定めのあるほか、この工事への追加又は変更、不可抗力、関連工事の調整、その他正当な理由があるときは、発注者に対してその理由を明示して必要と認められる工期の延長を請求することができる。」と規定している。この規定の解説では「平成9年の改正前は、延長日数については、発注者・受注者・監理者の三者が協議して定めるとしていたが、三者協議で妥当な延長期間が定まれば問題ないものの、工期延長が認められないと、無茶な工事を行わざるを得ない結果となりかねない。その場合、良好な施工を確保できないおそれもある。また、工事の規模・程度に応じて、その変更工事に要する相当な期間は客観的に定まりうる。そこで、平成9年に『受注者は、発注者に対してその理由を明示して必要と認められる工期の延長を請求することができる。』と改正した。」と述べ、規定の背景を説明している[101]。しかし、この解説は施工者側に立ったもので、発注者はこの解説には簡単に満足することはできないのではないかと思われる。なぜなら、工期の延長は、発注者の承諾を必要とした上で、正当な理由なく承諾を拒否できない、という規定にすれば解説で述べられた問題は回避可能だからである。また、工期の延長が許容される場合として「受注者の責めに帰すべからざる事由」を原因とすることを規定しておくことも考えられる。発注者としてはそのような修正を求める価値のある条項である。

【6】七会約款第29条（請負代金額の変更）

発注者にとって請負代金の増額はプロジェクトの実現可能性に大きな影響を与えるリスクであり、可能な限り回避する必要がある。入札により請負代金を重視して受注者を決定しても、契約締結後に請負代金額が増額されてしまっては受注者選定自体の合理性が疑われる危険もある。発注者としては、まず、受

---

101) 民間（七会）連合協定工事請負契約約款委員会編・前掲92) 177頁。

注者の責めに帰すべき事由による請負代金の増額は認めないことを明示するべきである。本条（1）項では必ずしもこの点が明確になっていない。次に、七会約款の規定では、物価や賃金の高騰、経済事情の激変がある場合には請負代金の増額が許容される可能性がある（同項 e 及び f 参照）。それらの請負代金の増額を招く原因は、契約時点で予想できない事情である必要があろうし（工期の長短との兼ね合いもあるが、ある程度の物価変動は予想可能である）、一方的な増額ではなく発注者との協議を経ることを要件とすることも検討に値する。

【7】建設工事保険、請負業者賠償責任保険

　七会約款には受注者に保険加入を義務づける規定は含まれていない。発注者は、受注者に対し、建設工事中に発生する事故などについて十分な保険に加入することを義務づけることが考えられる。対象となる保険としては、①建設工事保険及び②請負業者賠償責任保険がある。

　建設工事保険は、住宅、ビル等の建設工事において、工事期間中に発生した火災、台風、盗難、作業ミス等の不測かつ突発的な事故によって、工事の目的物や工事用仮設物等の保険の対象に生じた損害に対する保険である。他方で、請負業者賠償責任保険は、請負業者が建設工事を遂行することにより第三者や第三者の所有物に損害を与えてしまった場合に発生する損害費用を補償するための保険である。発注者は、受注者に対し、信用力のある保険会社との間で、工事期間（着工日から引渡日）を保険期間として、被保険者には受注者のみならず発注者を加えて、双方の保険契約を締結することを求めることになる。建設工事保険の付保金額は請負代金を下回らないようにする必要があるし、請負業者賠償責任保険の付保金額については、対物、対人とも十分である必要がある。

【8】倒産隔離、責任財産限定の規定

　発注者がノンリコースファイナンスを受ける合同会社やTMKの場合、レンダーから、借入人の締結する契約には「倒産隔離、責任財産限定の規定」（売買契約に関する第3章 XVI（⇒431頁）参照）を加えることが求められる。発注

者は、建設工事請負契約にもそれらの規定を加えることを要請することになる。

【9】反社会的勢力の排除等の規定

　七会約款第31条の3（1）項f及び第32条の3（1）項eにおいて、受注者又は発注者が暴力団、暴力団員若しくは暴力団員でなくなった日から5年を経過しない者を「暴力団員等」と定義し、暴力団員等の排除を目的として、一定の事由を解除事由としている。これ自体は反社会的勢力の排除と軌を一にするものであるが、通常売買契約やローン契約で排除が要求される「反社会的勢力」よりは、暴力団員等の範囲が狭い。反社会的勢力の排除の対象の範囲を拡大しておく必要があれば、修正する必要がある。

　また、発注者によっては、腐敗防止・マネーロンダリング防止の規定、制裁措置の遵守の規定の追加を求めることもある（これらの規定については売買契約に関する第3章 XXIII 3（⇒442頁）を参照されたい）。

【10】紛争解決条項

　七会約款では、紛争解決条項（第34条）において、建設工事紛争審査会の「あっせん」又は「調停」「仲裁」のほか、選択肢として裁判所の裁判を規定している。約款の性質上、紛争解決手段を限定することはできないため、複数の紛争解決手段を併記するにとどまっているが、実際の案件の契約ではいかなる紛争解決方法を採用するのかを明記する必要がある。また、裁判による場合には管轄の合意をすることになる。

第3編

第7章　匿名組合契約

I　はじめに

　本章では、匿名組合契約を不動産投資に使用する場合の注意点を契約の実例を交えながら概説することにする。匿名組合についての総論的な概説はすでに第2編「不動産取引の仕組み（ストラクチャー）」の解説の中で行っているので（第2編 第2章 Ⅱ（⇒96頁））、重複を避けるが、本章の冒頭では、以下の点を述べておく。

　匿名組合（商法第2編第4章、535条から542条）とは、当事者の一方が相手方の営業のために出資をし、その営業から生ずる利益を分配することを約することを内容とする契約である。民法における組合契約（民法667条）と異なり、匿名組合契約は、出資をする匿名組合員と営業を行う営業者の二当事者により締結される契約である。民法上の組合契約（「任意組合」とも呼ばれる）と匿名組合契約の相違点及び不動産投資において匿名組合契約が使用される理由は、TKGKストラクチャーの解説中の第2編 第2章 Ⅱ（⇒96頁）において概説している。匿名組合契約は、投資家にとっては二重課税の回避を可能とするところが利点であり、営業者にとっては元本を保証しなくてよい一種の資金調達方法（エクイティー出資の調達方法）として活用できる点が利点である。営業者が複数の匿名組合員と匿名組合契約を締結して不動産ファンドを組成する場合もあるし（第2編 第2章 Ⅵ（⇒127頁）で概説したダブルTKストラクチャー参照）、ストラクチャーの中の一つの資金提供方法として使用される場合もある（第2編 第3章 Ⅸ 2 及び 3（⇒239頁）で概説したTMK／TKGKストラクチャー参照）。

　匿名組合には二重課税の回避という利点があるものの、匿名組合員が非居住者や外国法人の場合には、税務当局により任意組合（民法670条以下）として認定（再構成）されると、想定した課税関係と大きく異なる結果が生じてしまう。そのような事態が生じないように厳格に匿名組合としての性質を有するよ

うにTKGKストラクチャー及び匿名組合契約を構成する必要があること（いわゆる「NKリスク」の存在）については、第2編 第2章 Ⅳ 4（⇒108頁）で述べているので、あらためて参照してほしい。

Ⅱ 匿名組合契約のパターン

1 はじめに

匿名組合契約は、いかなる状況で使用されるものかにより、必要な条項、適用される法令も異なる。匿名組合契約の作成・検討にはそれらの背景事情の正確な理解が必要となる。以下の点をまず検討する必要がある。

2 複数の匿名組合員による不動産ファンドか否か、匿名組合員は非居住者か否か

匿名組合契約は上記のように①営業者が複数の匿名組合員と匿名組合契約を締結して不動産ファンドを組成する場合に使用されるものもあるが、②単一の匿名組合員が営業者に出資する場合に使用されるものもある。①の場合には匿名組合員間の公平をどのように実現するのか、営業者への発言権について匿名組合員間の利害をどう調整するのか等の対応が必要となるが、②の場合はそれらを考慮する必要はない。また、匿名組合員が非居住者であるか否かは、NKリスクの受容度に影響する。

3 匿名組合員は営業者からみて実質的な意味で第三者なのか否か

第2編 第5章「不動産ファンドとは何か―規制緩和の必要性―」（⇒287頁）で述べたところだが、匿名組合契約が、①「完結型不動産ファンドのための仕組み」のための契約なのか、それとも②「不動産投資手段のための仕組み」のための契約なのかという区別があり得る。上記 2 ①「営業者が複数の匿名組合員と匿名組合契約を締結して不動産ファンドを組成する場合に使用されるもの」は、「完結型不動産ファンドのための仕組み」のための匿名組合契約に該

当することが通例である。この場合、匿名組合員は営業者からみて第三者の投資家となるので、匿名組合契約の内容も比較的詳細になる。例えば、匿名組合契約において、営業者の詳細な表明保証を規定することや、出資の前提条件を詳細に規定することが必要になる。他方、匿名組合契約は、「不動産投資手段のための仕組み」のための契約としても使用される。その場合は、営業者からみて（法形式はともかく）実質的な意味で匿名組合員は第三者の投資家ではなく実質的な利益相反は存在しない。比喩的にいえば、匿名組合契約は投資家のための「一人舞台」の手段となり、契約内容も比較的簡素になる。

4 投資対象は現物不動産か否か

　営業者の事業が現物不動産への投資か、それとも不動産信託受益権なのかにより適用される法律は異なる。前者の場合、不特法が適用されるが、後者の場合には、金商法が適用される。その結果、営業者に要求されるライセンス等も異なる。本書において紹介する条項例は、営業者の事業が信託受益権への投資であることを前提としている。

III 匿名組合契約の法的性質

　商法535条は「匿名組合契約は、当事者の一方が相手方の営業のために出資をし、その営業から生ずる利益を分配することを約することによって、その効力を生ずる。」と規定している。この条項から明らかなように、匿名組合契約は、諾成契約（つまり当事者の合意の意思表示のみによって成立する契約）である。匿名組合契約が有効に成立するのに現実に匿名組合員からの出資がなされる必要はない。これ以外の匿名組合契約の基本的性質は下記のとおりである。

匿名組合契約の法的性質

契約当事者	匿名組合員と営業者の二者による契約
事業遂行の主体	営業者である。

	匿名組合員は営業者の業務を執行できない（商法536条3項）。ただし、匿名組合員は営業者の業務及び財産の状況を検査できる（同法539条）。
出資された財産の帰属	営業者にのみ帰属する（同法536条1項）。
出資の対象	金銭その他の財産（同条2項）。
事業遂行の責任	営業者のみが責任を負う。匿名組合員は営業者の行為について第三者に対して権利義務を有しない（同条4項）。匿名組合員は営業者に対しすでに行った出資以上の責任を負担しないことを匿名組合契約に規定することは可能である。

コラム　匿名組合契約を利用した転換権付社債又はローン

　　匿名組合契約は諾成契約であること及び匿名組合への出資は金銭に限らず「その他の財産」でよいことを利用して、匿名組合出資持分に転換する権利を有する社債（一種の転換社債）やローン（転換権付ローン）を組成することができる。例えば、TKGKストラクチャーで、シニアローンは銀行から借りつつも、メザニンデットの魅力を高めるために、メザニン社債又はローンに対し匿名組合出資持分への転換権を付与することが考えられる。法的には、メザニンレンダーが「停止条件付匿名組合契約」を締結し、そこでは一定の事由が生じた場合に、メザニンレンダーの保有する社債やローン債権を出資することで一定の匿名組合出資持分を取得できるようにすればよい。将来の一定の事由の発生が条件となるので「停止条件付匿名組合契約」ということになる。上記において、ローンのほかに社債を記載しているのは、ローンの場合には銀行業の免許又は貸金業の登録が必要となり得るので、それらを有していない者でも社債の引受けの方法で取引に参加できる仕組みとするためである。なお、類似の試みとして、2種類の匿名組合契約を用意して、優先劣後を付けることも可能であり、こちらはより一般的に行われている手法であろう。

Ⅳ 匿名組合契約の合意

1 条項例

匿名組合契約の合意（条項例）

> 第1条（匿名組合契約の合意）
> 本契約の両当事者は、本契約が商法第535条乃至第542条に規定される匿名組合契約であること、及び、営業者と本匿名組合員の関係が本契約の条項に従うほか商法第2編第4章に規定される営業者と匿名組合員の関係であることを了解する。また、本契約の両当事者は、本契約が同法の匿名組合契約としての性格を失わないことを条件として、本契約の条項が同法の任意規定に優先して適用されることに合意する。

2 条項例の解説

　本条項例は、いわば当然のことを規定しているにすぎない。しかし、この条項を忘れずに入れておく必要がある。匿名組合契約が民法上の任意組合として認定されるリスク（いわゆるNKリスク）を避けるためにも当然のことを規定しておく意味があるのである。

Ⅴ 匿名組合事業

1 条項例

匿名組合事業（条項例）

> 第2条（匿名組合事業）
> 1．本契約に基づく匿名組合の目的は、本契約の条件に従い、本匿名組合員が営業者の営む本事業（以下に定義する。）から生じる利益を得る目的で、営業者に対する金銭の出資を行い、営業者が、本事業の損益を、本匿名組合員に対して金銭にて分配することである。本事業とは、営業者が、以下に定める業務を行う事業をいう。

(1) 本件信託受益権売買契約（注：営業者が買主となる信託受益権の売買契約である。）の締結並びに同契約に基づく本件信託受益権の購入その他の権利の行使及び義務の履行、及び本件信託受益権を第三者に譲渡し、それに関連する売却金の受領
(2) 本信託契約（注：前号の本件信託受益権売買契約の対象となる信託受益権が組成される信託契約である。）に基づく受益者としての権利の行使（本件不動産（注：信託の対象となる不動産である。）の売却指図を含む指図権の行使その他本信託契約上受益者に付与された権利の行使を意味する。）及び義務の履行
(3) 本金銭消費貸借契約（注：本件信託受益権の購入資金の調達のために営業者が借入人となる金銭消費貸契約である。）の締結並びに同契約に基づく借入れ（以下「本件借入れ」といい、それによる債務を「本件借入債務」という。）その他の権利の行使及び義務の履行
(4) 本件借入れの弁済又は本契約における出資金の全部又は一部の返還に必要な資金を調達することを目的とする金銭消費貸借契約その他の契約の締結並びに同契約に基づく借入れその他の権利の行使及び義務の履行
(5) 本契約の締結並びに本契約に基づく出資金の受入れその他の権利の行使及び義務の履行
(6) その他上記各号に関連又は付随する一切の取引（上記各号に記載された以外の本件関連契約（注：営業者が本信託受益権を購入するにあたって必要となる様々な契約の総称である。）の締結並びに当該本件関連契約に基づく権利の行使及び義務の履行を含む。）

2．営業者は、本事業の遂行につき、本契約に別途明確に定める場合を除き、本匿名組合員の同意を要しない。
3．営業者は、本事業の遂行のために、アセットマネジャーとの間でアセットマネジメント契約を締結する。営業者は、アセットマネジメント契約に基づくアセットマネジャーの助言に従い、本事業の遂行、本事業から得られる利益及び金銭の分配並びに残余財産の分配その他の事務を行う。
4．本事業は、営業者単独の事業である。出資金及び本財産のすべては営業者に独占的に帰属する。本事業から得られる収益及び費用は、営業者にのみ帰属する。本事業に関して生じる第三者に対する権利義務は、営業者のみに負担する。
5．営業者は本事業以外の一切の事業を行わない。
6．営業者及びアセットマネジャーはいずれも、本事業から得られる収益の分配、本事業の成功又はその他の本事業のいかなる結果をも保証せず、その損失を補填しない。本匿名組合員はこれを了承している。

2 条項例の解説

【1】匿名組合事業（第1項）

　匿名組合員が出資する対象は「相手方の営業」（商法535条）のため、匿名組合契約では匿名組合の対象となる事業（営業）を具体的に規定する。本条項例は、TKGKストラクチャーによる不動産信託受益権への投資における匿名組合契約からの抜粋であるが、第1項（1）号から（6）号は、TKGKストラクチャーにおけるGK（合同会社）の活動内容を列挙している。匿名組合員にとって避けるべきことは、営業者が想定された事業以外の事業を行うことであるが、それは第5項で禁止されている。

【2】営業者による本事業の遂行（第2項）

　投資家である匿名組合員が関心を持つ事項の一つは、営業者による匿名組合事業の遂行にどの程度匿名組合員が関与できるのかである。匿名組合員は営業者の業務及び財産の状況を検査できる（商法539条）が、営業の主体は営業者であり、匿名組合員がより積極的に営業に関与することはNKリスクを高める。特に匿名組合員が非居住者の場合にはNKリスク回避の重要度は高い（第2編第2章 Ⅳ 4（⇒108頁））。

> **コラム** 匿名組合員に一定の重要な事項についての承諾権を付与することは匿名組合性を害するのか
>
> 　匿名組合員は、営業者の事業に重大な利害関係を有する。そのため、匿名組合事業の遂行における一定の重要な事項について、匿名組合員に承諾権を付与すること（つまり営業者が一定の事業を遂行することに匿名組合員の承諾を要すること）が許されるのかという質問を受けることがある。
>
> 　仮にそのような承諾権の付与により、匿名組合員が匿名組合事業を営業者と共同で遂行していると認定されれば、匿名組合員と営業者の

第7章　匿名組合契約

法律関係は、民法上の任意組合と再構成されてしまうリスクが生じる。

この点、匿名組合員が外国法人などの非居住者の場合には、PEの問題（第2編 第2章 Ⅳ 4（⇒108頁））があるので、税務の専門家はおしなべて承諾権の付与を否定する。PEの問題が生じないケース（匿名組合員の全員が国内の法人や個人の場合等）にはそのような承諾権の付与の可否を検討する余地が出てくる。

この点について、「特約により、例えば一定の重要な事項については営業者が業務を執行するに当たって匿名組合員の同意を得ることを要するものとするように、匿名組合員に業務の執行に参与する権利を認めることはさしつかえない。」という学説もある（竹田省『商法総則・商行為法』（弘文堂、1941年）89頁、平出慶道『商行為法』（青林書院、第2版、1989年）334頁以下）。

しかし、匿名組合員に広範な業務執行への参加を許容すると、任意組合への再構成のリスクが意識されるので、実務には、上記学説はそのまま取り入れられてはいない。税務上は、国内の匿名組合と任意組合とでは大きな相違を生じないかもしれないが、任意組合と認められると、財産が営業者の単独所有ではなく共有（合有）となってしまうことや匿名組合員の有限責任が失われ無限責任を負担することに関する法的リスクがあり、これらの法的リスクを受け入れるのか、という問題が生じるのである。このリスクは過度に強調されてはならないが、実務では、レンダーからファイナンスを得るのに法律事務所のクリーンな（つまり留保のない）法律意見を求められる場合があり、法律家としては、なかなか無留保で「法的に大丈夫」と断定するのが難しいところである。仮に「限定された範囲の承諾権であれば許容する余地はあるが、広範囲な承諾権は否定せざるを得ない。」と考えるのが妥当だとしても、どこまでが許容される範囲なのかについて実務に適用され得る基準を導くことは容易ではない。そうなると実務上は慎重な立場をとらざるを得なくなるのである。

ところで、匿名組合と任意組合の一種中間的な存在として「内的組

合」という概念があり、大要、以下のように説明されている。

　内的組合とは、対外的行為を組合員全員の名ではなく、対外行為を行う当事者の固有名義で行い、組合関係が対外的に現れないものである。対外的な責任については、業務執行組合員が単独で責任を負う。財産の帰属については、対外的財産の帰属者と、対外行為の名義が、一致する必要があるという立場が主張されており、それによると、業務執行組合員に帰属する、ということになる（山本豊編『新注釈民法（14）債権（7）』（有斐閣、2018年）471頁以下［西内康人］参照）。

　内的組合が認められることは、学説上争いがなく、多くの裁判例でも認められている。しかし、日本の制定法上の明文の根拠がなく、特に財産の帰属について意見の一致があるわけではない（山本・前掲472頁）。事後的に紛議が生じたときの議論としてはともかく、これから取引行為を行う場面では、「匿名組合ではなくても内的組合と認められる。任意組合ではない。」という立場を実務上とることは難しく、やはり保守的な立場をとらざるを得ないだろう。

　ここまで論じると、冒頭の「匿名組合員に一定の重要な事項についての承諾権を付与することは匿名組合性を害するのか」という問いに対する実務上の回答は「承諾権の付与はできないわけではないが、保守的に考えて、やめておいた方が無難」ということになる。それでは、どのような形で匿名組合員の意見を営業者の業務執行に反映させるのか、という問題が生じる。匿名組合員が契約上認められる監督権を行使する以外に、この問題に対する実務上の対応策には、以下の方法があり得る。

匿名組合員の承諾権に代わる実務上の対応策

| ① | 営業者の遂行する業務執行の内容・方法をできるだけ詳しく匿名組合契約に規定する。これには、具体的な年次事業計画を作成してそれに従って営業者は事業を遂行することを含む。これにより業務執行における営業者の裁量が少なくなる。 |

②	営業者による匿名組合員への報告義務を充実させ、匿名組合員が業務執行の状況を把握しやすくする。その上で、匿名組合員は営業者に対し拘束力のない助言をすることができるようにする。営業者は業務の遂行に善管注意義務を負っており、合理的な助言を無視することは難しい。
③	業務の進行に応じて問題が生じたら、必要に応じ、匿名組合契約の変更を行う。契約の変更は業務執行ではなく、当事者の合意により可能である。営業者はSPCなのでレンダーの承諾さえあれば変更は困難ではない。

【3】アセットマネジメント契約（第3項）

　匿名組合事業の範囲は第1項に規定されるが、それをどのように遂行するのかという点について規定するのがこの第3項である。第3項では「営業者は、アセットマネジメント契約に基づくアセットマネジャーの助言に従い、本事業の遂行、本事業から得られる利益及び金銭の分配並びに残余財産の分配その他の事務を行う。」と規定されており、営業者はアセットマネジャーの助言を受けるものの自己の判断で本事業を遂行するという形態がとられている。匿名組合員から受けた出資の運用行為は、金商法上、投資運用業（自己運用）に該当するため（金商法28条4項3号、2条8項15号、同条2項5号）、営業者に必要となる投資運用業の登録の問題にどのように対応するのかという論点が生じる。これについては、第2編 第2章 Ⅴ 5（⇒120頁）を参照されたい。

【4】財産の帰属（第4項）

　出資金及び本財産のすべては営業者にのみ帰属する（商法536条1項）という、匿名組合契約の性質の確認的な規定である。

【5】他の事業の禁止（第5項）

　営業者が他の事業を営むことを許容すると、その損失により、本事業に悪影響が生じるリスクがある。そのため、匿名組合契約では、他の事業を禁止することが通例である。ただし、営業者がマスターレッシーとなって不動産の賃貸を行う場合（つまり信託の受託者から対象不動産を賃借し、それをエンドテナ

ントに転貸する事業を行う場合）には、当該賃貸事業を匿名組合事業から除外しておく必要がある。不動産の賃貸事業が匿名組合事業に含まれ、そこからの収益が匿名組合員に分配されることになると、匿名組合契約は不動産特定共同事業契約として不特法の適用を受けることになってしまうからである。

【6】利益保証及び損失補てんの禁止（第6項）

匿名組合契約において利益の保証（つまり利益の有無にかかわらず営業者が匿名組合員に支払うこと）をすることは、確定利息の支払となり匿名組合の本質に反する（東京地判昭和31年9月14日下級民集7巻9号2526頁）。損失補てんの約束も同様に匿名組合の性質を損なうことになろう。また、営業者が適格機関投資家等特例業務を行う場合（第2編 第2章 Ⅶ（⇒133頁））には、金商法63条11項、39条により、損失補てん等の禁止の行為規制が適用されるので、法律上も損失補てんは許されない。

Ⅵ 他の匿名組合契約

１ はじめに

匿名組合契約は、匿名組合員と営業者の二者による契約であるが、複数の投資家からの出資をもとに、不動産ファンドを、匿名組合契約を使用して組成する場合がある。その際には、営業者は、各投資家と出資金額を異にする匿名組合契約を締結し、出資金額の割合に応じて、各匿名組合員に利益の分配を行う。下記の条項例は、そのようなケースにおける匿名組合契約に組み込まれる条項を示している。

2 条項例

他の匿名組合契約（条項例）

> 第3条（他の匿名組合契約）
> 1．営業者は、本事業に関して、本匿名組合員以外に一又は複数の匿名組合員との間に匿名組合契約（以下「他の匿名組合契約」という。）を締結することができる。
> 2．営業者は、本匿名組合員と他の匿名組合員とを、出資日、募集金額、出資金額若しくは出資割合又はこれらに関する条項の違いによって生ずる差異を除いて平等かつ公平に取り扱わなければならない。
> 3．本契約と他の匿名組合契約は、各々完全に独立の契約であり、他の匿名組合契約の有効性又は営業者と他の匿名組合員の関係は、本契約の有効性又は営業者と本匿名組合員の関係に影響を及ぼさない。
> 4．本契約又は他の匿名組合契約の締結若しくは履行により、本匿名組合員と他の匿名組合員との間に本事業に関するいかなる契約関係も生じるものではない。
> 5．営業者は、本匿名組合員の書面による事前の承諾がない限り、本事業に関して、本匿名組合契約と実質的に異なる内容の匿名組合契約を締結してはならない。営業者は、本契約又は他の匿名組合契約のいずれかを変更若しくは修正する場合は、本契約及び他の匿名組合契約のすべてについて同様の変更若しくは修正を行う。

3 条項例の解説

【1】他の匿名組合契約の締結（第1項）

　第1項は、営業者が他の匿名組合契約を締結することを許容する規定である。他の匿名組合契約の締結は、匿名組合事業の資金調達方法であること及び利益分配に影響するので、それぞれの匿名組合員の許諾を得ることになる。

【2】他の匿名組合員との公平（第2項及び第5項）

　第2項は、他の匿名組合員の取扱いとの公平について規定している。その上で、第5項は、他の匿名組合契約の内容が本契約と実質的に同一であることを求めている。第2項及び第5項の双方により、匿名組合員間の公平を実現しようとしているのである。なお、優先匿名組合契約と劣後匿名組合契約という形

で、利益分配について、優先劣後を付け、営業者が複数の匿名組合契約を締結する場合もある。そのような場合には、利益分配の優先劣後を例外として許容しつつ、上記の規定によって匿名組合員の公平を確保することになる。

【3】他の匿名組合契約が存在することの法的影響（第3項及び第4項）

　第3項は、本契約は他の匿名組合から独立した契約であることを確認している。この規定により、例えば、他の匿名組合の有効性や他の匿名組合員による出資の履行が本契約の条件となっているという主張を封じることができる。第4項は、営業者が複数の匿名組合契約を締結したからといって、匿名組合員間に契約関係が生じるわけではないことを確認している。匿名組合員の間に民法上の任意組合が形成されることにはならないのである。これはNKリスクに対応するための規定ということができる。

　なお、仮に営業者を含まずに匿名組合員間に民法上の組合が存在すると、本契約の匿名組合性が否定又は損傷されるのか、という問題は存在する。匿名組合員の中に外国法人等の非居住者が存在する場合は、そのような民法上の組合はPE認定につながるので回避するべきである。しかし、匿名組合員の全員が日本国内の居住者の場合又は全員が非居住者の場合は日本におけるPEの問題は生じない。この点、「複数の出資者が共同して一方の当事者たる匿名組合員となることは可能であって、この場合には出資者相互の間に民法上の組合関係が存することになる。」と広くいわれている[102]。つまり、民法上の組合が匿名組合員となって営業者との間で一つの匿名組合契約を締結することは法的に可能ということである。そうだとすれば、それぞれ匿名組合契約を締結している複数の匿名組合員が民法上の組合を形成することも否定されるべきではないと考えられる。

102）　平出慶道『商行為法』（青林書院、第2版、1989年）327頁、西原寛一『商行為法』（有斐閣、1973年）176〜177頁ほか。

Ⅶ　出　資

1　はじめに

　匿名組合員は「金銭その他の財産」（商法536条2項）を出資する必要がある。通常、匿名組合員は、金銭出資を、匿名組合契約の締結日に近接した段階で「当初出資」として行い、匿名組合事業の伸展にあわせて金銭の「追加出資」を行う。ただし、「追加出資」については、匿名組合員の金銭的負担の限度が明確になるように、匿名組合員の義務としないケースも多い。

2　条項例

当初出資（条項例）

第4条（当初出資）
1．本匿名組合員が営業者に対して支払う当初の出資金額は、別紙1に本当初出資の金額として記載された金額（以下「本当初出資」という。）とする。
2．本匿名組合員は、別紙1に記載された本当初出資の全額を、一括払で、日本円で、別紙1に記載された払込期日又は営業者及び本匿名組合員が合意をするその他の日（以下「当初出資日」という。）までに、別紙1に記載された銀行口座に送金して支払う（注：別紙1の添付は省略する。）。
3．本匿名組合員の、本当初出資の実行直後における本事業に対する出資割合は別紙1に記載された割合であることが予定されている。
4．本当初出資及び第5条第1項に規定する追加出資の資金使途は、営業者が本事業を遂行するために必要な資金に限定され、営業者はいかなる用途にも出資金を流用してはならない。
5．本匿名組合員が、本当初出資を当初出資日までに完全に履行しなかった場合、本契約は、営業者の本匿名組合員に対する書面による通知により直ちに失効する。この場合、本匿名組合員は、当該債務不履行により営業者が被った一切の損害を賠償する。

追加出資（条項例）

> 第5条（追加出資）
> 1. 本事業に対する追加出資が必要であると営業者が判断した場合、営業者は、その裁量により、本匿名組合員、その時点における他の匿名組合員及び／又は第三者に対して、追加の匿名組合出資を行うことを勧誘することができる。ただし、本匿名組合員及びその他の匿名組合員は追加出資義務を負うものではなく、かつ、追加出資を行う権利を有しないものとする。
> 2. 本匿名組合員は、新たに匿名組合契約が締結され、又は前項に従い他の匿名組合員が追加出資を行う場合に出資割合が低下することがあること、及び他の匿名組合契約の解除その他の事由により出資割合が増加することがあることを了解している。本匿名組合員の出資割合に変更が生じた場合には、営業者は、本匿名組合員に対して速やかに変更後の出資割合を通知する。

3 条項例の解説

【1】当初出資（第4条）

　第1項は、当初出資の支払義務について、支払金額を、第2項は、支払方法及び支払時期を、それぞれ規定している。第3項は、複数の匿名組合員が存在することから、それぞれ出資割合を定めて、利益分配の基準を規定している。第4項は、出資された資金の使途を明確にしている。いずれも説明を要しない事項である。

　なお、匿名組合契約によっては、匿名組合員が出資を行うための前提条件を詳細に規定する例もある。具体的には、①営業者及びその親法人に関する書類（定款、財務諸表、印鑑証明等）の提出、②投資対象の不動産資産に関する書類の提出、③レンダーからのノンリコースファイナンスに関する書類の提出、④アセットマネジャーに関する書類の提出、⑤営業者の表明保証の真正その他の事項に及ぶものである。

　第5項は、出資義務の不履行を定めている。匿名組合員が当初出資を履行しなかった場合、その損害賠償責任はどの程度になるだろうか。当初出資の使途は、営業者による不動産資産の取得であり、当該匿名組合員の当初出資義務の不履行によって不動産資産の取得が失敗するのか否かで、営業者の被る損害の規模は変わってくる。損害が最も少なくて済むケースは、当該匿名組合員の出

資がなくても、他の匿名組合員やレンダーからの借入金で不動産資産の取得が実行できる場合である。その場合、基本的には、そのような追加資金の取得コストが営業者の損害ということができる。他方で、損害が拡大するケースは、営業者が不動産資産の取得の売買契約やローン契約を締結済みの場合でかつ不動産取得を実行できない場合である。その場合、売買契約の不履行により、営業者には違約金（通常売買代金の10％から20％となる）の支払義務が生じ得る。そして、営業者がレンダーからの借入れを中止することになれば、レンダーが被る相当因果関係の範囲内の損害等（ブレークファンディングコストを含む）を賠償する必要も生じ得る。また、関連する専門家やサービス提供者（デューディリジェンスの担当業者、弁護士、税理士、会計士等）への支払も損害の一部となる。

【2】追加出資（第5条）

第1項では、追加出資は義務的ではなく、任意的であることを規定している。実務では、期中の費用に不足を生じた場合などに備えて、一定範囲で義務的な追加出資を規定する匿名組合契約もあるが、ここではそのようなアプローチはとられていない。なお、営業者は、匿名組合員の全員を公平に扱う義務を負担しているため、追加出資の勧誘にしても、恣意的な運用は許されない。複数の匿名組合員間において、追加出資を行う者とそうでない者が生じれば、出資割合は変化する。第2項は、そのような可能性も含めて、出資割合の変動があり得ることを明記している。

コラム 「営業者による出資」という考え方

上記の条項例には「営業者による出資」は規定されていない。しかしながら、実務上使用されている匿名組合契約（特に匿名組合員が外国法人等の非居住者である場合に多い）によっては、「営業者による出資」という概念を導入して、「匿名組合員による出資」との比率を算定し、その出資割合により利益分配を行なっている。多くは、営業者の出資比率は1％から2％である。これは「営業者はSPCでも営業主体としての実質を備えるべきである。」という税務アドバイザーの

> アドバイスに基づきそのようなパーセンテージに相当する資金を営業者からの出資として拠出することが求められることによる。匿名組合契約の他方当事者である営業者が実質を備えていないと、税務当局により匿名組合が任意組合とみなされるというリスクに配慮した結果である。匿名組合員のすべてが国内の居住者の場合には、税務上のリスクについてそこまでの配慮はなされず「営業者による出資」ということが問題にされることは通常ない。なお、法律上は、「匿名組合員による出資」の約束は匿名組合契約の成立要件だが「営業者による出資」ということは要求されていない。営業者は自ら営業を営むことが予定されており、それ以上のことは要求されていないのである。たとえ営業者が無一文であっても営業を行えばよいというのが法律上の建前である。

Ⅷ 表明及び保証

1 はじめに

匿名組合契約には営業者及び匿名組合員による表明保証が含まれるのが通例である。しかし、それら（特に営業者による表明保証）の詳細度は、匿名組合員の属性（純然たる第三者の投資家か否か）により異なる。下記には詳細な表明保証がなされている条項例を示す。

2 営業者の表明及び保証の条項例

営業者の表明及び保証（条項例）

> 第6条（営業者の表明及び保証）
> 1. 営業者は、本匿名組合員に対して、本契約締結日及び本契約に基づき本匿名組合員から営業者に対して出資が行われる日において、以下の事項が真実かつ正確であることを表明し保証する。

(1) （適法な設立）営業者は、日本法に基づき適法かつ有効に存続する合同会社である。本件一般社団法人（注：営業者の唯一の社員である。）は日本法に基づき適法かつ有効に存続する一般社団法人である。
(2) （権利能力及び行為能力）営業者は、営業者関連契約（注：営業者が当事者となる取引に関係する契約を意味する。）を締結し、これらの契約に基づく一切の権利を行使し、かつこれらに基づく義務を履行する権利能力及び行為能力を有する。本件一般社団法人は、一般社団法人関連契約（注：本件一般社団法人が当事者となる取引に関係する契約を意味する。）を締結し、これらの契約に基づく一切の権利を行使し、かつこれらに基づく義務を履行する権利能力及び行為能力を有する。
(3) （社内手続きの完了）営業者は、法令等及び営業者の定款の規定に従い、営業者関連契約（注：法令等は、政府機関のガイドラインや判決その他の国家機関による拘束を含むものとして定義されている。以下同じ。）を締結し、これらの契約に基づく一切の権利を行使し、これらに基づく義務を履行するために必要な一切の社内手続きを完了している。なお、営業者は定款以外にいかなる内部規程も定めていない。本件一般社団法人は、法令等及び本件一般社団法人の定款の規定に従い、一般社団法人関連契約を締結し、これらの契約に基づく一切の権利を行使し、これらに基づく義務を履行するために必要な一切の社内手続きを完了している。なお、本件一般社団法人は定款以外にいかなる内部規程も定めていない。
(4) （法令遵守）営業者関連契約の締結並びにこれらの契約に基づく権利の行使及び義務の履行は、営業者に適用のある法令等に違反するものではなく、営業者が当事者となっている他の契約の履行に重大な悪影響を及ぼすような違反を惹起することはない。一般社団法人関連契約の締結並びにこれらの契約に基づく権利の行使及び義務の履行は、本件一般社団法人に適用のある法令等に違反するものではなく、本件一般社団法人が当事者となっている他の契約の履行に重大な悪影響を及ぼすような違反を惹起することはない。
(5) （政府の許認可）営業者関連契約の締結並びにこれらの契約に基づく権利の行使及び義務の履行、その他営業者関連契約において企図される取引の実行のために法令等上必要となることのある政府機関その他の第三者による許認可、届出その他の手続きはすべて適法・適式に履践されている。営業者は、金融商品取引法第63条第1項第2号に掲げる行為に係る金融商品取引法第63条第2項に基づく適格機関投資家等特例業務に関する届出書を関東財務局東京財務事務所に提出済みであり、当該届出を適法かつ適式に完了しており、維持している。また、一般社団法人関連契約の締結並びにこれらの契約に基づく権利の行使及び義務の履行、その他一般社団法人関連契約において企図される取引の実行のために法令等上必要となることのある政府機関その他の第三者による許認可、届出その他の手続きはすべて適法・適式に履践されている。

（6）（適法かつ有効な契約等）
　①　本件関連契約（注：信託受益権の取得、ローンの借入れ等の取引全体に関連するすべての契約の総称である。）は、対応する各契約当事者により適法に締結された場合、その文言に従い、適法かつ有効な法的拘束力を有する契約であり、それらの条項に従って強制執行可能である。ただし、破産法等債権者の権利に一般的な影響を及ぼす法令等の規制に服する。
　②　本件関連契約において規定された借入人及び本件一般社団法人の表明保証は、すべて真実かつ正確である。
　③　営業者は、締結済みの本件関連契約の各写し（ただし、本契約については原本）及び未締結の本件関連契約の最新のドラフト（もしあれば）を、本匿名組合員に対して提出済みであり、営業者が契約当事者として締結している契約は、別途報告したもの及び営業者関連契約を除き存在しない。
　④　営業者が本匿名組合員に対して別途報告したものを除き、本匿名組合員に対して提出された本件関連契約又はその他の関連書類は、その後変更又は解除されていない。
　⑤　表明保証の時点において存在する本件賃借人（注：本件不動産の建物の賃借人を意味する。）から、本件建物賃貸借契約（注：本件不動産の建物の賃貸借契約を意味する。）を解除する旨の意思表示（書面によると口頭によるとを問わない。）が出されていない。

（7）（訴訟等）営業者又はその財産を被告、債務者、被申立人その他手続きの相手方又は対象とする、訴訟、和解、調停、仲裁、強制執行その他の裁判上又は行政上の手続きは係属しておらず、また、かかる訴訟等が提起又は開始されるおそれはない。

（8）（期限の利益喪失事由・債務不履行事由等）営業者関連契約に定める期限の利益喪失事由、債務不履行事由、解除事由又は終了事由（通知若しくは時の経過又はその双方によりこれらの事由に該当する事由を含む。）は存在しない。

（9）（営業者の財務状態）
　①　営業者は、債務超過、支払不能又は支払停止の状態にはなく、営業者について、破産手続開始又は再生手続開始の申立ては行われておらず、かついずれの原因となる事由も存在しない。営業者は、営業者関連契約の締結又は履行により、債務超過、支払不能又は支払停止の状態に陥るものではなく、またそのおそれもない。
　②　営業者は、本件関連契約に基づく債務を除いて、一切の債務（現実に発生しているか、偶発性のものかを問わない。）を負担していない。
　③　営業者は、支払期限の到来している債務の一切（本件公租公課を含む。）をすべて支払済みであり、滞納している債務はない。
　④　本契約の締結は、営業者の詐害的意図又は不法な目的に基づきなされたものではない。

⑤　営業者の財務状態について、重大な悪影響を及ぼす事態は発生していない。
(10) （単一目的会社）営業者は、本件信託受益権の取得、管理及び処分のみを目的とした合同会社であり、現在これ以外に何らの事業も営んでおらず、また営む予定もない。
(11) （業務執行社員等）営業者の業務執行社員及びかかる業務執行社員に係る職務執行者は各 1 名で、当初出資金出資日において本匿名組合員に対して交付した営業者の履歴事項全部証明書に記載のとおりであり、これを増員又は変更する具体的な予定はない。また、営業者には従業員はおらず、将来雇用する具体的な予定もない。
(12) （社員）営業者の唯一の社員は、本件一般社団法人である。
(13) （本件一般社団法人）
① 本件一般社団法人の社員、理事及び基金拠出者は、本契約の締結までの間に、本匿名組合員に対して知らしめたものから変更されていない。
② 本件一般社団法人の基金拠出者が有する、本件一般社団法人に対する拠出に係る権利は、金融商品取引法第 2 条第 2 項第 5 号に定める権利に該当せず、金融商品取引法に基づき、本件一般社団法人に関して何ら届出、登録等は必要とならない。
(14) （借入人口座）形式的であると実質的であるとを問わず、営業者を名義人とする銀行預金口座は、借入人口座のみである。なお、本金銭消費貸借契約に基づく営業者の資金管理は、主として貸付人口座を使用して行われる。
(15) （税務申告書の作成）営業者は、法令等に基づき提出が義務づけられている税務申告書をすべて提出済みであり、かつ、かかる税務申告書又は営業者若しくはその資産に対する査察に基づく支払時期の到来した税金、及び営業者又はその資産に政府機関によって課せられるすべての税金又はその他の負担を支払済みである。
(16) （本事業に関する契約等）別途本匿名組合員に対して開示されたものを除き、本件関連契約のほかには、本事業に関連する又は本匿名組合員の権利に重大な悪影響を与える契約、合意、覚書、取り決め等（書面であるか否かを問わない。）は、存在しない。
(17) （本件信託受益権及び本件不動産）営業者は、本件信託受益権売買契約において受益権の売主が営業者に対して本件信託受益権及び本件不動産について表明保証している事項に限り、本匿名組合員に対して表明保証する。疑義を避けるために付言すると、受益権売主が本件信託受益権売買契約において表明保証を行っていない本件信託受益権又は本件不動産に関する事項については、営業者は、本契約上本匿名組合員に対して表明保証を行っていないものとする。

(18) （情報の開示・正確性）営業者が本匿名組合員に対して交付した書類（営業者に関する財務書類、本件不動産に関する書類・資料を含むが、限られない。）及び情報（口頭によるか文書によるかを問わない。）は、重要な点において真実かつ正確であり、誤解を避けるために必要な事項の記載を欠いていない。上記書類・資料に含まれる将来の予測に係る事項は、合理的な方法により予測されており、本匿名組合員に対して書面にて報告した事実を除き、当該書類・資料の提出日以後、当該予測に重大な悪影響を及ぼす事実は発生していない。営業者は、本匿名組合員に対して、本件不動産及び本件関連契約に関連する重要な文書及び情報で現存するものをすべて交付している。
(19) （反社会的勢力等）営業者は反社会的勢力等（注：「反社会的勢力等」は別途定義されている。）に該当せず、かつ反社会的勢力等と取引その他一切の関係を有しない。また、営業者は過去において反社会的勢力等に該当したこと、又は反社会的勢力等と取引その他一切の関係を有したこともない。
2. 営業者は、前項に定める表明及び保証のいずれかが不正確であったことが判明した場合には、直ちに本匿名組合員に通知し、かかる表明保証違反により本匿名組合員が被ったすべての損失及び損害について本匿名組合員に対して補償しなければならない。

3 条項例の解説

【1】はじめに

　上記の営業者の表明保証は、匿名組合契約における表明保証としては詳細な部類に属する。営業者は、一方において売買契約を締結し、不動産資産を取得し、他方においてレンダーから融資を受ける。レンダーに対しては詳細な表明保証を行うことがローン契約上求められているので、それに類する表明保証を投資家である匿名組合員に対して行うことになってもおかしくない。匿名組合契約が投資家のための「一人舞台」のストラクチャーの一部である場合には（第2編 第5章 Ⅳ（⇒291頁））、このように詳細な表明保証を行うことはないが、この条項例の契約はそのようなケースではない。個々の表明保証はそれほど説明を要しないが、いくつかの点について下記に概説する。

【2】（5）号（政府の許認可）

　本号には、「営業者は、金融商品取引法第63条第1項第2号に掲げる行為に

第7章　匿名組合契約　545

係る金融商品取引法第63条第2項に基づく適格機関投資家等特例業務に関する届出書を関東財務局東京財務事務所に提出済みであり、当該届出を適法かつ適式に完了しており、維持している。」という記載がある。これは営業者である合同会社が適格機関投資家等特例業務の制度を利用していることを意味する（同制度についての解説は、 第2編 第2章 Ⅶ （⇒133頁）を参照されたい）。「金融商品取引法第63条第2項に基づく適格機関投資家等特例業務に関する届出書」と記載されているので、営業者は、特例私募は行わず、特例運用の届出のみを行っているケースである。

【3】(13) 号（本件一般社団法人）

本号②は、「本件一般社団法人の基金拠出者が有する、本件一般社団法人に対する拠出に係る権利は、金融商品取引法第2条第2項第5号に定める権利に該当せず、金融商品取引法に基づき、本件一般社団法人に関して何ら届出、登録等は必要とならない。」と規定している。この点については、「 第2編 第2章 Ⅴ 8 「合同会社の親法人としての一般社団法人についての注意事項（⇒127頁）」で解説している。一般社団法人の定款に「基金の返還に係る債権の債権者は、基金拠出額を超えて残余財産の分配を受けることができない。」と定めておくことで、基金の返還に係る権利が金商法上の有価証券（集団投資スキーム持分）に該当しないように工夫しておかないと、この表明保証に違反することになる。

【4】(17) 号（本件信託受益権及び本件不動産）

本号は「営業者は、本件信託受益権売買契約（注：匿名組合員からの出資を使用して取得する信託受益権売買契約を意味する。）において受益権の売主が営業者に対して本件信託受益権及び本件不動産について表明保証している事項に限り、本匿名組合員に対して表明保証する。」と規定している。営業者が匿名組合契約を締結する時点では、営業者は不動産資産をまだ取得していないので、信託受益権や基礎となる不動産について表明保証をするには本来十分な情報を有しているとはいえない。他方、売買契約において、売主は、買主に対し、信託受益権や基礎となる不動産に関し一定の表明保証を行うことが多い。

そこで、買主となる営業者は、売主が行う限度で匿名組合員に対して信託受益権や基礎となる不動産に関して表明保証を行う、としている。本来、営業者は、信託受益権や基礎となる不動産について匿名組合員に対し表明保証を行うことを拒絶しても不当とはいえない。それにもかかわらず、このような表明保証を行うことは、匿名組合員の要求をかなり尊重したやや異例の対応に思える。

4 匿名組合員の表明・保証の条項例

匿名組合員の表明・保証（条項例）

第7条（匿名組合員の表明・保証）
1. 匿名組合員は、営業者に対して、本契約締結日及び本契約に基づき匿名組合員から営業者に対して出資が行われる日において、以下の事項が真実かつ正確であることを表明し保証する。
   （1）（行為能力）匿名組合員は、日本法に基づき適法に設立され有効に存続する法人である。匿名組合員は、本契約を締結しこれに基づく権利を行使し、義務を履行する権利能力及び行為能力を有する。
   （2）（社内手続き）匿名組合員は、本契約を締結しこれに基づく権利を行使し、義務を履行するために、法令等及び内部規則に基づき必要な一切の内部手続きを適法かつ適正に完了している。
   （3）（適法性）匿名組合員が本契約を締結し、又は匿名組合員がこれに基づく権利を行使し、若しくは義務を履行することは、匿名組合員に対して適用のある一切の法令等、内部規則又は匿名組合員を当事者とする契約の違反又は債務不履行事由とはならない。
   （4）（有効な契約）本契約は、その締結により匿名組合員につき適法、有効かつ拘束力のある契約となり、その条項に従い匿名組合員に対して執行可能である。
   （5）（関係契約の了知）匿名組合員は、自らの判断に基づき自己責任において本契約を締結するものである。匿名組合員は、営業者による本事業の成功が保証されていないこと、出資金元本の返還が保証されていないことを了知しており、自己の投資判断に基づき本契約を締結するものである。
   （6）（許認可等）匿名組合員による本契約の締結及びその条項の履行並びに本契約において企図される取引の実行により、すでに取得済みのものを除き、匿名組合員について政府機関その他の第三者の許認可、承諾若しくは同意が要求されることはない。

(7) （適格性）匿名組合員は、金融商品取引法において定義される適格機関投資家に該当し、金融商品取引法第63条第1項第1号イからハのいずれにも該当しない。
 (8) （反社会的勢力等）匿名組合員及びその役員のいずれも反社会的勢力等に該当せず、かつ反社会的勢力等と取引その他一切の関係を有しない。また、匿名組合員及びその役員のいずれも過去において反社会的勢力等に該当したこと、又は反社会的勢力等と取引その他一切の関係を有したこともない。
 (9) （匿名組合員の財務状態）匿名組合員は、債務超過、支払不能又は支払停止の状態にはなく、匿名組合員について、破産手続開始、再生手続開始又は更生手続開始の申立ては行われておらず、かついずれの原因となる事由も存在しない。匿名組合員は、本契約の締結又は履行により、債務超過、支払不能又は支払停止に陥るものではなく、またそのおそれもない。
2．本匿名組合員は、前項に定める表明及び保証のいずれかが不正確であったことが判明した場合には、直ちに営業者に通知し、かかる表明保証違反により営業者が被ったすべての損失及び損害について営業者に対して補償しなければならない。

5 条項例の解説

【1】はじめに

　営業者の表明保証に比較すると匿名組合員の表明保証の項目は少ない。個々の表明保証はそれほど説明を要しないが、下記の2点について概説する。

【2】(7) 号（適格性）

　本号は、「匿名組合員は、金融商品取引法において定義される適格機関投資家に該当し、金融商品取引法第63条第1項第1号イからハのいずれにも該当しない。」と規定している。これは、営業者が適格機関投資家等特例業務の要件を充足することにより投資運用業の登録を不要とするために必要な規定である（第2編 第2章 Ⅶ（⇒133頁）を参照されたい）。なお、匿名組合員が適格機関投資家ではなく特例業務対象投資家（金商法63条1項1号に定める「適格機関投資家以外の者で政令で定めるもの」であり、金商法施行令17条の12第4項2号に定義される）である場合には、その旨の表明保証に差し替えることにな

る。

【3】（9）号（匿名組合員の財務状態）

　本号は匿名組合員の財務状態の健全性に関するものである。このような表明保証は他の契約においてもみられるが、匿名組合契約においては特に重要である。商法541条は匿名組合契約の終了事由を規定しており、その中には「営業者又は匿名組合員が破産手続開始の決定を受けたこと。」（同条3号）がある。匿名組合員の財務状態が悪化し、破産手続開始の決定を受けると、匿名組合契約は終了することになってしまう。そうなるとTKGKストラクチャーを維持することができなくなるため、匿名組合員には財務状態の健全性を維持してもらう必要がある。匿名組合員の破産については、後記ⅩⅤ❹【3】（⇒568頁）を参照されたい。

Ⅸ　匿名組合員の監督権

❶ 条項例

匿名組合員の監督権（条項例）

> 第8条（匿名組合員の監督権）
> 1．本匿名組合員は、いつでも、合理的な理由を記載した書面により、営業者に対して、（ⅰ）営業者及び本事業の貸借対照表及び損益計算書、（ⅱ）その他営業者の業務及び財産の状況について質問することができるものとし、営業者は当該質問受領後合理的な期間内に、書面による証憑を提示する等の合理的な方法によって回答しなければならない。
> 2．前項にかかわらず、本匿名組合員は、本匿名組合員の費用で本匿名組合員の指名した弁護士、会計士若しくは監査法人又は本匿名組合員の投資に関する助言業務又は運用業務の受任者に責任財産及び本事業（帳簿及び本事業に関する記録を含むが、これらに限定されない。）を検査させ、又は自ら検査することができる。ただし、本匿名組合員は、営業者に対し、検査日時（営業者の通常の営業時間内とする。）及び検査をする者の名称を記載した書面により当該検査日の5営業日前までに通知をするものとする。当該検査の最終期限は、本契約終了後3か月が経過する日又は営業者の解散決議のなされる日のいずれか早い日までとする。

2 条項例の解説

　匿名組合員は、営業者の貸借対照表の閲覧又は謄写の請求ができるし、営業者の業務及び財産の状況を検査することができる（商法539条1項）。また、匿名組合員は、重要な事由があるときは、いつでも、裁判所の許可を得て、営業者の業務及び財産の状況を検査することができる（同条2項）。上記の条項例はこれらの法定の権利を踏まえて、それらを拡大した内容になっている。

X　営業者の誓約

1 条項例

営業者の誓約（条項例）

第9条（営業者の誓約）
1. 営業者は、本契約の有効期間中、以下の行為を行わない。
   （1）　本事業以外の事業を行うこと。
   （2）　本匿名組合員の権利又は義務を、本契約に比べて他の本匿名組合員より不利なものとなる形で他の匿名組合契約の契約変更を行うこと。本匿名組合員の書面による同意なくして、かかる契約変更があった場合、本匿名組合員の選択により、本匿名組合員は、本匿名組合員との間では当該変更の効力を生じさせないこととみなすことができ、又は、本契約も同様の契約変更があったものとみなすことができる。
   （3）　定款の変更、業務執行社員の変更、子会社又は関連会社の設立若しくは保有、組織変更、第三者との間で合併・事業譲渡、その他の組織再編行為を行うこと。
   （4）　営業者について、破産手続開始、再生手続開始、その他営業者に適用のある倒産手続開始（将来制定されるものを含む。）の申立てを行うこと。
   （5）　解散の決議をすること。
2. 営業者は、本契約の有効期間中は以下の事項を遵守する。
   （1）　営業者は、本契約に従って、善良なる管理者の注意義務をもって本事業を行う。また、本事業の遂行にあたっては、法令を遵守し、年次事業計画に従う。

(2) 本金銭消費貸借契約及び本件アセットマネジメント契約（注：営業者がアセットマネジャーとの間で締結するアセットマネジメント契約）に基づき営業者が貸付人に対して交付又は通知すべきとされている書類及び情報を、同時に、本匿名組合員に対しても貸付人に対して交付又は通知すべき時期に交付又は通知すること。
(3) 本契約に別途定めるもののほか、以下の場合、本匿名組合員に対し、直ちに書面による通知及び報告を行うこと。
① 営業者に対し、訴訟、仲裁、その他の法的手続きが提訴された場合
② 営業者が行政機関及び裁判所等の公的機関からの決定、命令、処分等を受領した場合
(4) 営業者は、本件関連契約に基づく義務を履行すること。また本件関連契約に基づく権利を適切に行使し、また、相手方当事者の義務を履行させるために必要な行為をすべて行うこと。
(5) 営業者は、本匿名組合員の合理的な要求に従い、財務上の報告及び租税申告に使用するための計算書類を作成するよう合理的な範囲内で努めること。

3. 営業者は、以下の各号に記載の事項について決定をする場合には、本匿名組合員及び他の本匿名組合員に合理的な理由を付した書面をもって通知し諮問するものとする。本匿名組合員及び他の本匿名組合員はかかる諮問に関する書面を受領した場合には、その受領日から20日以内に、営業者の代理人であるアセットマネジャーに対し書面により意見を述べることができる。営業者及びアセットマネジャーは、別途本匿名組合員及び他の本匿名組合員が許容した場合を除き、上記20日間の期間が経過するまでは、当該決定をすることはできない。ただし、営業者及びアセットマネジャーは、かかる本匿名組合員及び他の本匿名組合員の意見に法的に何ら拘束されるものではなく、これに従う法的義務を負うものではない。
(1) アセットマネジャーの変更（本件プロジェクト契約（注：営業者がレンダーからの借入れの際に締結する関係者を当事者とするプロジェクト契約）に基づく貸付人によるアセットマネジャーの変更を除く。）
(2) アセットマネジャーに対する、本件アセットマネジメント契約に基づく委託業務の一部の第三者への再委託の承諾（ただし、営業者は、アセットマネジャーによる当該委託業務の全部の第三者への再委託については承諾してはならない。）
(3) 本件不動産等（注：本件不動産及び本件信託受益権を総称して、又は文脈により個別に指す）の売却又は売却に係る指図（本件プロジェクト契約に基づく貸付人による権利行使の場合を除く。）
(4) その他、営業者において重要と認めた事項及び本匿名組合員が重要と認めた事項で本匿名組合員により営業者にあらかじめ通知された事項

2 条項例の解説

【1】はじめに

　本条項例は営業者の誓約事項を規定している。匿名組合員は、営業者の業務執行に直接参加することは避ける必要がある（上記Ⅴ 2 （⇒531頁）参照）。しかし、出資をした匿名組合員としては、営業者への業務執行が無軌道に行われると自己の利益が害されるリスクがあることから、営業者の業務執行を制約するために営業者の誓約事項として①営業者が行ってはならない事項（禁止事項）及び②営業者が遵守すべき事項（遵守事項）を詳しく規定することになる。この意味で、本条項例は、比較的詳細な規定を配置している事例である。

【2】営業者の禁止事項（第1項）

　第1項は、営業者にとっての禁止事項を規定している。営業者が別の事業に手を出して損失を被っては、匿名組合員の出資はその損失の補てんに使用されるリスクがあるため、他の事業を禁止する必要があり（（1）号）、匿名組合員が複数存在する場合には匿名組合員の間の公平が保たれる必要がある（（2）号）。また、匿名組合員は営業者の組織の現状が大きく変更されないことを前提に出資しているので、組織変更その他の現状を変更する行為を禁止しておく必要がある（（3）号から（5）号）。なお、（1）号から（5）号は、匿名組合事業の業務執行とは異なるので、匿名組合員の承諾を要するという形で規定しても構わないであろう。

【3】営業者の遵守事項（第2項）

　民法上、営業者は、匿名組合員に対して善管注意義務を負うと考えられているが、第2項（1）号はそれを契約上の義務として明記したものである。また、同号は営業者に年次事業計画を遵守する義務を課すことで、営業者が想定外の事項を行うことを防止することを意図している。法令遵守について補足すると、営業者が適格機関投資家等特例業務を行う場合には、金商法に規定される一定の行為規制に服するので、それらの遵守も必要となる（第2編 第2章

Ⅶ **5**（⇒140頁））。

（２）号及び（３）号は、匿名組合員が営業者の事業遂行に関する情報を得られるようにする趣旨である。（４）号の「本件関連契約」とは本事業に関する契約の総称である。同号により営業者に課される義務（契約上の義務を履行し、かつ権利を行使すること）は善管注意義務を負う以上当然だが、具体的な義務として明記している。

【4】匿名組合員への諮問（第3項）

第3項では、一定の事項について、営業者に対し、匿名組合員の意見を聴取する義務を課している。匿名組合員の意見は法的拘束力がないと規定されており、匿名組合員に承諾権を付与しているわけではない（承諾権については、上記Ⅴ（⇒529頁）を参照されたい）。匿名組合契約によっては、営業者が複数の匿名組合契約を締結する場合において、「匿名組合評議会」や「匿名組合諮問委員会」という名称で、匿名組合員の合議体を形成して、その合議体の意見を聴取するケースもある。本条と同様、かかる合議体の意見には法的拘束力はなく、営業者はそれに従う義務を負わない。ただし、非居住者の匿名組合員がいる場合には、そのような合議体の形成は、PEリスクの観点から税務アドバイザーの賛成を得られないのが通例である。匿名組合員の意見をどのように営業者の業務執行に反映させるのかというのは、NKリスクと匿名組合員の投資家としての要望との間でどのようにバランスをとるのかという問題であるが、第3項の規定は、匿名組合員の要望に配慮した内容であるといえる。

XI 計算期間と損益の帰属

1 条項例

計算期間と損益の帰属（条項例）

第10条（計算期間と損益の帰属）
1．営業者は、各計算期間（次項に定義される意味による。）中に生じた利益及び損失を、各計算期間の末日（以下「計算期日」という。）において、本条の定めるところに従い、営業者、本匿名組合員及び他の匿名組合員に対して分配する。
2．本契約において「計算期間」とは、本契約の有効期間中、毎年3月1日（同日を含む。）から同年5月末日（同日を含む。）まで、6月1日（同日を含む。）から同年8月末日（同日を含む。）まで、9月1日（同日を含む。）から同年11月末日（同日を含む。）まで、及び12月1日（同日を含む。）から翌年2月末日（同日を含む。）までの各3か月間とする。ただし、初回の計算期間は本契約締結日（同日を含む。）から最初の5月末日（同日を含む。）までとし、本契約が終了する場合には、当該終了日をもって最終の計算期間の終期とする。
3．本事業の損益は、営業者が自己の基準として採用する一般に公正妥当と認められる企業会計の基準（ただし、一般に公正妥当と認められる会計処理原則が税法において認められる会計処理の方法と相違する場合においては、税法において認められる会計基準を適用するものとする。）に準拠して計算される。営業者は、本事業の執行に関するあらゆる取引について明瞭かつ正確な会計帳簿その他会計に関する記録を作成し、保管する。
4．営業者は、各計算期間において本事業の利益が生じた場合には、そのすべてを各計算期日における出資割合に応じて本匿名組合員及び他の匿名組合員に対して分配する。
5．営業者は、各計算期間において本事業の損失が生じた場合には、本事業の損失の額を限度として、各計算期日における出資割合に応じて本匿名組合員及び他の匿名組合員に対して分配する。ただし、本匿名組合員及び他の匿名組合員に分配される損失の累計額が出資金額総額を超える場合にはその限度とし、超過する分についてはすべて営業者に対して分配されるものとする。
6．前項により本事業の損失の分配が生じた場合には、営業者は本匿名組合員及び営業者が負担する損失の補てんが行われない限り、利益の分配は行わない。
7．本条の分配に関し、1円未満の端数が生じた場合には、本匿名組合員及び他の匿名組合員のうち最大の出資割合を有する者に対して分配する。

> 8．営業者は、本契約に基づき匿名組合の営業者として本事業を遂行する対価として、各計算期間当たり金10万円（別途消費税及び地方消費税）を、リリース口座より収受することができ、かかる営業者報酬は本事業に関する匿名組合の費用に含まれる。ただし、1年に満たない期間の営業者報酬については、1年を365日とする日割計算（1円未満切り捨て）による。

2 条項例の解説

【1】計算期間（第1項及び第2項）

　計算期間は第2項に定義されている。多くの場合、匿名組合契約の計算期間は四半期（3か月）とされており、本条項例も同様である。法令による制限はないので、契約上自由に計算期間を定めることができるが、実務では、レンダーと合意する現金分配ルールを考慮して、計算期間を決定している。また、営業者の事業年度の末日と年間の計算期間の末日を一致させるのが通例である。

【2】会計原則（第3項）

　本条項例は匿名組合契約に規定される一般的な会計原則の規定である。

【3】利益の分配（第4項）

　本条項例は、複数の匿名組合員が存在し、それらの間に優劣関係がない場合の利益分配の規定である。出資割合によって利益を分配する典型的な規定である。

【4】損失の分配（第5項）

　損失の分配も出資割合に応じて行われるが、匿名組合員の有限責任を守るため、出資額を超えては損失は分配されないという規定になっている。

【5】利益配当の制限（第6項）

　商法538条には「出資が損失によって減少したときは、その損失をてん補した後でなければ、匿名組合員は、利益の配当を請求することができない。」と

規定されている。本条項例は、この商法の規定を反映する規定である。

【6】営業者の報酬（第8項）

　本条項例では、各計算期間について10万円という名目的な報酬金額となっている。匿名組合員は営業者の有する営業への出資を行うのであるから、営業者が自らの営業から一切報酬又は分配を受けないとすれば果たして匿名組合契約といえるのかという疑問が生じ得る。前記Ⅶ❸【2】のコラムに記載したように、匿名組合員が非居住者である場合には、営業者に対して、単なる名目的な報酬の支払がなされるにすぎないとすると匿名組合としての実質があるのかについて疑義が生じかねない。しかし、匿名組合員が国内の法人又は個人の場合には、税務の観点からはそのような配慮はなされず、名目的な報酬でも税務アドバイザーから反対意見が出されることはないのが通常である。なお、利益配当や営業者への報酬の支払は、レンダーとの取り決めの影響を受ける。この点は、後記ⅩⅦ（⇒574頁）を参照されたい。

ⅩⅡ　現金の分配

❶条項例

現金の分配（条項例）

> 第11条（現金の分配）
> 1. 営業者は、各計算期間の最終日の翌月末日以後、当該日の翌月末日までの日（以下「現金分配日」という。）において、かかる現金分配日における営業者のリリース口座内の残高（注：レンダーへの債務等を支払った後に借入人が自由に使用できる資金を入金する口座をリリース口座という。）から営業者がアセットマネジャーと協議の上で留保が最小限必要と判断した額の金員を留保した上で、その余の額（以下「現金分配原資」という。）について、以下の順序及び計算方法に従って、本匿名組合員及び他の匿名組合員に対して該当する金員を支払うものとする。ただし、本契約が終了する場合には、終了時の処理を定めた規定（第16条）に従うものとする。

2．営業者は、本匿名組合員に対して、第10条に基づき本匿名組合員に分配される利益を上限として、現金分配原資にそれぞれに対応する出資割合を乗じた額を支払う。
3．営業者が税法その他法令等の改廃等により、本契約に基づく本匿名組合員に対する支払について、何らかの金額を減額又は控除しなければならない場合、営業者はその旨本匿名組合員に対し書面により説明を行った上で当該金額を減額又は控除することができるものとし、本匿名組合員はかかる減額又は控除につきあらかじめ同意する。この場合、本匿名組合員は営業者に対して支払額の増額又は追加の支払を要求することができない。

2 条項例の解説

【1】現金分配の方法（第1項）

匿名組合契約では損益の分配とは別に現金の分配を定めた規定を置くことが通例である。現金が使用されないまま営業者のもとに滞留してしまうことを防いで、匿名組合員が有効活用できるようにする趣旨である。TMKストラクチャーと異なり、匿名組合契約は契約により柔軟に営業者のもとにあるキャッシュを匿名組合員の利用に供することができる。ただし、営業者が借入れを行っているレンダーにとって許容可能な範囲に限られる。この点は、別途後記 XIII（⇒574頁）を参照されたい。

【2】支払限度額（第2項）

本来匿名組合員に分配可能な利益を超えた現金分配は許容されない。

【3】税法その他法令等の改廃等による制限（第3項）

営業者は、匿名組合員に利益を分配する場合には、源泉徴収義務を負担する（所得税法210条以下）。また法令の変更により、別の理由による控除等が生じる可能性もある。本条項例は、匿名組合員への支払が法令により影響を受けることを注意的に規定するものである。

XIII 計算書類及び報告等

1 条項例

計算書類及び報告等（条項例）

第12条（計算書類及び報告等）
1．営業者は、以下の各号の規定に従って、本匿名組合員に対して本事業の報告を行う。
　（1）　計算書類
　　　　営業者は、各計算期間ごとに各計算期日の●営業日以内に未監査の貸借対照表及び損益計算書を、会計期間ごとに各会計期間の末日から3か月以内に監査法人の監査を受けた貸借対照表及び損益計算書を、それぞれ本匿名組合員に交付する。
　（2）　報告書等
　　　　①　アセットマネジャーが作成するアセットマネジメントレポート及び運用・処分計画書等を受領後速やかに本匿名組合員に交付する。
　　　　②　本信託契約に基づき本信託受託者から信託収支計算書、本件不動産に関する報告書その他の書類を受領したときは、速やかにこれらを本匿名組合員に交付する。
　　　　③　本件信託受益権の信託財産である本件不動産に関する不動産鑑定評価書を取得したときには、その鑑定評価書の写しを速やかに本匿名組合員に交付する。
2．営業者は、本匿名組合員の合理的な要求に従い、財務上の報告及び租税申告に使用するための計算書を作成するよう合理的な範囲内で努めるものとする。当該計算書には、本匿名組合員が自己の会計処理を行う上で合理的な範囲内で必要とする詳細な情報（当該計算期間に係る本匿名組合員に対する配当の金額、配当から控除されるべき税額、出資金の返還割合等を含む。）が記載されるものとする。
3．営業者は、以下の各場合には、速やかに当該事項及び影響の詳細、その対処方法並びに営業者が必要と認めるその他の情報を本匿名組合員に対し提供する。
　（1）　営業者が本件受益権の資産価値又は本事業の収益若しくは費用に大きな影響を与え得る事由が発生し、又は発生するおそれがあることを知った場合
　（2）　営業者に対し、訴訟、仲裁又はその他の法的手続きが提起された場合
　（3）　その他前各号に準じた本事業に係る事項

2 条項例の解説

　匿名組合員は、営業者の事業に重大な利害関係を有する。そこで商法539条は、匿名組合員に貸借対照表の閲覧等を行う権利及び財産状況に関する検査を行う権利を付与している。しかし、同条により付与されている権利は、営業年度の終了時という時的な制約があることや、裁判所の許可が必要であること等、制約が大きい。匿名組合員の立場からは、商法上の権利よりも拡大された権利を、契約によって確保する必要がある。このような背景から、本条項例は、匿名組合員の権利を比較的充実させた内容となっている。

XIV 譲渡等

1 はじめに

　匿名組合員は、自己の匿名組合出資持分を譲渡する可能性があり、それに備えた規定を匿名組合契約の中に用意しておく必要がある。考慮すべき点は、営業者が投資する不動産資産が信託受益権の場合には、金商法の遵守が必要となり、現物不動産の場合には、不特法の遵守が必要となることである。

　本書では、営業者の投資対象が信託受益権であることを前提としているが、その場合、金商法の以下の点を考慮する必要がある。条項例を紹介する前に簡単に下記の注意点を解説する。

匿名組合出資持分の譲渡に関する金商法上の注意点

①	適格機関投資家等特例事業（金商法63条～63条の７）を利用する場合の対応 ・特例運用のみ利用する場合の対応 ・特例私募及び特例運用を利用する場合の対応
②	適格機関投資家等特例事業を利用しないで投資運用業者に運用権限の全部を委託する方法（第２編 第２章 V 5（⇒120頁））を使用する場合の対応
③	開示制度の規制への対応 ・私募の場合の対応 ・売出しに該当しないための対応

❷ 適格機関投資家等特例事業を利用する場合の対応

本書における適格機関投資家等特例事業の解説は、第2編 第2章 Ⅶ（⇒133頁）にある。TKGKストラクチャーにおける匿名組合出資持分やその他の集団投資スキーム持分の私募及び自己運用については、適格機関投資家等特例業務（金商法63条～63条の7）に該当する場合、金融商品取引業としての登録を不要とすることができる。（以下、この制度を利用した私募を「特例私募」、運用を「特例運用」という）。

【1】特例私募の場合の譲渡制限

特例私募に該当するためには、匿名組合契約に大要以下の譲渡制限及び人数制限が規定されている必要がある（金商法63条1項1号、同法施行令17条の12第4項）。

該当条文	匿名組合出資持分の取得者	譲渡制限及び人数制限の内容	
金商法施行令17条の12第4項1号	適格機関投資家の場合	適格機関投資家（不適格投資家を除く）に譲渡する場合以外の譲渡禁止（人数制限はない）	
同項2号	特例業務対象投資家の場合（不適格投資家を除く）には右記のイ及びロの要件を充足すること。	イ	一括して他の一の適格機関投資家（不適格投資家を除く）又は特定業務対象投資家（不適格投資家を除く）に譲渡する場合以外の譲渡禁止
		ロ	6か月以内に同種の新規発行権利が有価証券として発行されている場合、当該ファンド持分の取得勧誘に応じて取得する特例業務対象投資家（不適格投資家を除く）の人数と当該6か月以内に発行された同種の新規発行権利の取得勧誘に応じて取得した特例業務対象投資家（不適格投資家を除く）の人数との合計が49名以下となること

なお、TKGKストラクチャーでノンリコースローンを借り入れて不動産の信託受益権に投資する場合、合同会社の職務執行者には会計事務所から派遣された者が就任するのが通例である。そのような者が特例私募を活用して私募を行うことはなく、外部の私募の取扱業者が起用されるのが通例である。

【2】特例運用の場合の譲渡制限

　特例運用の場合、金商法上は、特例私募において必要とされているような譲渡制限は必要とされていない。しかし、特例運用では、全投資期間中、適格機関投資等特例事業の要件を充足する必要がある。TKGKストラクチャーにおいて、匿名組合員に自由な譲渡を許容すると、匿名組合出資持分を不適格投資家に譲渡したり、適格機関投資家がいなくなる可能性があり、結果的に特例運用の要件を充足できなくなる可能性がある。そのような事態を回避するためには、特例運用においても匿名組合契約に譲渡制限を規定しておく必要がある。下記**5**の条項例の第4項を参照されたい。

3 投資運用業者に運用権限の全部を委託する場合の対応

　投資運用業者に運用権限の全部を委託する場合（金商法2条8項、同法施行令1条の8の6第1項4号、定義府令16条1項10号）、営業者の行為は投資運用業に該当しなくなる。適格機関投資家等特例事業を利用しない場合、通常投資運用業者に運用権限の全部を委託する方法が使用される。その場合、金商法上必要とされる要件を満たすために譲渡制限を付する必要はない。したがって、匿名組合契約においては、この観点からの譲渡制限は不要である。

4 開示制度の規制への対応

　営業者が投資する不動産資産が信託受益権の場合、匿名組合契約への出資を募る行為は、通常、二項有価証券（金商法2条2項5号）の「私募」（これは取得勧誘に応じることにより499名以下の者が当該取得勧誘に係る有価証券を所有することとなる場合）として行われる。そのため「私募」の要件を満たすための規定を匿名組合契約に用意することになる[103]。なお、二項有価証券の場合には、一項有価証券にみられるような、「プロ私募」「特定投資家私募・特

定投資家私売出し」のような概念はない。二項有価証券の私募の場合、金商法23条の13第4項2号イ、同条5項、企業開示府令14条の15により、告知書の交付が必要となり、告知事項を匿名組合契約に規定することが通例である。

また、匿名組合出資持分の譲渡が「売出し」(金商法2条4項3号、金商法施行令1条の8の5)に該当しないようにする必要がある。ここで「売出し」とは「その売付け勧誘等に応じることにより、当該売付け勧誘等に係る有価証券を500名以上の者が所有することとなる場合」である。このため、売出しに該当しないように規制する契約文言を加えることが一般的である。

5 条項例

譲渡等(条項例)

> 第13条(譲渡等)
> 1．営業者は、本契約上のいかなる権利及び義務も、第三者に譲渡し、又は第三者のために担保に供することはできないものとする。
> 2．本匿名組合員は、本契約上の地位又は本契約に基づく本匿名組合員の出資持分を含む権利(以下「出資持分等」という。)の譲渡を行う場合には、営業者(ただし、本件借入債務が完済される前においては、貸付人の事前の書面による承諾も必要とする。)の事前の書面による承諾を要するものとする。ただし、当該承諾に係る依頼があった場合、営業者は、不合理に係る承諾を留保、遅延又は拒絶してはならないものとし、営業者はかかる承諾にあたり貸付人の承諾が必要な場合は貸付人の承諾を得るよう最善を尽くすものとする。
> 3．本匿名組合員は、前項の規定に基づき、営業者の承諾を得た上で本契約上の地位又は本契約に基づく本匿名組合員の出資持分等を第三者に譲渡する場合であっても、当該第三者に対し、以下の各号所定の事項その他法令上必要とされる告知事項を、あらかじめ又は同時に、当該第三者に対し、書面をもって告知しなければならない。
>   (1) 出資持分等の取得の申込みの勧誘が、金融商品取引法第2条第3項第3号に該当しないことにより、当該取得の申込みの勧誘に関し、同法第4条第1項の規定による届出が行われていないこと。
>   (2) 出資持分等は、金融商品取引法第2条第2項第5号に掲げる権利に該当すること。

---

103) 500名以上となると「募集」となり、有価証券届出書の提出が必要となり得る。

（3）本契約上の地位又は本契約に基づく出資持分等を譲渡する場合には、その相手方に対し、前2号及び本号に定める事項を、あらかじめ又は同時に、書面をもって告知しなければならないこと。
4．本匿名組合員は、本契約上の地位又は出資持分等を第三者に譲渡する場合、当該譲渡の結果、本契約上の地位又は出資持分等を有する者が合計500名以上となる譲渡を行わないものとし、加えて、出資持分等を有する者（金融商品取引法第63条第1項第1号イからハまでのいずれにも該当しない者に限る。）について、①適格機関投資家が1名以上存在し、かつ、②適格機関投資家等（同法第63条第1項第1号に規定する適格機関投資家等をいう。）のうち、適格機関投資家以外の者に該当する者が49名以下となる場合に限り、出資持分等を譲渡できるものとする。

6 条項例の解説

【1】営業者による譲渡（第1項）

　第1項は、営業者による権利義務の譲渡を禁止している。通常の場合、営業者が権利義務を譲渡する実務上の必要性は生じない。例外的に、匿名契約で営業者が匿名組合員に追加出資を求める権利を有する場合、レンダーが当該権利を担保にとることはあり得る。

【2】匿名組合員による譲渡（第2項）

　第2項では、匿名組合員による譲渡は、営業者（及びレンダー）の事前の書面による承諾が必要となることを規定している。これは一般的な規定だが、金商法等の法令によって必要とされる記載ではない。

【3】匿名組合員による譲渡の際の告知事項（第3項）

　本条項例は、金商法の適用のある匿名組合契約を対象としている。匿名組合員が営業者等の承諾を得て匿名組合の出資持分を譲渡する場合、金商法の開示規制（上記4）のため、一定の告知を行わなければならず、第3項はその内容を規定するものである。

【4】匿名組合員による譲渡に対する金商法の制限（第4項）

　第4項は、前段で「本契約上の地位又は出資持分等を有する者が合計500名以上となる譲渡を行わない」と規定することにより、匿名組合出資持分の譲渡が「売出し」に該当しないようにするための規定である（上記**4**）。また、この条項例の匿名組合契約は営業者が適格機関投資家等特例業務を行っているケースのため、第4項の後段は、適格機関投資家等特例業務の要件を継続して充足することができるようにするための規定である。仮に、営業者は適格機関投資家等特例業務を行わず、投資運用業者に運用権限の全部を委託している場合には、第4項の後段は不要となる。

　なお、この規定から、条項例の事案では、特例運用のみ行われており、特例私募は行われていないことが認識できる。これは、上記**2**【1】（⇒560頁）で述べた「特例私募」の要件を満たすための譲渡制限が規定されていないからである。

XV　契約期間、本契約の終了

1　契約期間の条項例

契約期間（条項例）

> 第14条（契約期間）
> 1．本契約による匿名組合の存続期間は、本契約締結日から、●●年●月末日までとする。
> 2．第15条に従い本契約が終了した場合、当該条項及び本契約の定めに従い、前項の期間満了日以前に本契約は終了する。
> 3．第1項及び第2項にかかわらず、（ⅰ）それぞれの条項に従って本契約が終了すべき時点において本件借入債務が存在する場合には、かかる債務の全てが弁済される時点まで本契約の期間は当然に延長され、かつ（ⅱ）本契約終了時の当事者の権利義務を規定する第16条の規定は当該権利義務の履行が完了するまで有効に存続する。

2 条項例の解説

【1】契約期間（第1項）

匿名組合契約では契約期間又は匿名組合の存続期間を定めるのが一般的である。期間の終期は、ローンの最終弁済期日より前ではレンダーの了承を得られないので、余裕をもって設定する必要がある。

【2】契約終了事由との関係（第2項）

契約期間又は匿名組合の存続期間が満了すると契約は終了するが、期間満了以外にも契約の終了事由は存在し、別途契約に規定される。期間満了日より前に終了事由が発生すれば、それにより契約は終了することになる。

【3】レンダーとの関係（第3項）

匿名組合契約が終了してしまうと匿名組合員からの出資金の価額の返還（商法542条）がなされるなど本事業の清算が開始される。レンダーとしては本件借入債務が存在する間は本事業を存続させる必要がある。また、匿名組合契約には契約終了時の処理を規定する条項が含まれるのが通例であり、そのような条項は匿名組合が終了しても有効に存続させる必要がある。

3 匿名組合契約の終了の条項例

匿名組合契約の終了（条項例）

> 第15条（匿名組合契約の終了）
> 1. 本契約は、本契約締結日に開始され、以下の各号のいずれかにあたる事由が生じた場合に終了する。なお、以下のいずれかにあたる事由により本契約が終了する場合であっても、本契約終了時の営業者及び本匿名組合員の権利義務は、第16条の規定に従うものとし、同条に定める方法以外によって出資金の返還を求めることはできないものとする。
>   （1） 第14条に定める匿名組合の存続期間が満了した場合
>   （2） 本契約が本条第2項又は第3項に基づいて解除・解約された場合
>   （3） 営業者又は本匿名組合員が破産手続開始の決定を受けた場合

- (4) 営業者が保有する本件信託受益権の全部が売却され、その売却代金全額が、本件関連契約に従い、営業者の債権者（ただし、本匿名組合員及び他の匿名組合員は除くが、貸付人は含む。）に支払われた場合
- (5) 営業者が保有する本件信託受益権に係る本件不動産の全部が売却され、その売却代金を原資とする信託配当すべてが、本件関連契約に従い、営業者の債権者（ただし、本匿名組合員及び他の匿名組合員は除くが、貸付人は含む。）に支払われた場合
- (6) 営業者が保有する資産の全部若しくは重要な一部の毀損若しくは滅失、又は法令等の改正等により、本事業の継続が不可能となった場合で、営業者が貸付人の事前の書面による承諾を得て本事業の終了を本匿名組合員に対して書面で通知した場合
- (7) 第16条第5項に定める事由が生じた場合

2. 以下の各号所定の事由のいずれかに該当する場合には、本匿名組合員は、営業者に対し、何らの催告をなすことなく、貸付人の事前の書面による承諾を得て本契約を解除することができる。
    - (1) 営業者につき解散の決議若しくは命令、支払の停止、又は手形交換所の取引停止処分があったとき。
    - (2) 営業者につき、破産手続開始、再生手続開始、その他これらに類似する倒産手続き（本契約締結日において施行されているものであると本契約締結日後に施行されるものであるとを問わない。）の申立てがなされた場合（ただし、当該申立てが第三者の権利濫用に基づくものである等、本契約の継続に悪影響を及ぼすものでないことが本匿名組合員において確認された場合にはこの限りではない。）
    - (3) 営業者の財産の全部又は一部について、仮差押え、保全差押え又は差押えがあった場合で、かかる仮差押え、保全差押え又は差押えが15日以内に取り消されないとき。
    - (4) 営業者が本契約に基づく重要な義務に違反し、本匿名組合員の催告後30日以内に義務違反が治癒されないとき。

3. 以下の各号所定の事由のいずれかに該当する場合には、営業者は、本匿名組合員に対し、何らの催告をなすことなく、貸付人の事前の書面による承諾を得て本契約を解除することができる。
    - (1) 本匿名組合員が解散の決議を行った場合
    - (2) 本匿名組合員につき、破産手続開始、再生手続開始、更生手続開始、特別清算開始その他これらに類似する倒産手続き（本契約締結日において施行されているものであると本契約締結日後に施行されるものであるとを問わない。）の申立てがなされた場合（ただし、当該申立てが第三者の権利濫用に基づくものである等、本契約の継続に悪影響を及ぼすものでないことが営業者において確認された場合にはこの限りではない。）
    - (3) 本匿名組合員が営業者に対して有する本契約に基づく権利につき、仮差押え、保全差押え又は差押えがあった場合で、かかる仮差押え、保全差押え又は差押えが15日以内に取り消されないとき。

（4） 本匿名組合員が本契約に基づく重要な義務に違反し、営業者の催告後30日以内に義務違反が治癒されないとき。

4 条項例の解説

【1】匿名組合契約の終了事由（第1項）

第1項は本契約が終了する事由を列挙している。商法541条には匿名組合契約の終了事由が規定されており、そこでは、①匿名組合の目的である事業の成功又はその成功の不能、②営業者の死亡又は営業者が後見開始の審判を受けたこと、③営業者又は匿名組合員が破産手続開始の決定を受けたことの三点が終了事由とされている。このうち、②は法人が営業者の場合には該当しない。①は（4）号、（5）号及び（6）号によって具体化された形でカバーされており、③は（3）号として規定されている。なお、匿名組合員の破産にどのように対応するのかは実務上問題になっており、この点は下記【3】のコラムにおいて概説する。

【2】匿名組合員の契約解除権（第2項）

第2項では、匿名組合員の契約解除権を規定している。いずれの解除事由による解除についても「貸付人の事前の書面による承諾を得て」行うことが必要とされている。レンダーによるローンの貸付けは、匿名組合員によるエクイティー出資がなされかつ維持されていることが前提なので、この種の取引では通常みられる制約である。また、解除事由の（2）号については営業者の倒産に関する事項が規定されている。倒産解除条項の有効性については、第5章 XIII 5【3】（⇒496頁）を参照されたい。

商法540条には匿名組合契約の当事者による契約の解除権が規定されている。同条1項は「匿名組合の存続期間を定めなかったとき、又はある当事者の終身の間匿名組合が存続すべきことを定めたとき」に適用になる規定であり、本書で取り扱うような不動産投資に使用される匿名組合契約に適用されることは通常ない。

同条2項は、「匿名組合の存続期間を定めたか否かにかかわらず、やむを得

ない事由があるときは、各当事者は、いつでも匿名組合契約の解除をすることができる。」と定めており、この条項と契約上規定される約定解除事由の関係をどのように理解すべきなのかが問題となる。この点、同条2項における「やむを得ない事由」とは「当事者の重要な義務、たとえば、出資・利益分配・営業執行義務等の懈怠、またはその義務の履行不能の如き場合である。」とされており、この解約権を制限する特約は無効（民法90条）と理解されている[104]。このような商法540条2項の理解を前提とすると、本条項例の第2項に規定された約定の解除事由のほかに、「やむを得ない事由」という同項に定められた解除事由が存在することになる。

【3】営業者の契約解除権（第3項）

第3項は営業者の解除権を規定しているが、営業者から匿名組合契約を解除することは出資の返還という事態が生じるため通常考えにくい。しかし、匿名組合員と対等な形で解除権を規定しておくことが望ましいため、上記のように規定されている。法的な問題としては、匿名組合員の解除権について述べたことが営業者の解除権についても同様に当てはまる。

> **コラム** 匿名組合員の破産と匿名組合契約の終了
>
> 商法541条3号には「営業者又は匿名組合員が破産手続開始の決定を受けたこと」が匿名組合契約の終了事由の一つとして規定されている。その理由としては、「これは、当事者のいずれの一方の破産も、総破産債権者との関係において債権・債務の全面的・終局的決済を急ぐ必要があるからである。」とされている[105]。TKGKストラクチャーにおいて営業者が破産する可能性は乏しい。レンダーの要請により倒産隔離のための措置がとられるからである[106]。ところが、匿名組合

---

104) 同じ文言を有する旧539条2項について、服部榮三＝星川長七編『基本法コンメンタール商法総則・商行為法』（日本評論社、第4版、1997年）129頁［和座一清］、西原・前掲102）183頁、平出・前掲102）340頁。

105) 西原・前掲102）184頁。

員は不動産資産への投資家であり、倒産隔離措置がとられる対象ではない。匿名組合員が破産し、同法541条により即座に出資の返還という事態が生じると、TKGKストラクチャーによって投資を継続することが困難になる。匿名組合員が1名のみの場合には、当該匿名組合員のための投資ストラクチャーなのでそれでも構わないかもしれないが、複数の匿名組合員が投資する不動産ファンドとしてTKGKストラクチャーを使用する場合には、ある匿名組合員の破産は他の匿名組合員に予期しない損害を与えることになりかねない。そこで、匿名組合契約の実務では、「本匿名組合員につき破産手続開始決定があった場合であっても、法令で認められる範囲において、本契約はこれにより当然には終了しないものとする。」と規定することがある。商法541条3号が任意規定であれば契約によって条項例のように合意すれば契約終了を阻止可能だが、同規定が任意規定であるという根拠は見いだしにくい。むしろ総債権者との関係というその趣旨からして強行規定であると考える方が自然である。上記の規定文言中に「法令で認められる範囲において」という文言が加えられているのは、強行規定であるとすればそれに反する契約条項は無効となり、法律事務所（弁護士）がレンダーに提出する法律意見書においてもその点を指摘する必要が出てくるが「法令で認められる範囲において」という文言を補えばそれを回避できる、という技術的な理由からであり、それによりかえって規定の意味を曖昧にしていると非難されても仕方ない。

　商法541条3号が強行規定であることを前提とすれば、契約の終了自体は阻止できない。そこで、実務上匿名組合契約に盛り込まれるのは「匿名組合契約の終了事由（本匿名組合員が破産手続開始の決定を受けたことを含む。）が生じた場合であっても、他の匿名組合契約が存続している場合には、すべての匿名組合契約が終了する時まで、営業者は本匿名組合員に出資金を返還することを要しない。」という趣旨の規定である。これにより、契約の終了自体は認めつつも、出資金

---

106)　倒産隔離については、第2編 第1章 **Ⅳ**（90頁）を参照されたい。

> の返還については条件を付けて直ちに履行しなくても済むようにするのである。このような取扱いが同条と整合するのかという疑問もないわけではないが、明確に判例で否定もされておらず、実務上は広く使用されている[107]。ただし、そのような取扱いを積極的に是認する判例もないので、その条項が発動される場面においては、法的紛争が生じるリスクは否定できない。

XVI 匿名組合契約終了時の処理

1 匿名組合契約終了の効果

匿名組合契約終了の効果については、「匿名組合が終了すると、当事者間の債権債務の決済が行われる。財産はすべて営業者の所有に属するから、会社や民法上の組合の清算とは趣を異にし、単に営業者が計算をなして匿名組合員との間の債権債務の決済をするにとどまる。営業者の営業の存否とは無関係である。したがって、契約終了後も営業を継続するか、それともこの機会に廃業するかは、営業者の自由である。契約終了による当事者間の債権債務の決済とは、要するに、営業者が匿名組合員にその出資の価額(損失により減じたときは、その残額)を返還することである。(中略)契約終了による帳簿計算の結果利益が出れば、それを分配すべきことも当然である。」とされている[108]。

なお、TKGKストラクチャーの匿名組合契約における営業は、営業者のためというより、投資家としての匿名組合員のために存在する。匿名組合契約の終

---

107) 伊藤眞『破産法・民事再生法』(有斐閣、第5版、2022年)430頁脚注133では、「匿名組合契約の場合には、営業者または匿名組合員の破産は契約の当然終了原因であり(商541③)、匿名組合員の破産管財人が出資価額返還請求権を破産債権として行使する(商542参照)。ただし、営業者の破産の場合は別として(基本法コンメンタール商法総則・商行為法(第3版)123頁[和座一清](1991年)、現代型契約と倒産法220頁[柴田義人=酒井俊和=加治梓子]参照)、匿名組合員の破産においては、その地位に譲渡可能性があることを前提とすれば、当事者間の特約によって、契約関係の存続を認める余地があると考えられる。前掲・現代型契約と倒産法236頁参照。」としている点は注目に値する。

108) 西原・前掲102)184頁。

了事由も、営業の継続が不可能となった場合等の想定外の事由を除外すれば、投資目的が終了し営業の継続が必要なくなったことを理由とするのが通常である。

2 条項例

匿名組合契約終了時の処理（条項例）

> 第16条（匿名組合契約終了時の処理）
> 1．本契約に基づき本契約が終了した場合で、かつ営業者と他の匿名組合員との間で営業者が締結している他の匿名組合契約が終了していない場合には、営業者は、他の匿名組合員それぞれとの間で締結しているすべての他の匿名組合契約が終了するまでは、本事業を継続するものとし、本匿名組合員に対し、その出資金を返還することを要しない。
> 2．営業者は、本匿名組合員及び他の匿名組合員との間で本契約及び他の匿名組合契約がすべて終了した場合には、法令等及び関連する契約に照らして、営業者が合理的に適切と考える方法（ただし、資産処分については客観的状況に照らし、より高額で処分できると合理的に判断される方法によって行うよう努めるものとする。）により、本事業に関して営業者が保有する資産（本件信託受益権を含む。）を処分し、本事業に係る一切の債務（本件借入債務を含む。）及び諸費用を支払った後に残存する責任財産の限度で、本事業に関して営業者が保有する資産（本件信託受益権を含む。）を処分した日の30営業日以後、当該日を含む当月末日までの日において、以下の順序で、本匿名組合員及び他の匿名組合員に対して、金員を支払い又は当該時点で残存する出資金を払い戻すことにより、本事業を清算する。
>   （1） 最終の計算期間の直前の計算期間までに係る本契約に基づき分配された利益に対応する未払の金額（もしあれば）を支払う。
>   （2） 各々の出資金の額に充つるまで出資割合に応じて出資金を払い戻す。
>   （3） 最終の計算期間に係る本契約に基づき分配された利益に対応する金額（もしあれば）を支払う。
> 3．本条に基づく清算による場合、営業者の本件借入債務が完済されるまでは、営業者は出資金の払戻しを行う義務を負わないものとし、また前項に基づく出資金の払戻しの額が出資金の額に満たない場合であっても、本匿名組合員は不足分の払戻しを受けることができない。
> 4．本契約及び他の匿名組合契約がすべて終了した場合、営業者は直ちに本事業の最終損益を計算し、清算終了の日の翌月末日（かかる日が営業日でない場合には、その直前の営業日）までに、最終の計算期間に係る財務報告書を本匿名組合員に提出する。

5．当初出資日において他の匿名組合契約に基づき他の匿名組合員によってなされるべき当初出資金の出資の全部又は一部が実行されなかった場合、又は当初出資日以後において、（ⅰ）本件貸付けが実行されなかった場合、若しくは（ⅱ）営業者が本件信託受益権を取得できなかった場合には、本契約は直ちに終了する。この場合、営業者は、本匿名組合員に対して本契約の終了を速やかに通知し、本匿名組合員から受領した金員を無利息で本匿名組合員に返還する。
6．本条の規定は、本契約が終了した後といえども、効力が存続し続けるものとする。

3 条項例の解説

【1】他の匿名組合の終了との関係（第1項）

　第1項は、この匿名組合契約の終了事由が生じても他の匿名組合契約が存続している場合、①営業者は本事業を継続すること及び②出資の返還はなされないことが規定されている。当該終了事由が複数の匿名組合員に共通の事由（匿名組合の目的である事業の成功又はその成功の不能に該当するような事由）の場合は、すべて同時に複数の匿名組合の終了事由が発生するので、第1項の適用場面ではない。適用場面の典型的な例としては、匿名組合員が破産手続開始の決定を受けた場合（商法541条3号）及び匿名組合員の違反により契約が解除された場合が挙げられる。

　複数の匿名組合契約が存在し、そのうちの一部のみについて終了事由が発生した場合の取扱いについては、商法に規定はない。複数の匿名組合契約による投資ストラクチャーを維持するには、第1項のような規定に従った処理をすることが多い。終了事由が発生した匿名組合員は、営業者の承諾を得て匿名組合出資持分を譲渡することでストラクチャーから退出する選択肢があるので、実務的にはそのような形での退出が現実的であろうと思われる。

【2】本事業の清算方法（第2項）

　第2項は、契約の終了事由が生じた場合の清算方法を規定している。このように、清算手続き全体について網羅的に規定しておくことは有益である。

【3】レンダーからの借入債務との関係（第3項）

第3項では、まず匿名組合員に対する出資金の返還は、レンダーからの借入債務の完済を条件とすることを規定している。本事業に要した借入れであり借入債務の履行が優先することは当然である。また、出資が満額返還されない可能性があることも、匿名組合出資の性質上当然である。

【4】本事業の不成功（第5項）

第5項は、本事業に要する必要な資金が出資されなかったり、借入れができなかった場合、又は必要な資産（本件信託受益権）を取得できなかった場合、本契約は終了するとしている。そのような場合には本事業を営むことができず、本事業の成功が不能な場合として、商法541条1号の適用があり得る事態である。本項は、そのような事態を契約に規定することで明確化を図ったものである。

> **コラム** 一部の匿名組合契約のみの終了による出資金の返還留保に代わる方法
>
> 　前記XV 4 【3】のコラムでは匿名組合員が破産し匿名組合契約が終了した場合でも（商法541条3号）、他の匿名組合契約が終了するまで出資金の返還を留保する、という取扱いが契約実務において行われていることを記載した。複数の匿名組合員がいるにもかかわらず、ある匿名組合員のみに生じた事情（破産、契約違反による解除等）により当該匿名組合契約を終了させる場合、①当該匿名組合員の匿名組合出資持分の会計上の評価を一定割合（例えば25％）減額し、②他の匿名組合員が当該出資持分を減額された金額で取得する機会を与え、③取得意思のある匿名組合員がいれば、取得に要する金額を営業者に追加出資として拠出させ、④営業者は追加出資された金額を原資として終了事由が生じた匿名組合員に出資の返還として支払う、⑤取得の意思がある匿名組合員がいなければ、すべての匿名組合契約が終了するまで出資金の返還を留保する、という方法が実務上とられることがある。
>
> 　匿名組合出資持分の移転方法として、匿名組合員間の売買という方

第7章　匿名組合契約

法もとられることもあるが、NKリスクを避けるため、営業者を介して、営業者との関係で返還する出資金に相当する金額をやり取りする方法による方が優れている。出資金の減額評価は一種のペナルティーであり、他の匿名組合員に取得の意思を持たせる誘因となる。法的には、上記の方法は、匿名組合員間で出資持分を譲渡することと異なり、既存の匿名組合員の出資持分を消滅させ、別の匿名組合員の追加出資により新規に匿名組合出資持分を発行することになる。

なお、営業者が適格機関投資家等特例事業を行っている場合、適格機関投資家としての地位を有する匿名組合員については、他に適格機関投資家である匿名組合員が存在しないときには譲受人が適格機関投資家でないと適格機関投資家等特例事業を維持することができない点に注意を要する。

XVII レンダーとの関係（劣後特約等）

1 はじめに

TKGKストラクチャーを使用して不動産資産に投資する場合、営業者は匿名組合員からの出資に加えてレンダーからノンリコースローンを借り入れて投資のための資金とするのが通例である。当然ながらレンダーは匿名組合員の営業者に対する債権よりも自己の貸付債権が優先することを望み、営業者もそれを受け入れざるを得ない。

実務では、レンダーがノンリコースファイナンスを提供する際には、「プロジェクト契約」という名称の契約を用意して、レンダー、借入人としての営業者、アセットマネジャー、信託受託者等が当事者となり、レンダーの利益をプロジェクトの関係者が尊重することを求める。しかし、匿名組合員をプロジェクト契約の当事者に加えることは「NKリスク」（第2編 第2章 IV 4）（⇒108頁）の観点から回避されるべきなので、匿名組合契約自体にレンダーの優先性（つまり匿名組合員の劣後性）を確保する規定を組み込むことになる。

実務上、上記のように匿名組合契約に上記の劣後条項が組み込まれるが、そ

の前提として、匿名組合員の権利の性質を考え、そのような劣後条項の必要性を理解しておく必要がある。まず、匿名組合員の利益配当請求権は、営業者の事業から生じた利益の分配を受ける権利である。利益の分配ということは、営業者の債務の返済を控除した残額が配当の対象となるので、匿名組合員の権利は営業者の費用（資金の借入れを含む）に構造的に劣後することになる。これに対し、匿名組合契約が終了した場合の匿名組合員の出資金の返還請求権は、他の一般債権と同列の取扱いとなると考えられる。つまり、レンダーの貸付債権とは同列ということになる。レンダーの立場に立つと、少なくともその点については、レンダーの優位性を確保する必要がある。

このように、レンダーにとって匿名組合契約に劣後条項を組み込む法的意味はあり、実務では、匿名組合員の出資金の返還請求権のみならず、匿名組合員の権利全般について、その位置づけを明確にするために劣後条項が規定されるのが通例である。劣後条項は、案件により規定内容が異なることがあるものの、①営業者の信用状態に懸念が生じていない平時の場合、②レンダーへの債務についての期限の利益喪失事由が生じている場合、そして③営業者に倒産手続きが開始されている場合の三段階に分けて規定されるのが通例である。以下に条項例を記載するので、参照されたい。

2 条項例

劣後特約（条項例）

> 第17条（劣後特約）
> 1. 本契約又は商法の規定に基づく本匿名組合員の営業者に対する本出資金の返還請求権、配当の支払請求権その他の請求権（以下「劣後債権」という。）に係る支払は、営業者が本匿名組合員以外の第三者に対して本事業に関連して負担するその時点で期限の到来している本件借入債務その他一切の債務の支払の完了を停止条件として行われるものとする。
> 2. 前項の規定にかかわらず、本件借入債務についての期限の利益喪失事由が発生した場合、劣後債権に係る支払は、本件借入債務の支払の完了を停止条件として行われるものとする。

3．前各項の規定にかかわらず、営業者及び本匿名組合員は、営業者について破産手続きが開始された場合には、同手続きにおける劣後債権の配当の順位が破産法第99条第1項に規定する劣後的破産債権に後れる約定劣後破産債権となり、営業者について民事再生手続きが開始された場合には、劣後債権が民事再生法第35条第4項に規定する約定劣後再生債権となることに合意する。また、営業者及び本匿名組合員は、その他営業者に適用ある法的倒産手続き（将来、制定されるものを含む。）の開始決定がなされた場合、劣後債権は、当該手続きにおいて本件借入債務に係る債権がその全額の弁済を受けたことを停止条件としてその効力が発生するものとすることに合意する。
4．本匿名組合員は、本契約又はその他本金銭消費貸借契約に定める営業者の支払順序及び方法と異なる態様による支払を受けた場合、その支払による弁済が無効であることに同意し、その受領した金員を直ちに営業者若しくは破産管財人又は本件関連契約に基づき本来受領すべき者に対して返還する（ただし、貸付人の書面による指示を受けた場合は、同指示に従う。）ものとする。
5．本条の規定は、本契約終了後も有効に存続するものとする。

3 条項例の解説

【1】期限の到来しているレンダーへの劣後（第1項）

　第1項においては、劣後債権への支払は、期限の到来している本件借入債務の支払完了を停止条件として行われる旨が規定されている。例えば、ローンの借入れについての債務の支払期限を論じると、利払については、3か月ごとの利払日に利息の支払期限が到来するが、元本の支払期限は5年後という場合、営業者の匿名組合員への債務（匿名組合員の劣後債権）への支払は、第1項においては、期限の到来していない将来の利息債権や元本債権には劣後しない。つまり、期限の到来しているレンダーの債務のみを優先して支払えば、借入人である営業者は随時匿名組合員に対する債務を支払うことが許されることになる。

【2】レンダーへの債務の期限の利益喪失事由が発生した場合（第2項）

　第2項は、期限の利益喪失事由が発生した場合について規定している。期限の利益の喪失後は、レンダーへの債務は、期限の到来している本件借入債務となるので、第1項の適用をすれば足りる。したがって、第2項の存在意義は、期限の利益喪失事由が発生したが、まだ期限の利益自体は喪失されていない場

合において、レンダーへの債務がすべて支払われるまで、劣後債権に係る支払が劣後することにある。営業者の信用状態が悪化した場合には、レンダーにとっては債権の回収可能性に黄色信号がともっているので、期限の到来の有無にかかわらずレンダーの債権を全面的に優先させる必要があるのである。第2項では「期限の利益喪失事由が発生」が基準になっているが、「配当停止事由」など別の基準を導入することも可能である。

【3】倒産手続きが開始された場合（第3項）

　第1項で定義される「劣後債権」を破産法99条1項に規定される「約定劣後破産債権」と合意することで、破産手続きにおける必要な劣後性を確保することができる。民事再生手続きにおいては「約定劣後再生債権」であれば同様に劣後性を確保できる。ここで「約定劣後再生債権」とは、「再生債権者と再生債務者との間において、再生手続開始前に、当該再生債務者について破産手続が開始されたとすれば当該破産手続きにおけるその配当の順位が破産法第99条第1項に規定する劣後的破産債権に後れる旨の合意がされた債権をいう。」（民事再生法35条4項）とされている。したがって、「約定劣後破産債権」である旨を合意しておけば、民事再生手続きにおいても、「約定劣後再生債権」と扱われることになる。

　なお、本書では、劣後条項について、アセットマネジメント契約に関連して、第8章 XIV 2（⇒609頁）においても論じている。レンダーは、匿名組合員及びアセットマネジャーのいずれの債権もレンダーの債権に劣後することを求める。匿名組合契約についての劣後特約とアセットマネジメント契約の劣後特約に相違を設ける必要性は特にないが、アセットマネジャーのサービスが十分に提供されないと不動産資産の保全に支障を来す懸念があるような場合には、レンダーは一定程度アセットマネジャーに報酬を支払って、サービスの質を確保できるような配慮をする場合もある（第8章 XIV 4（⇒611頁））。

【4】優先順位に反する支払の受領（第4項）

　第4項は、匿名組合員の義務として、匿名組合員が契約上定められた優先順位と異なる支払を受けた場合は、そのまま自分のものとせずにしかるべき者に

返還せよと規定している。契約上定められた優先劣後を確実にするための規定である。

4 責任財産限定特約の条項例

レンダーとの関係では、以下のような責任財産限定特約を、匿名組合契約に組み込むことが求められる。

責任財産限定特約（条項例）

> 第18条（責任財産限定特約）
> 1．本件借入債務が残存する限り、本契約に基づく営業者の本匿名組合員に対する一切の支払債務は、リリース口座内の金員（注：レンダーへの債務等を支払った後に借入人が自由に使用できる資金を入金する口座をリリース口座という。）のみを引当てとし、その範囲内でのみ行われ、営業者の他の財産には及ばないものとする。
> 2．本件借入債務が完済された場合には、本契約に基づく営業者の本匿名組合員に対する一切の支払債務は、営業者の保有する本事業に関する財産を引当てとする。
> 3．本条の規定は、本契約が終了した後といえども、効力が存続し続けるものとする。

レンダーへの債務が完済されるまでは、責任財産は、リリース口座内の金員に限定される（第1項）。匿名組合契約によっては、そこまで責任財産を限定することなく、営業者の保有する匿名組合事業に関する全財産とするケースもある。なお、第3項が必要な理由は、例えば、匿名組合員が破産手続開始の決定を受けた場合（商法541条3号）は、匿名組合契約は終了するので、本条の規定の効力を維持する必要があるためである。

5 倒産不申立条項の条項例

レンダーは、営業者の倒産隔離を図るために「倒産不申立条項」を匿名組合契約に組み込むことを求める。下記に条項例を示す。倒産不申立条項に関する解説については、第3章 XXI（⇒431頁）を参照されたい。

倒産不申立条項（条項例）

> 第19条（倒産不申立条項）
> １．本匿名組合員は、本件借入債務の完済の日から１年と１日が経過するまでの間、営業者について破産手続開始、再生手続開始、その他営業者に適用のある倒産手続開始（将来制定されるものを含む。）の申立てを行わない。
> ２．本条の規定は、本契約が終了した後といえども、効力が存続し続けるものとする。

XVIII　その他の条項

　これまで匿名組合契約の条項例を示しつつ解説してきた。ここまでの解説に含まれない条項としては、①守秘義務、②遅延損害金、③通知条項、④金融サービス提供法に関する条項、⑤反社会的勢力の排除に関する条項などがある。これらについては、不動産売買契約に関する第３章 XXII 及び XXIII（⇒434頁以下）を参照されたい。

第3編

第8章 不動産アセットマネジメント契約

I アセットマネジメント契約の必要性

　TKGKストラクチャーやTMKストラクチャーを使用した不動産の取引においては、SPCが現物不動産や信託受益権（以下「不動産資産」という）の保有者となる。SPCの取締役等の役員は外部の会計事務所等から任命されるのが通例で従業員もいないため、SPCは、実際に不動産資産を管理・運営する者や不動産資産の取得、処分、入替え、大規模修繕などをSPCに対してアドバイスしたり、SPCに代わって判断する者と契約をする必要がある。このようなサービス（以下「アセットマネジメント業務」という）を提供する者がアセットマネジャーである。

　プロパティマネジャーの提供するサービスは、不動産の日常的管理（例えば、掃除）や賃貸管理なので、アセットマネジャーの提供する上記サービスとは質を異にする。SPCがアセットマネジャーからのサービスを受けるための契約をアセットマネジメント契約（以下「AM契約」ともいう）という。アセットマネジャーからアセットマネジメント業務の提供を受ける者は必ずしもSPCである必要はないが、不動産ビジネスを行う事業者は本来そのようなサービスを外部に委託せずに自ら行うのが通常である。また、不動産資産を保有する企業や個人も不動産取引において必要に応じて宅建業者や金融商品取引業者のサービスの提供を受けるが、アセットマネジメント契約を締結して包括的なサービスの提供を受けるのは、通常SPCである。

　アセットマネジメント契約によって提供されるサービスの内容は、後述のように、いくつかのパターンにより異なり、事案によってもその具体的内容は異なる。まず、この点を以下に解説したい。

Ⅱ　アセットマネジャーの属性

　SPCにサービスを提供するアセットマネジャーには、「投資家との関係」という点において、いくつかのパターンがある。アセットマネジメント契約の内容に影響を及ぼすので、これらのパターンを概説する。

　まず、アセットマネジャーが投資家とは特に資本関係のない純然たる第三者の場合がある。投資家が不動産投資をする場合にSPCを使用する場合に、投資家がアセットマネジメント業務を行う能力や資格を保有していないときには、このような外部のアセットマネジャーを起用することになる。

　次に、投資家と資本関係を有するアセットマネジャーを起用する場合がある。例えば、海外の不動産投資会社が日本の不動産に投資する場合、長期的に投資を継続することを想定して、日本に子会社を設立して必要な人材や資格を具備してアセットマネジメント業務を提供するというパターンである。この場合の特色は、アセットマネジャーはいわば投資家と一体的な存在なのでアセットマネジメント業務の遂行について投資家から責任を問われる可能性は乏しい点である。この結果、アセットマネジメント契約の内容を当事者間で厳しく交渉するという事態も生じにくい。海外の不動産投資会社の例を指摘したが、日本の不動産会社がアセットマネジメント業務のために子会社を設立してアセットマネジャーとして活動させるケースもこのパターンに含まれる。

　その他のパターンとしては、海外の投資家（単独の投資家の場合もあれば複数の投資家により構成されるファンドの場合もある）とマネジメント契約を締結しているマネジャーが日本に子会社を有していて、その子会社が日本に設立された投資家のSPCにアセットマネジメント業務を提供するケースである。この場合、すでに海外で投資家との間でマネジメント契約が締結されているため、日本の子会社が日本の不動産資産を保有するSPCと締結するアセットマネジメント契約は海外で締結されているマネジメント契約の内容を逸脱することがないように作成されることが通例である。

III アセットマネジメント契約の作成・リビューにおける視点

具体的なストラクチャーにおけるアセットマネジメント契約の作成・リビューにおいては、そもそもそのストラクチャーにおいて必要とされるサービスを当該アセットマネジャーが十分に提供できる能力を有するのか、という基本的な事項を、前提条件として検討する必要がある。例えば、海外の不動産ファンドによる投資に使用されるSPCにサービスを提供するアセットマネジャーには英語力及び迅速な対応力が要求される。これは法的問題ではなく当該アセットマネジャーの資質の問題である。アセットマネジャーを起用するSPCやそれに融資を供与するレンダーは、当該アセットマネジャーが必要な資質を有することを前提として、以下の視点からアセットマネジメント契約を検討することになる。

SPCやレンダーが検討すべきアセットマネジメント契約のポイント

①	SPCの不動産資産の管理・運用が、法令に反することはないか、特にアセットマネジャーは必要なライセンスを保有しているのか
②	アセットマネジャーによって提供されるサービスは、十分に網羅的なのか、それらは円滑に提供される立て付けになっているのか
③	アセットマネジャーによるサービスの提供が妥当な注意義務の水準をもってなされるのか、SPCの利益は十分に保護されているのか

他方、アセットマネジャーは、以下の観点から依頼を受諾できるのか否かを検討する必要がある。

アセットマネジャーが検討すべきアセットマネジメント契約のポイント

①	自己が保有する資格（ライセンス）の範囲内で要求されているサービスを提供できるのか[109]

---

[109] アセットマネジャーが必要なサービスを提供するライセンスを保有しているのか否かという点は、本来はアセットマネジャー自身の問題である。しかし、SPCがレン

②	①ができるとしても、要求される業務を実務的に取り回せるのか
③	業務の範囲とそれに対する責任のバランスがとれているのか

Ⅳ　アセットマネジメント契約のパターン

1 はじめに

　アセットマネジメント契約は、いくつかの観点から分類することができる。分類の観点としては、以下の三点を指摘することができる。**2**以下にそれぞれを概説する。

アセットマネジメント契約を分類する観点

①	不動産資産が現物不動産か信託受益権なのか
②	契約の相手方は合同会社か、TMKなのか（ストラクチャーの相違）
③	アセットマネジャーの保有するライセンス（法令により必要とされる許可、認可、届出等）は何か

2 不動産資産が現物不動産か信託受益権なのか

　不動産資産が信託受益権の場合、アセットマネジャーの活動に金商法上のライセンスが必要となり得るので、金商法の観点からの検討が必須となる。これに対し、不動産資産が現物不動産に限られると、アセットマネジャーは宅建業法の免許や、ストラクチャーによっては不特法における許可を得る必要がある。

　　　ダーからノンリコースファイナンスを受ける場合には、レンダーは、融資の前提として、アセットマネジメント契約を含む全契約の合法性をカバーした法律意見書を要求する。そのため、SPCとしても、アセットマネジャーによるサービスの提供が合法的になされるのかという点を確認する必要がある。

3 契約の相手方は合同会社か、TMKなのか（ストラクチャーの相違）

アセットマネジメント契約の相手がTMKであれば資産流動化法の適用があり、同法の要請を満たす必要がある。それに対し、TKGKストラクチャーの合同会社であれば、そのような配慮は不要となる。

4 アセットマネジャーの保有するライセンスは何か

不動産資産が信託受益権の場合、アセットマネジャーが金商法上のライセンスを保有することなく通常期待されるアセットマネジメント業務を遂行することはできない。案件によって、アセットマネジャーに要求される金商法上のライセンスは、大別して、投資助言業なのか、それとも投資運用業のライセンスが必要なのかという問題が生じる。

アセットマネジャーが投資運用業の登録を得ている場合には、アセットマネジャーが投資判断を行うことができる。しかし、投資助言業の登録にとどまる場合には、投資判断はSPC側でなされる必要があり、そのための仕組みをSPCに構築しなければならない。このように、アセットマネジャーのライセンスの保有状態はストラクチャリングに影響する。また、アセットマネジメント業務は広範囲に及び得るため、アセットマネジャーに必要とされるライセンスについては、どのような範囲のアセットマネジメント業務を引き受けるのかにも左右される。この点は後記 Ⅵ（⇒590頁）で述べる。

Ⅴ アセットマネジャーにより提供されるサービス

1 はじめに

アセットマネジャーによって提供されるアセットマネジメント業務の範囲は広い。アセットマネジャーは、SPCに代わってSPCがなすべきことを遂行し、投資ストラクチャーが期待されたとおりに機能するために必要な業務を行う。この意味では、アセットマネジャーは投資ストラクチャーの守護神であると

いっても過言ではない。本項では、アセットマネジャーが提供する可能性があるサービスを解説する。

2 アセットマネジャーが提供するサービスの内容

下記には、アセットマネジャーがTKGKストラクチャー（第2編第2章（⇒95頁））における合同会社から投資一任契約を締結して合同会社による不動産信託受益権の取得をサポートするケースを例として解説する。アセットマネジャーが行う業務は投資運用業務なので、アセットマネジメント契約に含まれる業務を投資運用業務とその他の業務を区別して記載している。仮に合同会社から委託を受ける業務が「投資助言業務」であれば「投資運用業務」に代えて「投資助言業務」（「投資助言・代理業」の登録を要する）を記載することになる。以下において、委託者とはアセットマネジメント契約の相手方の合同会社を意味する（下記のうち、具体的な案件によって必要がないものや、アセットマネジャーがライセンスの欠如により提供することができないものは、除外する必要がある）。

アセットマネジャーのサービスの内容	概説
（1） 投資運用業務	
① 匿名組合員からの出資金を匿名組合事業（以下「本事業」という）に投資するにあたっての投資判断	左記の①から③は、金商法における投資運用業の登録が必要となる行為である。そのため「投資運用業務」という表題が付されている。なお、匿名組合契約上の権利の私募の取扱いは記載されていないため、アセットマネジャーの業務とはされず、別途第二種金融商品取引業の登録を得ている業者を起用することになる。

	②	信託受益権の取得、管理及び売却についての投資判断（信託契約における対象不動産（以下「本不動産」という）の管理処分について受託者に対して指図を行うことを含む）	左記には第二種金融商品取引業の登録が必要となる信託受益権の取得、売却についての媒介・代理が明記されていない。そのような業務は別途第二種金融商品取引業の登録を有する業者に委託する必要があることになる。
	③	上記①②に定めるほか、匿名組合員からの出資金及び信託受益権に関連して委託者が行うべき事業における投資判断全般並びに上記①②を遂行するための付随業務及び事務作業	左記の記載は、投資運用業の登録を要する業務がすべてカバーされるようにする趣旨の規定である。
（2）		資金調達に関する業務	
	①	本事業に要する資金調達に関する代理	委託者の資金調達手段は①匿名組合出資を受けること及び②ローンを借りることである。①は匿名組合出資持分の私募の取扱いとして第二種金融商品取引業の登録が、②については貸金業の登録が必要となる可能性がある（この点は後述する）。
	②	貸付人との間の交渉の代理	左記については貸金業の登録が必要となる可能性がある（この点は後述する）。
	③	貸付人に対して行うべき通知、報告、承諾取得、資料送付等の代行等	委託者はSPCであり従業員もいないため、アセットマネジャーは事務作業を代行することになる。
	④	その他必要な事務の代行	
（3）		年間事業計画書に関する業務	
	①	信託受益権に関する将来のキャッシュフロー並びに改良及び設備投資に関する提案を記載した年間の事業計画書の作成及び提出	左記の事業計画書はビジネスプランと呼ばれることもあるが、アセットマネジャーが作成を求められる書類である。アセットマネジャーはこの事業計画に沿って業務を遂行することになる。

②	プロパティマネジャー作成の本不動産の年間管理計画・予算の承認及びプロパティマネジャーへの指図・監督	プロパティマネジャーと契約するのは受託者なので、受託者をしてプロパティ・マネジャーを選任させ、又は解任させる、ということになる。そのような義務を明記しているAM契約もある。
③	事業計画書に従った、本不動産の管理及び運営	本不動産は信託の受託者によって所有されるが、アセットマネジャーの業務は本不動産に関する事項にも及ぶ。
④	本不動産に係るテナントの管理、運営、誘致、レポート業務	テナントに直接対応するのはプロパティマネジャーの業務ではある。しかし、アセットマネジャーの業務にはテナント関係の事項も含まれ得る。アセットマネジャーがテナント誘致に成功した場合には一定の報酬が支払われるのが通例である。
⑤	本不動産の保険契約の締結及び更新	保険契約の締結の媒介となると保険仲立人の登録が問題となり得る（この点は後述する）。
(4)	報告業務	
①	アセットマネジャーの担当する業務に関する四半期報告書及び年間報告書の作成	アセットマネジャーは委託者そしてその背後にいる投資家に対し様々な報告を行うことが求められる。
②	プロパティマネジャー作成の月次報告書の提出	
③	その他アセットマネジャーの担当する業務に関し委託者が求める報告、情報の提供	
(5)	委託者の機関運営業務	

①	委託者の会計業務受託者が行う業務に関し必要書類の提出等その他の補助及び監督の遂行	委託者はSPCであり、従業員もいないため、アセットマネジャーは、委託者が法人として行う必要がある種々の業務を適切な専門家に委託し、問題なく対応してもらうよう取り計らう必要がある。これらの業務は基本的に事務作業であり、特にライセンスを要するものではない。
②	本事業に関し委託者が締結する契約に関連して必要となる委託者の行為（通知、承諾等を含む）の事務代行	
③	本事業の遂行のために必要な専門家の手配	
④	委託者の解散に関し、委託者の清算に関する事務の代行、又は当該事務の司法書士、会計業務受託者等への委託	
⑤	委託者の入出金の確認及び委託者を代理して会計事務受託者に対する本事業に関する支払指図	
⑥	委託者の保管すべき契約書等重要書類の管理	
⑦	委託者の代表者印の管理	アセットマネジャーが委託者の印鑑を管理するケースもあるが、基本的には委託者の職務執行者（合同会社の場合）や取締役（TMKの場合）を派遣する会計事務所で保管されることが多い。
⑧	その他上記①～⑦に関する一切の付随業務	

Ⅵ　アセットマネジャーに必要となるライセンス

1 はじめに

　上記においてはアセットマネジャーが提供するサービスを網羅的に指摘した。それらには法律上一定のライセンス（法令による登録、許可、認可等）を必要とするものが含まれている。アセットマネジャーがアセットマネジメント業務に必要となるすべてのライセンスを自社で保有していることはなく、通常は、中核となるライセンスを保有し、足りない分は当該ライセンスを保有する業者に業務を外注している。この意味で、下記の中核となるライセンスがあれば、該当するストラクチャーにおいて一応アセットマネジメント業務を行う素地を備えることができる。

　以下に、中核となるライセンス及び外注可能な周辺ライセンス並びにライセンスに関するリスクについての考え方を概説する。

2 中核となるライセンス

【1】信託受益権の取得、管理及び売却についての投資判断を行うこと

　アセットマネジャーが、信託受益権（これは有価証券に該当する）の取得や売却についての投資判断のたとえ一部であっても行うことが予定されている場合には、通常、投資運用業の登録が必要となる。逆に言うと、投資運用業の登録なしに当該業務を行うことは違法となる可能性が高く、法律事務所はアセットマネジメント契約の合法性についてのレンダー宛ての法律意見を出すこともできない。そのため、レンダーからの借入れもできないであろう。

　なお、上記における「投資運用業」の定義を、関連する金商法の該当条文を多少整理して記載すると、以下の条項（金商法 2 条 8 項12号ロ）に該当する行為を業として行うことを意味する（同法28条 4 項 1 号）。

「投資運用業」の定義　金商法の該当条項

金商法28条4項1号	この章において「投資運用業」とは、金融商品取引業のうち、次に掲げる行為のいずれかを業として行うことをいい、銀行、協同組織金融機関その他政令で定める金融機関が、当該行為のいずれかを業として行うことを含むものとする。 一　第2条第8項第12号に掲げる行為 二　略 三　略
同法2条8項12号ロ	当事者の一方が、相手方から、金融商品の価値等の分析に基づく投資判断の全部又は一部を一任されるとともに、当該投資判断に基づき当該相手方のため投資を行うのに必要な権限を委任されることを内容とする契約（「投資一任契約」）を締結し、当該契約に基づき、金融商品の価値等の分析に基づく投資判断に基づいて有価証券又はデリバティブ取引に係る権利に対する投資として、金銭その他の財産の運用（その指図を含む。以下同じ）を行うこと

【2】信託受益権の取得、管理及び売却についての助言を行うこと

　アセットマネジメント契約において、アセットマネジャーが、信託受益権の価値をもとにその取得や売却についての助言を行うことが予定されていれば、通常、それは投資顧問契約（金商法2条8項11号）に該当し、「投資助言業務」（同法28条6項、同条3項1号）を行う者として、投資助言・代理業（金商法28条3項、2条8項11号）の登録が必要となる。金商法の該当条項を以下に記載する。

「投資助言・代理業」の定義　金商法の該当条項

金商法28条6項	この章において「投資助言業務」とは、投資助言・代理業に係る業務のうち、（第28条）第3項第1号に掲げる行為に係る業務をいう。
同法28条3項1号	この章において「投資助言・代理業」とは、金融商品取引業のうち、次に掲げる行為のいずれかを業として行うことをいう。 一　第2条第8項第11号に掲げる行為 二　第2条第8項第13号に掲げる行為

同法2条8項11号イ及びロ	当事者の一方が相手方に対して次に掲げるものに関し、口頭、文書（新聞、雑誌、書籍その他不特定多数の者に販売することを目的として発行されるもので、不特定多数の者により随時に購入可能なものを除く）その他の方法により助言を行うことを約し、相手方がそれに対し報酬を支払うことを約する契約（以下「投資顧問契約」という）を締結し、当該投資顧問契約に基づき、助言を行うこと。 イ　有価証券の価値等（有価証券の価値、有価証券関連オプション（金融商品市場において金融商品市場を開設する者の定める基準及び方法に従い行う第28条第8項第3号ハに掲げる取引に係る権利、外国金融商品市場において行う取引であって同号ハに掲げる取引と類似の取引に係る権利又は金融商品市場及び外国金融商品市場によらないで行う同項第4号ハ若しくはニに掲げる取引に係る権利をいう）の対価の額又は有価証券指標（有価証券の価格若しくは利率その他これに準ずるものとして内閣府令で定めるもの又はこれらに基づいて算出した数値をいう）の動向をいう） ロ　金融商品の価値等（金融商品（第24項第3号の3に掲げるものにあっては、金融商品取引所に上場されているものに限る）の価値、オプションの対価の額又は金融指標（同号に掲げる金融商品に係るものにあっては、金融商品取引所に上場されているものに限る）の動向をいう。以下同じ）の分析に基づく投資判断（投資の対象となる有価証券の種類、銘柄、数及び価格並びに売買の別、方法及び時期についての判断又は行うべきデリバティブ取引の内容及び時期についての判断をいう。以下同じ）

【3】現物不動産の取得、管理及び売却についての投資判断や助言を行うこと

　現物不動産を対象として投資一任契約又は投資助言契約を締結して、それぞれに該当するサービスを提供する行為は、特に法律によって許認可の対象とはなっていない。しかし、国土交通省の所管する任意の登録制度として「不動産投資顧問業」の制度がある。不動産投資顧問業には、二つの種類がある。一つは「一般不動産投資顧問業」であり、これは、顧客に対して現物不動産に関する投資助言契約に基づく助言を行う営業をいう。他の一つは「総合不動産投資顧問業」であり、これは、現物不動産に関する投資一任契約に基づく不動産取引等を行う営業並びにその営業及び一般不動産投資顧問業の双方を行う営業を

いう。いずれにしても法的にそれらの取得が義務づけられるわけではない。顧客の信頼度を高めるのに有効となり得る任意の登録制度である。

現物不動産を保有するTMKのために特定資産の管理及び処分に関する業務（これらはアセットマネジメント業務に含まれる）を受託するには宅建業法の免許が必要である（第2編 第3章 II 4（⇒168頁））[110]。また、TKGKストラクチャーにおける合同会社のために現物不動産のアセットマネジメント業務を行うには不特法の許可が必要である（第2編 第4章 III 1 以下（⇒258頁））。これらは現物不動産についてのアセットマネジメント業務の中核をなすライセンスということができる。

3 その他のライセンス

アセットマネジメント業務の範囲が広範囲であるため、上記の中核となるライセンス以外にも様々なライセンスを必要とする業務が含まれ得る。以下にストラクチャーごとに必要となり得るライセンスを記載する。なお、いずれの業務も「業として」行われることを前提とする。

TKGKストラクチャー

	アセットマネジメント業務	必要となる可能性があるライセンス
①	合同会社が営業者となる匿名組合への出資の私募の取扱い	私募の取扱いについて第二種金融商品取引業の登録が必要となる。
②	合同会社によるノンリコースローンの借入れのアレンジ	ローンの借入れをアレンジする行為が「金銭の貸借の媒介」として貸金業に該当する可能性があり、貸金業者としての登録が必要となり得る。ただし、借入人の代理人として行為する場合には貸金業の定義に該当しない。

---

110) 資産流動化法203条により、TMKによる不動産の売買等に係る業務の委託先は不特法6条各号の欠格事由がないことが必要となるが、欠格事由には宅建業法の免許を受けていないことが含まれているためである。

③	合同会社の借り入れるノンリコースローンに付随して、デリバティブ取引（金利キャップ契約など）が行われる場合のアレンジ	デリバティブ取引の媒介について第一種金融商品取引業の登録が必要となり得る。
④	信託受益権の売買の媒介又は代理	第二種金融商品取引業の登録が必要となる。
⑤	現物不動産の売買の媒介又は代理	宅建業法の免許が必要となる。加えて、不特法の許可が必要となり得る。
⑥	保険契約の締結のアレンジ	契約締結の媒介を行う場合には、保険仲立人の登録が必要となる。
⑦	不動産鑑定のアレンジ	アセットマネジャー自身が不動産鑑定を行うことは通常ないが、不動産鑑定業を行うには不動産鑑定業者としての登録が必要となる。

TMKストラクチャー

	アセットマネジメント業務	必要となる可能性があるライセンス
①	TMKの発行する優先出資証券の私募の取扱い	私募の取扱いについて第一種金融商品取引業の登録が必要となる。
②	TMKによるノンリコースローンの借入れのアレンジ	ローンの借入れをアレンジする行為が「金銭の貸借の媒介」として貸金業に該当する可能性があり、貸金業者としての登録が必要となり得る。ただし、借入人の代理人として行為する場合には貸金業の定義に該当しない。
③	TMKの発行する特定社債券の私募の取扱い	私募の取扱いについて第一種金融商品取引業の登録が必要となる。
④	TMKの借り入れるノンリコースローンに付随して、デリバティブ取引（金利キャップ契約など）が行われる場合のアレンジ	デリバティブ取引の媒介について第一種金融商品取引業の登録が必要となり得る。
⑤	信託受益権の売買の媒介又は代理	第二種金融商品取引業の登録が必要となる。

⑥	現物不動産の売買の媒介又は代理	宅建業法の免許が必要となる。
⑦	保険契約の締結のアレンジ	契約締結の媒介を行う場合には、保険仲立人の登録が必要となる。
⑧	不動産鑑定のアレンジ	アセットマネジャー自身が鑑定を行うことは通常ないが、不動産鑑定業を行うには不動産鑑定業者としての登録が必要となる。

4 アセットマネジメント契約の契約書作成及びリビューにおける注意点

　アセットマネジメント契約におけるアセットマネジャーの業務範囲は、上記のように、広範囲に及ぶことが多い。広範囲の業務の中には上記のように中核となるライセンス以外のライセンスが必要であるにもかかわらず、アセットマネジメント契約中にアセットマネジャーが必要なライセンスをすべて保有していないことについての手当てが特になされていないことがある。具体的に必要となる手当てとは、当該アセットマネジャーのライセンス保有状態を前提に「アセットマネジャーが保有していないライセンスを要する業務は、①自ら担当しないこと及び②アセットマネジャーの業務範囲から除外されること」を明記することである。そのような業務範囲の限定がなされていないアセットマネジメント契約は、アセットマネジャーによるライセンスなしの営業（つまり違法）とみられる法的リスクがある。また、借入人となるSPCの法律事務所はレンダーに求められるアセットマネジメント契約の合法性についての法律意見書を作成しにくい、という問題を内包することになる。

コラム　アセットマネジャーによるローンの借入れのアレンジ

　前記のようにアセットマネジメント業務には、SPCのためのノンリコースローンの借入れのアレンジが含まれることが通例である。この行為は貸金業法2条柱書きの「金銭の貸借の媒介」に該当する可能性がある。「媒介」とは、他人の間に立って、他人を当事者とする法律行為の成立に尽力する事実行為をいう。具体的にどのような行為が媒

介に該当するのかについては、平成27年12月1日に金融庁により公表された一般的な法令解釈(「金融庁における一般的な法令解釈に係る書面照会手続(回答書)」)が参考になる。これによると、以下の行為は、資金の借入人及び貸付人のいずれかのために行われているかを問わず、原則として、「金銭の貸借の媒介」に該当する。

原則として「金銭の貸借の媒介」に該当する行為

①	契約の締結の勧誘
②	契約の勧誘を目的とした商品説明
③	契約の締結に向けた条件交渉

アセットマネジメント業務には上記の③「契約の締結に向けた条件交渉」が含まれ得ることに注意する必要がある。なお、アセットマネジメント業務には直接関連しないとは思うが、金融庁によれば、以下の各行為の事務処理の一部のみを行うにすぎない場合は、「金銭の貸借の媒介」に至らない行為といえる場合もあるとされているので、参考のために記載する。

「金銭の貸借の媒介」に至らない行為

①	商品案内チラシ・パンフレット・契約申込書等(以下「契約申込書等」という)の単なる配布・交付(ただし、単なる配布・交付を超えて、配布又は交付する契約申込書等の記載方法等の説明まで行う場合には「金銭の貸借の媒介」に当たることがあり得る)
②	契約申込書及びその添付書類等の受領・回収(ただし、単なる受領・回収や、誤記・記載漏れ・必要書類の添付漏れの指摘を超えて、契約申込書の記載内容の確認等まで行う場合には「金銭の貸借の媒介」に当たることがあり得る)
③	住宅ローン等の説明会における一般的な住宅ローン商品の仕組み・活用法等についての説明

アセットマネジャーにとって「ローン契約の締結に向けた条件交渉」は中核的な業務であるが、貸金業登録を有しないアセットマネ

ジャーも多い。そこで、貸金業登録を要しない方法があればそれを利用することになる。この点、不動産証券化協会が金融庁に質問した結果、金融庁から得られた回答によると（2008年4月7日付「金融商品取引法制のQ&A（その3）」）、アセットマネジャーがSPCの代理人として行為する場合には「金銭の貸借の媒介」には該当しないとされている。該当部分を以下に示す。

不動産証券化協会による質問	金融庁の回答
AM（注：アセットマネジャー）が投資一任業務若しくは投資助言業務を行っているSPCに対し、当該SPCが銀行・ノンバンク（レンダー）からノンリコース・ローン（責任財産限定特約付融資）を調達するに当たり、 （ア）SPCへの当該資金調達に関するアドバイス業務 （イ）SPCを代理して当該資金調達に関してレンダーとの間で交渉、取次を行う業務 を行っている。 当該業務はいずれも貸金業に該当せず、AMは貸金業登録の必要は無いことを確認したい。	貸金業登録の必要の有無は、当該行為が貸金業法第2条柱書きの「金銭の貸付け又は金銭の貸借の媒介」に該当するか否かで判断されます。個別事案により異なりますが、一般的に（ア）の業務は、AMとSPC間の行為であり、「貸付け」や「媒介」に該当しないと考えられることから、貸金業登録の必要は無いものと思われます。また、AMが資金の借り手たるSPCとの間で代理契約を締結した上で（イ）のような資金調達に係る業務を代理する行為は、前述の「金銭の貸付け又は金銭の貸借の媒介」に代理が含まれていないことから、一般的には貸金業に該当せず、当該AMは貸金業登録を行う必要はないと考えられます。

上記によると、アセットマネジメント契約において、「ローン契約の締結に向けた条件交渉」について、SPCがアセットマネジャーに代理権を付与する旨を規定すればよいことになる。これにより貸金業登録なしにアセットマネジャーがSPCのために「ローン契約の締結に向けた条件交渉」を行うことが可能になり得る。アセットマネジメント契約を作成・レビューする際に注意したいポイントである。

5 アセットマネジメント業務とライセンスに関するリスク

【1】はじめに

　アセットマネジメント業務は、上記のように、中核となるライセンス以外に様々なライセンスを必要とする業務と密接に関係する。そのため、アセットマネジャーは、それらのライセンスを保有する業者を都度起用する。しかし、そのような業者を起用したからといってライセンスを有しないアセットマネジャーが本来ライセンスを有しなければ行うことができない業務を遂行できるようになるわけではない。したがって、ライセンスを保有する業者を起用したとしても、アセットマネジャーの行為がライセンスなしの無資格業務とみられる理論上の法的リスクは依然として存在する。ただ、実務ではこの点はそれほど厳密に考えられておらず、ライセンスを保有する業者を起用すればそれでリスクは回避できていると考える傾向がある。以下にいくつかの局面を挙げて注意点を概説する。

【2】私募の取扱い

　私募の取扱いにおける「取扱い」とは、有価証券の発行者などの他人のために、有価証券の募集・売出し・私募・特定投資家向け売付け勧誘等を代行する行為（勧誘代行行為）と解されている。基本的には有価証券の発行者又は所有者のために行われるものであると解されているが、それにとどまらず、有価証券の取得の斡旋業務や仲介行為としてとらえられている。例えば、有価証券の私募の取扱いを行う場合、当該発行者と当該有価証券の取得者の両方が顧客となり得るのである[111]。そうすると、有価証券の取得者のために行われる場合も「私募の取扱い」に含まれ得る。このように「私募の取扱い」の行為は広いので、私募の取扱いを行う業者（第一種金融商品取引業者や第二種金融商品取引業者）を起用したとしても、法的にはアセットマネジャー自身の行為が「私

---

[111]　金融庁「コメントの概要及びコメントに対する金融庁の考え方」（平成19年7月31日）274頁、No. 16）。

募の取扱い」と評価可能なケースも多い。特に私募の取扱いを行う業者が起用されるのがクロージングに近接した時期になってからのような場合、すでにアセットマネジャーが取得勧誘行為を行った後に私募の取扱いを行う業者が起用されるということも考えられる。筆者の印象では、実務上この点はあまりリスクととらえられておらず、関係者の意識は、「第一種金融商品取引業者や第二種金融商品取引業者を起用しているので大丈夫。」という感覚ではないかと思う。専門業者を起用することで投資家の保護は図られるので実質的な問題はないといえるため、これに異論を唱えるわけではない。ただ、投資が何らかの理由で不成功となった場合などに、投資家からのクレームとして、アセットマネジャーの取得勧誘行為が問題とされる可能性が皆無とはいえないことを指摘しておきたい。

【3】信託受益権売買の媒介・代理

　信託受益権売買の媒介・代理には、第二種金融商品取引業の登録が必要である。アセットマネジャーが信託受益権の売買契約にコメントして売買契約の成立に尽力すること（これは媒介に該当する）は多いが、第二種金融商品取引業の登録をしていないケースもある。別途第二種金融商品取引業の登録を得ている仲介業者が起用されているため、実務上特に問題とされることはないが、これも純粋に法的な観点からは疑問がないわけではない。特にアセットマネジャーが投資助言業・代理業の登録を得ている場合には、金商法41条の3による禁止があることに注意する必要がある。

【4】GKによる自己募集

　TKGKストラクチャーにおいてGKが匿名組合出資を募ること（匿名組合出資持分の取得勧誘行為）は、自己募集（私募）であり、第二種金融商品取引業に該当する（第2編 第2章 Ⅴ 4 【3】（⇒119頁））。SPCであるGKが第二種金融商品取引業の登録を得ることは非現実的なため、①第二種金融商品取引業者に該当する募集・私募を全面的に委託する方法や、②私募に関する適格機関投資家等特例業務を利用する方法がとられるのが通例である。しかし、そのような方法をとったとしてもアセットマネジャーが実際上GKの取得勧誘行為を手

第8章　不動産アセットマネジメント契約

助けしている場合には、私募の取扱いを行っていることになってしまい、無登録営業の法的リスクがある。上記【1】で述べた内容と同じ問題である。

【5】海外での取得勧誘

　金商法の適用を回避するために「取得勧誘は海外でなされた。」という立場をとることがある。例えば、TKGKストラクチャーにおいて、匿名組合員が外国法人で、アセットマネジャーの親会社が海外に存在する場合、当該親会社が海外で匿名組合出資持分の取得勧誘行為を行うことは（海外の所在国の法令への抵触の有無は別として）いわゆる「外―外」取引類型として金商法の適用を受けない行為に該当し得る[112]。「外―外」取引は、属地主義の下で、金商法が原則として適用されないということ自体は正しいが、実際に海外で当該取得勧誘がなされた実態及び証拠があるのか、そして日本所在のアセットマネジャーが取得勧誘に関与していないといえるのかが問われる可能性があることに注意する必要がある。

> **コラム　アセットマネジャーが必要なライセンスを有しない場合への対処**
>
> 　実務では、予定されている投資案件に深く関与しているアセットマネジャーが必要なライセンスを保有していないケースや、保有していても十分なリソース（人員）がいないケースがあり、必要なライセンスを保有する業者に頼る必要がある場合が生じる。具体例を挙げると、当該投資案件では、投信運用業の登録を有する者が必要なのに案件に深く関与しているアセットマネジャーは投資助言・代理業の登録のみを有するにとどまる、というケースである。実務上このような場合の対処方法としては、まず、ライセンス保有者がアセットマネジメント契約を締結し、ライセンスを有しないアセットマネジャーがライセンス保有者に対して可能なサービスを提供する契約を締結する方法がある。例えば、ライセンス保有者が投資一任契約をSPCと締結し、

---

[112]　「外―外」取引類型の解説は、松尾直彦『金融商品取引法』（商事法務、第7版、2023年）105頁以下にある。

投資運用業の登録を有しないアセットマネジャーは自己の保有するライセンスの範囲内でライセンス保有者と投資助言やその他のサービスを提供する契約を締結する方法である。これは、アセットマネジャーがいわば下請け人となる形態ということができる。他方、別の方法としては、ライセンス保有者とライセンスを有しないアセットマネジャーが一緒にSPCとのアセットマネジメント契約を締結するが、契約上受任範囲を区分し、ライセンスが必要な業務はライセンス保有者が行い、ライセンスを要しない業務をアセットマネジャーが行うという方法もある。最初に述べた方法が「下請け方式」とすれば、これは「共同受任方式」ということができる。上記Ⅴ「アセットマネジャーにより提供されるサービス」（⇒585頁）で述べたようにアセットマネジメント業務の範囲は広く、例えば「投資運用業務」は（極めて重要であるものの）その一部にすぎない。「共同受任方式」を採用し、投資運用業務はライセンス保有者が受任して、その余はライセンスを有しないアセットマネジャーが受任すれば、必要なサービスのすべてをSPCに合法的に提供できる。ライセンスを有しないとはいえアセットマネジャーが当該投資案件の発掘や実行に深く関与しているケースでは、貢献度を考慮して、契約上当該アセットマネジャーが成功報酬を独占することも正当化され得る。また、「下請け方式」を採用した場合の「本当はうちの方がメインプレーヤーなんだけどな」というアセットマネジャーが感じるかもしれない感情や、もしかしたら生じるかもしれないビジネス上の体裁の悪さを回避することもできる。これらの点にメリットを感じる場合には「共同受任方式」を利用することになろう。

VII アセットマネジャーに要求される顧客に対する注意義務と責任

1 はじめに

アセットマネジメント契約は一種のサービス契約であるから、アセットマネジャーは一定の注意義務（又は業務水準）をもってサービスを提供しなければならない。それを怠ると、アセットマネジャーは債務不履行責任を負担することになり得る。投資家による投資金額が高額になるためアセットマネジャーが負担する可能性のある責任額も高額となり得る。この点に関し、アセットマネジメント契約を作成、リビューする際の注意点を以下に述べる。

2 法令及び契約上アセットマネジャーに要求される顧客に対する注意義務等

【1】SPCの資産が信託受益権の場合：金商法上の顧客に対する義務

アセットマネジャーが金融商品取引業の登録をしている場合、法令上顧客に対して負担する義務があり、金商法における金融商品取引業者等の行為規制の基礎となる概念として「受託者責任（fiduciary duty）」がある。金商法では、投資助言業務及び投資運用業務に関し、受託者責任に係る中心的義務として、以下の義務が定められている[113]。これらは法令上の義務なのだが、実務上アセットマネジメント契約にも同じ内容が確認的に規定されることも多い。

	対象となる金融商品取引業者	金商法上の受託者責任に関する中心的義務
①	すべての金融商品取引業者	誠実公正義務（金商法36条1項は削除され、金融サービス提供法2条1項に規定）[114]

---

113) 松尾・前掲112）456頁。

②	投資助言業務及び投資運用業	善管注意義務及び忠実義務（金商法41条、42条）
③	投資運用業	自己執行義務（同法42条の3）

【2】SPCの資産が現物不動産の場合：宅建業法・不特法上の顧客に対する義務

アセットマネジャーが宅建業者又は不動産特定共同事業者である場合、宅建業法（同法31条）及び不特法（同法14条）により、「取引の関係者に対し、信義を旨とし、誠実にその業務を行なわなければならない。」と定められている。

【3】アセットマネジメント契約上の顧客に対する義務

アセットマネジメント契約では「善良な管理者の注意をもってアセットマネジメント業務を遂行しなければならない。」と簡単に規定される場合も多いが、海外の不動産ファンド等の投資家が関係する場合には、より詳細な契約上の規定が設けられることが通例である。一例を示すと以下のとおりである。

なお、下記⑤は、法令によりアセットマネジャーに課される義務を契約上の義務に取り込むものであるが、そのメリットは、アセットマネジャーが法令違反を行った場合に債務不履行として、契約解除及び損害賠償などの契約上付与された法的救済手段をSPCに与えることができることである。

アセットマネジメント契約に規定される顧客に対する義務

①	善管注意義務及び忠実義務を遵守すること。
②	業務遂行の水準は、「不動産の投資ポートフォリオに熟練した組織的なアセットマネジャーが同等の状況で行使する注意、技能、思慮深さ及び勤勉さ」とする。

---

114) 令和5年金商法改正では削除され、他方、令和5年「金融サービスの提供に関する法律」の改正で、金融商品取引業者も対象に含まれる形で、誠実公正義務が規定されている。この改正は令和5年11月20日に成立し、令和6年4月1日に施行された。なお、「金融サービスの提供に関する法律」は、「金融サービスの提供及び利用環境の整備等に関する法律」と改称された。

③	アセットマネジメント業務を遂行するために合理的に必要な技能、専門知識、設備及び人員を具備すること。
④	不動産投資及びアセットマネジメント業務に経験を有する十分に有能な人員が、アセットマネジメント契約上の義務を履行し、委託者の許可を得て第三者に業務を委託する場合には、当該第三者の監督及び管理を遂行すること。
⑤	アセットマネジャーに法令上課される義務を履行又は遵守すること。

3 アセットマネジャーの責任

【1】責任発生の根拠条項

　アセットマネジメント契約には、債務不履行の規定が用意されるにとどまる場合もあるが、それよりもアセットマネジャーの責任が拡大され得る補償（indemnity）の規定が設けられることが多い。補償責任の性質、債務不履行責任と補償責任の相違等は売買契約に関する 第3編 第3章 Ⅶ （⇒434頁）を参照されたい。債務不履行責任は契約上特に明文の規定がなくとも発生するが、補償責任は「損害担保契約」としての性質を有するといわれ、契約に補償責任を発生させる条項を設ける必要がある。最も基本的な事項として、以下の点に留意する必要がある[115]。

補償条項でカバーすべき基本的なポイント

①	アセットマネジャーに補償責任を発生させる事由	アセットマネジャーに補償責任を発生させる事由としては、「アセットマネジャーの過失（又は重過失）、詐欺、アセットマネジメント契約における義務の（重大な）不履行」などと規定される。「重過失」や「重大な不履行」に限定するか否かは交渉によって決定される。単純な債務不履行よりも重い責任になり得るので、その分ハードルを上げて「重過失」や「重大な債務不履行」とすることを要求するアセットマネジャーもあり、投資家がそのような要請を受け入れるケースも多い。

②	アセットマネジャーが補償責任を負担する相手方	アセットマネジャーが補償責任を負担する相手方は、補償条項をどのように作成するのかに左右される。アセットマネジメント契約の相手方であるSPCのみに対して補償責任を負担する例もあるが、それより相手方の範囲を拡大し、SPCの役員、代理人まで補償責任を負う相手方に含める例もある。
③	補償の対象となる費用等	補償の対象は、補償事由によって補償対象者が負担するすべての費用、責任、損失、損害（合理的な弁護士費用を含む）とされることが通例である。

【2】アセットマネジャーの責任を限定する規定

　アセットマネジメント契約には、アセットマネジャーの責任を軽減する規定がいくつか盛り込まれることが多い。アセットマネジャーとしては過大なリスクを引き受けるわけにいかないので、交渉によりそれらの規定を盛り込むことを要求するのである。例として、下記の規定が参考になる。

アセットマネジャーの責任を軽減するための規定

①	専門家のアドバイスへの依拠	アセットマネジャーはアセットマネジメント業務のすべてについて自ら判断をするわけではない。税務、会計、法律、不動産鑑定等のそれぞれの分野の専門家に意見を聴取しながら遂行すべき業務もあり、アセットマネジャーとしては、その際の専門家の意見に従うことによって生じた損失等の責任を負担させられてはかなわない。そこで、そのような場合にはアセットマネジャーは免責されることを明記する。このような規定がなくとも、専門家の意見に従った場合には帰責事由があるとは認定されないかもしれないが、明記することで過失をめぐる紛争を回避することができる。
②	不可抗力	アセットマネジメント業務の不履行がアセットマネジャーによってコントロールできない事由によって生じた場合にはアセットマネジャーには責任を負担しないと規定する。そのような事由には、テロ、天災、通信障害、行政当局の規制、裁量等が含まれる。

---

115) これらは最も基本的なポイントであるが、補償条項は、補償責任の追及についての手続きなど、より詳細に規定される場合もある。

③	利益相反	アセットマネジャーの属性（上記Ⅱ（⇒582頁）参照）で述べたが、アセットマネジャーが投資家とは特に資本関係のない純然たる第三者である場合、当該アセットマネジャーは別の投資家らの依頼も受けて事業を行っている。アセットマネジャーは、その他の投資家のための活動を「利益相反」（忠実義務違反）として、アセットマネジメント契約違反と弾劾されてはかなわない。そこで、そのようなアセットマネジャーの他の顧客に対するサービスの提供を許容することを明記する規定が置かれることがある。
④	責任を認定する手続き	アセットマネジャーの法的責任を認定するためには、例えば、それが管轄権のある裁判所の確定判決により認められる必要があるなどの一定の手続きを経る必要がある旨が規定されることがある。
⑤	SPC側の補償責任	アセットマネジャーの責任を限定するという文脈からははずれるが、SPC側の関係者（SPC及びその関係者、それらの役員、従業員、代理人など）に補償責任を課し、それらの者の行為に起因する事由によりアセットマネジャーに生じた損失等を補償することを義務づける規定が置かれることがある。アセットマネジャーに補償責任を課すのであれば、相互主義の観点から、同種の責任をSPC側も負担すべきであるという考えに基づく。アセットマネジメント業務の範囲は広いので、アセットマネジャーは自己の救済手段を確保しておこうという考えである。

Ⅷ アセットマネジャーの報酬

１ はじめに

　アセットマネジャーの報酬の具体的内容は、アセットマネジャーの属性、アセットマネジャーが投資案件に果たした役割、投資ストラクチャー、案件の性質などを考慮して決定される。アセットマネジメント業務が広範囲に及び得ることに対応してアセットマネジャーの報酬はいくつかの種類に分けて合意されることが通例である。SPCひいては投資家が得られる利益はアセットマネジャーの働きに依存するところもあるので、アセットマネジャーに一定のインセンティブを付与することも必要となる。

2 アセットマネジャーの報酬の種類（例）

以下は、アセットマネジャーの報酬の種類の例及びその内容の概説である。

報酬の種類		内容
①	物件取得報酬	アセットマネジャーがSPCによる物件（不動産や信託受益権）の取得に尽力したことに対する報酬である。アセットマネジャーが投資機会を発掘し投資家に紹介した場合には、実務上、宅建業法に定める宅建業者の報酬を考慮して、報酬が合意される。取得価格に対する割合（％）で合意されるのが通例である。大型案件の場合、宅建業者の法定の仲介手数料上限の報酬よりかなり低いパーセンテージとなる。アセットマネジャーが投資機会を発掘したのでなければ報酬は抑えられる。
②	アセットマネジメント報酬	SPCによる物件保有期間中におけるアセットマネジメント業務一般に対する報酬である。NOI（Net Operating Income）に対する割合で合意され、四半期ごとに支払われることが多い。
③	リーシング報酬	物件の賃貸借契約は収入の源泉であり、新規のテナント獲得や賃貸借契約の更新を契機として、該当する賃貸借契約の価値に応じて一定の割合が支払われる。
④	インセンティブ報酬（成功報酬）	IRR（内部収益率）を基準に、収益が一定のIRRを超えた場合に、一定比率の分配金がアセットマネジャーに支払われることを内容とする報酬である。物件売却により大きなキャピタルゲインが得られたような場合、アセットマネジャーに一定の成功報酬が支払われることになる。
⑤	物件処分報酬	アセットマネジャーがSPCによる物件の売却（投資の出口である）に尽力することに対する報酬である。

| ⑥ | 開発管理報酬 | 基本的には新たに建物を建築して不動産開発をする場合のアセットマネジャーの業務への報酬である。ただし、SPCが既存の建物を取得した場合でも、建物の一部にリノベーションのために一定の資本的支出を行う場合があり、そのような場合における、アセットマネジャーの尽力に対する報酬の場合もある。このような場合、例えば、建築費用の一定割合をアセットマネジャーの報酬とする合意がなされる。 |

XIV レンダーとの関係

1 はじめに

　アセットマネジメント契約の当事者であるSPCは、レンダーからノンリコースファイナンスを受けることが通例である。投資家による不動産投資は借入れによるレバレッジを利用してリターンを最大化することが予定されるからである。

　上記で述べてきたアセットマネジメント契約の主要なポイントは、レンダーとの関係で一定の修正・変容を受けることになる。実務では、レンダーによるノンリコースファイナンスが提供される際に、「プロジェクト契約」という名称の契約が、レンダー、借入人としてのSPC、アセットマネジャー、信託受託者等を当事者として締結され、そこでは物件からの収益が低下した場合や価値が減少した場合に備えて、レンダーの利益確保の観点から様々な制約がアセットマネジャーを含むレンダー以外の当事者に課される[116]。アセットマネジャーとしては、それらの制約が存在することを承知し、それを前提として、アセットマネジメント契約を締結し、アセットマネジメント業務を遂行することになる。この意味では、プロジェクト契約の内容を加味することではじめてアセットマネジメント契約の全貌を理解できる。

---

116) プロジェクト契約の一般的な解説としては、植松貴史『不動産ファイナンスの法務と契約実務』（中央経済社、2022年）307頁以下参照。

プロジェクト契約によってアセットマネジャーに課され得る制約の項目は、大要、以下のとおりである。次項以下において、プロジェクト契約に含まれる条項例を示しつつ、それぞれを概説する。

プロジェクト契約によりアセットマネジャーに課され得る制約（例）

①	アセットマネジャーがSPCに対して有する債権（AM債権）の劣後
②	AM債権の責任財産はリリース口座内の資金に限定[117]
③	配当停止事由[118]が生じ解消しない場合のリリース口座への振替停止
④	アセットマネジャーのSPCに対する債務とAM債権に関するSPCの債務との相殺禁止
⑤	レンダーによるアセットマネジメント契約の解除（AM kick-out）及び新アセットマネジャーの起用
⑥	アセットマネジメント業務の再委託の禁止
⑦	アセットマネジャーによるレンダーの損失の補償

2 アセットマネジャーがSPCに対して有する債権（AM債権）の劣後

プロジェクト契約により、AM債権は、レンダーのSPCに対する債権（ローン債権、特定社債の債権を含むすべての債権）に劣後することが規定される。簡単にいうと、レンダーへの支払が優先し、アセットマネジャーへの支払は後回しにされるのである。レンダーにとって、アセットマネジャーは借入人側の

---

[117] リリース口座とは、物件からの収入からレンダーへの返済、必要な経費の支払及び一定の準備金（リザーブ）を控除した残余を、借入人が受領するための口座である。このような資金の流れは、レンダーと借入人の合意によって取り決められる。リリース口座に入金された資金は基本的に借入人が自由に使用することができる資金であり、リリース口座の資金からアセットマネジャーへの報酬などが支払われる。

[118] 配当停止事由とは、リリース口座への資金の振替を行うことを停止する事由である。物件の価値が低下した場合や物件からの収益が減少したような場合等においては、将来レンダーへの返済が滞る可能性があり、レンダーの利益を確保するために設定される。条項例については、下記 4（⇒611頁）を参照されたい。

存在であるため、レンダーの債権が優先することは、特に例外を設けない限り、当然と理解されている。以下にアセットマネジャーの有する債権を劣後させる規定の例を紹介する。

劣後特約（条項例）

①	本件AM関連債務（注：借入人のアセットマネジャーに対する債務の総称）に係る債権は、履行期限が到来した本件借入債務（注：借入人のレンダーに対する債務の総称）が完済されていること（借入人に配当停止事由（注：下記**4**で解説する）が生じ、解消していない場合には、履行期限の到来のいかんを問わず、本件借入債務が完済されていること）を停止条件として、その効力を生じ、その支払がなされるものとする。ただし、本件貸付契約（注：レンダーと借入人の金銭消費貸借契約）に定める資金管理ルールに従ってリリース口座（注：前掲脚注119）参照）に振り替えられた資金をもって支払を行う場合には、上記条件が成就されたものとみなす。
②	①にかかわらず、本件AM関連債務に係る債権は、借入人について、本件借入債務が完済されるまでの間に破産手続き、民事再生手続きその他の倒産手続きが開始された場合には、当該破産手続きにおけるその配当順位が、破産法第99条第1項に規定する劣後的破産債権に後れるものとし、当該条項が準用される倒産手続き（民事再生法の再生手続きを含む）においても同様とする。また、借入人について、本件借入債務が完済されるまでの間に解散における清算手続きその他の倒産手続きが開始された場合、本件AM関連債務に係る債権は、当該手続きにおいて本件借入債務がその債権額につき全額の弁済を受けたことを停止条件として効力を生じ、その支払がなされるものとする。
③	借入人につき倒産手続きが開始された場合、借入人及びアセットマネジャーは、配当表及び再生計画等に本契約の趣旨が反映されるよう議決権その他の権利を行使する等、一切の合理的に可能な手段を履践する。また、借入人及びアセットマネジャーは、適用法令の許容する範囲内で、本契約の規定に反しない内容による配当表及び再生計画案等が作成されるよう努力し、これらを自ら作成する場合には、適用法令の許容する範囲内で、本契約の規定に反しない内容のものを作成する。
④	③の場合において、作成された配当表又は立案された再生計画案その他の倒産手続きにおける計画案が、アセットマネジャーにとって不利益であったとしても、かかる配当表、再生計画案その他の倒産手続きにおける計画案が適用法令又は本契約の規定の趣旨に反しない限り、アセットマネジャーはかかる配当表、再生計画案、その他の倒産手続きにおける計画案により不利益を受けることにつき同意するものとする。

3 AM債権の責任財産はリリース口座内の資金に限定

　レンダーに対する債務が存在する期間は、アセットマネジャーがSPC（借入人）に対する債権の弁済として受領できる資金の出所はリリース口座内の資金に限られる。下記のような規定がプロジェクト契約に設けられることが通例である。

責任財産の限定（条項例）

> 借入人がアセットマネジャーに対して負担する一切の債務は、本件借入債務が全額返済されるまでの間、借入人のリリース口座中の金銭及びリリース口座に係る預金払戻請求権（利息を含む。）のみを責任財産とする。責任財産及び借入人の保有するその他の財産のすべてが処分され、借入人の負担する債務の支払に充当された後に弁済されないアセットマネジャーの借入人に対する債権が存在する場合には、アセットマネジャーはかかる債権を放棄したものとみなされる。

4 配当停止事由が生じ、解消しない場合のリリース口座への振替停止

　配当停止事由というのは、要するに、物件から生じた金銭収入から、必要な経費、レンダーへの支払、準備金などに充当した後に、リリース口座への振替を行うことを停止する事由を意味する。つまり、借入人やアセットマネジャーへの支払に回す資金が枯渇する事由である。アセットマネジャーとしては、報酬の支払原資がなくなることを意味する。

　しかし、物件からの収益が低下したからといって配当停止事由としてアセットマネジャーの報酬を停止してしまうことがレンダーの利益に資するとは限らない。配当停止がなされている期間、アセットマネジャーは実質的にはレンダーのために働いているにもかかわらず、無報酬ということになる。このような「タダ働き」をサービスの質の低下を招かずに無期限に継続することは難しく、結局はサービスの質が低下し、レンダーの利益を損なうリスクもあるからである。このような事態に対応するには、①配当停止事由が生じた場合でも、アセットマネジャーにも一定の報酬が支払われることにすること、②報酬が一定期間支払われない場合、アセットマネジャーが辞任できることにするなどの

方法がある。リーマンショック後には配当停止の弊害が意識され、この点が議論されたが、昨今は不動産マーケットにリーマンショック時のような混乱は生じておらず、このような議論はあまり見受けられない。

配当停止事由（条項例）

> 「配当停止事由」とは、以下のいずれかの事由が発生したことを総称して、又は文脈によっては個別に指している。なお、配当停止事由の「解消」とは、各事由につきそれぞれ対応する括弧書内に記載の事由が生じた場合をいう。
> （1） テール期間が開始した場合（解消：該当事由なし）
> （2） 本件期限の利益喪失事由及び本件潜在的期限の利益喪失事由が発生している場合（解消：本件潜在的期限の利益喪失事由が発生した場合についてのみ、当該本件潜在的期限の利益喪失事由が本件期限の利益喪失事由となるまでに本件潜在的期限の利益喪失事由が解消した場合）
> （3） 本件貸付債権について完済されないまま本件貸付元本全額の返済期日又は本件特定社債の元金全額の償還期日を経過した場合（解消：該当事由なし）
> （4） DSCR基準日におけるDSCRがDSCR基準値①を下回った場合（解消：その後のDSCR基準日におけるDSCRがDSCR基準値①以上となった場合で、かつ貸付人の書面による確認を得た場合）
> （5） LTV基準日におけるLTVがLTV基準値以上となった場合（解消：（イ）その後のLTVモニタリング日におけるLTV（再テスト時）若しくは（ロ）その後のLTV基準日におけるLTVがLTV基準値を下回った場合で、かつ貸付人の書面による確認を得た場合）
> （6） 資金管理ルールに従った資金移動ができない場合（解消：その後行われなかった資金移動が資金管理ルールに従ってすべて完了した場合）
> （7） 借入人が本件貸付契約その他本件関連契約に基づく本件借入債務の支払義務の履行を遅滞した場合（解消：該当事由なし）

5 アセットマネジャーによるAM債権に関するSPCの債務との相殺禁止

　アセットマネジャーが相殺権を行使することでアセットマネジメント報酬を実質的に回収することを防止する規定である。

相殺禁止の規定（条項例）

> 本件借入債務が完済されるまでは、アセットマネジャーは、本件AM関連債務に係る債権をもって、借入人がアセットマネジャーに対して有する債権と相殺することはできず、借入人は、貸付人の事前の書面による承諾なくして、本件AM関連債務に係る債権を受働債権として、借入人がアセットマネジャーに対して有する債権と相殺してはならない。

6 レンダーによるアセットマネジメント契約の解除（AM kick-out）及び新アセットマネジャーの起用

　レンダー主導で物件を売却する事由（強制売却開始事由）が生じた場合や、アセットマネジャーにレンダーの利益を害する可能性のある事由が生じた場合、レンダーはアセットマネジャーを排除して、新たなアセットマネジャーを起用することができるのが通例である。その場合、アセットマネジャーには、後任のアセットマネジャーへの引継ぎ等の協力をする義務が課される。

アセットマネジャー追放事由（条項例）

> 以下のいずれかの事由が発生した場合、貸付人は、本件アセットマネジメント契約の条項にかかわらず、アセットマネジャー、借入人及び信託受託者に通知をすることにより、本件アセットマネジメント契約を解除し、貸付人が指定し、信託受託者が事前に承諾した者（ただし、信託受託者は合理的な理由なくしてその承諾を遅延、留保し又は拒絶しないものとする。）を新たなアセットマネジャー（以下「後任アセットマネジャー」という。）として選任の上、借入人をして、貸付人が合理的に満足する内容の新たなアセットマネジメント契約を締結させ、又は本件プロジェクト契約に基づく当該アセットマネジャーの地位並びに権利（既発生の未収債権を除く。）及び義務（既発生の未払債務を除く。）を承継させることができる。上記にかかわらず、本項に基づき本件アセットマネジメント契約を解除する場合、貸付人は、本件アセットマネジメント契約の一部の解除はできないものとする。
> （1）　強制売却開始事由のいずれかが発生した場合
> （2）　アセットマネジャーが本件関連契約上の重要な義務に違反し、かかる違反が10営業日以内に治癒されない場合（当該期間内に治癒される可能性がないと貸付人が合理的に判断する場合、治癒期間を設けない。）
> （3）　本件アセットマネジメント契約上のアセットマネジャーに係る解除事由が発生した場合

> （4） アセットマネジャーについて、債務超過、支払停止若しくは支払不能の状態に陥った場合、又は手形交換所から不渡り処分を受けた場合、又は破産、解散、民事再生、会社更生、特別清算その他アセットマネジャーに適用がある倒産手続きの申立てがあった場合
> （5） アセットマネジャーが本件アセットマネジメント契約に定めるその業務を遂行するために必要となる許認可又は登録につき取消しその他の理由によりその効力が失われた場合

7 アセットマネジメント業務の再委託の禁止

アセットマネジメント契約において、アセットマネジャーがアセットマネジメント業務を第三者に再委託するには、契約相手方のSPCの事前の書面による承諾を要するのが通例である。プロジェクト契約では、そのような場合には、レンダーの承諾も必要とすることが規定される。

8 アセットマネジャーによるレンダーの損失の補償

アセットマネジメント契約においてアセットマネジャーは補償責任を契約の相手方であるSPCに負担することについては前記のとおりである（Ⅶ 3 （⇒604頁））。プロジェクト契約において、アセットマネジャーはレンダーに対して一定の補償責任を負担することを求められる。注意の程度は「故意又は重過失」（つまり単なる過失は責任を生じさせない）とされるのが通例ではあるが、レンダーに生じ得る損害を広く補償することが求められる。アセットマネジャーはアセットマネジメント業務の遂行において（当然ではあるが）気を抜けないことになる。

補償（条項例）

> アセットマネジャーは、法令等の範囲内で、以下の各号に定める事実を原因として貸付人が被ったすべての相当因果関係の範囲内の損失、損害及び費用（合理的な弁護士費用を含み、以下総称して「損害等」という。）を賠償し補償する。なお、本項に基づくアセットマネジャーの責任は、借入人が貸付人に対して負担する義務が本件関連契約に定める責任財産限定特約により消滅した場合でも、減免されるものではない。

（1）アセットマネジャーの故意又は重過失に起因する借入人による誓約事項の違反及び本件関連契約における義務の違反
（2）アセットマネジャーが、借入人が保有する金銭を着服し、若しくは横領した場合又は第三者が着服若しくは横領するのを知りながら黙認した場合
（3）アセットマネジャーの故意又は重過失に起因して、借入人が、（ⅰ）本件貸付契約若しくは本件プロジェクト契約の明示的な規定に反して資産の処分若しくは資金の引出しを行った場合、（ⅱ）借入人に帰属すべき金銭を、本件関連契約において予定される目的以外の目的に流用した場合、（ⅲ）本件関連契約に基づく自らの権利の行使を怠った場合で、その結果借入人の財産の価値を低下させ、若しくは借入人の財産に損害等を与えた場合、（ⅳ）貸付人に損害等が生じる可能性のあることを認識しながら本件関連契約の規定に違反して本件関連契約において企図される取引以外の取引若しくは債務負担行為を行った場合、（ⅴ）貸付人に損害等が生じる可能性のあることを認識しながら本件関連契約の規定に違反して貸付人の事前の書面による承諾なくして本件関連契約を変更若しくは終了させた場合（ただし、当該本件関連契約に従った期間満了による終了の場合を除く。）、又は（ⅵ）上記（ⅰ）から（ⅴ）までに定めるほか、貸付人に損害等が生じる可能性があることを認識しながら、本件関連契約の規定に反する行為であって、貸付人の本件関連契約に基づく権利に悪影響を及ぼす行為を行った場合（ただし、借入人の資金不足に起因する支払債務の不履行は含まない。）

第3編

第9章　結びに代えて

　ここまで、本編（第3編）において、不動産取引の主要契約として、不動産売買契約（第2章・第3章）、建物賃貸借契約（第4章）、定期建物賃貸借契約（第5章）、建設工事請負契約（第6章）、匿名組合契約（第7章）、不動産アセットマネジメント契約（第8章）を概説してきた。

　本来であれば、デットファイナンス関係の契約（ローン契約、社債契約及び担保契約）、不動産管理処分信託契約及びプロパティマネジメント契約も対象としたいところであるが、紙幅の関係もあり、それらは別の機会に譲ることにしたい。

　投資ストラクチャーを使用した不動産投資には数多くの契約や書類が必要となる。細かい書類を含めると優に100件を超えることが多い。それらは相互に関連しており、全体像（ストラクチャー、法規制等）を把握しながら個別の契約書や書面を検討しないと、思わぬ間違いを犯してしまうことに注意する必要がある。比喩的に言えば、投資ストラクチャーは、精巧な仕掛けで動く機械のようなものであり、個別の契約はその部品である。しかも、部品自体も極めて精巧に作りこまれる。自戒を込めて述べると、不動産取引にかかわる者は、機械の全体及び個々の部品、いずれについても対応できるプロフェッショナルとして、努力を重ねなければならない。

巻末資料

巻末資料1　機関投資家の範囲

	適格機関投資家（定義府令10条）	機関投資家（租税特別措置法施行規則22条の18の4第1項）
1	金融商品取引業者（第一種金融商品取引業（有価証券関連業に該当するものに限り、法第二十九条の四の二十項に規定する第一種少額電子募集取扱業務のみを行うものを除く。）又は投資運用業を行う者に限る。）	○（機関投資家に該当する。但し、金融庁長官が指定する者を除く。以下の○印について同じ。）
2	投資法人	○
3	投資信託及び投資法人に関する法律第二条第二十五項に規定する外国投資法人	○
4	銀行	○
5	保険会社	○
6	保険業法（平成七年法律第百五号）第二条第七項に規定する外国保険会社等	○
7	信用金庫及び信用金庫連合会並びに労働金庫及び労働金庫連合会	○
8	農林中央金庫及び株式会社商工組合中央金庫	○
9	信用協同組合のうち金融庁長官に届出を行った者及び信用協同組合連合会並びに業として預金若しくは貯金の受入れ又は共済に関する施設の事業をすることができる農業協同組合連合会及び共済水産業協同組合連合会	○
10	株式会社地域経済活性化支援機構（株式会社地域経済活性化支援機構法（平成二十一年法律第六十三号）第二十二条第一項第一号、第二号イ及びハ、第三号、第七号並びに第八号に掲げる業務を行う場合に限る。）	×（機関投資家に該当しない。以下の×印について同じ。）
10-2	株式会社東日本大震災事業者再生支援機構（株式会社東日本大震災事業者再生支援機構法（平成二十三年法律第百十三号）第十六条第一項第一号並びに第二号イ及びハに掲げる業務を行う場合に限る。）	×

11	財政融資資金の管理及び運用をし、並びに財政投融資計画の執行（財政融資資金の管理及び運用に該当するものを除く。）をする者	○
12	年金積立金管理運用独立行政法人	○
13	株式会社国際協力銀行及び沖縄振興開発金融公庫	○
14	株式会社日本政策投資銀行	○
15	業として預金又は貯金の受入れをすることができる農業協同組合及び漁業協同組合連合会	△　但し、金融庁長官が指定する者に限る。
16	令第一条の九第五号に掲げる者（法第三十三条の二の規定により登録を受けたものに限る。）	○
17	銀行法施行規則（昭和五十七年大蔵省令第十号）第十七条の三第二項第十二号に掲げる業務を行う株式会社のうち、当該業務を行う旨が定款において定められ、かつ、この号の届出の時における資本金の額が五億円以上であるものとして金融庁長官に届出を行った者	○
18	投資事業有限責任組合契約に関する法律第二条第二項に規定する投資事業有限責任組合	○
19	存続厚生年金基金（公的年金制度の健全性及び信頼性の確保のための厚生年金保険法等の一部を改正する法律（平成二十五年法律第六十三号）附則第三条第十一号に規定する存続厚生年金基金をいう。第二十三号及び第三項第二号ホにおいて同じ。）であって、同法附則第五条第一項の規定によりなおその効力を有するものとされる同法第一条の規定による改正前の厚生年金保険法（昭和二十九年法律第百十五号。第三項第二号ホにおいて「旧厚生年金保険法」という。）第百七十六条第二項の規定による届出がされているもののうち最近事業年度に係る年金経理に係る貸借対照表（公的年金制度の健全性及び信頼性の確保のための厚生年金保険法等の一部を改正する法律の施行に伴う経過措置に関する政令（平	○

巻末資料　621

	成二十六年政令第七十四号。第三項第二号ニにおいて「平成二十六年経過措置政令」という。）第三条第二項の規定によりなおその効力を有するものとされる公的年金制度の健全性及び信頼性の確保のための厚生年金保険法等の一部を改正する法律の施行に伴う関係政令の整備等に関する政令（平成二十六年政令第七十三号）第一条の規定による廃止前の厚生年金基金令（昭和四十一年政令第三百二十四号。第三項第二号ニにおいて「廃止前厚生年金基金令」という。）第三十九条第一項の規定により提出されたものに限る。）における流動資産の金額及び固定資産の金額の合計額から流動負債の金額、支払備金の金額及び過剰積立金残高の金額の合計額を控除した額が百億円以上であるものとして金融庁長官に届出を行った者、企業年金基金のうち最近事業年度に係る年金経理に係る貸借対照表（確定給付企業年金法施行規則（平成十四年厚生労働省令第二十二号）第百十七条第三項第一号の規定により提出されたものに限る。）における流動資産の金額及び固定資産の金額の合計額から流動負債の金額及び支払備金の金額の合計額を控除した額が百億円以上であるものとして金融庁長官に届出を行った者並びに企業年金連合会	
20	都市再生特別措置法（平成十四年法律第二十二号）第二十九条第一項第一号に掲げる業務を行うものとして同項の承認を受けた者（同号に掲げる業務を行う場合に限る。）及び同法第七十一条第一項第一号に掲げる業務を行うものとして同項の承認を受けた者（同号に掲げる業務を行う場合に限る。）	○
21	信託業法（平成十六年法律第百五十四号）第二条第二項に規定する信託会社（同条第四項に規定する管理型信託会社を除く。第十六条第一項第一号の二イ（3）、第四号の二ハ及び第七号において同じ。）のうち金融庁長官に届出を行った者	○

22	信託業法第二条第六項に規定する外国信託会社（同条第七項に規定する管理型外国信託会社を除く。第十六条第一項第一号のニイ（3）、第四号のニハ及び第七号において同じ。）のうち金融庁長官に届出を行った者	○
23	次に掲げる要件のいずれかに該当するものとして金融庁長官に届出を行った法人（存続厚生年金基金を除き、ロに該当するものとして届出を行った法人にあっては、業務執行組合員等（組合契約を締結して組合の業務の執行を委任された組合員、匿名組合契約を締結した営業者若しくは有限責任事業組合契約を締結して組合の重要な業務の執行の決定に関与し、かつ、当該業務を自ら執行する組合員又は外国の法令に基づくこれらに類する者をいう。ロ及び第二十四号において同じ。）として取引を行う場合に限る。） 　イ　当該届出を行おうとする日の直近の日（以下この条において「直近日」という。）における当該法人が保有する有価証券の残高が十億円以上であること。 　ロ　当該法人が業務執行組合員等であって、次に掲げる要件の全てに該当すること（イに該当する場合を除く。）。 （1）　直近日における当該組合契約、匿名組合契約若しくは有限責任事業組合契約又は外国の法令に基づくこれらに類する契約に係る出資対象事業により業務執行組合員等として当該法人が保有する有価証券の残高が十億円以上であること。 （2）　当該法人が当該届出を行うことについて、当該組合契約に係る組合の他の全ての組合員、当該匿名組合契約に係る出資対象事業に基づく権利を有する他の全ての匿名組合契約に係る匿名組合員若しくは当該有限責任事業組合契約に係る組合の他の全ての組合員又は外国の法令に基づくこれらに類する契約に係る全ての組合員その他の者の同意を得ていること。	△ 定義内閣府令第十条第一項第二十三号に掲げる者（同号イに掲げる要件に該当する者に限る。）のうち次に掲げる者 　イ　有価証券報告書（金融商品取引法第二十四条第一項に規定する有価証券報告書をいう。以下この号において同じ。）を提出している者で、定義内閣府令第十条第一項第二十三号の届出を行った日以前の直近に提出した有価証券報告書に記載された当該有価証券報告書に係る事業年度及び当該事業年度の前事業年度の貸借対照表（企業内容等の開示に関する内閣府令第一条第二十号の四に規定する外国会社（以下この号において「外国会社」という。）である場合には、財務諸表等の用語、様式及び作成方法に関する規則（以下この号において「財務諸表等規則」という。）第一条第一項に規定する財務書類）における財務諸表等規則第十七条第一項第六号

に掲げる有価証券（外国会社である場合には、同号に掲げる有価証券に相当するもの）の金額及び財務諸表等規則第三十二条第一項第一号に掲げる投資有価証券（外国会社である場合には、同号に掲げる投資有価証券に相当するもの）の金額の合計額が百億円以上であるもの

ロ　海外年金基金（企業年金基金又は企業年金連合会に類するもので次に掲げる要件の全てを満たすものをいう。）によりその発行済株式の全部を保有されている内国法人（資産の流動化に関する法律第二条第三項に規定する特定目的会社及び投資信託及び投資法人に関する法律第二条第十二項に規定する投資法人を除く。ハにおいて同じ。）

（1）　外国の法令に基づいて組織されていること。

（2）　外国において主として退職年金、退職手当その他これらに類する報酬を管理し、又は給付することを目的として運営されること。

ハ　定義内閣府令第十条第一項第二十六号に掲げる者によりその発

		行済株式の全部を保有されている内国法人
24	次に掲げる要件のいずれかに該当するものとして金融庁長官に届出を行った特定目的会社（資産の流動化に関する法律（平成十年法律第百五号。以下「資産流動化法」という。）第二条第三項に規定する特定目的会社をいう。第二十三条第六号において同じ。） 　イ　資産流動化法第四条第一項の規定による届出が行われた資産流動化法第二条第四項に規定する資産流動化計画（当該資産流動化計画の変更に係る資産流動化法第九条第一項の規定による届出が行われた場合には、当該変更後の資産流動化計画。第三項第三号トにおいて同じ。）における特定資産（資産流動化法第二条第一項に規定する特定資産をいう。以下この号において同じ。）に有価証券が含まれ、かつ、当該有価証券の価額が十億円以上であること。 　ロ　資産流動化法第二百条第一項の規定により、特定資産（その取得勧誘（法第二条第三項に規定する取得勧誘をいい、法第二条の三第二項に規定する組織再編成発行手続を含む。第十三条第二項を除き、以下同じ。）が法第二条第三項第二号イに掲げる場合に該当するものである有価証券に限る。ハにおいて同じ。）の管理及び処分に係る業務を行わせるため信託会社等（資産流動化法第三十三条第一項に規定する信託会社等のうち、適格機関投資家に該当する者をいう。第三項第三号チにおいて同じ。）と当該特定資産に係る信託契約を締結しており、かつ、当該届出を行うことについての当該特定目的会社の社員総会の決議があること。 　ハ　資産流動化法第二百条第二項の規定により、特定資産の管理及び処分に係る業務を当該特定資産の譲渡人である金融商品取引業者（投資運用業を行う者に限る。以下この号及び第三項第三号リにおいて同じ。）又は当該特定資産の管理及び処分を適正に遂行するに足りる財産的基礎及び人的構成	×

	を有する金融商品取引業者に委託しており、かつ、当該届出を行うことについての当該特定目的会社の社員総会の決議があること。	
25	外国の法令に準拠して外国において次に掲げる業を行う者（個人を除く。）で、この号の届出の時における資本金若しくは出資の額又は基金の総額がそれぞれ次に定める金額以上であるものとして金融庁長官に届出を行った者 　イ　第一種金融商品取引業（有価証券関連業に該当するものに限り、法第二十九条の四の二第十項に規定する第一種少額電子募集取扱業務と同種類の業務のみを行うものを除く。）　五千万円 　ロ　投資運用業　五千万円 　ハ　銀行法（昭和五十六年法律第五十九号）第二条第二項に規定する銀行業　二十億円 　ニ　保険業法第二条第一項に規定する保険業　十億円 　ホ　信託業法第二条第一項に規定する信託業（同条第三項に規定する管理型信託業以外のものに限る。）　一億円	○
26	外国政府、外国の政府機関、外国の地方公共団体、外国の中央銀行及び日本国が加盟している国際機関のうち金融庁長官に届出を行った者	○
27	外国の法令に準拠して設立された厚生年金基金又は企業年金基金に類するもののうち、次に掲げる要件の全てを満たすものとして金融庁長官に届出を行った者 　イ　外国において主として退職年金、退職手当その他これらに類する報酬を管理し、又は給付することを目的として運営されていること。 　ロ　最近事業年度に係る財務計算に関する書類であって貸借対照表に相当するものにおける資産の総額から負債の総額を控除して得た額（第三項第四号ニ及び第十一項に	○

| | おいて「純資産額」という。）が百億円以上であること。 | |

巻末資料2　買主から要求され得る「売主の表明保証」（条項例）

買主から要求され得る「売主の表明保証」（条項例）
1．売主に関する表明保証
（1）（設立・権利能力・行為能力） 　　売主は、日本法に基づき適法に設立され、有効に存続する法人であって、適用法令上、売主が現在従事している事業を行い、かつ、本契約を締結し、これに基づく権利を行使し、義務を履行する権利能力及び行為能力を有する。
（2）（社内手続の履践） 　　売主による本契約の締結並びにこれに基づく権利の行使及び義務の履行は、売主の目的の範囲内の行為であり、売主は本契約の締結並びにこれに基づく権利の行使及び義務の履行につき、法令、定款及びその他の売主の内部規則に基づき必要とされる一切の手続を適法に完了している。
（3）（許認可等） 　　売主は、本契約の締結並びにこれに基づく権利の行使及び義務の履行のために、本契約締結日までに取得又は完了することが必要な行政機関、司法機関その他の第三者の許認可、登録、承諾、同意、届出又はかかる行政機関、司法機関その他の第三者に対する通知その他の手続を全て適法に取得又は完了しており、かつ、それらの取消事由は一切発生していない。
（4）（法令等との抵触の不存在） 　　売主による本契約の締結並びにこれに基づく権利の行使及び義務の履行は、①売主に対して適用のある一切の法令及び売主の定款その他の内部規則に反するものではなく、②売主を当事者とする契約、証書その他の合意（書面であるか口頭であるか問わない。）の違反事由、債務不履行事由、解除事由、取消事由、無効事由又は期限の利益喪失事由を構成するものではなく、かつ、③行政機関、司法機関又はその他の公的機関の判決、決定、命令、裁判上の和解、免許、認可、通達、行政指導その他の判断に反するものではない。
（5）（授権） 　　売主を代表して本契約を締結し又は交付する者は、売主を代表して売主のためにこれらの行為をなすことにつき売主より適法に授権されている。
（6）（執行可能性） 　　本契約は、その締結により、適法かつ有効な法的拘束力を有する売主の債務を構成し、その条項に従って執行可能である。

(7)（訴訟等）
　売主による本契約の締結並びにこれに基づく権利の行使及び義務の履行、又は売主の財務・経営の状況に影響を及ぼすような訴訟、仲裁、調停、仮差押え、差押え、保全処分、保全差押え、滞納処分、強制執行、仮処分、その他裁判上又は行政上の手続は一切係属しておらず、かつ、それらが提起又は開始されるおそれもない。

(8)（破産等）
　売主は、破産手続、会社更生手続、民事再生手続、特定調停手続、特別清算手続その他類似の法的手続（任意整理手続を含む。）の申立てを受けておらず、自らもかかる申立てをしておらず、これら申立ての原因となる事由も存在せず、そのおそれもない。また、売主は、解散決議を行っておらず、解散命令も受けておらず、これらのおそれもない。

(9)（信用状態）
　売主は、無資力、支払不能、支払停止又は債務超過の状態になく、その他売主の信用状態に関する懸念は一切発生していない。本契約に基づく取引の結果、売主が、無資力、支払不能、支払停止又は債務超過の状態に陥ることはなく、そのおそれもない。

(10)（詐害意図及び不法目的の不存在）
　売主による本契約の締結及び履行は、正当な目的に基づきなされるものであり、売主の詐害的意図又は不法な目的に基づきなされるものではない。本契約における売買価格は、売主にとって適正な価格であり、売主は、売買代金について、隠匿、無償の供与その他の売主の債権者を害する処分をする意思を有していない。売主による本契約の締結は、売主の債権者を害するものではなく、否認又は詐害行為（信託法に基づくものを含む。）の対象とならない。

(11)（真正譲渡性）
　売主は、本契約に基づく本受益権の譲渡について、真正な譲渡の意図を有しており、当該譲渡は、かかる意図によるものとして売主の適切な機関により承認されており、これと矛盾する手続は行われていない。

2．本件不動産に関する表明保証

(1)（本件不動産の所有権）
　本件不動産の所有権は受託者［現物不動産の売買の場合は、売主］のみに排他的に帰属し、受託者［現物不動産の売買の場合は、売主］は、本件不動産に関する一切の管理処分権限を単独で保有し、かつ本件不動産の所有権に係る対抗要件を具備している。

(2) (本件不動産に係る負担等)
　　本件不動産について、第三者に対する譲渡、担保設定、第三者の賃借権その他の利用権の設定その他本契約に基づく買主の権利に損害を及ぼす若しくはそのおそれのある処分は一切行われておらず、その他本件不動産について如何なる負担（請負人の先取特権、留置権、第三者の買取権、第三者の管理運営権その他形式の如何を問わない。）も存在しておらず、かつ、受託者及び売主［現物不動産の売買の場合は、受託者を削除］は、第三者のために将来そのような処分を行う義務を負っていない。

(3) (訴訟等)
　　本件不動産に関して財産権の得喪を生ぜしめる判決、決定、命令又は裁判上若しくは裁判外の和解はなく、また本件不動産に関する第三者による保全処分、強制執行若しくは競売等の申立、又は保全差押若しくは滞納処分は行われておらず、そのおそれもない。その他、本件不動産に係る訴訟、仲裁、調停、仮差押え、差押え、保全処分、保全差押え、滞納処分、強制執行、仮処分、その他裁判上又は行政上の手続は一切係属しておらず、かつ、それらが提起又は開始されるおそれもない。

(4) (境界)
　　本件土地の全ての境界票及び境界線は、買主に交付された実測図等の書面に示されたとおりであり、本件土地に隣接する全ての土地の所有者との間で隣地との境界についての確認はすべて完了している。本件土地の境界について、隣地の所有者又は占有者との間で、訴訟、調停、仲裁その他の裁判上若しくは行政上の手続又は紛争解決手続は一切存在せず、隣地の所有者又は占有者から境界につき、異議、不服、苦情は一切なく、またそれらのおそれもない。本件不動産に対する隣地の建物、構造物又は樹木等による不法な侵害は存在せず、また本件建物、その構造物又は付帯設備は隣地の境界線を越えていない。

(5) (土地収用等)
　　(ⅰ) 本件土地には都市計画道路その他都市計画決定のなされた都市施設の敷地は含まれておらず、そのおそれもない。
　　(ⅱ) 本件土地について、土地収用、土地区画整理事業、都市再開発事業その他類似の手続は行われておらず、そのおそれもない。

（6）（瑕疵）
本件不動産の運営・管理又は価値に影響を及ぼす本件不動産の瑕疵又は法令違反は存在しない。本件建物は、建築当時の法令及び建築当時の建築実務慣行に基づき合理的な品質の素材を使用して適法かつ適切に建築されており、その建築年数及び構造分類に鑑み、構造上強固であり、法令上の耐震基準を満たし、その基礎部分、屋根、外壁並びに空調設備、電気、水道、エレベーターその他の建築附属設備には、本件建物の利用に支障を来すような瑕疵又は欠陥（管理業務等の懈怠に基づくものを含むが、これに限られない。）は存在しない。

（7）（法令遵守）
本件不動産については、建築当時の建築基準法に基づく有効な建築確認及び検査がなされ、適法な建築確認通知書又は確認済証並びに適法な検査済証が取得されている。その他、本件不動産の所有、占有及び賃貸その他の運営・管理に関して必要な担当行政機関等の許可、認可若しくは承諾又はこれらに対する登録、通知、届出若しくは報告その他の手続（もしあれば）は全て適法かつ適正に取得又は完了している。本件不動産は、建築基準法、都市計画法、消防法、環境法令等の適用法令に従って建築、管理、使用・利用（本件不動産の賃借人又は転借人による使用・利用を含む。）されており、これらの違反は存在せず、担当行政機関、裁判所その他の第三者からかかる適用法令に違反がある旨の通知を受けておらず、またかかる通知の原因となるような事実もない。

（8）（契約上の義務の履行）
売主及び受託者［現物不動産の売買の場合は、受託者を削除］は、本件不動産の所有、占有及び賃貸その他の運営・管理に関して締結した全ての契約における一切の債務を履行し、かつ義務を遵守している。

（9）（公共設備）
本件不動産において、水道、ガス、電気供給、公衆衛生、下水処理設備その他の公共設備の利用は適切に確保されており、公道への接続も適切に確保されている。

（10）（公租公課）
本件不動産に対する固定資産税その他の公租公課又はその他の賦課金は、支払時期の到来しているものは全て適時に支払われている。

（11）（占有者）
別紙2「既存賃貸借契約」（本書では省略。以下同じ。）に記載される者を除き、本件不動産につき留置権その他の占有権を主張している者はおらず、かかる主張がなされるおそれもない。また、実際に本件不動産を権限なく占有している者はおらず、そのような者が出現するおそれもない。その他、本件

不動産に関して違法行為が行われているという事実又は行われていたという事実は存在しない。

(12)（文化財）
本件不動産について、文化財保護法に基づく埋蔵文化財の調査のための発掘が行われたことがなく、また現に行われておらず、その予定もない。

(13)（契約外建物）
本件土地上には、本件建物以外に、構造上又は経済上独立した建物は存在しない。また、本件土地上には、埋蔵物、地中障害物は存在しない

(14)（近隣関係）
本件不動産周辺の土地又は建物の所有者、占有者又は利用者との間で、本件不動産に係る日照、眺望、風害、電波障害、騒音、光害その他の近隣環境の悪化に関して、一切紛争は存在せず、その他これらに関する異議、不服、苦情等は申し立てられていない。

(15)（廃棄物・有害物質等）
本件不動産の如何なる部分も産業廃棄物を処理、処分する事業又は特別管理産業廃棄物を排出する事業に利用されたことはなく、かつ現に利用されていない。本件不動産の如何なる部分も規制有害物質又は価値減損有害物質の保管、維持、製造、加工又は処分のために利用されたことはなく、かつ現に利用されていない。本件不動産の如何なる部分においても法令上の基準値を超える規制有害物質又は価値減損有害物質は存在しない。なお、「産業廃棄物」とは、廃棄物の処理及び清掃に関する法律における定義を意味し（特別管理産業廃棄物も同様とする。）、「規制有害物質」とは、土壌汚染対策法に定める特定有害物質及び日本国の法令上その使用が禁止、制限その他の方法により規制されている物質を意味し、「価値減損有害物質」とは、不動産の所有、使用、改良（建物の改装、改修、改築又は取壊しを含むが、これらには限定されない。）又は譲渡が行われる場合に、当該物質に関して日本国の法令上適用ある規制を遵守し又は日本国の法令上負担するおそれのある責任を回避するために、費用、義務又は何らかの制限を負うこととなる物質（アスベスト又はアスベストを含む物質、PCB（ポリ塩化ビフェニル）又はPCB（ポリ塩化ビフェニル）を含む物質又は備品、放射性物質、ダイオキシン、油汚染を含むがこれらに限られない。）をいう。本件不動産は、全ての環境関連法規を遵守する態様、用法及び目的においてこれまで使用されており、かつ現に使用されている。本件不動産に関し、売主及び受託者［現物不動産の場合には受託者を削除］は、行政機関、裁判所又は第三者から、環境法令に違反し又は違反するおそれがある旨の通知又は連絡を受けたことはなく、当該通知又は連絡がなされるおそれもない。

(16)（土壌汚染・水質汚濁等）
　本件土地は、土壌汚染対策法に基づき、特定有害物質によって汚染されている区域として指定されたことがなく、現に指定されておらず、かつ、指定されるおそれもない。売主及び受託者［現物不動産の場合には受託者を削除］は、土壌汚染対策法に基づき、本件土地について土壌の特定有害物質による汚染の状況について調査を行うよう通知を受けたことがなく、かつ、かかる通知を受けるおそれもない。本件不動産には、水質汚濁防止法に規定する特定施設に該当する施設は存在しない。その他本件土地に係る土壌汚染・水質汚濁、不発弾その他障害となる埋蔵物は存在しない。

(17)（賃貸借契約）
　本件不動産に関して締結されている賃貸借契約（以下「本賃貸借契約」という。）は、別紙2「既存賃貸借契約」に記載あるものが全てであり、本件不動産に関しその他の利用権を設定するいかなる合意も存在しない。本賃貸借契約は全て適法かつ有効な法的拘束力を有する契約であり、その条項に従って執行可能である。

(18)（賃貸借契約に関する債務不履行等）
　別紙2「既存賃貸借契約」に記載あるものを除き、本賃貸借契約において、賃料、共益費等の支払いの遅延、用途・用法違反その他の違反事由、債務不履行事由、解除事由、取消事由、無効事由又は期限の利益喪失事由は一切存在しない。

(19)（賃借人の権利）
　本賃貸借契約において、賃借人は、売主又は（売買実行時においては）受託者［現物不動産の売買の場合は、受託者を削除］に対し、敷金返還請求権又は保証金返還請求権を除き、必要費償還請求権、有益費償還請求権、造作買取請求権その他一切の金銭債権を有しておらず、また、かかる債権の承継又は取得を主張する権利を有しておらず、その他本賃貸借契約に基づく賃料請求権に対する反対債権の主張はない。

(20)（賃貸借契約の解除等）
　本賃貸借契約における賃借人から、書面であると口頭であると問わず、賃料減額請求その他賃貸借条件変更の申入れ、解約（解除）通知又はその他賃貸借の終了に関する通知はなされておらず、その予定もない。

(21)（賃貸借契約に関する苦情等）
　本賃貸借契約の当事者において本賃貸借契約の解釈又は運用につき意見の不一致はなく、賃借人からの苦情その他改善を求める申入れもなされていない。

(22)（賃貸借契約に関する訴訟等）
　本賃貸借契約に関して判決、決定、命令又は裁判上若しくは裁判外の和解はなく、また本賃貸借契約に関する、第三者による保全処分、強制執行若しくは競売等の申立、又は保全差押若しくは滞納処分は行われておらず、そのおそれもない。その他、本賃貸借契約に関する訴訟、仲裁、調停、仮差押え、差押え、保全処分、保全差押え、滞納処分、強制執行、仮処分、その他裁判上、行政上又はその他の紛争解決手続は一切係属しておらず、かつ、それらが提起又は開始されるおそれもない。

(23)（賃料・共益費）
　本賃貸借契約に関して、賃借人より１か月を超える賃料又は共益費の前払いはなされていない。

(24)（敷金・保証金）
　売主は、本賃貸借契約及び別紙２「既存賃貸借契約」に記載されたとおりの敷金又は保証金を受領している。

(25)（賃貸借契約に係る担保等）
　本賃貸借契約に基づく賃料債権、共益費債権、敷金返還請求権、保証金返還請求権その他の債権・請求権はいずれも譲渡、担保提供、その他の処分の対象になっておらず（本契約に基づくものは除く。）、かつ、第三者による強制執行又は保全処分の対象にもなっていない。

(26)（賃借人の破産等）
　本件不動産の賃借人は、いずれも破産手続、会社更生手続、民事再生手続、特定調停手続、特別清算手続（任意整理手続を含む。）その他類似の法的手続開始の申立てを受けておらず、自らもかかる申立てをしていない。

(27)（賃貸借契約書の交付）
　売主は、買主に対して、本賃貸借契約の全てにつきその真実かつ正確な写し又は原本を交付している。

(28)（賃貸借契約外の合意の不存在）
　本賃貸借契約に関して、本賃貸借契約に係る契約書に規定された内容以外の何らかの合意は書面であると口頭であると問わず一切存在しない。

(29)（反社会的勢力の不存在）
　本件不動産の賃借人、賃借人から転借している転借人、これらの同居人その他本件不動産の占有者は、反社会的勢力（第19条に定義される）に該当しない。

３．本受益権に関する表明保証［現物不動産の売買の場合には削除］

（1）（信託契約）
　本信託契約は、売主及び受託者について、適法かつ有効な法的拘束力を有する契約である。本信託契約に関して、売主及び受託者のいずれにおいても、違反事由、債務不履行事由、解除事由、取消事由、無効事由又は期限の利益喪失事由は一切存在せず、本信託契約は有効に存続している。

（2）（受益権の成立）
　本件不動産は、本信託契約に基づき受託者に対し適法かつ有効に信託されている。本受益権は、本信託契約に基づき適法かつ有効な法的拘束力を有する受託者の債務を構成し、その条項に従って執行可能である。本受益権は、本信託契約の各条項に従い適法かつ有効に成立した信託受益権の全てである。

（3）（受益権の保有）
　売主は、本受益権の唯一かつ単独の所有者であり、かつ、本受益権について一切の処分権限を有するとともに受託者及び第三者に対する対抗要件を適法に具備している。売主は、本受益権の譲渡について、受託者及び第三者に対する対抗要件を適法かつ有効に具備するために必要な一切の書類を整えている。

（4）（受益権の完全な移転可能性）
　本受益権について、本信託契約の条項の変更、免除若しくは放棄、又は第三者に対する譲渡、担保設定その他本契約に基づく買主の権利に損害を及ぼす若しくはそのおそれのある処分は一切行われておらず、かつ売主は第三者のために将来そのような処分を行う義務を負っていない。売主は、本契約に定める受託者の承諾を条件として本受益権を適法かつ有効に売主から買主に譲渡することができ、その他本受益権に関し、買主が完全な権利を取得するのに妨げとなる又はそのおそれのある事由、買主に開示されていない売主及び受託者間の合意その他の第三者の権利は一切存在しない。

（5）（障害事由不存在）
　本受益権の成立、存続、帰属又は行使を妨げる抗弁事由は一切存在しない。本受益権は、取消、無効、相殺その他受託者による一切の防御又は抗弁の対象となっていない。

（6）（訴訟等）
　本受益権の全部若しくは一部、又は本受益権の成立、存続、帰属若しくは行使について、売主、受託者又は第三者によるいかなる訴訟、仲裁、調停、仮差押え、差押え、保全処分、保全差押え、滞納処分、強制執行、仮処分、その他裁判上又は行政上の手続も係属しておらず、かつ、それらが提起又は開始されるおそれもない。

(7) (規制)
売主から買主への本受益権の譲渡を妨げる法律、政省令その他の公的規制で、売主に適用されるものは一切存在しない。

(8) (償還)
本受益権につき、元本償還は一切行われていない。

4．情報に関する表明保証

(1) (現物不動産の売買の場合) (本件不動産に関する情報の提供)
売主は、買主に対し、本件不動産に関して現存する全ての文書（建物又は建物付属設備に関する書面（構造計算書を含む。）、建物建設当初の請負契約書及びその他の請負契約書、建築確認通知書、建築確認済証、検査済証、保証書、賃貸借契約書その他を含むが、これらには限定されない。）並びに本件不動産に関する全ての重要な情報を提供しており、提供した文書は原本又はその真実かつ正確な写しである。また、売主が買主に対して提供した情報及び文書は真実かつ正確なものであり、買主に誤解を生じさせないために必要な事実又は情報が省略されておらず、欠けてもいない。

(2) (信託受益権売買の場合) (本件不動産及び本受益権に関する情報の提供)
売主は、買主に対し、本件不動産及び本受益権に関して現存する全ての文書（建物又は建物付属設備に関する書面（構造計算書を含む。）、建物建設当初の請負契約書及びその他の請負契約書、建築確認通知書、建築確認済証、検査済証、保証書、賃貸借契約書その他を含むが、これらには限定されない。）並びに本件不動産及び本受益権に関する全ての重要な情報を提供しており、提供した文書は原本又はその真実かつ正確な写しである。また、売主が買主に対して提供した情報及び文書は真実かつ正確なものであり、買主に誤解を生じさせないために必要な事実又は情報が省略されておらず、欠けてもいない。

(3) (売主に関する情報の提供)
売主が買主に対して提供した売主及び本契約に関する情報は全ての重要な点において真実かつ正確なものであり、それらに関する重要な情報は一切省略されていない。

巻末資料3　買主の表明保証（条項例）

買主に関する表明保証（条項例）
（1）（設立・権利能力・行為能力） 　　買主は、日本法に基づき適法に設立され、有効に存続する法人であって、適用法令上、買主が現在従事している事業を行い、かつ、本契約を締結し、これに基づく権利を行使し、義務を履行する権利能力及び行為能力を有する。
（2）（社内手続の履践） 　　買主による本契約の締結並びにこれに基づく権利の行使及び義務の履行は、買主の目的の範囲内の行為であり、買主は本契約の締結並びにこれに基づく権利の行使及び義務の履行につき、法令、定款及びその他の買主の内部規則に基づき必要とされる一切の手続を適法に完了している。
（3）（許認可等） 　　買主は、本契約の締結並びにこれに基づく権利の行使及び義務の履行のために、本契約締結日までに取得又は完了することが必要な行政機関、司法機関その他の第三者の許認可、登録、承諾、同意、届出又はかかる行政機関、司法機関その他の第三者に対する通知その他の手続を全て適法に取得又は完了しており、かつ、それらの取消事由は一切発生していない。
（4）（法令等との抵触の不存在） 　　買主による本契約の締結並びにこれに基づく権利の行使及び義務の履行は、①買主に対して適用のある一切の法令及び買主の定款その他の内部規則に反するものではなく、②買主を当事者とする契約、証書その他の合意（書面であるか口頭であるか問わない。）の違反事由、債務不履行事由、解除事由、取消事由、無効事由又は期限の利益喪失事由を構成するものではなく、かつ、③行政機関、司法機関又はその他の公的機関の判決、決定、命令、裁判上の和解、免許、認可、通達、行政指導その他の判断に反するものではない。
（5）（授権） 　　買主を代表して本契約を締結し又は交付する者は、買主を代表して買主のためにこれらの行為をなすことにつき買主より適法に授権されている。
（6）（執行可能性） 　　本契約は、その締結により、適法かつ有効な法的拘束力を有する買主の債務を構成し、その条項に従って執行可能である。

(7) （訴訟等）
買主による本契約の締結並びにこれに基づく権利の行使及び義務の履行、又は買主の財務・経営の状況に影響を及ぼすような訴訟、仲裁、調停、仮差押え、差押え、保全処分、保全差押え、滞納処分、強制執行、仮処分、その他裁判上又は行政上の手続は一切係属しておらず、かつ、それらが提起又は開始されるおそれもない。

(8) （破産等）
買主は、破産手続、会社更生手続、民事再生手続、特定調停手続、特別清算手続その他類似の法的手続（任意整理手続を含む。）の申立てを受けておらず、自らもかかる申立てをしておらず、これら申立ての原因となる事由も存在せず、そのおそれもない。また、買主は、解散決議を行っておらず、解散命令も受けておらず、これらのおそれもない。

(9) （信用状態）
買主は、無資力、支払不能、支払停止又は債務超過の状態になく、その他買主の信用状態に関する懸念は一切発生していない。本契約に基づく取引の結果、買主が、無資力、支払不能、支払停止又は債務超過の状態に陥ることはなく、そのおそれもない。

(10) （詐害意図及び不法目的の不存在）
買主による本契約の締結及び履行は、正当な目的に基づきなされるものであり、買主の詐害的意図又は不法な目的に基づきなされるものではない。本契約における売買価格は、買主にとって適正な価格である。買主による本契約の締結は、買主の債権者を害するものではなく、否認又は詐害行為の対象とならない。

(11) （真正譲渡性）
買主は、本契約に基づく本信託受益権の譲渡について、真正な譲渡の意図を有しており、当該譲渡は、かかる意図によるものとして買主の適切な機関により承認されており、これと矛盾する手続は行われていない。

事項索引

あ

- アセットマネジメント業務 581
- アセットマネジメント契約 15, 534, 581
- アセットマネジメント契約上の顧客に対する義務 603
- アセットマネジメント契約譲渡担保契約 156
- アセットマネジャー 14, 124, 168, 582
   - ―が提供するサービス 586
   - ―に必要となるライセンス 590
   - ―の責任 604
   - ―の報酬 606, 607
- アセットマネジャー追放事由（条項例） 613
- 新たな特定資産の追加取得についての原則 224
- アンチサンドバッキング条項 367, 378
- 異時決済 308, 326
- 一括発注方式 509, 518
- 一般社団法人 101
   - ―の定款 102
   - ―の特徴 101
- 一般社団法人及び一般財団法人に関する法律 101
- 一般条項 434
- 一般担保 208
- 一般的な表明保証 373
- 一般不動産投資顧問業 592
- 違約金（残存期間分の賃料相当額）の有効性 497
- 違約手付 329
- 依頼者プレッシャー 22
- 印紙代（条項例） 437
- 請負業者賠償責任保険 523

- 請負代金額の変更 522
- 請負代金の支払 521
- 売出し 562
- 売主による解除（条項例） 420
- 売主による書類等の引渡義務（条項例） 332
- 売主の解散・清算の禁止 441
- 売主の義務履行の前提条件 346
- 売主の義務履行の前提条件（条項例）... 347
- 売主の資力 71
- 売主の担保責任の期間制限 358
- 売主の表明保証（条項例） 380
- 売渡承諾書 310
- 運用財産相互間の取引 133
- 営業者による出資 540
- 営業者の禁止事項 552
- 営業者の契約解除権 568
- 営業者の遵守事項 552
- 営業者の誓約（条項例） 550
- 営業者の表明及び保証（条項例） ... 541
- 営業者の報酬 556
- 営業保証金 269
- エクイティー（Equity） 95
- 越境 55, 59
- 越境確認書 59
- エンジニアリングリポート 23
- エンドテナント 389
- 黄金株 93, 104

か

- 海外での取得勧誘 600
- 海外不動産ファンドの取引の特徴 302
- 外国為替及び外国貿易法 200
- 開示規制 118, 236
- 改正前民法 354

- 改正民法 …………………………………… 354
- 会計監査人 ………………………………… 179
- 会計原則 …………………………………… 555
- 会計参与 …………………………………… 178
- 買主が提示する交渉開始書面に記載される事項の参考例 ………………………… 312
- 買主による解除（条項例）……………… 424
- 買主の義務履行の前提条件 …………… 335
- 買主の義務履行の前提条件（条項例）… 338
- 買主の表明保証（条項例）……………… 380
- 買付証明書 ………………………………… 310
- 解約手付 …………………………………… 329
- 確認済証 …………………………………… 61
- 隠れた瑕疵 ………………………………… 355
- 貸金業 ……………………………… 593, 594
- 瑕疵担保責任 ……………………………… 354
- 借入人関係者 ……………………………… 144
- 環境確保条例 ……………………………… 66
- 環境瑕疵 …………………………………… 355
- 完結型不動産ファンドのための仕組み ………………………………………………… 288
- 監査役 ……………………………………… 178
- 完全合意条項 …………………… 444, 506
  - ―に関する裁判例 …………………… 444
- 完全合意条項（条項例）………………… 444
- 鑑定評価 …………………………………… 180
- 完了検査 …………………………………… 61
- 監理業務 …………………………………… 512
- 勧誘 ………………………………………… 117
- 機関投資家 ………………………………… 165
- 機関投資家等 ……………………………… 237
- 基金の拠出者の権利 …………………… 102
- 危険負担 …………………………………… 409
- 期限の利益喪失事由 …………………… 149
- 基準特定出資 ……………………………… 166
- 規制緩和の必要性 ………………………… 296
- 既存賃貸借契約の承継 ………………… 387
- 既存不適格 ………………………………… 61
- 基本設計 …………………………… 508, 511
- キャッシュ・スイープ事由 ……………… 149

- 旧法TMK ………………………… 176, 226
- 境界 ………………………………………… 55
- 境界確定訴訟 ……………………………… 57
- 境界確認書 ………………………………… 59
- 境界明示義務 …………………… 60, 363
- 協議事項（条項例）……………………… 441
- 業規制 ……………………………………… 119
- 強制期限前弁済 …………………………… 147
- 強制売却事由 ……………………………… 149
- 業として ………………………… 123, 131
- 業務委託要件 ……………………………… 266
- 業務開始届出 …………………… 173, 179
  - ―までに済ませなければならない事項 …………………………………………… 180
  - ―より前にしてはいけない事項 ……… 181
  - ―より前にしてもよい事項 …………… 181
- 業務開始届の記載事項や添付書類 … 179
- 業務執行社員 ……………………………… 107
- 居住用不動産 ……………………………… 244
- 禁止される追加取得 ……………………… 224
- 金商法 ……………………………………… 116
- 金銭消費貸借契約 ………………………… 146
- 金銭の貸借の媒介 ………………………… 595
- 金融サービス提供法 …………………… 439
- 金融サービス提供法の説明義務（条項例）………………………………………… 440
- 区分所有建物 ……………………………… 47
- 組合契約 …………………………………… 96
- クロージング ………………………………… 10
- 契約関係の承継 …………………………… 384
- 契約期間（条項例）……………………… 564
- 契約交渉破棄についての責任 ………… 316
- 契約上の権利等譲渡禁止（条項例）… 435
- 契約締結上の過失 ………………………… 316
- 契約の解除（条項例）…………………… 494
- 契約不適合責任 ………………… 305, 354
  - ―と表明保証責任との関係 ………… 358
  - ―に対する買主の救済手段 ………… 354
  - ―を負わない特約 …………………… 356
- 契約不適合の存在時期 ………………… 355

640　事項索引

- 計算期間 …………………………………… 555
- 計算期間と損益の帰属（条項例）…… 554
- 計算書類及び報告等（条項例）……… 558
- 現金の分配（条項例）………………… 556
- 現金分配の方法 ………………………… 557
- 原状回復義務 …………………………… 482
- 現状有姿売買 …………………… 353, 362
- 現状有姿売買及び契約不適合責任（条項例）……………………………………… 361
- 減税証明書 ……………………………… 197
- 減税証明申請 …………………………… 194
- 減税措置 ………………………………… 281
- 建設リサイクル法 ……………………… 517
- 建設業法 ………………………………… 512
- 建設工事に係る資材の再資源化等に関する法律 ………………………………… 517
- 建設工事請負契約 ………… 70, 234, 507, 512
- 建設工事紛争審査会 …………………… 524
  - —の仲裁 …………………………… 517
- 建設工事保険 …………………………… 523
- 建築確認申請 ……………………………… 61
- 建築確認申請手続き …………………… 512
- 建築確認通知書 ………………………… 512
- 建築工事請負人の担保責任 …………… 385
- 建築設計・監理業務委託契約 … 508, 511
- 建築台帳記載事項証明書 ……………… 62
- 建築プロジェクトの進行 ……………… 508
- 検査済証 …………………………………… 61
- 権利部 ……………………………………… 44
- 行為規制 ………………………………… 120
- 公拡法 ………………………………… 75, 77
- 工期延長 ………………………………… 522
- 工期の変更 ……………………………… 522
- 恒久的施設 ……………………… 109, 110
  - —の種類 …………………………… 110
- 工事完了引渡証明書 …………………… 521
- 工事の変更 ……………………………… 522
- 交渉開始書面 …………………… 311, 370
- 公図（狭義）……………………………… 49

- 公租公課等の負担と収益・費用の分担 ……………………………………………… 406
- 公租公課等の負担と収益・費用の分担（条項例）………………………………… 407
- 合同会社 ……………………………… 95, 98
  - —がマスターレッシーになる場合の注意点 ……………………………… 114
  - —の親法人としての一般社団法人についての注意事項 …………………… 127
  - —の業務執行 ……………………… 107
  - —の持分は誰が保有するのか（社員は誰か）………………………………… 101
  - —を使用する理由 ………………… 99
- 高齢者の居住の安定確保に関する法律 ……………………………………………… 451
- 国土法 ……………………………………… 75
- 国内募集要件 …………………… 166, 176
- 固定資産税 ……………………………… 407

さ

- 再契約の協議（条項例）……………… 505
- 裁判管轄条項 …………………………… 506
- 財務制限条項 …………………………… 149
- 財務代理契約 …………………………… 204
- 財務代理人 ……………………………… 204
- 詐害行為取消権 …………………………… 72
- サブリース業 …………………………… 396
- 敷金 ……………………………… 331, 478
  - —によって担保される債務の範囲 … 479
  - —の意義 …………………………… 400
  - —の担保としての効力の実現 …… 479
  - —の返還時期 ……………………… 479
  - —の法的性質 ……………………… 478
- 敷金契約の法的性質 …………………… 400
- 敷金（条項例）………………………… 481
- 「字義どおりの解釈」を規定する条項（条項例）………………………………… 446
- 事業報告書 ……………………………… 193
- 自己運用 ………………………………… 238
- 自己私募 ………………………………… 235

事項索引　641

- 自己募集 207, 235
- 自己募集（私募） 119, 599
- 資産対応証券 173, 235
- 資産の流動化 173
- 資産流動化計画 168, 170, 182
  - ―に違反した場合の効果 183
  - ―の記載事項 182
  - ―の作成・変更手続き 293
  - ―の変更 184
- 資産流動化に係る業務 181
- 質権の実行方法 157
- 実施設計 511
- 実施設計・監理方針立案 508
- 実質的判断権者 301
- 実務における売主の表明保証に関する交渉 370
- 支払の受領に関する報告書 200
- 支払補償委託方式 213
- 私募 118
  - ―の取扱い 19, 32, 126, 236, 598
- 司法書士 23, 509
- 地面師 52
- 社員総会 177
- 借地契約 67
- 借地権 67
- 社債株式振替法 203
- 終身建物賃貸借 451
- 従たる特定資産 189
  - ―に与えられる特例 190
- 集団投資スキームの持分 103
- 重要事項説明書 38, 70
- 重要事項への限定 371
- 重要土地等調査法 78
- 14条地図 47
- 主観的要件の付加 371
- 受益者及び委託者の変更登記手続き（条項例） 352
- 受益者及び委託者の変更登記手続き 351
- 受託者責任（fiduciary duty） 602
- 出資義務の不履行 539

- 取得時効 60
- 守秘義務 506
- 守秘義務（条項例） 436
- 準拠法及び管轄裁判所（条項例） 439
- 準拠法条項 506
- 遵守事項 380
- 準消費貸借方式 215
- 小規模不動産特定共同事業 260, 272
- 使用貸借 451
- 承諾権 531
- 譲渡等（条項例） 562
- 少人数私募 237
- 消費税還付請求権質権設定契約 157
- 情報に関する表明保証 373
- 証約手付 329
- 将来成立する信託受益権の売買 325
- 職務執行者 108
- 諸費用の負担（条項例） 478
- 所有権移転登記手続き（条項例） 352
- 所有権界 55
- 真正売買 327
- 信託銀行 26
- 信託受益権 27, 116
  - ―の組成時期による問題 307
  - ―への質権の実行方法 157
- 信託受益権質権設定契約 154
- 信託受益権譲渡の効力発生時期（条項例） 350
- 信託受益権売買契約譲渡担保契約 155
- 信託受益権売買の媒介・代理 599
- 信託目録の変更 351
- 新築住宅の売買契約 360
- 信頼関係破壊の法理 495
- 心理的瑕疵 355
- 数量指示売買 331
- ストラクチャリング 88
  - ―において考慮すべき法令 90
- スポンサー 143
  - ―の責任負担事由 145
- スポンサーレター 143, 220, 234

- 請求失期事由 149
- 制裁措置の遵守 442
- 精算合意書 331, 401
- 税務意見書（タックスオピニオン） 24
- 誓約事項 380
- 誓約事項（条項例） 381
- 税理士 23
- 責任財産 25
- 責任財産限定 523
- 責任財産限定条項 431
- 責任財産限定特約 93, 150, 578
- 責任財産限定特約（条項例） 578
- 責任財産限定特約付きローン 25
- 責任財産の限定（条項例） 611
- 施工の完了 509
- 設計施工一貫方式 509, 514
- 設計施工契約約款（2023年1月改正版） 386
- 設計と施工の関係 509
- セパレートアカウント 287
- 善管注意義務 482
- 専業要件 264
- 総額引受契約 205, 219
- 総合不動産投資顧問業 592
- 造作 484
- 相殺禁止の規定（条項例） 613
- 造作・設備工事等（条項例） 487
- 租税条約 89
- 租税特別措置法 165, 219, 246
- その他借入れ 181, 195
- 損害担保契約 143, 365, 414
- 損害賠償、補償、遅延損害金（条項例） 502
- 損失の分配 555

た

- 第1号事業 259
- 第1号事業及び第2号事業 260
- 第一項有価証券 235
- 第一種金融商品取引業 594
- 第一種特定目的会社 174
- 対公衆性 123, 131
- 第3号事業 259
- 対象不動産変更型契約 276
- 第2号事業 259
- 第二種金融商品取引業 119, 594
- 第二種特定目的会社 175
- 代表社員 107
- 太陽光発電事業 192
- 太陽光発電設備 266
- 第4号事業 259
- 代理人PE 109
- 他業禁止 191, 294
- 宅地建物取引業者 16
- 宅建業 595
- 宅建業者が売主の場合における商法526条の適用 359
- 宅建業者相互間の取引には適用されない宅建業法上の規定 306
- 宅建業法 167
  - ―の免許 593
- 建物区分所有法 47
- 建物賃貸借 66
- 建物賃貸借契約 449
- 建物の遵法性 61
- 建物の表題登記 521
- 建物の保守・修繕 484
- 他の匿名組合契約（条項例） 536
- ダブルTMKストラクチャー 248
- ダブルTKGKストラクチャー 127
  - ―の法的留意点 130
  - ―の利点 129
- 担保契約 152, 221
- 担保付社債信託法 208, 210
- 遅延損害金（条項例） 437
- 地図 47
  - ―に準ずる図面 47, 49
- 地積測量図 49
- 中央建設業審議会 514
- 仲介手数料 409

事項索引 643

- 仲裁合意書 517
- 中途解約の禁止（条項例） 493
- 調査・企画業務委託契約 508, 510
- 賃借物返還義務 482
- 賃貸借期間（条項例） 474
- 賃貸借契約 66
- 賃貸住宅管理業 396
- 賃貸住宅管理業法 396
  - —における行為規制 398
  - —における登録義務 396
- 賃貸人の修繕義務 485
- 賃貸人の担保責任 486
- 賃貸人の地位の移転方法 388
- 賃借人による使用収益 482
- 賃借人による本物件の使用（条項例） 482
- 賃料改定特約 476
- 賃料債権譲渡担保契約 156
- 賃料（条項例） 476
- 賃料増額禁止特約 454
- 賃料増減請求権 466, 476
- 追加出資 540
- 追加出資（条項例） 539
- 通知義務（条項例） 488
- 通知条項 506
- 通知条項（条項例） 438
- 定款 170
- 定期建物賃貸借 453
  - —の契約期間 459
  - —の成立要件 456
  - —を利用する目的 454
- 定期建物賃貸借の確認及び賃貸借の合意（条項例） 474
- 停止条件付抵当権設定契約 154
- 停止条件付保険金質権設定契約 154
- 適格機関投資家 130, 134
- 適格機関投資家私募 237
- 適格機関投資家等特例業務 116, 119, 133, 247, 535, 546, 548
  - —の利用禁止 140
- 適格機関投資家等特例事業 560, 574
- 適格機関投資家向け勧誘（プロ私募） 208
- 適格特例投資家 270
- 適格特例投資家限定事業 259, 270
- デザインビルド 509
- 手付金支払 181
- 手付の合意 328
- 手付の種類 329
- デット（Debt） 95
- デットファイナンス 142, 201
- テナント誘致に関する仲介手数料（条項例） 409
- デューディリジェンス 9, 22
  - —におけるQ＆A 374
  - —のための書類等のリクエスト 314
- 導管性要件 165, 219
- 登記識別情報 54
- 登記事項証明書 43
- 登記情報 43
  - —の限界 50
- 登記の公信力欠如を補完する判例理論 51
- 東京都暴力団排除条例 427
- 倒産解除条項の有効性 496, 567
- 倒産隔離 29, 90, 142, 202, 431, 523
  - —と特定社員 175
  - —の内容 91
- 倒産手続防止措置 92, 93
- 倒産不申立て及び責任財産の限定（条項例） 432
- 倒産不申立条項 431
- 倒産不申立条項（条項例） 579
- 倒産不申立条項／責任財産限定条項 506
- 倒産不申立ての合意 93, 150
- 倒産不申立て合意書 106
- 倒産予防措置 92
- 投資一任契約 124, 125, 247
- 投資運用業 120, 125, 238, 590
- 投資運用業（自己運用） 131
- 同時決済 308

- —の場合、不要となる売買契約上の条項 308
- 投資顧問契約 124, 125
- 投資事業有限責任組合 246
- 当事者の変更と敷金の承継 480
- 投資助言業務 591
- 投資助言・代理業 126, 591
- 当初出資 539
- 当初出資（条項例） 538
- 当然失期事由 149
- 登録免許税 167, 281
  - —の減免措置 197
- 特定借入れ 181, 194, 201
- 特定金銭信託 250
- 特定債権流動化特定目的会社 248
- 特定資産 164, 167, 185
  - —の管理・処分により得られる金銭を原資とする特定資産の取得 229
  - —の管理処分方法 188
  - —の追加取得 186, 223
- 特定社員 173
- 特定社員及び優先出資社員の権利（共益権） 174
- 特定社員及び優先出資社員の権利（自益権） 174
- 特定社債 165, 194, 201, 202
  - —の私募 207
- 特定社債管理者 204
- 特定住宅瑕疵担保責任の履行の確保等に関する法律 517
- 特定出資 164, 173
- 特定出資質権設定契約 222
- 特定出資発行の払込金の使途 173
- 特定賃貸借契約 397
  - —から除外される契約 397
- 特定転貸事業者 397
- 特定投資家 141
- 特定目的会社 163
  - —を用いた資産の流動化の流れ 193

- 特定目的会社届出書類チェックリスト 180
- 特別目的会社 87
- 匿名組合 96
  - —と任意組合の比較表 97
- 匿名組合員が出資を行うための前提条件 539
- 匿名組合員が非居住者や外国法人の場合の注意点 108
- 匿名組合員による譲渡の際の告知事項 563
- 匿名組合員による匿名組合事業への発言権・コントロール 112
- 匿名組合員の監督権（条項例） 549
- 匿名組合員の契約解除権 567
- 匿名組合員の承諾 552
- 匿名組合員の破産 567
- 匿名組合員の表明・保証（条項例） 547
- 匿名組合員への諮問 553
- 匿名組合契約 95, 525
  - —が使用される理由 98
  - —の終了事由 567
- 匿名組合契約終了時の処理（条項例） 571
- 匿名組合契約終了の効果 570
- 匿名組合契約の合意（条項例） 529
- 匿名組合契約の終了（条項例） 565
- 匿名組合事業（条項例） 529
- 匿名組合諮問委員会 553
- 匿名組合出資持分の取得勧誘行為 117, 599
- 匿名組合出資持分の譲渡に関する金商法上の注意点 559
- 匿名組合追加出資請求権質権設定契約 156
- 匿名組合評議会 553
- 独立取締役 104
- 特例運用 133, 546, 560
  - —の場合の譲渡制限 561
  - —の要件 139
- 特例業務対象投資家 135, 548

事項索引　645

- 特例業務届出者に適用される行為規制 ……………………………………… 140
- 特例事業 ……………………………… 253, 259
- 特例事業者 …………………………………… 100
- 特例事業、第3号事業及び第4号事業 ……………………………………………… 262
- 特例事業と他のストラクチャーの比較 ……………………………………………… 284
- 特例私募 ………………………… 133, 546, 560
  - ―の場合の譲渡制限 ………………… 560
  - ―の要件 …………………………………… 134
- 特例投資家 ……………………………………… 254
- 特例投資家の範囲 ……………………………… 268
- 都市計画税 ……………………………………… 408
- 土壌汚染 …………………………………………… 63
- 土壌汚染状況調査 ………………………………… 64
- 土壌汚染対策法 …………………………………… 64
- 土地家屋調査士 …………………………… 23, 509
- 届出義務（条項例） ………………………… 488
- 取締役 …………………………………………… 178
- 取引関連契約 ………………………………… 145
- トリプルネットリース ……………………… 452

な

- 七会約款 ………………………………………… 516
- 二項有価証券 ………………………………… 118
  - ―の私募 ……………………………………… 562
- 二重課税 ……………………………………… 98, 165
  - ―の問題 ……………………………………… 88
- 日建連約款（日本建設業連合会の設計施工約款） ……………………………… 509, 514
- 任意期限前弁済 ……………………………… 147
- 任意組合 ……………………………………… 96, 525
- ネガティブプレッジ（担保化制限合意） ……………………………………………… 153
- ノンリコースファイナンス ………………… 431
- ノンリコースローン ……… 10, 25, 90, 142

は

- 媒介 ………………………………………………… 16
- 配当停止事由 ………………………… 149, 611
- 配当停止事由（条項例） ………………… 612
- 売買契約における表明保証の機能 ……… 366
- 売買契約交渉の前段階で当事者が締結する書面 ……………………………………… 309
- 売買契約書のドラフトの作成開始にあたっての注意点 ………………………… 314
- 売買契約の解除 ……………………………… 419
- 売買契約の締結・売買実行に向けた当事者の作業 …………………………………… 309
- 売買契約の締結日と実行日 ………………… 308
- 売買契約の当事者がSPCの場合 ………… 306
- 売買契約の当事者が事業会社の場合 …… 305
- 売買契約の表題と前文（条項例）……… 324
- 売買実行後の解除禁止（条項例）……… 425
- 売買実行日のやり取り ……………………… 350
- 売買代金・手付（条項例）（第1部）…… 327
- 売買代金・手付（条項例）（第2部）…… 330
- 売買当事者の属性 ………………………… 305
- 売買の合意（条項例）……………………… 326
- 売買の実行 ………………………………………… 10
- 売買の代理・媒介 ………………………… 126
- 売買の目的物 ………………………………… 307
- パススルー課税 ……………………………… 169
- パススルー課税（構成員課税）…………… 88
- 払込金保管証明書 ………………… 194, 198
- 払込取扱金融機関 …………………………… 199
- 反社会的勢力の排除 ………………… 426, 524
- 反社会的勢力の排除条項 ………………… 427
- 反社会的勢力の排除（条項例）…… 428, 504
- 反復継続性 …………………………………… 131
- 被越境 …………………………………………… 59
- 非業務執行社員 ……………………………… 105
- 非遡及型融資 …………………………………… 25
- 筆界 ……………………………………………… 55
- 筆界特定制度 …………………………………… 57
- 一人舞台投資の仕組み …………………… 290
- 「一人舞台投資の仕組み」としてのTMKストラクチャー ……………………… 292

- ■「一人舞台投資の仕組み」としての
  TKGKストラクチャー ……………… 291
- ■ 否認権 ……………………………………… 72
- ■ 秘密保持契約 ……………………………… 309
- ■ 秘密保持の規定 …………………………… 520
- ■ 表題登記 ……………………………… 25, 45
- ■ 表題登記・保存登記 ……………………… 509
- ■ 表題部 ………………………………………… 44
- ■ 費用負担 …………………………………… 506
- ■ 費用負担（条項例） ……………………… 434
- ■ 表明及び保証（条項例） ………………… 375
- ■ 表明保証違反に対する補償請求の制限
  ……………………………………………… 374
- ■ 表明保証違反の効果 ……………………… 369
- ■ 表明保証の相手方に悪意又は重過失が
  存在する場合 ……………………………… 367
- ■ 表明保証の時点 …………………………… 376
- ■ 表明保証の法的性質 ………………… 148, 364
- ■ 表明保証保険の利用 ……………………… 375
- ■ ビルマネジメント契約 …………………… 180
- ■ 品確法 ……………………………………… 360
- ■ 品質の契約不適合 ………………………… 355
- ■ ファイナンスアウト条項―financing
  out ………………………………………… 344
- ■ 不可抗力による建物の滅失・毀損（条
  項例） ……………………………………… 491
- ■ 附帯業務 ……………………………… 181, 191
- ■ 普通建物賃貸借 …………………………… 453
- ■ 普通建物賃貸借と定期建物賃貸借との
  相違点 ……………………………………… 465
- ■ 物件概要書 …………………… 70, 361, 362, 377
- ■ 物件調査 ……………………………………… 22
  ―の主体 ………………………………… 37
- ■ 物件調査（デューディリジェンス）の
  結果の活用方法 ……………………………… 82
- ■ 不適格投資家 ……………………………… 137
- ■ 不動産開発 ………………………………… 231
  ―におけるTMKの利用 ……………… 231
- ■ 不動産鑑定 ………………………………… 21
- ■ 不動産鑑定業 ………………………… 594, 595
- ■ 不動産鑑定士 ……………………………… 21
- ■ 不動産管理処分信託 ……………………… 26
- ■ 不動産管理処分信託契約 ………………… 68
- ■ 不動産取得税 ………………………… 167, 281
  ―の減免措置 …………………………… 197
- ■ 不動産信託受益権質権の私的実行―直
  接取立て ………………………………… 157
- ■ 不動産信託受益権質権の法的実行 …… 160
- ■ 不動産信託受益権の「準共有持分」 …… 325
- ■ 不動産信託受益権売買契約 …………… 305
- ■ 不動産賃貸借契約 ……………………… 387
- ■ 不動産登記制度 ………………………… 43
- ■ 不動産登記簿謄本 ……………………… 43
- ■ 不動産投資顧問業 ……………………… 592
- ■ 不動産投資手段のための仕組み ……… 288
- ■ 不動産特定共同事業 …………………… 253
- ■ 不動産特定共同事業契約 ………… 100, 253
- ■ 不動産特定共同事業契約約款 ………… 275
- ■ 不動産取引における表明保証 ………… 366
- ■ 不動産取引の契約交渉の特色 ………… 300
- ■ 不動産取引の主要契約 ………………… 299
- ■ 不動産取引への主要な参加者 …………… 13
- ■ 不動産に付着する負担の除去義務 …… 382
- ■ 不動産等の維持・管理責任 …………… 403
- ■ 不動産等の維持・管理責任（条項例）… 404
- ■ 不動産売買契約 ………………………… 305
- ■ 不動産ファンド ………………………… 13, 287
  ―と不動産投資の仕組み（ストラク
  チャー） ……………………………… 288
  ―による取引の特徴 ………………… 301
  ―の投資方針 ………………………… 302
- ■ 不特法 …………………………… 167, 253
- ■ 不特法の許可 …………………………… 593
- ■ 腐敗防止、マネーロンダリング、制裁
  措置に関する法令等の遵守に関する規
  定 ………………………………………… 506
- ■ 腐敗防止・マネーロンダリング防止 … 442
- ■ 振替特定社債 …………………………… 203
- ■ プロサンドバッキング条項 ……… 368, 378
- ■ プロジェクト契約 ……… 150, 221, 551, 608

事項索引 647

- ──の当事者 ……………………………… 151
- ──の内容 ………………………………… 151
- プロパティマネジメント契約 …………… 180
- プロパティマネジャー ……………… 31, 581
- 分離発注方式 …………………………… 509
- ペイスルー課税 …………………… 89, 169
- 平成23年改正 ………… 186, 223, 242, 243
- 弁護士 ……………………………………… 23
- ベンチャー・ファンド特例 …………… 135
- 法定解除 ………………………………… 419
- 法的救済手段の限定（条項例）………… 440
- 法的調査の限界 ………………………… 81
- 法的調査の手順 ………………………… 41
- 法的調査の範囲 ………………………… 39
- 法律意見書（リーガルオピニオン）…… 24
- 暴力団排除条項 ………………………… 427
- 暴力団排除条例 ………………………… 426
- 保険（条項例）………………………… 489
- 保険仲立人 ………………………… 594, 595
- 募集 ……………………………………… 118
- 募集（私募）の取扱い ………………… 119
- 募集特定社債 …………………………… 205
- 募集優先出資 …………………………… 199
- 保守・修繕（条項例）………………… 487
- 補償（indemnity）…………………… 604
- 保証委託方式 …………………………… 212
- 保証金 …………………………………… 478
- 補償条項 ………………………………… 414
- 補償条項（条項例）…………………… 416
- 補償（条項例）………………………… 614
- 補償責任と債務不履行責任の相違点 … 415
- ホテルの什器、備品（FF&E）………… 265
- 保留金 …………………………………… 521
- 本物件の明渡し及び原状回復（条項例）……………………………… 500
- 本物件の用途（条項例）……………… 474
- 本物件への立入権（条項例）………… 490

ま

- マスターリース ………………………… 114
- マスターリース契約の合意解約 ……… 390
- マスターリースストラクチャー ……… 389
  - ──の構築 …………………………… 392
  - ──の利用目的 ……………………… 389
- マスターレッシー ……………………… 114
- 密接関連性 ……………………………… 223
  - ──の判断基準 ……………………… 226
- みなし宅建業者 ………………………… 269
- 民間建設工事標準請負契約約款 ……… 514
- 民間（七会）連合協定工事請負契約約款 ……………………… 234, 386, 513
- 民法94条2項の類推適用 ……………… 51
- 無議決権事項 …………………………… 174
- 持分の取得等に関する報告書 ………… 200

や

- 役員 ……………………………………… 177
- 約定解除 ………………………………… 419
- 約定劣後再生債権 ……………………… 577
- 約定劣後破産債権 ……………………… 577
- 約束事項 ………………………………… 380
- 有価証券の私募 ………………………… 32
- 有議決権事項 …………………………… 174
- 優先出資 …………………………… 164, 173
  - ──の取得勧誘 ……………………… 293
  - ──の発行 …………………………… 198
- 優先出資質権設定契約 ………………… 222
- 優先出資社員 …………………………… 173
- 優先出資引受契約 ……………………… 194
- 容認事項 ………………………………… 387
- 用法遵守義務 …………………………… 482
- 四会連合協定　建築設計・監理等業務委託契約約款 …………………… 511

ら

- リーガルデューディリジェンス ……… 35
- 利益の分配 ……………………………… 555
- 利益配当の制限 ………………………… 555
- リザーブ（準備金）…………………… 147
- 流質の合意 ……………………………… 158

- 両手媒介 ································· 17
- リリース口座 ···························· 609
- レスキューファイナンス ··············· 249
- 劣後特約（条項例） ············ 575, 610
- レバレッジ ································ 95
- ローン契約（金銭消費貸借契約）
  ································ 146, 221
- ローン特約 ····························· 344

A-Z

- AM契約 ························· 15, 581
- Bankruptcy Remoteness ········· 90
- BTSリース ····························· 453
- build-to-suit ························· 453
- conditions precedent ············ 335
- covenants ··························· 380
- CP ······································ 335
  - ―充足の判断 ······················ 338
  - ―不充足の効果 ···················· 336
- cross collateralization（相互担保）······· 244
- Debt Service Coverage Ratio（DSCRテスト） ···································· 149
- ER ······································· 23
- fundamental representations ········· 368, 425
- fundamental representations and warranties ··························· 373
- general／business representations and warranties ··························· 373
- GK社員持分質権設定契約 ········ 155
  - ―に関する問題 ···················· 161
- golden share ························· 93
- Grandfathered TMK ············· 177
- indemnity ···························· 414
- Letter of Intent（意向表明書）········· 8, 310
- Loan to Value Test（LTVテスト）········· 149
- LOI ···································· 370
- NKリスク ········· 109, 531, 537, 553, 574
  - ―を回避する方策 ·················· 111
- non-action letter ·················· 105
- non-consolidation ················· 105
- non-petition agreement ········· 106
- PE（Permanent Establishment）····· 109, 110
  - ―の問題 ··························· 532
- representations and warranties ······ 365
- Significant Action ················ 104
- SNDA（Subordination and Non-disturbance Agreement）········· 53
- SPC ····································· 87
- SPV（Special Purpose Vehicle）········· 91
- substantive consolidation ······ 105
- TKGKストラクチャー ········· 29, 95, 282, 285
  - ―における金商法の適用 ········· 116
  - ―の使用方法 ······················ 100
- TMK ··································· 163
  - ―が取得できる不動産資産 ······· 167
  - ―による手付金の支払 ············ 194
  - ―による追加資産の取得 ········· 295
  - ―の解散・清算と資金の本国送還（cash repatriation）············ 250
  - ―の機関 ··························· 177
  - ―の社員総会の決議事項 ········· 171
  - ―の設立 ··························· 170
  - ―の定款 ··························· 170
  - ―を使用した不動産開発の手順（開発型への移行）··················· 233
  - ―を使用した不動産開発の手順（基本型）······························ 231
- TMK／TKGKストラクチャー（ハイブリッドストラクチャー①）············ 239
- TMK／TKGKストラクチャー（ハイブリッドストラクチャー②）············ 241
- TMKストラクチャー ········· 163, 282, 285
  - ―とTKGKストラクチャーとの比較
    ································ 168
  - ―の応用型 ························· 239
  - ―の利点及び特色 ·················· 165
  - ―への金商法の適用 ··············· 235
- triple net lease ···················· 452
- Vintage TMK ······················ 177

事項索引　649

執筆者紹介

神田　英一（かんだ　えいいち）
弁護士（1987年登録）、米国ニューヨーク州弁護士（1992年登録）
慶應義塾大学法学部法律学科卒業（1984年）、シカゴ大学ロースクールLL．M．修了（1991年）。
山下大島秋田法律事務所（約1年半の米国ニューヨーク州及びカリフォルニア州の法律事務所での勤務を含む）を経て、2001年にクリフォードチャンス法律事務所（外国法共同事業）（当時は特定共同事業）に入所後、不動産関連の業務を中心に担当し、現在に至る。不動産投資、ファイナンス、開発（テーマパーク、リゾート施設、物流施設及びデータセンター等）、証券化（CMBS等）、アセットマネジメント、不動産賃貸借及びJV等、多岐にわたる経験を積んでいる。

〈近年の主要な受賞等〉
・Chambers Asia Pacific, Band 1 受賞（2024年）
・The Legal 500 Asia Pacific, Leading Individuals受賞（2024年）
・IFLR1000，Highly regarded受賞（2024年）
・Asia Business Law Journal,日本のトップ100人の弁護士（2020年）に選出される。
・ALB Japan Law Awardsにて、チームとして、2022年にReal Estate Firm of the Yearを、2019年にReal Estate Deal of the Yearを、それぞれ受賞している。

サービス・インフォメーション

───── 通話無料 ─────
① 商品に関するご照会・お申込みのご依頼
　　　　TEL 0120 (203) 694／FAX 0120 (302) 640
② ご住所・ご名義等各種変更のご連絡
　　　　TEL 0120 (203) 696／FAX 0120 (202) 974
③ 請求・お支払いに関するご照会・ご要望
　　　　TEL 0120 (203) 695／FAX 0120 (202) 973

● フリーダイヤル（TEL）の受付時間は、土・日・祝日を除く
　9:00〜17:30です。
● FAXは24時間受け付けておりますので、あわせてご利用ください。

ビジネス法体系　企業不動産取引法

2024年12月10日　初版発行

編　集　ビジネス法体系研究会
著　者　神田　英一
発行者　田中　英弥
発行所　第一法規株式会社
　　　　〒107-8560　東京都港区南青山2-11-17
　　　　ホームページ　https://www.daiichihoki.co.jp/

法体系不動産法　ISBN978-4-474-04599-6　C2034（7）